DICTIONARY OF
MEDIEVAL LATIN
FROM BRITISH SOURCES

FASCICULE XI

Phi–Pos

DICTIONARY OF
MEDIEVAL LATIN
FROM BRITISH SOURCES

Fascicule XI Phi–Pos

PREPARED BY

D. R. HOWLETT, M.A., D.Phil., F.S.A.

With the assistance of

T. CHRISTCHEV, M.A.
T. V. EVANS, Ph.D.
P. O. PIPER, M.A., A.M., Ph.D.
and C. WHITE, M.A., D.Phil.

UNDER THE DIRECTION OF A COMMITTEE
APPOINTED BY THE BRITISH ACADEMY

Published for THE BRITISH ACADEMY
by OXFORD UNIVERSITY PRESS

Oxford University Press, Great Clarendon Street, Oxford OX2 6DP

Oxford New York

Auckland Cape Town Dar es Salaam Hong Kong Karachi
Kuala Lumpur Madrid Melbourne Mexico City Nairobi
New Delhi Shanghai Taipei Toronto

With offices in

Argentina Austria Brazil Chile Czech Republic France Greece
Guatemala Hungary Italy Japan Poland Portugal Singapore
South Korea Switzerland Thailand Turkey Ukraine Vietnam

Published in the United States
by Oxford University Press Inc., New York

Database right The British Academy (maker)

First published 2007

British Library Cataloguing in Publication Data
Data available

Library of Congress Cataloging in Publication Data
Data available

Typeset by John Waś, Oxford
Printed and bound in Great Britain by
Antony Rowe Ltd, Chippenham, Wiltshire

ISBN 978-0-19-726421-8

MEMBERS OF THE COMMITTEE

PREFACE TO FASCICULE XI

Fascicule XI continues the steady advance in production of the Dictionary, made possible by the generous financial support of the Packard Humanities Institute, the Arts and Humanities Research Council, and the British Academy, and support from the Faculty of Classics and housing by the Bodleian Library of the University of Oxford. It is a pleasure to thank for continuing invaluable services P. G. W. Glare as Consultant Editor and Pamela Armstrong Catling as Editorial Assistant. We also thank Dr Bonnie Blackburn, F.B.A., Dr Jacques Paviot, Mr Alan Piper, Mr David Rymill, and members of staff of the Bodleian Library, the British Library, the Cambridge University Library, and the National Archives for help and advice and access to primary sources.

J. N. Adams

alios injuriam, seu delicatam ~iam, non approbo (*Pref. Archiep.*) WALS. *HA* I 2.

philaxen v. phylactein. **phildistorium** v. faldestolium. **philetrum** v. phylacterium. **philetta** v. filetum. **Philipensis** v. Philippensis. **philipparius** v. feliparius.

Philippensis [CL], (as sb. in book title) Philippian.

ad Philipenses *Miss. Rosslyn* 25.

Philippeus [CL *as adj.* < φιλίππειος], (as sb.) gold coin that bears an image of Philip of Macedon.

~os, solidos *GlC* P 387; Alexius imperator . . legatos . . Dalimanno direxit, . . obsecrans ut maximam pro Buamundo redemptionem reciperet, ipsumque acceptis centum milibus ~orum sibi redderet ORD. VIT. X 24 p. 140.

Philippianus [CL Philippus + -ianus], (as sb. in book title) Philippian.

apostolus ad Philippianos BACON VI 113.

Philippicus [CL < Φιλιππικός], that pertains to Philip of Macedon.

ex his omnibus colligitur quod leuca dicitur a 'leucon', id est mensura terre ~e *Croyl.* 83.

Philippus [CL < Φίλιππος], **~a**

1 (pers. name): **a** (m.) Philip. **b** (f.) Philippa.

a nomen ~i utrique testimonio convenit quod dicitur climax *Comm. Cant.* III 140; hic quoque commemorat metrorum comma Philippum, / quem pius aethrali ditavit gratia Christus ALDH. *CE* 4. 8. 1; ~us . . in regales, ubicumque aderant, ferventissime deseviens G. *Steph.* 93; **1403** Philipo Burton x li. *Test. Ebor.* III 23. **b** devotissime domine regine ~e consortis ejusdem [sc. Edwardi tertii] R. BURY *Phil.* 19. 237; regina Phelippa peperit filium suum primogenitum apud Wodestok et vocatur Edwardus AD. MUR. *Chr.* 61 n. 4.

2 gold coin that bears an image of Philip of Macedon.

~os, i. nummos bizanteos vel mancones, i. denarios aureos, *bizantas GlP* 549; tartarones quippe quadratos ex cupro nummos Traces vocitant, de quibus . . provinciales mercimonia sua sicut ~is aut bizantiis actitant ORD. VIT. X 20 p. 126; quid prodest diviti cum impregnaverit / philippis forulos, cum opes auxerit, / cum se pecunia suffarcinaverit, / si mortis missile marca non referit? WALT. WIMB. *Sim.* 85; et forte leuca dicitur a 'leucon', quod in Scythica lingua interpretatur ~us . . *Croyl.* 82.

3 (in etym. gl., as if derived from Heb.).

Philippus, os lampadis *GlC Interp. Nom.* 241.

Philistaeus [LL], **Philistis, a** (as adj.) Philistine; **b** (as sb.).

a universum Israelem singulari certamine provocet, ut ita in se summam belli et totius prelii pondus excipiens ~ea omnis victoria et ipse pre ceteris victorie gloria ponatur H. BOS. *Ep.* 3. 1425C. **b** [Saulus] in pugna contra ~eos cum filio suo Jonathan . . cecidit *Hist. Cuthb.* 202; processit in campum armatus ut ~is bella dimicare. verum Golias in campo . . erat H. BOS. *Ep.* 3 1426D; seva Philisteis immisit brachia Sampson GARL. *Tri. Eccl.* 16.

Philistiim [LL < Φιλιστιείμ < Heb.], the Philistines (also transf.).

tanquam David, accenduntur in ultionem ~iim *Itin. Ric.* II 2; ad orientem terre ~iim BACON *Maj.* I 326.

Philistinus [LL < Φιλιστῖνος]

1 a Philistine; **b** (in place name).

per totum desertum, in quo vagati sunt filii Israelis usque ad terram ~orum BACON *Maj.* I 326. **b** venerunt ad aras Filistinorum NEN. *HB* 157; venerunt ad aras Phylistinorum [vv. ll. Philistonorum, Philistinorum] G. MON. I 11.

2 (*mundus ~orum*) the world of secular persons.

prius . . quam in Carthusianorum castris Christo militare coeperat, in domibus regum, inter delicias

principum tenere nutritus et educatus, in ~orum mundo diu militavit CHAUNCY *Passio* 100.

Philistis v. Philistaeus. **Philistonus** v. Philistinus. **philix** v. filix. **philizarius** v. filaciarius. **phillis** v. phyllis. **phillitis** v. phyllitis.

philobalsamum [? φύλλον + CL balsamum < βάλσαμον], ? leaf of balsam-tree.

balme, balsamum, colobalsamum, filobalsamum, opobalsamum *CathA*.

philobiblon [φιλόβιβλος = *fond of books*], title of book written in the name of Richard of Bury.

quia . . de amore librorum principaliter disserit, placuit nobis more veterum Latinorum ipsum [tractatum] Greco vocabulo ~on amabiliter nuncupare R. BURY *Phil.* prol. p. 7; item liber qui intitulatur ~on *Cant. Coll. Ox.* I 22.

philocalion [φιλοκάλιον], besom, broom.

philocalin Graece, Latine scopa *Comm. Cant.* III 26.

philocaptus [filum 10 + captus], beguiled by argument (also as sb. m.).

videtur . . modernos ~os esse frontosos ex heretica cecitate, quia ponunt Petrum et papas generaliter, quorum quosdam se verisimile esse dyabolos, esse caput tocius ecclesie militantis WYCL. *Chr. & Antichr.* 664; *a man jolyce*, ~us, zelotipus *CathA*.

philochristus [ML < φιλόχριστος]

1 lover of Christ, Christian.

philochriste carissime (ÆTHELWALD) *Carm. Aldh.* 5. 2; **793** Offa rex Merciorum omnibus per universum regnum Merciae ~is salutem perpetuam *CS* 268 (= *Croyl.* 6); **1006** Angligenis notesco ~is (*Ch.*) *MonA* I 99.

2 (contemporary) friend of Christ.

capillos . . quos teologus Johannes aliique ~i postmodum in tanto loco recondiderunt ORD. VIT. IX 15 p. 609.

philocompos, ~us [LL < φιλόκομπος]

1 who loves boasts, boastful.

singraphidem sculpsit, munus venale notavit, / quiret Adalgisum collatis subdole regem / implanare opibus Efruinus philocompos FRITH. 672.

2 (as sb. m.) boaster.

~os, amator jactantiae *GlC* P 389; *ffare makere or bostere*, jactator, ~us . . *boostare, or boosture*, jactator . . arrogans . . ~us *PP*.

philocosinus v. philocosmus.

philocosmia [φιλοκοσμία], love of worldly show or ornament.

duabus personis, philosophie scilicet atque ~ie, . . una quarum 'eadem', altera vero 'diversa' a principe philosophorum appellatur ADEL. *ED* 4.

philocosmus [φιλόκοσμος = *who loves ornament*], worldly, (as sb. m.) worldly person.

c**1363** ut vita et verbo erudiret †philocosinos [l. philocosmos] impietatem et secularia desideria abnegare *Ziz.* 488; exprimit Cristus penam ~i per quadrantem novissimum WYCL. *Ver.* III 225.

philofalsus [φιλο- + falsus], lover of falsehood.

nemo . . in discendo solum tales conclusiones foret philosophus, sed pocius ~us WYCL. *Ver.* I 33.

philogaeus [ML < φιλόγαιος], that loves the earth; **b** (bot., of low-growing plant).

subsolane, tonas, sub Phebo solis ab ortu / servis, oppositum sol philogeus amat NECKAM *DS* II 68. **b** herbas ~as H. HUNT. *Herb. epil.*

philogisticus [cf. philologia < φιλολογία = *love of argument or reasoning* + logistica < λογιστικός], that loves logic-chopping, deceptive.

dissavabylle, deceptorius, ~us *CathA*.

philologia [CL < φιλολογία], love of learning (personified).

Martianus in ~iae Nuptiis 'major filiarum Prognoes' inquit ABBO *QG* 19 (41); eloquentiam ubi Mercurius ~ie connubium querit BERN. *Comm. Aen.* 25; si quis ab his titulis et pectore pollet et ore, / Mercurium jungit, Philologia, tibi J. SAL. *Enth. Phil.* 176; nam in Mercurialibus Nuptiis ~ia inutilis scientie libros evomit P. BLOIS *Ep.* 101. 314B; si sinceris perscrutator intellectum profunduverit in premissis, videbit Mercurii seminudi, dum querit ~ie nuptialiter copulari, humeris parva clamida tectis, non sine magno Cypridis risu, pudenda patere SICCAV. *PN* 83.

philologus [CL < φιλόλογος], lover of learning, scholar.

filologos, †rationes [l. rationis] vel verbi amatores *GlC* F 160; ~us, rationis amatores *Ib.* P 381.

philomela [CL *as pers. name in myth.*, (*transf.*) nightingale < φιλομήλη], **~mena** [LL < φιλουμένη]

1 nightingale; **b** (dist. from *luscinia*); **c** (w. ref. to quality of song); **d** (fig.).

filomella, luscinia *GlC* F 190; **9** .. lucinia, vel ~mela *nightegale WW*; **10** .. ~mella, *nihtegale WW*; concinant hi et totius musice melos pro viribus expleant, nemo eorum ~menam equabit aut psitacum J. SAL. *Pol.* 761B; esse queunt in ea [sc. aula] . . / pica, monedula, grusque, ciconia cum philomena D. BEC. 2211; hec ~mena, *roissenol Gl. AN Glasg.* 21vc; phylomena, *laverche, alowe Teaching Latin* I 23; **1290** duobus garcionibus qui detulerunt duas filomenas quas magister Ernaldus Lupi misit domine Alianore *Househ. Eleanor* 63; accipe cor vel oculos ~mene et pone sub cervicali vel pulvinari . . et dummodo ibi fuerit non dormiet GAD. f. 10. 1. **b** luciniam amo et merulam . . et potissimum ~menam, que optate tempus jocunditatis tota deliciarum plenitudine cumulat MAP *NC* IV 3 f. 44v. **c** hic canit omnis avis, dum ventilat aura suavis: / pica loquax, murule, turdi, turtur, philomele, / instar habent cythare, dum certant garrulitate! GREG. ELI. *Æthelwold* 6. 10; et philomena pio que tristia pectora cantu / mitigat V. *Merl.* 157; similiter iste est in metrico philomena, quia ~mena optime avium cantat et metrum consistit [*sic*] in cantu GERV. MELKLEY *AV* 134; ~mela significat religiosos super duros ramos, id est austeritates religionis, habitantes et Deum in choris nocturnis laudantes O. CHERITON *Fab.* 41; philomena, rauca repelleris J. HOWD. *Ph.* 42; s**1456** cum . . consuescunt . . ~mene dulcius . . cantare *Reg. Whet.* I 264. **d** scripserunt . . hanc artem Matheus Vindocinensis plene, Gaufroi Vinesauf plenius, plenissime vero Bernardus Silvestris, in prosaico psitacus, in metrico ~mena GERV. MELKLEY *AV* I; sola burse philomena / sua dulci cantilena / mentem movet judicis WALT. WIMB. *Van.* 32; cantet bursa bene, psallat philomena crumene *Id. Scel.* 38.

2 (as place name) Philomelium (Akshehir).

fugiens . . Alexio imperatori . . ad ~menam urbem obviavit ORD. VIT. IX 10 p. 552.

philomelicus [CL philomela + -icus], as of a nightingale.

jubilantes Anglici sive angelici, Lumbardorum clamantium atque Teutonicorum ululantium armonia recisa, notulas geminant ~as et cherubicos concentus Marie personant atque tripudiosos S. SIM. *Itin.* 4.

philomella, philomena v. philomela.

philomenare [LL philomena + -are; cf. philomela], to sing like a nightingale; **b** (w. acc.).

ista videns quid dulce canam? quisnam philomenet, / tristia flens patrie funera, Petre, sue? L. DURH. *Dial.* I 71; non ibi fert fructus arbor, nec avis philomenat D. BEC. 359; si mens Deo philomenat [*gl.*: cantat Deo] GARL. *SM* 1154; **13** .. felix almiflui philomenat rector Olympi *Anal. Hymn.* LII 60. **b** si fortuna tibi plenos philomenet honores D. BEC. 400; tibi sint monitores, / artibus instructi variis, sensu potiores, / quos persepe tuo philomenes munere pleno *Ib.* 1733.

philomythus [φιλόμυθος], fond of stories.

~us philosophus aliqualiter est BRADW. *CD* 102C.

philonium [LL < φιλώνειος = *pertaining to Philo (of Tarsus)*], (med.) a cure for coughing.

~ium id est amicus novus tussim cum mulsa emundans GILB. IV 189. 2; de compositis sunt tyriaca, filonium et opiate recentes GAD. 38. 1; filionium [v. l. filionum] opiata est et interpretatur novus amicus *Alph.* 66.

philontrophus v. philanthropos.

philopaes [CL < φιλόπαις], (bot.) white horehound (*Marrubium vulgare*) or sim.

marrubium agrestis dicitur prassion, alii eupatorion, alii philopes *Gl. Laud.* 990; ffilopes, *horehowne, maroil, houndebeTi MS Cambridge Univ. Libr. Dd. 11. 45* f. 105r.

philopompus [φιλόπομπος], one who loves ostentatious display.

phylipompus [v. l. philopompus], amator jactantie Osb. Glouc. *Deriv.* 470.

philopragmon [φιλοπράγμων], one fond of business or of busy disposition.

quid prosunt pragmata polipragmonibus, / quid doctis gramata, quid sceptra regibus, / quid occupacio philopragmonibus, / cum mors non deferat plus hiis quam gregibus? Walt. Wimb. *Sim.* 134.

philorcium [cf. φιλο- + dorcium < δόρκειος], object of love or admiration.

a lufe, amasio .. dorcium, filorcium *CathA*; *a paramour*, filorcium et cetera, ubi *a lemman Ib.*; philorcium alchymistarum (*tit.*) Ripley 179.

philos [CL < φίλος], friend.

~os Gros. *Hexaem. proem.* 24 (v. philosophus 2a); philos fertur amor, equus ippus, et inde Philippus (*Vers.*) (*MS Bodley 57* ff. 191v) *EHR* LVI 96.

philosella v. pilosella. **philosofice** v. philosophice. **philosofus** v. philosophus.

philosophaliter [CL philosophus + -alis + -ter], in a philosophical manner, philosophically.

viri veteres philozophaliterque sensati E. Thrip. *SS* VIII 2.

philosophari [CL]

1 to study or practise philosophy; **b** (w. ref. to Plato *Rep.* 473D).

labori quotidiano et orationibus continuis deservientes per annum integrum ibidem ~antur *V. Furs.* 308; quasi ad interiorem animae phylosophiam me contuli dum ejus qui vere phylosophatus est in throno regni virtutes scribere proposui Abbo *Edm. praef.* p. 68; super ~atus sum te o Basili Dominic *Mir. Virg.* 142c; cum in exilio velut Plato quondam achademicus phylosopharetur Ord. Vit. IV 6 p. 209; a**1171** recolo te .. esse magni discipulum Aristippi, qui omni conditione temporis equanimiter utebatur et in ipsis ~abatur nugis, jocundus omnibus, nulli gravis J. Sal. *Ep.* 196 (210 p. 340); ebria sedatur mens, ebria philosophatur Neckam *Poems* 453; patet quod admiratio fecit homines primo ~ari et quod non subito constituta sit aliqua pars philosophiae, sed paulatim incrementa sumendo Kilwardby *OS* 17. **b** si vel reges ~arentur vel regnarent philosophi (*Lit. Ceolfridi*) Bede *HE* V 21 p. 333; quod Plato philosophus diu ante predixit: beatam sc. fore rem publicam si vel reges ~arentur, vel philosophi regnarent Osb. Clar. *V. Ed. Conf.* 1.

2 to discourse in philosophical manner. **b** (w. internal acc. or trans.) to discourse in a philosophical manner about.

de pudicitiae tantum praeconio .. ~ari [*gl.*: *wyswyrdan*] Aldh. *VirgP* 58; non ut quis recte loquitur, mox philosophatur, / sed qui sic vivit, ut bona semper agat J. Sal. *Enth. Phil.* 867; ~or .. philosophice loqui Osb. Glouc. *Deriv.* 544. **b** **672** neu .. haec ~ando Scotticos sciolos .. sugillare a quoquam autumer Aldh. *Ep.* 5 p. 493; Hibernensium .. libros rectae fidei tramitem phylosophantes diligenter excoluit B. *V. Dunst.* 5.

3 (pr. ppl. as sb. m.) student or practioner of philosophy. **b** (*~ans novus*) schoolman.

1164 varias occupationes ~antium J. Sal. *Ep.* 134 (136); hoc vinum etiam Petrum gregarium / fecit philosophum philozophancium Walt. Wimb. *Carm.* 146; vulgus ~antium nescit causam experientie vulgate in hac parte Bacon *Min.* 384; secundum ~antes infinitas est possibilis in ascendendo Duns *Ord.* II 152; omnes priores ~antes sompniaverunt T. Sutton *Gen. & Corrupt.* 177; civitas illa Caergrant .. a multitudine ~ancium Britannice dicebatur Cantlow *Orig. Cantab.* 264. **b** posterius .. reverti oportebit super hanc declarationem, cum rationes vel theologorum, vel philosophorum, vel novorum ~antium hanc eorum opinionem inventium vel demonstrantium recitabimus *Ps.*-Gros. *Summa* 331.

philosophatio [CL philosophari + -tio], philosophizing.

1516 de ~one Christiana quod scribis verum est. nemo est, credo, in orbe jam Christiano ad illam professionem et negocium te aptior ac magis idoneus (Colet) *Ep. Erasm.* II 423.

philosophia [CL < φιλοσοφία]

1 the study, pursuit, or accumulation of knowledge and wisdom, philosophy; **b** (w. ref. to Plato *Rep.* 473D); **c** (personified).

ferunt fabulae Graecorum plurima in libris antiquitatum suae ~iae quondam fuisse quae nunc incredibilia esse videntur *Lib. Monstr.* II 8; a**705** si sobolem opulenti paternae ~iae censu exheredem penuriaeque feralis insipientiae experientem comperiunt *Ep. Aldh.* 7 p. 496; ~ia est amor quidam .. sapientiae quae fons et nutrix est omnis artis ac disciplinae *Ps.*-Bede *Collect.* 144; **10..** ~iae, *wisdomes WW*; c**1093** archana phylosophiae penetrat H. Los. *Ep.* 1; intermissa diu tanquam si prorsus omissa, / candide Lucili, phīlosophīa valet G. Wint. *Epigr.* 207; hec est .. laus et sapiencia Ypocratis ex ejus operibus, quia ~ia nichil aliud est quam abstinencia et victoria concupiscibilium Bacon V 165. **b** **801** sicut in illo Platonico legitur proverbio dicente felicia esse regna, si philosophi, id est amatores sapientiae, regnarent, vel reges ~iae studerent Alcuin *Ep.* 229. **c** te mater Phylosophia in gremio suo excepit G. Mon. I 1; te perfudit nectare sacro / philosophia suo fecitque per omnia doctum / ut documenta dares *V. Merl.* 5; ~ia .. in Salomone clamasse videtur "Divitias et paupertates ne mihi dederis, Deus, sed tantum necessaria" Gir. *TH intr.* p. 4.

2 (acad.): **a** (dist. as *tres* or *triplex*); **b** (*~ia mundana* or *naturalis*); **c** (*moralis ~ia*); **d** (*~a prima* or *~a metaphysica*) metaphysics. **e** (dist. as Christian, secular, or pagan).

a **1431** arcium liberalium professor honorabili septem scienciarum triumque ~iarum magistratu conjunctim et divisim dinoscitur decorari *StatOx* 234; **1564** artium .. et triplicis ~iae .. singuli lectores sunto *Ib.* 389. **b** habuerit mundana olim ~ia sui silenti fortissimas leges J. Ford *Serm.* 22. 3; astronomie ministerio plus ceteris eget ~ia naturalis Gros. 5; naturalis ~ia in multis communicat logice, et in aliis contradicit crudeliter Bacon *Min.* 326. **c** secunda pars moralis ~e dat leges publicas Bacon *Tert.* 50; **1572** regentes .. dialecticae, logicae, physicae, moralis ~iae (*Stat. Glasg.*) *EHR* XIV 252 n. 3. **d** Aristoteles in secundo ~ie prime Gros. 120; ~iam .. metaphysicam Bacon *Min.* 326. **e** cuncta Stoicorum argumenta et Aristotelicas categorias .. despexit dum solerter animadverteret quantum caelestis ~iae [*gl.*: i. sapientiae] dogma .. praestaret Aldh. *VirgP* 35; si de ~ia hujus mundi vere intellegere .. potuit homo hujus mundi (*Lit. Ceolfridi*) Bede *HE* V 21 p. 333; a**805** ad ornandum diadema Christianae ~iae Alcuin *Ep.* 306; rogo .. laborantes in caribdi secularis phylosophie ne despiciant hoc pitaciolum legis divine Hon. *Spec. Eccl.* 1085D; Deus scientiarum †Dominns [l. Dominus] abhorret ~ie gentilis errorem P. Blois *Ep.* 6; in Christiana ~ia J. Ford *Serm.* 76. 7.

philosophice [LL, cf. philosophicus]

1 in a learned or philosophical manner, philosophically. **b** according to the Philosopher (*i.e.* Aristotle). **c** according to natural philosophical principles.

philosophus .. et ~e adverbium Osb. Glouc. *Deriv.* 544; quamvis .. nativitas in homines devotiores consueverit degenerare, purgato tamen ~e vitio .. etiam purgatum credidi si quid vitiosum resedit in titulo D. Lond. *Ep.* 3; si .. ~e loqui volueris, non magis sunt [antipodes] sub pedibus nostris quam nos sub pedibus eorum Neckam *NR* II 49; Aristo' loquebatur de rebus vere, et essentialiter, et ~e; Plato figurative, casualiter, et mathematice Gilb. VI 244. 2. **b** secunda pars moralis philosophie dat leges publicas .. nam ~e, secundum quod tradita est ab Aristotele et Theophrasto, non est hec pars in usu Latinorum Bacon *Tert.* 50. **c** hec res .. ponatur in chemia, que bene sigillata ~e putrefiat longo tempore in igne humido in materiam nigram et spissam Ripley 175.

2 like a philosopher (w. ref. to external appearance or behaviour).

vestis .. perbrevis est, non ~e vestit Liv. *Op.* 207.

philosophicus [LL < φιλοσοφικός]

1 pertaining to philosophy or learning, philosophical: **a** (of practice, method, or teaching). **b** (*agricultura ~a*) agriculture conducted according to the principles of natural philosophy. **c** (*ovum ~um*) philosophers' stone. **d** (*civitas ~a*) city in which philosophy is practised.

a **672** Theodoro .. ab ipso tirocinio rudimentorum in flore ~ae artis adulto Aldh. *Ep.* 5 p. 492; Gregorius, Nazanzenae ecclesiae gubernator .. Basilii in filosoficis dogmatibus condiscipulus *Id. VirgP* 27; **797** in vobis utrumque et ~ae disciplinae decus emicuit et sacrae religionis claritas effulsit Alcuin *Ep.* 129; cum Deum esse per scripturas nolis probare, ipseque nullo sensu corporeo sit comprehensibilis, multum audire me juvat, qua ratione ~a comprobari valeat Petrus *Dial.* 19; occurrit pilosophica sententia *Hist. Llanthony* f. 31; Lucius Africanus .. in ~is studiis atque omni Grecorum doctrina instructissimus predicatur M. Par. *Maj.* I 138; mustum fumosum juvenilis ingenii ~e difficultati delibant, vinumque maturius defecatum economice sollicitudini largiuntur R. Bury *Phil.* 9. 148; a**1350** nisi liberales artes per octo annos integros .. rite audierit .. solis ~is intendendo *StatOx* 49; **1589** in quaestionibus ~is moralibus aut naturalibus *Ib.* 441. **b** agricultura ~a determinat in particulari et per viam experientie generationem plantarum et animalium Bacon IX 160. **c** volo .. partes ~i ovi investigare Bacon *NM* 545 (v. ovum 3a). **d** civitatem ~am expressi mortalibus [Eng.: *I .. / have shaped for man a philosophicall citie*] More *Ut.* p. xciv.

2 **a** philosophical, that belongs or pertains to one who practises philosophy. **b** (*lector ~us*, acad.) reader, lecturer in philosophy.

a Orpheus .. erat homo habitu ~o, citharam manu pulsans *Deorum Imag.* 18; eodem tam pertinaci quam theologice ~o veritatis astipulatore E. Thrip. *SS* I 7; pone totum in chemia bene sigillato sigillo ~o Ripley 159. **b** **1549** ~us lector .. Platonem .. doceat *Stat Ox* 344.

3 (as sb. n.): **a** philosophy. **b** philosophical saying.

a errores in puris ~is Ockham *Dial.* 433 (*recte* 435); **1549** tres principes questiones proponant, unam in mathematicis, alteram in dialecticis, tertiam in ~is naturalibus aut moralibus *StatOx* 346. **b** considerans .. illud Senece ~um: 'omnia oblata recipere, avarum est; nulla, rebelle; aliqua, sociale' M. Par. *Maj.* III 412.

philosophilus v. philosophulus.

philosophima [LL < φιλοσόφημα], demonstrative syllogism.

sophisma est sillogismus litigatorius, ~a vero demonstrativus J. Sal. *Met.* 913B.

philosophisma [cf. philosophima, *assoc. w.* sophisma], philosophical inquiry.

in †Enkidiis [l. Encycliis] philosophismatibus circa divina multocies declaratum est racionibus Bradw. *CD* 175E.

philosophulus [CL philosophus + -ulus], petty philosopher.

en qualis clericus, immo clericulus, / magister nomine sed re discipulus, / non jam philosophus sed philosophilus [*sic*], / cujus scientiam vincit pulvisculus Walt. Wimb. *Carm.* 384.

philosophus [CL < φιλόσοφος]

1 philosophical: **a** devoted to the study of philosophy. **b** that accords with the principles of philosophy.

a Lanfrancus archiepiscopus, vir ~us, vir perspicuus, cui successit Anselmus, ~us et sanctissimus H. Hunt. *CM* 15; sermo .. / nudus philosofos horret adire viros R. Partes 225. **b** quidam Lumbardi quandoque ponunt ultimam, quandoque non, et recedunt sub intentione concordantie ultime in eodem sono. tamen concordantia ~a non est *Mens. & Disc.* (*Anon. IV*) 79.

2 (as sb. m.) student or practitioner of philosophy, philosopher; **b** (spec. Aristotle); **c** (*~us naturalis*); **d** (*~us moralis*); **e** (*~us primus*) metaphysician; **f** (w. ref. to Plato *Rep.* 473D); **g** (w.

ref. to philosophers' stone); **h** (w. ref. to vessel for natural philosophical or alchemical use).

Pytagoram, nomen libri et ~i qui primus scripsit *Comm. Cant.* I 12; tam ~orum quam grammaticorum auctoritas ALDH. *PR* 131; ~us, *uðuuta GlC* P 380; summum profiterier audet / se fore phīlosophum cunctoque sophismate comptum, / dum minime sciat hoc quid phīlosophus sit *Altercatio* 28–9; precipui quoque phisici et ~i duos tantum esse commemorant, ut Aristoteles, Plato, Ysaac ALF. ANGL. *Cor* 10. 7; phīlosophus cinis est, nomen inane manet NECKAM *VM* 193; ~us .. dicitur a 'philos', quod est amicus, et 'sophos', quod est sapiens, sive 'sophia', quod est sapientia, quasi amator sapientie GROS. *Hexaem. proem.* 24; hic philosofus, *a fylysofer WW*. **b** sicut .. urbs Romam, Maronem poeta exprimit, sic et ~i nomen circa Aristotilem utentium placito contractum est J. SAL. *Pol.* 648A; philosopho, cui dat Grecia tota manus. / Grecia? sed mundus. mundus? sed numina NECKAM *DS* X 74; [anima] diffinitur a ~o in libro De Anima BART. ANGL. III 3 (v. entelechia); de quinta essentia ostendit ~us, quod ipsa est spherica GROS. 12; hec propositio universalis 'omnis homo est animal' secundum ~um est perpetue veritatis CONWAY *Def. Mend.* 1421 (*recte* 1321); quod brevi sermone ~us exarat, dicens 'justicia est virtus reddens unicuique quod suum est?' J. BURY *Glad. Sal.* 583. **c** prima autem et maxima variatio nature est in locis mundi, et maxime consideranda est a naturali ~o GROS. 66; naturalis ~us dicit quod genus est equivocum BACON *CSTheol.* 67 (v. naturalis 6c). **d** moralis ille ~us egregius [sc. Seneca] GIR. *Ep.* 4 p. 186; morales ~os HOLCOT *Wisd.* 6 (v. moralis 1a). **e** quod quedam res ad invicem habent habitudinem, ideo dicit primus ~us quod 'ens' dicitur de substantia et accidentibus analogice (DUNS) *GLA* III 224 n. 171. **f** nam .. vere omnino dixit quidam saecularium scriptorum, quia felicissimo mundus statu ageretur, si vel reges philosopharentur vel regnarent ~i (*Lit. Ceolfridi*) BEDE *HE* V 21 p. 333; juxta illam Platonis sententiam, qua dicit beatam esse rempublicam si vel ~i regnarent vel reges philosopharentur W. MALM. *GR* V 390. **g** a multis lapis sapientium ~orum appellatur M. SCOT *Sol* 717 (v. lapis 15a); ovum ~orum dissolvere BACON *NM* 545 (v. ovum 3a); lapidem magnum quem omnes ~i quesierunt CUTCL. *CL* 190 (v. lapis 15a). **h** pars una medicine in ovo ~orum ad baln' RIPLEY 196 (v. ovum 3b).

philosymbolus [CL philos+symbolus], that loves a creed.

hodie in deliciis nutritur, et tota ad carnis delicias se relaxat ~a nostra: 'in cute curanda plus equo operosa juventus' [Hor. *Ep.* I 2] P. BLOIS *Ep.* 94. 296A.

philovolus [cf. CL philos+voluptas], one who loves pleasure.

ceteri preter Epicureos, qui non sunt dicendi philosophi, sed magis ~i, amatores sc. voluptatis BRADW. *CD* 538A.

philoxenia [LL < φιλοξενία], hospitality.

filoxsenia, [hospitalitate ut] philosophi[a] *GlC* F 156; filoxenia, hospitalitas *Ib.* F 159; †philozeni, amare domorum [? l. philoxenia, amore donorum] *Ib.* P 382.

philozeni v. philoxenia. **philozophaliter** v. philosophaliter. **philozophari** v. philosophari.

philtrum [CL =*love-philtre* < φίλτρον]

1 artefact made by sorcery.

filtra, maleficia *GlC* F 189.

2 (bot., as name for) mullein or sim.

flosmus, filtrum, tapsus barbatus major, herba luminaria *Alph.* 68; herba luminaria, flossmus, tapsus barbatus [major], filtrum *Ib.* 80.

philum v. filum.

philyra [LL < φιλύρα], (bot.) lime-tree (*Tilia*).

filira, i. ilia *Gl. Laud.* 675; fillire †solis [? l. folia] stiptica sunt et similia oleastro stipitis rebus necessarie mescetur *Alph.* 67.

philyrea [φιλυρέα], (bot.) mock-privet (*Phillyrea*).

1597 *of mocke privet* .. phillyrea angustifolia (GERARDE *Herb.*) *OED s. v. privet*.

philyrinum [LL =*that pertains to the lime-tree* < φιλύρινος], (bot.) lime-tree (*Tilia*).

philirinum, i. tilia arbor *Gl. Laud.* 1206.

phimum v. fimum.

Phineaticus [LL Phinees+-aticus], characteristic of Phinehas (*cf. Num.* xxv 6–11).

Fineatico zelo stimulatus, et ira Dei irritatus, .. ad villam qua mulier mansitabat pervenit, eamque rapuit BYRHT. *V. Osw.* 402.

phiola v. 1 fiola, phiala. **phiperarius** v. feliparius. **phipon** v. typhon. **phirargiria** v. philargyria.

phireus [*aphaeretic form of* CL sapp(h)irus < σάπφειρος], gemstone, sapphire.

lapis ~us, *Alph.* 91 (v. meniscus).

phisalidos v. physalidos. **phisillus** v. physicus. **phitacus** v. psittacus. **Phitagoras** v. Pythagoras. **phitati-** v. pittacium. **phitecus** v. pithecus. **Phites** v. Phaethon. **phithacus** v. psittacus. **phithonicus** v. pythonicus. **phitius** v. pythius. **phiton** v. Phaethon, python. **phitonicus** v. pythonicus. **phitonissa** v. pythonissa. **Phlaegeton** v. Phlegethon.

phlebotoma [cf. LL phlebotomia < φλεβοτομία], blood-letting, bleeding, phlebotomy (in quot. fig.).

balborum et blaesorum lingua flebotomate superno curata est BYRHT. *V. Ecgwini* 377.

phlebotomare [LL < φλεβοτόμος+-are; cf. φλεβοτομεῖν]

1 (absol. or intr.) to let blood, bleed, to perform or undergo phlebotomy.

maledictus sit .. quiescendo, mingendo, cacando, flebotomando (*Excommunicatio*) *GAS* 439; cum iterum per eandem astronomiam observentur tempora cauteriandi, secandi, apostemata perforandi, flebotomandi vel ventosas ubi necesse est apponendi, dandi etiam potiones vel accipiendi PETRUS *Peripat.* 99; **11**.. flebotomo, -mas, *seinner WW Sup.* 77; placet quibusdam ut .. flebotometur longa incisione GILB. I f. 45v. 1; *letyn blode*, ffleobotimo, -as, Ugucio in fleobotamia et Kylwarbi; flegbotimo, -as, Kylwarbi *PP*; *to latt blude*, fleubotomare, minuere sanguinem *CathA*.

2 (trans.) to cause to bleed, phlebotomize: **a** (person); **b** (part of body); **c** (animal). **d** (p. ppl. as sb.) phlebotomized person.

a flebotomata est .. in brachio BEDE *HE* V 3; posito secus accidit in cruce Cristo: / expositus ventis et soli fleubotomatur ALEX. BATH *Mor.* IV 38 p. 133; Hipocras dixit quod femina pregnans ante mensem octavum nec post septimum flobothometur M. SCOT *Phys.* 6; sunt aliqui qui in Quadragesima et in aliis temporibus anni nimis frequenter et sine necessitate faciunt se flubotomari *Cust. Cant.* 156; ut si stuffari aut clisterizari seu quoquo modo fleubothomari .. indigerent *Ib.* 325; cuidam barbitonsori flegbotomanti dominum, de dono domini, .. vj d. *Ac. H. Derby* 10; **c1400** fleubotomando homines in infirmitatibus constitutos *Mem. York* I 208. **b** cum aliquis dormit, spiritibus impellentibus, ad locum flebotomatum decurrunt humores *Quaest. Salern.* Ba 80; vene .. manus que flebotomantur sunt quinque: nigra sive purpurea, basilica, †finis [l. funis] brachii, .. †scelisen [l. sceilem] et cephalica *Ps.*-RIC. *Anat.* 44 p. 34; Avicenna in sua Flebotomia distinguit in quibus casibus senes sunt flebotomandi BACON IX 97; minuuntur vena sanguinis seu fleobotomantur [ME: *habeoð ilete blod*] *AncrR* 95. **c** sit porcina recens caro prestita fleubotomato D. BEC. 2676; **1275** dicte Sussanne unam juvencam tradidit in custodiam, et ipsa postea fleebotomavit et sanguine[m] ab ea traxit *CourtR Wakefield* I 72; **1279** custus carucarum ... in flegbotaomand', j d. *MinAc* 935/28; **1284** omnes equi predicti dicto die fleobotomati fuerunt *KRAc* 97/3 m. 6; **1302** in equis et bobus fleobotomandis (*Ac. R. East Farleigh*) *DCCant.*; **1308** in expensis duorum garcionum euncium in marisco pro bestiis visitandis et porcis fleobod' *Rec. Elton* 142. **d** in fleubotomatis .. plus de sanguine quam de aliis humoribus extrahitur *Quaest. Salern.* B 330.

phlebotomarius [LL phlebotomus+-arius], blood-letter, phlebotomist.

9.. flebotomarius, *blodlætere WW*; concedo .. totam terram illam .. quam tenebat Eadricus fleubotomarius *Cart. Colne* f. 29.

phlebotomatio [LL phlebotomare+-tio], blood-letting, bleeding, phlebotomy.

11.. flebotomatio .. *seinie WW Sup.* 78; si flo'mationis iteratio necessaria fuerit et interdum non sufficit hec fl'omia GAD. 107v. 2 (cf. ib. 5. 1: flobotomia).

phlebotomator [LL phlebotomare+-tor], blood-letter, phlebotomist.

flebot[omat]or, minuator sanguinis *GlH* F 469; si vero superfluant [humores], fleobotomator [*ed. Scheler*: flegbotomator; *gl.*: *le seynour*] indigenti minuat cum fleobotomo [*ed. Scheler*: flegbotomo; *gl.*: o le seiné] GARL. *Dict.* 122; **c1266** domus que fuit Walkelini; super fossam domus .. fleobotomatoris ibidem (*Rental*) *Cart. Osney* III 111; duo lavatores in balneario, et flebotomator *Cust. Westm.* 74; petiit barbatorem suum seu fleobotomatorem ut ipsum sanguine minueret B. COTTON *HA* 174; hic fleobotomator, *a blodletter WW*.

phlebotomia [LL < φλεβοτομία], blood-letting, bleeding, phlebotomy; **b** (as title of book).

quia periculosa sit satis illius temporis flebotomia quando .. lumen lunae .. in cremento est BEDE *HE* V 3; lumina clarificat, sincerat fleubotomia / mentes et cerebrum D. BEC. 2684; iras, colloquia fugiat, comedat moderanter [*gl.*: in fleugbotomia] *Ib.* 2692; unde qui a contrario tempore sibi non custodierit nimio coitu et flobothomia .. secure aspectet infirmitatem periculosam in brevi tempore M. SCOT *Phys.* 2; ut est ~ia BACON *Maj.* I 384; **1299** propter fleobotomiam .. a choro .. abstinere *Reg. Cant.* II 834; quando .. per fleubothomiam .. absens fuit *Cust. Westm.* 55 (=*Cust. Cant.* 110); si .. corpus tertianarii sit bene carnosum, .. flobotomia eradicativa tibi multo plus valebit; si autem macilentum, .. non competet nisi flo'mia minorativa et evacuativa GAD. 5. 1; Grimbaldus .. rex Beneventorum post ~iam arcum sumens, volens columbam tractare, dirupta vena .. interiit *Eul. Hist.* I 359; minuciones fieri per fleobothomiam vel ventosiam, nullo aliquo alio impedimento existente, perutile est N. LYNN *Kal.* 207; **1398** cum xij discis terrenis pro fleubotimia *Ac. Durh.* 267; si a reumate vos curare et preservare duxeritis, vitare debetis .. frequentacionem balnei, ut stuphe et flebothomie KYMER 3. **b** Flebotomia BACON IX 97 (v. phlebotomare 2b).

phlebotomizare [LL < φλεβοτόμος+-izare, cf. -ίζειν], to cause to bleed, phlebotomize.

1265 dati barbitonsori Radingie .. in veniendo bis apud Odiham, pro domisella fleobotomizanda ij s. viij d. *Manners* 31.

phlebotomus, ~um [LL < φλεβοτόμος, -ον], **~a, ~ium, ~on**

1 lancet, instrument for blood-letting; **b** (fig.).

flebotoma, *blodsaex GlC* F 255; †fledomum [l. flebotomum], *blodsaex Gl. Leid.* 39. 6; **9**.. flebotomus, *blodsex WW*; **10**.. fle[bo]toma, *blodseax WW*; **10**.. flebotomum, *blodseax oððer ædder seax*, Graece namque fleps, vena, tomum vero incisio nominatur *WW*; vidit per quietem se flebotomi ictu sanguinem emittere W. MALM. *GR* IV 333 (cf. R. NIGER *Chr. II* 163, GERV. CANT. *GR* 67, *Eul. Hist.* III 52, KNIGHTON I 109); contemplor denique latus Dominici corporis ita cruore emanare, ut solet vivi hominis caro, cute fleubotomo recissa AD. EYNS. *Visio* 11; aperiatur cum flebotomo GILB. III 175. 2; *bledyng yryne*, fleobotomum *PP*; fleubotomium, instrumentum cum quo sanguis minuitur (*Medulla*) *CathA* 35n. 4; **1573** ~on, *the instrument to let blood, a fleume Ib.* **b** divini verbi flebotomo [*gl.*: *blodsexe, flytman*] salubriter sanabat ALDH. *VirgP* 24.

2 act of cutting (in phlebotomy).

flebotomum, .. incisio *GlH* F 467.

phlebs [φλέψ, φλεβός], blood-vessel.

flebs, Graece vena *GlH* F 466; quid flebs [*gl.*: flebs est vena, sanguinis vasculum], hota, nefron, cistis, thessis, anathossis? *Gloss. Poems* 103.

Phlegethon [CL < φλεγέθων], 'Blazing', one of the rivers of the underworld; **b** (w. ref. to Christian concept of hell-fire).

Flegton, inferni fluminis *GlH* F 462; de Flegetonte, de fluvio infirni, *of ligspiwelum flode GlP* 207; Tartarus, Styx, Cocytus, Gehenna, ~on; licet hec et alia multa loca sint aput inferos, pro inferno tamen accipiuntur OSB. GLOUC. *Deriv.* 401; Flagiton [*gl.*: fluvius inferni] *WW*. **b** ipse quidem solitos gaudet perferre labores, / tu Phlaegeton subies, Herebum manesque pavesces FRITH. 1094; urgeor, o defungar, et o, fratres,

vigilate, / Pyr-Flegeton calida ne vos absorbeat unda! *Ib.* 1353; equidialis ibi vicino linea Sole / estuat immodice, sed Flegetonte minus GARL. *Epith.* II 16.

Phlegethonticus [CL Phlegethon, -ontis + -icus], that pertains to the river Phlegethon, (in Christian context) hellish.

990 (12c) quo circumquaque parma vallati protectionis divinae virulentas Phlegethonticae atrocitatis valeamus combustiones evadere ac Leviathan luridi Theo protegente phalanges evincere *CD* 673.

phlegma [LL < φλέγμα]

1 phlegm, mucus.

spumanti flegmate proximos quosque roscidaturo GILDAS 34; flegmata, *horh GlC* F 216; si ascenderit ad caput potest esse causa rheumatis et catharri. si vero ad intestina, et fuerit ~a salsum, mordificando intestina inducit dysenteriam BART. ANGL. IV 4; pulmo .. fit multi flecmatis receptaculum, ut per flecmatis humiditatem temperetur calor cordis et siccitas RIC. MED. *Anat.* 221–2; flamgogum dicitur medicina purgans flamum *SB* 21; litargia est oblivio mentis que fit ex flemate replente partem cerebri superiorem *SB* 27; ministrante stomacho unumquodque membrum suscipit nutrimentum et convertit secundum naturam membri .. sic, que ascendunt ad pulmonem, flemmata BUTLER 416; apoflemnatismus dicitur esse omne quod per os vel per nares flema deponit a capite *Alph.* 13; flemna, hujus sunt v species *Ib.* 65; non audeant in dicta ecclesia aut cimiterio aliqua vana loqui nec fluma vel salivam in illam terram sanctam expuere vel proicere J. GLAST. 14; in singulis .. destillationibus separabis ~a RIPLEY 112.

2 (med. & anat., as one of four cardinal humours).

nigra bilis .. graves .. dolososque facit; ~ata tardos, somnolentos, obliviosos generant BEDE *TR* 35 p. 247; in animalibus .. ex ipsius temporis qualitate flecma augmentatur et quasi superbiendo se extollit PETRUS *Peripat.* 102; colera .. ex igne suam sortitur proprietatem, sanguis ab aere, flegma ab aqua, melancolia a terra D. MORLEY 16; habentes stomacum frigidum et siccum sc. melancolicum, vel frigidum et humidum sc. fleumaticum, vel fleuma admixtum colere *Quaest. Salern.* B 102; sunt .. quatuor humores, sc. sanguis, ~a, cholera, et melancholia BART. ANGL. IV 6; dicuntur Picti quasi stigmatizati seu cauteriati, propter abundantiam fleugmatis, quia ubi ex crebris stigmatibus cicatrices obducuntur, corpora quasi picta redduntur HIGD. I 58; ut dum malencoliam velit evacuare, debilitetur Saturnus .. si flemma, debilitetur luna N. LYNN *Kal.* 213.

3 (~*a marinum*) sea-water (but *cf. flumen* 1b).

tria famosa flumina precellunt, Tamisia, Sabrina, et Humbra, quorum alveis omnia per ampla ostia Oceani marinum fleuma influens et refluens tres insule principales provincias quasi tria regna disterminat [v. l. disterminant] *Eul. Hist.* II 147.

phlegmagogum [LL phlegmagogus *as sb. n.* < φλεγμαγωγός], medicine that purges phlegm.

cum colagogo et flegmagogo GILB. I 21. 2; purgentur .. cum flegmagogo *Ib.* 34v. 2; flamgogum dicitur medicina purgans flamum *SB* 21; ab ago .. dicitur flemnagogum .. agens sive ducens flegma *Alph.* 56.

phlegmaticare [LL phlegmaticus + -are]

1 to sniff, snuffle.

to snyfter, reumatizare, fleumaticare, fleumatizare [v. l. flegmatizare] *CathA.*

2 to spit.

to spitte, screare, ex-, spuere, con-, ex-, de-, sputare, de-, fleumaticare, fleumatizare, salivare *CathA.*

phlegmaticitas [LL phlegmaticus + -tas], quality of phlegm.

quod non contingit in flegmate ratione flegmaticitatis GILB. I 59v. 1.

phlegmaticus [LL < φλεγματικός]

1 pertaining to or characterized by phlegm, phlegmatic.

9 .. flegmaticus, *mældropiende WW*; mense Maio flegmatica pestis per totum occidentem discurrit et catarro graviter molestante omnis oculus ploravit ORD. VIT. XI 15 p. 215; comes Willelmus de Albamarlia

.. lapidem portabat in renibus. nam calor nimius grossam et fleumaticam humiditatem desiccaverat W. CANT. *Mir. Thom.* II 64; fleumatici .. non multum frigidi quia pauco indigent exercicio ad paucum calorem excitandum de die debent comedere J. MIRFIELD *Flor.* 152; flewmatikke, fleumaticus, flegmaticus, reumaticus *CathA*; fleumaticke, fleumaticus LEVINS *Manip.* 121.

2 (med. & anat., of phlegm as cardinal humour).

dens ex fleumatica quadam materia generatur, sc. humiditate fleumatica, vel ut quidam dicunt ex humiditate cerebri, sc. medulla *Quaest. Salern.* B 162; pulmo .. est quoddam molle membrum, flecmaticum, cavernosum, et spongiosum RIC. MED. *Anat.* 220; si frigida et flegmatica vel melancolica et modus tardus, status erit remotus *Id. Signa* 34; humor .. distillat a capite ad pulmonem continue quasi pluvia, unde ex accidenti habundat fleumatica humiditas *Ps.*-RIC. *Anat.* 41; si aliquo ~o humore contingit spiritualia remolliri aurum abstergit M. SCOT *Sol* 722; Saturnus habet dominium super morbos flemmaticos, viscosos et melancolicos, congelatos, acutos, ut supra lepram, cancros, morpheam, et podagram ROB. ANGL. (II) 161.

3 (w. ref. to phlegmatic personality): **a** (of a person; also as sb.); **b** (of an animal).

a flegmatici et melancolici GILB. I 13v. 2; ~us est rudis et piger ad omnia BACON *CSPhil.* 422; ~us, hic somnolentus, piger, in sputamine multus *Eul. Hist.* I 435. **b** si in aliquo plus habundabat ignis, colerica facta sunt ut leo, .. si vero aqua, flegmatica ut porci D. MORLEY 154.

phlegmatizare [LL phlegma + -izare; cf. phlegmaticare]

1 to sniff, snuffle.

to snyfter .. fleumatizare *CathA.*

2 to spit.

to spitte .. fleumatizare *CathA.*

phlegmon [CL < φλεγμόνη], extravasation of blood. **b** inflammation, abscess, or sim. resulting from extravasation.

fluemina, sanguis in nervis defusa *GlC* F 236; tertia die penitus restitutus est, residente tamen ulcere ad irquum alterius oculorum, tanquam in flemonem collecto quod diffusum erat W. CANT. *Mir. Thom.* III 34; qui flemone protinus represso, et dolore penitus sedato, mestum hospitem exhilaravit *Ib.* IV 39; flegmon proprie ponitur pro apostemate sanguineo *SB* 21. **b** fleumon .. infirmitas stomachi, vel dicitur inflammans, *magan untrumnes GlH* F 457; flegmon, apoplexis, reuma, liturgia, spasmus *Gloss. Poems* 104; ad generandum apostema, quod flegmon vocatur GILB. I 28v. 1; propter apostema nominatum flegmon, quod est apostema de sanguine quod fit in aliquo membrorum generatum sicut in epate et diafragmate GAD. 19. 1; de sanguine fit apostema quod vocatur flegmon, i. inflatio tumida *Ib.* 24v. 2; flegmon dicitur quasi flammon et est apostema rematicum ut in Johannicis *Alph.* 65.

phlegmonatia [cf. CL phlegmon], subcutaneous dropsy, inflammation under the skin.

flegmonantia vel leucoflegmantia GAD. 30. 2 (v. leucophlegmatia).

phlegmonis [cf. φλεγμονώδης], pertaining to inflammation.

si [sanguis fit] subtilis valde, facit herisipillam flegmonidem GAD. 24v. 2.

phlomis v. phlomos.

phlomos, ~is [CL < φλόμος, φλόμις], ~**us**

1 mullein (*Verbascum thapsus*) or sim., sts. assoc. w. phlome, plant of genus *Phlomis* used for making lampwicks.

flomos, Graece nomen herbe verbascum *GlH* F 507; fromos, vel lucernaris, vel insana, vel lucubros, *candelwyrt* ÆLF. *Gl.* 137 (cf. Isid. *Etym.* XVII 9. 73); floniu [*sic* MS; ? l. flomu], i. verbasci *Gl. Laud.* 659; flumus, i. varvarco *Ib.* 661; flomoch, i. herba cujus genera sunt duo masculus et femina *Ib.* 673; filonus, i. lupicorda, seu piscatoria *Ib.* 689; flommos, i. verbascum vel morabdos *Ib.* 692; ponfolingos, i. flommos vel verbascus *Ib.* 1224; flosmus, tapsus barbastus idem *SB* 21; ellenium multi simphitum vocant, vel batum,

aut flomnum .. folia habet flomo similia *Alph.* 54; flosmus, tapsus barbastus idem est, G. *gromoyloyne*, A. *feltworth or mollen MS BL Sloane 347* f. 85v; fflosmus .., *feltwort, moleyn, lungwort MS Cambridge Univ. Libr. Dd. 11. 45* f. 105r; flosmus, filtrum, tapsus barbatus major, herba luminaria, pantifilagos idem, A., *feltwort vel cattestayl Ib.* 68; flosmos, quam Latini barbastum dicunt, duo sunt genera masculina et femina *Ib.*; est alterum genus flosmis quod lignitis dicitur at [*sic*] triallis, folia habens iij, aut iiij, aut plurima *Ib.* 69; herba luminaria, flosmus, tapsus barbatus major, filtrum idem, A. *cattestail vel feldwort Ib.* 80; tapsus barbatus major masculus, flosmus, molena, herba luminaria idem. G. *molayne*, A. *catesteyl, vel feldwrt Ib.* 182.

2 chrysanthemum.

crisantium, i. fluminis floris *Gl. Laud.* 313.

phlomus v. phlomos.

phlox [CL < φλόξ = *flame*]

1 flame.

flox, Graece flamma *GlH* F 515.

2 (bot.) phlox (*Polimoniaceae*).

flos interpretatur lux, inde farrum, et fungus, et fornax, et focus *Alph.* 68.

phoca [CL = *seal* < φώκη; cf. φωκίς = *kind of fish*], ~**us**

1 seal.

focas, i. vitulos marinos *GlH* F 584; focca, †*scolh* [l. *seolh*] *Ib.* F 586; foca, *seol* ÆLF. *Gl. Sup.* 180; **11** .. focus, seal *WW Sup.* 208; quod foce voc' *grappas Augm. Bk.* E 315/166 f. 6; de focis furatis de insula focarum *Ib.* f. 14v.

2 porpoise.

de piscibus; .. hic ~as [*sic*], craspois *Gl. AN Glasg.* f. 21ra; foca, A. *a porpays* .. ~us, A. *a purpays* .. hec ~a, A. *porpas* .. hec foca, *a porpas WW*; ~a, *porpos* STANBR. *Vulg.* 12.

3 fluke, flounder.

hec ffoca, A. *a floke WW*.

4 (unspec.); **b** (fig.).

dixit se mire magnitudinis piscem conspexisse in ipso quod subterfluit monasterio flumine .. atque coram pedibus ministrorum Domini exponitur, qui piscis a scolasticis 'foca' nominatur DOMINIC *V. Ecgwini* I 21; prestat in ede fōcis jungi quam per mare fōcis SERLO WILT. 2. 44 (v. i focus 1a); [castores caudam] in modum ~e marine, planam habent et levigatam GIR. *TH* I 26; ~as .. marinas nonnunquam vidimus .. ad cithare .. sonitum .. super undas corpus erigere *Ib.* III 12; quoniam Phoebo se pretulit [Cephisus], Phebus eum in ~am piscem marinum mutavit *Natura Deorum* 101; mare [Mediterraneum] .. preter ~as et delphinos, alias beluas marinas majores non patitur BART. ANGL. XIII 22; consortesque fient foce mercede diete, / turdi, salmones, mori, milli, capitones (J. BRIDL.) *Pol. Poems* I 194. **b** foce, i. domini per tales pisces designati (J. BRIDL.) *Pol. Poems* I 199.

phoebificare [CL phoebus + -ficus + -are], to shed sunlight on.

flore coronat humum, gemmas invisceret undis, / phebificans auras, stellas intexit Olimpo HANV. I 240.

phocaena [φώκαινα], porpoise.

~a .. quam nostri *porpose* nominant, dicturi *porpoise* et contracte *porpoise*, a porco pisce CAIUS *Anim.* 27b.

phocinus [CL phoca + -inus], of a seal.

jussit illis dari pellem focinam, supra quam in celebratione misse stare consueverat, ad sacculum inde faciendum J. FURNESS *Pat.* 93.

phocus v. phoca.

Phoebe [CL < Φοίβη], **a** Phoebe, goddess of the moon. **b** the moon.

a Phoebe quoque flagrantibus / fratrem juvat ardoribus (ÆTHELWALD) *Carm. Aldh.* 4. 31; Diana .. dicitur .. ~e a Phebo fratre suo WALS. *AD* 41. **b** ~e totius humoris fons est GIR. *TH* II 3; visitat antipodes phebe, refluitque fluitque / pontus GARL. *Tri. Eccl.* 32; hec ~e, A. *the mone WW*.

Phoebeius, ~eus [CL < Φοίβειος]

1 of or associated with Apollo.

ales ~eius, Corvus videlicet WALS. *AD* 52.

2 pertaining to the sun, solar.

~ei fervoris .. malitia GIR. *TH* I 40.

3 that gleams like the sun.

viderunt exercitum celestem, equis albis et ~eis armis H. HUNT. *HA* VII 15.

phoebella [CL phoebus + -ella], sunrise.

sunne rest or rysyng of þe sun, ffebella PP.

phoebescere [CL phoebus + -escere], to shine or gleam like the sun.

hec mulier vultu roseo phebescit HANV. VIII 298.

Phoebeus v. phoebeius.

Phoebigena [CL], a son of Phoebus, Aesculapius.

peonis primi ut .. ruricola, ~a Troiugena ALDH. *PR* 133 p. 185.

phoebiger [CL Phoebus + -ger], that shines like the sun.

producitur ultima virgo / phebigero plus quam prefulgentissima vultu HANV. IX 392; nubescit fletibus si forte doleas; micat phebigera fronte si gaudeas WALT. WIMB. *Palpo* 107.

Phoebus [CL < Φοῖβος]

1 a Phoebus, Apollo, god of the sun. **b** the sun. **c** (transf., w. ref. to Aristotle).

a quadrigam ~o attribuunt ALB. LOND. *DG* 8. 6; Febo consulto didicerunt quod numquam cessaret GREG. *Mir. Rom.* 5; ~us, sol et Apollo BACON *Gram. Gk.* 139; ~us variis appellatur nominibus in poetria WALS. *AD* 41. **b** nonne magum merito geminis fraudavit ocellis, / cerneret ut numquam splendentem lumine phoebum? ALDH. *CE* 2. 17; de philosophia .. / sum Salomone sagacior et velocior Euro, / clarior et phoebi radiis, pretiosior auro TATWINE *Aen.* (*De philosophia*) 168; at rursus fratres, veniunt cum lumina phoebi, / se precibus cupiunt Domino mandare profusis ÆTHELWULF *Abb.* 298; febu[m], solem *GlH* F 303; tum medium volvente diem Titane per austrum, / quo lassus veniens, statim recubando soporem / colligit, ignivomi pausans in caumate phoebi WULF. *Swith.* I 500; obstupescit rex Æðelberhtus dum sic radiosus ~us obtenebrescit *Pass. Æthelb.* 4; post breve celum opacis obtenebratur nubibus, et absconso pene ~o, totus aer cum validissimis ventorum turbinibus agitatus *Mir. Hen. VI* I 16 p. 45. **c** ~um philosophorum, archisophum Aristotelem R. BURY *Phil.* 7. 103.

2 day.

noctibus et phoebis latitans tam foeda sepulchris / furva per umbriferas semper constabo cavernas HWÆTBERHT *Aen.* 60 (*De bubone*) 3.

3 a (understood as) new. **b** act of rising (w. ref. to sun or resurrection).

a Apollo .. et ~us, i. e. novus, vocatur, vel quod revera sol in ortu suo quotidie novus appareat ALB. LOND. *DG* 8. 4. **b** †forbos [l. foebos], anastasis *GlC* F 297.

phoenicarius [LL phoenicium + CL -arius], teaseler, one who teasels cloth.

fenicarius, A. *a theseler WW.*

phoenicius [CL < φοινίκιος]

1 (as adj.) red, scarlet.

phanicem [l. phoeniceum], roseum *GlC* P 384; Scyricum pigmentum est unde sit color ~eus, quo librorum capita scribuntur BART. ANGL. XIX 24.

2 as sb. f. or n. (dark) red colour or dye; **b** (w. ref. to *Is.* i 18). **c** kind of plant which produces dark red dye.

fenicium, †cocumum [l. coccinum] *GlC* F 122; finicia, *beosu Ib.* F 173; feniceum .. coccineum, rubrum, vel *basu GlH* F 260; finicium .. coccinum luteris, *beasu Ib.* F 324; **10** .. fenicia, *baso WW.* **b** lavabis .. me et super nivem dealbabor, cumque peccata mea

~o sint similia ALCUIN *Exeg.* 584D; si fuerint peccata vestra sicut ~um [*gl.*: coccinum] NETTER *DAF* II f. 10. **c** hoc fenicium, -cii, i. herba fullonum que nigram facit tincturam OSB. GLOUC. *Deriv.* 213.

2 tamarind, (fruit of) the tree *Tamarindus indica*.

dactilus, respice in finican *Alph.* 48; fincon indi vel oxifenicia .. tamarindi *Ib.* 65; oxifenicia vel fincon dicitur, inde dactilus Indicus vel tamarindus, fructus est cujusdam arboris *Ib.* 133.

3 wild or wall barley (*Hordeum murinum*).

~ea *or* hordeum murinum *of Plenie, is the wal barley, whiche groweth on mud walles* TURNER *Herb Names* D v v.

4 teasel, plant of the genus *Dipsacus*.

a taselle, .. cardo, .. finicium vel fe- *CathA.*

phoenicobalanus [CL < φοινικοβάλανος], date.

finicon balemon [dactulus] qui glandi assimilatur .. et finicen balanion dactilus idem *Alph.* 65.

phoenicodactylos [φοινικοδάκτυλος = crimson-fingered], tamarind (*Tamarindus indica*).

oxifenicia, finiscodactulus acetosus, *tamarinde MS BL Sloane* 282 f. 171vc.

phoenicopterus [CL < φοινικόπτερος], flamingo.

in hac fasianorum et pavonum cerebella, linguas phenicopterum .. commiscuit J. SAL. *Pol.* 735B.

phoenix [CL < φοῖνιξ]

1 a a fabulous bird, the phoenix; **b** (w. ref. to regeneration); **c** (as type of uniqueness); **d** (applied to women of unique nobility, in quots. Susanna and BVM).

penix, genus aquilae *GlC* P 252; nova Roma viso fenice melioribus auspiciis condita est J. SAL. *Pol.* 411B; ~ix, ~icis, est avis, et frater Cathmi, et regio ultra mare que est Syria Phenicis, et palma dicitur Grece fenix BACON *Gram. Gk.* 139; hic ~ix, media producta, *a phenes WW.* **b** finix avis semetipsum revocat de favillis †congregatio [l. congregatis] *GlC* F 155; ipsa quidem sed non eadem que te ipsa nec ipsa? [*gl.*: ipsa est avis foenix] *Gloss. Poems* 104; quid illa phoenicis tam obstupenda proprio ex cinere reparatio? GIR. *TH* I 21; confirmatur .. quod eadem species fenicis .. redit post sui desicionem WYCL. *Dom. Div.* 44. **c** optima femina, que rarior est fenice MAP *NC* IV 3 f. 45 (cf. WALT. WIMB. *Van.* 89); de hoc etenim hominum genere dicere consueverat rex Henricus secundus quia, si tantum vir unus de Bascrevillanis, sicut avis unica fenix, in mundo foret et non plures, totam mundi massam et machinam tantillo fermento contaminandam fore et corumpendam GIR. *SD* 58; quare sit unus fenix tantum et quare ex eo alius non generetur nisi eo mortuo? *Quaest. Salern.* N 5; apud Arabes ubi nascitur ~ix [ed. 1472: fenix] singularis nuncupatur BART. ANGL. XII 14; ut fenix avis unica jus foret filii mei, si obtinere poterit quod intendit FORTESCUE *NLN* II 13. **d** feminei sexus Susanna fit unica fenix A. MEAUX *Susanna* 42; o lampas celicum, o festra celica / monstrum sanctissimum et fenix unica WALT. WIMB. *Carm.* 113; ave, virgo, mater Christi, / que pudore meruisti / dici fenix virginum *Id. Virgo* 1; pre cunctis aliis, quas ornat gracia forme, / felix et fenix isti [sc. femina] fit absque pare GOWER *VC* V 120.

2 date-palm.

finicus, i. dactilus *Gl. Laud.* 655; finixi, i. palma cum dactili *Ib.* 657; feminice, i. palma *Ib.* 685; ad similitudinem avis phoenicis [ed. 1472: fenicis], que multis vivit annis, palma a Grecis φοῖνιξ [*sic*; ed 1472: fenix] est vocata BART. ANGL. XVII 116; finichon †pachilus [v. l. †parachilus, l. dactylus], palma *Alph.* 65; palma, Grece ~ix, A. *a date tre* TURNER *Herb.* B iv.

3 wild or wall barley, 'waybent' (*Hordeum murinum*).

~ix, Romanis lolium murinum, sive hordeum murinum dicitur. quibusdam avena sterilis vocatur. nascitur in arvis tegulisque recens illitis, vocatur hec herba quibusdam *waybent*, propterea quod juxta semitas crescat TURNER *Herb.* B iv v; ~ix Dioscoridis *semeth to be the herbe which is called in Cambrigshire way bent Id. Herb Names* D v v.

phola v. fola.

phonascus [φωνασκός], one who trains the voice.

sub fonasco *GlSid* f. 143v (v. phone).

phonastrum [dub.], sort of rod.

alias .. si forte quis hostiarius, ut irruentes clericos ab introitu repellat, virga percutit non voluntate nocendi; item si acolitus ~o vel correptorio, quod vulgus nostratum bosretum nuncupat, non tenetur J. SAL. *Hist. Pont.* 3.

phone [ML < φωνή], ~**a**, ~**us**, ~**um**, (sound of the) voice, word, utterance.

Christo reddo corde laeto [l. leto] / grates homo, immo [l. imo] fono *Anal. Hymn.* LI 301; adjutor benignus caris / doctor effabilis fonis (EUBEN) NEN. *HB* 144; **942** sacre .. scripture edicta fona catholicorum patrum nos admonet *CS* 775 (cf. ib. 982: **956**); **985** intonante apostolica fone; 'quid habes, quod non accepisti?' *CD* 652; sub fonasco Romanice dicitur *suschant* [? l. *suschantre*] a sub et fonos, quod est sonus *GlSid* f. 143v; tibi laudes curve, prone / tam puelle quam matrone / senesque cum pueris / phono fundunt indefesso / quas virtutum inaccesso / cono supergrederis WALT. WIMB. *Virgo* 138.

phormeum v. porthmeus.

Phoroneus [CL], Greek.

per medios cuneos querit post tres Phoroneos / ad penam piceos si daret Alpha theos. W. PETERB. *Bell. Hisp.* 120.

phos [LL < φῶς], light.

lucifer quasi phos ferens OSB. GLOUC. *Deriv.* 213.

Phosphorus [CL < φωσφόρος], (light of) the morning star.

fosforus, stella matutina *GlC* F 298; †pliosperus [? l. phosphorus], lux lucis *Ib.* P 458; ergo ubi vitalis morientes liquerat artus / spiritus, extimplo praecinctus agmine claro / tegmine jam niveo fulgens ceu fosforus axe *Mir. Nin.* 271; aeger .. ille excitatus iterum, jam aurora reducente ~um LANTFR. *Swith.* 2.

phossorium v. fossorium.   **Photinianus** v. Pothinianus.

phrasis [CL < φράσις]

1 expression, phrase.

a phrase, ~is LEVINS *Manip.* 36.

2 expressiveness, eloquence.

frasin, eloquentia *GlC* F 323; est .. frasis commoda verbi facilitas, in quavis lingua J. SAL. *Met.* 917C; ante merum mutus est post mera multa locutus; / provenit ergo frasis exuberis ubere vasis WALT. WIMB. *App.* 2. 24.

3 sense, (explanation of) meaning.

frasi, sensu *GlC* F 311; frasis, interpretatio *Ib.* F 335; phraysi, sensus *Gl. Leid.* 30. 30.

phren [LL < φρήν], skin or membrane: **a** (spec. surrounding the brain); **b** (spec. diaphragm).

a frenesis .. a frenibus .. nomen sumpsit que cerebrum circumvolitant GILB. II 100. 2; hoc fren, A. *the skyn of the brayne* .. in capitis cerebro fren est tenussima [*sic*] pellis *WW*; dicuntur due pellicule que obvolvunt cerebrum frenes *Alph.* 65. **b** fren interpretatur pellicula, unde antiqui ante tempus Platonis vocabant frenes quod nos hodie dicimus diafragma *Alph.* 65.

phrenesis [CL, cf. φρενιτικός]

1 mental disease, madness, frenzy, or sim.; **b** (transf., w. ref. to heresy).

in tantum ut frenesis morbum pateretur amarum B. *V. Dunst.* 4; **10** .. frenesis, *seo untrunnys* .. frenesis, *weding WW*; exhalat .. cerebrum calorem, qui, si in eo obturaretur, ~im .. generaret ADEL. *QN* 20; juvenis quidam .. Fantasticus agnomine vocatus .. in ~im raptus statim insanivit; et nescio quo spiritu ductus, prophetizare cepit GIR. *TH* II 47; frenesis est apostema ignitum in anteriori parte cerebri vel ejus pelliculis natum GILB. II 100. 2 (cf. GAD. 6. 1); Phrenesis pia mater in ~is redigitur potestatem R. BURY *Phil.* 7. 102; *þe fransy*, frensis *CathA*. **b** ymmo supposito per possibile, quod ipsamet [sc. ecclesia] maniace sit lapsa in frenesim WYCL. *Ver.*

III 240; c**1380** hujus ficticie vel frenesis inventor a detractionibus non cessabit *Dip. Corr. Ric. II* 6.

2 (metr.) disorder.

queratur . . productio non tempore, sed accentu, ne vel frenesim eligas in fine, vel effugias simphoniam GERV. MELKLEY *AV* 218.

phreneticus [CL, cf. φρενιτικός=*who suffers from* φρενῖτις]

1 affected with mental disease, mad, raving, frantic, frenetic; **b** (transf.).

coepit quasi limphaticus vel freniticus [*gl.*: i. insanus, amens, *gemyndlæs, brægenseoc, awoffod*] denigratos lebetes et furviores fuligine caccabos complecti tetrasque sartagines basiare ALDH. *VirgP* 50; freneticus . . demoniaticus, insanus, amens, *gewitleasa GlH* F 696; negat se freneticum HERM. ARCH. 41; qui ~um ligat, et qui lethargicum excitat, ambobus molestus, ambos amat GIR. *PI* I 10; Symon Secher de la Ry, morbo frenetico fatigatus per quinque septimanas *Mir. Montf.* 74; hoc anno [1468] obiit dompnus Johannes Colchestyr . . abbas . . monasterii S. Johannis in turri London'; et vere freneticus atque demens fuit ante ejus mortem HERRISON *Abbr. Chr.* 13. **b** c**705** concessa septiformis spiritus gratia praediti devotae subjectionis frena ritu frenetico frangunt ALDH. *Ep.* 12; omnes assentientes, voce frenetica, "capite", inquiunt SERLO GRAM. *Mon. Font.* 25; in somno . . sensus communis principaliter immobilitatur et per calorem freneticum . . solvitur *Ps.*-GROS. *Summa* 492.

2 epileptic.

10 . . freneticus, *bræcseoc WW*.

3 (as sb. m.) one who is affected with mental disease, madman, lunatic.

nonne [David] . . impensa sospitatis gratia freneticum curavit? ALDH. *VirgP* 53; freneticus quidam, dum per cuncta errando discurreret, devenit ibi vespere BEDE *HE* IV 3 p. 212; referunt . . frenetici, et spasmosi, et stupidi quandoque, tanquam vite constante primordio, aridi vero neutiquam ALF. ANGL. *Cor* 3. 3; queritur quare febriens nondum freneticus habet urinam coloratam, cum calore febrili urine non fiat coloratio *Quaest. Salern.* B 319; **1283** se suspendit quasi frenseticus de quadam corda *IMisc* 42. 46; si in lapide inveneris cervum, vel venatorem, vel canem, vel leporem impressum, ille habet potestatem curandi demoniacos, lunaticos, maniacos, et in nocte militantibus, atque freneticos *Sculp. Lap.* 451; quando phantasma est in virtute phantastica, fit illa penetracio et ambicio, et ita erit in ~o et dormiente, quod negat ille cujus opinio exponitur DUNS *Ord.* III 317.

Phrenonphysicus [περὶ φρενῶν φύσεως], (title of book).

doctores ecclesie . . de anima multa scripserunt, quos siquis non potest evolvere, vel Prenonphisicon legat, librum de anima copiosissime disputantem J. SAL. *Met.* 928B.

Phrixeus [CL], that pertains to Phrixus.

respicis Apriles aries Phrixeae kalendas BEDE *TR* 16 (cf. *Miss. R. Jum.* 12).

phronesis [CL < φρόνησις], wisdom, prudence, understanding; **b** (personified).

a morionibus cordatus fronesi, / a calcitronibus rex differt genesi WALT. WIMB. *Sim.* 82; fronesis, que est providencia vel sensus BACON *Gram. Gk.* 117. **b** est Alethia soror Fronesis, virtutis origo, / grata sui specie, semper amica Deo J. SAL. *Enth. Phil.* 11; ~is pia mater in phrenesis redigitur potestatem R. BURY *Phil.* 7. 102; hec Justitie Veritas que jam nostra venit ~is, decora est facie et venusta aspectu FORTESCUE *NLN* I 31.

phronicus [cf. phronimus, *assoc. w. adjectives in* -icus], wise.

wyse, . . artitus . . fronos Grece, fronicus *CathA*.

phronime [cf. phronimus], wisely.

nunc age, communi si vivas optime voto, / sepe meis, fateor, parebas [*sic*] phronime dictis FRITH. 1027.

phronimus [φρόνιμος], wise.

rexo vero fronimus, scindens ferale volumen FRITH. 674; fronimus, *wis* ÆLF. *Gl.* 165. 7.

phrut v. ptrut.

---

phrygiare [ML < CL phrygius+-are; cf. CL phrygio]

1 to embroider.

browdyde: . . ffrigiatus *PP*; in cappis . . septem alias aureis et hyacinthinis filis . . ~iatas FERR. *Kinloss* 76.

2 to put on a mitre (cf. *Phrygius* 6).

to sett on mitere, frigiare *CathA*.

phrygio [CL], embroiderer.

frigia, polimita unde artifices qui faciunt frigiones dicuntur *GlH* F 740; *browdyour*, . . ffrigio, -is *PP*; s**1422** ad trecentas fere marcas per vestimentarios et frigiones . . extitit appreciatum *Croyl. Cont. C* 515.

Phrygius [CL < Φρύγιος]

1 that pertains to Phrygia or Phrygians: **a** (mus., ~*ius modus*) Phrygian mode; **b** (*lapis* ~*ius*) sort of marble.

a frigius . . modus et cetera corruptionis lenocinia J. SAL. *Pol.* 402B; Dorii modum suum vocant Dorium, Phrygii ~ium nominant ODINGTON 87. **b** litifrigius, i. lapis Frigius *Gl. Laud.* 902; Fricus lapis est. iij habet species; una est metallitica que in Cipro nascitur, altera fex est craminis, tercia vero species sic conficitur, lapis qui quandiu sanguineum colorem faciat, et collectus reponitur *Alph.* 67; lapis Frigius quo in Frigia interfectores utuntur, unde et nomen accipit, utilis est colorem viridem habens *Ib.* 91.

2 (as sb. m.) Phrygian, inhabitant of Phrygia.

~ii a Phrygia Europis filia ODINGTON 87.

3 (as sb. f.) Phrygia, a region of Asia Minor; **b** (personified).

pars Asie Frigia GARL. *Tri. Eccl.* 102. **b** ODINGTON 87 (v. 2 supra).

4 (as sb. f.) embroidery.

frigia, polimita unde artifices qui faciunt frigiones dicuntur, vel est Trojadis regio *GlH* F 743; acu picta, vel frigia, *gediht*, vel *gesiwed hrægel* ÆLF. *Gl.* 151. 32.

5 (as sb. f.) tiara.

frigias, trojanas, vel tirias *GlH* F 742.

6 (as sb. n.) mitre.

coronam et frigium [sc. Romani pontificis] clara merito videri quoniam ignea sunt J. SAL. *Pol.* 814B; *a myter*, frigium *CathA*.

Phryx [CL < Φρύξ], a Phrygian, (in quot. understood as) cool, tepid (assoc. w. *frigus, frigidus*).

frigum, *wlæccan GlP* 652.

phsalterium v. psalterium.

phthisicus [CL < φθισικός]

1 consumptive, who suffers from consumption. **b** (*passio* ~*a*) consumption, pulmonary tuberculosis.

~us, in pulmone infirmatus OSB. GLOUC. *Deriv.* 592; miles . . thisicus fuit, qui viro Dei vovit, et convaluit W. CANT. *Mir. Thom.* VI 54; alia [mulier] . . tisica tam fortiter laborabat, ut si semel tussiret fortiter . . *Mir. Wulfst.* I 42; *loungseke*, ptysicus, pulmonicus LEVINS *Manip.* 54. **b** **1505** solutum H. Throwley laboranti tisica passione xij s. *Cant. Coll. Ox.* II 244.

2 sickly, diseased (in quot. w. ref. to hawks).

si quis curare studet ancipitrem, primo rostrum diligenter faciet quia ancipiter pro ejus magnitudine †pertisicus [?l. p'tisicus, i. phtisicus; v. l. ptisicus] fit; ex spina colicam in naribus dum carnem deglutire non potest; igitur eum carne nervosa pasce quod si fiat †pertisicus per vicinam sic curatur ADEL. *CA* 4.

3 (as sb.) consumptive person.

quare ptisici calent volas manuum et pedum circa nonam horam? *Quaest. Salern.* Ba 60; [plantago] tisicis dat opem NECKAM *DS* VII 68; fit defectio in corporibus senum, unde senes dicuntur ptisici GILB. I 65v. 2; asmaticis tussi consumptis [*gl.*: tisicis] zucara confert GARL. *Epith.* IV 329; sirupus optimus in consumptis et ethicis et ptisicis et tussientibus GAD. 22. 2; in fine morbi cadunt capilli, fluxus enim ventris vel capillorum in ptisicis mortem proximam notat J.

MIRFIELD *Brev.* 74; ungula caballina . . terrestris . . confert ptisicis et ethicis *SB* 43; empicus . . quasi habens uulcus saniosum in pulmone, et tales sunt thisici *Alph.* 56.

4 (as sb. f.) disease that affects hawks.

ad †tesgam [l. ptisicam] ventris in succo granorum maturorum sambuci carnem intinge . . ad †tesgam capitis succum [h]edere in nares inice ADEL. *CA* 5.

phthisis [CL < φθίσις], (med.) consumption, pulmonary tuberculosis.

tisis, emathoicus, nefresis, cacexia, brancus *Gloss. Poems* 104; phtisis, *wyrshræcing*, vel *wyrs usspiung* ÆLF. *Gl.* 113; fons est purissimus, usus cujus tussim tysimque sedare dicitur OSB. BAWDSEY cliv; hec est . . studiosi viri . . instancia, quem a studio non deterrent tussis aut tisis MAP *NC* V i f. 59v; ut tysim incurabilem ipsum incurrisse physici . . judicarent GIR. *Spec.* II 33 p. 108; diuturnarum passionum ut melancholie ptisis GILB. III 157. 2; pessimas infirmitates solet in corporibus inducere ac nocivas, ut phtisim [TREVISA: *tisik*], et hecticam, et hujusmodi BART. ANGL. IV 3; ptisis est morbus pulmonis tussim commovens et ethicam causans; et ideo dicitur ptisis quasi a protesi quod est retentio . . vel dicitur ptisis a tussi GAD. 52. 1; ptisis est consumpcio totius corporis ex ulceracione pulmonis de qua hic tractatur J. MIRFIELD *Brev.* 74; grippossis unguium †percisis [?l. p'cisis, i. phtisis] est signum *Alph.* 73.

phthongus [CL < φθόγγος], (mus.) pitch, sound, tone.

sunt apud nos partes cantilene, sic enim syllabe et pedes sunt partes metri, ita in vocibus phtongi, id est soni, quorum duo vel tres neumam, id est partem cantilene, constituunt, et pars una vel plures distincciones faciunt, id est congruum respiracionis locum ODINGTON 103; neupma multipliciter accipi potest, sc., aliquando pro simplici phtongo, id est sono TUNST. 233b; jam per colores diversos proporcionis designari solent, sed ineptissime quidem cum musica potentissima sine hiis esse valeat, cum de numeris ad thongos applicata tractet qui ~orum atque simphoniarum sunt forme HOTHBY *Cant. Mens.* L 55.

phtisis v. phthisis.

phu [CL < φοῦ], (bot.) valerian (*Valeriana officinalis*).

cinamomi, opobalsami . . terre sigillate, fui, boli GILB. IV 174. 1; fu, valeriana idem *SB* 22; ffu, *A., valerione BL Add. 18752* f. 101; feu, valeriana, . . fe G. et A. *valerian MS BL Sloane* 5 f. 7rb; ffu, valeriana, *fumetere MS BL Sloane* 282 f. 169vc; fu, valeriana, amantilla, veneria, portentilla, vel marturella, benedicta idem. fu multi nardum agreste appellant *Alph.* 69; *valeriane, herb*, pheu valeriana LEVINS *Manip.* 19.

phy [CL < φῦ], exclamation of disgust.

phy Venus immunda, phy probrum, phy pudibunda R. CANT. *Malch.* III 246; c**1277** rusticus est hippus victus sine fine Philippus: / sillaba putressit phi sordida, lippus acressit: / phi nota fetoris (*Vers.*) EHR LVI 96; **1346** phy fetet, lippus oculis nocet, ergo Philippus / dux nocet et fetet, sordida fata metet *Pol. Poems* I 27; non erit opus . . saltem fi vel scintilla adhuc remaneat ruboris ulterius exacuere asperitatis linguam *Reg. Whet.* II 387.

phyala v. phiala. **phycius** v. Pythius.

phycos [CL < φῦκος], seaweed.

ficul [l. ficus], i. alga marina *Gl. Laud.* 693.

phygethla [CL phygetron < φύγεθρον, φύγεθλον= *swelling of the glands*+-ella], (small) tumour.

figella [v. l. figelta] dicitur apostema factum de colera naturali et malencolia naturali et dicitur a fingo, [fin]gis *Alph.* 66.

phylactein [cf. φυλάττειν, φυλάξειν], to guard.

philaxen, quod est servare BELETH *RDO* 115. 120 (v. phylacterium 1a); prosilaticum dicitur a pro quod est procul et silacten quod est custodire *Alph.* 150.

phylacterium [LL < φυλακτήριον], ~ia

1 phylactery, small leather box containing four passages of the Torah, worn by a Jew as reminder to observe the Mosaic Law; **b** (transf.).

filacteria, pictacia scripta *GlC* F 209; philactaria, carmina vel decem praecepta legis *Ib.* P 385; et

phylacterium

nota, quod philacterium aliud est, aliud philacteria. philacterium est cartula, in qua decem precepta legis scribebantur, cujusmodi cartas Pharisei solebant ante se portare, id est ante oculos dependere in signum religionis .. et dicitur philacterium a philaxen, quod est servare, et toral, quod est lex BELETH *RDO* 115. 120; testamentum est philacteria que sunt quedam cartule, in quibus erant decem verba legis scripta S. LANGTON *Chron.* 178; pittacia cartarum in fronte et in sinistro brachio decalogo inscripta, que ~ia [TREVISA: philateria] dicebantur in legis memoriam gerebant HIGD. IV 4; *philett*, vitta .. phylatorium *PP*. **b** a**805** melius est .. evangelicas habere scriptas ammonitiones in mente magis, quam pittaciolis exaratas in collo circumferre. haec est pharisaica superstitio; quibus ipsa veritas improperavit philacteria sua ALCUIN *Ep.* 290.

2 charm, amulet; **b** (spec. as non-Christian).

10.. filacteria, *lyfesra* .. filacteria, *lyfesna WW*. **b** quasi .. plagam per incantationes, vel fylacteria, vel alia quaelibet daemonicae artis arcana cohibere valerent BEDE *HE* IV 27; c**738** auguria, vel filacteria, et incantatores *Ep. Bonif.* 43; **742** dicunt .. se vidisse .. mulieres pagano ritu filacteria et ligaturas et in brachiis et cruris ligatas habere BONIF. *Ep.* 50; **747** statuimus, ut .. episcopus parrochiam suam .. circumeat, .. prohibere paganas observationes, .. auguria, filacteria, incantationes *Ib.* 78; filecteria .. diabolica .. sibi inpendere EGB. *Pen.* 8. 4.

3 ornament.

cooydone, niceterium .. victoriale .. 'campus florum', dicit sic niciteria sunt felecteria victoralia muliebria ornamenta, 'campus florum' *PP*.

4 reliquary, receptacle; **b** (spec. for relic); **c** (spec. for Eucharist).

stabant .. clerici crucibus, et filateriis, et cereis armati MAP *NC* II 29 f. 33v; perceperunt .. ad utilitatem reipublice magnam partem divitiarum Egypti in auro et argento .. philateriis M. PAR. *Maj.* III 55; ~ia, conservatoria BACON *Gram. Gk.* 67; **13**.. aurifaber .. faciat .. ampollas, fioles, filatria [MS: filat'ia] (*Nominale*) *Neues Archiv* IV 341; incola vestitur, et philacteria tendit, / crimina defendit, sic sic atrocius itur *Pol. Poems* I 230. **b** extermina[n]t hujusmodi mensuras nonnulli [clerici] imperiti (heu, pro dolor!) qui non habere desiderant philacteria sua BYRHT. *Man.* 40; invenit .. crucis Dominicae ~ium a collo dependens supra pectus sanctissimum HERM. ARCH. 20; xxvij philateria argentea deaurata quorum novem cum cathenis argenteis, et duo cristallina, et unum gagatinum *Process. Sal.* 184; c**1135** notum sit vobis me dedisse philacterium quod Baldwinus sororius meus de Jerosolima mihi transmisit, .. cum omnibus reliquiis qui in eo continentur *E. Ch. Yorks* II 1136; philacteria .. est vasculum .. ubi .. sancte reliquie reconduntur BELETH *RDO* 115. 120; non dico filatorium [*gl.*: *filer vel boyçte*], quod ad ecclesiam pertinet NECKAM *Ut.* 101; **1223** Willelmus le Bigod tulit per festivos dies in ecclesiam .. quoddam filiterum cum reliquiis *CurR* XI 1344; philaterium [ed. 1472: philatrium] est parvum vas vitreum .. in quo sanctorum reliquie conservantur. philacterium .. aliud est .. in quo Judei scribebant legem BART. ANGL. XIX 129; item vasculum unum cum oleo S. Katerine; item filiateria xvj; item pixis una lignea alba cum reliquiis *Reg. S. Osm.* II 128; †filacerio [l. filaterio] SILGRAVE 71 (v. deforis 2a); **1295** item unus pannus, cujus campus aureus, cum leonibus et aquilis bicapitibus de aurifilo contextis in philetris rubeis *Vis. S. Paul.* 329; **1310** ij philatoriis de sindone alba *Ac. Exec. Ep. Exon.* 4; qui quidem revestiarius, secundum dignitatem festivitatum, textis, brachiis aliisque reliquiarum philateriis illud decentissime decorabit *Cust. Cant.* 111. **c** filitorium [ed. *Scheler*: philatorium; *gl.*: *boste*], in quo conservetur dignissime eucaristia NECKAM *Ut.* 119.

phylarchus [CL < φύλαρχος], leader of a tribe, or class of magistrate, 'phylarch'.

philarcus, id est princeps multarum tribuum S. LANGTON *Chron.* 73; triginta quaeque familiae magistratum .. eligunt, quem sua prisca lingua syphograntum vocant, recentiore ~um MORE *Ut.* 135.

phylargiria v. philargyria.   **phylatorium** v. phylacterium.

phylax [φύλαξ], guard.

fulas, Graece i. custodi *GlH* F 866.

phylaxare [phylax + -are], to guard, protect.

to kepe, custodire, servare, filaxare, observare, re-, custodimus inclusos vel vinctos *CathA*.

---

phylipompus v. philopompus.   **Phylistinus** v. Philistinus.

phyllis [CL < φυλλίς = almond tree], ~us, ~ius, ~um, (bot.) filbert tree, cultivated hazel (*Corylus avellana*).

ffylbert, note, ffillum *PP*; fillis, A. *a ffylbertre* .. fillum, *a ffylbert* .. hic fullus, *a fylberdtre WW*; capparus .. frutex crescit in saxis et est similis edere terrestri in foliis sed habet folia rotundiora et pinguiora et aliquantulum oblonga, phillis idem *Alph.* 33; *a filbert tre*, fillus vel fillius *CathA*.

phyllitis [φυλλῖτις], (bot.) ? hart's tongue (*Phyllitis scolopendrium*).

vidi et herbam .. quam vulgus appellabat *hyndes tonge*, et vulgus contendebat non esse *hertes tonge*; erat etiam minor et rectior. hec fortasse phillitis est TURNER *Herb.* B ii.

phyllon [CL < φύλλον = leaf], ~ium, leaf.

cassami, i. capparis, fillil zuccorarie, i. floris agni, catbartici, vel canarthi GILB. V 225v. 1; filon interpretatur folium *Alph.* 66.

phyllophoros [φυλλοφόρος = that bears leaves, cf. CL philochares < φιλοχαρές], (bot.) ? horehound (*Marrubium vulgare*).

filoflores, prassium idem *Alph.* 67; prassium aut filofores frutex est ex una radice multas virgas habens albas asperas et quadras *Ib.* 138.

phylomena v. philomela.   **phylosophari** v. philosophari.   **phylosophia** v. philosophia.

phyma [CL < φῦμα], (small) swelling or tumour.

fima est apostema de sanguine et fleumate, et dicitur fima a fimo eo quod de facili putrescit *Alph.* 66.

phymarus [dub.], (metr. understood as) form of syzygy.

de sinzigiis: .. namprossimalus, phymarus, atrorbus ALDH. *PR* 141 (142).

phynulus [dub.], (metr. understood as) form of syzygy.

de sinzigiis: .. matrimus, phynulus, febrinus ALDH. *PR* 141 (142).

phyola v. phiala.

physalidos [φυσαλλίς, gen. -ίδος = bladder], (bot.) dropwort or sim.

filipendula, fisalidos .. similis est millefolio *SB* 21 (v. filipendula); fisalidos, *snapegresse MS BL Royal 12. E. I.* f. 86v; fisalidos .. filipendula *Alph.* 64; filipendula, phisalidos, patrision, viscago *Ib.* 66 (v. filipendula).

physeleus [φυσαλέος = full of wind, cf. φυσαλλίς], (bot.) dropwort or sim.

recipe mirabolanorum, .. bellricorum, emblicorum, fiseleos GILB. III 171. 2; jusquiami, cimini feni, cardamo, fiselei *Ib.* V 225v. 1; maratri, cari, ameos, fiseleos, peonie GAD. 34. 1.

physialgia [cf. physis < φύσις + -αλγία], morbid condition of the hip.

phisialgia, i. dolor lumbi *Alph.* 146.

physicalis [CL physicus + -alis]

1 physical.

cujus signum stuporis in ejus visu denotare postea potuit omnis, cujus est mens aliquo modo ~is HERM. ARCH. 39; s**1216** facta .. de corpore suo phisicali anathomia per .. abbatem M. PAR. *Min.* II 193.

2 pertaining to natural or medical science.

rationes phisicales / et effectus naturales / nostra vincit medica GARL. *SM* 70; sonitu .. cum tumultuoso sa[n]guinem rutilabit cadaver .. quod .. ut et commentantur et sompniare parant fabulatores vitrei philosophique phisicales, quadam racione quam fingunt contingere profitentur et asserunt E. THRIP. *SS* X 2.

3 (as sb. n. pl.) natural science, medicine.

militabam .. Parisius in scientia triviali, Toleti contemplator quadrivii, et Salerni rimabar rationes ~ium VINSAUF *AV* II 2. 68.

---

1 physice [CL = *scientifically*], physically.

nec ~e nec philosophice me tractaturum spopondi NECKAM *NR* I 5; indignum scribi, ad domos religiosarum veniens, fecit exprimi mammillas earundem, ut sic ~e si esset inter eas corruptela experiretur M. PAR. *Maj.* V 227; generatur .. aliud ~e per actionem et passionem contrariarum qualitatum, .. aliud ab agente, quod cum generato in materia non communicat in esse constituitur *Ps.-GROS. Summa* 369; c**1583** mundus est ~e aeternus (*Historie of the Kirk of Scotland*) *EHR* XIV 258 n. 8.

2 physice v. physicus.

physicianus [CL physicus + -ianus], doctor, physician.

1391 cuidam fisiciano de Marynburgh visitanti †pominum [l. dominum] *Ac. H. Derby* 110.

physiciarius [cf. CL physicus + -arius], doctor, physician.

Emma .. appellavit Gregorium, filium Magistri Gregorii ~ii, quod eam vi rapuit et defloravit *MGL* I 84.

physiculare [CL physicus + -ulus + -are], to understand by considering natural phenomena.

et quamvis odiis proscriptus physiculatis [*gl.*: adimaginatis], / protinus arbitrio, Wilfride, piabere nostro FRITH. 1187; ~are, divinare, ariolari, aruspicari OSB. GLOUC. *Deriv.* 480.

physicus [CL < φυσικός], **2 physice**

1 (as adj.) natural, physical, of physical nature; **b** (math.); **c** (alch., perh. dist. from chemical).

Plinius Secundus phisicas rerum historias sagaciter explanans libro xxxvii .. ait .. ALDH. *PR* 120; omnibus imbutus quas monstrat phisica leges, / ipsos demeruit medicandi munere reges W. MALM. *GP* II 88; est .. perfectio prima corporis phisici potentia vitam habentis ALF. ANGL. *Cor* 16. 13; in ejus [sc. Karli Cudis] sepulcro pro corpore serpens magnus est inventus, et hoc quidem ~um est, licet quidem in deteriorem partem id interpretentur R. NIGER *Chr.* II 145; est .. ~a causa cur inter Etnam et Liparen fingatur habere officinam ALB. LOND. *DG* 10. 5; sapor est nomen generis ~i, propter ydemptitatem est mutua passio T. SUTTON *Gen. & Corrupt.* 64; admiror .. quali audacia tot homines supra omnes mortales in sapiencia se publice extollentes contra ~am racionem et contra sacre scripture doctrinam taliter se sine modo multiplicant. dixit enim Arist' secundo libro De Anima, quod 'omnium natura constancium determinata est racio magnitudinis et augmenti' RIC. ARMAGH *Def. Cur.* 1399 (recte 1299); hoc eis nocet nimium ad carnis infortunium, / quod contra jussum physicum edunt salmonem calidum *Eul. Hist.* II 135. **b** denique cum talia plurima suppetant argumento, satis sit ostendisse in numeris, quorum doctrinalis scientia multipliciter suggerit rationes ~as ABBO *QG* 22 (48); primo .. sciendum est quod in scribendo minucias seu fracciones ~as quodlibet genus per se separate in sellula sibi appropriata scribendum est KILLINGWORTH *Alg.* 715. **c** fiet et alio modo aqua de Mercurio .. et modus iste est ~us RIPLEY 211.

2 (acad.) concerned with study of natural phenomena: **a** of natural philosophy; *cf. philosophia* 2. **b** of medical practice.

a possunt .. bonitati, discipline, et scientie tres philosophie partes congrue coaptari, ethica, sc., phisica, logica, i. moralis, naturalis, rationalis W. DAN. *Sent.* 100; ethicas, et ~as, et theologicas disciplinas GERV. MELKLEY *AV* 213. **b** in hoc autem quod abstinent vino .. ~am magistri sui doctrinam sequuntur GIR. *PI* I 17 p. 68; in naturalibus et phisicis facultatibus erat excellentissimus *Id. SD* 146; *det pur phisitians pur medicines et viand* .. in arte sua ~a *Entries* 187b.

3 (as sb. f. or n.) natural phenomenon. **b** study of natural phenomena, natural philosophy, physics. **c** (as title of book, *Physics*, usu. of Aristotle).

Lucanus adaugens / mores historiis physica multa canit GARL. *Tri. Eccl.* 125. **b** fisica, naturalis [philosophia] *GlC* F 167; theologica, mathematica, phisica, que in scientia ultra ceteras artes precellunt BERN. *Comm. Aen.* 35; opponentibus facilius est medicinam adimere quam phisicam concedere ALF. ANGL. *Cor* 7. 10; omnium .. rerum experienciam didicimus, tam celestis quam terrene periciam phisice,

sc. astrorum, specierum, herbarum, lapidum, et lignorum noticiam, causasque rerum omnium MAP *NC* IV 6 f. 48v; ita hoc ipsum anima secundum suum esse concretum partim est de ~a et partim est de metaphysica J. BLUND *An.* 21; et hoc notandum quod quando partes philosophie dicuntur physica, ethica, et logica, per ~am, intelligitur tota scientia speculativa que de rebus divinis est, quia illa naturas omnium entium speculatur KILWARDBY *OS* 567; **1572** regentes . . ~ae (v. philosophia 2c). **c** supposito in ~a quod similia similibus gaudent et respuunt dissimilia J. BLUND *An.* 167; nulla virtus finita agit in instanti; sicut probatur sexto ~orum BACON *Tert.* 151; **1329** lego domui scolarium de Balliolo in Oxon' . . librum Phisicorum *DCSal.* 376; p**1440** Sharpe super libros ~orum secundo folio 'sine illa'. Burley super libros ~orum secundo folio '~os' (*Catal. Librorum*) *JRL Bull.* XVI 471; a**1505** in phisica, octo libri Phisicorum (*Stat. Glasg.*) *EHR* XIV 251 n. 1; annotationum in ~en Aristotelis FERR. *Kinloss* 46.

4 (as sb. f.) science or practice of medicine, physic. **b** substance or preparation used in the treatment of disease.

logicam . . , que armat eloquium, solo libavi auditu; phisicam, que medetur valitudini corporum, aliquanto pressius concepi W. MALM. *GR* II *prol.*; quomodo physica curat / corpora, sic animas et vulnera sanat earum / physicus et pastor VINSAUF *PN* 1338; c**1220** Rome viget physica bursis constipatis (*Contra Avaritiam* 60) *Pol. Songs* 17; s**1254** in partibus . . que non multum distant a Monte-Pessulano, ubi floret phisica M. PAR. *Maj.* V 454; a**1332** ars phisice, primus [sc. liber]: . . . . . ars phisica tercia: . . *Libr. Cant. Dov.* 56; qui sibi remedium de celestibus contulit, quod fieri per hominem phisica denegavit *NLA* II 639; exercentes phisicam vel artem sirurgie *Mem. York* I 208. **b** in phisica infirmorum empta xij s. vij d. ob. *Ac. Beaulieu* 255.

5 (as sb. m.) natural philosopher. **b** metaphysician.

Plinius phisicus . . inquit . . ALDH. *PR* 124; leonem, quem regem esse bestiarum ob metum ejus et nimiam fortitudinem poetae et oratores cum ~is fingunt *Lib. Monstr.* II 1; ejus lacte credatur nutritus cujus semine negatur esse conceptus cum ex unius ejusdemque fontis origine secundum fisicos uterque liquor emanare probetur BEDE *Luke* 480; equus et asinus . . que, ut a ~is didici, melancolica sunt [sc. animalia] ADEL. *QN* 7; Jovem . . ~i etherem, id est ignem . . intelligi voluerunt ALB. LOND. *DG* 2. 6; non subjacet considerationi ~i . . subjacet considerationi metaphysici J. BLUND *An.* 18; physicus ostendit, quod imago preit ratioque / subsequitur GARL. *Myst. Eccl.* 551. **b** mathematici . . et ~i considerantes ea, que sunt supra naturam, tangentes id, quod est ex parte visus supra naturam et activum, dicunt visum fieri extramittendo GROS. 73.

6 doctor, physician.

†phisillos [l. phisicos], *leceas* GlC P 383; perpendens . . phisice nature auctorem naturalibus artis sue viribus contraire *V. Har.* 2 f. 4b; **1206** magistro Nicol' fisico dilecti et fidelis nostri G. filii Petri *Pat* 59a; **1236** pro speceria ab eo empta per manum magistri Rad' de Neketon ficici nostri *Liberate* 11 m. 15; **1242** per visum et testimonium . . magistri Petri phisisi regine *Pipe* 126; quidam phisicus, in arte medicine bene expeditus et expertus, missus ad custodiendum corpus regine Scotie M. PAR. *Maj.* V 501; **1341** magistro Johanni phisico visitanti liberos regis infirmos et facienti medicinas suas *KR Ac* 389/11 m. 2; rex Henricus Quintus in tantam incidit infirmitatem ex nimio ut putabatur labore de qua omnes sui medici et ficici eum nequiverant relevare STRECCHE *Hen. V* 187; **1498** fesici et surgeci, qui veniunt ad villam *Doc. Bev.* 113.

physilega [CL physis + lex], ? natural law.

neminem ejusdem prosapiei phisilegam nescire profiteor O. CANT. *Pref. Frith.* 26.

physiognomia [LL < φυσιογνωμία]

1 practice of judging character and disposition from the features (spec. of the face); **b** (as title of book).

est . . membrorum corporis hominis ad que proprie pertinet scientia phisionomie M. SCOT *Phys.* 24; scias . . quod oportet te querere signa et vestigia cum pulcritudine nature, sc. sciencie phisionomie que est sciencia magna BACON V 164; phisonomia humani corporis id est de arte cognoscendi qualitates hominum secundum partes exteriores *Ib.* phisonomia est lex nature in complexione humani corporis et ejus composicione . . et hic est magna pulcritudo

sciencie et sapiencie et utilitas pro cavendo malos et associando bonos *Ib.* 165; constitue . . tibi ex hac sciencia phisonomie regulas et constituciones abreviatas et sufficientes *Ib.* 166. **b** incipit liber Phisionomie M. SCOT *Phys. incipit*; Fisonomiam et Lapidarium et librum Petri Alfunsi, unum volumen DOMERH. *Glast.* 318; de Phisonomia Aristotilis *Chr. Rams.* 367.

2 appearance of the features.

puer obscurus est, et tenebrosus, et habet physionomiam talem, quod ipse nec clarus est nec lucidus in suo aspectu WALS. *HA* II *app. B* 396; utrum . . tu habes caput prestigiatum, hoc est fatuum, et oculos nequam, et vultum pervers[um] quasi ex contradictoriis compositum, referimus nos omnibus hominibus vultum tuum contemplantibus . . ac beati Thome doctrinam inspicere volentibus, prout in veritatibus theologie suam tradit doctrinam, uniuscujusque describens phisonomiam *Cop. Pri. S. Andr.* 182.

physiognomista [LL physiognomia + -ista < -ιστης], one who examines or studies physiognomy.

physionomista oportet te scire sapienter omnia que prediximus in unoquoque capitulorum M. SCOT *Phys.* 103.

physiognomizare [LL physiognomia + -izare, cf. -ίζειν], to examine or study physiognomy.

nemo potest phisionomizare M. SCOT *Phys.* 24; scientia phisionomizandi *Ib.*

physiognomus [cf. CL physiognomon < φυσιογνώμων], one who examines or studies physiognomy.

tradunt . . phisiognomi eos, qui habent oculos maculosos, ad nequitiam proniores J. SAL. *Pol.* 576C.

physiologice [LL, cf. physiologicus], in the manner of physiology or nature.

maxima sit cuicunque philosopho naturali quod non sint plura phisologice ponenda, ubi pauciora sufficiunt pro omni signo salvando naturaliter concludente WYCL. *Act.* 126.

physiologicus [LL < φυσιολογικός], that pertains to physiology.

sequitur quod non sit phisologicum ponere accidencia hujusmodi absoluta WYCL. *Act.* 126.

physiologizare [LL physiologus + -izare, cf. -ίζειν], to practise physiology.

quedam sunt contraria signa et per talia non potest aliquis phisiologizare, quia dubium cujus erit signum J. FOXTON *Cosm.* 29. 1.

physiologus [LL < φυσιολόγος], physiologist, natural philosopher.

narrant . . ~i quod hoc dierum numero corpus humanum in utero BEDE *Ezra* 853; de cymera . . / cum fi[s]iologi me dicunt considere montem HWÆTBERHT *Aen.* 52. 5; tradunt phisiologi quod ex locusta nascitur brucus J. SAL. *Pol.* 590C; quibus in cervice vene apprehenduntur, insensati fiunt; ideoque litargicos phisiologi vocant ALF. ANGL. *Cor* 8. 8; *a fisician*, phisicus, phisologus qui loquitur de illa arte *CathA.*

physionomia v. physiognomia. **physionomista** v. physiognomista.

physis [CL < φύσις], physical nature.

si . . ~is . . non poterat per motum aut aliud signum exterius quicquam de vita significare, nihilominus mirandum est ipsum sine digestione materie convaluisse W. CANT. *Mir. Thom.* IV 54; qui septingentis aut octingentis [annis] vacare potuerunt sapiencie, prosperitate rerum et persone felices, abissum rimari phisis . . valuerunt MAP *NC* I 1 f. 7v; dat celeste logos speculatio, dans ea fisim / et mathesim, ducta triplice fronde viret GARL. *Tri. Eccl.* 100; de commendatione summi physici: physis in hac terra . . / prorogat humanos ingeniosa dies: / nunc hanc nunc illam dispensat et eligit herbam *Id. Epith.* IV 247; mors preceps corporis structuram destruit, / spergens principia que phisis miscuit WALT. WIMB. *Sim.* 136; incipit . . egritudo, augmentatur, pervenit in statum, stat, pugnat. phisis est causa, sc. natura cum egritudine BACON IX 201; ~is . . est natura, et natura est principium transmutationis ejus in quo est SICCAV. *PN* 169; phisica dicitur a phisis Grece, quod est natura Latine *SB* 36.

phytius v. pythius. **phytonissa** v. pythonissa.

pi [CL < πεῖ], pi, sixteenth letter of the Greek alphabet. **b** numeral (= 80).

Π, lxxx BEDE *TR* 1; pi, 'p' Π, lxxx *Runica Manuscripta* 351; pi BACON *Maj.* I 75 (v. delta a); paramese, que est submedia, zeta et py Grecum jacens WILL. 20. **b** BEDE *TR* 1, *Runica Manuscripta* 351 (v. a supra).

pi- v. et. py-.

1 pia [AN *peis*, OF *pois*], pea.

1230 de xxij s. de quinque quarteriis et j bussello de piis venditis *Pipe* 163.

2 pia [ME *pi(e)*], pie.

1303 frumentum expenditum . . in pane . . pro priore, celerario, et aliis . . et in pyis et pastellis per annum ix qr' j bus' di' *Arch. Soc. Yorks Rec. S.* CLIV 155; **1317** (v. fornatio).

piacl- v. piacul-.

piacularis [CL], that needs to be atoned for, that requires expiation. **b** (as sb. n.) sin, crime.

cesset altaribus imminere prophanus ardor avaritie et a sacris aditis repellatur ~e flagitium J. SAL. *Pol.* 687C; commisit . . Joannes ~e flagitium quod nulla penitentia perpetuo eum comitante infamis obliterari potest H. BOS. *Ep.* 16. 1445; quatinus perjurio plectibilique magis quam ~i flagicio se sic purgare posset GIR. *SD* 110; ~e crimen est, quia pecunie seu favoris interventu quosdam ad regimen animarum promovere soleas AD. EYNS. *Hug.* V 6. **b** qui . . hoc ~i se depravaverunt W. FITZST. *Thom.* 142.

piaculosus [CL piaculum + -osus], that needs to be atoned for, that requires expiation.

1298 ~a Scotorum flagicia *Reg. Cant.* I 279.

piaculum [CL]

1 expiatory offering, victim offered for atonement (in quot., St. Peter).

Romuleum statuit concurrere gratis ad altar / scilicet ut veteris lustraret busta piacli FRITH. 84.

2 rite of expiatory offering, act of atonement.

~um, culpa quae in templis vel sepulchris committitur *GlC* P 426; hoc ~um . . i. . . sordis ablutio OSB. GLOUC. *Deriv.* 424; **1357** a firmo religionis proposito . . nullis dissuasionibus flecti poterit, aut paternis minis vel blandiciis maternis. unde speratur, quod cordi suo gracia ~um sic impressit, quod nullis poterit obloquamentis aut precibus aboleri *Lit. Cant.* II 363.

3 act that demands expiation or atonement, sin, crime; **b** (dist. as original sin).

tam nefandi ~i non ignarus est . . tyrannicus catulus GILDAS *EB* 28; suscipe singultus commissa piacla gementum ALDH. *CE* 1. 10; praeterita ~a expiare certabat FELIX *Guthl.* 20; **10** . . ~a, *synna, scylda* WW; hoc ~um . . i. sordes OSB. GLOUC. *Deriv.* 424; in vindictam tanti ~i lumen occulorum ei preripuit in momento *V. Edm. Rich P* 1800D; opitulante . . gracia Salvatoris, quanto vehemencius ad ~um incitaret, tanto firmius servi Dei in proposito bono radicantur *Latin Stories* 85. **b** antequam salutifero lavacri baptisterio mersus ab originali ~o [gl.: i. peccato, vitio, *on þære fernlican, fullum mandæde*] purgaretur ALDH. *VirgP* 25.

piagerius v. pedagiarius.

piamen [CL]

1 means of expiation.

absque labore suo bona nemo meretur, et ergo / omne solum lustrant, idque piamen habent GOWER *VC* IV 1122.

2 sin.

conceptus virginis est sine crimine / . . / concepit concula sine piamine WALT. WIMB. *Carm.* 66; vestes et gloria nostri velaminis / quedam sunt stigmata nostri piaminis; / is qui nos elevat ornatus tegminis / est culpe titulus et nota criminis *Ib.* 421.

piare [CL]

1 to propitiate, placate.

piare, placare *GlC* P 406.

2 to cleanse, purge; **b** (person); **c** (place); **d** (literary work).

dicitur moppa quasi manupia, i. pians manus OSB. GLOUC. *Deriv.* 334; pio, pias, i. purgare *Ib.* 424. **b** et quamvis odiis proscriptus physiculatis, / protinus arbitrio, Wilfride, piabere nostro FRITH. 1188; aurum purgatur; Malchus tribulando piatur R. CANT. *Malch.* I 378; dum rexerit artus / spiritus iste meos quam te doctore piabo *V. Merl.* 1456; subjectos docuit, viciorum sorde piavit ORD. VIT. V 9 p. 354. **c** quousque locus ipse oracionibus piaretur KNIGHTON I 96. **d** propriam messem sudati laboris pro posse virium piare procedam B. *V. Dunst.* 1.

3 to expiate (offence).

cordis elationem propria morte piaret GILDAS *EB* 39; Cuthbertus .. pia longanimitatis patientia illius offensas indulgendo piavit R. COLD. *Cuthb.* 74.

4 p. ppl.: **a** (as adj.) cleansed, pious. **b** (as sb. as given name) Piatus.

a felices igitur qui perstant corde piato *V. Merl.* 720; pio .. i. purgare, unde piator, piatus OSB. GLOUC. *Deriv.* 424. **b** Piatus martyr victorque Georgius aram / praesentem teneant ALCUIN *Carm.* 89. 15. 1.

piarium, brooch.

broche, firmaculum, monile, ~ium *CathA.*

piasiticus [? cf. πιεστέος =to be pressed + -ικός], ? oil-based, or ? *f. l.*

piasiticum [? l. piriaticum] clister. i. oleum calidum *Alph.* 145.

piasma v. plasma.

piatio [CL], act of expiation or cleansing.

pio .. i. purgare, unde .. ~o OSB. GLOUC. *Deriv.* 424.

piator [CL], one who performs rites of expiation or purges.

pio .. i. purgare, unde ~or OSB. GLOUC. *Deriv.* 424.

piatrix [CL], that expiates (f.), expiatory; **b** (w. obj. gen.).

hos iterum profugos purgavit pena piatrix GARL. *Tri. Eccl.* 94. **b** pena piatrix / peccati GARL. *Myst. Eccl.* 106.

piauna v. paeonia.

1 pica [CL], **1 picus**

1 magpie; **b** (noted for variegated plumage); **c** (noted for chatter or verbal mimicry). **d** (*~a marina*) oyster-catcher. **e** (in list of words).

~a, agu ÆLF. *Gl.* 132; cissa, i. ~a avis *Gl. Laud.* 441; dricola, i. ~us avis *Ib.* 486; aucipitres, nisi, falcones, et mereelle, / pica, monedula, grusque, ciconia cum philomena D. BEC. 2211; rostrum ~e collo portatum dolorem denicula .. sanat GAD. 119v. 1; hic ~us, hec ~a, *a pye WW.* **b** depinxit vario picam natura colore NECKAM *DS* II 675. **c** pica loquax, murule, turdi, turtur, philomele / instar habent cythare GREG. ELI. *Æthelwold* 6. 10; loquendi modum, quem qui ignorat non magis commode philosophabitur, quam si ~am humana conantem verba velit homini coequare J. SAL. *Met.* 831B; filie Pieri .. a Musis in ~as sunt mutate, retenta sua antiqua garrulitate *Natura Deorum* 58; queritur quare ~e locutionem potius faciat usus quam ratio *Quaest. Salern.* B 235; claustrum in quo non debent cantare ~e garrule T. CHOBHAM *Serm.* 13. 50va; ~a capta in juventute verba proferre discit UPTON 201. **d** c1131 sunt illic ~e silvestres atque marine GREG. ELI. *Æthelthryth* I 321; ~a marina, ut nostrum vulgus nominat, .. avis est amphibios; caudam curtam habet, rostrum longum atque tenue .. colore in summo .. rubrum CAIUS *Anim.* 196. **e** item feminina: sica, mica, ~a ALDH. *PR* 133 p. 185.

2 (mon., *fratres de ~a*) Pied friars (w. ref. to habit of black and white).

c1250 S. Clementis in Conesford', S. Michaelis fratres de ~a; placea ubi fuit aliquando ecclesia S. Johannis Evangeliste (*Rot. taxationum*) J. Kirkpatrick *History of the Religious Orders and communities .. of Norwich* (Yarmouth, 1845) 186; 1290 fratrum .. de ~a (v. frater 7b).

3 (eccl.) title applied to directory for procedures at times of moveable feasts, pie.

1497 directorium sacerdotum quem '~a' .. vulgo vocitat clerus, 1555 cum ordinali .. quod dicitur '~a' (v. directorium 2b).

2 pica, baked dish of pastry filled with meat, fish, or fruit, pie.

sint inter fercula pice, / pastilli cum farcturis D. BEC. 2569; c1310 subcellerarius inveniat .. pastum sufficientem pro novem ~is ad plus .. coquinario volenti facere ~as ad opus conventus, sine subtraccione panis debiti ad coquinam *MonA* II 308a; judicium collistrigii pro una ~a anguillarum olencium vendita *MGL* I 601; 1496 cepit unam ~am *quynces* extra clebanum in coquina *Treat. J. P.* 131 n. 4.

3 pica, ~ia [OE *pic* < CL pix], pitch, wood tar.

10 .. pix, ~ia, pic WW; ~iam, coagulatum esse *Gl. Laud.* 1174; 1534 empcio bituminis, empcio ~e *Housh. Bk. Durh.* 254.

4 pica [ME, OF *pic*]

1 a pick. **b** pike, weapon with a pointed tip.

a c1280 iiij picciis [*for the quarry*] xviij d. (*KR Ac*) *Lancs & Chesh Rec. Soc.* LXVIII 196. **b** omne mobile est divisibile et partibile et hoc patet in scuto et ~a BACON XIII 315.

2 kind of fish, pike (*Esox lucius*).

1446 in vj murenis empt' .. vj s. in una ~a emp' per catorem .. iij s. *Ac. Durh.* 86; 1480 pro piscibus salsis .. et aliis piscibus marinis ij s. ij d. .. pro una ~a empta de Derby ij s. vj d. *Ac. Chamb. Cant.* 135.

5 pica [ME *piche*, AN *pouche*, OF *poche*], pouch.

~a, *a pouch WW.*

6 pica [ME *pich-hil*], pitch, slope, side of hill.

1325 quoddam pratum .. in Oston Robert' una cum ~a adjacente *Cl* 142 m. 3.

picagium [ME, AN *pic*+-agium], payment for right to break ground to erect market stall, pickage.

1156 quieti sint de theloneo et passagio et ~io (*Wallingford*) *BBC* 182; 1232 (v. pavagium 2); 1324 Castelakre .. est ibidem quedam vigilia [*sic*] in vigilia et festo s. Jacobi apostoli ubi brac' vendunt cervisiam, et valet pykagium per estimacionem iij s. iiij d. *IPM* 83 m. 9; 1336 concedimus quod .. burgenses .. per totum regnum et potestatem nostram de thelonio pitagio et omnibus mercandisis suis .. prestandis imperpetuum sint quieti *RScot* 428b; 1354 Henricus tanquam possessor soli ubi dicta feria sita est clamat proficuum de puthagio [? l. picchagio] *Law Merch.* III 157; 1355 de xxviij s. j d. ob. de pichagio et tolneto nondinarum predictarum *MinAc* 899/10; 1357 sit quietus de teolonio, stallagio, pikagio, ac aliis custumis *Rec. Leic.* II 112; 1386 decanus et capitulum .. solebant .. percipere .. terragium et piccagium de omnibus mercatoribus .. infra clausum ecclesie beate Marie Lincolnie venientibus ad vendendum *IMisc* 237/4; 1430 quis mercator extraneus fregerit solum dom. regis figendo stachias pro mercandis suis exponendis et vendendis, quod ipse solvet custumam pro ~io *BBWint* 71; 1462 concessimus .. majori et aldermannis [Cales'] et successoribus suis imperpetuum ~ium et pavagium in omnibus altis stratis et venellis infra dictam villam ita libere sicut .. in loco marcati *ChartR* 193 m. 30; 1526 quieti sint imperpetuum de .. muragio, passagio, pocagio, lestagro, stallagio .. pigagio *Foed.* XIV 165.

Picardicus, of Picardy.

idiomata unius lingue ut ~um et Normanicum BACON *CSPhil.* 438 (v. idioma 5).

picardum v. 1 Picardus, pichera.

1 Picardus, ~is, of or from Picardy. **b** (as sb. m.) inhabitant of Picardy.

occiderunt .. Guillelmum ~um ORD. VIT. IX 14 p. 592. **b** 1254 rex .. promisit bona fide ~is quod pacem quam debuit eis fecisse apud Bolon' .. eis faciet ibidem *Pat* 68 m. 1d.; s1229 qui .. erant de partibus conterminis Flandrie, quos vulgariter ~os appellamus M. PAR. *Maj.* III 167; lingua Gallicana que apud Gallicos et ~os et Normannos et Burgundos multiplici variatur idiomate BACON *Maj.* I 66; s1293 timebant ~os qui erant in presidio civitatis KNIGHTON I 340; 1372 pro incremento vadiorum x Pikardorum *Comp. W. Gunthorp* 22.

2 sort of ship.

1371 ad omnes naves portagii centum doliorum et ultra ac omnia vasa et batellas vocatas pikardes portagii decem doliorum et ultra in tota aqua de Severne .. jam existentes .. arestandum *Foed.* IV 912a; 1417 Willelmus Algold magister picard' vocat' Trinite de Otermouth *RNorm* I 327.

2 picardus v. pichera.

1 picare [CL]

1 to smear with pitch.

~o, -as, i. pice aliquid linire OSB. GLOUC. *Deriv.* 462.

2 (p. ppl. as adj.): **a** (in gl.). **b** mixed with pitch, pitchy. **c** (of wine) pitch-flavoured, resinated.

a pico .. unde ~atus OSB. GLOUC. *Deriv.* 462. **b** asseres .. cera ~ata [*gl.: picture, poee, pyz*] interius vel unguine lineantur NECKAM *Ut.* 114. **c** vinum .. rancidum, ~eatum, et vapidum P. BLOIS *Ep.* 14. 47C.

3 (fig.) smeared, tarred.

legis periti, vel potius ~ati legibus, parum docti R. NIGER *MR* 250; surrexit ordo legis peritorum, vel potius legis ~atorum *Ib.*; vidimus ~os legibus qui vel aliquam particulam legum audierant, ad patrocinia causarum .. currere *Ib.* 251; quidam scioli ~ati legibus, .. de jure minus instructi, equitatem juris Romani magnificabant *Ib.* 252.

2 picare [ME *piken* < AS *pican.*]

1 to pierce with a sharp point (in quot. to break ground to erect a market stall). **b** (bird) to peck.

aliquis veniens ad forum nostrum de R. cum rebus suis et frangendo vel pictando [? l. piccando] aliquam placeam in dicto foro, prior habebit inde redemptionem (*Reg. Pri. Cokesford*) BLOUNT *Nomolexicon* s. v. piccage). **b** venerunt [pulli] excepto uno, qui invenit vermiculum et ~avit super ipsum ut comederet O. CHERITON *Fab.* 34; eligamus nobis milvum; ipse ~at, ipse percutit, ipse laniat. milvus .. rex constitutus .. devoravit unum pullum J. SHEPPEY *Fab.* 423.

2 to pick, pluck.

1323 in ij hominibus conductis ad fabas †pictandas [l. piccandas] per duos dies iiij d. *MinAc* (Glouc) 854/7; in iij hominibus conductis ad fabas piccandas per duos dies vj d. *Ib.*

3 picare, -ari v. piscari.

picaria [ME *piken, piker*+CL -aria], thieving.

1398 accusatus .. de furto unius equae nigre .. et de communi ~ia *Reg. Moray* 212.

picarium, ~ius v. pichera.   **picasius, ~um** v. picosia.

1 picatio [LL], (act of) coating with pitch.

pico, -as, i. pice aliquid liniri, unde .. ~o OSB. GLOUC. *Deriv.* 462.

2 picatio [ME *piken, piker*+CL -tio], theft, larceny.

1455 ad curiam pedis pulverizati .. Clemens Slegge attachiatus fuit .. pro pigatione unius burse *FormA* 18.

3 picatio v. piscatio.

picatium v. pittacium.

1 picator [1 picare+-tor], one who coats with pitch.

pico, -as, i. pice aliquid linire, unde ~or OSB. GLOUC. *Deriv.* 462.

2 picator [2 picare+-tor], one who works with a pick, pickman.

1214 in expensis .. duorum magistrorum piccatorum .. ad prosternendum castrum de Mealton *Pipe* 86.

1 picatus v. 1 picare.

2 picatus [CL], resembling or shaped like a sphinx, or [cf. 4 pica 1, 2 picare 1b, 4 picatus], supplied with a beak or spout.

persillum, vas ~um OSB. GLOUC. *Deriv.* 470.

3 picatus [1 pica 2+-atus], (as sb. m.) Pied Friar.

itaque barbiferi, ~i, saccini, / baptiste, cruciferi, atque gillelmini PECKHAM *Def. Mend.* 297.

4 picatus [4 pica+-atus], cut or pointed.

1338 lij pecias ferri picati (v. ferrum 1b).

piccagium v. picagium.   **piccanc-** v. pitanc-. **piccare** v. 2 picare.

picchare, ~ere, ~iare [ME *picchen*]

1 to pitch, set up, fix the bounds of.

1334 in ij sokett' de ferro emptis pro fald' pichand' in estate *MinAc* 992/22; **1613** si .. opus stannar' non fuerit pitchatum pro novo .. tunc licebit veteribus possessoribus ejusdem operis stannar' ad renovandum veteres bundas post diem et annum *Rec. Stan.* 59.

2 to pave a street with stones or pebbles.

1454 in solutis ad ~andum coram hostio R. S. xij d. *Ac. Chamb. Winchester*.

3 to throw, pitch, toss; **b** (hay). **c** to load (cart).

c**1225** non licet carnificibus picere sanguinem et feditatem alium .. ante frontem domus sue .. in nocumentum vicinorum vel mercati *Cart. Dunstable* 237. **b 1330** si non habeat carectam tunc ~iabit ad carectam et vertet fenum et levabit cum percenariis (*Surrey*) *CourtR* 204/44 m. 1; **1338** [in] j homine locato pro carecta propria ad ~and' per diem iij d. (*Moulsham*) *MinAc Essex*; c**1345** in conduccione ij hominum ~ancium blada in hagardo, per ij dies ad mensam, ij d. *Ac. Trin. Dublin* 68.   **c 1346** pro carectis pichandis *Ac. Trin. Dublin* 122.

picchator [picchare 3b+-tor], pitcher (of hay).

12 .. in stipendiis ij tassatorum v s. .. in stipendiis ij pichatorum ad caretas iiij s. (*Cust. Ruislip*) *Bec* 83; **1375** in stipend' ij tassatorum .. et in stipend' j pichatoris per xv dies et alterius picheatoris per viij dies tempore cariagii pis' et bulmang', vij s. viij d., utrique per diem iiij d. *MinAc* 999/27 m. 7; **1446** custus autumpnalis apud Eastry: et solut' ij tassatoribus ibidem .. x s. et solut' iiij ~oribus viz. Willelmo Colman .. cuilibet iij s. iiij d. *DCCant. Reg. Var. Ac.* f. 95b.

piccherius [ME* *piccher*+CL -ius], one who pitches (hay).

1318 in expensis .. j bercarii, j tassatoris, j picher', et ancille domus *DL Cart. Misc.* 1/94; **1325** in stipendio unius meiatoris .. iiij s. in stipendiis duorum picheriorum .. iiij s. *Rec. Elton* 279; **1346** in cirothecis pro famulis manerii, meiatoribus et ~iis in autumpno viij d. *Ib.* 327.

piccia v. 4 pica.   **piccio** v. pictio.   **pice** v. 1 pix. **picea** v. piceus.   **piceatus** v. 1 picare.

picera [ME, AN *picer*], breast-protection for horse.

1342 pro uno hernasio .. picer' et glasuer' (v. glasueria).

picere v. picchare.   **picerna** v. pincerna.

piceus [CL]

1 pitchy, resinous, filled with pitch or pitchy smoke.

dum gluttit piceam crudelis bestia massam ALDH. *VirgV* 357 (w. ref. to *Dan.* xiv 26); **716** igneum ~eumque flumen bulliens et ardens .. teterrime visionis cernebat BONIF. *Ep.* 10 p. 11; **946** cum illis nefandis legem Dei blasphemantibus in ~ea custodia tetrae tortionis *CS* 814; vidi super ripas fluminis bullientis fornaces ~eas et sulphureas W. MALM. *GR* II 111.

2 that resembles pitch in colour or texture.

dum cernunt dominum picea fuligine pictum ALDH. *VirgV* 2255; his miseris vicibus miseri volvuntur in aevum, / obscuras inter picea caligine noctes BEDE *Hymn.* 14. 99; ~eus, obscurus, tenebrosus, nubilus OSB. GLOUC. *Deriv.* 474; ~eus, niger, obscurus *Ib.* 480; corpus .. in massam quamdam informem et quasi ~eam .. resolutum GIR. *TH* I 36; cujus [sc. Mercurii] virge caput est auratum, medium glaucum, ~ea finis ALB. LOND. *DG* 9. 4.

3 blackened (fig.), wicked, corrupt: **a** (of person or god); **b** (of abstr.).

a 799 ipso haeretico ~eo Albino *Ep. Alcuin.* 183; Herodes piceus in pice balneat WALT. WIMB. *Carm.* 257; per medios cuneos queret post tres Phoroneos / ad penam piceos si daret Alpha theos *Pol. Poems* I 120. **b** cum vox pacem resonat, et cor "pacem nolo", / pax est ea picea, sono pacta solo *Poem S. Thom.* 81.

4 (as sb. f.) tree that produces resin, pitch-pine (*Pinus*) or spruce (*Picea abies*).

~ea, -e, i. quedam arbor unde pix efficitur OSB. GLOUC. *Deriv.* 462; ~ee: per has quattuor arbores propter amaritudinem et sterilitatem accipimus vicia BERN. *Comm. Aen.* 62; Idalie myrti lacrimosaeque ficus ab Adam, / Ethiopes picee, laurus amica dei GARL. *Epith.* IV 156.

pichagium v. picagium.   **pichator, picheator** v. picchator.   **pichemenon** v. periclymenum.

pichera, ~us, ~um, ~ia, ~ius, ~ium [ME, AN *picher*], jug, pitcher; **b** (as measure of drink).

1211 in scutellis et ~iis emptis pro hospitibus x d. ob. *Pipe Wint.* 65; **1213** nobis habere faciatis .. buscam, carbonem, ~ios, et cyphos ad sufficientiam *Cl* I 157b; **1258** olla et ~a emptis iiij d. ob. *Crawley* 225; picarium argenteum DOMERH. *Glast.* 523; **1295** unus ~eus, viij disci fracti, vj plate argenti impignorantur ballivis .. *KR Ac* 232 (22); **1295** lego .. unum pitcherium argenteum (*Test. N. Longespee*) *EHR* XV 524; lego .. duo magna et unum modicum pitcherum argenteum *Ib.* 526; **1313** iiij picterie stagn' precii ij s. *Reg. Carl.* II 93; **1323** in una sella emendand. ij d., in j pigio [?l. pig'io, i.e. pigerio] facto iij d. *Sacr. Ely* II 28; **1335** in pycheriis emptis iiij s. *Comp. Swith.* 231; picarius, quidam ciphus, A. *a curskyn WW*. **b** c**1150** per servicium de uno picardo vini (*Ch.*) Ezra Cleaveland *Courtenay Family* (1735) app. p. 10; **1242** duo dolia cervisie et septingentos ~os, et sexaginta ollas *RGasc* I 8a; eorum ~ia, qui de cervisia conventuali liberaciones habuerunt .. eisdem famulis .. impleri *Cust. Westm.* 99; c**1270** portabit unum pichorum vini et unum ciphum argenti (*Ch.*) Ezra Cleaveland *Courtenay Family* (1735) app. p. 11; **1283** omnes tenentes .. quando braciant tenentur mittere ad curiam .. unum ~um, ad minus de duobus galonibus *Cust. Battle* 36; **1319** in potura et stipendio j ~i per x dies .. in convencione j tassatoris in autumpno *MinAc* 992/10; **1453** remanent apud W. xix pipe, xl lagene [sc. vini], facientes dxxij sexteria, ij ~ios *Ac. H. Buckingham* 36.

pichereus pichera.   **picheri-** v. pescherius, piccherius, pichera, 2 picherus.

1 picherus v. pichera.

2 picherus, ~ius [cf. early mod. E. *pycher*], kind of fish, prob. pilchard.

1236 de piscibus et ~is mittendis usque Wintoniam contra Natale *Cl* 402; mandatum est quod .. mitti faciat quingentos ~ios *Ib*.

pichiator v. picchator.   **pichoisia, ~us, ~um** v. picoisa.   **pichorum, ~us** v. pichera.   **pichosia, ~us, ~um** v. picoisa.   **pichria** v. picria.   **picia** v. pica.   **pickus** v. 3 picus.   **picoa, ~us, ~um** v. picoisa.   **picoia, ~us, ~um** v. picoisa.

picoisa, ~us, ~um [OF *picois*], tool for breaking or loosening soil, pick, mattock.

1156 pro picoiis et frumento et furnis ferreis xij li. *Pipe* 100; **1157** in picosiis xij s. et v d. .. et in ferro misso ad Wudestock' xvj s. *Pipe* 168; **1167** pro cc ~is xxiij s. et lx d. *Pipe* 197; **1172** pro c et xl beschiis et totidem pichoisiis *Pipe* 103; **1179** pro xx pichosiis ad predictam operationem *Pipe* 88; **1186** pro xx pikosiis et xx hoiis *Pipe* 118; **1194** pro lx pikoisiis et xl howis *Pipe* 68; **1198** pro picoissis (v. esperduta); **1212** pro ~iis et warnistura in castello de Eggelawe *Pipe* 90; **1215** pro picosis liberatis *Cl* I 185b; **1274** cepit .. piscoisas et tribulos ad prosternendum muros Lundoniarum (*HundR*) *EHR* XXXI 98; **1290** fodendo carbones .. cum quodam picasio (v. carbo 2a); **1309** cum J. G. operasset in quarrera cum quadam picoysa, lapides ceciderunt super eum, unde statim obiit (*AssizeR*) *S. Jers.* XVIII 164; **1315** in factura cujuslibet hachie viij d. et cujuslibet hachie viij d. et cujuslibet picosie vj d. *Cl* 132 m. 19; **1318** eidem [fabro] pro reparacione duarum ~arum magnarum *KR Ac* 468/2 f. 13d.; **1323** in viij peciis ferri operandis in pycoysis pro petris frangend' j s. viij d. *Sacr. Ely* II 34; **1326** in ferro empt' .. pro .. picoysiis faciend' *Ib.* II 60; **1413** solutum fabro pro .. wellacione et aceracione cuniorum et pykosarum hoc anno xvj d. *Rect. Adderbury* 7; **1415** in soluto pro aceracione et

wellacione cuneorum et picosarum cum iij d. pro clavis pro *scaffold* xvj d. *Ib.* 12.

picoisia, ~us, ~um, picoissa, ~us, ~um v. picoisa.

1 picosus v. picoisa.

2 picosus [1 pica+-osus], that resembles a magpie.

non sit picosa locutrix D. BEC. 2255 (v. locutrix b).

picoysa, picoysia, ~us, ~um v. picoisa.

picra [πίκρα], bitter antidote or purgative, aloe; **b** (dist. as *hiera ~a* or *~a Galeni*).

~a, *biterwyrtdrenc* ÆLF. *Gl.* 114; purgetur cum .. yeralog' vel paulino vel pigra GILB. I 52v. 2; pigre, i. aloe *SB* 34. **b** de hiera ~a P. BLOIS *Opusc.* 804A (v. hierarchia 1b); pigra G. et .. aloe purgant fleuma faciens caniciem et quedam alia accidentia senectutis BACON IX 49; hyera pigra non .. detur in aliqua idropisi GAD. 34. 1 (v. hieros 2f); **1414** yera pigra Galiene (v. hieros 2g).

picria [πικρία], bitterness, anger.

non .. coeptum dissolvit dexia votum / pichria [*gl.*: iras] neve tulit FRITH. 457.

picridae v. picris.

picris [πικρίς], kind of bitter herb, perh. wild lettuce.

picridae, quasi laptucae [l. lactucae] *GlC* P 432; seridis sunt due species, una agrestis, altera ortina, agrestis vero pigris aut citonon appellatur, que lata habet folia *Alph.* 166.

pict- v. et. pit-, pitt-.

1 picta [cf. LL Pictavia =*Poitou*], coin of Poitiers or Poitou.

1308 qui vero tantum noluerit vel nequierit exhibere, set dederit unum obolum seu ~am *Reg. Carl.* II 46; **1310** redditus qui debentur domino nostro regi in festo Omnium Sanctorum .. iij s. vij d. et ob. et ~am Tur. *Reg. Gasc. A* I 34.

2 picta v. pingere.

pictac- v. pittac-.   **pictact-** v. pittac-.   **Pictagoras** v. Pythagoras.   **Pictagoricus** v. Pythagoricus. **pictanc-, pictant-** v. pitanc-.

1 pictare v. 2 picare.

2 pictare [ML < pictus p. ppl. of CL pingere]

1 to paint.

1284 pro stipendio j pictoris predicta tentoria et papilones .. ~antis *KR Ac* 351/9 m. 7; **1295** xxix s. in stipendio Stephani le Waleys ~antis galeam cum diversis coloribus in grosso *Ib.* 5/8 m. 12; **1317** item ix nunciis domini quando consilium fuit in villa pro pixside eorum ~ando xviij d. *Rec. Leic.* I 317; **1380** M. Peyntour est ad legem suam versus N. Peyntour de eo quod ei imponit quod ei debet iiij s. vj d. pro servicio suo in officio ~andi *CourtR Winchester* W/D1/23 m. 1v; **1391** cuidam pictori ~anti arma domini in hospicio domini *Ac. H. Derby* 79; to *paynte*, pingere, de-, ~are, pictitare, pictuare *CathA*; **1533** tribus li. *redde ledd* emptis pro fenestris ~andis *Comp. Swith.* 220.

2 to depict, describe.

fit .. grandis et letalis strages quoniam in nostro evo nunquam ~abatur in toto mundo tanta multitudo acreari pugna duarum horarum spacio *Dieul.* 58.

pictatio [2 pictare+-tio], (act of) painting or decoration.

1354 pictori operanti ibidem et molanti diversos colores pro ~one dicte capelle *KR Ac* 471/6 m. 2; pictoribus operantibus ibidem super ~one dicti tabulamenti *Ib.*; **1359** ad ~onem ymaginis Sancte Crucis in ecclesia predicta *Test. Karl.* 27; **1391** cuidam pictori pro ~one de vij vexillis magnis *Ac. H. Derby* 93; **1453** consummacioni operis ~onis *le reredos Test. Ebor.* III 146.

pictator [2 pictare+-tor], painter.

1521 item ~ori pro decem virgis renovatis ij s. xj d. *DC Cant. MS C* 11 f. 133b.

pictatura, (act of) painting.

1519 pro ~a armorum domini gubernatoris . . xviij s. *Midlothian* 189.

Pictavensis [LL Pictavia+-ensis], of Poitiers or Poitou; **b** (w. ref. to St. Hilary); **c** (passing into surname). **d** (*solum ~ense* or ellipt.) Poitiers or Poitou. **e** (as sb. m.) inhabitant of Poitiers or Poitou. **f** coin of Poitiers or Poitou.

Elidius praesul Pictensis gloria plebis ALCUIN *Carm.* 99. 9. 2; dominum suum comitem ~ensem . . cepit W. MALM. *GR* III 231; cum Gilleberto episcopo ~ensi J. SAL. *Met.* 875D; nunc Wintoniensis episcopus quondam ~ensis episcopus *Dial. Scac.* I 5 B; **s1312** et episcopus ~iencis TROKELOWE 78; filiam regis Francorum . . filio suo ~ensi comiti copulavit KNIGHTON I 149. **b** in Dei palinodia quam composuit Hilarius ~ensis episcopus ABBO *QG* 19 (42); ad doctrinam Hilarii ~iensis episcopi, multam induit sanctitatem R. NIGER *Chr. I* 42. **c** habet Willelmus Pitavensis ij virgas *Dom. Exon.* 339; hanc tenet Wilelmus ~ensis de eo *Ib.*; dono Rogerii ~ensis *DB* I 270ra. **d** Bernardus . . abbas ~ense solum reliquit ORD. VIT. VIII 27 p. 447; Slus, Pictanense [l. Pictavense] simul Agincort memorantur ELMH. *Met. Hen. V* 751. **e** multi . . cum magno ejulatu convenerunt, populus . . Pictavensium, Biturigensium . . vel Gothorum ORD. VIT. I p. 380; ~ienses in vulgarium esu carnium bovinam avidius amplectuntur DICETO *YH* I 294; cum ~ensibus et Gallis in fugam propellit M. PAR. *Maj.* I 13; **s1253** timuerunt ne iidem ~enses transfugium facerent ad regem Anglorum *Ib.* V 388; quod cum cognovissent . . ~enses, exierunt . . pugnaturi *Ann. S. Edm.* 11. **f** **1255** habere faciat abbatisse xx libras ~ensium *RGasc* I *Sup.* 16a.

Pictaviencis, Pictaviensis v. Pictavensis.

Pictavinus [LL Pictavia+-inus], of Poitiers or Poitou, Poitevin: **a** (as adj., passing into surname). **b** (as sb. m.) inhabitant of Poitiers or Poitou; **c** (as given name); **d** (as sb. f.) coin of Poitiers or Poitou.

a duo fratres ejus Rogerius ~us atque Arnulfus ORD. VIT. X 19 p. 103. **b** Galli et Britones, ~i et Burgundiones, aliique populi cisalpini ad bellum transmarinum convolarunt ORD. VIT. III 11 p. 125. **c** **1280** ~us filius Aaron . . optulit se versus M. B. *SelPlJews* VI 284 p. 126. **d** non . . sufficit de centum marchis dare pauperi Pittavinam aut unum sterlingonem S. LANGTON *Serm.* 2. 14; furare de uno denario unam ~am *Latin Stories* 113; pro una ~a dat mihi quartam de synapio *Ib.* 114.

Pictavus [LL], inhabitant of Poitiers or Poitou, Poitevin; **b** (w. ref. to St. Hilary); **c** (w. play on *pingere*). **d** (sb. m.) a coin of Poitiers ot Poitou.

erat tunc Willelmus comes ~orum fatuus et lubricus W. MALM. *GR* V 439; venerabilis episcopus ~orum J. SAL. *Met.* 832A; Pictavus, Andegavus . . et Anglicus instant GARL. *Tri. Eccl.* 51; **s1202** capcio Arturi et ~orum in Mirabel *Chr. Peterb.* 5. **b** Maximinus Treverorum et Hilarius ~orum ORD. VIT. V 9 p. 337. **c** Pictavus est vere dictus, quia pingit avorum / facta procax GARL. *Tri. Eccl.* 42. **d** **1205** quod de mercatoribus ingredientibus villam de Rupella in ingressu suo capiatur unus ~us *RChart* 148a.

pictellum, ~a, ~us [ME *pichtel*, *pightel*], small field or enclosure, pightel.

1209 concessit . . croftam cum pertinenciis que vocatur Levernues pigtel' *Fines RC* I 247; **c1230** pro pithlo xx ova *Cust. Waltham* f. 204; idem pro pihthlo unam gallinam *Ib.* f. 205; de quodam pihtlo reddit . . j denarium *Ib.* f. 215; **c1250** W. Blisse tenet unum mesuagium et unum pytillum, que continent per estimationem dimidiam acram *Cart. Rams.* II 21; J. Freke tenet unum mesuagium et unum pythellum *Ib.* II 22; **1275** in xxxv rod' fossati facti citra putell', vij s. ij d. ob. *MinAc* 991/17; **c1300** unam placeam terre mee jacentem in villa de Burghefeld in quodam puddello *AncD* D 3978; **1301** de exitibus unius cotagii et unius ~i *MinAc* 840/10; **1378** pro firma ij acrarum terre cum j parcella j^us pigthelli in Tybenham (*MinAc*) Davenport, *Hist. Norfolk Manor* xlvii; picten [? l. pictell'], A. *a tye WW*; **1463** [dedi . . quandam hopetam pasture] inter quoddam pratum nuper Willelmi Prentys . . et unum pitellum nuper dicti Willelmi *AncD* C 5646; **1498** mesuagium cum pictillo adjacente *AncD* A 8406; **1549** pitellum sive peciam terre *CalPat* 218; **1553** peghtella *CalPat* 314; **1553** unam pightellam pasture sive prati nostram . . vocatam Byrdes Pyghtell continentem per estimacionem unam acram *Pat* 853 m. 24; **1573** unum pightellum pasture continens unam rodam *Ib.* 1095 m. 15; **1588** totam pightellam terre nostram in Readereth predict' inclusam cum fossatis continentem per estimacionem dimidiam acram *Ib.* 1319 m. 11.

Pictensis v. Pictavensis. **pictic-** v. pittac-.

Picticus [LL Pictus+-icus], Pictish.

ex his Brigantibus quidam . . exulantes, ~i sanguinis sceleratis quibusdam . . admixti, proximam vallem . . tenuere BOECE f. 11v.

pictilis [CL], of or relating to embroidery.

de acu ~i TATWINE *Aen.* 13 *tit.* p. 180.

pictillum, ~a, ~us v. pictellum.

pictim, in a colourful or decorated manner.

a pingo, ~im, i. celatim, coloratim OSB. GLOUC. *Deriv.* 441; ~im, colorate, ornate *Ib.* 477.

pictio, (act or product of) painting.

~ones, qui videntur vincere in pictura OSB. GLOUC. *Deriv.* 483; **1511** pro nova trabe in capella et ~one ejusdem v s. iiij d. *Cant. Coll. Ox.* II 253; **1516** pro ligacione librorum . . et ~one rubie arche sub ymagine B. M. . . et cuidam pictori pro ~one et deauracione ejusdem stelle . . . Johanni Paynter . . pro piccione j ymaginis Henrici regis *Fabr. York* 97.

pictitare [2 pictare+-itare]

1 to paint (repeatedly or frequently).

~are, frequenter pingere OSB. GLOUC. *Deriv.* 477; *to paynte*, . . ~are *CathA.*

2 to cover with layers of plaster.

1418 in stipendiis unius tegulatoris cum ij hominibus alam ecclesie . . removentis, laththantis [*sic*], et de novo tegulantis et pinctitantis xviij s. vj d. utrique *Ac. Churchw. Glast.* 186.

1 Picto [CL], inhabitant of Poitiers or Poitou.

Andegavi, Turoni, ~ones, Burdegala W. POIT. I 15.

2 picto, painter, decorator.

pluraliter hi ~ones, -um, i. pictores OSB. GLOUC. *Deriv.* 441; ~ones, pictores, celatores, polimitarii *Ib.* 477; *a payntour*, pictor, ~o, polimitarius *CathA.*

pictor [CL]

1 painter, decorator, artist; **b** (transf. & fig.).

nobilium artifices imaginum et regalium personarum ~ores [*gl.*: i. scriptores] . . decorare. . . dispicabilis persona ~oris [*gl.*: vel sculptoris] veneratur ALDH. *VirgP* 60; nescimus . . bene scribere nec nihil pingere . . . non sumus scriptores adhuc nec ~ores ÆLF. BATA 4. 17; ego soleo indignari pravis ~oribus cum ipsum Dominum informi figura pingi video ANSELM (*CurD* I 1) II 49; sculptores et aurifabri, ~ores et cementarii ORD. VIT. VIII 26 p. 448; hec fantasmatum ludibria . . introduxit ~orum nefanda presumptio AD. DORE *Pictor* 142; **1255** Warino ~ori pro ij ymaginibus pingendis cum colore, xj s. *Ac. Build. Hen. III* 228; **1260** mandatum est . . quod colores et alia ad picturam necessaria . . faciat habere fratri Willelmo, monacho Westm', ~ori regis, ad picturas regis apud Windes' inde renovandas . . *Cl* 101; **1296** in mercede Duncan ~oris pro hurdicea . . dealbanda *Ac. Galley Newcastle* 178; **1466** stipendio ~oris depingentis tunicam armorum et alia quatuor scuta *ExchScot* 422. **b** quid est ver ~or terrae ALCUIN *Didasc.* 977C.

2 (passing into surname).

1239 committant . . officium . . Willelmo ~ori (v. pictorius c); **1240** Willelmo ~ori (v. pictorius b); **1247** Hugo Pinctor, . . Radulphus Pinctor *SelPlForest* 86; **1292** manus . . Walteri ~oris (v. pictorius b); **1369** in solucione facta Andree pinctori de mandato . . regis, pro debito regis . . x li. *ExchScot* 336; per Andream ~orem *Ib.* 430;

pictorius [CL], **~arius,** of or relating to painting or a painter. **b** (LL as sb. f. or w. ellipsis of *ars*) (act or product of) painting. **c** (as sb. m.) overseer of painting.

pingo . . , inde . . ~orius, -ia, -ium OSB. GLOUC. *Deriv.* 441; **1289** in stipendiis magistri Walteri pictoris circa dicta opera picta . . et in stipendiis diversorum pictorum . . laborancium sub dicto magistro Waltero ad opera pictor' *KR Ac* 467/19 m. 3; tabulam ~oria et statuaria arte deauratam FERR. *Kinloss* 76. **b** **1240** rex contulit magistro Willelmo pictori officium ~arie prioratus S. Swithuni Winton' *Cl* 185; **1292** de expensis . . factis per manus magistri Walteri Pictoris circa emendacionem ~orie in magna camera regis *KR Ac* 468/6 r. 1 (17); **1355** pro patronis ~arie inde faciendis (v. papyrus 2b); dum in capella ~orie . . fecit provocacionem *G. S. Alb.* II 199. **c** committant . . Thome de Henton' officium firmarii prioratus Wintoniensis . . et Willelmo Pictori officium ~arii *Cl* 158.

pictrix, one who paints or embroiders (f.).

hic pictor . . et pictorius . . et hec ~ix, -icis OSB. GLOUC. *Deriv.* 441; **c1280** de Dionisia ~ice xviij d., de Elena cellaria xviij d. *Cart. Blyth* 451; **1421** Rose uxori R. T. ~ici London' pro opere et vapulacione x tunicarum *KR Ac* 407/5 m. 3; **1559** Livine Terlinge . . ~ici regis *Pat* 940 m. 20.

pictuare v. picturare.

1 pictura [CL]

1 (act of) painting, decorating; **b** (w. ref. to embroidery); **c** (w. ref. to cookery).

sanctum manutergium in quo est vultus Christi impictus . . sine ~a *Descr. Constant.* 245; **1327** in solucione facta Taskyno mercatori pro vario colore empto pro ~a camere domini regis *ExchScot* 77; **1414** in ~a unius tabule et ymaginis sancti Johannis evangeliste *Ac. Durh.* 224; **1429** item lego . . ad exaltacionem magne crucis ejusdem ecclesie et ~e ejusdem xl s. *Reg. Cant.* II 420; **1470** pro ~a . . candelabri et deauracione ejusdem, iij s. iv d. *Fabr. York* 73; **1505** pictori pro ~a et scriptura de *ly borders* in aula *Arch. Hist. Camb.* II 44n. **b** Edeiha . . versu et prosa celebris et eximia et opere et ~a altera erat Minerva OSB. CLAR. *V. Ed. Conf.* 4; legere aut operari manibus consuevit, ornare miro artificio vestes, sericis aurum intexere, queque rerum imitari ~a AILR. *Ed. Conf.* 747D; **1413** pro . . pynctura . . vexillorum *Invent. Ch. Ch.* 119; **1421** pro ~a unius panni coram ymagine sancti Andree *Ac. Durh.* 269; **1553** pro tunicis et aliis vestimentis ac pistura eorundem pro Robyn Hood *Med. Stage* II 254. **c** **1450** in denariis datis cocis ad Natale Domini pro ~a diversorum ferculorum, xij d. *Ac. Durh.* 632.

2 material for painting or decorating.

habuerat librum Evangeliorum, gemmis et auro perornatum, in quo quatuor Evangelistarum imagines ~a auro admixta decorabat TURGOT *Marg.* 11 p. 250; **1296** in tribus libris olei ad ~am emptis . . xij d. *Ac. Galley Newcastle* 180; **1302** custus ~e, vitri' et plumbi *Fabr. Exon.* 24; **1466** pro xxxix ulnis de tartir tribus stekis de bukrame, duobus libris auri, et aliis ~is emptis . . J. R. pictori pro *le mumre* regis erga Natale . . *ExchScot* 423.

3 decoration.

quid sunt stellae? ~a culminis, . . noctis decor ALCUIN *Didasc.* 977B.

4 artistic or pictorial representation; **b** (painting on wall or glass); **c** (w. ref. to mental image); **d** (transf.) scene, visual impression.

diversas ~as in corporibus vestris draconum vel serpentium, ut multi faciunt *Comm. Cant.* I 383; per quandam ~am Graeci operis *Lib. Monstr.* II 32; habent . . in se ~am cherubim scalptam BEDE *Templ.* 770; qui ~am vult facere eligit aliquid solidum super quod pingat, ut maneat quod pingit ANSELM (*CurD* I 4) II 51; ~arum . . alie sunt supra ecclesiam ut gallus vel aquila, alie intra ecclesiam . . ut yconie, statue et figure et diversa picturarum genera que vel in vestibus vel in parietibus vel in vitrealibus depinguntur BELETH *RDO* 85. 89; majorum imagines et ~e GIR. *TH pref.* p. 21. **b** Dominicae historiae ~as quibus totam . . ecclesiam in gyro coronet adtulit BEDE *HA* 9; si . . ejusmodi ~is delectentur que tanquam libri laicorum simplicibus divina suggerant et literatos ad amorem excitent scripturarum AD. DORE *Pictor* 142; **1237** mandatum est Odoni aurifabro quod picturam que incepta est depingi in magna camera regis apud Westm' subtus magnam historiam ejusdem camere, cum panellis continentibus species et figuras leonum, avium, et aliarum bestiarum, sine dilatione deponi facias *Cl* 484; **1252** pictori regis habere faciat colores ad depingendum parvam garderobam . . et emendandum ~am magne camere *Cl* 57; **1258** mandatum est . . quod ~am camere regis . . clarificari . . faciat . . *Cl* 222; introierunt plurimi in ecclesiam ut vel orarent vel ~as inspicerent *Mir. J. Bev. C* 328; sunt enim, sicut libri clericis, sic laicis ~e pariter et figure ad excitacionem Dei amoris et sanctorum suorum cultus pariter et amoris AMUND. I *app. C* p. 418. **c** nondum facta ~a in intellectu pictoris ANSELM (*Resp. Ed.* 8) I

137. **d** diversorum colorum flores humanis gressibus pulsati non indecentem ceu ~am eisdem imprimebant GILDAS *EB* 3.

5 a (as God's creation); **b** (as something unreal or illusory).

a quis unquam ~am vidit ad omnes pictoris artes eniti? GIR. *TH* I 13.   **b** 'nunc autem videmus in aenigmate' et quasi in quadam ~a .. veluti pictum solem aut mare videremus ALEX. CANT. *Dicta* 9 p. 148; in his glorieris, .. in veris virtutibus, non in ~is et imaginibus AILR. *Inst. Inclus.* 26; nimis infantiles sunt qui fugiunt pre timore ~am que videtur terribilis ... pena .. in hoc mundo non est nisi ~a, nisi umbra *AncrR* 89.

2 pictura [pictellum+-ura], small field or enclosure, pightal.

c**1135** dedi .. unam pecturam terre .. proximam pecture quam dedi G. filio P. *Regesta* 1913.

picturaliter [1 pictura+-alis+-iter], in the manner of a picture, in a vivid or graphic manner.

quidquid .. contra nature rationem est, id licet quantum ad visum ~iter decoratum sit, in se tamen .. immundum .. esse jure dicitur ADEL. *QN* 19.

picturare [CL *as p. ppl.*]

1 to paint.

to paynte .. picturare *CathA*.

2 to decorate: **a** (picture). **b** to decorate (w. painting or flowers); **c** (transf. & fig.).

a Deus ipse .. picturam palmarum ~avit in frontem *Mir. Wulfst.* I *prol.* p. 116.   **b** terre faciem flore picturante *Ps.-*MAP 21; ut scribatur floris afflictio / delicata, quo celi regio / picturatur ut pratum Maio J. HOWD. *Ph.* 558.   **c** misteria preconantibus et verborum flosculis exquisitis ~antibus speciem verbi Dei J. SAL. *Ep.* 284 (271).

3 (p.ppl. as adj.) painted, coloured, decorated: **a** (of tattooed skin or plumage); **b** (of artefact); **c** (of food); **d** (fig., of zodiac).

a ~atis stigmatibus cutem insigniti W. MALM. *GR* III 245; pavo decentium insigne colorum varietate ~atus NECKAM *NR* I 39 p. 90.   **b** s**1250** hostes Christi armis .. et cognitionibus ~atis (v. cognitio 4); una grossa balista ~ata de quadam rosa rubicunda *Collect. W. Worc.* 571; camera hujus regis Henrici Wintonie multipliciter ~ata BROMPTON 1046.   **c** cibus reflectionis sit .. simplex .. non croco ~atus J. GODARD *Ep.* 229.   **d** firmamentum .. luminosum iter galaxie et animalibus celestibus ~atum zodiacum .. miramur R. BURY *Phil.* 15. 199.

4 (transf., rhet.) embellished, ornate.

prefationibus coloratis et ~ato fastu verborum sincera non eget affectio P. BLOIS *Ep.* 39. 119B; discant queso nostri legiste quid eis ad salutem anime confert ille civilis et ~atus loquendi modus *Id. Opusc.* 816B.

picturatio [picturare+-tio]

1 painting, decoration.

vitriacionem .. et ~onem diversis .. locis fieri curavit *Reg. Whet.* I 476.

2 representation by means of image or picture (in quot., rhet.).

per diacrisim, quam nos illustrationem sive ~onem possumus appellare J. SAL. *Met.* 854A.

Pictus [LL], Pictish. **b** (as sb. m.) Pict; **c** (w. play on p. ppl. of *pingere*). **d** inhabitant of Galloway.

~a gens erat subdola (*V. S. Teiliaui*) *Lib. Landav.* 100; ceteras .. regiones, que Scotico jam parent nomini, Picti eo temporis tenuerunt .. omnes que ~a lingua partes porcionesve (uti author est Beda) designant BOECE f. 12.   **b** Scotorum a circione, ~orum ab aquilone [sc. gens] GILDAS *EB* 14; petentes Brittaniam ~i habitare per septentrionales insulae partes coeperunt BEDE *HE* I 1 p. 12; [in Brittannia insula] habitant quattuor gentes, Scotti, ~i, Saxones, atque Brittones NEN. *HB* 147; s**46** resistunt jugo Scotti ~ique ÆTHELW. I 1; s**875** inducunt Pihtis bellum Cumbrisque *Ib.* IV 3; Scottorum et ~orum incursione multi mortales cesi, ville incense W. MALM. *GR* I 3; quamvis ~i jam videantur deleti et lingua eorum ..

destructa H. HUNT. *HA* I 8; s**75** rex ~orum, Rodricus, de Scythia veniens, in aquilonalem Britannie partem applicuit M. PAR. *Maj.* I 113.   **c** quidam populi de Scithia qui sive a pictis vestibus sive propter oculorum stigmata ~i dicebantur (*V. S. Teiliaui*) *Lib. Landav.* 99; quidam populi, qui sive a pictis vestibus, sive propter oculorum stigmata, ~i dicebantur, cum innumera classe de Scithia ad Britanniam venerunt (*V. S. Theliaui*) *NLA* II 364; sunt Scoti dicti pro picto corpore Picti *Pol. Poems* I 51.   **d** s**1138** (v. Galwalensis).

picula [LL], liquid pitch (*cf.* 1 *pix* 2d).

fiat fumigium ex colofonia vel ~a super carbones posita GILB. II 230. 1; pix liquida, ~a .. *terpiche SB* 34.

picum, ~a v. pisum.

1 picus v. 1 pica.

2 picus [CL]

1 woodpecker.

~us, *higre, fina GlC* P 424; nomina avium: .. †ficus [l. picus], *fina* ÆLF. *Gram.* 307; **11**.. ~us, *hiwere WW Sup.* 162; quando nidificat devellit ab arbore picus / clavos et cuneos quos non divelleret ullus / cujus ab impulsu vicinia tota resultant *V. Merl.* 1384; dicitur autem ~us avicula, lingua Gallica *spec* dicta, que rostro robusto quercum perforans majores viribus ictus ingeminat GIR. *IK* II 6 p. 125; rostro ligna cavat picus, quibus ova reponit NECKAM *DS* II 779 p. 391.

2 bird of prey.

a *busserd*, arpia, ~us *CathA*.

3 picus, ~um [ME, OF *pic, pik*], pointed tip, pick (axe). **b** mill-pick.

1220 percussit dominum suum de piko unius hachie in oculo *CurR* VIII 383; **1276** ballivus cepit de Alexandro Fabro xij d. quia quidam latro furatus fuit suos ~os *Hund.* II 176a; **1298** in emendacione arratellorum, secinorum, ~orum *Doc. Scot.* II 320; **1368** in operacione xxx petr' ferri .. cum .. iv hakkis, ij pikkis, et xix weggis .. *Ac. Durh.* 571; pro .. pikkis, hakkis, et kevellis faciendis *Ib.*   **b 1325** pro capite axis et pickis ejusdem molendini reparandis *MinAc* 1148/6; pro pickis ejusdem molendini acuendis *Ib.*

pie [CL], dutifully, righteously; **b** (in relation to God; w. ref. to *Tit.* ii 12); **c** (in relation to others out of filial or parental piety); **d** (in relation to subordinate or dependant).

omnes qui in Christo pie volunt vivere necesse est ut ab impiis .. patiantur opprobria *Ps.-*BEDE *Collect.* 258; quicquid benigne menti profuturum autumant, pie amplexantes magni existimant ORD. VIT. VI 1 p. 1; ad ipsas calumnias si quando ipsas impie pertulerint impigre et pie est respondendum GROS. *Cess. Leg.* I 3; de qua [sc. BVM] pie credit ecclesia quod sit in ea resurreccio completa HOLCOT *Wisd.* 69.   **b** sobrie ad nos, juste ad proximum, pie ad Deum AILR. *Serm.* 31. 23; sobrie per vite munditiam, juste per patientie justitiam, pie per theosebiam, id est divinam culturam T. CHOBHAM *Serm.* 4. 21vb.   **c** recte voluisse ut filius mortem tam pie, tam utiliter sustineret .. affirmatur ANSELM (*CurD* I 10) II 65; pie satis et provide a patrum domiciliis .. expelluntur GIR. *TH* I 12 p. 35.   **d** subjectis regulariter ac pie consulendo BEDE *HE* IV 6 p. 219; regna mihi subdita populosque juste et pie regere W. MALM. *GR* II 183; **1242** pie compatientes eisdem [sc. mulieribus] *RGasc* I 73a; s**1467** supplicacionibus .. amicorum .. abbas pie et misericorditer se inclinans *Reg. Whet.* II 64.

pienn' v. paeonia.   **pientior, pientissimus** v. pius.

Pierides [CL < Πιερίδες], the Muses; **b** (as sg.).

pergite, Pierides, musali pollice flores / carpere ALCUIN *Carm.* 14. 1.   **b** ~is, Musa *GlC* P 404.

Pierius [CL], of or associated with the Muses, poetic, musical; **b** (~*a volucris*) magpie.

quamvis armoniis praesultent organa multa / musica Pierio resonent et carmina cantu ALDH. *VirgV* 1717; prosaico sermone gradientem .. alterum ~eo pede currentem ALCUIN *WillP pref.* p. 113; quae te Pieriis decantat versibus auctor *Id. Carm.* 7. 12.   **b** augure plausu / Pierie volucris aut indice nunciat aure J. EXON. *BT* IV 236.

pietantia [pietans *pr. ppl. of* pietare *as sb. f.*; cf. CL pietas]

1 donation for pious purpose: **a** (allowance for extra food, usu. on feast day or anniversary); **b** (applied to other purpose).

a assignavit ~iam propter cenas conventus *Cart. Rams.* III 184.   **b 1431** in una ~ia solita dari conventui in obitu Johannis Fossour, modo assignata ad sustentacionem vestimentorum altaris sancti Nicholai, x s. *Ac. Durh.* 288.

2 dole, pittance, extra portion, special meal or sum of money.

1235 sciatis me dedisse .. xx solidos sterlingorum annuatim .. ad ~iam .. monachorum die anniversario ejusdem Hugonis *Cart. Lindores* 17; s**1248** de ipsius etiam bonis procuratum est quod .. ~ia conventui omni die Lune, quando festum non fuerit, perpetuo detur *Ann. Dunst.* 177; ad unam ~iam annuam conventui in festo undecim millium virginum inveniendam *Melrose* II *app.* 17; pitawnce, ~ia, -e *PP*; **1444** lego conventui .. ad ~iam, decem marcas sterlingorum *Test. Ebor.* II 108; **1449** lego ad ~iam sociorum et scholarium .. sex solidos *MunAcOx* 593; **1452** volo .. quod habeant in communi pro una ~ia in prandio et cena quadraginta denarios pro illo die *Ib.* 623; c**1518** solut' ad manus lardinarii pro ~ia .. subcapellani *DC Cant.* MS D. E. 31 p. 11.

3 mass on anniversary of person's death, said in exchange for donation.

1275 quos quidem quatuor solidos .. attornavi ad unam ~iam faciendam in conventu Osneiensi annuatim in perpetuum in die anniversarii mei obitus pro anima mea *Ambrosden* I 400.

pietantiarius, (mon.) one who distributes and accounts for pittances, pittancer.

1277 has .. libras prior .. ad utilitatem cellarii mutavit ita .. quod singulis annis perciperet ~ius de cellario viginti solidos *Ann. Dunst.* 277; **1279** W. A. tenet unum cotagium .. reddendo per annum ~io de Thorneye iij s. *Hund.* II 641a; per manus ~ii, .. per manus sacriste *Tract. Peterb. & Ramsey* 208.

pietare, to treat dutifully or righteously.

ad insidias vigilant gregi suo non ad tutelam, non ad ~andum, sed ad penitus abscindendum J. FORD *Serm.* 116. 8.

pietas [CL]

1 due respect for or worship of God. **b** (as virtue) devoutness, piety; **c** (as inspiring a holy life); **d** (as honorific title).

quid ~as nisi Dei cultus? ALCUIN *Rhet.* 46; ~as est cultus Deo exhibitus BELETH *RDO* 8. 20; quod nos ~atem, hoc Greci theosebeian, id est Dei cultum appellant AILR. *Serm.* 10; in una significatione dicitur ~as ad Deum et in alia significatione dicitur ad parentes T. CHOBHAM *Praed.* 223; anno .. a vere ~atis initio millesimo quingentesimo vicisimo nono FERR. *Kinloss* 75; **1549** pro ~atis zelo *Conc. Scot.* II 118.   **b** ~ate religionis inbutus BEDE *HE* V 10 p. 299; **9**.. ~as .. *ærfastness WW*; erat .. ante Deum ~ate devotus ORD. VIT. VII 14 p. 202; nam omnibus saecularibus studiis praeferebat scientiam ~atis, quae in evangelicis et apostolicis continetur litteris OSB. *V. Dunst.* 8 p. 78.   **c 675** (13c) quotienscunque aliqua pro opere ~atis membris Christi impendimus nostrae animae prodesse credimus *CS* 34; ea quae in propheticis, evangelicis, et apostolicis litteris discere poterant ~atis .. opera .. observantes BEDE *HE* III 4 p. 134; accensi sunt in fide ac devotione ~atis ad orandum vel ad elimosynas faciendas *Ib.* IV 20 p. 252.   **d** p**675** ut ad vestrae ~atis praesentiam epistularum litterarum apices dirigerem ALDH. *Ep.* 4 p. 481; **747** una malae aestimationis fama de vita ~atis vestrae ad auditum nostrum pervenit BONIF. *Ep.* 73 p. 148; c**801** nisi vestrae ~ati .. verba salutationis ALCUIN *Ep.* 223; vestram imprecor benivolam ~atem B. *Ep.* 387; supplicantes, quatinus in his que ipse .. vobis suggesserit, vestra velit ~as benigniorem aurem inclinare A. TEWK. *Ep.* 3 p. 37; ut .. vestre reconciliari valeant ~ati AD. MARSH *Ep.* 78 p. 194; **1256** mittimus ad vos .. monachos .. per quos si vestre sederit ~ati, electio eadem examinari poterit *Ann. Burton* 378.

2 goodness of God or Christ towards mankind. **b** (~*as divina* or sim., personified).

ut .. / cernuus oraret fretus pietate Tonantis ALDH.

VirgV 1514; **686** in nomine Salvatoris cujus ~ate regimen assequuti sumus .. *CS* 67; spiritus ~atis qui fuit cum Moyse *Ps.*-BEDE *Collect.* 336; **c798** permissus est Malchus vulnerari ut Petri ostenderetur constantia et Domini clraresceret ~as ALCUIN *Ep.* 136 p. 208; sed Domini pietas rapuit de fastigiorum / casibus insontem B. *V. Dunst.* 4; pro tali .. eventu contristatis ~as Dei suffragata est ORD. VIT. IX 9 p. 540; nec deitas in eo, pietas, ejusve potestas / sunt diversa sibi; nec tria sunt, sed idem L. DURH. *Dial.* III 265; Domine, .. qui alienis didicisti misereri .. et parcere, tuis servientibus .. claudes viscera ~atis? AILR. *Ed. Conf.* 785. **b** ~as divina, quae suorum semper reminiscitur militum, pro fetenti sterquilinio olfactum ambrosiae .. clementer contulit ALDH. *VirgP* 36 p. 283; non tamen divina ~as plebem suam .. deseruit BEDE *HE* I 22 p. 42; si mihi ~as superna aliqua vivendi spatia donaverit *Ib.* III 13 p. 153; hanc vocem quadam nocte audivit de superna ~ate, "liberaberis ab hac pena" *Chr. Rams.* lxviii; cui .. sacerdotale solatium intuitu divine ~atis indulgeas GIR. *TH* II 19 p. 102; **1289** superveniens ex ~ate divina fertilitas *RGasc* II 298a.

3 dutiful or righteous bearing toward a dependent: **a** (toward member of family); **b** (of bishop); **c** (toward fatherland).

a dicens se omnem ~atem conjugis et filiorum amisisse .. ideoque soli Deo velle adherere ORD. VIT. V 19 p. 457; ~as est per quam sanguine junctis et patrie benivolum officium et diligens tribuitur cultus BERN. *Comm. Aen.* 40; in sacra pagina commendatur hec ~as, ut filii diligant parentes et parentes filios et consanguineos T. CHOBHAM *Praed.* 224. **b** **c705** quis .. ab illo vos antistite separans arceat, qui vos .. nutriendo, docendo, castigando paterna provexit ~ate ..? ALDH. *Ep.* 9 (12) p. 501; te quoque pontificum mitissime vocibus oro / flebilibus, succurre mihi pietate paterna WULF. *Swith.* I 1580; paterna ejus ~as ANSELM (*Ep.* 194) IV 84. **c** ~as est per quam .. patrie .. officium .. tribuitur BERN. *Comm. Aen.* 40.

4 mercy, compassion, kindness. **b** merciful action.

ut .. quem .. vestrorum potens meritorum suffragium benigna ~ate [*gl.*: i. clementia] clementer ALDH. *VirgP* 60 p. 322; genti suae .. ~ate largiendi .. multum profuit BEDE *HE* III 27 p. 194; gratias agentes propter ejus ineffabilem ~atem, qua mundum a laqueis diaboli redemptum descendit ÆLF. *Regul. Mon.* 178; maximam .. partem sine ~ate trucidarunt G. MON. IX 5; impia mors †pietete [l. pietate] carens communis habetur / omnibus; adnichilat omnes, mors parcere nescit D. BEC. 315; invenit latronem in medio domus jacentem et ~ate commotus super eum sanari eum fecit et dimisit *Latin Stories* 25; **1552** ~ate erga pauperes *Conc. Scot.* II 132. **b** similem lactationis ~atem sensit monachus .. perpetuam famam meritus pro misercordia matris W. MALM. *Mir. Mariae* 147; cum .. humillimis ~atum obscurationibus AD. MARSH *Ep.* 30 (v. obsecratio 1).

5 charitable gift.

841 (11c) qui hanc ~atem in elemosinam sempiternam .. donaverat *CS* 434.

pieticus [CL pietas+-icus], dutiful, merciful, compassionate.

~us, pius, compassivus OSB. GLOUC. *Deriv.* 473.

pietis v. paries.

pietosus [LL], merciful, benevolent.

Cristi doctrina quam pietosa fuit GOWER *VC* III 490.

pifundabalista, *f. l.*

hic, hec †pifundabalista [l. fundabalista], A. *a slynger WW*.

piga [CL puga < πυγή]

1 buttock.

hec ~a, *poil de la nage Gl. AN Glasg.* 19vb; hec ~a, *peil de nage Ib.* 59; hec ~a, A. *thees WW*.

2 scrotum.

codde of a mannys privyte, ~a, -e, f. *PP*; hic ~a, A. *a balokcod WW*; *a ballokecod*, ~a *CathA*.

pigagium v. picagium. **pigamum, piganium, piganum** v. peganum. **pigatio** v. picatio.

piger [CL], **pigrus,** sluggish, slow, lazy: **a** (of person); **b** (of animal); **c** (w. inf.); **d** (w. *ad* & acc.); **e** (w. *in* & abl.). **f** (as sb.) lazy person.

a noli esse desidiosus et ~er *Ps.*-BEDE *Collect.* 178; ~rus vel lentus, *sleac* vel *slaw* ÆLF. *Gl.* 107; Philippus .. rex ~er et corpulentus ORD.VIT. X 5 p. 20; qui tepidus est et ~er et lentus, non speratur de eo fructus AILR. *Serm.* 38. 19; quidam a sompno expergefacti gravidi et ~ri redduntur *Quaest. Salern.* Ba 53; Gallos ~rioris videmus ingenii ALB. LOND. *DG* 6. 10 (v. 1 levis 12); scolares .. ~os ad opera fructuosa .. excitabat *V. Edm. Rich C* 598; adeo ~er sum quod ad ignem sedeo et prius crura permitto comburi quam inde me retraherem *G. Roman.* 418. **b** ignavā volucris venturi nuntia luctus / pigraque persevērans vertor pre pondere plumae HWÆTBERHT *Aen.* 60 (*De Bubone*) 2; falcones .. ~iores in primis, perniciosius postmodum predis insistunt GIR. *TH* I 12 p. 37; tunc testudo tarda pigra / sicut cervus saliet WALT. WIMB. *Van.* 101. **c** ministrare hospitibus ~er non essem *V. Cuthb.* I 4; **c797** paratus est nos accipere si nos non erimus ~ri ad eum venire ALCUIN *Ep.* 131; sed piger ad lectum piger est consurgere lecto L. DURH. *Dial.* II 5; non simus ~ri orare AILR. *Serm.* 45. 40. **d** ~ri sunt ad operandum BALD. CANT. *Serm.* 9. 44. 426; phlegmaticus est rudis et ~er ad omnia BACON *CSPhil.* 422. **e** feminei juvenes, Martis in arte pigri G. AMIENS *Hast.* 326. in cultu ecclesiastico erat ~er et negligens sed ad venatum .. promptus ORD. VIT. V 3 p. 311; **1460** in alienis negociis velox nec vivax erit qui in propriis causis ~er existit *Paston Let.* 610. **f** dicit ~er, leaena in via, leo in itineribus *Ps.*-BEDE *Collect.* 35; operantium, non ~rorum ANDR. S. VICT. *Sal.* 55; sompnolenti .. et ~ri stimulandi sunt ut excitentur T. CHOBHAM *Serm.* 20. 96rb; non est .. hoc opus inercium et ~rorum RIPLEY 210.

pigere [CL]

1 (impers.) it irks, troubles, or wearies; **b** (w. inf. or acc. & inf.); **c** (to introduce material); **d** (w. gen.).

~et, pudet *GlC* P 399; ~et verbum defectivum, inde piger, -gra, -grum, quod eum semper ~eat OSB. GLOUC. *Deriv.* 440. **b** eos .. terras .. spatiosas transmeare non tam ~et quam delectat GILDAS *EB* 67; ferre apud Normannos ~ebat vilem se cunctis, odiosum esse multis W. POIT. I 9; commodare tibi quod postulaveris nullum ~ebit GOSC. *Transl. Mild.* 22 p. 187; cogita .. Jhesum a cordis desiderio, oracio tua procedat ad ipsum, non ~eat illum indesinenter querere ROLLE IA 224. **c** nec meminisse ~eat incliti militis Christi ALDH. *VirgP* 35; non me .. Guthlaci vatidico pectore quoddam spiritale praesagium narrare ~et FELIX *Guthl.* 49 p. 148; ad confutandam tue mentis perfidiam pauca de multis nos colligere non ~ebit *Eccl. & Synag.* 96; ista pro utilitate legentium me inseruisse non ~uit W. MALM. *GR* III 238; exempla proponere pauca non ~eat GIR. *IK* I 4 p. 54; theatrum .. admirabile in Eraclea .. inter monstruosa non ~ebit referre GREG. *Mir. Rom.* 11. **d** ne eum offitii ~eret W. MALM. *GP* II 75 p. 163; ~uit Romanos predicti federis G. MON. III 9; nec me ~et importunitatis mee, cujus jam fructus dulcis est gutturi meo AILR. *Anim.* I 58.

2 (pers.) to disdain, neglect, be loath to (w. inf.).

a713 vobis vicem reddere nostra humilitas minime ~ebit *Ep. Bonif.* 8; festinus vir Dei, audito desiderio ancillarum Christi, non ~uit venire ad illas ALCUIN *WillP* 21; **956** (13c) hanc particulam terrae .. singulis impartiri haud ~eo *CS* 930.

pightellum, ~a, ~us v. pictellum.

pigines, *s. dub.*

aqua .. adalbat, sed pigines destruit omnem maculam, et si posueris in calaminas eris erit albior M. SCOT *Lumen* 245.

pigium v. pichera. **pigla** v. pigula. **pigma** v. pegma. **pigmaeus** v. pygmaeus.

pigmentare [cf. CL pigmentum]

1 to make aromatic or fragrant; **b** (fig.).

cupressum, / que decisa rogis pigmentet odoribus auras HANV. VI 157; cum [nomen] profertur ex lingua libera, / mellit auras, pigmentat aëra J. HOWD. *Ph.* 355; nomen tuum saginat viscera / et expressum pigmentat aëra *Ib.* 1106; cujus nomen aures mellit, / cum prolatum has percellit, / et pigmentat aëra WALT. WIMB. *Virgo* 14. **b** vultu pigmentat placido donata potenti WALT. WIMB. *App.* 2. 9. 17.

2 (p. ppl. as adj.): **a** made aromatic or fragrant, scented. **b** (of wine) mixed with honey and spices, spiced.

a excipitur sua medietas sacrati lateris et ~ati pulveris a devotissima ecclesia GOSC. *Transl. Aug.* 29A. **b** abundans prandium nec baccho ~ato carens W. POIT. II 7.

pigmentarius [CL]

1 of or relating to an aromatic plant or spice, aromatic, fragrant (also fig.). **b** (*herba ~ia*) fragrant plant, balm.

asserit .. aliquis illorum .. se inter illum pulverem ~ium solidas adhuc carnes quingentarii depositi manu contigisse GOSC. *Transl. Aug.* 18C; totas reliquias exhaurit vixque ipsum pulverem ~ium orbate plebi relinquit *Id. Transl. Mild.* 14; aromata ~ia doctrine sunt et opuscula sanctorum patrum M. RIEVAULX (*Ep.*) 65. **b** melissa herba ~ia idem, A. *medewort* secundum quosdam *SB* 29; herba ~ia, melissa idem *Alph.* 80.

2 that contains an aromatic plant or spice; **b** (transf. & fig.).

~iis .. eorum [sc. medicorum] antidotis .. genus infirmitatis quotidie amplius accrevit R. COLD. *Godr.* 202; tunc operas suas medicinales ingerendo, tunc pixides ~ias crebrius offerendo GIR. *JS* VII p. 342; hec omnium peregrinacionum absinthia quasi quedam pocio dulcoravit R. BURY *Phil.* VIII 125. **b** hanc ego pestilentiae luem abhorrens, antiquorum patrum ~ias perscrutari curavi cellas .. ut aliquod medicamenti genus .. conficerem ALCUIN *Dogm.* 88B.

3 of a spice-dealer or apothecary.

801 medici .. nec se ipsos fateri praesumunt creatores herbarum .. sed ministros esse in colligendo et in unum ~ia manu conficiendo corpus ALCUIN *Ep.* 213 p. 357; producens eas in medium e secretis domus ~ie NECKAM *Eccles. III* f. 77b; jucundo fragrat odore / domus Salomonis / domus pigmentaria (NECKAM) *Anal. Hymn.* XLVIII 278 p. 265.

4 (as sb. m.) dealer in aromatic plants or spices, apothecary; **b** (transf. & fig., sts. w. ref. to *Cant.* iii 6 or v 14).

solent ~ii diversas species commiscere .. ut cum in nove speciei saporem et efficaciam coaluerint, universa dulcescant, et ad subversionem mentium efficaciora sint J. SAL. *Ep.* 110; ~iorum, i. e. *des espiciers* S. LANGTON *Chron.* 168; eorum tanta est redolencia, quod aliud non videtur nisi paradisus Dei et opus ~ii S. SIM. *Itin.* 20; ~ii dicuntur qui species vendunt, conterunt, et conficiunt *SB* 34. **b** 'universo pulveri ~ii', i. e. universis fidelibus Christi. .. ipse enim est verus ~ius, i. e. animarum medicus HON. *Sig.* 504D; vos gene estis Domini Jesu areole aromatum ejus consite a ~iis J. FORD *Serm.* 20. 5; porro salutem hominum procurabat ~ius noster maxime in speciebus quattuor; in aqua videlicet benedicta, in pane itidem benedicto, in impositione manus, in signo crucis *Id. Wulf.* 37; siquidem tot invenientur areole aromatum, tot cellule vinarie ~iorum ut comedant amici, inebrientur karissimi P. CORNW. *Panth. prol.* 39; unguentum celicum a pigmentario / celesti celico fit artificio WALT. WIMB. *Carm.* 51.

5 (as sb. n.) fragrance, spice. **b** concoction that contains aromatic plant or spice, electuary, spiced wine.

turba se illo omnium ~iorum aromatico fateretur fragrore fuisse repleta[m] *V. Neot. A* 10; arguere Gregorianus presumat nos ejusdem corporis resoluti ~ia virginalia non habere ELMH. *Cant.* 218. **b** domos aromatum, aurum et argentum, ~ia et unguenta P. BLOIS *Ep.* 138. 410C; potet modicum vinum odoriferum vel de bono clareto vel de pigmento. .. ~ia multum valent hic certissime et agnus castus, quia consumit ventositatem GAD. 34v. 2.

pigmentum [CL]

1 aromatic plant, spice; **b** (transf. & fig.).

resina, i. ~um boni odoris aptumque medicinae, fluens de arbore ut balsama *Comm. Cant.* I 192; "quales res adduces nobis?" .. "varias vestes et ~a [AS *wyrtgemange*], vinum, et oleum" ÆLF. *Coll.* 96; aganita, i. ~a Egypciaca *Gl. Laud.* 28; †amemum [l. amomum], i. ~a *Ib.* 64; [panes qui] omnium ~orum genera precedebant odore R. COLD. *Cuthb.* 64; balsama, pigmentum, cum nardo cassia, mirra / cum gutta sedes hic statuere suas GOWER *VC* I 69.

b sapientia Dei .. eum in spiritualem cellam consecravit, quam .. ~orum suorum bonorum videlicet morum jocunda suavitate ditavit *V. Birini* 2; scripturarum verba sacrarum ... hec est .. divinorum ~orum apotheca delectabilis J. MIRFIELD *Flor.* 116.

2 (w. ref. to concoction that contains aromatic plant or spices, electuary, drug).

thyriazin, i. ~um quod de vipera fit *Comm. Cant.* III 53; pestem .. sollicita medicorum manus ~orum compositione nequiverat [sc. pellere] BEDE *CuthbP* 32; cum reprobatis ~orum fomentis medendi salutem desperaret FELIX *Guthl.* 53; **801** solent .. medici ex multorum speciebus ~orum in salutem poscentis quoddam medicamenti componere genus ALCUIN *Ep.* 213 p. 356; nihil electuaria, nihil ~a proficiebant, nihil unguenta contulerunt W. CANT. *Mir. Thom.* VI 124; episcopus oppressus est infirmitate valida, vix .. medicorum ~is relevari potuit *Lib. Eli.* III 137; medicum et medicamina, electuaria atque ~a et cetera que juxta morbum apta didicerit *G. S. Alb.* I 210; ejus languori mederi curabimus fortioribus tunc ~is FORTESCUE *NLN* II 3.

3 drink that contains aromatic plant or spice, spiced wine; **b** (used medicinally); **c** (transf. & fig.).

singulis vasis, vini, medonis .. ~i .. crus humanum vel caput .. imposuit H. HUNT. *HA* VI 25; nectar sive pingmentum [*gl.*: *piment*] NECKAM *Ut.* 98; vinum hic videas et siceram, ~um et claretum, mustum et medonem .. et omne quod inebriare potest GIR. *RG* I 5; **1252** contra instans festum Natalis Domini pimentum fieri faciat *Cl* 292; **1254** de pingmento faciendo... ad ~um, claretum et gariofilatum .. faciendum *Cl* 12; *pyment*, nectar, ~um *CathA*. **b** [non patieris] eos qui per incantationes malas laedere possunt et occidere per diversa ~a *Comm. Cant.* I 269; ex indigestione rectificetur cum .. cibis digestibilibus, bono vino, salsis, ~is GILB. III 169v. 2; fiat bonum mellicratum ex melle et vino et speciebus, et erit ~um GAD. 66. 1. **c** complebatur in fideli ~orum spiritualium pincerna quod ait Scriptura AD. EYNS. *Hug.* I 4; videas quomodo pro ~o [ME: *piment*] melliflui amoris reddiderunt ei acetum amare invidie *AncrR* 160.

pignad', pignanad' v. pignonata.

pigneragium, ~oragium [CL pignus+-agium], pledge, security.

1284 rex vel sui .. pacifice possideant sine impedimento seu calumpnia mei vel heredum meorum nomine ~oragii seu cautionis *Foed.* II 283.

pignerantia, ~orantia [pignerans *pr. ppl. of* of pignerare+-ia *as sb. f.*], pledge.

1341 set ipsi nuncii .. dixerunt .. quod solam ~oranciam argenti vel jocalium reciperent caucionem *Foed.* V 244.

pignerare, ~orare [CL]

1 to pledge, to offer as security. **b** (w. *quod* & subj.) to wager that. **c** (in list of words).

1316 pro aliquo debito vestes burgensium .. nec ferramenta artificialia, cum quibus cotidie lucratur panem, aliquatenus capiantur vel ~orentur *RGasc* IV 1626; ad .. fructificandum, vendendum, donandum, ~orandum, et alienandum *Form. S. Andr.* II 298. **b** cum quodam socio quod dissencionem inter eos possem fabricare .. ~eravi *Latin Stories* 86. **c** omnis .. conjugationum quadripertita qualitas competenter dactilo mancipatur ut .. fenero, ~ero, increpo ALDH. *PR* 120 p. 165.

2 (w. person as obj.) to hold to pledge, hold as security.

1252 unde compulsus fuit vicecomes pro redemptione ville et castri promittere decem millia solidorum ... et de illis solvendis fidejussores dare quos comes jam pro dictis denariis ~oravit *RL* II 75; **1254** quod ipsos .. possunt .. marchare et ~orare .. quousque de predicto debito plenarie persolvantur *RGasc* I 348b; **1283** concessimus eisdem quod nunquam .. ~erentur vel per aliquem arrestentur *Ib.* II 201b; **1288** nullus auctoritate propria possit ab illo quem ~oraverit pecuniam recipere *Reg. Gasc. A* II 524; **1288** si .. ille qui ~oraverit eos in hereditate vicini et habeat potestatem ~orandi velit eos interficere *Ib.* II 525.

pigneraticius [CL], **~oraticius, ~oraticus,** of or relating to a pledge; confirmed by pledge. **b** (w. *actio*).

pignus .. inde ~oraticus, -a, -um vel ~eraticius, -a, -um, i. res de pignore OSB. GLOUC. *Deriv.* 447; ~oratitiam .. cautionem H. BOS. *Thom.* IV 29 (v. cautio 1b); **a1350** caucionem .. ~oraticiam vel fide jussoriam *StatOx* 154; caucionem ~oraticiam .. offerre debet *Reg. Brev. Orig.* 67; si .. emendacionem facere non potest, debet absolvi. recepta .. ab eo idonea caucione, sc. fidejussoria vel ~oraticia de satisfaciendo cum ad pinguiorem fortunam pervenerit *Mon. Rit.* III 328. **b** nota non fuisse pecuniam solutam, et tamen competere ~oraticiam actionem VAC. *Lib. paup.* 128.

pigneratio [CL], **~oratio,** act of pledging, pledge. **b** (*in ~onem*) as a pledge.

secundum formam ~orationis, i. e. ad modum pignoris, sic enim solent pignora aliquorum pro alio capi VAC. *Lib. paup.* 123; **1288** ille qui ~orationem fecerit ad plenum teneatur jurare quod in hereditate sui domini fuit facta vel in sua *Reg. Gasc. A* II 524. **b 1216** regi maneria sua exposuit in ~orationem *Ch. Sal.* 267; **1496** que habuit in pingnoracione *Reg. Aberbr.* II 302.

pignerativus, ~orativus [CL pigneratus *p. ppl. of* pignerare+-ivus], of or relating to a pledge, confirmed by pledge. **b** (as sb. m.) pledge, surety.

a1380 exponat caucionem ~orativam [v. l. pignoraticiam] vel fidejussoriam *StatOx* 187. **b** *a wedde*, pignus, ~orativus .. caucio, depositum *CathA*.

pigneratorius, ~oratorius [CL pignerator+-ius], confirmed by pledge.

nisi .. convenerit quod maritus ~oratoriam caucionem vel fidejussoriam prestiterit uxori de dote .. restituenda *Fleta* 340; **a1380** caucionem ~oratoriam (v. cautio 1b); debet cautionem interponere juratoriam aut ~oratoriam de solvendo alias expensas *Praxis* 24.

pigneratrix, ~oratrix [CL pigneratus *p. ppl. of* pignerare+-trix], that offers a pledge (f.; w. gen.); **b** (as sb. f.) one who offers a pledge.

interfuere .. comitatui funereo .. Oswoldus, et .. Æthelwinus, nomine tantum sibi eousque cogniti, occasione funeris ~oratrices vite amicitias venaturi *Chr. Rams.* 30. **b** filia sua .. que esset vas pacis, ~eratrix federis W. MALM. *GR* II 112.

pignetum [pigno < OF *pignon* + CL -etum], gable(-end).

1396 dedi .. licenciam ponere domum suam super murum et in muro meo, viz. in ~um, ac eciam .. omnia aisiamenta que habere poterit super dictum ~um et in dicto ~o *AncD* D 575.

pigno [OF *pignon*], gable (-end), coping, battlement.

1238 fieri faciatis duos pinnones in capite camere nostre *Liberate* 12 m. 2; **1315** dedi .. esiamentum australis pugnionis tenementi mei in 'Tavystok', .. ita quod .. predicto pugnioni meo, quandocumque sit noviter sublimius edificatus, meremium eorundem et muros aule sue ex utraque parte licite possint conjungere *AncD* C 5027; **1330** tabulamentum in ~one est ruptum ... item tota ecclesia ex omni latere est male cooperta *Reg. Exon.* 575; **1359** dedimus .. unam placeam terre .. juxta placeam Nicholai Tyrel, cum tota pynnyone domus dicti Nicholai *AncD* A 10059; **1413** punioni *CatAncD* IV 551; **1445** orientalem [sc. partem] de quatuor partibus .. campanilis pro uno punione .. fiend' (*Doc. Totnes*) *MS Exeter City Libr.*; **1456** edificabunt pinnonem dicte aule ibidem de novo bene et sufficienter *AncD* D 537; **1471** preseptum est Roberto Schepehurd reparare defect' cujusdam pinionis petrin' orrij tenementi sui jam humo decas' *CourtR Lygh* I f. 5v; **1490** idem Henricus permittit pinionem petrin' tenementi sui fore decas' ob defect' reparacionis *ib.* II f. 2v; **1500** in reparacione unius †pomone [? l. ponione] et pro *batylment* ecclesie *Ac. Churchw. Glast.* 336.

pignocata v. pignonata. **pignonare** v. pinionare.

pignonata [ME *pinionade* < OF *pignon*], conserve made of pine nuts.

1285 ij pixides pignanad' (*KR Ac* 91/3) *Arch.* LXX 32; **1286** j pixid' [*sic*] de pignad' (*Ib.* 91/7) *Ib.* 52; **1290** in ij pixidibus de *gingebraz* et *pinaz* pro abbate viij s. *Doc. W. Abb. Westm.* 165; **1303** pro .. pixidibus festucad' et pynonad' (v. fisticata); **1306** in gyngibras', pynolad', et aliis electuar' *KR Ac* 309/10 m. 1; **1307** in iij magnis *panyers* emptis pro sicca speceria, zuker', electuariis, vj pro pynnonad' et iiij pro gingebr' intrussand' *KR Ac* 368/30 m. 7; **1327** gingebred' et pyonade *CalCl* 134; **1329** per empcionem triginta quinque librarum de gyngebras, xvij s. vj d. de per empcionem viginti librarum de pynionate x s. *Exch Scot* 251; valent eis pignocata, pisticata, çinçiberatum GAD. 24. 1; grana pini et pinochada mundificant a sanie *Ib.* 53v. 2; detur pinocada, quia preservat renes ab ulceratione *Ib.* 97v. 2; **c1420** pro ij *pottes de sitronard* .. et .. pro vij libris de pynonad' (*KR Ac*) *JRL Bull.* XXVI 273.

pignor- v. pigner-.

pignus [CL]

1 pledge, security; **b** (w. ref. to pledge of money or property); **c** (w. gen.) guarantee of (also transf.). **d** (of the Holy Spirit; w. ref. to *II Cor.* i 22, v 5, *Eph.* i 14).

~us, *wed* vel *alæned feoh* ÆLF. *Gl.* 115; suo jam statuto haeredi Guillelmo .. ~ore cavit. .. fidem sacramento confirmaturum Heraldum ei destinavit W. POIT. I 41; hic tanquam ~us daturus ad nuptias vel suas oblaturus primitias GOSC. *Edith* 43; pignus, -oris filiorum, -us, eris aliarum rerum OSB. GLOUC. *Deriv.* 446. **b** indigenti cuidam pecuniam meam erogavi et quoddam molendinum ejus pro ~ore recepi ORD. VIT. VIII 17 p. 373; **1254** quod .. possit .. pingnus super .. Gastonem capere pro dampnis illis *RGasc* I 325b; numquid bonus socius reputatur qui suum ~us [ME: *wed*] ponit in Judaismo ut socium suum liberet? *AncrR* 155; **1403** pro capcione ~oris, iiij d. *Ac. Durh.* 455; **1432** prestetur mutuum .. sub reali et sufficiente ~ore *StatOx* 250; **1457** habet j ollam eneam unius Stephani K. in ~ore pro v s. *Wills Dublin* 2. **c** rivis .. suavis soporis ~us praetendentibus GILDAS *EB* 3; pignera pacis ALDH. *VirgV* 1557; Ceolfridus .. / devoti affectus pignora mitto mei (*Vers. Ceolfridi*) *Hist. Abb. Jarrow* 37; in ~us promissionis inplendae .. filiam suam Christo consecrandam .. assignavit BEDE *HE* II 9 p. 99; **795** (12c) hanc elemosinam .. pro pignore Christianae fidei .. offero Deo *CS* 265; fidei ~us dederat cui juveni, se nulli unquam nupturam nisi ipsi GOSC. *Transl. Mild.* 37; xeniolum in perpetui ~us amoris deposuit W. MALM. *GP* II 82; hoc .. ~us dilectionis sue .. Jesus nobis reliquit BALD. CANT. *Serm.* 4. 20. 407; in ~us vitae et immortalitatis J. FORD *Serm.* 117. 11. **d** paracletus .. ~us promissae hereditatis ALDH. *Met.* 2 p. 67; ~us .. Spiritus Sanctus est, qui nobis veram securitatem prestat in conjunctione timoris et sancte spei BALD. CANT. *Serm.* 16. 35. 489; tu ad spirituales invitata nuptias, sponsum suscipis datum a Patre, purgationem a Filio, ~us amoris a Spiritu Sancto AILR. *Inst. Inclus.* 31.

2 (appl. to offspring): **a** (w. *natus* in apposition or gen.); **b** (as equivalent of *natus*); **c** (w. play on sense 1b).

dulcia natorum ~ora ALDH. *VirgP* 5; amat pater dulcissima ~ora natos BALD. CANT. *Serm.* 12. 3. 478. **b** quo fratrum ~orumque suorum miserandas .. poenas cito exitu devitabant GILDAS *EB* 19; si unicum ~us [*gl.*: i. filius: pignera sunt rerum, ~ora filiorum] ob religionis praerogativam .. ab illorum stirpe privaretur ALDH. *VirgP* 36 p. 280; **10..** ~us, *bearn WW*; dilectissimum ~us, uti mos est catholicis, sacro abluunt fonte baptismatis *Enc. Emmae* II 18; natos .. suos sibi rex .. commendavit ..... suscepit .. Ecgwinis commendata sibi regum ~ora, evidentissima regie circa se dignationis atque dilectionis pignera DOMINIC *V. Ecgwini* I 7; Abraham in unici ~oris nece tibi devotus extitit *V. Chris. Marky.* 79; jam floret Priamus populoso pignore felix, / felix conjugio J. EXON. *BT* II 1. **c** merorem improbo solvit cum fenore / qui prius defuit effuso pignore WALT. WIMB. *Carm.* 268.

3 (appl. to disciple).

quis sit nescimus nisi quod illum de intimis patris Augustini ~oribus fuisse qui tali loco consepeliri meruerit autumamus GOSC. *Transl. Aug.* 22A.

4 (appl. to saint's relic, usu. part of body); **b** (artefact assoc. w. saint).

colligunt in scrinia .. illa aurea ac gemmea ~ora .. rite composita GOSC. *Transl. Aug.* 18B; quod quatuor episcoporum sacra ~ora continebat *Hexham* 200; reliquie .. sanctorum .. ut deceret non recondebantur ... ne sanctorum ~era debito carerent domicilio, feretrum .. fieri fecerunt *Chr. Battle* f. 49v; cum .. episcopi .. mausoleum quo sacra ~ora condebantur aperuissent *Canon. G. Sempr.* f. 111; ut promereretur ab abbate Baldewino de ~oribus sancti recipere ... quibus susceptis reliquiis (*V. S. Edmundi*) *NLA* II 619. **b** ~us sancti .. baculi sc. illius fragmen precepit afferri *Canon. G. Sempr.* f. 157.

pigra v. picra, piger.

pigranter [cf. CL pigre + -ter], slowly, sluggishly.

clero in unum conventum haud ~er ascito *G. Steph.* 80.

pigredo [LL], torpor, sleepiness, laziness.

8.. ~o, *sleuþ oððe scleacnes WW*; torpor abest, pigredo fugit, somnusque recedit WULF. *Swith.* I 1412.

pigrere [CL], to be reluctant, slow.

~eo, A. *to be slow WW*.

pigrescere [CL]

1 to become sluggish or inert, to slow down.

quia sic excitatur affectus, aliter ~eret animus R. MELUN *DP* I 62; militaris alacritas .. ante comparanda est .. quam corpus etate ~at J. SAL. *Pol.* 595D; humus .. / .. centroque coheret / impaciens motus medio pigrescit in axe / infirma HANV. VIII 343; tempore messis manus nostre pigrescunt J. HOWD. *Cant.* 200.

2 to become slack or negligent.

mitis prelatus facit ignavos famulatus. / dum cor mitescit domini, servile pigrescit SERLO WILT. *app.* 3a. 19 p. 152; **1279** ~it plurimum humana fragilitas PECKHAM *Ep.* 26.

3 (w. inf.) to be slow (to), to hesitate or be reluctant (to).

miseris et affectis coafflicta condolere et subvenire non ~it *Spec. Laic.* 51.

pigris picris. **pigristia** v. pigritia.

pigritanter [ML], slowly, sluggishly.

pigritor, -aris, inde ~er adverbium OSB. GLOUC. *Deriv.* 440.

pigritare, ari [LL]

1 to be slow, sluggish, reluctant to move; **b** (of animal).

torpescere, ~ari OSB. GLOUC. *Deriv.* 175; ne audeat [sc. caro] ~ari excitata AD. SCOT *Serm.* 214D; si natura ~averit GILB. V 212v. 2. **b** ~antibus asinis R. BURY *Phil.* 5. 78 (v. dextrarius a).

2 to be lazy; **b** (w. *in* & abl.); **c** (pr. ppl. as sb.).

nunquam ~andum, nunquam cessandum est ab exhortatione salubri P. BLOIS *Serm.* 727A; **1235** me .. animent trepidantem, stimulent ~antem GROS. *Ep.* 14; **c1245** qui, aliis a dormitorio regulariter exeuntibus, ibidem ~ando remanserit *Cust. Cant. Abbr.* 265; rex Francorum non dormitando ~avit *Flor. Hist.* II 126; fratres sompnolentos et ~antes .. leniter excitabit *Cust. Cant.* 101. **b** illi .. hoc egre ferentes, non quia in obsequio fratrum ~arent (*V. S. Teiliaui*) *Lib. Landav.* 101; quasi negligencie torpens ignavia in sanctorum suorum reverentia adhuc ~abatur SIM. GLASG. *V. Kentig. prol.* p. 243; **1168** compelli .. desidero, si .. in exequendis officiis amicitie fuero ~atus J. SAL. *Ep.* 265 (261 p. 528). **c** ut .. ~antium ignavia puniretur GIR. *JS* III 106; **1321** pigritantes (v. disjungere 3b).

3 to hesitate, delay, linger; **b** (w. inf.) to hesitate (to), shrink (from).

jam nec tibi ~andum. . veni ergo ad nos, veni cito EADMER *HN* p. 204; Franci .. regem ne ~aretur exhortati sunt ORD. VIT. XII 12 p. 340; **s1222** veniens igitur dux .. omnibus patefecit se ad hoc venisse, ut expugnaret inimicos fidei Christiane, et non segnitie ibidem ~aret M. PAR. *Maj.* III 69. **b** legatos suo filio mittit Eduardo postulatum ne versus se ~aretur venire *Enc. Emmae* III 8; monuit .. ut .. Meldunum non ~aretur pergere W. MALM. *GP* V 266; **1168** quam tibi .. quantocius potero significare non ~abar J. SAL. *Ep.* 244 (272 p. 570); saluberrimis .. impellebat monitis ne ~aretur virtus hinc in brevi .. sume remedia quererer *V. Fridesw. B* 4; ita fuerunt ferventes ut scholas theologie .. adire .. in frigoris asperitate et luti profunditate non ~arentur ECCLESTON *Adv. Min.* 33.

pigritas v. puritas.

pigritia, ~ies [CL], torpor, inactivity, tiredness, laziness.

patet juxta litteram quia ~ia nutrix est egestatis et penuriae BEDE *Prov.* 960; ille [sc. diabolus] pugnat .. ~ia corporis et torpore; tu labore et vigiliis exsupera

---

eum ALCH. *Ep.* 299; a**797** fidelis .. dispensator pecuniam domini sui .. augere studeat per diligentiam, non minuere per ~iam ALCUIN *Ep.* 79; debet .. asinum ~ie aliaque bestialia vitia in se occidere *Simil. Anselmi* 94; majores .. nostri ~iam et otiositatem .. condemnant suosque sequaces ad commodum laborem .. invitant ORD. VIT. V 1 p. 299; torpedo, pigritudo, ~ies OSB. GLOUC. *Deriv.* 594; **c1350** quia totum malum quod contigit in Anglia pigristie, fatuitati, et ignorantie episcoporum fuit imputatum (*Reg. Roff.*) *MS BL Cotton Faust.* B V f. 47; desidia pressus surgere non potuit et ideo dixit quod clausa esset janua. .. tunc comperit dominus quod propter ~iam januam demiserit apertam *Latin Stories* 26.

pigrities v. pigritia.

pigritudo [LL], sluggishness, laziness.

apud virginem, ait [sc. demon], hic habito, et causa ~inis ejus locum in ea habeo *NLA* I 155.

pigrus v. piger. **pigtellum, ~a, ~us** v. pictellum.

pigula [AN *pigule*, AN, ME *pigle*], greater stitchwort, bird's tongue (*Stellaria holostea*).

folia .. scabiose, bugle, ~le GILB. II 85v. 1; ~ula, lingua avis, A. *stichewort MS BL Addit.* 15236 f. 19v. ~ula, *pygul, bryddistonge, stichewort MS BL Royal 12E I* f. 100; ~ula minor, *ravensfote MS Cambridge Univ. Libr. Dd. 11. 45* f. 111v; lingua avis, ~ula idem, florem habet album, G. *pigule*, A. *stichewurt Alph.* 103; pygla major, i. *pygyll or steche wort MS Bodl.* 536 f. 33.

pigwitha v. pikwitha. **pihthlum, pihtlum** v. pictellum. **pihtus** v. pictus. **pikagium** v. picagium. **pikard-** v. picard-.

pikerellus [ME *pikerel*], young pike, pickerel.

1257 provideat regi de .. aliis ~is .. vel de vivariis aut piscariis ejusdem episcopatus vel de empto *Cl* 39; **1273** expensa minuta .. in vij ~is ad vivarium instaurandum (*Hytone*) *Ac. Man. Wint.*; **1309** in ij ~is missis magistro W. de B. .. iiij s. *MunCOx* 255; **1314** dimidium quarterium ~orum, quibus mensura unius pedis hominis *AncD* A 6656; **1318** in duobus pikerrellis ij s. viij d. *Rec. Leic.* I 314; **1335** in ~is et rochis empt' per vices xvij s. ij d. *Sacr. Ely* II 69; **1356** in stagnis ejusdem dominii piscatus fuerit, et duos luceos, quorum uterque iij pedes et dim. .. l ~os, quorum quilibet unum pedem et dim. *Foed.* V 870; **1381** asportavit .. xl pykerellos, xl *bremes*, xl *tenches SessPWarw* 118.

pikettus [OF *piquet*, *pichet*, ME *pik*], spiked pole (in quot., spike on which to fix candle).

c1350 iiij torticulos, viii ~as, et sex duodena candele cerearum *MS BL Cotton Faust.* B V f. 104.

pikkus v. 3 picus. **pikoisia, ~us, ~um, pikosia, ~us, ~um** v. picoisa. **pikus** v. 3 picus.

pikwitha [ME *pik* + *with(e)*], 'pikewithy', pointed stake made of willow.

1323 in pigwithis et virgis emptis pro *bacles* et *punges* ad scalas *Ac. Wellingb.* 124.

1 pila v. 1 pela.

2 pila [CL], **1 pilus**

1 vessel into which something is poured, mortar.

'~a' si vas significat, longam habet 'pi-', si spheram, brevem BEDE *AM* 97; ~a quoque dicitur vas in quo aliquid tunditur OSB. GLOUC. *Deriv.* 470.

2 lower coining iron, pile.

1293 due pecie, quarum una vocatur ~a et alia *crosse* (v. cuneus 3b); **1317** cum mandaverimus quod habere faceretis .. tres cuneos pro sterlingis monete nostre .. faciendis .. in sex peciis, viz. tres trussellos et tres ~os *Cl* 135 m. 24; **1320** tres cuneos in sex peciis, videlicet tres ~os et tres trussellos *Cl* 138 m. 14.

3 pila [CL], **2 pilus, 1 pilum**

1 pillar, pier, foot of a bridge; **b** (as boundary marker).

~a dicitur que sustentat parietem OSB. GLOUC. *Deriv.* 470; transibat aquam juxta molendinum .. cum filio suo ..... filius .. decidit in amnem .. sed mirabili modo de cursu fluminis ejectus, ~e seorsum adhesit, a qua sagine religate fluitabant W. CANT. *Mir. Thom.* VI 106; **1285** fratres predicatores .. impediunt

---

cursum aque .. per quandam ~am pontis lapideam quam construxerunt, per quod aqua superundat et impedit molendina .. regis *DocCOx* 205; **1393** ipsi .. ponere possint ~os et columpnas de petra in vivaria .. ad .. supportandum pontem *Mem. York* I 145; est ~a pes pontis BAD. AUR. 183; *a fute of a brige*, ~a *CathA*. **b** ~a .. vocatur effigies hominum in compitis OSB. GLOUC. *Deriv.* 470.

2 tavern.

ludum laudo pile, plus laudo pocula pile SERLO WILT. 2. 91 p. 85; ~a, taberna BAD. AUR. 183; hec tabarna, hec caupona, hec ~a, A. *a taverne WW*.

3 fortified tower.

1312 c quart' fabarum et pisarum .. ad ~ium de Lynliscu *CalCl* 418; **1435** dominii de Tyndale et de Werke .. una cum diversis regalitatibus, dominiis, castris, ~is, fortaliciis .. *Cl* 286 m. 17.

4 heap, pile.

1299 totam predictam lanam in lanaria in ~a cuband' *MinAc* 1879/16 r. 2; **1539** quedam pecia feni .. in quodam ~o feni in uno orreo *AncIndict* 541 m. 139.

5 weight, set of weights.

1449 unam ~am eneam pond' xvj in Turre pro auro et argento ponderand' *KR Ac* 294/6; **1491** tria paria bilancium, tres ~as ponderis de Troy, duos incudes .. et nonnulla alia instrumenta pro aurifabro necessaria *Pat* 572 m. 15 (22).

4 pila [CL], **3 pilus, 2 pilum**

1 ball; **b** (for play); **c** (spec. ~a *bacularis, manualis, pedalis*, or sim.; also game played with such a ball).

ut globus astrorum plasmor teres atque rotunda / sperula seu ~ae necnon et forma cristalli ALDH. *Aen.* 100 (*Creatura*) 58; orbis .. instar potius ~ae undique versum aequali rotunditate persimilis BEDE *TR* 32; ~a vel sfera, *ðoþer* ÆLF. *Gl.* 150; loco capitis spissitudo pilorum quasi villosa pellis in modum ~e contracta erat ALEX. CANT. *Mir.* 51 p. 265; hec ~a, *pelote Gl. AN Glasg.* f. 20; hec ~a, A. *balle WW*. **b** in ~a ludicra BEDE *TR* 32; utpote qui mallet lusum ~e quam usum cuculle W. MALM. *GP* III 130; ludum laudo pile, plus laudo pocula SERLO WILT. 2. 91 p. 85; si vero moriatur subito in ludis consuetis ut in ludo ~e, potest sepeliri in cemeterio BELETH *RDO* 159. 158; ~am auream, qua regis filius ludere consueverat, .. asportavit GIR. *IK* I 8; **1266** ludebant adinvicem ad ~am et ambo accurrentes et ludendo certantes quis eorum cicius ~am occuparet *IMisc.* 13/29; **1381** luserunt ad ~am, per quod gravis contencio et contumelia surexerunt *Hal. Durh.* 171; **1382** quod constabilarii ville non permittant aliquem ludere ad ~am sub pena xl s. *Ib.* 175; predixerunt quod Henrico regi Anglorum, quia juvenis erat, mitterent parvas ~as ad ludendum STRECCHE *Hen.* V 150. **c** pergamus .. jocare foris cum baculis nostris et ~a nostra ÆLF. BATA 4. 9; **c1277** baculis ad ipsam ~am aptatis *CallMisc* 2209; manus movet baculum et baculus movet ~am: non enim dat manus baculo ~am .. sed dat .. baculo mocionem localem DUNS *Ord.* VII 531; **1375** ludentes erant pariter ad ~am vocatam *tenes* et in ludendo verbis contumeliosis inter eos .. motis .. R. extraxit .. cultellum suum *SessPLincs* I 140; **1425** in datis diversis ludentibus ad ~am pedalem in festo S. Katerine Virginis .. iiij den. *Ambrosden* II 259; **1447** nullus ludat ad ~am bacul' neque ad ~am pedalem (*CourtR*) *Hist. Castle Combe* 244; **1472** ordinatum est de consensu parochianorum quod nullus de cetero utetur ludis inhonestis et inhibitis infra cimiterium ut puta ~o pedali vel manuali *Fabr. York* 255; solent adolescentes rustici et lascivi ingentem ~am non jactando in aera, sed solotenus volutando, nec manibus quidem sed pedibus pulsitando .. propellere: ludus .. execrabilis satis *Mir. Hen. VI* III 91; **1519** dominus Ricardus curatus ibidem est communis lusor ad ~am pedalem in camisia sua *Vis. Linc.* I 44.

2 spherical object, ball; **b** globe of earth; **c** snowball; **d** orb (as symbol of royal power); **e** (usu. ~a *plumbi* or sim.) cannon-ball, bullet (also transf.). **f** warming ball. **g** pill, pellet.

[panem] demum in minutas ~as et rotundas composuit R. COLD. *Godr.* 70; terantur .. in mortario .. et fiant inde ~e et desiccentur ad solem *Pop. Med.* 225. **b** ave, luna semper plena / flammis Phebi, quam terrena / pila non eclipticat WALT. WIMB. *Virgo* 85. **c** c**1256** ~am de nive (v. exoculare); **1289** ~as nivis ad predictam candelam jactaverunt ita quod dictam

candelam extinxerunt (*CoramR*) *Selden Soc.* LV 178.
d in dextra manu sua ponatur ~a rotunda deaurata in
qua virga deaurata erit fixa *Rec. Coronation* lii; s**1338**
tenuit . . in sinistra manu ~am auream rotundam quae
tocius mundi denotat gubernaculum KNIGHTON II 5;
1377 pro factura unius ymaginis ad similitudinem
regis, uno sceptro, una ~a, una cruce *KR Ac* 398/9
f. 23v; tenens in manu dextera gladium et in manu
sinistra ~am sive pomum rotundum in cujus superiori
parte est quedam crux extensa *Canon. S. Osm.* 49.
e fit pila ventorum que nunc impellitur euri / turbine
H. AVR. *Hugh* 621; **1374** pro . . xij coclear' ferreis pro
pil' plumb' fundend' . . et stapulis pro pil' plumb'
imponend' *KR Ac* 397/10 r. 2; **1389** item j forma en-
nea in forpicibus pro pil[is] plumb[eis] faciend[is] pro
gunn[is] *Ib.* 41/13B; **13**. . duo gunarii cum ~iis *Rec.
Norw.* I 396; torqueat continuo in Catholicam fidem,
quomodo qui tormenta in pugna navali mittunt, interdum ut aerem strepitu verberent, cum ~a intervallum
nequiverit superare GARDINER *CC* 218.   **f 1388** ~e
calefactorie sunt tres (*Invent. Westm. Abb.*) *Arch.* LII
238.   **g** muscus . . mittitur in colliriis et in ~is seu
pulveribus oculorum *Alph.* 122.

3 (her.) roundel, circular charge. **b** gold roundel representing bezant coin.

~e in armis sunt rotunde et parve, aliquando majores sunt et tunc dicuntur tortille . . . ~e et tortille
sunt solide, rotunde, et omnis coloris preterquam aurei coloris. et ~e vocantur Gallice *peletes* et tortille
torteux BAD. AUR. 183; qui habet arma ista habet tres
~as argenteas in campo rubio et Gallice sic, *il port
de gewlez trois pelletz d'argent* UPTON 240; lobulos
autem hos cujusque coloris praeter aurei heraldi antiqui *pellots*, hoc est ~as vocarunt, alias a rotunditate
rondels, id est, orbes SPELMAN *Asp.* 111; ~am rubram
circa aetatem Henrici sexti, Gallice *un torteau*, hoc est
librum seu placentum vocarunt *Ib.* 113.   **b** ~a aurea
(praestantiae et victoriae praemium) *un besant* vocant
SPELMAN *Asp.* 112.

4 (med., pl.) piles, haemorrhoids.

genus medicaminis quod aufert ~os BACON V 113.

5 pīla, 4 pīlus [ME *pil*], pill, tidal creek, chan-
nel, or pool in a stream; **b** (in place-name or
surname).

eo tempore cometes apparuit et nata sunt prodigia,
ut homo quadrupes et caput duos habens vertices,
sed et in pillo vir et mulier usque ad lumbos multis
apparuerunt R. NIGER *Chr. I* 56; **1242** ipsi . . habeant
omnes prisas vinorum . .tam per terram quam per
mare in omnibus ~is, crecis, et strandis infra portum
dicte civitatis (*Cork*) *BBC* 329; **1277** illa molendina
removere . . et stangna facere . . unde ad ~um dicte
aque de Ribbel *Cart. Sallay* 244.   **b 1234** Thom' de
la Pillo tenet j hulle pro vj d. (*Rent. Glast.*) *Som Rec.
Soc.* 44.

6 pīla v. 3 pīlum.

7 pīla v. 4 pīlum.

8 pīla v. 5 pīlum.

9 pīla v. 6 pīlus.

pilagium [ME, AN *pilage*; cf. 5 pilare], robbery,
plundering, pillage.

1361 tam de illis qui in partibus exteris de ~io
et latrocinio ibidem vixerunt quam aliis (*Pat*) *EHR*
XXVII 235; **1363** qui . . de ~io et latrocinio . . vixerunt
Ib. 236.

pilanum [cf. 4 pilare], instrument for removing
hair from animal skin before tanning.

a**1178** sciatis me concessisse . . tanatoribus meis . .
gildam suam et pillanum et tannum et uncerium suum
Act. Hen. II II 58.

pilanus [cf. 4 pīlum], one armed with a javelin.

~us, qui armatus pilo graditur OSB. GLOUC. *Deriv.*
471.

pilardus [ME, AN *pilard*; cf. 5 pīlare], robber,
plunderer, pillager.

regionibus . . destructis per ~os et predones J.
READING f. 185b.

1 pīlare [LL *gl.*; cf. 2 pīla], to grind or pound
in a mortar.

fabe frese vel ~ate, *gepunede beane* ÆLF. *Gl.* 116.

2 pīlare [CL; cf. 3 pīla], to fix firmly, to drive
piles into.

breve de Thamisia ~anda . . commissio pro munda-
cione fossatorum de Flete *MGL* I 580.

3 pīlare [cf. 4 pīla 3], (her.) to emblazon with
roundels.

sunt eciam insuper alii qui portant arma ~ata
quia in illis formantur et pinguntur quedam pile BAD.
AUR. 131; de armis ~atis ad ludendum. . . qui habet
arma ista habet tres pilas argenteas in cambo rubio
UPTON 240.

4 pīlare [CL; cf. 6 pīlus, depilare]

1 to deprive of hair.

nasus curtetur auresque cum superiore labro ab-
scindantur aut pilletur (*Cons. Cnuti*) *GAS* 335 (cf.
Quad.: truncetur ei nasus et aures et super labrum
aut decapilletur).

2 to pluck: **a** (fruit); **b** (wool).

a 1224 invenire j hominem ad ~andum poma sua
BNB III 13; **1236** in viij hominibus conductis per iiij
dies ad poma ~anda iiij s. *Pipe Wint.* B1/17 r. 9; **1248**
in mercede hominum ~ancium poma *Rec. Crondal*
56; in pomis ~andis *Ib.* 61; c**1275** si poma fuerint in
manerio, debent ~are quamdiu fuerint ~anda *Chiches-
ter Episc. MSS Liber P* f. 43v.   **b 1245** in liij pellibus
lavandis et ~andis *Pipe Wint.* B1/18 r. 1; **1258** in xlvj
pellibus ~andis iiij d. ob. *Crawley* 225; **1264** in dcij
pellibus ovium lavand' et pilland' *MinAc* 1078/8 r. 2;
1322 in tota predicta lana volvenda et ~anda ad tascam
MinAc 1146/11 m. 11.

3 to peel.

1292 pro vij cent' mill' roscis ~atis xiv s. *Sacr. Ely*
II 3; **1303** pro x^m rosci ~ati j li. xiij s. viij d. *Ib.* 18;
1336 in lx garbis arundinis albi ~ati emptis pro *flaykys*
inde faciendis *DL MinAc* 242/3886 m. 3.

5 pīlare [LL; cf. 2 expilare], to pillage.

~o, -as, i. rapere, sed non est in usu OSB. GLOUC.
Deriv. 417; **1187** "et nos contra appellavimus et semper
~abimus." ad quem quidam de fratribus, "male . . nos
expilastis" *Ep. Cant.* 95.

6 pīlare, pīlarius [ME, OF *piler* < 3 pīla],
pillar.

tumbam ejus amplectitur columna quam vulgo ~e
dicimus GOSC. *Transl. Aug.* 412C; a**1194** si pro defectu
fundamenti vel ~iorum seldarum . . domus desuper
cadat *Cart. Osney* II 9; columpne . . ecclesie, que
vulgo ~ii dicuntur GERV. CANT. *Combust.* 6; navis vel
aula est ecclesie subnixa utrique ~iis octo *Ib.* 9; paries
. . ligneus . . inter ~ios penultimos positus est *Ib.* 22;
1249 in duobus piler' butericiis subtus cameram regis
LTR Mem 21 r. 3; **1289** possint . . construere solaria
et domos in alto, cum ~iis seu columpnis ad hec
necessariis *RGasc* II 332b.

pilaria [ME, AN *pil(l)erie*; cf. 5 pīlare], pillage.

1385 roberias, incendia, pilerias, murdra, raptus
Foed. VII 470; **1389** concessimus . . abbati et conventui de Melros . . quod ipsi et conversi . . infra
bundas abbacie . . commorantes . . absque pilleriis seu
depredatoribus et absque arsura seu demolicione domorum . . morari possint *RScot* 100b; **1431** omnes
pillarias, roberias, incendia, demoliciones domorum
Foed. X 488; **1443** pro diversis roberiis et pilloriis
factis supra mare *TreatyR* 124 m. 9.

pilaris [LL; cf. 4 pīlum], one armed with a
javelin.

~is, qui cum hasta pugnat *GlC* P 392.

pilarius v. 6 pīlare.

pilatalis [3 pilatus + -alis], who resembles (Pontius) Pilate.

s**1410** milites parliamentales, vel ut dicamus verius
satellites ~es . . ad unum . . scelus vacant, ut ecclesiam
Dei . . spoliarent WALS. *HA* II 282.

pilatare [cf. 3 pilatus], to behave like (Pontius)
Pilate.

in locis presulum / pilatant consules, / cum facta
consulum / usurpant presules (*Pol. Poems*) *EHR* V
323.

1 pilatio [cf. 3 pila 4], act of stacking, piling.

1387 super ~one et salsacione ccxxxvj carcas' bovin'
et bacon' *KR Ac* 183/12 f. 23; super couchacione et
~one xx mil' ccclxx *stokf[issh]* *Ib.* f. 24d.

2 pilatio [4 pilare + -tio], plucking (of wool).

1381 in sol' facta Hawmundo Pouchemaker pro
~one lane ij annorum et pro ligatura aule nove . . cum
aliis diversis, xx s. *Ac. Durh.* 591.

3 pilatio, *f. l.*

de nulla re magis sibi placens, quam de novo aliquo
†ex pilationis [l. expilationis] commento BOECE f. 75.

pilatisare [3 pilatus + -isare], to behave like
(Pontius) Pilate.

c**1198** contra pontifices ~antes (*Pol. Poems*) *EHR* V
323.

pilatium v. palicium.

1 pilator [4 pilare + -tor], one who strips of hair,
plucker (of wool).

~oribus pellium potagium solet cotidie liberare *Ac.
Beaulieu* 275.

2 pilator [5 pilare + -tor; cf. depilator], pillager,
plunderer, robber.

*pylowre or he that pelyth other men, as cachpolls . .:
~or . . depredator* PP.

1 pīlatus v. 3 pīlare.

2 pīlatus v. 4 pīlare 3.

3 pīlatus [CL; cf. 4 pilum], armed with a javelin
(as *cognomen* or surname): **a** (understood as of
Pontius Pilate); **b** (other).

a idem Pontius ~us qui adsignatus fuerat principari
genti Judaeorum THEOD. *Laterc.* 10; Pontius, declinans
consilium; ~us, os malleatoris *GlC Interp. Nom.* 243;
anno xxvi . . ~us in Judea procurator efficitur *AS Chr.*
244.   **b 1109** Hug' ~us tenet eas *Surv. Linc.* 253.

4 pīlatus v. 2 pilettus.

5 pilatus v. piolatus.

pilax [LL *gl.*], cat.

si . . cibum tangit vel canis vel ~ax †musae [v. l.
mus] aut animal immundum THEOD. *Pen.* I 7. 7; de
catto vel muricipe vel ~ace ALDH. *Aen.* 65 (tit. v. l.);
hic ~ax, A. *cattle WW*; *a catte*, catus . . ~ax *CathA.*

pilchardus [Eng. *pilchard*], pilchard.

1565 in le Katerin de Tabisam . . cum ~is *Port Bk.*
925/2 f. 1.

pilchia [ME *pilche*, AS *pilece* < CL pellicius],
cover or jacket made of skin or leather.

1369 in pilchis faciend' pro pistrina, iij s. vij d. *Ac.
Durh.* 575 (cf. ib. 590: pro factura unius coopertorii
de pell' lanutor' pro pistrina); **1410** de xvj d. de uno
capucio de *murroy*. de xviij s. de una pylchia de *gray*.
. . de xxiij s. iiij d. de una pylchia de *bever Test. Ebor.*
III 45.

pilcornus [ME *pilcorn*], kind of cultivated oat,
pilcorn.

de xxxij s. iiij d. de iiij quar' ij tolfatis de pilcorn'
hoc anno vend' per diversa precia *Ac. Cornw* II 213;
de xlij s. de v quar' ij buss' tam siliginis quam pilcorn'
de exitu unius molendini aquatici ibidem vend' hoc
anno ante festum beati Petri ad vincula, precium quar'
viij s. *Ib.* 217.

pileatus v. pilleatus.

pilentum [CL], carriage, litter.

pillentes [l. pillentis], *bere GlC* P 417; ~um vel
petrorium vel rada, *crat* ÆLF. *Gl.* 140; hoc ~um,
-i, i. quoddam genus curruum eo quod terat viam
OSB. GLOUC. *Deriv.* 417; *chare*, currus . . ~um *PP*;
quo minus est [hoc genus canum], eo gratius est, ut
[feminae] sinu gestent in cubiculis et manu in ~is
CAIUS *Can.* 6.

pileria v. pilaria.   **pilerius** v. 6 pilare.

pilescentia [*pr. ppl.* of pilescere *as sb. f.*], grow-
ing of hair, hairiness.

nacium ~ie jam pubescentis Mercurii detectarum
E. THRIP. *SS* IV 19.

pilescere [cf. 6 pilus+-escere], to grow hair, become hairy.

in viris .. est fumus siccus terminatus, et ideo ~unt loca plurima GILB. II 74 (*recte* 76). 2; mulieres .. propter fortitudinem et caliditatem cerebri magis ~unt in capite, viri autem habent debile principium materiale *Ib.* VII 285v. 1.

pilestros, *dub.*

~os, *wode WW.*

piletorium [6 pilus+-torium], comb.

~ium vel pecten, *peigne Gl. AN Ox.* 354.

piletteria v. pelletteria.

1 pilettus, ~um [OF *pilete* < 3 pīlum], pestle.

coquina .. xvj d. de ij mortariis lapideis cum ~o *Ac. Exec. Ep. Exon.* 11.

2 pilettus, ~um [OF *pilete* < 4 pīlum], crossbow bolt.

1194 pro carriandis targiis et quarrellis et ~is *Pipe* 175; **1221** W. .. percussit R. .. quodam pileto per mediam genam set .. obiit infirmitate et non de plaga *PlCrGlouc* 34; **1242** omnes eciam alii qui possunt habere arcum et sagittas extra forestam habeant; qui vero in foresta arcus et ~os *Cl* 483; **1247** non portabunt in bosco .. sagittas barbalatas sed ~os *JustIt* 454 r. 12*d*.; **1252** omnes etiam illi qui possunt habere arcus et sagittas extra forestam, habeant; qui vero in foresta, habeant arcus et pilatos *SelCh* 364; **1255** pro pilotis et fundis ingeniorum factis apud castrum *RGasc* I *Sup.* 55. **1309** tenuit .. per serjanciam inveniendi unum hominem cum uno arcu et tribus ~is non pennatis ad custodiam castri Salop' per xl dies .. et post xl dies sagittabit predictos ~os in tres partes castri predicti et exinde recedet *IMisc* 7/13; si .. fit telum vel sagitta vel pilotum in vena organica ubi est timendum de fluxu sanguinis narium GAD. 122v. 1; **1363** ~is aut boltis in jocis suis utatur (v. bolta a).

piletum v. pyrethrum. **pileum,** ~us v. pilleus. **pilia** v. pilleus. **piliatus** v. pilleatus. **piliaur'** v. pilula. **pilicium** v. palicium.

pilicrepus [CL], one who plays a ball-game.

~us, -i, i. ille qui ludit cum pila OSB. GLOUC. *Deriv.* 417.

pililudius [LL], one who plays a ball-game.

~ius, qui cum pilotello ludit OSB. GLOUC. *Deriv.* 470.

pililudus [4 pila+ludus], a ball game; **b** (dist. as *pedalis* or *manualis*).

balpley, puliludus, lipidulus, lidipulus *PP.* **b** **1519** usi sunt infra cimiterium ludi inhonesti prout ~us pedalis et manualis, viz. *tuttes* et *handball* ac *penyston Fabr. York* 270.

pilimita v. polymitus.

pilina [*pronunciation spelling of* CL balaena], whale.

9 .. ballena vel pilina, *hron WW.*

pilio pilleus. **piliolus** v. pilleolus. **pilium** v. 3 pila. **pilius** v. pilleus. **pilivertentia** v. polyvertentia. **pillanum** v. pilanum. **pillare** v. 4 pilare. **pillaria** v. pilaria.

pilleatio [CL pilleus+-tio], awarding of doctor's cap, doctorate.

quantumcumque inhabilis doctoretur, vendicat .. excellenciorem honorem quam frater suus .. numquam ad cathedram graduandus .... .. religiosum .. foret quod pilliacionem illam falsam in singulis dimitterent WYCL. *Blasph.* 245.

pilleatus, supplied with a cap, who wears a cap; **b** (mon.); **c** (acad.).

simia .. calvum licet pileatum deprehendit, pileumque arripiens ruborem calvo .. confert NECKAM *NR* II 129 p. 210. **b** s**1251** quid de tunicatis et pileatis referendum? M. PAR. *Maj.* V 244. **c** de quibus duo sint pilliati *StatCantab* 313; **1382** in monachis egregius .. / hic non erat clericus sed laicus literatus. / .. sub veste monachatus, / Goydoun fere laicus est clam piliatus (*Conc. Lond.*) *Pol. Poems* I 260; frater ydiota quantumcumque viciosus pilliatus foret quantumcumque honoracior fratre scienciori et virtuosiori non taliter graduato WYCL. *Blasph.* 244; quos ad theologiam instruens fecit sacerdotes, nomen eis ~orum contradens GASCOIGNE *Loci* 178.

pilleolatus, supplied with a small cap, who wears a small cap; **b** (acad.).

non pilleolatum D. BEC. 156; gladiatus, pilleolatus *Ib.* 1326 (v. chirothecatus); **b** quem pilleolatum / divini studii flos dedit orbi J. SEWARD 92.

pilleolus [CL], **~um**

1 small cap; **b** (used ceremonially in investiture or resignation).

tyara vel mitra, de ipsa erat caput coopertum, in modum ~i facta *Comm. Cant.* I 295 p. 354; ~um, parva mitra OSB. GLOUC. *Deriv.* 471; vir .. ~o capitis vertice perornatus R. COLD. *Cuthb.* 114; pilleolus planus nec eas galeet veteranus D. BEC. 1189; cantores capita piliolis tegunt, baculos vel tabulas manibus gerunt HON. *GA* 567B; capellarii faciunt .. pillea de bumbace et quedam ~a de lana et pilis GARL. *Dict.* 124; de habitu .. clericorum chorum ingredientium ... installati pilleolis neque utantur *Reg. S. Osm.* I 377; **1338** prior Anglie .. inveniet singulis annis .. ministris scaccarii .. tempore yemali pilliola furrata pellura minuti varii et bogeti et quedam non furrata, totidem pilliola lineata de sindone et quedam non lineata .. secundum gradus personarum *Hosp. in Eng.* 210. **b** c**1180** in manum nostram .. terram .. resignavit, et conventum .. per nos pilliolo suo seisiavit *Lit. Cant.* III 359; s**1213** omnem .. administrationem in spiritualibus et temporalibus cum pilliolo suo in manus domini legati resignavit *Chr. Evesham* 250.

2 round hearth-stone.

pellit, rownd ston of herth .. piliosus [v. l. piliolus] *PP.*

pilleria v. pilaria.

pilleus, ~eum [CL]

1 cap; **b** (royal, esp. at coronation); **c** (ducal); **d** (eccl., presbyteral); **e** (acad.,); **f** (used ceremonially in investiture or resignation); **g** (*~eum facere*) to doff one's cap.

galerus vel ~eus, *fellen hæt* ÆLF. *Gl.* 118; crispant crines calamistro, caput velant vitta sive ~eo ORD. VIT. VIII 10 p. 325; pileum, -ei, i. mitra quia tegit pilos OSB. GLOUC. *Deriv.* 417; hoc ~eum, *aumuce Gl. AN Glasg.* f. 21; caleptra, *cappe*; pilius, *pyllyon WW*; **1492** Isabella Bakere vidua est communis *bolecropper* et .. asportavit unum pillum coloris murrey precij vj d. et duo flameola precij xvij d. *CourtR Lygh* II f. 3v; **1523** de .. ~eis .. vocatis *French bonnettis* (v. birretum); **1534** vendidi domino J. E. unum pilium, iij s. *Househ. Bk. Durh.* 296; **1555** pro factur' j pilei de damask .. iij s. iiij d. *KR Ac* 428/5 f. 19. **b** posuit super caput ejus consecratum pannum lineum et pileum desuper *G. Ric. I* 82; pileo lineo capiti regine ob sacre unccionis conservacionem apposito, quod postea comburetur (*Lib. Regal.*) *Rec. Coronation* 101; **1469** ~eis .. ad usum .. regis (v. birretum). **c** **1385** ipsumque ducem de predictis titulo, nomine et honore per gladii cincturam et ~ei ac circuli aurei suo capiti imposicionem maturius investivit *RParl* III 205b. **d** in summo sacerdotis pileo ALB. LOND. *DG* 6. 34; **1285** de habitu .. clericorum .. illi qui sunt in superiori gradu ~eis nigris tantum, qui vero in secunda forma sunt ~eis non utuntur *Dign. Dec.* 14 p. 15; **1289** ut ~eis ordini vestro congruentibus in divinis hujusmodi valeatis *Mon. Hib. & Scot.* 142a; biretta deponat qui preest officio ~ium et tradatur cuidam puero ministranti in altari et pro custodia illius ~ii recipiet vinum *Stat. Linc.* I 377; prudenciores .. viros, quos ad theologiam instruens, fecit sacerdotes, nomen eis pilleatorum contradens, eo quod opertis capitibus tiaras quas ~os .. nominamus, habebant GASCOIGNE *Loci* 178. **e** pileum magistralem immaturi preripiunt fiuntque pueruli facultatum plurium professores immeriti R. BURY *Phil.* 9. 152; a**1350** debent omnes theologi preter religiosos .. in suis ~eis interesse *StatOx* 37; **1438** a doctoratu non devestivimus eundem, sed .. eum ab usu pilii suspendimus quousque universitati paruerit .. et per universitatem ad usum pilii fuerit restitutus *EpAcOx* 167; Oxonie non habent uti ~eis rotundis nisi doctores GASCOIGNE *Loci* 178; **1453** insignia quibus civilis .. juris doctores soliti sunt ornari .. mitto .. pileum meum veluti digniori tibi reddo, quo ipse in die magne solemnitatis nostre coronatus sum BEKYNTON I 275; **1486** isto mense promotus est H. bacallarius; cui permissum est uti pilio *Reg. Merton* I 91; **1565** (v. probationarius). **f** **1289** in signum resignacionis hujusmodi idem magister Johannes tradidit ~eum suum predicto domino *Reg. Heref.* 227; **1469** ~ium suum cum *le typpat* per modum reduccionis .. segitum, nomineque restitucionis earundem .. propria manu .. restituit *Reg. Aberbr.* II 160. **g** memini me audisse Romanum pontificem solitum deridere Lumbardos, dicentem eos ~um omnibus colloquentibus facere, eo quod in exordio dictionis benivolentiam captent J. SAL. *Pol.* 487A.

2 round hearth stone.

pellit, rownd ston of herth, pileus, ~i .. piliosus, ~i *PP.*

pilliatus v. pilleatus. **pilliolus, ~um,** v. pilleolus. **pillioralis** v. pilloralis. **pillius** v. pilleus. **pillor** v. pilloria.

pilloralis, ~aris [pilloria+-alis, -aris], of or associated with a pillory.

1231 sustineant penam pillioralem vel tumberalem *CurR* XIV 1363; penam ~alem BRACTON 101v (v. fustigatio); calumpniare .. poterit .. quia judicium subivit ~ale *Fleta* 52; pro hujusmodi modicis delictis inventa fuerunt judicialia ~alia *Ib.* 56; s**1295** recepimus redempcionem a Roberto pistore pro judicio ~ari *Ann. Dunstable* 399.

pillorella [pilloria+-ella], little pillory.

1350 W. B. carnifex .. pro falsitate committatur prisone ab judicio ~e *Leet Norw.* 80.

1 pilloria v. pilaria.

2 pil(l)oria, ~ium, ~ius [ME, OF *pil(l)ori(e)*; cf. 7 pila, 4 pilum], pillory.

a**1189** monachi de Middletone habeant .. omnes terras .. cum .. assisa panis et cervisie, cum furcis, ~iis, et cum omnibus aliis pertinentiis *MonA* II 351a; **1221** precepit eum poni in piloriam; et ibi positus fuit et ibi obiit (*Eyre*) *Selden Soc.* LIX 167; **1236** ipse ~ius prosternetur, nec alius in posterum levabitur sine assensu ipsius abbatis *Cart. Rams.* II 321; **1296** habeant in eodem burgo, carcerem, ~iam .. et alia .. judiciaria instrumenta .. per que malefactores .. possunt custodiri et castigari (*Kirkham*) *BBC* 170; si dominus loci habeat .. judicialia, ut furcas, ~ium, et tomborale .. *Fleta* 74; **1311** pistores in eodem ~io collo constricto et brachiis extensis per unam horam .. stare debeant *MunCOx* 22; c**1370** per judicium pilloris [? l. pillorie] *Rec. Caern.* 136; **1404** capud cujusdam fratris ordinis fratrum minorum nuper super muros sive ~ium ville predicte de mandato nostro positum *Cl* 254 m. 33; **1405** pro duobus peciis meremii pro piloria renovanda *Ac. Chamb. Cant.* 138a; judicia ~ie pro mendaciis, scandalis, falsitatibus, et decepcionibus *MGL* I 531; p**1549** per mediam viam cum *papers* ad pylloryam (*Epitaph.*) *Guildhall Miscellany* II 391.

pilloricum [pillorium+-icum], pillory.

1186 N. T. r. c. de xl s. pro ~o quod prostravit *Pipe* 124; **1262** (1394) episcopus ~um et tumberellum que levaverit in civitate predicta [Hereford'] .. faciet prosterni *CalPat* 423.

pillorium, ~ius v. pilloria. **pillul-** v. pilul-. **pillum** v. pilleus, 3 pilum. **pillus** v. 5 pila. **pilo** v. 4 pilum. **pilocella** v. pilosella. **pilogonus** v. polygonus. **pilorion, ~on** v. pylorus.

pilosella [ME *pilocelle*, AN *piloselle* < CL pilosus+-ella], (bot.) mouse-ear hawkweed (*Hieracium pilosella*).

agrimonia desiccat et mundat, ~a mundificat GILB. II 86. 1; contra morbum caducum collige herbam pilocellam, i. *lathyve* vel *mouser Pop. Med.* 239; decoccio ~e curat ictericos omnes GAD. 7. 1; pilusella cocta in lacte bibita .. diariam sanat *Ib.* 58v. 1; auriculus muris, pilocella idem *SB* 12; auricula muris, ~a idem .. G. *pilousee*, A. *moushere Alph.* 17; pilusella, pilos habet in foliis *Ib.* 226; ~a, i. *peluselle*, i. *musere WW*; philosella, A. *lanworte or mushere WW.*

pilositas [LL *gl.*], hairiness.

lepores .. minuti, cuniculis .. delicata ~ate consimiles GIR. *TH* I 24; castores cum .. totum corpus reliquum valde pilosum habeant, hanc partem omni ~ate carentem .. planam habent *Id. IK* II 3; queritur quare cum ~as ex caliditate .. fiat, mulier producat barbam in senio .. *Quaest. Salern.* V 9; tres articuli vel partes circumdantes rosam sunt cum ~ate et due sunt sine GAD. 3. 1.

pilosophicus v. philosophicus.

pilosus [CL]

1 hairy, shaggy: **a** (of animal or part thereof); **b** (of human, monster, or part thereof); **c** (of Esau, w. ref. to *Gen.* xxvii 11, also fig.) **d** (as sb. m.) wild man, satyr, incubus.

a cum [castores] totum corpus reliquum valde ~um habeant GIR. *TH* I 26; mittit vulpes caudam suam spissam et ~am in os canis T. CHOBHAM *Praed.* 274. **b** in India .. ~um toto corpore quoddam genus hominum didicimus *Lib. Monstr.* I 15; si sit villosa, resecetur barba pilosa D. BEC. 1181; mulier .. non est ~a *Quaest. Salern.* B 33; homines .. ~i [ME: *rowe*] scandentes arbores ita velociter sicut simie *Itin. Mand.* 140. **c** hec omnia ad mortem spectant, quam minatur ~us leni, Esau Jacob AD. SCOT *QEC* 18. 823C; quid .. significavit Esau ~us nisi filios eorum qui cum pelliceis tunicis ejecti fuerunt de paradiso? omnes filii Adam ~i et nigri propter peccata AILR. *Serm.* 16. 29. 345; Jacob .. et Esau sicut multam habebant in moribus differenciam, sic .. in naturalibus complexionibus cum unus esset levis, et alter ~us GROS. *Hexaem.* V 9. **d** sed ~us qui incubo dicitur animal petulcum et hispidum, et semper ad coitum estuans, libidinum significat incentiva AILR. *Serm.* 415B; ~i .. monstra sunt ad similitudinem hominum .. et alio nomine incubi appellantur BART. ANGL. XVIII 82.

2 (of plant).

daucus asininus assimilatur petrocillino, sed folia ejus sunt ~a *Alph.* 47; ~a folia *Ib.* 130.

3 (of artefact) hairy, covered in hairs; **b** (of parchment from which hair has not been removed, or of book made from such parchment).

[panis] canities in superficie tota ~a extitit ex marcoris longeva sterilitate R. COLD. *Godr.* 70; possunt .. per porcos significari quidam religiosi qui exterius habent vestes ~as et viles, et interius sunt impinguati T. CHOBHAM *Serm.* 16. 62ra; **1255** percipiens ille equitans dictos forestarios effugit; .. unde unus saccus sanguinolentus et ~us cecidit ab illo fugiente *SelPlForest* 114. **b** a**1183** de crudis corcis et ~is pellibus (v. pellis 2c); **1245** passionarium quod dicitur ~um (v. passionarius 2a); liber ~us S. Pauli *Tout Essays* 49; **1486** xxviij corria ~a *Househ. Ac.* 557.

4 (*dens ~us*, fig.) hairy tooth (as type of fierce demeanour or savage behaviour).

pereat Ollo si non eis ostenderit ~um dentem! MAP *NC* IV 16 f. 58v.

pilotrium [πηλός + τήριον], place, territory.

nec Romana prius falsi pilotria testes / excedent, justas donec pro crimine poenas / jure luant FRITH. 1189.

pilotum v. 2 pilettus.

1 pilotus v. 2 pilettus.

2 pilotus, ~a [cf. ME, OF *pilot(e)*], steersman, pilot.

1486 patronos, marinarios, ~os *Foed.* XII 300; **1537** quilibet ~a et navis magister seu nauta officium ~e navis magistri exercitoris sive gubernatoris alicujus navis infra rivum Thamisie et portum Londonie causa gubernandi navem illam .. in se assumens (*HCA Warrant Bk.*) *EHR* LXV 475; **1547** navigeros sive ~as *Foed.* XV 161.

piltrum v. peutrum.

pilula [CL]

1 a little ball, pellet.

quasi pillulas minutas in illum projicere R. COLD. *Godr.* 236; disparuit subito piscis et reliquid in disco quasi ~as fimi leporini MAP *NC* I 30 f. 22v.

2 (med.) pill.

multis potionibus, pillulis .. et unguentis usus W. CANT. *Mir. Thom.* II 32; possunt dari .. iiij vel v pillule blance vel yerap' GILB. II 96v. 1; purgetur cum pillulis aur' *Ib.* II 122. 1 (v. hieros 2f); herbe .. bene terantur .. et .. fiant de illis ~e *Pop. Med.* 229; accipe medullam cassiefistule et ex ea et zuccaro fiant parve pillule et teneantur in ore GAD. 7v. 1; **1380** in ~is, xx d., in dim' libr' de gira pigra xij d. *Ac. Durh.* 590; piliaur' et gerepigra *Invent. Med.* 68.

pilulare [CL pilula + -are], to make into a round ball or pill (in quot., p. ppl. as adj., the form of a pill).

reubarbarum .. administratur .. aliquando in electuaria substantia, aliquando in pillulata, aliquando in liquida GAD. 134v. 1.

1 pīlum v. 3 pīla.

2 pīlum v. 4 pīla.

3 pīlum [CL], **5 pīlus, 6 pīla**, pestle; **b** (fig.).

~a, *pilstre*; ~um, *pilstampe* ÆLF. *Gl.* 141; cum frumentum fricatur manibus quare citius decoquitur quam si cum ~o contundatur *Quaest. Salern.* B 131; in coquina sunt .. mortarium, pilus [*gl.*: *pestel*], contus NECKAM *Ut.* 97; **1385** j mortarium eneum cum ~a ferrea, .. *Ac. Durh.* 265; **1389** j bokettum et pillum iiij d. *Arch. Bridgw.* 130; **1443** j ~a, A. *a pestell Cant. Coll. Ox.* I 9; hic contus, hec ~a, *a postyke WW*; *a pestylle*, ~us, ~a *CathA.* **b** granum pilo tunditur ut folliculus exuatur. sic et littera ~o expositionis comminuitur dum ejus intellectus aperitur S. LANGTON *Serm.* I 14.

4 pīlum [CL], **6 pīlus, 7 pīla, pīlo**

1 javelin, dart, bolt (also fig.).

cumulat truculenta superbia turmam / militibus Christi torquentem pila piacli ALDH. *VirgV* 2703; ~a, hasta Romana *GlC* P 416; **9..** ~a, *flanas WW*; ~a, *gesceot* ÆLF. *Gl.* 143; contiguos confodiunt ~is, trucidant bipennibus et gladiis GOSC. *Transl. Mild.* 5 p. 160; alii super glaciem ludere doctiores .. tanta rapacitate feruntur .. quanta ~um baliste W. FITZST. *Thom. prol.* 17; rex .. statuit duos balistarios, quorum unius officium erat tendendi, alterius jugiter ~a jaciendi TREVET *Ann.* 144; hoc ~um, A. *darte WW*.

2 pointed stake, pile; **b** (for fence or boundary marker); **c** (for use in constructing bridge, weir, millpond, or sim.); **d** (for scaffolding or building).

magistro Alexandro ad ~os emendos de prestito xl s., item .. fossatoribus de Flete xxx s. *Ac. Build. Hen. III* 218; p**1284** habebit de eodem bosco ~os et clausturam ad hayas *Reg. Wint.* 759; **1292** faciet clayas ad faldam unde quelibet erit de novem ~is et unus pes erit inter quamlibet ~am cum una magna ~a et †urevia [? l. wreþia] (*Belchamp St. Paul's*) *MinAc Essex*; **1357** regia via que vocatur Fosse .. per .. ~os fixos .. artata est et obstructa (*CoramR*) *Pub. Works* II 215; **1383** in fossato illo ~as et *stakes* pro meliori .. claustura .. ejusdem prioratus gardini .. fixit (*Ib.*) *Ib.* 46; palos et ~os in quodam fossato .. per quod quedam aqua currere consueverat .. imposuit et fixit *Entries* 646rb. **b** c**1258** in j esperduta cum calibe ad ~um falde faciendum, ij d. ob. *FormMan Shorwell*; **1304** sicut patet per ~as positas inter pratum meum ex parte occidentali et dictam placeam prati ex parte orientali *Cart. Blyth* A113; **1392** particulam terre .. adjudicaverunt .. Nicholao habendam .. prout inter eos dividitur per pilos interpositos inter bundas .. J. et N. *Mem. York* II 16; **1424** usque ad quemdam ~um ligneum quem ipsi scrutatores .. posuerunt versus fundum .. Cristofor *Ib.* II 102. **c** **1297** de iiij s. ij d. de croppis c ~orum missorum ad molendinum de Hamelden' hoc anno vend' *Ac. Cornw* 92; **1325** sexaginta ~os fagi .. ad gurgites eorundem molendinorum inde reparand' *Cl* 143 m. 31; **1326** pro ~is et alio meremio pro una brecca veteris stagni molendini aquatici ibidem facienda pro cursu aque ad dictum molendinum vertendo *Doc. Leeds* 88; **1333** in maeremio, ~io, et bordis emptis ad exclusas et molendinum .. v s. *LTR Mem* 105 m. 194; **1375** in quo quidem were idem abbas ponit ~os et palos inferius in aquam predictam per ij *roumes*, qui continent xxxij pedes, quam deberet, et nullum signum vocatum *beken* vel *wyte* super ~os et palos ibidem (*CoramR*) *Pub. Works* II 294; c**1390** etc. (v. essewera 3); **1509** pro ripariis, gurgitibus, stagnis, ~is, lokkis .. edificatis *Foed.* XIII 243. **d** edificaverunt .. Trullum, et dimisserunt ligna et ~ones usque novem annos DICETO *Chr.* 99; **1249** ad ~os berefridi xl s. *Ac. Build. Hen. III* 220; **1325** ij carpentariis facientibus ~os pro fundamento camere regis *KR Ac* 469/7 m. 10; a**1388** pro .. fugacione .. ~orum sub predict' nov' dom' (v. fugatio 6); **1422** in expensis .. pro deliberacione dictarum xij arborum et ~arum et subbosci pro *scaffaldyng* cum conductu equorum, iiij s. *Fabr. York* 45.

3 spike, tooth, tine (of harrow).

1311 in xxv pil' ferri ad unam herciam ferri faciendam emptis, xvj d. (*Stockton*) *Ac. Man. Wint.*; **1312** in veteribus herciis emendandis cum pil' ad idem emptis, vj d. (*Enford*) *Ib.*; **1316** in j hercia cum pil' ferr' empta, xxij d. (*Alton Priors*) *Ib.*

4 (her.) pile, coloured wedge shape.

sunt eciam insuper alii qui portant arma pilata, .. quia in illis formantur et pinguntur quedam ~e .. et tales ~as portare significat quod portans adquisivit substanciam suam solo labore vel per suam laborem dives effectus est, quia tales ~e significant laborem BAD. AUR. 131; sequitur de quibusdam armis in quibus tres ~e concurrunt, .. et qui hec possidet arma portat tres ~as nigras in campo aureo UPTON 240.

pilumen [LL *gl.*], product of pounding in a mortar.

~en, quicquid in pila tunditur OSB. GLOUC. *Deriv.* 483; *draffe or dros or matere schampyd*, ~en *PP*.

1 pīlus v. 2 pīla.

2 pīlus v. 3 pīla.

3 pīlus v. 4 pīla.

4 pīlus v. 5 pīla.

5 pīlus v. 3 pīlum.

6 pĭlus [CL], **9 pĭla**.

1 animal hair, bristle (also collect. sg.); **b** (used as material for rope, brush, or stuffing).

figurate ~is cameli e quibus cilicium fit paenitentia vel continentia BEDE *Hom.* I 1. 24; preter ~os caprinos rusticitatis GOSC. *Edith* 36; ex ~is camelorum fit cilicium, quod est habitus penitentium AILR. *Serm.* 14. 17. 293; cur cecidere ~i? WALT. ANGL. *Fab.* 51. 12 (v. cadere 2d); **1253** obviavit J. P. forestario equiti et C. de G. forestario pediti .. qui perceperunt super eum ~um bestialem *SelPlForest* 106; **1259** de precio et colore ~i cujuslibet eorum [equorum] regi respondere possit *Cl* 440; **1331** pasnagia .. dominus rex percipit .. de quolibet porco habente ~um furcatum j den. Turonensem *Ext. Guern.* 67. **b** **1233** in decem capistris de ~o averis faciendis ij d. *Crawley* 209; **1295** in lx petris ~i emptis ad cordas ingeniorum .. in .. ~o filando et cordis inde faciendis, pro petra iiij d. *KR Ac* 5/9; **1348** in xxij libris de ~o emptis pro cordis springaldorum predictorum faciendis *Ib.* 462/16 f. 6v; **1352** in j lib' ~i porcorum empt' pro brucis pictorum inde fac' *Ib.* 371/6 m. 14; **1398** in vij petr' ~i empt' pro sellis cariagii et *colers*, xviij d. *Ac. Durh.* 601; **1514** pro factura nova le *trowes* pro molend' .., cum pice, bitumine, et ~is pro eisdem *Ac. Durh.* 161.

2 human hair: **a** (on body or head); **b** (beard); **c** (eyelashes); **d** (transf. & fig.).

a magis vultus ~is quam corporum pudenda .. vestibus tegentes GILDAS *EB* 19; capillos qui capitis sunt ~i ANDR. S. VICT. *Dan.* 44; non michi tolle pīlum, ne te tollat tibi pīlum SERLO WILT. 2. 89; videndi perspicue rediit acumen, ut utroque oculo res minutissimas, utpote ~os et capillos .. discerneret *Mir. Fridesw.* 33; ut non solum capillos capitis, sed etiam ~os possit radere carnis J. FORD *Serm.* 49. 5; **1229** male tractaverunt .. servientem per ~os *BNB* II 263; eunuchi quando castrantur ante pollutionem in somno, non oritur in corpore eorum post hec ~us BART. ANGL. V 48. **b** barbas suas radere devitant ne ~i suas in osculis amicas precisi pungant ORD. VIT. XI 11 p. 208. **c** palpebre. ~i instar valli oculos munientes pro oculis positi sunt ANDR. S. VICT. *Sal.* 31. **d** omnes filii Adam pilosi .. propter peccata ... non habebat istos ~os Filius Dei. .. nisi iste assumeret similitudinem pellis nostre, similitudinem ~orum nostorum, numquam nos possemus liberari a ~is nostris AILR. *Serm.* 26. 30. 345.

3 (of plant).

meu, i. sister vel ~o †cerumo [l. cervino] *Gl. Laud.* 956; tormentilla ~os pentafilon non habet ullos *SB* 42.

4 (nap on) cloth, pile.

sic nominare poterit in appello suo plures res diversi generis, dum tamen certum precium apponat et certam rei designet qualitatem, quantitatem, precium, et pondus, numerum, mensuram, valorem, et ~um *Fleta* 58; **1354** per ostensionem carte de fretto dicte navis ac eciam demonstracionem signorum et metarum fardellorum et ~arum in quibus coria illa sunt involuta *IMisc.* 171/9; **1471** pro .. iij unciis de ribbanys, ij ulnis cordarum cericarum, iij ulnis .. tele

late, ij griseis pilleis, j ulna .. rubei cerici .., xij ~is, iiij ulnis de le tartar .. *ExchScot* 121.

pilusella v. pilosella.

pilwarectare [4 pilum 3 + warectare], to fallow with a tined harrow.

1324 in l acris terre warectandis et sex acris terre et dim' pilwarectand' post fabas (*Bedminster*) *MinAc* 1148/8.

pimentum v. pigmentum. **pimpernella** v. pimpinella.

pimpernellus [ME *pimpernel, pimpernol*, OF *pimprenel, pimpernel*], kind of small eel.

1251 provideat .. de x milibus anguillarum que vocantur pympernell', bene salitis et bene conreatis *Cl* 502; **1257** provideat regi de .. mmmm ~is *Cl* 39; **1257** provideatis nobis in episcopatu .. [Eliensi] de decem milibus ~orum, ccc steylingis et c luciis *Liberate* 33 m. 3; de quinque milibus ~orum cc steilingis et c luciis *Ib.* m. 2. **1344** iiij anguill' gross', iij s. vj d.; l shaft', vij s. vj d.; j quartr' pimpernol', xij s. ob.; xxiiij crabb' et lopp[ster], xij s. iiij d. *KR Ac* 390/11 r. 15.

pimpernol' v. pimpernellus.

pimpinella [LL], pimpernel, a variety of burnet, burnet saxifrage or scarlet pimpernel.

detur .. potio .. ex agrimo', salvia, pinpinella GILB. III 271v. 2; **12**.. pinpernele, i. pinpre, i. *briddestunge WW*; ~a curat apostema et dolores cordis solvit GAD. 89.2; ~a que habet florem rubeum et crescit inter blada *Ib.* 105v. 1; *Ib.* 109.2 (v. hippia a); pinpia major, i. pimpernella cum flore rubeo *SB* 25; assimilatur saxifragie in foliis et in stipite, sed differunt in radicibus, quod ~a radicem habet nigram et tortuosam .. G. et A. *pympernele Alph.* 146; piponella, A. *pympernele*; .. hec pimpinella, A. *primerolle*; .. hec pimpernella, A. *pimpernolle WW*; distillitur aqua de diptanno, tormentilla, scabiosa, et pimpinella J. FOXTON *Cosm.* 17d. 7.

1 pina [CL = *bivalve shellfish*], dolphin, porpoise.

10 .. ~a, *delfin WW*.

2 pina [ME *pin*], pin, brooch.

1357 in j ~a et j speculo .. iij s. iiij d. *KR Ac* 27/3.

3 pina v. pinus.

pinacia [AN *espinace*], light ship, pinnace.

1289 nuncquam homines de L. .. de piscibus in ipsorum ~iis .. piscatis solverent costumam *RGasc* II 446b; **1312** pinassam Johannis de Mostirs de Beyarridz .. fore captam, .. extimatam quatuor viginti et tresdecim et quindecim solidos Morlanorum *Ib.* IV 562 p. 162a.

pinaculum v. pinnaculum. **pinalis** v. pinealis.

pinas, kind of spurge.

~as .. similis est ciparis[s]ino *Alph.* 146 (v. clema).

pinassa v. pinacia.

pinax [LL < πίναξ]

1 board, tablet. **b** writing-tablet; **c** (inscribed or engraved with astronomical tables).

hec ~ax, -cis, i. tabula manualis ex pino facta OSB. GLOUC. *Deriv.* 428. **b** o beatuli diptice geruli / .. / tripia concio pinacis bajula / junge me superis WALT. WIMB. *Palpo* 198; mors .. / extinguit teneros in cunis parvulos, / longevis sociat pinacis bajulos, / commiscet senibus diptice gerulos *Id. Sim.* 130. **c** s**1091** pulcherrimumque ~acem tunc perdidimus et valde sumptuosum, de omni genere metalli pro varietate siderum et signorum mirabiliter fabrefactum. Saturnus .. cupreus. Jupiter .. aureus *Croyl.* 98.

2 (understood as) person of high rank.

~ax, dignitas *GlC* P 413; o defesse, sagax, curat quem caelica pinax [i.e. archanus Michahel] FRITH. 1259.

pinaz v. pignonata. **pinca** v. pincta. **pincella** v. pincellus.

pincellus, ~a [OF *pincel* < penicillus], paintbrush, pen.

facta ejus .. meratius apparent oculo quam nostro possint adumbrari pincillo W. MALM. *GR* I 31; in

menianis .. illis nihil egregie spectabile erat, preter celi et ~e [v. l. penicille, pencella, *gl.: pincel*] opuscula BALSH. *Ut.* 49; si tangatur cum pintella curta, cum qua operantur pictores librorum GAD. 110. 2; **1354** pincell' pictorum inde faciend' xij d. *KR Ac* 471/6 m. 6; vj .. caud' scurell' emptis pro pincell' pictorum *Ib.*; in lxx pennis pavonum et signorum pro pincell' pictorum inde faciend' *Ib.* m. 13; sumebat pincillum [v. l. ~um] ut pingeret, scalpellum ut sculperet J. GLAST. 61; *a pinselle*, pinsella *CathA*.

pinceoli [AN *pincer* + CL -olus], pincers.

si sic radicitus non evellantur [crines], cum ~is extrahantur GILB. II 80. 2.

pincera, ~ia [ME *pinceour*, OF *pinceure*]

1 sort of tool or instrument, pincers, tongs.

1435 due magne pincie [? l. pinc'ie, i. e. pincerie] ferree, apte ad faciendum canones et bombardas, appreciate insimul xl s. T. *Collect. W. Worc.* 568.

2 small field or enclosure.

1445 necnon unam parvam pincer' situatam in parte australi dicti mesuagii .. extendentem in longitudine ex parte occidentali dicte pincer' sc. ab australi cornerio ejusdem pincer' usque ad .. quod vero mesuagium cum gardino .. ac predicte pincer' et parcella terre sive gardini jacent .. *Cl* 295 m. 19d.

pincerna [LL], ~us

1 butler, cup-bearer. **b** (w. ref. to *II Esdr.* i 11); **c** (w. ref. to Ganymede); **d** (w. ref. to butleress).

a**750** signum manus D. ~i *CS* 160; **958** ego Ælfuuig regis †princerna [l. pincerna] *CS* 1035; s**946** accidit ut .. ~a suus primo conviciis deinde lethaliter in suum insurget [*sic*] dapiferum *Chr. Abingd.* I 119; pincernae vagi cellaria saepe frequentant / conviviasque rogant, ut bibere incipiant WULF. *Swith. Pref.* 89; barones etiam milites suos et proprios servientes suos, sc. dapiferos, ~as, camerarios .. (*Leg. Ed.*) *GAS* 647; in mensa domino potus pincerna propinet [*gl.:* qualiter piscerna debet ministrare coram domino suo] D. BEC. 1149; **1331** ad pinscernam regis *S. Jers.* I 15; **1335** J. de Melford pyncerne domini regis in caligis empt' xiij d. *Ac. Durh.* 524; **1336** eo quod non solverunt feoda senescall[orum], pynsern[arum] nec clerici *Gild Merch.* II 331; multa sunt inter ~as officia. .. quibusdam incumbit haurire vina, quibusdam deferre, quibusdam delata servare, quibusdam in aula circumsedentibus ministrare, quibusdam autem vasa .. mundare WALS. *HA* II app. 386; **1517** solutum pinserne xl s. *Cant. Coll. Ox.* II 256. **b** Neemias, cum esset ~a regis Artaxerxis BEDE *TR* 9 p. 199; Neemia ~a regis Artaxersis *Eccl. & Synag.* 94; restauratio murorum a Neemia Artarxersis regis ~a facta est ANDR. S. VICT. *Dan.* 103. **c** Phryx ~a .. Jovis NECKAM *NR* I 23; Hebe filia Junonis vel Ganimedes filius Priami quorum uterque fuit ~a deorum J. FOXTON *Cosm.* 84. 11. **d** jubet Hengestus filiam fungi ~e munere W. MALM. *GR* I 7; si .. tibi sit pincerna puella, / dicatur licito, "mihi prebibe dimidiando" D. BEC. 1074; depulsa Hebe .. que prius erat ~a deorum, Ganymedes factus est pincerna Jovis ALB. LOND. *DG* 15. 11; hic et hec picerna, *buteler Gl. AN Glasg.* f. 21r; **1519** curatus ibidem habet in domo sua juvenculam quandam pro ~a sua *Vis. Linc.* 1517-31 I 86.

2 (transf.).

nimborum pincerna Nothus J. EXON. *BT* IV 295; ~a pluviarum auster .. scopa viarum Aquilo MAP *NC* IV 4 f. 47; palpo .. / pincerna Sathane, crater demonii WALT. WIMB. *Palpo* 76.

3 (passing into surname).

c**1100** testibus .. Ælfrico ~a et Algaro presbitero *E. Ch. Scot.* 20; hiis testibus .. Helia ~a *Doc. Bury Sup.* 11; hii sunt plegii Johannes marescallus, ~ Mauricius ~a *PlCrGlouc* 61; **12**.. testibus Ricardo ~a *Reg. S. Thom. Dublin* 244.

pincernaculum [LL pincerna + -culum], buttery, place under supervision of a butler for storing wine.

boterey, celarium .. boteria .. ~um *PP*; *a butry*, apotheca, cellarium, ~um *CathA*.

pincernalis [LL pincerna + -alis], of a butler or cup-bearer.

erat .. ~i officio deputatus *Mir. Hen. VI* III 106 p. 186.

pincernaria [LL pincerna + -aria]

1 butler's room, buttery (as place for storing wine).

1164 pro vasis ~ie regis *Pipe* 20; **1206** precipimus tibi quod fieri facias duas bonas carectas, j ad coquinam nostram et aliam ad ~iam nostram *Cl* 68a; s**1189** cives .. Londonienses servierunt de ~ia et cives Wintonienses de coquina R. HOWD. III 12; **1333** pro gindag' xlviij doleorum vini gindandorum de navi .. apud Twedemouth' ad towand' ad ~iam hospicii regis *KR Ac* 78/11 m. 4; **1365** pro expensis factis circa fabricam portarum et unius parietis in pyncerna [? l. pyncern'a, i. e. pyncernaria] apud fratres, iij li. xviij d. *ExchScot* 224.

2 (*officium* ~*ie* or ellipt.) office of (royal) butler.

1198 R. .. tenet W. .. per serganteriam pincernie [? l. pincern'ie, i.e. pincernarie] et valet xx li. *CurR* I 162; **1198** W. .. octavam partem unius carucate terre .. [et tenet] per ~iam *Fees* I 9; ~ium vendicantibus sibi jus et consuetudinem de pyncernaria Wyntonie et Londonie civibus *Ann. Wint.* 108; de officio ~ie serviet comes de Arundel *Lib. Regal.* 30; **1377** memorandum quod major et cives .. ad eundem diem serviri deberent in officio ~ie, in auxilium capitalis pincerne, tam ad mensam in aula .. quam post prandium *MGL* II 467; in serjancia ~ie FLETE *Westm.* 117; Londonienses quod suum erat exegerunt, viz. officium ~ie WALS. *HA* II app. 386.

pincernarius [LL pincerna + -arius]

1 butler, cup-bearer; **b** (passing into surname).

s**958** dedit rex Eaduuius Kynrico ~io Cern duorum cassatorum *Chr. Abingd.* I 249; **1301** de .. Willelmo Trente, pincernar' regis *KR Ac* 360/14 m. 1d.; **1480** pro stipendiis ~ii et coci *Let. Ch. Ch.* xvii. **b** c**1110** R. comes de M. R. ~io .. salutem *Rec. Leic.* I 1; †c**1150** teste .. R. ~io *Cart. Chester* 8 p. 55.

pincernus v. pincerna. **pinchin'** v. puncho. **pincia** v. pincera.

pincicarioli [cf. pincera + CL -icus + -arius + -olus], pincers, tweezers.

scindatur filum juxta nodum .. et tunc cum ~is extrahatur stringendo nodum GAD. 123. 2.

pincillus v. pincellus.

pincta [pinctus *understood as p. ppl. of* pingere]

1 liquid measure of half a quart, pint (marked by line painted on vessel).

1338 uterque senescallus habebit utroque die quatuor lagenas cervisie, quamvis pynka sit de quinque lagenis ... uterque pincerna habebit .. iij lagenas cervisie, quamvis pinka sit de iv lagenis *Gild Merch.* II 335; est quasi quarta, i. Anglicana, non ~a, quia illa quasi tantum continet quantum quarta Anglicana GAD. 4v. 1; **1457** pro .. septem ~is vini receptis per Thomam Kermichael *ExchScot* 295; **1460** pro decem ~as vini ad implendum dictas pipas, v. s. *ExchScot* 8; **1474** unam ~am servisie conventualis *Reg. Aberbr.* II 171; *a pintte*, ~a *CathA*; **1511** per empcionem unius ~e cum dimedia bituminis MYLN *Dunkeld app.* 88.

2 pot or jar that contains a pint.

licitum sit mihi .. intrare celarium donec serviens ipsorum pincam impleverit a doleo *Reg. Malm.* II 325; *pycher*, .. picharius .. pinca *PP*.

pinctiolus v. punctiolus. **pinctitare** v. pictitare. **pinctor** v. pictor. **pinctuosus** v. punctuosus.

1 pinctura v. pictura.

2 pinctura [cf. ME *pinken*, punctura], pinking, decoration of leather with holes.

1565 sic .. caligas confici precipimus, ut neque scissura, neque ~a, neque lacinia .. ornatus causa .. in eis reperiantur *StatOx* 386.

pinczo v. puncho.

Pindaricus [CL < Πινδαρικός], Pindaric (in quot., of metre).

scribitur metro ~o dimetro anapestico TREVET *Troades* 10.

pindere [LL *gl.*, *var. of* CL pinsere]

1 to crush, grind (in mortar).

~ere, pilo tundere *GlC* P 393.

2 to knead or bake (bread).

1462 nullo hospicio publico .. ~atur panis *MunAc Ox* II 695; ~o, A. *to cnede WW*.

pindo, one who kneads (bread), a baker.

~o, A. *a baker or a kneader WW*.

pinea [CL], pine-cone.

aerea humiditas transit in fructum quod totum videmus in ~ea *Quaest. Salern.* B 144; nux hec .. globum facit adinstar pomi vel ~ee GERV. TILB. III 91 p. 991; sic gradata est ipsius [sc. cordis] figura ad similitudinem pynee *Ps.*-Ric. *Anat.* 21; recipe .. pinnearum emundatarum ana dragmas xij *Pop. Med.* 254; ficus sicce perutiles sunt .. similiter et nuclei ~earum J. MIRFIELD *Brev.* 82; ~ea fructus arboris est que vocatur pinus *SB* 34.

pinealis [CL pinea+-alis]

1 of a pine-tree; **b** (*pomulus ~is*, in quot. representation of) fruit of a pine-tree, pine-cone.

tertia [resina] est ~is et hec nunc est liquida, nunc dura invenitur BART. ANGL. XVII 139. **b 1245** tunica .. de panno serico .. cum avibus et pomulis croceis ~ibus *Invent. S. Paul.* 486.

2 shaped like a pine-cone, conical. **b** (med., *glandula ~is*) pineal gland.

cor .. fuit .. in forma ~eum vel pireum [TREVISA: *ischape as a toppe*] BART. ANGL. V 36; est [sc. cor] .. figure ~is, ut forma caloris attestetur effectui ALF. ANGL. *Cor* 4. 3; ignis non habet figuram naturalem, maxime figuram ~em FISHACRE *Quaest.* 52. **b** consimile juvamentum est glandule ~is subposite cerebro propter quod reflet intus stricta venarum vel interstícia venarum transeuntium ad diversas partes cerebri *Ps.*-Ric. *Anat.* 9.

pineatus [CL pinea+-atus], shaped like a pine-cone, conical.

hominem silvestrem .. comprehenderent; .. capillos .. habebat sed in superficie .. demoliti videbantur, barba vero prolixa erat et ~a COGGESH. *Chr.* f. 88; faciunt non verum sedimen, non junctum, non ~um nec humorem perdominantem GILB. VI 269. 1; in duobus [cordis] ventriculis et parte ~a extrinsecus ... item formam habet ad modum pinee, aliquantulum rotondam *Ps.*-RIC. *Anat.* 42; **1295** cum pede cochleato et .. ~o (v. cochleatus); caput pinetum significat inverecundum J. FOXTON *Cosm.* 34 d. 1.

1 pinetum [CL], **~a**, pine-wood. **b** pine-tree.

1242 cum montaneis, cum ~a, cum piscatione *RGasc* I 150a; hoc ~um, locus ubi crescunt [pina] *WW*. **b** pisca, i. ~a, quia in similitudinem pini ramulos habet *Gl. Laud.* 1159.

2 pinetum [ME *pione* < AS *peonia* < CL paeonia+-etum], flower or seed of peony.

de nominibus specierum: .. hoc ~um, *a pyoun WW*.

pinetus v. pineatus.

1 pineus [CL]

1 of a pine-tree, made of pine-wood.

rex nimis irascens virgam ~eam, quam manu gestabat, dentibus comminuens DEVIZES f. 43.

2 shaped like a pine-cone, conical.

figura ipsius [cordis] est ~ea quia latum aliquantulum rotondum est in quadam sui parte *Ps.*-RIC. *Anat.* 41; nubes .. quandoque ~ee et pyramidalis figure sunt *Ps.*-Gros. *Summa* 618.

2 pineus v. pinus.

pinfalda, ~um, pinfoldus v. pundfalda.

pingere [CL]

1 to decorate with colours or with a design, to paint (a surface), to colour, embroider, mark. **b** (w. ref. to cosmetics); **c** (w. ref. to *stigmata*). **d** (p. ppl. as adj.); **e** (w. ref. to supposed origin of the name Pict); **f** (transf. & fig.).

intercisam [? coronam] quasi sculpturis pictam *Comm. Cant.* I 298; tene labarum tuum quod signo Christi ex auro et gemmis est pictum ALDH. *VirgP* 25 p. 259; dum cernunt dominum picea fuligine pictum *Id. VirgV* 2255; ~it, *faehit GlC* P 407; plumare, ~ere, ornare OSB. GLOUC. *Deriv.* 483. **b** que oculos suos ~it stibio, speciem quam non habet mentitur BALD. CANT. *Serm.* 12. 15. 481. **c** post haec martirii mercatur serta cruenta / et sequitur Dominum pictus cum stigmate Christi ALDH. *CE* IV 9. 13. **d** pictus acu, *mið nethle asiowid GlC* P 421; aut pannos pictos, qui vocantur *chaluns Inst. Sempr.* *xlv; avis picta urbi Pictavorum contulit nomen, levitatem gentis colore et voce prefigurans J. SAL. *Pol.* 411B; invento picti pavonis amictu WALT. ANGL. *Fab.* 34. 1; **1472** item j dorsale pictum vita sancta Caterina [*sic*] *Ac. Durh.* I 246. **e** Picti propria lingua nomen habent a picto corpore ... horum glauca oculis i.e. picta inest pupilla (*Chr. Pictorum*) *MS Paris Bibl. Nat. lat. 4126* f. 27; gens [Albanie] occulos habet pictos BART. ANGL. XV 7 (v. de 4a); sunt Scoti dicti pro picto corpore Picti *Pol. Poems* I 51; a pictis vestibus .. Picti dicebantur *NLA* II 364 (v. Pictus b). **f** omnipotens .. / .. / pallida purpureo pingis qui flore virecta ALDH. *VirgV* 4; rediviva tellus reddit verna gramina, ~it prata floribus GOSC. *Transl. Mild.* 17; vestes munde linguam tingunt, / os colorant, verba pingunt / et loquelam purpurant; / qui sordescunt vili veste / fabulantur inhoneste WALT. WIMB. *Van.* 31.

2 to adorn, equip (in quot., horse).

pingite vestros / cornipedes phaleris, imponite meque feretro WULF. *Swith.* I 1213.

3 to paint (w. picture or design as obj.), to draw; **b** (w. *super* & acc. or *in* & abl.); **c** (w. ref. to illumination of manuscripts); **d** (w. ref. to making the sign of the cross); **e** (w. ref. to something painted, as dist. from something real).

veluti si qui ~endi artifex se quoque inter alios .. coloribus quibus conveniret depingat BEDE *Cant.* 1170; non erat meum ~enda queque disponere AD. DORE *Pictor* 142; ymagines .. nunc ~untur ut littere, nunc delentur BRADW. *AM* 4; **1436** pro diversis signis super velum de novo factis et diversis coloribus pinctis *KR Ac* 53/5 f. 9v. **b** nam qui picturam vult facere, eligit aliquid solidum super quod ~at ut maneat quod pingit ANSELM (*CurD* 1) II 51; pictas in clipeo aquilas preferens GIR. *EH* II 17. **c** artem scribendi necnon citharizandi pariterque ~endi peritiam diligenter excoluit B. *V. Dunst.* 12; debemus adquirere .. pennas satis ad scribendum et ~endum ÆLF. BATA 4. 16 p. 40; manus ~endi, scriptitandi .. tam decentes quam artificiose GOSC. *Edith* 68. **d** ille crucis pingens per ter signacula sulcat ALDH. *VirgV* 821; cum subito intrantem niveo jam tegmine vatem / conspicit et sacram pingentem vertice dextram *Mir. Nin.* 317; signat benedicta medica .. signo Salvatoris oculum naufragantem, ~it virgineo pollice salutiferam crucem GOSC. *Edith* 294; viderat eam .. pollicem .. protendere et signum crucis fronti e regione ~ere W. MALM. *GP* II 87; manus tua ~at crucem MIRK *Man.* f. 25a. **e** ?**800** interrogandum est, si una persona possit esse homo verus et homo pictus qui est non verus homo ALCUIN *Ep.* 204; quamquam .. homo tale aliquod animal possit cogitando sive ~endo quale nusquam sit confingere ANSELM (*Mon.* 11) I 26; quicquid fit, vel ad similitudinem non existentis fit, ut chimera que ~itur cum non sit, vel ad similtudinem existentis D. MORLEY 213; cum attribuitur hoc nomen 'homo' homini vero et homini picto SICCAV. *PN* 76; iterum homo est valde equivocum ad hominem verum et hominem pictum ut patet in principio libri Predicamentorum Aristotelis WYCL. *Ver.* I 161; hujus obscuri tria sunt genera: unum quod sensui patet sed animo clausum est; sic patet de vidente malum pictum Punicum et non novit malum Punicum BUTLER 405.

4 (fig.) to depict in words, describe, represent.

tomum .. / .. scripsit .. / in quo pinguntur castae praeconia vitae ALDH. *VirgV* 2155; **1093** sigillum haec epistola non habet, quia abbas jam non sum et archiepiscopus nondum sum nec me delectat ~i quod non sum ANSELM (*Ep.* 159) IV 29; quae melius indigenarum ore quam nostro stilo ~untur W. MALM. *GR* II 134; fabula nata sequi mores et pingere vitam WALT. ANGL. *Fab.* 59.1; hec de quatuor portis tuis ~enda credidi, civitas Cestria, ut quod habet lector in litera tenent habitator in oculis et memoria LUCIAN *Chester* 61; si totam Tullius spumam evomeret / .. / siccato gutture prius aresceret / quam dictam bestiam ad plenum pingeret WALT. WIMB. *Palpo* 150.

pingmentum v. pigmentum. **pingnaculum** v. pinnaculum. **pingnoratio** v. pignoratio. **pingnus** v. pignus. **pingualeon** v. peganeleon.

pinguamen [LL], dripping, animal fat.

anser ut assetur mox igni prestituetur / vas supponatur pinguamen ut accipiatur / istud pinguamen dat gutte cuique juvamen GAD. 39v. 2.

pinguare v. pinguere.

pinguatio [pinguare+-tio], (act of) fattening (animal).

1389 in ~one unius cigni et j auce pro v septimanis *MinAc* 1126/6 m. 2*d*.

pinguedis v. pinguis.

pinguedo [CL]

1 fatness, fat; **b** (med., of part of body). **c** fleshiness, fleshy part.

~inis gratia taurorum more raucos GILDAS *EB* 66; cervos pre nimia ~ine minus fugere prevalentes GIR. *TH* I 23; quomodo ~ini macies, jubilationi mestitia .. successit ..? J. FORD *Serm.* 24. 6; vita quid est hominis nisi mors, caro quid nisi fenum / vermibus esca quidem corpus pinguedine plenum? NIG. *Laur.* 31v. 1; 'obesus' est aliquis homo carnosus, pinguis, et crassus, qui excedit communes homines in ~ine (J. BRIDL.) *Pol. Poems* I 185; fasianus .. pennas pro ~ine mutat, iterumque sese renovat UPTON 196. **b** contingit aliquando matricem nimis pinguem esse, unde nimia ~ine os matricis inferius obstruitur *Quaest. Salern.* B 13; circa cor .. cum multo .. calidius sit, ~o creatur ALF. ANGL. *Cor* 14. 7; arvina est ~o cuti adherens *SB* 11; mirath est .. ~o subtilis extensa circa intestina *SB* 30 (v. mirach). **c** in ~ine manus que inter pollicem et palmum est .. perniciose punctus est ORD. VIT. XII 45 p. 481.

2 (piece of) fat animal meat, rendered fat of animal (usu. swine). **b** (*~o alba* or *albus*) lard; **c** (w. ref. to period of penitence). **d** animal fat used in making candles, tallow.

1294 floturam ~inis omnium carnium (v. flotura); recipe *egremoyn*, columbinam et ~inem apri et ex hiis fac emplastrum *Pop. Med.* 225; sume ~inem auci vel galline vel porci masculi et frixentur bene in patella *Ib.* 227; **1391** pro *meltyng* de sepo et iiij li. ~inum vj s. *Ac. H. Derby* 86; **1401** de v s. iij d. receptis de ix lag' pynguedinis vocate *le flotes Househ. Ac.* 569; **1443** de precio lxj lib. ~inis provenientibus de necacione porcorum *Comp. Dom. Buck.* 10. **b 1280** unctum porcorum ... unde in alba pinguidine ad expensas domus et carectas ungendas, iij clavi (*Hurstbourne Priors*) *Ac. Man. Wint.*; **1299** in albo ~ine pro equis infirmis iiij d. *Househ. Ac.* 166; c**1300** in j lagena albe ~inis empta ad unguentum faciendum ad bidentes *FormMan* 33; **1302** pro alba ~ine (v. bursa 6b); **1339** in terra et alba ~ine emp' pro ovibus unguendis *Ac. Durh.* 310. **c** vij dies in pane et aqua, lxx sine ~ine peniteat THEOD. *Pen.* I 1. 6; in adventu domini ~o [AS: *fætnyss*] interdicitur, sc. lardi, nisi festivis diebus *RegulC* 30; quicunque .. ad matutinas per negligentiam venire omiserit .. si dies carnium fuerit, a carnibus se abstineant et ~ine *G. S. Alb.* II 428. **d** quare lumen cerei plus quam ~inis [oculis] nocet? *Quaest. Salern.* P 79.

3 (w. ref. to condition for hunting) grease, the fat of a deer, boar, or sim.: **a** (*de ~ine*) of grease, in fat condition. **b** (*in seisona ~inis*, *in ~ine*, or sim.) at the time when the game is fat, season for hunting hart and buck.

a 1243 mandatum est .. archiepiscopo .. tam damos quam cervos, et in foresta de Selvestona alios quinquaginta de ~ine, capi .. [faciant] *RGasc* I 199b; **1249** optulit se de placito quod reddat ei quinque damos de ~ine *CurR* 135 m. 44*d*.; **1267** quinque cervos de ~ine *CalCh* II 71. **1305** duos damos de meliore ~ine instantis seisone *Cl* 122 m. 6. **b 1189** singulis annis tres cervos in ~ine cervorum *Rec. Templars* 141; c**1240** dedi .. Hereberto .. tres damas tempore ~inis in parco meo *FormA* 304; **1248** capere in predicto parco .. unum damum in ~ine inter festum Sancte Crucis in Mayo et festum Sancti Crucis in Septembre *Fines* 208/5/28; **1258** capiat .. in instanti pinguidine lx cervos *Cl* 234; **1285** sex damos in sesona ~inis et sex .. in sesona fermesonis (v. fermiso); **1290** item j damus ~inis veteris, j latus j hanch' de damo nove ~inis *Ac. Swinfield* 105; **1298** capi possunt quolibet anno decem cervi et sex dami tempore pingwedinis *IPM* 84/8 m. 12; **1312** ad capiendos sex damos in instanti seisona

~inis *Cl* 130 m. 31; **1362** de quodam annuo redditu tresdecim damorum vel cervorum tempore ~inis ferine *Pat* 266 m. 14.

4 (var.) fatty or viscous substance: **a** oily matter (in wool); **b** (in nard). **c** (~*o lactis*) cream. **d** (~*o terrae*) viscous substance found on ground.

a lana non lota decocta in aqua et inde residente erit ~o viscosa que dicitur ysopus humida *SB* 25. **b** nardus . . in caldarium mittitur et coquitur usque ad ~inem *Comm. Cant.* III 79. **c** dulcia succedunt nivei libamina lactis / idque, quod extorta solide pinguedine masse / exeso macies vultu viridavit HANV. II 427; cibus ejus panis et olera et que de ~ine lactis exprimi solent *V. Bart. Farn.* 301; pura ~o lactis, i. *creeme Pop. Med.* 254. **d** admisceatur cum ~ine terre que ubicumque terrarum invenitur et vocatur stella terre et †castis [l. casus] stelle et cum istis laventur pustule GAD. 49. 2.

5 richness: **a** (of oil); **b** (of soil, as an indication of abundance, fertility).

a de farris simila et polline simulque crassa olei pinguidine [*gl.*: i. crassitudine] fecisse memoratur ALDH. *VirgP* 38 p. 291; non indigent sagimine quod nobis . . concessum est carentibus olei ~ine ORD. VIT. VIII 26 p. 440. **b** sulphur provenit ex ~ine terre *Correct. Alch.* 7 l (v. indurare); nonne videmus quod . . ex ~ine terre per eandem decoctionem et caliditatem generatur sulphur? *Spec. Alch.* 382.

6 (transf. & fig.) richness: **a** (rhet.); **b** (abstr., spec. virtue); **c** (w. ref. to *Psalm.* xxii 5); **d** (w. ref. to *Joh.* v 3); **e** (w. ref. to *Rom.* xi 170.

a admiratus sum litteris tuis nullum genus . . deesse dicendi, in quibus utique ~o resultat in floribus H. LOS. *Ep.* 58 p. 101. **b** de radice fidei vestre, de ~ine sanctitatis vestre palmes religiosus exiliit *V. Birini* 1; o cor opulentum ~ine caritatis ANSELM (*Or.* 13) III 52; ~o terre, que est? terra nostra caro nostra est. felix qui potest de ista terra accipere ~inem. ista ~o . . bona opera sunt AILR. *Serm.* 26. 34; de oleo letitie, de caritatis ~ine ardens ad gloriam J. FORD *Serm.* 108. 2. **c** 'impinguasti in oleo caput meum', hoc est mentem meam ~ine misericordie exhillarasti W. DAN. *Sent.* 65 p. 320. **d** caeci erant qui necdum perfectum fidei lumen habebant, . . aridi . . qui ~ine spei et dilectionis egebant BEDE *Hom.* I 23. 83. **e** olivam vocat populum Judaeorum; radicem, fidem; ~inem, bona opera LANFR. *Comment. Paul.* 143.

7 placidity.

obesus, *oferfæt*, ~o, *smyltnys*, crassitudo, *fætnys* ÆLF. *Gl. Sup.* 172.

pinguefacere [CL], to fatten. **b** (pass.) to be fattened, be fat.

pinguis componitur . . ~io, -is, unde verbalia OSB. GLOUC. *Deriv.* 453. **b** *to be fatte* . . pinguifieri *CathA*.

pinguentum, (*capitis* ~*um*) hair lotion, conditioner.

[aqua vite] . . valet in capillo si potatur cum vino, vel si ex ea fit capitis ~um *RB Ossory HMC* 254.

pinguere [LL], ~are

1 to be fat.

1276 in pastore vitulorum et boum ~encium *Ac. Stratton* 192; *to be fatte*, crassere . . ~ere *CathA*.

2 to make fat, fatten. **b** (pass.) to be fattened, be fat.

1276 in stipendiis j custodientis vitulos et boves ad ~endum xij d. *Ac. Stratton* 74; **1276** in ij quarteriis *draf* ad boves ~endos, x d. *Ib.* 191; **1298** in porcis ~endis ij ringas [sc. fabarum et pisorum] *Rec. Elton* 73. **b** monachi pinguati / laborare manibus hoc non possunt pati *Pol. Poems* I 259.

pinguescere [CL]

1 to grow fat (in quots. transf.); **b** (fig.); **c** to flourish. **d** (w. abl.) to become filled with.

dum parvi facerent si carerent carnali cibo qui spirituali ~ebant gaudio W. MALM. *GP* IV 145; vitium pinguescit HANV. VI 33 (v. macrescere a). **b** ~it oratio GIR. *EH* pref. p. 223 (v. alere b); sic dulcoratur quod amarescit ubi amica pax ex pietate ~it LUCIAN *Chester* 72. **c** ubi valles abundabunt

frumento, ubi campi speciosa ~ent P. BLOIS *Ep.* 104. 327A. **d** hec pars aeris, sic humore aquoso ~ens aqueaque consistens GROS. *Hexaem.* VI 1.

2 to fatten.

saginare, ~ere OSB. GLOUC. *Deriv.* 562; oves . . claudantur . . in . . pastura in qua citius ~i poterunt . . que . . in festo . . Johanni Baptiste vendantur *Fleta* 167; seipsum, ut alios ~eret, macerabat (*V. S. Theliaui*) *NLA* II 364 (cf. *Lib. Landav.* 97: impinguesceret).

pinguetudo v. pinguitudo.   **pinguido** v. pinguedo.
pinguifacere v. pinguefacere.

pinguis [CL]

1 fat (of human body or part of body); **b** (of animal). **c** (w. ref. to part of plant) fleshy.

10 . . ~s, *fæt* WW; ~is aqualiculi W. MALM. *GR* IV 389 (v. aqualiculus); ex nimio estu . . ~issimus rex . . infirmatus est ORD. VIT. VII 14 p. 226; ~issimus venter crepuit *Ib.* VII 16 p. 254. **b** ruptis, . . quibus praecipitanter involvi solent ~es tauri moduli tui, retibus GILDAS *EB* 34; piscibus aequoreos qui campos pinguibus ornas ALDH. *VirgV* 12; ~es eos [glires] efficit somnus GIR. *TH* I 20; de venacione j damus pinguedis *AcWardr TR Bk 203* 79; iij dami pinguedes *Ib.* 81. **c** coniza folia habet similia olive sed aspera et ~ia *Alph.* 43.

2 (of plant or natural product) rich in fat, oily; **b** (of pitch-pine); **c** (w. ref. to food); **d** (fig.).

fomes pinguis olivi ALDH. *VirgV* 917; oliginosus, ~is OSB. GLOUC. *Deriv.* 404. **b** tede ~is GILB. VII 316. 1; sicut ~e lignum mediante quadam potencia est combustibile T. SUTTON *Quodl.* 403; teda ~is, lignum est abietis ex quo manat gummositas *SB* 41. **c** ~is [*gl.*: i. crassi] olei liquor ALDH. *VirgP* 32; favus ~is melle dilectionis ANSELM (*Or.* 13) III 52; et piscis pinguis febres alit et caro pinguis D. BEC. 2746. **d** si habitudinem attendis, ~is est ista caritas et medullata BALD. CANT. *Serm.* 21. 535.

3 (of land or soil) rich, fertile.

~is humus . . colubros et serpentes pariebat ORD. VIT. V 7 p. 331; sumptibus officiis augens et pinguibus arvis *Ib.* VIII 28 p. 454; agri superficiem . . de sterili et infecundo ~em reddit et uberem AILR. *Spec. Car.* II 21. 570; senicio . . crescit in locis ~ibus *Alph.* 39 (v. cresso).

4 rich, that provides wealth.

~iorem predam avide captans ORD. VIT. XI 26 p. 247; nec . . ~em ecclesie de L. vicariam amplius optineret GIR. *SD* 114; **12 . .** in ~ioribus ecclesiis secundum modum facultatum *Conc. Scot.* II 12; nam his temporibus in foro venalium majora beneficia et ~ia sunt cara *Hist. Roff.* 376; **1456** mandatur compotanti quatenus cum ad ~iorem fortunam pervenerint, distringat eosdem pro summa supradicta *ExchScot* 178.

5 (of sound): **a** rich, full. **b** soft.

a vocum alia suavis est . . alia subtilis cui non est spiritus multus sicut infancium . . alia ~is, sc. cum spiritu multo, ut virorum ODINGTON *Mus.* 71. **b** cum G sicut et Q tunc tantum ~em sonum habeat si ei U ante alteram vocalem adhereat ABBO *QG* 10 (24); H . . consonantibus quibus apponenda est postponitur, ut ab interiore spiritu ~ior proficiscatur *Ib.* 11 (25).

6 (leg., of right) that has wide application.

nudus usus est cum quis habet jus utendi re aliena . . sed hoc jus non potest alteri vendere nec locare . .; ususfructus est ~ius jus in rebus alienis . . quia qui usumfructum habet . . omne jus suum potest alteri vendere OCKHAM *Pol.* I 303; idem homo sepe ~ius dominium habet in quibusdam rebus suis et in aliis habet minus ~e *Ib.* I 311; **1339** patrem meum habuisse ~ius jus quam habuit in eadem *Reg. Aberbr.* I 228; habuit ~ius jus quam filius AVESB. f. 122b; non . . succedit eis [sc. Constantino et aliis imperatoribus] ut tam ~ue jus in rebus . . sibi datis possident, sicut illi qui dederunt OCKHAM *Pol.* I 205.

7 (as sb. n.): **a** fat. **b** fat beast. **c** (~*e lactis*) cream.

a nam crates dum pingue pluit, dum ludit aënum L. DURH. *Dial.* III 495. **b** it directus, inclite, mentis amor / tauros transit et pinguia commactata J. HOWD. *Cant.* 59. **c** **1572** [pro] lactis ~i *CalPat* 349.

pinguiter [CL], richly, abundantly, generously.

pinguis . . unde ~iter, ~ius, ~issime, adv. OSB. GLOUC. *Deriv.* 453; in hoc omnia probitatum . . genera

Deus conflavit et que plus illustribus sors singularibus largitur singularius, huic in omnia contendit generalius et ~ius dare preconia GERV. TILB. II 20 p. 947.

pinguitudo [CL]

1 fatness (of body).

et ut pinguetudinem reprimeret corpus suum vexacione, venacione, stacione, deambulacione vexabat KNIGHTON I 140 (=HIGD. VII 21: pinguedinem); pinguetudo quaedam totum ventrem occupans D. EDW. *Anat.* A3.

2 richness (of non-material things).

1322 non . . ita sit morosus sacerdos in premissis [sc. in proferendo verba canonis], quod fastidium ingerat auditoribus, et officium suum privet devocionis pinguetudine, quia musce morientes, i. e. impure cogitaciones, perdunt suavitatem unguenti, i. e. pinguetudinem devocionis *Conc.* II 513a.

pinguiusculus [LL], somewhat fatter, richer, greasier (in quot., of food).

sic pinguiuscula / mercari didicit in aula fercula, / qui ceca Baucidis odit oluscula WALT. WIMB. *Palpo* 103.

pingwedo v. pinguedo.   **pinicelltis, pinicellus** v. penicillus.

pinifer [CL], that produces or bears pine-trees.

piniferos . . montes ALDH. *Aen.* 93. 7.

pinionare [ME *pinion*, OF *penon*, *pignon*+CL -are], to pinion (a bird's wings).

1285 in cignis cap' et pignonand', xviij d. *Pipe Wint.* B1/44.

pinio v. pigno.

pinito [ME *pinot*], pine-cone or pine-nut.

1378 in iiij duodenis pinitonum [*sic* MS] emptis pro domino . . xvj d. *Househ. Ac.* 249.

pinittatus v. punctare.   **pinka** v. pinta.

pinna [CL], ~us

1 wing.

†pililia [l. pinna], ala *GlC* P 436; Ambrosius, frater profundorum, ~ae raptus et aeris volucer *Ps.*-BEDE *Collect.* 323.

2 fin.

delphinus . . / . . / serrata dorsi pinna mox impetit hostem NECKAM *DS* III 425; piscem ut patet in ~is et capite GARL. *Mor. Scol.* 327 *gl.*; que secant aliis inmeabilia / hec pennis aerem / hec pinnis maria WALT. WIMB. *Sim.* 157; pinnas pennis ferietur (J. BRIDL.) *Pol. Poems* I 198; hec ~a, *a fynne* PP; delphini communes non sunt cristati ~is vel in dorso pinnati sicut delphini de Nilo UPTON 207; hec †puma [l. pinna], A. *a ffyn* WW; *a fynne of a fysche*, ~a, pinnula *CathA*.

3 battlement, parapet, pinnacle; **b** (spec., of temple); **c** (fig.).

~as murorum, pennas avium ALCUIN *Orth.* 2340; ~as ac turres . . in munimentis addebant ORD. VIT. IV p. 179; turris . . habebat in ~a sua cherubin deauratum GERV. CANT. *Combust.* 9; turribus et pinnis lituantes D. BEC. 1878 (v. lituare); propugnacula et ~e [*gl.*: *le tureles*] turrim in eminenti loco sitam muniant NECKAM *Ut.* 104; *the embattlements*, ~ae, antennae LEVINS *Manip.* 67. **b** tunc ipsa die sanctus Jacobus frater [*sic*] Domini de ~a templi deorsum projecerunt Judaei THEOD. *Laterc.* 2; pulsum de pinna . . necavit, / quod Christum populis scandens fastigia templi / concionaretur . . sacerdos ALDH. *CE* 4. 7. 5; Salvatorem constituerit in ~am templi BEDE *Sam.* 701; sit tibi montis apex, dicas pinna quoque templi WW. **c** ave pinna puritatis WALT. WIMB. *Virgo* 19.

4 peg, pin, bolt. **b** (*ad* ~*as bibere*, perh. w. ref. to pins set inside drinking cup to mark quantities) to drink in large quantities or competitively.

1316 ~i. in x ml' ~is tegul' emptis, dando pro ml' j d. ob. *KR Ac* 459/27 m. 3; **1320** in lathis et clavis emptis xij d., in ~is iiij s. v d. *Rec. Leic.* I 326; **1329** pro . . pynnis ac cathenis pro leporariis ligandis *KR Ac* 383/9 m. 1; **1380** tres pinos ad pinandum lanes, precii quinque *CourtR Winchester*; **1478** pro pynnis pro dictis slattis viij d. *Cant. Coll. Ox.* 202; **1536** pro ~a ad *le bawderic* de *le tenor belle* (v. fibula 1). **b 1102**

ut presbyteri non eant ad potationes nec ad ~as bibant *Conc. Syn.* 676 (cf. W. MALM. *GR* II 149).

pinnaculum [LL < CL pinna + -culum], **~a**

1 part of building that protrudes. **b** gable end, battlement, parapet. **c** top of building, tower; **d** (fig., w. ref. to *Matth.* iv 5).

~um, quicquid praeeminet *GlC* P 396.   **b** 9 . . ~um, circuitus templi *WW*; **1280** in ij pingnaculis murorum faciendis xxvij s. ij d. *Ac. Stratton* 232; **1530** in sartiendo ~um ejus muri qui includit sacellum . . iiij s. *Arch. Hist. Camb.* II 43.   **c** cum Domini populus muri pinnacula septem / denso vallaret cuneo ALDH. *VirgV* 2611; **1126** quotiens monachi utriusque aetatis post ceptum iter ad summe arcis pingnaculum ventos captantes, et Deum pro te depraecantes decipiuntur *Ep. Anselm. Bur.* 97; **1178** terra se elevavit . . quod superemineret alta templorum ~a G. *Hen.* II I 220; tholus sive ~um sive campanarium et turris pro eadem possunt sumi significatione NECKAM *Ut.* 119; **1367** in coopertura ecclesie S. Petri Ebor', campanilis, berefridi, chori, capituli et pinniculorum sive turrium ejusdem ecclesie *Fabr. York* 179; a pynnakylle, pinna, ~um, ~a, pinnosus *CathA*.   **d** sacramentum altaris . . non est nisi buccella panis mortui et turris sive ~a Antichristi WALS. *YN* 396.

2 part that protrudes, sticks up, pinnacle: **a** (topog.), **b** (of part of body); **c** (of artefact); **d** (w. ref. to vent-pipe).

a 1289 [*then to a hummock*] ~um [*on the moss called Moynhonyld*] *Reg. Holm Cultram* 88.   **b** locus hujus cellule eminentiorem capitis partem, capitis quasi templi possidet ~um RIC. MED. *Anat.* 216; fit impedimentum conceptionis propter pinaculas simul coherentes non potentes se mundificare GILB. VII 302. 1.   **c 1302** monumentum pro sepultura sua . . cum quibusdam ~is ad modum tabernaculi superius fabricatis *Reg. Cant.* II 761; **1352** j nouch' cum ij perulis super ij pinacul' et ij emerald' a latere dicti nouch' *Reg. Black Pr.* IV 43d.; **1388** crux argentea deaurata . . stans in quadam basi cum ~is subtiliter fabrifactis (*Invent. Westm.*) *Arch.* LII 226; **1430** liberavit in receptam scaccarii . . unum pinaculum cujusdam corone vocate *Crown Harry*, carnizatum cum ij sapheris . . et ponitur in quadam baga . . cum aliis floris et pinaculis ejusdem corone *CalExch* II 136; **1468** uno cipho stante cum pynnaculis de argento deaurato *Pat* 522 m. 8.   **d 1388** per unum aventum . . faciendum super . . conductum [in marg.: concessio ereccionis ~i conductus] *LBLond.* H f. 226b.

3 stalactite.

Wokyhole . . est ita largus sicut Westminsterhalle et ibi pendent ~a in *le voult* archuata . . de petris W. WORC. *Itin.* 290.

1 pinnagium [pinna 4 + -agium], pegging, pinning.

1304 carpentariis pro parura, ~io, portagio, et posicione x^m cendularum super magnam cameram [et] magnam aulam *KR Ac* 486/15 m. 5.

2 pinnagium v. pundagium.

pinnare, ~iare [pinna 4 + -are; cf. ME *pinnen*], to fill with bits of masonry, to pin or underpin (wall or sim., also w. *subtus* or sim.).

1343 in parietibus pynnandis et plastrandis in grosso, xviij d. (*MinAc*) *Arch.* LXIV 148; **1373** in ij hominibus conductis ad reparand' fundament' et pynnand' subter sellas grangie rectorie *MinAc* 900/6; **1390** cementariorum . . facientium unum novum p[ar]ietem in . . mandato et alios p[ar]ietes pynnyantium *Comp. Swith.* 417; **1398** unius cementarii . . emendantis . . defectus parietum stabuli . . et ~iantis subtus grundsella . . stabuli *Ib.* 208; **1401** in ij cementario conducto ~ante muros boverie *Pipe Wint.* B1/150; **1438** in stipendio j hominis pynnyantis et plastrantis muros . . domus *Comp. Swith.* 444; **1449** in solutis pro stipendio unius cementarii de novo pynnantis dictam bercariam undique in circuitu *Crawley* 479; in stipendio unius cementarii conducti pro bovaria et stabulis subter *lez grundsilles* scrutantis et pynnantis *Ib.* 480; **1473** in stipendio Willelmi Hethe ad pynnandum dictum murum *Pipe Wint.* B1/202; in ij positoribus conductis pro domo bovare et stabul' ~andis *Ib.*

pinnarius [pinna 4 + -arius], maker of pins or nails.

1439 Johannes Ederiche, civis et pynnarius London' *Pat* 443 m. 33.

pinnatio [pinna 3, 4, pinnare + -tio]

1 pinning or underpinning (of wall or building).

1376 positoribus pro ~one et posicione divers' plat' diversarum domorum et claustrorum ibidem *KR Ac* 464/30 m. 3; **1388** cum ~one grunsill' . . domorum (v. groundsella); **1388** in vadiis duorum positorum operancium super ~one fundamenti cujusdam novi pontis *KR Ac* 473/2 m. 9.

2 (her.) crenellation, embattlement.

stationariis accidunt variae laterum incisiones: . . dentatio . . ~o SPELMAN *Asp.* 104.

pinnatura [pinna 4, pinnare + -ura], pinning or underpinning (of wall or building).

1479 solutum lathamo . . pro ~a domorum antiquarum *Cant. Coll. Ox.* 205; **14 . .** fundus collegii . . in longitudine xxx pedes et in latitudine xxix ut patet . . per ~as lapideas antiquas *Arch. Hist. Camb.* III 6n.

1 pinnatus [CL]

1 equipped with wings, winged.

nuntius e caelo pinnatus labitur alto ALDH. *VirgV* 2368.

2 equipped with fins.

Bacchus se graviter de omnibus hostibus vindicavit, et nautas Tyrrhenos a Naxo cum deviarent in pisces ~os mutavit *Natura Deorum* 32. 6; delphini communes non sunt cristati pinnis vel in dorso ~i sicut delphini de Nilo UPTON 207.

3 constructed or fitted with pinnacles, pinnacled, crenellated; **b** (her.).

pinnatos muros numeroso milite cingit J. HERD *Hist. IV Regum* 151; ~ae turres . . inter fortalicia numerantur *Jus Feudale* 199.   **b** ~um seu murale SPELMAN *Asp.* 105 (v. muralis 5b); incisiones tantum margines symboli afficiunt et earum . . sunt aliae mediocris aevi . . detruncatae, ~ae *Ib.* 108.

2 pinnatus v. punctare.   **pinnea** v. pinea.

pinnicula [CL pinna + -cula], little quill, pen.

ploranti ~a profluentis incausti in melius ab errore reformatum emendare praecipias B. *V. Dunst. prol.* 1.

pinniculum v. pinnaculum.   **pinnipotens** v. pennipotens.

pinnirapus [CL], one who plucks feathers.

~us, -a, -um, i. ille qui plumat aves et dicitur ~us quasi pinnas, i. avium rapiens summitates OSB. GLOUC. *Deriv.* 428.

pinno v. pigno.

pinnoka [ME *pinnok*], bundle (of cloth).

1307 j pynnok' de Wadmol *KR Ac* 368/30 m. 6; in factura et ligacione iiij^xx pec' de Wadmol' in quatuor pynnoks' *Ib.*

pinnosus [pinna 1 + -osus], arrogant, proud.

~us, superbus, elatus OSB. GLOUC. *Deriv.* 472.

pinnula [CL]

1 wing (in quot. transf., of part of shoe).

calceus . . cujus deductior ante / pinnula procedit pauloque reflexior exit / et fugit in longum tractumque inclinat acumen HANV. II 97.

2 fin.

volatus . . avium, liceat videatur esse similis natatui per ~as, multum tamen differt; quia natans per ~as movet eas primo in anterius . . . avis vero movet alas non in anterius sed sursum GROS. *Hexaem.* VI 3.

3 (anat.): **a** ear-lobe, outer ear. **b** wing of nose.

a ~a, *earlæppa* vel *ufweard eare* ÆLF. *Gl.* 157; **11 . .** auris, *eare*; ~a, *earleppen* WW *Sup.* 331.   **b** ~æ, *uteweard nosterle* ÆLF. *Gl.* 157.

4 sighting-vane of an astrolabe or quadrant.

eleva terciam tibiam vel deprime usquequo radius solaris transeat per foramina ~arum WALLINGF. *Rect.* 424; supra quam [lineam] due sunt ~e ut in astrolabio, per quarum foramina sive semiforamina radius

solaris semper transibit *Turquet* 371; in extremitatibus dyametri . . sint due auricule rotunde . . per quas auriculas eadem tabula duobus foraminibus in ~is allidade circuli magni . . perforatis immittatur *Ib.* 372.

pinnulatus [cf. pinnula, 1 pinnatus 3], constructed or fitted with pinnacles, pinnacled, crenellated.

Johannes Oldcastle, eques auratus, qui sub Henrico quinto . . suspendio et igne periit, gestabat castellum aureum cum ternis ~is turriculis in fastigio illius ac patibulo aurea catena munito UPTON *app.* 52.

pinnus v. pinna.   **pino(h)ada** v. pignonata.

pinonatus [ME *pinoun*, OF *pinon*], shaped like a pinnacle or gable. **b** (as sb.) artefact shaped like a pinnacle or gable.

1295 de opere cochleato et ~o *Vis. S. Paul.* 311. **b** corona auri . . cum floronis auri de quolibet pynonato j grosso perlo . . et x trochis de rubeis . . cum . . ix perlis orientalibus grossis in quolibet pynonato *AcWardr TRBk* 203 408.

pinpernele, pinpinella v. pimpinella.

pinsa [ML; cf. CL pinsare], instrument for kneading dough: **a** pestle. **b** trough or board.

a hec ~a, -e, i. scacella cum qua pasta maceratur OSB. GLOUC. *Deriv.* 416; *bray, or brakeyn, baksterys instrument*, ~a, -e *PP*.   **b** a *knedynge trothe*, magis, ~a *CathA*; a *muldyngborde*, rotabulum, magis, ~a *Ib.*

pinscerna v. pincerna.

1 pinsella v. pincellus.

2 pinsella [pinsa + -ella], implement for crushing or pounding, pestle.

a *brake*, ~a, vibra, rastellum *CathA*.

pinsere, ~are [CL, p. ppl. pinsus, pistus], to pound, crush; to knead (dough), bake (bread); **b** (p. ppl. as adj.); **c** (fig.).

~o, tundo *GlC* P 395; ~o, -is, -ui, -um . . i. pistire OSB. GLOUC. *Deriv.* 415; farinam aqua conspersam ~it pistor et malaxat NECKAM *NR* II 170 p. 280; pistores . . ~unt pastam et formant panes quos cocunt in furno GARL. *Dict.* 127; **1384** nulli hostilarii ejusdem ville panem in domibus suis temporibus retroactis ~ere consueverunt *IMisc* 230/9 m. 2; **1464** ad ~endum sive pistandum in furno suo *MunAcOx* 710; *to bake*, panificare, pistrire, infornare, ~ere *CathA*; *to bake*, ~ere, coquere LEVINS *Manip.* 12.   **b** a pinso ~us, -a, -um, i. pistritus OSB. GLOUC. *Deriv.* 416; **1484** pro certis expensis in cibariis pistis, . . vino, cervisia et aliis necessariis *ExchScot* 288; **s1510** inveniebatur . . piscis . . in longitudine continens xvij pedes; . . dictus piscis fuit . . bonus et dulcis, tam assatus quam coctus et pistus, cujus . . cauda fixa est super quandam quercum *Reg. Butley* 26.   **c** tu pistrinum es . / in quo Deus . . / panem pinsit pinsula WALT. WIMB. *Virgo* 115.

pinserna v. pincerna.

pinsinochium [cf. pinsa, pinsere + δοχεῖον], place for grinding, kneading, or baking.

iste hanc ecclesiam, ceteraque edificia, preter pistrinam vel pistorium et ~ium, reedificavit G. S. *Alb.* I 52.

1 pinsio v. pensio.

2 pinsio [cf. pinsa, pinsere], (instrument for) pounding, crushing, kneading.

a pinso, pinsus . . i. pistritus et hec ~io . . unde hec pinsiuncula . . i. parva ~io OSB. GLOUC. *Deriv.* 416.

pinsis [cf. OF *pincer*], mocking gesture.

s1242 ~em faciens cum sanna M. PAR. *Maj.* IV 216; **s1211** cum . . nihil nisi subsannationes derisorias et ~es tam prudentes nuncii reportassent *Flor. Hist.* II 140.

pinsitare [CL], to knead repeatedly or to bake frequently.

~are, frequenter pistrire OSB. GLOUC. *Deriv.* 416.

pinsiuncula [2 pinsio + -uncula], (instrument for) light pounding, crushing, kneading.

pinsio, . . unde hec ~a, i. parva pinsio OSB. GLOUC. *Deriv.* 416.

pinso [ME *pinsoun*], (pl.) tongs.

1312 in forgia . . ij paribus forcipum, j pare pinzonum, et aliis minutis *LTR Ac* 19 r. 32*d*.

pinsula [ML pinsa+-ula], small pestle (also fig.).

pinsa . . et inde hec ~a, -e, diminutivum OSB. GLOUC. *Deriv.* 416; hic panis coquitur celesti facula / . . / nec panem ustulat comburens flamula / nec pastam polluit polluta pinsula WALT. WIMB. *Carm.* 126; tu pistrinum es . . / in quo Deus . . / panem pinsit pinsula *Id. Virgo* 115.

pinta [ME, OF *pinte*], **~us, ~um**

1 liquid measure of half of a quart, pint.

non habent mensuras, viz. quartam, ~am, terciam, et sextam concordantes monete dom. regis per quas mensuras populus possit deserviri cum indiguerint *Iter Cam.* 10; **13..** vinitarius vendat vinum per modios . . per quartas, per ~as, sc. dimidias quartas (*Nominale*) *Neues Archiv* IV 339; **1389** ij olle de *pewdre* quarum utraque de uno pynto pro aqua *Process. Sal.* 299; *pyynt, mesure*, ~a, -e *PP*; cum aque ~a una facies . . aque quantitatem infinitam RIPLEY 200; **1501** olla continens ~am ad conservandum vinum *Cant. Coll. Ox.* I 36; vini Vasconici tanta erat copia, quod ferme gratis venumdabatur: ~a enim tribus duntaxat denariis venit MAJOR IV 15.

2 pot or jar that contains a pint.

1254 [percussi]t dominum Ricardum in capite cum quadam pinta plena cervisie *IMisc* 8/38; **1282** j d. in j ~a et j olla empta *MinAc* 1070/5 r. 1; **1326** unum ciphum argenti deauratum . . cum pede et cooperculo et ~a de secta ponderis sex marcarum *Pat* 165 m. 5; **1427** quatuor . . mensuras aereas pro liquoribus, sc., unam lagenam, potellam, quartam, et unam ~am *MunAcOx* 284.

pintella v. pincellus. **pintimemeris** v. penthemimeres.

1 pinus v. pinna.

2 pinus [CL], **~a, ~um**

1 pine-tree.

crux Domini de quatuor lignis facta est, quae vocantur cypressus, cedrus, ~us, et buxus *Ps.-*BEDE *Collect.* 372; **10..** ~us, *pin Catal. MSS AS* 442; rebus servandis sub ea manet optima nutrix / pinus, sed ficus esse noverca solet NECKAM *DS* VIII 72 p. 483; gumma ~i, i. pix GAD. 124. 1 (v. gummi); folia ~i arboris *Pop. Med.* 238; in ejus montibus abundant ~e et abietes *Eul. Hist.* II 72; ~us, *pynetre*; . . hec ~us, -ni vel -nus *WW*.

2 (*pomum ~i* or ellipt.) pine-cone or pine-nut.

s1199 cor ejus viderunt . . extractum de corpore . . paulo majus pomo ~i *Ann.Wint.* 71; **1245** cujus pomelli sunt ad modum pomorum ~ei superius florigerati *Invent. S. Paul.* 470; *a pynappylle*, ~um *CathA*; **1314** in . . pynis, datis, et aliis . . speciebus (*MinAc* I 1/3 m. 20) *EHR* XLII 198; hoc ~um, fructus ejus [sc. pini] *WW*.

3 (meton.) ship.

ergo sequi docilis quas nondum noverat undas / Thetios in gremium migrat prerepta Diane / pinus et e ramis remos habet J. EXON. *BT* I 80; commendo vinum, commendet navita pinum NECKAM *Poems* 454.

pinwitha [ME *pin+with(e)*], 'pinwithy', peg made of willow.

1282 in hardis et ~is emptis ad caruc' (v. 2 harta 2).

pinzo v. pinso. **pinzso** v. puncho.

piolatus [OF *piolé* < *picolata; cf. 1 pica], **piolus,** pied, piebald.

1311 W. de C. habet unum equum album ~atum *Cal. Scot.* III 414; **1312** unum equum album pilatum *KR Ac* 14/5 r. 8; **1313** pro . . uno cursore ~ato *KR Ac* 375/8 f. 13; **1314** habet unum equum ferrand' pyolum, precii xxv i. Tur. *RGasc* III clxxiv; **1317** pro restauracione unius equi sui albi pioliti *Ib.* IV 1764.

piolitus v. piolatus. **piolus** v. piolatus. **pionia** v. paeonia. **pionites** v. paeanitis.

pionpare, to cry (as a vulture).

tauri mugiunt, vultures ~ant ALDH. *PR* 131 p. 180; *to cry*, clamare . . vulturum palpare *CathA*.

pipa [ML], **~um**

1 pipe, hollow tube: **a** (for conveyance of water); **b** (as blowpipe, for assaying of metals). **c** part of horse harness, tube (usu. of leather) through which the traces pass, pipe; **d** (for bell-ropes).

a 1239 allocate ix m. et viij d. quod posuit in operibus fossati et cujusdam ~e facte et posite in eodem fossato castri de Sancto Briavello *KR Mem* 18 m. 15; **1275** pro plumbo fundendo et pro factura ~orum *KR Ac* 467/6/2 m. 11; **1317** ad quadam [*sic*] ~am plumbeam goteri *Fabr. Exon.* 79; **1339** mulieribus portantibus aquam de Were usque ad abbaciam . . quando ~a gelidata fuit, viij s. *Ac. Durh.* 536; **1397** pro vadiis Ricardi Plomer et Johannis Plomer . . faciencium unam novam ~am plumbi ad conducendum aquam *KR Ac* 479/23; **1443** ~as et fistulas plumbeas, ceterasque machinas sub et supra terraneas, in quibus aqua ipsa in et a predicto clauso capite, fontibus, cisternis, ceterisque quoque machinis, descendere et decurrere valeat *Foed.* XI 31. **b 1409** j ~a de eneo ad sufflandum ad assaiam *AncD* D 708. **c 1314** in ~is ad trayturam longe carete emptis, vij d. *Comp. Worc.* I 42; **1320** in emendacione carectarum in corio pro ~is ad easdem x d. *KR Ac* 482/1 m. 3*d*.; **1369** in . . ij paribus nov' tract' reparand' cum pip', *bakteyes, wombeteyes MinAc* 840/30 m. 2; **1389** iij paria tractuum cum hamis et pypus, ij paria colerus de novo empta, ij linces terr' pro carecta *Ac. Obed. Abingd.* 57; **1402** in ij paribus tractuum emptis cum pypys pro eisdem, xv d. (*MinAc Ropley, Hants*) *Ac. Man. Wint.*; **1418** una cum ccc colariis de corio reparatis, cum hamis de ligno, ac stuffura rationabili de ~is, *rigeboundes, bellibondes*, et *shotyngledders* de corio pro reparacione ccc parium *trays* pro equis et carectis *Foed.* IX 543. **d 1397** in pypys emp' pro campanis, iiij d. *Mem. Ripon* III 123.

2 (object formed or shaped like a pipe): **a** pipe or reel of thread (as sold, wrapped round a cylindrical or tubular core). **b** roll of accounts, esp. the Great Roll of the Pipe maintained by the Exchequer (from shape of a rolled document, also transf., referring to the department responsible for maintaining the roll).

a c1420 pro j ~a auri de Venys et unius uncie de serico rubio pro *laces* pro mantellis *Househ. Ac.* II 660. **b 1167** parva pipa Gaufridi Peccam reddit compotum de dim. m. *Pipe* 52; **1167** magna pipa Henrici reddit compotum de dim. m. *Ib.* 53; **1167** terra trium canonicorum de pipa reddit compotum de j m. *Ib.*; pro diversis debitis domini regis que currebant in ~a contra . . defunctum *Ac. Exec. Ep. Lond.* 104; **1321** in expensis J. S. . . et Th. de R. quando petierunt vj li. et xvij s. in ~a pro respectu habendo in presencia J. de N., in vino xij d. *Rec. Leic.* I 336; ad exonerandum cives . . de quinque marcis annuis exactus in ~a *MGL* II 137; **1342** nuncius de scaccario . . liberavit . . T. de C. vicecomiti . . quandam ~am de scaccario predicto . . continentem duo folia *KR Misc.* 25; **1360** per servicium reddendi ad ~am iiij s. per annum *IPM* 151/5 m. 2; **c1410** tunc custos pipe sedet illic clericus unus (*Vers. Exch.*) *EHR* XXXVI 60; **1416** vj s. viij d. pro irrotulata carta in ~a *Rect. Adderbury* 16; **1504** certa opera prius usitata patent in ~a de anno translacionis domini P. C. Wintoniensis episcopi secundo *Crawley* 498; **1583** controrotulatori ~e exequend' scaccarii nostri *Pat* 1235 m. 22; **1586** judices [sc. in curia scaccarii] sunt . . clericus ~ae, contrarotulator ~ae, . . secundarii ~ae duo CAMD. *Br.* 142.

3 pipe, large cask for storage or transport; **b** (of wine); **c** (of foodstuff); **d** (of other goods) (some quots. might also be referred to sense 4).

1290 j caneulla et ij ~e, vatta, ij barilla, ij cuve, et iiij magne cuve *Reg. Wint.* II 704; **1336** in ij doliis et ij ~is vacuis emptis pro cunis [?l. cuvis] et aliis necessariis inde faciendis *Cal. Scot.* III 352; **1469** pro tribus ~is vacuis, tribus barilibus de Hamburgh, quatuor barilibus minutis *ExchScot* 664. **b 1242** computate . . eisdem xxxj s. viij d. quos posuerunt in una ~a de musto portato a Wintonia usque Wudestok *Liberate* 16 m. 17; **1328** una ~a semiplena de vino de *warnathe*, precii iiij li. (*Invent. Stapeldon*) *Reg. Exon.* 568; **1374** in celario vini una ~a et dimidium ~e plena de vino de Ghaschon *Pri. Cold. app.* lxxvi; predictus Th. ~am illam tam negligenter . . cariavit, quod ~a illa . . confracta fuit, sicque idem N. magnam partem vini . . amisit *Reg. Brev. Orig.* 110. **c 1268** abstulerunt . . quandam ~am et tres tonellos plenos frumento *RL* II 323; **1395** ~a pro pane *Test. Ebor.* III 7; **1439** in una ~a empta . . pro prebenda conservanda *Ac. Durh.* 233; **1462** pro expensis et carriagio . . trium ~arum . . ad conservandum martas predictas *ExchScot* 127; habens curam et administrationam xx ~arum gard', vel unius mel', et cum . . xx carectat' frumenti *Entries* 17va. **d 1337** unam ~am in qua fuerunt unum tapetum et unum *coverlyte* valoris lx s. . . arestarunt *IMisc* 133/11/4; **s1345** dicebatur . . de dicta villa unam ~am [v. l. pilam] plenam auro . . reportasse KNIGHTON II 32; **1388** una pipa plena salmon' *IMisc* 240. 14; **1419** utensilium Londonie in quadam ~a sive in ~is existencium *Reg. Exon.* 423; **c1420** pro frectagio de xxiij ~is vij cistis cum hernesiis domini et aliis neccessariis diversorum officiorum hospicii de Hareflewe usque portum London' per convencionem in grosso *Househ. Ac.* II 677; **1436** in duobus ~is et una rundella plenis harnesiis armorum et continentibus decem paria armorum integra *ExchScot* 680; capcionem predicte ~e de alom' et cent' de rosen' in predicto loco *Entries* 557rb.

4 pipe-full (as unit of measure), pipe: **a** (of wine); **b** (of other liquid; in quot. 1453 = 108 gallons); **c** (of woad); **d** (of arrows; in quot. = 146 sheaves); **e** (of other goods) (some quots. might also be referred to sense 3).

a 1212 computate . . tres ~as et unum dublerum de musco *Cl* 124; **1263** (1377) concessi eciam eisdem in quolibet die nundinarum suarum unam ~am vini dictis nundinis celebrandis per spacium septem annorum proximo sequencium (*Pat*) *EHR* XVI 334; **1291** de mmcciiij^{xx}x doliis iij ~is de vino regis emptis et postea venditis (*Rot. Cancell.*) OXNEAD *Chr. app.* 332; **13..** vinitarius vendat vinum per modios, per dolea sive tonellos, per ~as, per sextaria, per dimidium sextarium, per lagenas sive galones, per potellos sive floreos, per quartas, per pintas, sc. dimidias quartas (*Nominale*) *Neues Archiv* IV 339; **1391** Willelmo F. pro j tonnella j ~a de Rynen *Ac. H. Derby* 24; **1431** lego . . unam ~am vini rubii *Test. Ebor.* II 15. **b 1329** j ~a et j *barell* olei olive *Ac. Durh.* 16; **1336** mandamus vobis . . quod . . unam ~am de aceto . . mitti fac' constabulario nostro *RScot* 465a; **1352** in j ~a cisere empta pro operariis in estate et autumpno, v s. *Comp. Worc.* I 65; **1418** percipiant de potibus ad retalliam venditis . . subsidium subscriptum . . viz. . . de qualibet ~a cisare, cervisie, et boscheto, quinque solidos Turonenses *Foed.* IX 565; **1453** qualibet ~a continenti cviij lagenas . . remanent vj ~e cervisie facientes vj^{c}xlviij lagenas *Ac. H. Buckingham* 37. **c 1337** vj dolia et unum ~am waide valoris lxxviiij li. . . arestarunt *IMisc* 133/11 / 4; **1368** cum . . una pipa vini, una ~a waide . . arestata fuissent *RScot* 925a. **d 1337** ccc arcus bonos et sufficientes ac cordas ad eos competentes necnon unam ~am sagittarum continentem cxlvj garbas cum capitibus earundem emit *Cl* 158 m. 26. **e 1401** de iij s. receptis de j dolio et j ~o vasorum ligneorum . . venditis *Househ. Ac.* II 569; **1418** pro factura . . duodecim carectarum grossarum pro gunnis grossis supracariandis, viginti ~arum de pulvere de carbonibus salicis *Foed.* IX 543.

pipar v. piper.

1 pipare, ~iare, ~ire [CL, *onomatopoeic*]

1 to emit a high-pitched sound, make a peeping, squeaking, or screeching noise: **a** (w. ref. to bird, also transf. to human); **b** (w. ref. to bird of prey); **c** (w. ref. to mouse).

a pulli et pueri ~ant ALDH. *PR* 131 p. 180; limpida praepetibus sic complens aera catervis, / garrula quae rostris resonantes cantica pipant *Id. VirgV* 15; cum . . matutini volucres avino forcipe pipant [vv. ll. pippant, ripant] FELIX *Guthl.* 19; *chykkyn, as hennys, byrdys*, ~io, -as, -avi, -are *PP*; *to pipe as a byrde*, ~iare *CathA*. **b** accipitres ~ant vel plipiant ALDH. *PR* 131 p. 179; accipiter . . et nisus masculi . . carnes afferunt suis comparibus, ~ando adventum suum protestantes NECKAM *NR* I 29; ~iare, *to cryen as a ffawkon* (*Medulla*) *CathA* 81n; *to cry* . . accipitrum [est] ~iare . . milvorum [est] ~ire *CathA*. **c** catus transiens audivit murem ~antem O. CHERITON *Fab.* 56 (=J. SHEPPEY *Fab.* 23); *to cry* . . murium [est] ~are vel pipitare *CathA*.

2 (mus.) to play the pipe or (bag)pipes.

1288 cuidam garcioni cum una bagepipa ~anti coram rege *AcWardr* (*TR Bk* 201) p. 56.

2 pipare [cf. ML pipa+-are]

1 (w. ref. to traces of horse harness) to pipe, provide with pipes (*cf. pipa* 1c).

1390 in nigro coreo empto pro tractibus ~andis (*MinAc Whitchurch*) *Ac. Man. Wint.*; **1392** ad tractus pypandos (*MinAc Chilbolton*) *Ib.*

2 to pack in a pipe (*cf. pipa* 3). **b** (p. ppl. as sb.) pipe-full, pipe (*cf. pipa* 4).

1440 officia .. paccacionis .. mercandisarum .. doliatarum, ~atarum, barellatarum, seu aliqualiter inclusarum *Pat* 448 m. 14; **1449** omnium aliarum mercandisarum quarumcumque in portu South' paccatarum, doliatarum, ~atarum, barellatarum seu aliqualiter *Cl* 299 m. 16*d*. **b 1444** pro iij doliatis ferri .. j doliata de rosyn' .. iij ~atis de rosyn (*KR AcCust* 140/62) *EEC* 635.

piparius [pipa+-arius], musician who plays the pipe or (bag)pipes, piper.

1362 in solucione facta ~iis domini nostri regis, de mandato ejusdem, xl s. *ExchScot* 115; c**1377** Henrico et Petirkyn pipar' sive fistulatoribus *KR Ac* 398/8.

piper [CL < πέπερι]

1 fruit of pepper-plant (*piper nigrum* or *officinarum*), used medicinally or as seasoning; **b** (fig.); **c** (spec. as means of payment; *cf. granum* 3b); **d** (*granum* or *semen ~eris*) peppercorn; **e** (*~er integrum*) whole or unground pepper; **f** (*~er nigrum*) fruit of *piper nigrum*, dried before ripening; **g** (*~er album*) fruit of *piper nigrum*, ripened or dehusked (but *cf.* 2 *infra*); **h** (*~er rotundum*) fruit of *piper nigrum*; **i** (*~er longum*) fruit of *piper officinarum*; **j** (*~er usuale*) fruit of *piper nigrum*.

fel ejus [sc. leporis] miscendum est cum ~ero [v. l. ~ere] pro dolore Theod. *Pen.* II 11. 5; quaedam preciosa in mea capsella habeo, id est ~erum [v. l. ~er], oraria, et incensa Cuthb. *Ob. Baedae* clxiii; sunt duplicia .. aliquando in gustu et verbo, ut cum illud degustat, et an ~ere sit conditum interrogat *Simil. Anselmi* 33; hoc ~er, *poivre Gl. AN Glasg.* f. 18rb; a**1377** in ~ero viij s. viij d. *Ac. Obed. Abingd.* 38; hoc ~er, -ris, *peper WW*; **1463** cum precio .. quatuor librarum ~eris, precium .. libre ~eris iiij s. *ExchScot* 171. **b** hec mihi, Laurenti, vis est ignota cumini [sc. *pun on* cuminum *and name of* Will. Cumin]: / num tamen hoc genio constat an ingenio? / si subit ingenio, conditor in arte superstat; / si genio, vestrum quale putabo piper? / forte quid his piper est quibus est ita forte cuminum; / allia dic quid eis quidve sinapis erunt? L. Durh. *Dial.* I 116–7; in naribus Scoti ~er, plenus est enim sermonibus et coartat eum spiritus uteri sui Bower VIII 26 (=*Plusc.* VI 30: ~ar). **c 1154** ij libre ~eris ad Natale Domini pro censu prius reddebantur *Act. Hen. II* I 94; **1175** tenenda in perpetuam hereditatem pro una libra ~eris et una libra cumini dandis .. singulis annis in feria prati *Ib.* II 44; a**1204** solvendo .. singulis annis .. unam libram ~eris vel vj d. nomine firme predicte terre *Reg. Paisley* 54; c**1282** reddent annuatim inperpetuum duas libras cummini et duas libras peperis *Inchaffray* 103; recognoverunt tenere .. burgum predictum ad feodi firmam reddendo inde per annum ad festa Pasche et S. Michaelis .. c s. et unam libram ~eris *Capt. Seis. Cornw* 3; **1419** in j li. ~eris pro terris in Esh, ij s. viij d. *Ac. Durh.* 227. **d** c**1300** ad vomitum reprimendum .. recipe .. quinque grana ~eris et modicum mellis et tere simul *Pop. Med.* 248; c**1300** [*a tenement in the vill and territory of Stanton to hold by rent of*] unum semen ~eris *Ch. Derb* 2204. **e 1292** in ~ere integro, ij grana .. in alea et cepis, iiij grana *KR Ac* 308/15 m. 5. **f** ~ereos melanos, i. ~er nigrum *Gl. Laud.* 1197;. recipe .. ~eris longi et nigri assati Gilb. V 228. 1; piper est nigrum, et tamen in casu suo optimum sc. in confortatione stomachi flegmatici Gad. 5v. 1; *SB* 20, *Alph.* 62, 69 (v. fulfula); melanopiper, i. ~er nigrum *SB* 29; ~er cujus triplex est maneries, est ~er longum et dicitur macropiper, est eciam album et [dicitur] leucopiper, et est nigrum ~er quod dicitur melanopiper *Alph.* 145; dicit .. quod animetur [v. l. acuetur] cum rebus vegetabilibus calidis, ut sunt ~er nigrum .. et hujusmodi similibus Ripley 168. **g** in confinio Rubri maris et Arabiae serpentes esse perhibentur cum quibus nascitur ~er album *Lib. Monstr.* III 6; ~ereos leucos, i. ~er album non siccum de sole *Gl. Laud.* 1196; ~eris albi et longi Gilb. V 228.1; Greci .. pro albo ~ere accipiunt quoddam minutum planum sine rugis quod invenitur in pipere nigro *SB* 27; fulful ebiat, piper album idem *Alph.* 69; leucopiper, i. ~er album, leucos enim album interpretatur *Ib.* 97; *Alph.* 145 (v. 1f supra); ~er album, *whyt pyper WW*. **h 1300** pro .. xx li. cimini, ij li. croci, vj li. ~eris rotundi *AcWardr* 143; **1301** Johanni le Grosser pro ij li. ~eris rotundi, prec' libre xiij d. *KR Ac* 359/18 m. 8; c**1305** de ~ere rotundo .. de pipere longo *Ib.* 370/27 m. 3; **1314** in .. *quybibes* et macis, ~ere longo et rotundo, nucilus de muga, pynis, datys, et aliis diversis speciebus emptis (*MinAc*) *EHR* XLII 198; **1454** per deliberacionem duarum librarum ~eris rotundi *Cl* 304 m. 11*d*. **i** piritrum, i. ~er longum *Gl. Laud.* 1198; ~er longum, i. flos ~eris *Ib.* 1220; recipe .. ~eris longi ʒ ij Gilb. IV 174. 1; c**1300** ad confortandum et provocandum coitum .. pulveres subscriptarum specierum in panno lineo inclusi apponantur .. pistacis, ~eris longi *Pop. Med.* 240; macropiper, i. ~er longum *SB* 28; scoboinima, i. longum ~er *Alph.* 176; ~er longum, A. *longpiper WW*. **j** fulfel, i. ~er usuale *SB* 22.

2 (*~er album*) seed of other plants used in place of or confused with true white pepper, ? spurge (*Euphorbia lathyris*), ? castor-oil plant (*Ricinus communis*), ? bladder campion (*Silene inflata*), ? bishop-weed (*Ammi*) (*cf. et.* 1g *supra*, *been, catapota* 2, *cyminella*).

anisum et sinapis et ~er album et absinthium nonnullam hortolano conferunt utilitatem Neckam *NR* II 166; *been* sunt grana que ~er album dicimus *SB* 12; ciminella, ~er album idem *Alph.* 40.

piperalis [CL piper+-alis], **-ialis,** of, for, or related to pepper.

mola assit etiam ~alis [*gl.: a peyvre*] et mola manualis Neckam *Ut.* 97; **1390** unam moldam ~ialem *KB ContrR* 519 r. 499.

piperarius [ML], pepperer, dealer in pepper or other spices, spicer, grocer.

1180 gilda ~ariorum .. debet xvj m. *Pipe* 153; **1275** Robertus de W. ~arius, Robertus de M. speciarius, et plures alii *Hund.* I 403a; **1310** noverint universi me .. teneri Willelmo de C. ~ario Londonie in xl li. sterlingorum (*KB ContrR*) *Law Merch.* III 107; **1363** per P. R. civem et ~arium London' *Cart. Osney* II 152; supervisores merceriorum, pellipariorum, et ~ariorum electi et jurati *MGL* I 589; **14..** quartam fenestram vitrari fecit Walterus de G., pelleparius vel ~arius *Mon. Francisc.* I 516.

piperaster [CL piper+-aster *or* astēr < ἀστήρ], (bot.) water-pepper, arsesmart (*Polygonum hydropiper*).

ydropiper, quod Latini ~rum dicunt *Alph.* 197.

piperatus [CL], seasoned with pepper, peppered, spiced, spicy. **b** (as sb.) peppery or spicy food. **c** (as sb. f.) a sauce or condiment made with pepper, pepper-sauce.

[alimonia] quae .. cuncta diliciarum fercula et ~atas pulmentorum saginas praecellat Aldh. *VirgP* 6; reddat nobis .. holera et ~ata fercula Ælf. Bata 4. 23; pipereus, piperinus, ~atus Osb. Glouc. *Deriv.* 481; statuit .. caritatem quandam albi vini conventui fieri cum singulis guastellis ~atis singulis monachis *Chr. Battle* f. 100v. **b** similiter sunt quedam lac desiccantia, sicut .. participatio in cibo et potu cum alia lactante, ~atum forte, rosmarinum, sal, caro salita M. Scot. *Phys.* 13; urina magis vel minus redditur colorata .. ex proprietate materie ex qua generatur, ut ~atis Gilb. I 58. 2; quando pro speciebus calidis aduritur sanguis, sicut cum ~atis et alliatis Gad. 42v. 1. **c** deposcitque recens agnina caro piperatam D. Bec. 2630; murenam prandebis cum piperata; / salmo recens habeat piperatam sive sinapim *Ib.* 2648–9.

piperculus, ~a [CL piper+-culus], little pepper.

sojonus, i. ~i semen *Gl. Laud.* 1364; sinonus, i. barsa vel semen dalibus quod est pipercla *Ib.* 1435.

piperellus [CL piper+-ellus], 'little pepper' (passing into surname; *cf. peverellus*).

ex illis habet Ranulfus ~us v acras *DB* II 46; c**1105** [signa] Willelmi ~i, Robert Peccati .. Unfredi Aureis Testiculis *Cal. Doc. France* 1048.

pipereus [CL piper+-eus], seasoned with pepper, peppery.

~eus, piperinus, piperatus Osb. Glouc. *Deriv.* 481.

piperialis v. piperalis.

piperinus [CL piper+-inus], seasoned with pepper, peppery.

pipereus, ~us, piperatus Osb. Glouc. *Deriv.* 481.

piphanis v. epiphania. **piphia** v. ephippium. **pipiare** v. 1 pipare. **pipilare** v. plipiare.

pipina [ME *pipin*, AN *pepin, pipin*]

1 seed of fleshy fruit, pip, pippin.

sementivum pirum, eo quod ex satis ~is proveniat Osb. Glouc. *Deriv.* 197.

2 (as name of kind of apple-tree; in quot. as if derived from personal name).

quid, quod preterea malorum pirorumque genera pene infinita quotidie atque huc atque illuc deferuntur, quarum nonnulle ab autoribus, ut appia et ~a, quedam a sapore, ut que ferunt melimela, alie ab odore, alie a colore nomina habent? P. Verg. *Invent.* III 4.

pipio [LL; cf. pipiare], young dove or pigeon, squab.

~ones sunt pulli columbarum *SB* 34; ~ones sunt pulli columbarum, et est nomen anomotopoion, i. formatum a proprio sono animalis, Anglice *pyjones Alph.* 144; **1417** pro iij duodenis et vj ~onibus, xvij d. ob., item vj duodenis columbarum ij s. vj d. *Arch. Hist. Camb.* 441 n. 2; hic ~o, A. *dowbyrd WW*; hic pugio [l. pipio], A. *pejon WW*; c**1451** detectum est .. quod quedam Johanna Schoo .. communiter vendit unum pastellum de duobus ~onibus pro ij d., contra [proclamacionem] *MunAcOx* 622; *a pigeon'*, ~o *CathA* 277.

pipire v. 1 pipare.

pipitare [CL], to make a squeaking or peeping noise (in quot. w. ref. to mouse).

murium [est] pipare vel ~are *CathA*.

pipliare v. plipiare. **piponella** v. pimpella. **pippare** v. pipare. **pippis** v. puppis.

pipsimare [? cf. AN *pipiner*=(*apple-*)*core*], (in gl.) to pare.

~o, -as, *to pare a thynge WW*.

pipum, pipus v. pipa.

pipunculus [cf. LL pipio+-unculus], falcon.

~us, A. *a ffaucoun WW*.

pir v. par, pyr. **pira** v. pirum, pyra, pyria. **piracantes** v. pyracantha. **piracium** v. 2 piretum. **piralis** v. pyralis. **pirama** v. pyramis. **piramidalis** v. pyramidalis. **piramis** v. pyramis. **piramiticus** v. pyramiticus. **piramus** v. pirasmus, pyramis.

pirarius [ML < CL pirum, pirus+-arius]

1 (as adj.) of or pertaining to a pear or pear-tree.

1240 mandatum est Edwardo filio Odonis quod parvam garderobam .. lambruscari faciat et cameram privatam emplastrari, et quod emat plantas bonas peirar[ias] et eas constabulario Windl' tradi faciat *Cl* 172.

2 (as sb. n.): **a** pear-tree. **b** pear-orchard.

a 1220 ipsa scidit et destruxit septies xx arbores de gardino, sc. pomeria et ~ia et quercus *CurR* VIII 358; **1355** fraxinos, pomaria, ~ia et alias arbores .. succidit *IMisc* 172/13; **1368** fecit vastum .. succidendo .. xl prunar', .. xx pirar' *PlRChester* 72 r. 3*d*. **b 1268** excusserunt ~ium suum tocius fructus precii dimidie marce et asportaverunt et excusserunt pomeria sua tocius fructus precii v s. *Rec. Norw.* I 212; **1294** cum ij peciis muri .. circa ~ium *MinAc* 991/24.

3 (as place-name, passing into surname).

1135 apud ~ios [*Perriers-sur-Andelle*] *MonA* V 198a (=*EHR* XXXIV 577); **1169** Rob' de ~iis reddit comp' de ij m. *Pipe* 71; **1242** Hugo de ~iis [*ChancR*: Perariis], dim. m. pro falso clamore *Pipe* 187.

pirasimum, pirasmium v. pirasmus.

pirasmus [πειρασμός=*trial*; cf. *OED* s. v. *heft v.*[1] 2 '*to lift for the purpose of trying the weight*'; *perh. also understood as* πεῖρας '*instrument, tool*'], tang or haft of a knife.

cultellus constat ex tribus, sc. ex cindula et manubria et pirasimo, et dicitur pirasimum a pirasmon Grece, quod est temptatio Latine, Gallice *le assay del cotel* (*MS Cambridge, Gonville and Caius College* 136) *Teaching Latin* I 330 n. 35; cultellus .. habet tres partes .. manubrium sc. *manche*, scindula, et hoc pirasmium *le assay del cotel* (*Ib.*) *Ib.* II 82; *tonge of a knyfe*, ~us, -i *PP*; hic perrasmus, A. *tonge WW*; †parasivus [l. perasmus], *the heve of a knyf WW*; *a tange of a knyfe*, †parasinus [v. l. piramus] *CathA*.

pirata [CL < πειρατής], **1 piratus** [LL]

1 sea-borne raider or marauder, pirate (also pejorative w. ref. to enemy combatant); **b** (w. ref. to Northman or Viking). **c** (spec. w. ref. to criminal who preys on ships or shipping) pirate. **d** (erron. etym. from πῦρ).

masculina ut proreta, .. ~a, archipirata ALDH. *PR* 133 p. 185; scapha .. est navicula levis, ex vimine facta, crudoque corio contecta, dicta .. Graece a contemplando, quod tali nautae vel ~ae navigio terras et littora prospicere soleant BEDE *Acts* 992B; archipirata, princeps ~orum *GlC* A 727; **c1101** qui [sc. Ranulfus Flambardus] .. fugit in Normanniam, ac inimicis regis .. sociatus, dominum ~arum quos in mare misit .. se constituit ANSELM (*Ep.* 214) IV 113; in quandam insulam .. que antiquitus ab incursione ~arum [v. l. pirratarum] vastata a nemine inhabitabatur G. MON. I 11; Grithfridus rex Gualorum cum tribus navibus .. littori appulsus est, et mox ~arum exercitus quasi lupi rapaces ad depopulandam regionem diffusus est ORD. VIT. VIII 3 p. 284; cum ~is, qui Hiberniam graviter depopulari consueverant, quatuor bella gessit GIR. *TH* III 3; hi Romanis per xl annos rebelles fuerunt. qui ad ultimum ~es effecti Sillam contra eos missum superaverunt et in fugam converterunt GREG. *Mir. Rom.* 24; raptoresque maris pirates quoque dicimus esse GARL. *Syn.* 1585C; **1297** sane zizannii [*corr. in MS:* zizannie] seminatore diabolicis astuciis procurante ~orum turmis et latrunculorum catervis per diversa mundi climata circum cincti votivos affectus cordis nostri epistolarum figuris deprimere non valemus *Reg. Cant.* 526; **s1215** Eustachius .. monachus, pyrata fortissimus, et Galfridus de L. ex parte Lodowici insulas regis ceperunt *Ann. Dunstable* 46 (cf. M. PAR. *Maj.* III 27). **b** ~a, *wicing oððe scegðman* ÆLF. *Gram.* 24; ~a, *wicing oððe flotman Ib.* 302; **s880** ~e, qui jacebant ad Fuleham, transeunt mare et veniunt usque ad Gent et ibi morantur per annum integrum *AS Chr.*; ~e gentilium Danorum .. dum maria latrocinandi et predandi studio pervagantur, splendide virginis insulam Tanetum .. insperati irrumpunt GOSC. *Transl. Mild.* 3; jam cubat in terris fera barbaries aquilonis / jam jacet in campo pelago pirata relicto W. MALM. *GR* II 135; propter superventuram pyratarum rabiem .. corpus sanctissimi confessoris inde ad Ripum .. transportavit RIC. HEX. *Hist. Hex.* II 2; o ~um miserrimum, culture deitatis nescium, terreni lucri cupidum, infelici casu ruiturum *Lib. Eli.* I 41. **c** **c1169** Genuensium navem, quam ceperant Siculi ~e .. dedit mihi dominus rex P. BLOIS *Ep.* 90; tempore Athellelmi abbatis, milites quidam .. regis .. Normanniam missi .. a ~is capiuntur, spoliantur, quibusdam etiam manus truncantur *Chr. Abingd.* II 6; **s1234** cursarii et pyrate nimis impediunt subsidium Terre Sancte, capiendo et spoliando transeuntes ad illam (*Lit. Papae*) M. PAR. *Maj.* III 285; ~e quidam de Selland et Holland .. tyrannidem exercentes piraticam, quecunque sibi obviantia depredabantur .. naves nonnullas cum contentis secum abduxerunt FL. WORC. *Cont. C* 227; **1315** dum idem W. B. .. custumam suam pro navi predicta solvit, J. le L. .. et quidam alii malefactores et ~e navem et bona et mercimonia .. ceperunt et abduxerunt *RParl* I 327a; **1328** gravem querulam dilecti mercatoris nostri G. de B. .. recepimus, de bonis et catallis hostiliter captis per quosdam malefactores et ~os *Foed.* IV 340; **1380** pro municione cujusdam navis regis exposite ad mare contra pilatos Anglie ... .. pro municione cujusdam navis contra pilatos .. *ExchScot* 55; **1401** supplicamus .. qualiter capitaneo Calesii demandare dignemini ne aliquos .. armatos vel armarios cum comite Hollandie .. exire permittat; cum ipse publicos Dei et omnium mercatorum bonorum inimicos, pyratas, alio vocabulo *likedelers* nominatos, in suo stipendio detinet manifeste *Foed.* VIII 193; hic perempti sunt ~i sine numero et xij apud Sulham W. WORC. *Itin.* 112; **1489** que bona erant capta per piretas *ExchScot* 143. **d** ~a, raptor in aquis, et dicitur ~a quasi pir ignem habens in rate OSB. GLOUC. *Deriv.* 471; archypiratas, i. principes ~arum, et dicuntur ~e predones maris, i. *robburs*, a pir quod est ignis quia per ignem alias naves deperdant *GlSid* f. 150ra; de residuis vocabulis scribendis per ypsilo: .. pyrata, raptor in aqua, et proprie qui comburit naves, sumitur tamen communiter pro omnibus raptoribus et predonibus marium et fluviorum BACON *Gram. Gk.* 65.

2 soldier or warrior serving on board a warship, member of crew of a warship.

Willelmus junior .. mare munierat suis ~is, qui venientes in Angliam .. occiderunt et in mare merserunt S. DURH. *HR* 170 p. 216 (=R. HOWD. I 142); **s1188** Venetus †pirotaus [? l. piratus] .. Pisanus nauclerus (*Lit. Imp.*) R. HOWD. II 358 (=*G. Hen. II* II 63: v. l.; cf. DICETO *YH* II 57, *Itin. Ric.* I 18 p. 36); **s877** tunc rex Alfredus jussit .. longas naves fabricari .., impositisque ~is in illis vias maris custodiendas commisit M. PAR. *Maj.* I 409 (=CIREN. II 14); **s1041** rex .. ministros suos per omnes fines destinavit, ut tributum quod indixerat .. colligerent et ~is suis inde omnia necessaria ministrarent *Ib.* I 514; **s1242** naute et ~e ulteriora litora jussu regis Francorum diligenter custodientes *Ib.* IV 199; Robertus .. comes attemptavit venire in Angliam cum magna classe, sed a ~is regis, qui curam maris a rege susceperant, repulsus est W. GUISB. 13; **1324** admirallos et ~as super mare constituendo, et non modicam classem et multitudinem navium congregando *Foed.* IV 73; Anglici .. ~e, qui curam maris a rege susceperant, innumerabiles ex illis occiderunt et submerserunt BROMPTON 985.

3 (in gl.) wicked (person), criminal.

~us, sceleratus *GlC* P 434.

4 warship.

barones .. Quinque Portuum, naves et ~as preparantes, turribus ligneis prudenter superpositis .. ceterorum adventum audacter sitiebant *Ps.*-RISH. 531; multa milia Francorum militum .. cum navibus et galeis Ciciliam ingredi nitebantur .. sed dicti regis .. satellites in ~is pro magna parte dictam multitudinem submerserunt *Flor. Hist.* III 67.

pirates v. pirata.

piratia [CL pirata+-ia; cf. πειρατεῖαι], piratical action or activity, piracy.

1419 per modum ~ie *Foed.* IX 754; **1492** convenimus .. quod .. non recipiantur aliqui armigeri .. ~ias aut malefacta .. facientes et exercentes *Foed.* XII 501; **1577** in consideracione magne pauperitatis et decasus dictorum mercatorum per multa infortunita maris et ~ie eis accidencia *Gild Merch.* II 112; **1606** pardonavimus .. delict', offens' piraticum, ~iam, depredacionem, et spolium predict' *Pat* 1714 m. 28.

piratica [CL], piratical action or activity, piracy; **b** (w. ref. to Northmen or Vikings).

1165 mare ingressi sunt ex mandato Teutonici tyranni, .. et ~am exercent J. SAL. *Ep.* 140 (152); ~a, latrocinium in aquis OSB. GLOUC. *Deriv.* 471. **b** piraticam, *wicincsceaðan GlC* P 391; maxime Dani, occidentis regionibus nimium vicini, quoniam circa eas piratycam exercent frequentibus latrociniis ABBO *Edm.* 5.

piratice [1 piraticus+-e], through piratical action, in a piratical manner.

1606 cum .. super alto mari .. ad predas et spolia acquirenda ~e et felonice congregati existentes .. gladiis, bombardis, hastis, telis et scutis in dicta navicula vocata *The Sowe* ~e et felonice preparatis navem quandem Scoticam vocatam *The William* .. vinis onustam .. in ejus navali cursu de Burdeaux Londin' versus velificantem ~e et felonice .. invaserint, ascenderint, fregerint, et intrarint *Pat* 1714 m. 28.

piraticum v. piraticus, pyramidicus.

1 piraticus [CL < πειρατικός]

1 (as adj.) of or characteristic of a pirate, piratical, pirate-; **b** (w. ref. to Northmen or Vikings).

heu crucis armigeros spoliat piratica turba, / sternit, et occidit, precipitatque mari GARL. *Tri. Eccl.* 128; **s1215** cum a quibusdam piscator, ab aliis mercator et ~us predator .. diceretur M. PAR. *Maj.* II 614; **s1242** Willelmus de Marisco .. more ~o .. predis intendebat et rapinis, et transmeantes .. vino et victualibus aliis violenter spoliavit M. PAR. *Maj.* IV 193; **s1243** comes .. Britannie .. more ~o predis et rapinis super mare cum suis galeis vigilanter intendebat *Ib.* IV 243; **s1265** comes Glocestrie iij naves ~as .. quas vulgo galyas vocant in introitu portus .. appendebat WYKES 167; **1548** naves et naviculas piratarum predictarum vel de ~a pravitate hujusmodi suspectas *SelPlAdm* II 2; **1606** pardonavimus .. delict' offens' ~um, piraciam, depredacionem, et spolium predict' *Pat* 1714 m. 28. **b** **797** populus paganus solet vastare pyratico latrocinio litora nostra ALCUIN *Ep.* 129; transmarini .. quidam ~e crudelitati insistentes ejusdem provincie crebris irruptionibus depopulabantur fines G. FONT. *Inf. S. Edm.* 6; gens .. ista [sc. Norwagiensis] .. pre omni gente magis ~am vitam ducere solet GIR. *TH* II 11.

2 (as sb. m.): **a** (in gl.) sea-raider, viking. **b** pirate.

a ~am, *wicincsceaþan GlC* P 391; **10..** ~i, *wicingsceaþan, sæsceaþan, æscmen WW*. **b** comes .. Britannie .. in mari ~us factus rapinis intendebat *Flor. Hist.* II 261 (cf. M. PAR. *Maj.* IV 243: more ~o).

2 piraticus v. pyramidieus.

3 piraticus v. pyroticus.

piratita v. pyrotica. **piratum** v. 2 piretum. **piratycus** v. piraticus. **pireta** v. 2 piretum. **piretroleum** v. pyrethroleum. **piretrum** v. pyrethrum.

piratio [1 pirata+-io; cf. CL praedatio], act of piracy.

1559 pardonavimus .. prefato Briano Fitz William .. ~ones quascumque *Foed.* XV 559.

piratitus v. pyroticus. **piratum** v. 2 piretum.

1 piratus v. pirata.

2 piratus [pirata+-us], of or related to a pirate, pirate-.

1416 dominus J. de H. .. ex periculis navium ~arum inter Scociam et Flandream .. merito stupefactus *Cop. Pri. S. Andr.* 61.

3 piratus v. 2 piretum.

piratyca v. piratica. **pireta** v. pirata.

1 piretum v. birretum.

2 piretum [CL pirum, pirus+-etum], **~a**

1 place in which pears are grown, a pear-orchard. **b** place in which pears are stored.

hoc ~um est locus ubi crescunt [pira] *WW*. **b** piracium, A. *a perehorde WW*.

2 fermented drink made from pears, perry; **b** (as quasi-adj.; *vinum ~um*) pear-wine, wine made from or flavoured with pears.

1175 in custamento vini et pirati et sicere *Pipe* 137; in celario sint .. ydromellum, ~um [*gl.*: *porei, peré, pereye*] NECKAM *Ut.* 98; **1294** pirreta (*Birdbrook*) *Min Ac Essex*; **c1300** fiat pulvis et sumatur .. cum aliquo liquore, ut puta vino, vel scero, i. *wey*, vel ~a, i. *puree Pop. Med.* 242; **13..** vinetarius .. habent .. ~um, acetum, siseram, medum (*Nominale*) *Neues Archiv* IV 339; ~um, A. *pereye WW*; *pirrey* [v. l. *pirre*], ~um, est potus factus de piris *CathA*. **b** vinum ~um [*gl.*: de piris], vinum rosatum, vinum feratum, vinum falernum NECKAM *Ut.* 98.

piretus v. piretum.

pireus [CL pirum+-eus], like or resembling a pear (in quot. w. ref. to physical shape).

cor .. fuit .. oblongum et in forma pineum vel ~eum [*ed.* 1601: in forma pyri; TREVISA: *he is evelong ischape as a toppe*], sc. ut tendens in acutum, ut actio caloris naturalis semper in conum tendens fortior redderetur BART. ANGL. V 36.

pirgus v. pyrgus. **piria** v. pyria. **piriasis** v. pyriasis. **piricudium** v. pyricudium. **pirit-** v. pyrit-. **pirium** v. pyreium. **piro** v. pero. **pirolus** v. sciurellus. **piromagius** v. piromagnus.

piromagnus [CL pirum+magnus, *as etym. explanation of* parmenus], variety of pear, pearmain (*cf. pirum magnum s. v. pirum* 1b).

1212 W. de E. tenet Runham .. per duo modia vini et cc ~os de domino rege in capite *Fees* 130; **c1215** W. de E. tenet Runham per duo modia vini et cc piromagiis *Fees* 346 (cf. ib. 593: cc de *permeyns*); **1317** [*Runham is held by two measures of wine and* 200] ~is *Cal. IPM* VI 54.

piromantia v. pyromantia. **piron** v. paeonia, pyron. **pirosis** v. pyrosis. **pirium** v. pyreium.

pirotarium [CL pirum+-arius; cf. 2 piretum], fermented drink made from pears, perry.

1398 [*tuns and pipes of wine, perry*] pirotar' [*and cider*] segear' (*New Romney MSS*) *HMC Rep.* V 535b.

pirotaus v. pirata. **pirottum** v. birretum. **pirrata** v. 1 pirata. **pirreta** v. 2 piretum.

pirria [? cf. pirum], (bot., *~ia stienia*) quince, or ? *f. l.*

pirria stienia [? l. pruna syrica], i. coctani *Alph.* 147.

pirrichius v. pyrrichius. **pirrum, pirrus** v. pyrgus.

pirtomen [? cf. peritonaeon < περιτόναιον], anus, arsehole.

nomina menbrorum hominis .. hic umbelicus, A. *nawelle* .. hec nates, A. *thees* .. hec pinguedo, A. *grese*, hic pirtomen, A. *arsholere*, hec vulva, A. *cuntte WW*.

piruela v. pirula.

pirula [LL; cf. pirum 2], tip or end of the nose; **b** (*~a naris* or *nasi*).

nasus .. cujus recta pars dicitur columpna, extrema perula [v. l. penista], os tenellum cartillago Osb. Glouc. *Deriv.* 375; quis est qui .. columpna narium obliquata, ~a [*gl.*: *le bec du nes, pinum del nes, pirrun*] Balsh. *Ut.* 48; hec ~a, *le bec del nes Gl. AN Ox.* 18; *typ of the nese*, ~a *PP*; purula, *cop of þe nose* .. hic purulus, A. *nesehende* .. hec purila, *the poynt of the nese* .. hec piruela, A. *the cop of the no[se] WW*; *a nese end*, ~a .. *a poynte of a nese*, ~a *CathA*. **b** cognoscitur .. omnis juvenis de virginitate .. per multa signa, ut uterque ad ~am nasi, quia manente virginitate cartilago ~e nasi sentitur indivisibilis, sed si est violata sentitur partibilis M. Scot *Phys.* 24 f. 16ra; partes nasi sunt iste: ~a naris [*gl*: *bek de nez, becheroun*], interfinium Garl. *Dict.* 121; illa hora qua pedes sibi abluunt diebus in quibus fit mandatum, facies suas usque ad nasi ~am sive extremitatem pro consuetudine tectas habebunt *Cust. Westm.* 169.

pirum [CL], **~a**

1 fruit of the pear tree (*Pyrus communis*), pear; **b** (dist. acc. variety or place of origin); **c** (fig., in quot. assoc. w. *pomus* and w. play on 3 *pera* and OF *poire 'grand bâton'*, 'sceptre').

proposui ut .. sono distinguatis .. 'pyrum' et 'Pyrrum', et si qua sunt similia Abbo *QG* 8 (19); sint pira, poma data, paucissima coctana cocta D. Bec. 2680; magis odorifera sunt poma quam ~a, cum tamen ~a sint prestantiora .. preterea poma natant, sed ~a aquarum ima petunt Neckam *NR* II 77; plus .. ~a quam animas dilexit O. Cheriton *Par.* 162; **1297** de ij s. de j quar' ~arum de exitu gardinorum vend' *Ac. Cornw* I 13; ~orum naturam quidam stipticam crediderunt *Alph.* 145; hoc pirum, *a pere WW*. **b** edulianum, quoddam genus ~i .. est [etiam] ~um anicianum .. ~um cucurbitinum .. ~um cirritum .. calculosum ~um .. crustuminum ~um .. decimanum ~um .. lanvinum [~um] .. laterisianum ~um .. laureum ~um .. lollianum ~um .. turrianum ~um .. volenium ~um .. sementivum ~um Osb. Glouc. *Deriv.* 196; **1201** reddendo inde annuatim .. duo talenta et decem pyra de S. Regulo *RChart* 70a; **1223** pro uno cent' ~orum de Regula emptorum ad opus nostrum .. iiij s. *Cl* 550b; utantur .. omnibus similiter fructibus stipticis ut .. coctanis, ~is magnis, prunellis Gilb. V 218v. 2; **a1272** reddendo .. quinque ~a de sorellis ad festum S. Bartholomei *AncD* A 4090; **1285** reddidit ad scaccarium cc ~a parmennorum .. pro manerio de R. (*LTR Mem*) *OED* s. v. *pearmain*; **1293** xvij[c] pir' Regul' .. xviij[c] et dim. pir' *Martins KR Ac* 353/3 m. 5; **1293** pir' *dreyes Ib.* m. 8; **1293** pir' *goldkropes Ib.* m. 9; **1293** xiij[c] pir' Calwell' .. vij[c] pir' pasepucell' *Ib.* m. 14; **1313** (v. jonetta); **1315** in ix[c] Cailweyt' .. vj[c] pir' Mart' .. viij[c] *paspuceles* .. iiij[c] *riweles KR Ac* 376/5; **1327** per servicium .. duorum modiorum vini et ducentarum ~arum de *permeyns IPM* 3/14; ~i [? l. ~a] alia domestica, alia silvestria *Alph.* 145; **1389** ~um *Wardone* (*Fyfield*) *MinAc Essex.* **c** hec sunt Londonis: pira pomusque, regia, thronus *Staura Civ.* 1.

2 pear-shaped artefact.

auctor Perspective .. posuit colorem videri .. per figuram unius ~i [v. l. pyramidis], cujus conus esset in oculo et basis in re visa Ockham *Quodl.* 366; **1420** unum ~um argenteum pro pulvere *MonA* VI 935b.

pirus [CL]

1 (bot.) pear-tree (*Pyrus communis*); **b** (in apposition, in quots. w. *arbor*).

pirus, *pirge GlC* P 418; ~us proceritatis nimie et pulchritudinis immense Ad. Eyns. *Hug.* V 18; quedam [sc. arbores] .. fructus jocundissimi saporis deliciis commendabiliores, ut ~us et malus Neckam *NR* II 75; quandam ~um honeratam piris eidem committere noluit O. Cheriton *Par.* 162; **1262** mandamus vobis quod plantas ~orum de Caylowel' et aliorum emi faciatis et eas .. plantari faciatis. et in parvo herbario nostro incluso .. sex plantas ~orum de Cailhou .. similiter plantari faciatis *Cl* 29; sepe in oleribus inseritur pomus, vel in spina ~us Bacon XI 250; diversa genera ~orum manibus suis .. plantavit *Lib. Mem. Bernewelle* 70; in ortulo cujusdam matrisfamilias corvus in quadam ~o nidificavit Strecche *Hen. V* 148. **b** accidit .. ut .. sederent .. prope arborem ~um *Latin Stories* 78; si ascendas in arborem ~um, et Veneris ludum cum juvene perficias *Ib.* 79.

2 (passing into surname).

1169 Willelmus de ~o debet v m. pro debito Walderi *Pipe* 151.

pisa v. peisa, pisanus, pisum.

pisacius [pisum+-ax, -acis+-ius], of or related to peas or pease.

1306 de stramine frumenti aven' et pesacio cum palea ibidem vend[ito] *MinAc* 1079/17 r. 12*d*.

1 pisagium v. peisagium.

2 pisagium [CL pisum+-agium], pease straw.

1288 non est ibi pastura ad vaccas nec ad porcos, nihil potest salvari de feno nec foragio nisi tantummodo de ~io iij s. *RB Worc.* 90; **1340** de .. x carettatis litere et v carettatis ~ii repertis in dicto manerio *MinAc* 1120/10 r. 5.

pisaigrare v. pissaigrare. **Pisanius** v. Pisanus.

Pisanus [CL], **~ius, ~is**

1 (as adj.) of or belonging to Pisa; **b** (*civitas ~a*).

Venetus pirotaus .. ~us nauclerus R. Howd. II 358; Hugo ~us episcopus *Higd.* I 2. **b** opulentissime insule .. civitati ~ie proxime M. Par. *Maj.* III 527; **1486** ad humilem supplicacionem mercatorum regni nostri Anglie .. dictam civitatem ~am portumque ibidem .. frequentancium frequentareve in futurum volencium (*Hen. VII Mat.*) *RS* LX. 1 p. 544.

2 (as sb. m.): **a** Pisan, person from Pisa. **b** 'Pisan', coin minted in Pisa.

a ~i quibus via maris eo levior quo brevior videbatur .. littus audacter occupant *Itin. Ric.* I 26; ~os et Januenses .. reconciliavit ad pacem W. Guisb. 85; una cum prelatis multis qui properabant per naves ~orum Knighton I 230. **b** **1292** v florini, j tar[inus] et xij grana, et iiij[xx]ij li. vij s. viij d. ~orum *KR Ac* 308/15 m. 8.

3 (as sb. f. or n.) pisane, piece of armour that protects the upper chest and neck.

1303 pro j pisan' pro corpore principis, una lib. dim. archall' pro quadam alia pisan' emendanda *KR Ac* 363/18 f. 10*d*.; **1327** de .. iij *corsettes* ferri, vij ~is, iiij avental', x capellis ferri *Ib.* 16/27; **1335** ad eligend' .. sexaginta hobelarios quorum quilibet habeat .. unum bacinettum vel palettum, unum pisa[nu]m vel colerettum *RScot* 328a; **1336** ad eligend' .. trescentos hobelar' quorum quilibet habeat unum equum, unum aketonem vel platas, unum bacinettum vel palettum, unum ~um seu colerettum, cirotecas ferreas, gladium, cultellum, et lanceam *Ib.* 408a; **1343** (v. bacinettus); **1345** cum aketona, ~o, paletto burnito, cirotecis ferreis, et lancea *Pat* 212 m. 4*d*.; **1349** ad faciendum xvj pavillon' pro ~ibus regis, unde iiij de syndon' et tela de Reyns, et xij de tela de Wilton' (*KR Ac* 391/15) *Arch.* XXXI 34.

pisaria [CL pisum+-arius], (collect. sg.) pease, peas.

1309 centum quarter' fabar' et pisar' *RScot* 63a; **1316** blada ipsius parsone, viz. ordeum, siliginem, et ~am .. apud L. crescencia messuerunt et asportaverunt *SessPNorthants* 25.

pisca [cf. pissa], (in gl.) kind of tree or shrub that resembles the pine.

~a, i. pineta quia in similitudinem pini ramulos habet *Gl. Laud.* 1159.

piscabilis [CL piscis, piscari+-bilis], of or for fish or fishing.

1358 monasterium .. ex incendio maneriorum suorum et irrupacione [*sic*] subitanea stagnorum aquaticorum ~ilium .. ad tantam inopiam est redactum *Eng. Clergy* 110 n. 2.

piscacatio v. piscatio.

piscagium [CL piscis, piscari+-agium], ? tax or toll on fish or fishing, required payment or tithe of fish, or ? *f. l.*

1436 sint quieti de omni .. carriagio, peltagio, piscagio [? l. piccagio] *Entries* 674 vb.

piscalia, *f. l.*

845 agellum ab omni †piscalia [? l. fiscali] saecularium difficultatum .. liberabo *CS* 449.

piscalis [ML < CL piscis+-alis], **~ialis**, of or related to fish or fishing.

c1160 cum omnibus appendiciis ejus in terra, in pratis, in aqua, in locis ~alibus *Ch. Heref.* 43; **1270** habuit .. quandam domum vocatam ~alem (*Great Yarmouth*) *IMisc* 24/16; **1275** invenit .. piscem .. juxta hayas suas ~iales super sabulum maris *Hund.* I 293b; quod rex providere faciat per viros potentes in regno .. de navigiis pischalibus [v. l. ~alibus] *Plusc.* VII 19.

piscamen [ML < CL piscari+-men], act or practice of fishing; **b** (fig.).

1307 in .. impedimentum .. omnium et singulorum .. qui .. ad ~en ibidem venerunt *KR Mem* r. 78. **b** **1262** mundane fabrice rector providus et opifex sublimis, qui rete sui ~inis per Petri ministerium laxavit in capturam .. *Cl* 111.

piscar- v. piscarius. **piscare** v. piscari, pistare. **piscare-** v. pascuarium.

piscarettus [CL piscarius+OF *dim. suffix -ette*], of or related to fish or fishing (dim.).

1224 naves ~as (v. piscaricius).

piscari [CL], **piscare** [LL]

1 (intr.) to fish; **b** (supine); **c** (w. play on OF *peschier* 'to fish' and *pechier* 'to sin'); **d** (in prov.; *cf. piscatio* 1c, *piscosus* 1b); **e** (fig.); **f** (impers.). **g** (w. *de*) to fish among stocks of, fish for, catch. **h** (w. *pro*) to fish for (a spec. kind of fish).

~andi peritia genti nulla nisi ad anguillas tantum inerat Bede *HE* IV 13; ~ari, *fiscian GlS* 212; in aqua .. nemo ~atur sine licentia *DB* I 183rb; prohibeo ne piscatores pescant in Tamisia ante piscaturam de Rouecestra de Niuuera *Text. Roff.* f. 187r; **c1152** duo milia anguillarum cum piscatura apud F. .. et singulis annis licenciam picandi .. in vivario de C. *Doc. Theob.* 255; **a1189** ne quis ~et in piscaturis suis sine licentia *Chr. Rams.* 299; **c1195** notum sit .. me dedisse .. unum liberum batellum in aqua de De .. ad ~andum .. ubique ubi aliquod aliorum liberorum batellorum ~atur *Ch. Chester* 244; **1284** cum navibus et batellis suis .. ~are et pisces capere .. consueverunt *Law Merch.* III 144; omnes gentes tam civitatis .. quam de patria ibi ~ant W. Worc. *Itin.* 292. **b** quadam .. die cum totam familiam suam misisset ~atum .. peregrinus .. affuit. .. hora diei nona reversa est ~atu familia *Hist. Cuthb.* 204. **c** Christus non usus fuit incarceracione quando Petrus et alii apostoli post eleccionem primam Domini ~averunt Wycl. *Versut.* 103. **d** in aqua turbida ~antur uberius Map *NC* V 7 f. 72v; totam hanc maliciam et tanti scandali notam, quatinus in aqua turbida bene ~ari .. possit, indubitanter est machinatus Gir. *SD* 114. **e** mundus est similis salo, nos piscibus / .. ; / in hoc undissono freto fatalibus / mors nunquam dormiens piscatur retibus Walt. Wimb. *Sim.* 186. **f** **c1275** testatum fuit quod .. deforciat tenentes domini quod non possint piscari in Charwelle sicut soliti fuerunt, et preceptum est quod ballivus cum tota franchisa adeat dictam aquam et faciat ~ari *CBaron* 73; homines possunt piscare de *troughtes* .. *pykerell* .. *dewdows*, et in quolibet anno quando natum fuerit ad ultimum, tunc in proximo anno sequenti renovatur plena de piscibus .. sicut non fuerit ~atum W. Worc. *Itin.* 292. **g** W. Worc. *Itin.* 292 (v. 1f supra). **h** **1427** de quolibet batello piscatoris extranei infra

dictam baiam ~ante pro pisce vocato *hake* tempore piscacionis ejusdem *Pat* 422 m. 22.

2 (trans.) to fish for, catch (fish); **b** (fig.).

1289 nuncquam homines de L. . . de piscibus in ipsorum pinaciis per ipsosmet ~atis solverent costumam *RGasc* II 446b. **b** per gratia[m] Creatoris qui . . diabulum pescavit cum passus est THEOD. *Laterc.* 17; c**1144** in peccato mortuos ~ari novit ad vitam G. FOLIOT *Ep.* 6.

piscaricius [CL piscari+-icius], of or related to fishing.

1223 omnes naves ~ias . . in portu vestro libere abire permittatis *Cl* 559b; **1224** navem . . piscaruciam in portu de G. arrestatam . . abire permittant *Cl* 607a (cf. ib: quod naves piscaruc' possint piscari: . . naves piscarettas non impediant quominus libere et sine impedimento piscari possint); **1230** omnes parvas naves tam ~ias quam alias, que xvj equos vel plures ferre non possunt, deliberari faciant *Cl* 314; **1467** sexta vice . . per manus Thome C. militis . . septima vice per manus [. .] N. firmarii ~ie aque de Hertfordie (*TR Bk*) *JRL Bull.* L 221.

1 piscarius [CL]

1 of or related to fish or fishing.

edulium hujus hami caro Christi erat quae in sacra virgine ut in vase ~io abscondita fuit HON. *Spec. Eccl.* 906A; adcurrunt undique piscatores . . inter quos Herewardus in lembo adventat artissimo . .; mox veste qua fuerat indutus ~ia exuitur *Lib. Eli* II 107; a**1199** (1308) Odo comes . . [dedit] manerium . . et ecclesiam . . et maram . . ~iam *CalCh* III 113; **1232** preter unam [sc. piscariam] . . quam quidam ~ii firmarii vel thayni nostri . . habere consueverunt *Reg. Moray* 27; **1242** exkippari et mitti faciatis unum batellum ~ium ad partes transmarinas ad scrutandum partes illas *Cl* 437; **1291** crates ~ie sub pontem . . attachiari non poterant *Pipe Chesh* 156; **1292** iij stallas piscar' in foro Norwic' *IMisc* 51/7.

2 (as sb. m.) one who offers fish for sale, fishmonger.

1352 dicta firma consistit . . in tabulis ~iorum . . in tabulis carnificum . . in corbellis pistorum *MunCOx* 123; **1371** J. T. . . est communis ~ius et vendit pisces et allecia . . post carniprivium . . viz. vj allecia pro j d. ubi deberet de jure viij allecia *SessPLincs* I 157; c**1420** admiserunt ordinaciones factas de novo per ~ios de Ousegate, et assignaverunt extraneis ~iis pro vendicione piscium suorum . . locum supra pontem Use . . et quod batelli extraneorum ~iorum . . stent . . per se . . in aqua Use *Mem. York* II 72; c**1429** hec ordinacio . . contra Willhelmum Franklyn, ~ium *MinAcOx* 460; hic ~ius, *a fychmanger*; piscator prendit quod piscarius bene vendit *WW*; *a fischer*, piscator, ~ius; versus: piscator prendit quod piscarius bene vendit *CathA*.

3 (as sb. f. or n.) fishery, the fishing to be had on a given stretch, area, or body of water, and legal rights thereto; **b** (w. physical bounds defined); **c** (spec. acc. yield of fish); **d** (treated as source of revenue, or divisible commodity, and upon which tithes, rents, and sim. might be levied); **e** (supply of fish therefrom). **f** (w. ref. to fish-holding body of water, either naturally occurring or artificially constructed or augmented) (fish-) pool, (fish-) pond, weir-pool, mere. **g** (w. ref. to physical structure) weir (both as dam and as fish-trap); **h** (in formulaic lists of rights assoc. w. land tenure or sim.); **i** (in place-name).

679 cum omnibus . . campis, pascuis, meriscis, silvis . ., fonnis, piscaris *CS* 45; c**1170** concedo eis quod piscentur in R. annuatim per tres dies ad idem anniversarium, et quicquid idem comes habebat in ~ia, de la Mara *Act. Hen. II* I 562; **1215** dictis burgensibus Dublinensibus . . finem vel majorem sicut melius nobis videritis expedire capiatis, et tunc mittant pro carta nostra quam eis . . fieri faciemus, salvis . . donis ~iorum que fecimus, et retentis in manu nostra sedibus molendinorum *Cl* 186a; **1234** quare vi et armis venerunt in liberam ~iam ipsius heredis . . et in ea piscati sunt contra justiciam *BNB* II 647; **1321** bene advocant illam ~iam unde queritur esse communem et non separalem . . et predictus W. dicit . . quod ipse tenet dictam ~iam de domino per certum redditum per annum in separali *CBaron* 133; **1488** cum . . exorta sit . . materia questionis de et super quadam ~ia sive jure piscandi in dicta riparia [sc. de Eske], nostris subditis asserentibus jus erigendi . . in certo loco ejusdem fluminis constructam, vulgariter vocatam *le Fisshgarth*, ubi pisces illuc confluentes facilius per nostros capi . . possint *Foed.* XII 339; **1553** pro predicta ~ia *Pat* 858 m. 34. **b** sedes ~iae ibi est tot' j leug' long' et dim' lat' *DB* I 310ra; a**1215** sciatis me dedisse . . locum . . juxta ecclesiam de R. . . ad faciend' ibi ~iam . . infra has divisas: . . a solida terra usque ad filum aque de Esk *Melrose app.* 3; **1279** dictus W. . . habet ibidem piscar' communem in riparia de Nene incipient' a N. et extendit se usque ad E. *Hund.* II 656a; **1384** clamabant . . totam ~iam cursus aque, in latitudine inter terram . . abbatis et terram predictorum J. R., . . et W. C., et in longitudine incipiendo . . a quadam salice stante ex parte occidentali cursus ripe predicte *G. S. Alb.* III 271. **c** nunc Willelmus habet ibi . . x ~ias reddentes ij m. anguillarum et cccc *DB* I 322va; **1086** hiis . . addidi . . in insula de Heli unam [*sic*] ~ium que reddit unum millearium et dimidium siccarum anguillarum et unum presentum anguillarum, quadraginta viz. grosas anguillas *Ch. Westm.* 462; a**1135** dedit Deo . . pro anima sua unum ~ium qui vocatur Lotewere, et reddit unum miliare anguillarum per annum *Chr. Rams.* 240. **d** c**1082** concessit S. Andreae et fratribus ibidem . . medietatem ~iae quae vocatur Niuue Uuere *Text. Roff.* f. 210v p. 212; ibi aecclesia, et ij servi, et v molini de xx s., et ij ~iae de x s., et tercia ~ia valde bona sed sine censu *DB* I 30va; **1184** et eisdem [sc. canonicis de Laenton'] xx s. numero in pischaria de Hersepol *Pipe* 59; **1221** intelleximus . . quod predicta molendina, ~ia super Edenam, et theoloneum comitatus pertinere consueverunt ad firmam ville faciendam *BBC* 302; c**1230** dedi . . libertatem meam aque de R., sc. xvj^{mam} partem ~ii et piscacionis et seinis et retibus *Cart. Cockersand* 213; **1266** canonicus de Scona pro ~ia et decima sua de illo anno, vij li. ix s. j d. *ExchScot* 17; **1283** cum . . regina Sicilie . . medietatem piscature piscerie de M. . . domui de P. concessisset *RGasc* II 178; **1447** concedimus vobis . . quamdam annuam pensionem decem marcarum . . de quibusdam decimis piscium et ~iarum aque de Twede *Pri. Cold.* 159. **e** **1337** in retibus emptis pro vulpibus, cuniculis, et perdicibus capiendis, xxij s. vj d. . . in j rethi empto pro ~io capiendo, viij s. *Comp. Swith.* 250; **1377** injunctum est omnibus . . nec quod aliquis . . emant pisces ibidem ad vendend' piscar' ibidem *Hal. Durh.* 141. **f** c**1022** (12c) in septentrionali parte stagni est aqua nomine Merelade exiens de amne Nen, ubi terminus septentrionalis est ipsius stagni; haec . . cum suis paludibus illi adjacet, habens in fine ~ium unum quod dicitur Ædemuðe *CD* 733 (cf. *Chr. Peterb. app.* 183: piscuarium); territorium ejus ~iis, salinis, silvis, pascuis, agris, herbis, vineis, hortis, et pomeriis abundat M. PAR. *Maj.* III 14; **1257** rex mittit . . piscatorem suum, mandans R. W. . . quod per ejus consilium et auxilium capi faciat in vivariis, maribus, et aliis pisscariis . . ccc lucios, cc bremias, quinque milia anguillarum, et aliud genus pisscium dulcis aque prout opus fuerit *Cl* 110; vivaria, stagna, lacus, servoria, et hujusmodi ~ias suas quisque discretus bresmys et perchiis faciat instaurare, set non de lupis aquaticis . . qui effusionem piscium intuitur devorare *Fleta* 164; Hamundus de M. dedit duas bovatas terre in P. et unam ~iam, sc. *flodgeard* nomine, que est mari propinquior *Cart. Chester* 385 p. 247. **g** **11..** dedi . . quandam frieschiam . . de qua capient cespites ad reparandam pischariam suam *Cart. Rievaulx* 67; a**1185** infra P. et B. omnem arenam ad ~ias suas faciendas illis concessi, et si forte *porpeys* aut *storgoun* in aliqua ~ia captum sit, meum est (*Swansea*) *BBC* 63; posticum . . qui ad molendinum ducebat . . lapidibus obstruxit; ~iam novam confregit; . . stangnum S. Godrici apud Finchale dissolvit G. COLD. *Durh.* 16; **12..** dedi . . unum ~ium in Merse . . et duas partes loci unius ~ii; . . concedo etiam eidem W. . . *housbold* et *eybold* et necessaria ad ~ia sua edificanda de nemore de Tranemul' *AncD* A 11977; **1362** archiepiscopi Eboracenses . . solebant habere ibidem quatuor antiquas ~ias constructas ex palis et estachiis cum retibus et aliis ingeniis pro salmonibus et aliis piscibus capiendis, vocatas Byshopstelles *Pub. Works* II 297. **h** **679** (v. 3a supra); †**704** (8c) cum campis, sationalibus, pascualibus, pratis, palludibus, piscuariis, fluminibus, clusuris' omnibus quae [l. omnibusque] ad eam pertinentibus *CS* 111; **967** (11c) tam in minimis quam in magnis campis, pascuis, pratis, silvis, piscarisque inmunem adfruendum derelinquat *CS* 1197; c**1070** cum toto domino meo . . in campis et silvis, pratis et pascuis, pasturis et molendinis, aquis et ~iis atque piscationibus, et cum omnibus appendiciis suis *FormA* 239; **1176** cum omnibus libertatibus et liberis consuetudinibus . . in bosco, in plano, in viis et semitis, in pratis et pascuis, in molendinis et aquis, in ~iis infra burgum et extra burgum *MGL* II 659; **1266** (v. piscatio 2d); **1477** sciatis nos . . dedisse . . omnes particatas, bondas, et firmas burgales dicti burgi . . unacum ~iis, aquis, et aquarum passagiis, et le feryis antiquis dicti burgi *Scot. Grey Friars* II 3. **i** **1153** Morganus filius Oweni et Jorwerd frater ejus dederunt . . unam piscariam que vocatur Quinque ~ie *Act. Hen. II* I 55.

4 (as sb. f.): **a** (w. ref. to location or to event) fish-market. **b** tax or custom levied on fishmongers. **c** act or practice of fishing.

c**1165** dedimus . . domum quam P. de W. monachus noster ecclesie nostre dedit London in ~ia *Ch. Westm.* 277; **1203** concessi . . viginti solidatas quieti redditus . . quas W. N. mihi reddidit de terra . . in corneria ~ie ex opposito fronti ecclesie S. Marie Magdalene, et . . concessi . . illam soppam quam G. Francigena piscator de me tenuit in ~ia predicta *E. Ch. S. Paul* 79; c**1262** ecclesia S. Marie Magdalene in ~ia *Val. Norw.* 332; **1306** preceptum fuit piscenariis de Vico Pontis et de Veteri ~ia . . quod ipsi . . permittant liberos homines . . piscenarios . . cum ipsis mercandizare *MGL* II 120; **13..** ~ia London' *Ch. Westm.* 357; **1462** habeant singulis annis imperpetuum duas ferias sive ~ias vocatas *freefestes ChartR* 193 m. 30. **b** **1293** cum plures sint redditus et exitus sufficientes de eisdem redditibus in villa Oxonie ad predictam communitatem pertinentibus, videlicet de diversis redditibus subtus muros ejusdem ville, et sub aula communi, et uno reddito qui vocatur *basket*, stallagio, ~ia, coquinaria, et hanseria, qui valent per annum xl li. *Firma Burgi* 94. **c** **1459** ad artem piscandi erudiendam; . . in arte ~ie *CatAncD* IV 495.

5 (as sb. n.) place for storing fish, fish-house.

a fische house, ~ium *CathA*.

piscarucius v. piscaricius.

1 piscatio v. pascuatio.

2 piscatio [CL]

1 act or practice of fishing; **b** (w. ref. to incidents involving disciples of Christ; *cf. Luc.* v 6, *Joh.* i 42, xxi 3); **c** (in prov.; *cf. piscari* 1c, *piscosus* 1b); **d** (fig.).

piscator piscatorem . . sic affatur, "qualiter . . in arte profecisti ~onis tue?" OSB. CLAR. *V. Ed. Conf.* 10 p. 84; **1228** providimus quod placita . . teneantur in crastino Assumptionis Beate Marie, ne . . supervenientes tempore vindemiarum circa partes transmarinas, et tempore ~onis circa costeras Anglie, illi . . sint dispersi *Cl* 108; a**1270** non est monachus aut laicus qui debet in dictis aquis aliquo ~onis genere vel ingenio alicujusmodi pisces capere *Bury St. Edm.* 22; **1389** j hamus pro ~one . . iij *boketus* pro piscaria . . j rete vocatum *wade* et j *flowe*, cum alio rete vocato *chanenet Ac. Obed. Abing.* 57; **1452** Elizabethe filie mee . . [lego] j *tawe* pro ~one *Test. Ebor.* II 162; **1531** in expensis N. N. et aliorum in ~one apud Morden loughe in adventu episcopi . . et eodem die in expensis piscando apud Pleasmyer *Househ. Bk. Durh.* 12. **b** Johannes Crisostemus ait de hac ~one in qua rumpebantur retia *Comm. Cant.* III 97; a**801** iste [sc. Johannes] prior Petro, laborantibus in ~one discipulis, Christum . . rete . . in dexteram navigii mittere jubentem agnovit, dicens . . "Dominus est" ALCUIN *Ep.* 213; septem discipulis in ~one laborantibus manifestavit HON. *Spec. Eccl.* 939A; ~o duarum navium ubi rupta sunt retia AD. DORE *Pictor* 155; sic Petrus laboravit . . dicens "vado piscari", sed . . ~onem in predicationem melius commutavit PECKHAM *Paup.* 10 p. 51; fratrem suum Symonem adduxit . . ad Jesum; sequenti . . die ad ~onis operam redierunt *Eul. Hist.* I 75. **c** c**1211** in aqua turbida solet esse ~o bona GIR. *Ep.* 6 p. 224. **d** **796** hii pisces . . illi sunt, qui . . ex . . Spiritus Sancti gratia . . cum Christo convivium electi sunt; ideo rete illius ~onis . . scissum esse non legitur ALCUIN *Ep.* 113; c**801** uti post hanc ~onem ad convivium vocato dicatur tibi inter ceteros sanctae ~onis socios, "veni et prande" *Ib.* 262; c**1144** eo quod me diu jactatum fluctibus hamo sue ~onis extraxerit, et in magna monachorum urbe sanctorum collegio deputaverit G. FOLIOT *Ep.* 6.

2 fishery, the fishing to be had on a given stretch, area, or body of water, and legal rights thereto; **b** (treated as source of revenue, or divisible commodity, and upon which tithes, rents, and sim. might be levied). **c** (w. ref. to physical structure) weir (both as dam and as fish-trap). **d** (in formulaic lists of rights assoc. w. land tenure or sim.).

799 utinam volasset Aquila inter ceteros sanctarum volucrum coetus ad ~ones Ligeri fluminis ALCUIN *Ep.* 165; semper j mol' et j ~o *DB* II 153b; a**1189** sciatis me concessisse . . omnes terras . . ad eandem ecclesiam pertinentes . . cum limitibus suis nominatis . .

et omnes ~ones pertinentes ad predictos limites (*Ch. Hen. II*) *Croyl. Cont. B.* 453; **1210** abbas et monachi habebunt in baiis suis corbellas suas in Lavaleisun aqua, et ~onem de firmamento stagni Thirne molendini usque ad ipsum molendinum *FormA* 27; c**1328** do et concedo .. ~onem in aqua de Clud cum rethi quod est tractus unius hominis, cum libero introitu et exitu *Reg. Newbattle* 151; ut .. ~onem sine calumnia in certis obtinerent locis, necnon venaciones et aucupaciones iterum haberent in certis locis WALS. *HA* I 468; **1553** totam illam ~onem nostram in Baston *Pat* 858 m. 34. **b** c**1147** facio me dedisse .. decimum denarium de illis novem denariis qui accipiuntur de ponte et de aliis ~onibus, quia habuerunt antea decimum salmonem ex dono R. comitis *Cart. Chester* 12 p. 70; **1174** adicimus .. ut sive in mari sive in fluminibus fratres .. ~ones suas exercuerint, ubicumque applicuerint nullus .. decimas exigat *Reg. Newbattle app.* xxviii; de ~one in Ambresleia, xxiij s. *Chr. Evesham* 217; **12..** decimam ~onis de saltu salmonis *Reg. S. Thom. Dublin* 86; **1360** habebit .. decimas .. mercimoniorum, ~onum, aucupum *Reg. S. Aug.* 352; **1502** aliam medietatem halecium alborum, bonorum, habilium, et mercandizabilium, et primarie captionis sive ~onis *Entries* 161vb. **c** **1348** varia recepta: .. xxx s. de tractibus recium apud le Shales, lxxix s. x d. ob. de salmon' provent' de ~one ibidem *Ac. Durh.* 545; **1387** debent vij li. x s. viij d., qui sibi allocantur pro dampnis que sustinuerunt in distruccione ~onis sue, sc. *crois*, per dominum G. de G. *ExchScot* 155; **1552** unam placeam sive locum unius suere sive gurgitis una cum ~one ibidem pro capcione salmonum .. et unam placeam sive locum alterius suere sive gurgitis vocat' *a fisshing were Pat* 848 m. 39. **d** c**775** (12c) cum omnibus .. ad eam pertinentibus rebus juxta terminos indigenis certissimos, cum campis, silvis, pratis, paludibus, ~onibus, venationibus, aucupationibus *CS* 260; **838** (13c) cum campis, silvis, pratis, pascuis, venacionibus, †pascacionibus [l. ~onibus] et cum communi pastu armentorum et ovium *CS* 419; **956** (13c) cum omnibus rebus pertinentibus, sc. campis, pratis, pascuis, ~onibus *CS* 941; **1266** in .. pratis, pascuis, pasturis, picacionibus tam in mari quam in aliis aquis, viis, semitis, maris, mariscis, turbariis, piscariis, aprobamentis, aysiamentis, et omnimodis commoditatibus et pertinentiis *Cart. Shrews.* 228; **1278** omnia que ad locum illum pertinent, sc. celle, ecclesie, cimiteria, terre, pascua, silve, venaciones, aque, piscacaciones *PQW* 275a; **1445** in moris, marresiis, boscis, planis, pratis, nemoribus, pascuis, pasturis, viis, semitis, aquis, stagnis, aucupacionibus, venacionibus, ~onibus *Inchaffray* 141.

piscator [CL]

1 fisher, fisherman; **b** (w. ref. to disciples of Christ); **c** (w. ref. to pope as successor of St. Peter); **d** (transf.); **e** (fig.); **f** (passing into surname).

741 capturam piscium .. in ostio fluminis .. cum edibus ~orum *CS* 160; ego sum ~or [AS: *fiscere*] .. pono retia mea in amne, et hamum proicio et sportas, et quicquid ceperint, sumo ÆLF. *Coll.* 93; ~ores tenent et reddunt xv solidos monachis ad pisces *DB* I 75vb; eidem cenobio .. dedit .. molendinorum medietatem de V. .. duos ~ores de T., et in M. tres furnos ORD. VIT. III 2 p. 37; hic ~ores nimiam frequentius piscium conclusionem, retiumque rupturas, quam defectus conqueruntur GIR. *TH* II 9; **1256** rex mittit ad episscopatum Elyensem Willelmum pisscatorem suum *Cl* 110; memorandum quod Robertus Bacon marinarius ~orum in villa Crowmere .. primo .. invenit patriam Islandie ex fortuna W. WORC. *Itin.* 6. **b** quod autem discipolos [v. l. discipulos] ex piscatoribus facit .. THEOD. *Laterc.* 18; c**1144** quia pisces misisti michi, ~orem illum magnum ad memoriam revocasti .. quem vocatum de navi non solum homines piscari voluit G. FOLIOT *Ep.* 6. **c** **1545** in forma brevis .. sub data Rome apud Sanctum Petrum sub annulo ~oris *Conc. Scot.* clxii. **d** cur ~ori nostro [sc. aquile] jejunanti partem ad vescendum non dedisti *V. Cuthb.* II 5; canem ~orem .. qui inter saxa pisces odore perquirit CAIUS *Can.* f. 5b. **e** c**800** heu pro dolor, quod tanta scissura apostolici retis subito facta est, ubi ille maximus animarum ~or sacratissimo requiescit corpore ALCUIN *Ep.* 212; de episcopis, qui longe propensius fiscalibus quam episcopalibus officiis, .. de ~oribus animarum facti ~ores pecuniarum GIR. *GE* II 27 p. 300. **f** **1220** Drogo ~or debet dim. m. pro eodem *Pipe* 148.

2 buyer and seller of fish, fishmonger.

1377 injunctum est omnibus .. quod nullus eorum cariant ~ores versus le N. pro piscibus emendis ibidem, nec quod aliquis .. emant pisces ibidem ad vendend' piscar' ibidem *Hal. Durh.* 141; **1395** omnes ~ores Notingham, tam marini quam aque dulcis, vendunt pisces mortuos et nimis diu tentos *Rec. Nott.* I 270.

piscatorius [CL]

1 of or related to fishing or fishers.

a**1153** si aliqua navis ~ia [Scot.: *fysschare schyp*] veniat carcata de allecibus vel aliis piscibus dabit iiij d. pro sua sede quando vendit aliquid (*Cust. Portuum*) *APScot* I 672; **1176** Jesus Petrum ..et alios .. non de foro Justiniani sed de simplicitate ~ia legitur assumpsisse P. BLOIS *Ep.* 38; a**1200** dedimus .. unum locum in Derwenta ad sepem ~iam faciendam *E. Ch. Yorks.* II 1173; utebatur ad nudum asperimo cilicio; deinde melote ex pellibus caprinis confecto; deinde cuculla stricta quasi ~ia J. FURNESS *Kentig.* 13; quis jam non dixerit B. Petrum ad artem suam veterem, viz. ~iam, reversum *Chr. Evesham* 33; **1279** prior de T. facit braciare apud S. et habet magnas naves ~ias ubi non debet habere nisi batellos tantum *AssizeR Northumb* 364; ~ius participium, ut ~ia ars *CathA*.

2 (as sb.) fisher: **a** (in apposition as f., fig.); **b** (as surname, m.).

a in mundi pelago mors piscatoria / perspissa maculis expandit recia WALT. WIMB. *Sim.* 187. **b** quidam Ebrardus quem Norwicenses ~ium dicunt T. MON. *Will.* VI 4.

3 (as sb. f. or n.) fishery, the fish or fishing to be had from a specified area of water, and legal rights thereto.

801 (12c) adjecto uno ~io *on* Tæmise flumine ubi dicitur Fiscnaes *CS* 303; habet rex .. j ~iam que reddit per annum xx s. *Dom. Exon.* f. 83; c**1114** archiepiscopus .. dedit .. v s. qui ei debebantur singulis annis pro ~ia de Niwe Were *MonA* I 168b; c**1121** predicti monachi .. omnes ~ias et totum *wrec* .. habeant *Regesta* p. 343; †**1093** (12c) R. de M. dedit decimam de Blachenot, de annona, de ~ia, et de omnibus de quibus decima debet dari *Ch. Chester* 3 p. 6 (cf. *ib.* 3 p. 20: piscaria); **12..** concedo ~iam unam in villa que dicitur Longaneia *MonA* II 422a.

4 (as sb. f.) mullein (from use of plant in fishing waters, in belief that it would stun fish and make them easier to catch; *cf. phlomos*).

filonus, i. lupicorda, seu ~ia *Gl. Laud.* 689.

piscatrix [CL *as sb.*]

1 fisher (f.), fishwife, catcher or seller of fish.

1284 occidit Aliciam ~icem .. et ipsam projecit in aquam de Kenete *JustIt* 48 r. 28.

2 (as adj.) of or related to fish or fishing.

1294 cum quinque navibus ~icibus .. in eandem navem .. insultum fecerunt *Cl* 111 m. 8; **1357** de navibus ~icibus allece carcatis *Pat* 252 m. 7; **1379** de quolibet vase ~ice quod supra mare .. piscatur pro allece capiendo .. de aliis navibus et vasis ~icibus que piscantur circa alios pisces supra mare (*Pat* 304 m. 3) *RParl* III 391a.

piscatura [LL]

1 act or practice of fishing.

a**1150** grates vobis scimus quoniam .. decimas vestras de ~a vestra a festo S. Michaelis usque ad festum S. Andree ecclesie vestre attribuitis *Doc. Theob.* 87; recole et ~am Johannis, qua Jesus post resurrectionem manifestavit se ad mare Tyberiadis SENATUS *Ep. Conc.* xlvi; a**1295** si dicti monachi .. ad partes nostras causa piscandi aliquando venire voluerint, dedi .. licentiam .. piscandi .. cum omnibus aisiamentis terre .. congruentibus ~e et piscatoribus *Reg. Paisley* 127; gens .. dedita agriculture et ~e *Eul. Hist.* II 63.

2 fishery, the fish or fishing to be had from a specified area of water, and legal rights thereto. **b** (w. ref. to body of water) (fish-)pond, (fish-) pool. **c** (w. ref. to physical structure) weir (both as dam and as fish-trap). **d** (in formulaic lists of rights assoc. w. land tenure or sim.).

ibi habet rex .. j ~am que valet per annum ij s. *Dom. Exon.* f. 298b; **1136** sciatis me dedisse .. preterea in aquis Thueda infra terminos eorum ~am, tam ex mea parte fluminis quam ex eorum parte ubique *Melrose* 1; c**1160** quamdiu prefatus episcopus nobis .. super avalatione anguillarum, et super ~a vivariorum omnium que nobis et episcopo est communis .. controversiam non movebit *Ch. Sal.* 33; c**1202** concedo eis ut faciant et habeant dimidiam ~am in exitu lacus de Loghwinnoc, et concedo eis libertatem piscandi in ipso lacu, quotiens ego vel heredes mei in ipso piscari faciemus *Reg. Paisley* 14; **12..** dedi totam decimam molendini mei .. et ~a ad ipsum molendinum pertinente *Reg. S. Thom. Dublin* 48; **1460** de xxxiij barilibus salmonum .. piscarie aque de Spey .. et de iij lastis salmonum .. piscarie dicte aque .. et nichil .. de piscura [? l. ~a] salmonum episcopatus Moraviensis *Exch Scot* VII 22. **b** hii sunt .. termini possessionum, et stagnorum, et paludum, et lacuum, et ~arum, et terrarum, et omnium infra jacencium H. ALBUS 10; a**1189** precipio quod .. monachi de R. teneant .. libere et quiete omnes ~as suas et maras .. et prohibeo ne quis piscet in ~is suis sine licentia eorum *Chr. Rams.* 299. **c** **1194** concessi eis .. aquam de Boing deliberandum a mari usque ad pontem de A. ab omni obstaculo et impedimento goidi et stagni et ~e, ut cum batellis .. suis ire valeant et redire (*Drogheda*) *BBC* 200; **1388** pro dampnis que sustinuerunt in distruccione ~e sue, que dicitur *crwis*, per dominum G. G. *ExchScot* 199. **d** a**1158** cum omnibus decimis ejusdem ville, in pratis, et bladis, et ~is, et omnibus rebus *Act. Hen. II* I 105; **12..** in bosco et plano, in pratis et pasturis, in viis et semitis, in moris et marescis, in rivariis et ~is, in aquis et molendinis, et cum omnibus aliis libertatibus .. que ad terram pertinent *Reg. S. Thom. Dublin* 177; **1361** in boscis et planis, poris et maresciis, molendinis et multuris, pratis, pascuis, et pasturis, novacionibus, aucupacionibus, et ~is *Mon. Hib. & Scot.* 351a.

piscatus [CL], fishing: **a** (act or practice thereof and legal rights thereto); **b** (potential therefor and piscine proceeds therefrom).

a **785** (9c) tibi .. trado .. unius hominis ~um *in ðaem Pusting Uuerae CS* 247. **b** hic Anglicus natione, patria Beberlacensis, haud procul .. ab Himbro flumine .. ubi, ut Flaccus ait, .. tellus aucupio, venatione, piscatu opulentissima est, nomine Thomas (*V. Thom. Bev.*) *Annales Cistercienses* III p. 7.

piscenarius, piscennarius v. piscinarius. **piscer-** v. piscarius. **piscere** v. pistare. **piscerna** v. picerna.

pisceus [CL piscis+-eus], that has the nature or quality of fish, fishy, fish-like.

de caudis [sc. castorum] quoque ~eis .. potius quam carneis pauca interserere non inutile reputavi GIR. *IK* II 3; caudam .. suam, que pissie nature, in aquam mittunt [sc. castores], sine cujus ope et refrigerio sine corrupcione diu non poterit permanere UPTON 158.

pischalis v. piscalis. **pischar-** v. piscarius. **piscialis** v. piscalis.

pisciculus [CL], little fish; **b** (w. ref. to shellfish); **c** (w. ref. to *Marc.* viii 7, *Joh.* vi 9, *etc.*); **d** (fig.); **e** (in simile). **f** (astr.) Pisces.

abite ad flumen et probate si aliquem ~um valeatis capere hamo BYRHT. *V. Ecgwini* 358; Judocus in heremo Braic ad rivum Alteie .. Deo servivit, ubi aves .. et ~os manu sua .. pascebat ORD. VIT. III 13 p. 134; cum ~os in fundo fluctuum latitantes .. lynceo acumine conspiciant .. GIR. *TH* I 16; allecia fumata fetent, sufficit michi ~us fluminis recens J. GODARD *Ep.* 222; ut non sit .. celse volans avis, aut profunde natans ~us .. FORTESCUE *NLN* II 59; **1461** in ~is de rivulo emptis .. ij d. *Househ. Ac.* II 466. **b** aves iste [sc. cornices] conchosos ~os contra litorea saxa .. demittunt GIR. *TH* I 22. **c** quis enim non videat hoc .. quod .. de septem panibus et ~is paucis quattuor hominum milia saturavit divinae opus esse virtutis? BEDE *Mark* 205; **800** hos quinque panes et duos ~os .. vestrae sanctissimae auctoritati direxi ALCUIN *Ep.* 203; panum .. paucorum et ~orum multiplicacio GROS. *Cess. Leg.* III 6 p. 148. **d** illud diluvium est horror seculi / .. / ibi sunt omnium luctus, hic luduli / ubi credencium ludunt pisciculi WALT. WIMB. *Carm.* 179. **e** cum omnia tela sua .. in vanum consumpsisset, .. monstrum illud .. ipsum velut ~um devoravit G. MON. III 16; considerate quia ~o illi, qui halec dicitur, unum idemque momentum est et extra aquam esse, et exspirare AD. SCOT *QEC* 815D; tonat belli bucina dum mors alta metit: / ceta sic pisciculos transorbere petit GARL. *Epith.* VIII 42. **f** Pisciculis Phoebus reclusus zabulus ater *Kal. M. A.* 46.

piscidis v. pyxis. **piscimera** v. pissimerus.

piscina [CL], ~ia

1 fish-pool or fish-pond (artificially constructed or augmented rather than naturally occurring); **b** (in gl.) weir, weir-pool.

ibi iij molini de lx s. et quingent' anguill', et de ~is mille anguillae *DB* I 128 vb; j molinus xix s. et iiij d., et ~a et passagium aquae xiij s. et iiij d. *Ib.* 273ra; ibi xx ~ae redd' xx milia anguillarum *Ib.* 321ra; **1136** in nemore et plano, aquis et ~is, pratis et pascuis, et in omnibus aliis locis *Reg. Glasg.* I 9; **1317** Johannes B. piscatus est noctanter in alienis ~iis cum rethibus contra assisam *CBaron* 124. **b** *waiour, or stondyng water*, ~a *PP*; hec pissina, A. *a wayir WW*.

2 pool (for bathing or drawing water); **b** (w. ref. to *IV Reg.* xx 20); **c** (w. ref. to *Cant.* vii 4); **d** (w. ref. to *Joh.* v 2); **e** (fig.).

1443 liberos et quietos et solutos dictos fontes et aquas omnes et castallum sive ~am in qua congregantur aque .. dicte civitati .. concessi *Foed.* XI 30; hec ~a, A. *pole WW*. **b** c**1168** si quis ~am construxit .. hoc auctorum diligentia transit ad posteros J. SAL. *Ep.* 284 (271 p. 550). **c** oculi .. ecclesie sunt .. ~is Hesebon comparati quod ad peccatorum maculas abluendas .. se offerant J. FORD *Serm.* 74. 8. **d** teste .. evangelista, in Jerosolimis est ~a quam Probaticam vocat J. FORD *Serm.* 75. 6; lex tibi piscina concordat [..] quia quina / hostia piscine seu partes lex tibi quine *Vers. Cant.* 7, p. 20. **e** [Jesus] piscina mendas abluens J. HOWD. *Cyth.* IV 3; [Domine] fulgens sol glorie, piscina splendoris J. HOWD. *Cant.* 244.

3 (eccl.) piscina, perforated stone basin usu. built into fabric of a church to carry away water with which the chalice and hands of the priest have been rinsed during consecration of the Host.

si .. forte accidat quod .. aliquid sacramenti cadat de calice, si de corpore est debet sumi, si de sanguine et super pannum ceciderit .. debet pannus lavari in ~a BELETH *RDO* 119. 123; ~a decenter secus dextrum altaris cornu ad recentationes et recincerationes demittendas inseratur GIR. *GE* I 10 p. 36; si ceciderit aliquid in calicem ante consecracionem .. si .. sit venenosum aut quod abhominacionem faciat, totum deponatur in ~am *Cust. Westm.* 218.

piscinarius [CL], **~enarius, ~onarius, ~ionarius**

1 (as adj.) of or related to fishing or fishers.

1409 per terram et dominium castri de G. quedam riparia .. prope idem castrum currens existit, in qua .. idem Carolus habet quoddam nace ~enarium vocatum le Nasse de G. *Foed.* VIII 580.

2 (as sb. m.) one who offers fish or sim. for sale, fishmonger.

a**1123** Gilbertus ~enarius (*Cart. Pri. Merton*) *EHR* XIV 429; c**1210** testibus .. S. Blund ~onerio, .. T. ~onerio *Ch. Westm.* 372; **1275** polettar', sutores pisconar', macecrar', et alii sunt remoti a foro domini regis *Hund.* I 403b; **1320** licet .. ~enarii shopas suas in .. *Fishwarf* London' habentes allecia et alia diversa genera piscium .. vendere .. consuevissent *RParl* I 370b; **1341** audito quod quedam pugna .. inter pistenarios et pelliparios .. subito fuerat in dicta civitate suscitata *Foed.* V 254; **1350** David Fishmonger ~enarius aque dulce emebat pisces aque dulce de diversis hominibus venientibus ad dictam civitatem causa pisces vendendi *Leet Norw.* 80; **1352** in quadam custumia data pro stallis ~ennariorum *MunCOx* 124; c**1400** Simon de Mordon, civis et ~inarius Londonie *Mon. Francisc.* I 517; **1403** pro .. liberandis mercatoribus, ~ionariis, et aliis personis per utramque partem captis *Foed.* VIII 309; **1418** per scrutatores artificii ~enariorum de Ousegate Ebor', de unanimi consensu et assensu omnium artificiorum de *fysshmangercrafte* ibidem *Mem. York* I 197; **1420** controversia mota .. fuit inter marinarios et ~inarios in Usegate habentes batellos, de modo solvendi ad paginam navis Noe ad quam utraque pars singulis annis fuit et est simul contributoria *Ib.* 166; **1443** excepto quod pissenarii civitatem inhabitantes possint vendere *schilfysshe* ad stallos suos antiquos infra portam occidentalem *BB Wint.* 81.

3 (as sb. f.) fish-market.

c**1200** dedi .. duas solidatas redditus quieti in ~enaria London' que est prope ecclesiam S. Pauli *Ch. Westm.* 356 (cf. ib. *endorsements*: [**12**..] in veteri ~enaria, [**13**..] piscaria London'); c**1209** concessi .. xx solidatas redditus quas tenui de R. filio Isabelle in cornerio ~enarie contra ecclesiam S. Marie Magdalene *E. Ch. S. Paul.* 81; c**1236** concessi .. domum meam in ~onaria in parrochia beate Marie Magdalene London' *Ib.* 161. **12**.. in nova ~enaria London' *Ch. Westm.* 357 *endorsement*; **1275** dicunt etiam quod Henr' le Waleys .. major Lond' fecit purprestur' in regali via .. ad nocumentum domini regis, et fecit ibi novam pisconar' et novam macecr' *Hund.* I 403b; de carecto que venit in foro, ballivus piscenariorum habebit piscem, sed non argentum, nisi in Vico Pontis et in ~enaria versus occidentem *MGL* I 376.

piscini- v. piscina.

piscinus [CL piscis+-inus], of or related to fish; **b** (w. ref. to days of abstinence).

s**589** in flumine Nili duo animalia formam hominum habencia apparuerunt; .. mulier mammas habens, et vultum femineum, cesariem prolixam; dixerunt quidam cetera fuisse ~a *Eul. Hist.* I 356. **b** **1268** duo fercula de coquina tam diebus carnalibus quam diebus ~is *Fines* 251/21/25.

piscio [CL piscis+-io], fishery, the fish or fishing to be had from a specified area of water, or ?*f. l.*

1199 (1319) concedimus .. totam decimam ~onis in W. (*ChartR* 106 m. 8) *CalCh* III 413 [?l. piscationis].

piscionarius v. piscinarius. **piscip-** v. piscis.

piscis [CL]

1 a fish or sim. water-dwelling creature (incl. *cetacea*); **b** (collect. sg.); **c** (spec. as food, esp. as dist. from flesh, w. ref. to days of abstinence); **d** (fig.); **e** (dist. as freshwater or saltwater); **f** (w. *regius* or *regalis*) 'royal fish'. **g** (spec.). **h** (w. *durus* or *siccus*) dried fish, 'hard fish'. **i** (w. *salsus* or *salitus*) salted fish. **j** (w. ref. to shellfish). **k** (w. ref. to fish-shaped artefact, in quot. w. kind of fish in apposition)

sirenae .. squamosas .. ~ium caudas habent *Lib. Monstr.* I 6; mare et flumina eorum ~ibus abundabant BEDE *HE* IV 13; ~is, *fisc GlC* P 439; **943** cum omnibus .. campis, pascuis, caretisque, captura piscipum [*sic*] *CS* 780; neque .. unus est sapor omnium .. aliter panis, aliter ~is [sapit] J. FORD *Serm.* 37. 2; c**1250** die Sabati iiij [s.] in pane, in lignis xx d., .. ij d. et ob. in potagio, in pisibus viij d. et ob., in mustardo .. j ob. *FormOx* 490; **1256** pissces illos in doleis poni, et eos vivos usque Westmonasterium cariari faciat *Cl* 110; **1342** pro custuma de vj^{m} ccc de pissibus, videlicet v^{m} de mulvellis et m d de congris, .. veniendis .. pr' le m xx d. *EEC* 175; hic ~is, *a fyche WW*. **b** sunt homines in oriente .. qui .. crudo ~e et aquarum sunt haustu viventes *Lib. Monstr.* I 18; ibi habet T. iij salinarios qui reddit per annum iiij s. et ix d. et v summas salis et j summam ~is *Dom. Exon.* f. 408; c**1168** si autem ~em in propriis suis quadrigis vel equis attulerint .. in fenestris suis liceat eis vendere *Regesta Scot.* 64; **12**.. ad salvandum pissem suam *AncD* C 5425; **1293** idem Willelmus habuit ~em suum, sc. lupos aquaticos, in coquina sua *Law Merch.* I 61; **1333** de vendicione ~is nuper existentis in vivaria manerii de C. *LTR Mem* 105 m. 120. **c** in Germania .. ubi abundant beveres .. viri etiam magni et religiosi jejuniorum tempore pro ~e vescuntur GIR. *IK* II 3 p. 118; **1257** percepit .. de coquina per diem carnis vj d., per diem ~is iiij d. *Cl* 143; neque pissis alicui fratri apponi debet ad tabulas inferiores, quousque presidens de pisse sive de primo ferculo serviatur *Cust. Westm.* 107; pro pane et servisia et carnibus seu pissibus .. receptis *FormMan* 45; **1348** in carnibus et pissibus emptis *MinAc* 899/7 m. 2; **1493** solut' xx servientibus infra abbathiam capientibus in diebus ~ium pro eorum *soulsilver* per totum annum extra Quadragesimam, iiij li. *Ac. Durh.* 652. **d** **1460** dux Suffolchie .. probaretur in bello cui esset fidelis, an caro vel pissis *Paston Let.* 611 II p. 214. **e** marinis ~ibus per omnia latera satis abundant maritima; flumina .. lacusque .. fecunda sunt ~ibus .. sed desunt eis nobiles illi aliarum regionum et dulcis aque generosi ~es, lucii videlicet, et perchii GIR. *TH* I 9; quare ~es marini grossiores habent spinas et squamas quam fluviales *Quaest. Salern.* N 57 p. 312; **1257** capi faciat .. ccc lucios, cc bremias .. et aliud genus pisscium dulcis aque prout opus fuerit *Cl* 110; **1305** in ~e recent' et marin', xxvij s. *KR Ac* 309/10 m. 1; **14**.. liberi sint et quieti de quibuscunque prisis, chiminagiis, et capcionibus .. dentricium, et anguillarum, ac omnium aliorum piscum recencium *Gl. Arch.* 469a; **1482** ~es tam marinos quam aque dulcis *Pat* 549 m. 13. **f** si ~is regius, rumbus vel cetus vel alius hujusmodi comprehenditur .. sine brevi computatur *Dial. Scac.* II 7C; **1386** sexaginta et quinque ~es regales vocati *whalles* et *graspreis* in portu de Gillyn .. ad terram applicuerunt *Pat* 321 m. 26*d*. **g** a**1087** dexteram alam de crassopisce et frustrum unum de crasso ejusdem ~is et aliud de macro *MonA* VI 1074b; **1331** rex percipit .. omnes aves et ~es regales pervenientes in eamdem insulam .. preter porpassia et alios ~es intra valorem j d. Turon' *Ext. Guern.* 72; a**1135** volo .. ut .. homines sint in pace et in respectu de placito crassi piscis [v. l. pissis] *Chr. Rams.* 228; quidam ~es sint qui ex una parte habeant formam ~is et ex alia quadrupedis animalis, ut porcus ~is, canis ~is BELETH *RDO* 80.86; a**1262** si invenerit per aquam aliquem piscantem qui album ~em ceperit, debet capere medietatem albi ~is ad opus abbatis et portare apud Glastoniam *Cust. Glast.* 177; cibetur cibis calidis et humidis .. ut .. ~es lapidosi BACON IX 96; **1351** in j pelle ~is canini pro operibus stall', vj d. (*MS PRO* E. 492/27) *Building in Eng.* 346; indebitatus .. in .. una centena et tribus quarteriis centene †pison' [l. piscium] voc' *haburdine fish Entries* 208 ra. **h** **1285** in ccc de *stocfis*, xxij s. vj d.; in c de duris ~ibus xxxviij s. (*KR Ac* 91/4) *Arch.* LXX 25; **1298** pro portacione x millia allecum et v c ~ium durarum de Abberden usque castrum Berwyci, xxj s. ob. *Doc. Scot.* II 326; **1319** in .. duris ~ibus bonis et pacabilibus, qui Luscreyk' vulgariter nuncupantur *Cl* 136 m. 4*d*.; **1334** iiij milia de *stokfish* et *screyfish* et alio ~e duro *RScot* 296a; **1357** nec piscem in la Modd' vel ~em siccum infra domos suas clam vel palam hospitent ad retalliam revendendum *Pat* 252 m. 17*d*.; **1472** duo centenaria ~ium siccorum vulgariter dictorum *cabillau* et duas tonnas ejusdem piscis (*KR Ac* 129/1) *Bronnen* II 1076. **i** **1357** naves .. ~ibus salitis carcatas *Pat* 252 m. 17*d*.; **1358** in salso ~e et duro, xiiij d. (*Ac. Ox.*) *EHR* XXIV 740; **1464** in dcc pisc' sals' vocat' *lyngis* emptis *Comp. Dom. Buck.* 48. **j** ab osse petroso, quod est medium inter os et petram, sicut conche ~ium *Ps.*-RIC. *Anat.* 27; preter hec [sc. flumina], alia quam plurima .. conchelinis sunt et marinis ~ibus .. etiam aque dulcis utiliora FORDUN *Chr.* II 2. **k** hic delatum in tructa ~e cristallino [*in edn.* ?l. instructa pisside cristallina] salutare humani generis pignus reconditur GOSC. *Edith* 74.

2 (astr., usu. pl.) Pisces.

duodecimum ~ium [sc. signum], ab eadem parte Februarii verticem erigens, finitur in medio Martii BEDE *TR* 16; dupliciter rutulat Piscis in tempore Martis *Kal. M. A.* I 401; illa .. summitas, que vergit ad orientem, primum punctum primi gradus ~ium obtinebit PETRUS *Dial.* 10; solus Draco ab Ariete in ~es, a ~ibus in Aquarium, et sic in cetera ferri perhibetur WALCHER *Drac.* 87; hanc [sc. Venerem] perhibent Arabes gemmas generare micantes, / dum peragrat Pisces *V. Merl.* 804; cetus invenitur in fine ~ium et in principio Arietis *Sculp. Lap.* 450.

3 (w. ref. to Jesus Christ as *ΙΧΘΥΣ* 'fish' as acronym from Ἰησοῦς Χριστὸς Θεοῦ Υἱὸς Σωτήρ).

~is .. patientie .. ad litus resurrectionis applicans ad Jesum .. multo .. differentius sapit J. FORD *Serm.* 37. 6; ipse [sc. Christus] est ~ium primus *Ib.* 76. 4.

piscoisa v. picoisa. **piscol-** v. piscul-. **pisconarius, pisconerius** v. piscinarius.

piscositas [CL piscosus+-tas], state or condition of abounding in fish, richness or abundance of fish.

principatum Sinnenus obtinet, tam quantitatis sue majestate .. quam fecundissima ~ate GIR. *TH* I 7.

piscosus [CL], **~uosus,** abundant or rich in fish, teeming with fish; **b** (in prov.; *cf. piscari* 1c and *piscatio* 1c). **c** that contains fish, of or related to fish or fishing. **d** of or related to fish, piscine.

insula .. fluviis .. multum ~osis ac fontibus praeclara copiosis .. praecipue issicio abundat et anguilla BEDE *HE* I 1; **799** super ripas ~osi fluminis ALCUIN *Ep.* 181; erat .. insula .. Glaestonia nuncupata .. ~osis aquis stagneisque circumdata fluminibus B. *V. Dunst.* 3; quotiens navigabamus per Tamesum .. ubi ventum est ad ~osas fauces .. naute quasi pro vita certabant GOSC. *Lib. Confort.* 49; lacus .. ~osos et grandes pre aliis terris quas vidimus .. hec terra profert GIR. *TH* I 8; locus egregius supra Tamisiam flumen ~uosum *V. Edm. Rich C* 590; si totam Albionem Britanniam diceret, flumina Scocie, que multo supradictis ampliora sunt fluviis, ~osiora, meliora .. silendo minime preterisset FORDUN *Chr.* II 2. **b** vulgo .. dicitur: aqua turbida ~osior est P. BLOIS *Ep.* 50. **c** **811** cum campis, pascuis, pratibus, silvis, saltibus ~uosis ac maritimis fretibus *CS* 335; **812** cum omnibus .. legitimis limitibus, campis, salsuges, pascuis, silvis, pratibus, paludibus, litoribus ~uosis, seu cunctis aliunde usibus quisquilibet maritimisque fructibus *CS* 341; **942** (13c) in locis campestribus vel silvaticis, seu ~osis laticibus

Ch. Burton 5. **d** plana superficies vicina erat gurgiti illi in quo diversi generis ~osi redundare solebat aggesta congeris [l. congeries] R. COLD. *Godr.* 53.

piscuar- v. piscarius. **piscul-** v. pluscula. **piscula** v. 1. puscula.

pisculentia, ~olentia [CL pisculentis + -ia], abundance of fish.

plenty of fische, ~olencia *CathA*.

pisculentus, ~olentus [CL], **a** that abounds with fish. **b** that has a fishy smell, fishy (in quot. fig.).

a piscosus .. i. piscibus habundans, quod etiam ~ulentus dicitur OSB. GLOUC. *Deriv.* 443; *plenty of fische*, piscolencia; ~olentus participium *CathA*. **b 1610** certe si credat haec cardinalis, jubebo medicos quaerere annon illi polypus in naso; .. necesse est omnem odorandi sensum periisse ei cui mendacia haec tam ~a non oleant L. ANDREWES *Responsio ad Apologiam Cardinalis Bellarmini*, p. 25.

piscuosus v. piscosus. **piscura** v. piscatura. **pise** v. pisum. **pisis** v. pepsis, piscis. **pison** v. piscis 1g. **piss-** v. et. pisc-.

pissa [πίσσα], resinous substance obtained by distillation of tar, pitch.

itrio ~a [i. e. ὑδριόπισσα], i. pix liquida *Gl. Laud.* 824; pissaria [i. e. πίσσα ῥοή], i. pix liquida *Ib.* 1177; pixassera [i. e. πίσσα ξηρά], i. pix dura *Ib.* 1193; ~a, i. pix vel napsuri [? l. napta ura], vel cera virgine *Ib.* 1228; pixaxera [i. e. πίσσα ξηρά], pix dura OSB. GLOUC. *Deriv.* 480.

pissaigra [pissa + aeger e], coarse pitch, tar.

teere or pyk, pissaigra, -e, .. colofonia, -e *PP*.

pissaigrare [pissaigra + -are], to smear with pitch or tar, to tar.

terryn with terre, colofoniso, -as, .. pisaigro, -as *PP*.

pissaria v. pissa.

pissc- v. pisc-.

pissimerus [ME *pissemire*], ant (in quot. as surname).

c1210 hiis testibus .. Hugone Duz, Warino ~o, Andrea Pistore *Cart. Osney* II 128.

pissis v. pyxis. **pissli** v. 2 pisum. **pissum** v. pisum. **pistacea, ~ia, ~is** v. pistacium.

pistacium [CL < πιστάκιον], **~ea, ~ia**, pistachio nut.

pisticia, i. similis nocelle *Gl. Laud.* 1207; recipe .. ~ee, pinearum, lavendule GILB. II 122. 1; c1300 pulveres subscriptarum specierum .. nucis Indie, ~is, piperis longi *Pop. Med.* 240; recipe saturionum testiculos viriduum, bauc[i]le, nucis Indice, ~ee setacum *Ib.* 254; ~ia est fructus similis avellanis *SB* 34; 1393 pro ij li. de pistaqiis, lvj s. *Ac. H. Derby* 219; ~ee sunt quidam fructus similes pineis qui veniunt de Damasco *Alph.* 147 (cf. ib. 141: pastina sunt fructus nucleos et testes habentes); de fructibus uve dulces, ficus, pinee, fustici, ~ie KYMER 19.

pistaq- v. pistacium.

pistare [LL], **~ere**

1 to pound or grind.

morsui [sc. canis] superponatur emplastrum factum de nuce bene ~ata NECKAM *NR* II 157 p. 256; si fuerit valde debilis, jus pulli optime cocti cum farina ordei, et post ~ati et colati, detur GILB. I 60. 2; recipe avellanas et nuces .. et omnia fortiter terantur et postea piscentur BACON V 88n; ~a assungiam et parum de salvia, et inde fiat emplastrum GAD. 28. 1; cathaplasma dicitur quando herbe cocte vel crude ~antur cum sua substancia et .. pinguedinibus vel oleis commiscentur *SB* 15; tapsus barbatus .. ~atus cum pane grosso tritici, postea elixatus in vino rubeo, domo ejus inimicus exiet *Alph.* 182.

2 to bake, to cook by baking. **b** to knead.

postmodum a mola granum confringi oporteat, dissolvi, et .. eliquare, [ut] arte pincendi [v. l. piscendi, *gl.: peztrir*] in usu panis transformari possit NECKAM *Ut.* 113; 1298 in c de rosco empta .. ad ~andum panem et braciandum cervisiam xij d. *Rec. Elton* 67; a1377 in pane ~ando pro hospicio, ij s. viij d. *Ac.*

pistatio [LL pistare + -tio], act or practice of baking.

1320 prefatus W. dicit quod prefatus panis non est suus nec de ~one sua *MGL* III 413; 1321 quarterium boni frumenti vendebatur pro viij s. .. quibus additis xij d. pro expensis pistorum et aliis necessariis circa ~onem factis, valet quarterium .. ix s. *Ib.* 412.

pistatorius [CL pistare + -torius], of or related to baking.

his et multis modis de farina arte pistoria [ed. 1472: pistatoria; TREVISA: *by bakyng craft*] fiunt panes BART. ANGL. XVII 67.

pistelar- v. epistolarius. **pistell-** v. pistillum. **pistenarius** v. piscinarius.

pisternum [CL pistare + -ernus; cf. ME -*ern* < AS *ærn*], bake-house, bakery.

1252 competus ejusdem de ~o et bracino *DCCant. Reg. H* f. 172b.

pisticator [LL pistare + -icare + -tor], ? baker.

1256 percipiet .. persona vel vicarius de artificio fabrorum, carpentariorum, sutorum, textorum, textricum, pellipariorum, ~orum *Conc. Syn.* 512.

pisticia v. pistacium.

pisticus [LL < πιστικός]

1 faithful, loyal, trustworthy, true. **b** who possesses religious faith, faithful.

982 (12c) ego .. ruris quandam .. portionem .. cuipiam michi ~a devotione subnixo vocitamine Leofrico .. in aeternam possessionem .. concedo *CD* 633; felix qui didicit loqui sophistica, / qui linit principes arte gnatonica, / nam fetet veritas acerba pontica / et eo gravius quo mage pistica WALT. WIMB. *Palpo* 21. ~us, i. fidelis *WW*; *trewe*, fidelis, .. ~us *CathA*. **b** pontificum praesul, necnon et contio gaudet / pistica, Tarpeioque ruens de colle senectus FRITH. 1151; me ossius ossi Dei fucanus susdispensator et ~us *Leechdoms* III 288.

2 (w. *nardus*, w. ref. to *Joh.* xii 3) pure, genuine; **b** (interp. as *fidelis*, *cf.* 1 *supra*).

caput Christi Deus simul intuendo perpetuis confessionum laudibus quasi ~a nardo glorificat BEDE *Luke* 424; ede sub hac sentitur odor nectarque jacenti, / ede sub hac spirare videntur pistica mira R. CANT. *Poems* 20. 19; hic jacet Ainardus redolens ut pistica nardus (*Vers.*) ORD. VIT. IV 18 p. 293; accepta libra nardi ~i pretiosi, Dominicos ungere pedes, domumque ex odore implere unguenti AD. SCOT *TT* 609B; 12 .. "tuus," inquit, "halitus, o leo, discessit / velut nardus pistica cum fragrans olescit" *Latin Stories* 161; 1346 est aper Edwardus, flos regum, pistica nardus *Pol. Poems* I 30. **b** nardus aromatica species est; pistis Grece fides dicitur Latine, inde ~um, i. fidele, dicitur unguentum, quia cadaver eo peruunctum a putredine servat illesum ORD. VIT. I 14 p. 60.

pistilla v. pistrilla.

pistillare [CL pistillum + -are], to grind or pound with or as with a pestle.

heu, jam rursus a Diomedonte tritus in mortario ~atur R. BURY *Phil.* 7. 105.

pistillator v. pastillator.

pistillum, ~us [CL], pestle; **b** (fig.).

1166 cervicem .. ipsius, adacto totis viribus ~illo grandiore, confregit ARNULF *Ep.* 47 p. 83; hic pilus vel ~illus, *pestel Gl. AN Glasc.* f. 20vb; in mortario marmoreo cum ~ello ferreo GILB. III 167. 2; 1311 utensilia i .. ij morteria cum pustell' (*Chilbolton*) *Ac. Man. Wint.*; libra subtilis conceditur specietariis pro labore eorum in omnibus que teruntur ~elle [? l. ~ello], ut in pulveribus et electuariis .., sed non de aliis grossis speciebus *Cust. Cant.* 33; inter tabulam et laminam de plumbo fiat fricacio .. vel ~ellum de plumbo et tabula †pumblea [l. plumbea] fricentur GAD. 126. 1; coci ..

respondeant suis magistris .. de omnibus .. mortariolis et ~ellis *Croyl.* 104. **b** fides temptationum ~illo probata BEDE *Luke* 540; cuncta que de virtutum fiducia blandiuntur ~illo crebro tunsionis extenuet J. FORD *Serm.* 85. 6.

pistinarius v. pistrinarius.

pistoleta [Fr. *pistolet*], pistolet, pistole, a gold coin.

si due integre characte subtrahantur, et totidem eris aut argenti misceantur, tunc moneta puritatis viginti duarum charactarum fiet, cujus puritatis sunt ~e Hispanice *Jus Feudale* 116.

pistomine v. perispomene.

pistor [CL], one who bakes bread and sim., baker; **b** (w. ref. to *Gen.* xl 1); **c** (spec. acc. sort of product baked); **d** (as trade name, passing into surname, representing *Bakere, Baxter, Bolenger*, or sim.).

tempore non pauco ~oris officium tenens, inter cribrandum, clibanumque accendendum .. et panes in eo coquendos, presbiteratus caeremonias .. discere simul .. non omisit *Hist. Abb. Jarrow* 4; quid dicis tu, ~or [AS: *bæcere*]? ÆLF. *Coll.* 98; inter ~ores, cervisiarios, sartores, lavatores, sutores *DB* II 372; c1175 sciant .. me concessisse .. Ailifo ~ori meo .. terram .. in Inverleth *Regesta Scot.* 174; farinam aqua conspersam pinsit ~or et malaxat, demum pasta ministerio pale in clibanum mittitur NECKAM *NR* II 170; hic ~or, *pestur Gl. AN Glasc.* f. 20rc; 1356 si ~or convictus fuerit in ponderacione panis .. patiatur judicium corporis sui sub pilloria *MunAcOx* 185; 1534 Matheus Spark, ~or, per annum xx s. *Househ. Bk. Durh.* 292. **b** Pharao cruce ~oris natale suum dehonestat AD. DORE *Pictor* 158. **c** 1375 Simon Puddynglane, ~or turtarius *MGL* III 423; 1383 Ricardus atte Vanne, turtus ~or *Ib.* 426; 1383 ad domum Simonis Frensshe, albi ~oris *Ib.* **d** Erchenger ~or *DB* I 189rb; 1225 Ricardus ~or et Stephanus Prepositus .. capti pro morte Nicholai .. domini sui *SelPlCrown* 115; 1291 xij jurat' curie, viz. .. Radulfus ~or, Walterus Douce, Radulfus ~or junior *SelPlMan* 41; c1320 terram quam Henricus ~or tenuit *Melrose* 372; 1430 heredes Hugonis ~oris, Nicholai ~oris .. et Ricardi Fayrchild *Feod. Durh.* 75.

pistoralis [CL pistor + -alis], of or related to kneading or baking, (*mensula ~alis*) kneading trough.

1239 si vir .. domicilium suum permutaverit .. si .. nihil preter uxorem suum, .. lectum, .. craticulam, et mensulam ~alem secum asportaverit .. in illa parochia in quam nuper accessit debita ecclesiastica persolvantur *Conc.* I 665a.

pistorare [CL pistor + -are], **pistrare, pistrire**

1 to pound or grind, (in quot. p. ppl. as sb.) ground grain, meal.

1365 ~trat' pro expensis domini, ut patet per billas, iiij quarteria . . et ~trat', pro domino Walter et cissoribus, ij busselli .. et ~trat' pro cibo operariorum in autumpno ij quem' iiij buss' *DL MinAc* 242/3888 m. 1d.

2 to bake. **b** to knead or bake.

1294 cariagium panis ~trati apud Cicestriam de frumento regis (*KR Ac*) *RGasc* III cxliii n; 1299 jurati presentant quod omnes subscripti pistores ~toraverunt contra assisam *CourtR Ramsey* 177; *to bake*, panificare, ~trire, infornare, pinsere *CathA* 18. **b** ~trio .. *to moolde or bake WW*.

pistorius [CL pistor + -ius], of or related to baking. **b** (as sb. f. or n.) bakery, bake-house. **c** place in which bread is kept or stored, pantry. **d** (as place-name, w. ref. to Pistoia near Florence).

his et multis modis de farina arte ~ia [ed. 1472: pistatoria; TREVISA: *by bakyng craft*] fiunt panes BART. ANGL. XVII 67; 1464 J. G. valettus pistrius domine clamat habere idem ffurfur virtute officii sui *Comp. Dom. Buck.* 57. **b** 1212 prior de H. tenet j messuagium in H. .. et messuagium illud tenebatur de domino rege per servicium ~ie *Fees* 102; sicut sunt dormitoria et refectoria, coquine, ~ia, et bracitoria BRACTON f. 207b. **c** *a pantrie*, panarium; *a pastrye*, ~ium LEVINS *Manip.* 105. **d** 1277 excepto quod societatem Clarentinorum de Pystoria .. duximus retinendam (*Collectoria Vaticana*) *EHR* XXXII 66; c1299 per manus Melioris mercatoris de ~io (*DC S. Paul.*)

EHR XXXI 111; **1302** in presentia J. G. de M. .. et J. A. de C. de ~io societatibus mercatorum camere domini pape (*PRO Roman Transcripts*) *Ib.* 119.

pistrare v. pistorare.

pistratio [pistorare+-tio], act or practice of grinding, milling, or baking.

1294 moltura apud Cicestriam, ~o ibidem; moltura apud Portesmut', ~o et reparacio floris ibidem (*Kr Ac*) *RGasc* III cxliii n.

pistrilla [CL]

1 small bakery; **b** (fig.).

~a, *lytel bæcern* ÆLF. *Gl. Sup.* 185. **b 798** si placet, intremus paululum calculatorum ~as [v. l. calculatorium pistillas] vel mathematicorum fuliginosas coquinas ALCUIN *Ep.* 145.

2 (in gl.) small chamber or closet.

~a, *cofincel GlC* P 415; **10..** ~a, *lytel cofa;* .. ~a, *cofincel WW*.

pistrimum v. pistrina.

pistrina, ~um [CL]

1 place in which bread and sim. is baked, bakery, bake-house (w. ref. both to a single structure and to a complex including assoc. outbuildings); **b** (fig.). **c** (*domus ~e*) building assoc. w. baking or a bakery, bake-house. **d** (as place-name, passing into surname).

ut .. in ~o, in orto, in coquina, in cunctis monasterii operibus .. gauderet exerceri BEDE *HA* 8; coquinae ac ~ae [AS: *bæcernes*] officia .. unusquisque .. gratulabundus exhibeat *RegulC* 64; ~a, *bæcern* ÆLF. *Gl. Sup.* 185; in ~o comitis iij [burgenses] habet *DB* II 118; **1166** sciatis me .. confirmasse .. conventionem que rationabiliter facta est inter .. abbatem et G. filium H. de excambio ~i *Act. Hen. II* I 402; **1250** rex .. concessit .. Rogero P., coquo suo, officium in ~o prioratus S. Switthini *Cl* 328; **1310** in j cribro emp' pro ~a, ij d.; in ij pannis de pilo pro cribris in ~a, ij d. *Ac. Durh.* 7; **1485** pro carbonibus extinctis in pristino *Comp. Swith.* 381; **1531** Thome H., *fyerman* ~i, vj s. viij d. *Househ. Bk. Durh.* 21. **b** tu pistrinum es habundum, / in quo Deus munda mundum / panem pinsit pinsula WALT. WIMB. *Virgo* 115. **c 1388** redditus domus ~e *IMisc* 240/28; **1437** j homini locato pro *le stubel* vocato *helmebought*, falcando hoc pro .. domo ~e cooperienda *Ac. Churchw. Som* 178; **1461** W. B. habet domum ~e tenure sue ruinosam (*Clyvedon*) *CourtR Lygh* I f. 1; **1507** J. R. pro domo ~e *CourtR Lygh* II f. 11v. **d c1184** testibus .. Roberto Coco, Willelmo de Sanwiz, .. Hugone de ~o *Cart. Osney* IV 34; **1397** Johannes de ~a, servitor dicti abbatis, adulterat cum Johanna Kassy, uxore Walteri Kassy (*Vis. Heref.*) *EHR* XLIV 451.

2 (in gl.) chamber or closet.

pistrimum, *cofa GlC* P 408; **10..** ~um, *cofa*; .. pistrimum, *cofa WW*.

pistrinare [CL pistrina+-are], to bake.

1415 tibi precipimus .. quod omnes et singuli ligei nostri .. quibus attinet ~ent et brasient .. erga adventum nostrum *Foed.* IX 253.

pistrinarius [CL pistrina+-arius], of or related to baking or bakeries. **b** (as sb. m.) baker. **c** (as sb. n.) baker's peel, shovel-shaped implement for placing loaves into and removing them from the oven.

1442 volo quod omnia vasa .. pist[rin]aria existencia in .. pistrino die mortis mee integre remaneant *Reg. Cant.* II 622. **b 1297** ego Ricardus de C. civis et pist[r]inar' London' dedi .. Bartholomeo abbati de Certesy .. quandam placeam terre cum domibus *KR Misc. Bks.* 25 f. ccclxxid. (*Cart. Chertsey* II 1200). **c 1553** de .. duobus ~iis magnis et parvis, A. *two iron peles greate and small Pat* 852 m. 29.

pistrinum v. pistrina. **pistrinura** v. pistura.

pistrio [pistorare+-io; cf. pistrix], one who kneads or bakes, kneader, baker, baxter.

~io .. *a moolder or a bakere WW*; *a bakster* .. pistor .. panifex, ~io, pistrix *CathA*.

pistrire v. pistorare. **pistrius** v. pistorius.

1 pistrix [CL], **a** grinder, pulveriser (in quot. fig.). **b** baker (f.), baxter.

a Balthild reginae nomine pistrix: / olla velut fervens Stigia fuligine tosta, / instabat laceris agios laniare creagris FRITH. 185. **b 10..** pistrilla, *lytel cofa.* pristris, *dæge.* panis, *hlaf WW*; hec ~ix, *a baxter Ib.*

2 pistrix [CL *var. of* pristis, pistris < πρίστις], large fish or sea mammal. **b** (spec.) whale.

~ix, belua marina *GlC* P 402. **b** balena, vel cete, vel cetus, vel ~ix, *hwæl* ÆLF. *Gl. Sup.* 180.

pistul- v. 2 pustula.

1 pistura v. pictura.

2 pistura [CL =*pounding, grinding*; cf. pistare], act or practice of baking.

1305 in ~a pastell', v s.; .. in ~a tartarum, vij s. *KR Ac* 309/10 m. 2; **1337** in pane furnito pro pauperibus .. xx d. ..; in ~a ejusdem, ij d. *Househ. Ac.* 218; **1338** in xviij panibus provenientibus de superplusagio prioris ~e *Ac. Ep. Bath.* 133; **1393** pro factura et †pistrinura [MS: pist'a' l. pistura] de *le stara* pro *biscwhit*, xx s. *Ac. H. Derby* 222; **1474** pro una fera vocata *bukk* .. pro ~a ejusdem fere, viz., pro j *busshell* et dimidio de *la flowre*, dimidia libra piperis, uno denareato salis, et pro labore pistoris *Ac. Chamb. Cant.* 143; **1490** eidem, ad expensas domini regis .. in aucupacione .. in panibus et ~a .. iiij bolle iij ferlote ij pecce frumenti *ExchScot* 205.

pisul- v. pessulus.

1 pisum v. peisa.

2 pisum [CL < πίσον], **~a** [LL], **~us**

1 (bot.) edible seed of a variety of pea-plant (*Pisum*) or sim., pease, pea. **b** (*~a agrestis*) mouse-pea (*Lathyrus*), vetch (*Vicia*). **c** (*~a alba*, *~us albus*) chick-pea (*Cicer*), mouse-pea (*Lathyrus*). **d** (*~a grisa*). **e** (*~a nigra*) black pea. **f** (*~a virida* or *viridis*) green pea (also w. ref. to pea harvested when still unripe). **g** (as measure of size). **h** (spec. of plant, as dist. from seed) pea-plant, pease, pea.

~um, *piosan GlC* P 414; pissum, i. *pesan Gl. Laud.* 1136; **10..** nomina herbarum Grece et Latine: .. †pissli [? l. pis(s)i *or* pis(s)um, *perh. from* MS pissū], †*reosan* [? l. *peosan*] *WW*; ix li. et iij summas de ~is *DB* I 17va; aliquando curiositas est in solo gustu, ut cum defertur piscis alicui ~a comedenti, et priusquam ~a consumpserit, degustat cujus saporis sit piscis *Simil. Anselmi* 32; **c1140** abbas reddet pro theloneo .. ij summas ~arum *Regesta Scot.* 15; **1208** de picis et vesciis et aliis bladis *Cl* 108a; plus nutrit turbatque minus lens, pisa, lupinus NECKAM *DS* VIII 19; **1461** in ~is pro potagiis emptis .. j d. *Househ. Ac.* II 469; hec ~e, *a pise WW*; **1583** decimas sigillinis avenarum et ~arum *Pat* 1234 m. 14. **b** orobus sive orobum est ~a agrestis .. *muspese SB* 32. **c 1282** de quolibet dolio albarum ~arum *Pat* 101 m. 14; **c1300** sumantur ~e albe .. et pistentur, sumatur stercus columbe et in vino bono bulliatur *Pop. Med.* 230; cicer, ~us albus idem, A. *muse pese SB* 15; **c1357** in ij bus' de *grotes* et ij bus' alb' pis' empt' pro coquina, iij s. xj d. *Ac. Durh.* 559; **1391** pro v barellis ~arum albarum et viridium *Ac. H. Derby* 48. **d 1432** in iij quar' ~arum grisarum emptis .. x s. *Househ. Ac.* II 526. **e 1386** ~a nigra (*Cressing*) *MinAc Essex.* **f 1329** ordinatum est .. quod nullus de cetero petat in campis fabas nec ~as viridas preter inter medietatem hore prime et horam primam (*CourtR Hatton*) *EHR* XLV 212; **c1357** in iiij bus' et dim' pis' virid' empt' ad seminandum in campo de P., iij s. viij d. *Ac. Durh.* 559; **1440** ipsi .. in navi predicta [arestarunt] novem barellos impletos cum ~is viridibus (*KR Mem*) *Bronnen* II 731; in iiij quarteriis ~arum viridarum, prec' quarter' vj s. viij d. *Val. Eccl.* I 18a. **g s1260** tante tempestates erant grandinum, ut non tantum lapilli ut ~e, sed et lapides grossitudinis trium digitorum *Flor. Hist.* II 453; **c1322** vij perlis quantitate ~arum *IMisc* 87/25. **h 1312** de Nicholao de B. pro dampno facto in ~is domini cum caruca sua vj d. *Rec. Elton* 193.

2 (*~us silvaticus*, in gl.) kind of plant.

multa bona, i. ~us silvaticus, vel cromella, vel scopulata, vel camillea, vel corcodrilion *Gl. Laud.* 997.

pisus v. pisum. **pitac-** v. pittac-. **pitagium** v. picagium. **Pitagoreus** v. Pythagoreus. **Pitagoricus** v. Pythagoricus. **pitallus** v. pitalphis.

pitalphis, pitallus [? cf. πίθος, πιθάκνη; cf. et. 3 botellus], container for wine (in quots. perh. also considered as unit of measure).

1310 Johannes P. .. facit certum deverium domino nostro regi .. scilicet, unum pitallum vini cum una plassentula et j d. Tur' *Reg. Gasc. A* I 27; **1311** omnia vina extranea .. infra ballucam empta .. qui ad tabernam venduntur debent eyssacum domino regi, videlicet iiij^or^ pitalphes vine [*sic*] supra barram et iiij^or^ pitalphes vini subtus barram vel valorem secundum quod vinum vendunt ad tabernam *Ib.* I 94.

pitanceria [OF *pitancerie*]

1 pittancery, office of a religious house responsible for receiving, distributing, and accounting for pittances; the estates and resources belonging to or administered by that office; **b** (w. ref. to physical structure).

~ie, et ceteris omnibus obedientiariis, decimam et redditus contulit *Abbat. Abingd.* 293; **c1207** statuimus .. quicquid fiat de ~ia nostra vel festivitatibus similibus .. ne aliquid de predictis quatuor festivitatibus minuatur *Ch. Westm.* 345 (=FLETE *Westm.* 99); ut abstinenciam faceremus de pitantiis nostris saltem uno anno, et ad frontem feretri reparandam de puro auro redditus de ~ia apponeremus BRAKELOND f. 153; **1279** E. P. et Marg' uxor ejus tenent de episcopo Eliensi .. unum dim' feodum militis pro homagio et scutagio quando ev[en]erit, et preterea †perencera [l. pitancerie] de Ely vj buss' frumenti per annum *Hund.* II 442a (cf. ib. 485a: reddendo per annum .. ~ie de Ely); **1361** ecclesiam S. Nicholai fregerunt, alii .. in manerio de la B. ignem apposuerunt; et sic per ecclesiam .. et per ~iam ministri diaboli undique sunt ingressi (*Rot. Chr. Abingd.*) *EHR* XXVI 732; **1441** de iiij s. de iiij ulmis parvis in ~ia venditis *Ac. Obed. Abingd.* 119. **b** uxores eorum [sc. Judeorum] cum pueris suis in ~ia nostra tempore werre hospitabantur BRAKELOND f. 123v.

2 donation made to a religious house for the purpose of providing pittances or doles to members of the house, pittance.

1485 pro quo quidem corodio dicti W. et D. solvent prefatis priori et conventui centum marcas legalis monete Anglie et in quadam petansaria vj li. (*AncD*) *MS PRO* E. 326. 1498.

pitancia [ME *pitaunce*, OF *pitance* < pietantia], **~um**

1 portion of food or drink provided to members of a religious house in addition to ordinary daily fare, pittance, usu. provided from proceeds of a charitable bequest made in memory of a specified individual or event, for which members of the house would perform a special mass or other memorial service; **b** (w. gen. of commemorated individual); **c** (fig.); **d** (w. ref. to provision of money rather than food or drink).

in privatis diebus .. tria generalia ad refectionem habuerunt fratres et duas ~ias W. MALM. *Glast.* 80; **11..** reddendo annuatim .. viginti solidos et unum bitantium, vel duos solidos pro bitancio *E. Ch. Scot.* 219 n. p. 423; **1188** [in victu] canonicorum ejusdem loci et pro vino ad ~ia sua, lxxvj li. *Pipe* 215; in festis .. diebus prime dignitatis tres ~ie unicuique, in festis secunde dignitatis due, in festis tertie dignitatis una *Found. Waltham* 15; **1200** persolvat idem sacrista annuatim in anniversariis diebus obitus regis Ricardi fratris nostri et obitus prefati abbatis .. xl s. ad refectionem monachorum qui illis diebus officia divina pro defunctis celebrabunt, que refectio ~ia vocatur *RChart* 38a; **1239** pro vino empto ad ~iam monachorum de Westm' *Liberate* 13 m. 20; **12..** dedi .. tenendum et habendum dictum pratum dictis abbati et conventui .. in .. perpetuam elemosinam, ad faciendum ~iam in conventu suo die anniversarii obitus mei in perpetuum *Reg. S. Aug.* 473; **1282** si quis .. fratrum a matutinis vel missa seu horis canonicis se .. subtraxerit, ei omnem ~iam subtrahi precipimus ipsa die; si secundo simile fecerit, sibi tam ~ia quam vinum et cervisia subtrahantur PECKHAM *Ep.* 261 p. 344; durante tempore minucionis .. debet infirmarius cotidie providere in unam petanciam bonam *Obs. Barnwell* 200; contra gulam est ipsius exilis piccancia [ME: *pitance*] quam habuit in cruce .. non erat ejus piccancia in cruce nisi spongia fellis *AncrR* 96–7; in quo die ordinavit unam ~iam conventui distribuendam de certis tenementis in Eveshamia .. videlicet cuilibet monacho unum caponem cum una quarta vini .. per manus eleemosynarii distribuendam *Chr.*

Evesham Cont. A 308; **1439** dominus A. durante tempore assedacionis .. nichil de communitate monasterii nostri ad victum, vestitum, vel pittanciam percipiet *Cop. Pri. S. Andr.* 175; **1539** in quatuor s. per solutionem factam conventui ecclesie Sanctiandree pro eorum pittantiis .. anno compoti tantum annuatim percipientibus, iiij s. *Rent. S. Andr.* 57. **b** a**1254** celerarius .. solvat quatuor solidos ad pictanciam S. Withburge, et totum residuum remaneat priori *Ord. Ely* 2; **1496** in solutis conventui pro ~a Hugonis B. hoc anno, xx s.; et in solutis pro ~ia die anniversarii Johannis T., xiij s. iiij d. *Comp. Swith.* 300; **1507** pro pictancia quarti prioris, ij d. *DCCant.* C. 11 f. 114. **c** quidquid .. de spirituali dulcedine gustamus, non est nisi .. quedam ~ia qua Deus sustentat infirmitatem nostram Ailr. *Serm.* 19. 25. 307C. **d** **1287** ordinamus ut dicte vij marce inter predictos canonicos .. ut jocundius agatur .. solempnitas, de anno in annum nomine ~ie inperpetuum dividantur *Reg. Heref.* 155; c**1300** communam quam prius receperat habebit necesse refundere, ~iis tantum in festo sanctorum et aliis minutis pro diebus in quibus interfuit officio ecclesie sibi retentis *Reg. S. Paul.* 33; **1376** quilibet stacionarius qui communia cibaria comedere non poterit pro ~iis suis duodecim denarios recipiet .. per septimanam *DCCant.* D. E. 4 (=D. E. 77).

2 donation made to a religious house, or members of a religious order, towards the provision of pittances; also, income deriving from property donated for this purpose.

per hunc bonum Matheum .. nonnullas possessiones et plures ~ias ex adeptione ejus obtinet domus de Melros *Chr. Melrose* 190; **1290** ibidem eodem die, in pittancia fratribus minoribus, vj s. viij d. ob. *Doc. Scot.* I 150; **1291** non solvetur [sc. decima] de pittanciis monachorum, sc. de his que a Christi fidelibus relinquuntur ecclesiis ut ex eis perpetui emantur reditus (*Bulla Papae*) *Conc.* II 181a (B. Cotton *HA* 192: pitanciis); a**1329** carta de ~ia centum librarum *Melrose* 362; **1361** de subtraccione ~iarum, prebendarum, et aliarum consuetudinum ad conventum spectancium, cc li. (*Rot. Chr. Abingd.*) *EHR* XXVI 735; c**1503** condonatur per dominum Th. G. et scaccarium quod non faciet pictanciam set unum *le charge* ex sumptis officii sui xij d. *DCCant.* C 11 f. 37.

pitancialis [pitancia+-alis], provided as or by way of a pittance.

per ipsum habemus panes ~es diebus Veneris in quadragesima, quando jejunamus in pane et aqua *Chr. Melrose* 190.

pitanciaria [pitancia+-aria], office of a religious house responsible for receiving, distributing, and accounting for pittances, pittancery; the estates and resources belonging to or administered by this office. **b** (*~a coquinarii*) ? kitchen or cookhouse spec. for preparation or distribution of pittances.

c**1183** que .. maneria .. pia largitione antecessorum meorum venerabilium abbatum Westmonasterii ad officium ~ie semper pertinuisse dinoscuntur *Ch. Westm.* 299; tunc a manu domini legati evasit, assignatis tamen pro bono pacis .. certis redditibus ad ~iam, quia prius vina et medones de celario et carnes de lardario abbatis statutis temporibus ad hoc accipere consuevimus *Chr. Evesham* 106; c**1206** ad ~iam pertinet de nova terra in E. decem marce, .. de ecclesia de H. una marca, .. de molendino seneschalli de S. dimidia marca *Ib.* 214n; assignate fuerunt predicte sex marce per predictum abbatem .. ad ~iam ad inveniendum vinum conventui, quantum sufficere potuerunt Swafham 104; per consensum conventus totum .. pratum idem abbas W. assignavit ad ~iam ad anniversarium .. domini .. abbatis annuatim honorifice faciendum Whittlesey 127; **13..** hec cartula est sub titulo pitancierie Glastonie *CS* 816; abbas assignavit ~ie certos redditus, ad summam octo librarum, quatuordecim solidorum, et duorum denariorum taliter dispensandam J. Glast. 133. **b** ~ia .. coquinarii cum volta .. ejus tempore et auxilio edificata est *Chr. Evesham Cont. A* 287.

pitanciarius [pitancia+-arius], officer in a religious house responsible for receiving, distributing, and accounting for pittances, pittancer.

c**1183** ita quod .. in ponendis .. vel removendis ~iis utar consilio conventus *Ch. Westm.* 299; vina que obedientiarii debent dare conventui per annum: .. [in die] S. Johannis Baptiste, ~ius; .. in die S. Michaelis, ~ius infirmarie *Cust. Abingd.* 315–6; quando .. factus est magister hospitum, quandoque pitentiarius, quandoque tercius prior, et iterum subsacrista Brakelond f. 122v; **1234** ut penitus pestis proprietatis extirpetur, volumus ut secundum statuta .. omnes principales obedientiarii hujus ecclesie, sc. sacrista .. ~ius .. et maneriorum custodes monachos habeant sanos et testes .. conscios de omnibus receptis et expensis (*Vis. Bury S. Edm.*) *EHR* XXVII 735; a**1254** habeat pictanciarius custodiam terre de B., et decimarum de H. fideliter de dictis responsurus conventui *Ord. Ely* 2; quod ~ius ministret inde conventui singulis annis, in anniversario die suo, vinum, piscem, et species sc. cuilibet de conventu, unam caritatem integram boni vini et unum ferculum boni piscis ac species .. distribuendas, assignata decem marcarum summa ad hec eadem providenda J. Glast. 133; ad inveniendum lac ad cenam conventus .. et tunicas competentes singulis annis per manus ~ii predicto conventui fideliter distribuendas *Croyl. Cont. B* 479.

pitancieria v. pitanciaria.

pitanciola [pitancia+-ola], small pittance or dole of food, very light meal.

1276 ferro vinctus tradatur carceri, feriis sextis in pane et aqua abstinens, ceteris diebus pane et potagio, cervisia debili et una modica ~a contentus *Cap. Aug.* 8.

pitansarius [ME *pitauncer*, *petaunser*], officer in a religious house responsible for receiving, distributing, and accounting for pittances, pittancer.

diversis aliis pauperibus tempore quadragesimale tantos panes quantos pistor fact' de viij quarteriis frumenti, per manus .. ~ii monasterii predicti [de Charsey] *Val. Eccl.* II 57b.

pitant- v. et. pitanc-.

pitanta [? cf. πίσσανθος=*oily fluid that rises to the surface when raw pitch is left to stand*], (in gl.) ? overflow, excess.

pitanta, i. superfluitas (*BL MS Sloane 284* f. 30v) *Alph.* 145.

pitantium v. pitancia. **pitavensis** v. Pictavensis. **pitchare** v. picchare. **pitcher-, pitchereri-** v. pichera. **pitell-** v. pictellum. **pitentiarius** v. pitanciarius. **Pithagoreus** v. Pythagoreus.

pithecus [LL < πίθηκος], ape.

phitecus [l. pithecus], *apa* *GlC* P 386; **10..** †plutecus [l. pithecus], *apa* *WW*.

Pitheus, ~ius v. Pythius. **pithlum** v. pictellum. **pithon-** v. python-. **Pithus** v. Pythius. **pitis** v. pitys. **pitissare** v. pytissare. **pitois** v. putois. **pitta** v. pittus. **pittacia** v. pittacium.

pittaciare [CL pittacium+-are], **~ari**, to clout, patch, cobble.

1417 si aliquis magister allutarius pictaciaverit aut novos talos fecerit, A. dictum *cloutys or talons*, seu aliquem apparatum veterem alicujus *Mem. York* I 189; pictacio, -as .. *to puynte, or to cloute WW*; putacio, *to poynte or to cloute WW*; *to clowte*, pictaciari, repeciare, sarcire *CathA*.

pittaciarius [CL pittacium+-arius], one who patches, piecer, cobbler, clouter.

pictaciarii [*gl.*: *clowtars, les takoners, saveters*] viles sunt qui consuunt sotulares veteres renovando pictacia et intercutia, soleas et inpedias Garl. *Dict.* 125; **1411** [*all the piecers*] pictaciarios [*called 'cobelers' dwelling in London*] *Cal. Pl. Mem. Lond.* III 307; pictaciarius .. *a cobulare, or a cloutere WW*; hic picticiarius, *a cobbeler WW*; *a clowter*, pictaciator, pictaciarius *CathA*.

pittaciator [pittaciare+-tor], one who patches, piecer, clouter.

a clowter, pictaciator, pictaciarius *CathA*.

pittacio [pittaciare+-io], act or practice of patching or cobbling.

1476 pro pictacione j paris sobilarium .. pro pictacione sobillarium (*Expens. Prior.*) *DCCant.* D. E. 54.

pittaciolum [CL pittacium+-olum], small piece or scrap of parchment (usu. w. ref. to writing thereon); **b** (iron.).

his .. praefatis virginum catervis nequaquam Eustochiae et Demetriadis virtutum rumusculus .. a nostris litterarum scedulis et apicum ~is [v. l. pittatiolis, pitaciolis, pictaciolis; *gl.*: membranulis, *bocfellum*, *ærendgewritum*] excludatur Aldh. *VirgP* 49 p. 303; c**800** melius est .. evangelicas habere scriptas ammonitiones in mente magis, quam ~is exaratas in collo circumferre Alcuin *Ep.* 290. **b** rogo .. laborantes in caribdi secularis phylosophie ne despiciant hoc pitaciolum legis divine Hon. *Spec. Eccl.* 1085D.

pittacium [CL], **~a**

1 small piece, strip, or scrap of cloth or leather, patch, clout; **b** (spec. w. ref. to repairs in shoes or clothes); **c** (for use as specimen); **d** (fig.). **e** (transf., as type of smallness or insignificance) 'patch', scrap, little bit; **f** (*non dare ~am* w. dat.) to give not a scrap for, to have no regard for, not care about.

~um, .. *clut*, *cleot* *GlC* P 411; pulvillos sibi consuerat, quos de phitatiis vel pelliculis veteribus sedulo aggregaverat R. Cold. *Cuthb.* 48; hi .. pitacia, alii mapulas in sacro illo fonte sanguinis .. tinxerunt H. Bos. *Thom.* VI 13; hoc sumentum, hoc petaceum, *tacun* *Gl. AN Glasg.* f. 21rb; hoc pitacium, *cluth* *Gl. AN Ox.* 346; hoc pictacium .. *clowte WW*; sunt qui scribant Hengistum .. immensum bovis tergus in gracile duxisse instar fili pitacium, eoque in monticulo .. circumducendo dolo se usum, locum .. recepisse idoneum. .. addunt .. Tuuhancastell, Saxonum lingua, pitacii castrum significare Boece f. 145. **b** in lamenta se proicit, micas pellit et crustulas, vestesque respiciens ad pannositatem nauseat, pallet ad pitaciam Map *NC* IV 6 f. 47v; **1293** dicti abbas et conventus .. invenient septies viginti et quatuor paria sotularium conventualium bonorum et largorum, et duo pictacia sive taconos cum quolibet pare ad distribuendum eisdem pauperibus *Reg. Newbattle* 174; pictacium, *clowte of a schoo WW*. **c** putacia, A. *a skantulon WW*. **d** magister .. docet non esse absolute concedendum .. sed cum modificacione. .. non igitur obest, sed consonat uti pictaciis respondendo et cavere vocum novitates in logica Wycl. *Ver.* I 303; videtur michi quod repetere proposicionem tuam cum pictacio adjecto et non respondere ad quesitum simpliciter est valde culpabile *Ib.* 308. **e** habet hec flebile vita prohemium, / penalem exitum, amarum medium; / cum ergo vita sit mentale gaudium, / nullis relinquitur vite pictacium Walt. Wimb. *Sim.* 173. **f** Cristus .. non dat pictaciam legi reprobe Wycl. *Ver.* I 221.

2 small piece or scrap of parchment (w. ref. to writing thereon), short letter, brief text. **b** (contemptible) written work, writing.

imperatoris ~a [vv. ll. ~o, pictacia] impetrant ut ab urbe Roma ad propria praedia ducerentur Aldh. *VirgP* 52 p. 308; **751** continebant .. capitula in petatio [v. l. pittatio] ab eis porrecto *Ep. Bonif.* 87 p. 196; illuc .. verba exhortatoria ac pacifica pitacio [AS: *bocfelle*] luculentissime caraxata .. destinavit *RegulC* 4; pictacium, epistola brevis et modica Osb. Glouc. *Deriv.* 483; Pharisei .. in pitaciis scribebant Decalogum ut illum semper quasi ante oculos haberent appensum H. Bos. *LM* 1333A. **b** nec erit facile sic opinantem fingere descripciones novas propter defectus terminorum, ut patet attendenti ad pictacias hodiernas Wycl. *Ente Praed.* 57; si .. consideremus pictacias quibus negantes universalia .. et veritates de anima cum sibi similibus pregravantur *Id. Incarn.* 202; in proxime precedenti capite dixeras [sc. Witcleff] de teipso, quod non didicisti pictacias, ex quibus adjectis hoc nomen sacramentum limitari debet univoce ad hoc septem Netter *DAF* II f. 36vb.

3 (log.) modifying clause.

exponentes .. talium negativarum sine putaciis sunt incompossibiles Wycl. *Log.* II 138.

4 (understood as) pilgrim's staff.

de vestibus .. hoc picatium [l. pitacium], *bourdun* *Gl. AN Glasg.* f. 21rb.

pittaciuncula [CL pittacium+-culus], **a** small piece of cloth or parchment, membrane. **b** clout or patch of leather.

a pictaciuncula, membranula Osb. Glouc. *Deriv.* 483. **b** *a cloute of ledder*, pictaciuncula, pictacium, repecium *CathA*.

Pittagoricus v. Pythagoricus. **pittanc-, pittant-** v. pitanc-. **pittasis** v. pityriasis. **pittat-** v. pittac-. **pittella** v. pictellum. **pittum** v. pittus.

pittus, ~a, ~um, putta [ME *pit*, *pitte*, *putte* < AS *pytt*], pit, hole, cavity; **b** (as boundary marker); **c** (as place name); **d** (fig.). **e** mine, 'pit'.

hic pitus, -ti, A. *a sethe WW*. **b** **11 . .** dedi totam quam ego habui inter duas pittas et duos selliones separatim jacentes inter divisam de H. et North D. *Danelaw* 382; **1217** concessi . . quatuor acras terre mee in Burncester quarum . . una . . jacet ad puttam inter terram Johannis le Palmer et . . *Ambrosden* I 259; a**1261** quietam clamavi . . totam terram meam . . de Midelare usque puttas quas . . fecerunt *Cart. Cockersand* I 164; **1349** habebit . . occidentalem partem gardini cum aqua usque ad quoddam pittum quod ponitur pro signo inter idem gardinum et gardinum quod accidit parti boriali *IPM* 106/6 m. 2. **c** c**1210** in campo . . aquilonali quatuor acras super Bremhell, et apud Ailricheswelle duas acras, et super Puttam duas acras *Cart. Osney* IV 176. **d** **1280** compatiamini . . nobis, qui ad presens inter abrupta pittorum et terra sterili vagi sumus PECKHAM *Ep.* 105. **e** **1169** putta Rand' de Broc debet dim. m. *Pipe* 154.

pituinis v. pituinus.

pituinus [CL < πιτύινος], of or produced by the pine-tree. **b** (as sb. f.) pine-resin.

resina ~a, i. non frixa *Gl. Laud.* 1279. **b** pituinis, i. resine *Gl. Laud.* 1137; resina pini, i. pitunias *Gl. Laud.* 1274.

pituita [CL], **~as**

1 phlegm, mucus, catarrh; **b** (spec. as one of the four humours and understood as source of phlegmatism, apathy, or indolence).

~a, *sped GlC* P 375; ~a est viscosus humor in ore conglutinatus *SB* 34. **b** si tibi commissa fuerit balliva, benignus / esto commonachis; te non pituita capistret D. BEC. 1826; ~as est frigidus et viscosus humor existens in spiritualibus *SB* 34.

2 discharge (in quots. from eye).

hujus oculi palpebra . . cum deformi rubore intumuerat, unde quidam fluxus continue more stillantis ~e de eadem palpebra profluebat R. COLD. *Cuthb.* 123; tolle digito tuo de oculis meis hujus saniei ~am, que obcludit visus mei pupillam *Id. Godr.* 193.

3 disease of poultry characterized by secretion of thick mucus in the mouth and throat, pip.

~a, A. *the pyppe WW*.

pituitas v. pituita. **pitunias** v. pituinus. **pitura** v. 1 putura. **pitus** v. pittus.

pityriasis [LL < πιτυρίασις], affliction of the skin characterized by scaling or scabbing, scurf, scabies.

furfuries, respice in proptiria sira et in puposis *Alph.* 67; pittasis, i. scabies *Ib.* 146; posis vel proficiria sira, i. purpureus [v. l. prosis vel prositiria fira, i. furfures] *Ib.* 148; proptiriafira, i. furfures *Ib.* 150; putriasis, i. scabies *Ib.*; puposis, i. furfures *Ib.*; tyriasis, i. depilacio vel decapillacio capitis et est species lepre *Ib.* 186.

pitys [πίτυς], pine-tree.

pitis, i. pinus arbor *Gl. Laud.* 1208.

pityusa [CL < πιτυοῦσσα], kind of spurge (*Euphorbia*).

pityusa *is called of some herbaries* esula minor, *and in Englishe spourge, but it oughte to be called little spourge, or lint-spourge, for it hath smal leaves like flax, or an other herbe called* linaria TURNER *Herb Names* F iii a.

pius [CL]

1 characterized by having due respect for, or offering worship to, God, devout, pious: **a** (w. ref. to worshipper of pagan gods); **b** (of Christian person or part of body); **c** (of ruler, sts. as title or form of respectful address). **d** (of conduct, attitude, or abstr.). **e** (*~ae recordationis*) of pious memory. **f** (*~us locus*) holy place, site associated with pious person or activity. **g** (as sb. m.) pious man.

a in eos, quos censebant esse deos, pientiores longe fuerunt BEKINSAU 741. **b** servatur fidaei patrieque semper amator / hic Paulinus jacit cultor pientisimus aequi *Conc. HS* I 164; dum sarmenta pius glomeraret Paulus ad ignem ALDH. *CE* 4. 2. 24; religiosus ac pius auditor sive lector BEDE *HE pref.* p. 5; ille qui piis cervicibus impias intulit manus *Ib.* I 7. **c** si talis . . condicio . . cuilibet sancto sacerdoti pioque regi ingesta fuisset GILDAS *EB* 67; **679** imperantibus dominis piissimis nostris Ecgfrido rege . . et Aedilredo rege BEDE *HE* IV 15 p. 239; **798** (12c) in loco . . quod michi rex pius Egfridus . . donavit *CS* 291; a pientissimo rege vite veniam postulavit, qua illum rex quoque donavit clementissimus ANDRÉ *Hen. VII* 72. **d** o quam splendida piae castitatis acies illustrat ALDH. *VirgP* 22; ira . . / . . / copulata piae disrumpit foedera pacis *Id. VirgV* 2628; illos . . qui simplicitate rustica sed intentione pia Deum dilexerunt *Ib.* III 25; c**750** (8c) provabilibus desideriis et petitionibus piis assensum . . praebere gloriosum constat esse et rectum . . . ego Cuthberhtus . . hanc piam donationem predicti regis consensi *CS* 160; c**1165** pium est ac religiosum ea que sanctis locis a fidelibus . . collata sunt confirmare *Ch. Westm.* 280; martyr . . / . . Thoma, spes Anglorum, / vitam nostram statuens pio statu morum *Poésies pop.* 93; novit . . pia fides pigra prevolare tempora G. HOYLAND *Ascet.* 263D; de capitibus adversariorum Christi pie placationis sacrificium offerre G. COLD. *Durh.* 8 p. 13; **13 . .** ut nullus presbyter celebret in tunica curta nisi se protineat ultra genu, sub pena decem marcarum, cujus medietas detectori et alia dimedietas piis usibus applicetur *Conc. Scot.* II 66; **1559** sub pena amissionis quarte partis fructuum suorum beneficiorum . . in pios usus applicandorum *Ib.* II 162. **e** **1265** Philippe pie recordacionis filie Willelmi *FormA* 259; **1284** pro anima nobilis viri pie recordacionis domini Johannis de Balliolo *Deeds Balliol* 281; **1306** ex domo pie recordationis Guillelmi . . fundatoris nostri *FormA* 280; a**1350** pro anima pie recordacionis Henrici regis *StatOx* 62. **f** **1439** ecclesiarum parochiarum capellarum cantariarum et aliorum piorum locorum *DC Durh. Reg. Parv.* II f. 106v; **1549** de rectoriis . ., monasteriis . . seu aliis ~is locis *Conc. Scot.* II 100. **g** tum pius alloquitur tali cum voce catervas ALDH. *VirgV* 1585; c**750** (8c) auribus percipiant vocem clementissimi Judicis inquientis ad pios: 'venite . . Patris mei percipite regnum . .' *CS* 160; c**763** (12c) audiant vocem clementissimi Arbitri, inquientis ad pios *CS* 194; Princeps pacis factus est in pace piorum J. FORD *Serm.* 67. 5.

2 (of God or Christ, w. ref. to goodness towards mankind) benevolent, kind, merciful; **b** (transf., of his actions or attributes).

exultationem pio omnium Patri Deo sanctorum tua salus servanda prestaret GILDAS *EB* 34; **672** ingressurus tripudium a Prosatore pio promereatur ALDH. *Ep.* 5 p. 492; hic quoque commemorat metrorum comma Philippum, / quem pius aethrali ditavit gratia Christus *Id. CE* 4. 8. 2; rogavit ut apud misericordiam pii Conditoris impetraret BEDE *HE* IV 9; c**763** (12c) pius . . Deus non quantitatem muneris sed devotionem offerentium . . inquirit *CS* 194; ipsum . . potentem / esse, vel esse pium, jure fatemur idem / . . / cumque Deus sit, et hic et ibi sit totus ubique, / est et ubique potens, est et ubique pius L. DURH. *Dial.* III 268, 272; **1166** vix tanti debetis facere animam vestram ut non . . experiamini quid per humilitatem vestram dignetur efficere pius Jesus J. SAL. *Ep.* 182 (179); pius est Dominus, nec vult mortem peccatorum, . . nec ipsi difficile erit misereri J. FORD *Serm.* 102.5; **1459** ad reddendum Deum pium magis, ac propitium, peccatis eorum *Reg. Whet.* I 326. **b** nam mihi versificum poterit Deus addere carmen / inspirans stolidae pia gratis munera menti ALDH. *Aen. pref.* 15; [Deus] qui cunctis praemia pensat / seu pia perfectis seu certe saeva profanis *Id. VirgV* 282; tunc linquente Deo torrentum marmora glauca / ac ripas lustrante piis cum passibus amnis *Ib.* 427; tacta est repente gravissimo corporis morbo, et per annos novem pia Redemtoris nostri provisione multum fatigata BEDE *HE* IV 9.

3 characterized by loyalty or faithfulness, dutiful, loyal, faithful. **b** faithful (to ties of friendship, kinship, or association), affectionate, fond, loving; **c** (transf.).

dum maculare student armis pia foedera regni ALDH. *Aen.* 96 (*Elefans*) 3; p**675** pacem . . religionis pia concordia copulat *Id. Ep.* 4 p. 482; **796** pio pastori condecet magnam commissi sibi gregis curam habere ALCUIN *Ep.* 94; acclamabant pium . . laborem residibus ob inscitam juvenculis potissimum profuturum OSB. GLOUC. *Deriv.* 4; **1170** piissimi . . officiales domini regis provida nimis cautela et perniciosa nobis circumspectione precaverant J. SAL. *Ep.* 300 (305 p. 714); judex cum fueris, justus, pius esto, fidelis D. BEC. 1484. **b** redi . . ad piissimum patrem, qui . . occidere consuevit vitulum filio saginatum GILDAS *EB* 29; Johannes . . quem Salvator . . inter ceteros peculiariter pio dilexit affectu ALDH. *VirgP* 23 p. 254; a**705** sacrosancto abbati Aldhelmo . . Aedilwaldus tuae piae paternitatis supplex alumnus . . salutem (ÆTHELWALD) *Ep. Aldh.* 7 p. 495; condolui vobis, et concussa sunt viscera mea pio compassionis affectu P. BLOIS *Ep.* 16. 59C; **1287** piam considerantes affectionem quam . . habuit ad scolares domus de Balliolo *Deeds Balliol* 281. **c** ut . . genetrix . . sancta poposcit, / cum pia . . pulsaret carta magistrum ALDH. *VirgV* 2190.

4 kind, compassionate.

salutantes illum verbis . . piissimis apostoli dicebant . . BEDE *HE* IV 14; pieticus: pius, compassivus, propitius, misericors OSB. GLOUC. *Deriv.* 473; mundo mortificatos impietate piissima feliciter exulare compellunt GIR. *TH* I 12 p. 36; signa . . calide mulieris et que libenter coit . .: . . in animo superba, alteri crudelis et non bene pia M. SCOT *Phys.* 4; quam rigidus ad potentes, quam pius ad pauperes, et quam justus ad omnes *V. Edm. Rich C* 609.

5 (as honorific cognomen of Roman emperor Antoninus).

Antoninus Pius regnavit annos xxiij THEOD. *Laterc.* 25.

6 (anat., *~a mater*) inner cerebral membrane.

W. CANT. *Mir. Thom.* IV 26 etc. (v. mater 10b).

7 (illustration of compar. & superl. forms).

piissimum GILDAS *EB* 29 (v. 3b supra); pientisimus *Conc. HS* I 164 (v. 1b supra); **679** piissimis (v. 1c supra); pius, -a, -um comparatur magis pius, piissimus; si diceremus pior nimium faceret hyatum et absonum esset OSB. GLOUC. *Deriv.* 424; **1170** piissimi (v. 3a supra); pientissimo ANDRÉ *Hen. VII* 72 (v. 1c supra); pientiores BEKINSAU 741 (v. 1a supra).

1 pix [CL; cf. πίσσα]

1 resinous substance obtained by distillation of tar, pitch (usu. of vegetable rather than mineral origin); **b** (w. ref. to *Is.* xxxiv 9); **c** (w. ref. to *Sir.* xiii 1); **d** (as type of blackness; also fig.). **e** (dist. acc. use); **f** (w. ref. to tarring and feathering as form of punishment); **g** (in list of spices).

pix, picis, *pic GlC* P 425; firmavit . . scrinium intus et foris cum pice et cera et stetit in litore maris portans scrinium in manibus suis *Descr. Constant.* 253; cum sevus furor Caldaici regis . . ipsam . . fornacem pice ac ceteris ignium fomentis succendi omnimodis elaborasset DOMINIC *V. Ecgwini prol.*; ceteri . . super muros . . admota lignorum materia cum pice et lino et oleo et omnimodis ignium fomentis machine nostre injiciunt OSB. BAWDSEY clxxv; dum [Minotaurus] aperiret ad devorandum Theseum, Theseus picem in os ejus jecit, quam dum Minotaurus masticaret Theseus caput ejus gladio amputavit *Natura Deorum* 121; quesumus . . / . . pice ne cruciemur Averni *V. Anselmi Epit.* 179; pix [TREVISA: *pycche*] pini lacryma est, per coctionem ignis cum nigredine indurata BART. ANGL. XVII 123; c**1300** pix et hedera simul coquantur, capud radatur, et in panno lineo super capud involvatur *Pop. Med.* 232; alchitram, i. pix *SB* 9; kitran, i. pix *Alph.* 88; hec pix, -cis, *pyk WW*. **b** torrentes in picem et fumus in sulphur et terra in picem ardentem eis convertetur, et in sempiternum non extinguetur HON. *Spec. Eccl.* 940D. **c** a convictu mores formantur, et qui picem tangit coinquinabitur ab ea GIR. *TH* III 24; si is qui tangit picem inquinatur ab ea J. FORD *Serm.* 119. 2. **d** c**1220** vicium est in opere: virtus est in ore. / picem tegunt animi niveo colore (*Contra Avaritiam* 10) *Pol. Songs* 14; tunc pix erit candida / . . / flamma fiet gelida WALT. WIMB. *Van.* 102. **e** **1184** pro hairis et pice et sepo ad parandam navem . . que abiit in Hyspanias in servitio regis *Pipe* 136; **1280** in olla et pice ad dolia emptis, j d. *Ac. Stratton* 111; **1297** in balistis et quarellis preparandis et renovandis hoc anno, iiij s. j d.; in canabo ad cordellas, cera, pixe, et cepo emptis ad idem, ix d. dim. *Ac. Cornw* 65; **1307** in uncto, melle, atramento, *vertegres*, sulphure, coperosio, cera, et pice pro equis infirmis *Ac. Durh.* 505. **f** s**1190** latro . . tondeatur . . et pix bulliens super caput ejus effundatur, et pluma pulvinaris super caput ejus excutiatur *G. Ric. I* 110. **g** tollite totum frumentum nostrum et omnes species quas habemus de diversis rebus, piper, picem, cinamomum, et reliqua *Descr. Constant.* 253.

2 (dist. acc. sort): **a** (*pix alba*) resin. **b** (*pix cedrina*) cedar-pitch. **c** (*pix dura*) dried or hard resin. **d** (*pix Graeca*) colophony, 'Greek pitch'. **e** (*pix liquida*) tar, turpentine. **f** (*pix navalis*) pitch esp. suitable for applying to ships, 'naval pitch'. **g** (*pix perasi*, *pix Persica*, *pix presia*, *pix purcia*) colophony, 'Greek pitch'. **h** (*pix resina*) pine-resin. **i** (*pix usualis*) 'ordinary' pitch.

a resina, i. pix alba, *rosin SB* 36. **b** cedrus harbor unde fit pix cedrina *Alph.* 36. **c** pixassera [i. e. πίσσα ξηρά], i. pix dura *Gl. Laud.* 1193; pixaxera, pix dura OSB. GLOUC. *Deriv.* 480. **d** alio . . modo componitur dura, et alio modo liquida, et a multis colophonia vel pix Greca [TREVISA: *picche of Grees*] dicitur, quia in Graecia in quantitate maxima invenitur BART. ANGL. XVII 123; pix Greca pulverizata GILB. III 158v. 2; colofonia, pix Greca idem *SB* 16; colophonia, i. pix Greca vel pix presia *Alph.* 42. **e** itrio pissa, i. pix liquida *Gl. Laud.* 824; quidam [sc. liquores] . . per exustionem ignis . . acquiruntur, ut colophonia, pix liquida [TREVISA: *neisshe pyche*], oleum juniperi, et similia BART. ANGL. XIX 51; accipe salem et fuliginem et oleum commune et picem liquidam, tere omnia simul GILB. II 83v. 2; **1349** (v. 2e infra); recipe salis, fuliginis, olei olive, picis liquide equo pondere, tere hec omnia, et fac unguentum . .; in conficiendo est fetor propter picem liquidam, i. *carpit* [l. *tarpic*] Anglice GAD. 131. 1; alquitran, pix liquida idem *SB* 10; pix liquida, picula idem, *terpiche SB* 34; pix liquida, est terebintha *LC* 257. **f** in pice navali resoluta bulliendo GILB. II 83v. 2; **1349** xx li. picis navalis, xxxvj li. picis liquide, . . xlv li. rosyne, . . xviij li. colofonie (*KR Ac* 391/15) *Arch.* XXXI 71; pix: picis multa sunt genera, sed quando simpliciter de navali intelligitur *SB* 34 (cf. *Alph.* 145: pro usuali intelligitur). **g** colophonia, i. pix Greca vel pix presia [v. l. Persica] *Alph.* 42; pix Greca, i. colofonia idem et pix perasi *Ib.* 145; pix purcia, respice in pix Greca *Ib.* 146. **h** gummi pini, i. pix resina, i. sagapinum vel serapinum secundum quosdam *SB* 23. **i** picis multa sunt genera, et quando simpliciter ponitur pro usuali intelligitur *Alph.* 145 (cf. *SB* 34: de navali intelligitur).

3 solidified fat, suet, tallow.

pice, saevo [i. e. sebo], *unamaelte smeorwe GlC* P 400.

4 (bot., *pix marina*) ? rosemary (*libanotidos*), or ? *f. l.*

coniza tres habet species, viz. coniza lata vel armentalis, secunda libanotis sive pix [? l. ros] marina, media coniza cephaleos vel thimus minor *Alph.* 43.

2 pix v. pyxis.

pix- v. et pyx-. **pixare** v. pyxare. **pixassera, pixaxera** v. pissa. **pixedis** v. pyxis. **pixidicula** v. pyxidicula. **pixidis, pixis** v. pyxis. **pixus** v. pyxis. **plac-** v. et. plat-. **placa** v. plata.

placabilis [CL]

1 that can be appeased or placated, ready to forgive, placable.

designabat . . Deum esse ~em *Comm. Cant.* I 295 p. 354; c**1074** superbis austeram humilibus ~em vestram celsitudinem ostendatis LANFR. *Ep.* 37 (9); c**1167** benignitatem . . principis vobis ~em fore non dubito J. SAL. *Ep.* 189 (186 p. 228); ut . . mansuetis . . et obedientibus ~em se et benivolum ostenderet *Chr. Battle* f. 103.

2 calculated to appease or placate, placatory. **b** that intends to appease or placate, that offers placation or propitiation, placatory. **c** marked or characterized by placation or propitiation. (Some quots. might also be construed w. sense 3).

ignis . . praenotavit in sacrificiis perfectionem Deoque ~em, ut in Abel factum est *Comm. Cant.* I 103; sis benedictus in ordine sacerdotali, et offeras ~es hostias pro peccatis atque offensionibus populi omnipotenti Deo EGB. *Pont.* 23; si . . tam nove tamque cruente conquisitionis . . partem ~em Deoque placentem laudabili largitione contulissent GIR. *EH* II 9. **b 836** pro redemptione animae meae ~e atque dilectabile mente praedicta loca liberabo *CS* 416. **c 1167** docens annum ~em Domino . . jam advenisse J. SAL. *Ep.* 219 (219 p. 376).

3 pleasing, acceptable, satisfactory (w. dat. of person to whom a thing is pleasing; some quots. might also be construed with sense 2); **b** (w. *pecunia* or sim.). **c** (of person or part of body) pleasing in form or appearance, pleasant, agreeable, dear; **d** (in mus. context). **e** (as sb. n. pl.) pleasing things, actions, or qualities.

erat Deo ~e donum, quod religiosi reges tam multas terras Deo . . conscripserunt EDDI 17; vir sanctus . . Deo amabilis et omni populo ~is ALCUIN *WillP* 24; **847** (9c) id est me ad habendum et ad perfruendum . . et iterum qualicumque prout me [*sic*] ~is sit aeternaliter relinquendum *CS* 451; c**853** (9c) nisi prius digna satisque placavili factione Deo et hominibus emendare voluerit *CS* 467; quem fecisti gradu episcopali sublimem, fac operum perfectione tibi esse ~em EGB. *Pont.* 6; **1175** reddet . . rex Connacte domino regi Anglie . . de singulis decem animalibus unum corium ~e mercatoribus *G. Hen. II* I 102 (=R. HOWD. II 84); **12..** in quibus x acris predictis in bona seysina et ~i fui donec ipse me disseysiavit *SelCWW* cxcix; **1329** dabunt pro dicta terra singulis annis . . in granario quinque celdras ~is farine avenatice et alias quinque celdras mundi ordei et puri *Reg. Aberbr.* II 2; que fert extraneus sunt placabilia *G. Ed. II Bridl.* 27; c**1413** desiderant cordis mei intrinceca de status vestri circumstanciis rumores placibiles exaudire *FormOx* 421 (cf. *Dictamen* 374: ~es); **1424** indubia spe tenentes quod . . sequetur . . temporis intemperiem aura ~is et tranquilla BEKYNTON I 281; honorabilium antecessorum gesta laudabilia ad memoriam reducentes, non solum presentibus ea que preterita sunt ~ia recitando proficimus *Plusc. pref.* p. 3. **b** magorum quaesivit adjumenta duorum, quibus pecuniam promittendo ~em, illi fecit eos insidiasse *V. Greg.* p. 97; **805** (9c) pro ~i pretio *CS* 321; **863** (9c) pro ejus placavili atque conpetenti pecunia quam ab eo accepi *CS* 507; c**930** (10c) nisi cum satisfactione et pecunia ~i . . iterum adquirat *CS* 648; **1012** pro amabili obedientia ejusque ~i pecunia quam michi . . detulit *Ch. Burton* 35; s**1002** rex . . utile duxit . . Danis . . stipendium dare, et ~e tributum solvere FL. WORC. I 155. **c** manus, manus mirabiles, / multum pedes placibiles [*sic*], / tibiae cursu teretes / tam fortes, ut sonipedes / saepe sequantur cursibus / salientes praepetibus (ÆTHELWALD) *Carm. Aldh.* 5. 46; aveto, placidis praesul amabilis, / . . / Augustine placabilis WULF. *Poems* 165. **d** sunt et duo regule appellate ~es que dantur gradibus, quarum prima datur gradibus descendentibus, secunda vero ascendentibus HOTHBY *Contrap.* Fa 102. **e** c**800** illa mens maxime Deo placet, cui omnia Dei ~ia placent ALCUIN *Ep.* 198 p. 328; **1431** quibus ad seducendum populares et simplices . . miscent aliqua prima facie placibilia *Cl* 281 m. 6*d*.

placabilitas [CL], readiness to be placated or to forgive, placability.

nihil laudabilius preclaro viro, nihil prestantius, ~ate atque clementia GIR. *PI* I 7 p. 25.

placabiliter [CL]

1 in a placatory or conciliatory manner, so as to please or placate; **b** (w. ref. to *Gal.* ii 14).

tutissime rex, cum status disparitas ac gradus sublimitas vestra mandata dilatent in omnibus ~iter perficienda, attamen, spiritualibus oculis aspectus et affectus conspicite ad superna *Regim. Princ.* 167. **b** oportet credere quod Petrus et omnes istius simulacionis participes non recte, i. ~iter, ambularunt WYCL. *Ver.* III 184.

2 in a manner showing ability or readiness to be placated or reconciled.

fer opem . . doloribus nostris, ut dum carnalia delicta clementer arguis, medicamentum animae ~iter largiaris ALCUIN *Liturg.* 558D.

placamen [CL], means of placating or appeasing (in quot. w. ref. to recurring payment or tribute).

1353 Balykynel in dominio domini Nicholai de Coursy debet j li. cere per annum de ~ine *Pipe Cloyne* 40.

placare [CL]

1 to make favourably disposed, appease, conciliate, placate; **b** (w. abstr. obj.). **c** (w. dat. or *ad* & acc.) to make favourably disposed toward, reconcile with. **d** (w. dat.) to restore to the favour of, reconcile with.

simul . . ostendens quomodo ~aretur GILDAS *EB* 42; nisi sanguine Iphigenie ~ari poterat *Natura Deorum* 188; scorto nemo plăcet nisi dextram munere plācet SERLO WILT. 2. 94; facturi . . aliquid ante adversos ~amus deos ALB. LOND. *DG* 9. 13; personam dantis pensat natura tonantis, / placatur donis Jupiter ipse datis WALT. ANGL. *Fab.* 22. 16; **1333** volumus quod . . nobis . . copiam [sc. dicte inhibitionis] . . transmittatis, scientes quod per talem missionem in inmensum poteritis nos ~are *Lit. Cant.* II 11. **b** irritat ausu temerario Salvatoris clementiam, quam suscepte peregrinationis devotione ~are debuerat *Mir. Fridesw.* 46. **c 957** (13c) dum . . rimabar quibus vel qualibus carismatibus supradictum regem Eadwig mihi ~are potuissem *CS* 997; hominem placat yrundo sibi WALT. ANGL. *Fab.* 25. 8; Domini mei Jesu inconsutili tunica . . iniquus iste vestitur; omnem hominem ad se ~at *Flor. Hist.* I 112. **d** et vultum serenissimum / fac nobis placatissimum / cum nos ei placaveris J. HOWD. *Cyth.* 140. 12.

2 to calm or soothe (in quots. w. sea as obj.).

cum orationem conpleret, simul tumida aequora ~avit BEDE *HE* V 1 p. 282; ave, placans mare, / sidus salutare, / micans melius J. HOWD. *Sal.* 33. 1.

3 (leg.) to make restitution for (an offence) as result of a judicial decision (in quot. pass.).

si . . forefacturam fecerit que pecunia ~ari possit, ad magis quam ad suum *were* judicari non debet (*Lib. Lond.* 3) *GAS* 673 (=*MGL* I 674).

placatio [CL]

1 act of placating or appeasing, appeasement, (re)conciliation. **b** (in gen. w. *hostiae* or *officia*, in eccl. contexts; *cf. Psalm.* xlviii 8, *Sir.* lii 10, *I Macc.* I 47); **c** (w. *sacrificium* in transf. context).

814 (11c) sic firmam pacem atque ~onem inter nos omnium undique discussis convitiorum obstaculis constituti sumus *CS* 350; statim precibus impletis . . rex . . adprehensa ejus [sc. S. Dunstani] dextera, causa ~onis . . osculatus est illam B. *V. Dunst.* 14 p. 25; mea vobis . . placeat quam elegerit censura vestra ~o MAP *NC* V 4 f. 62v. **b** offer . . pro nobis hostias ~onum . . quibus expiati te . . sequamur ad sancta sanctorum ADEL. BLANDIN. *Dunst.* 12; s**1340** facientes pro nobis missas et alia pie ~onis officia misericorditer exerceri (*Lit. Regis*) AVESB. 313; **1359** eo felicior sit progressus, quo piis apud Deum suffulti fuerint ~onum officiis *Conc.* III 44a; **1454** ipsam dominationem per hostias ~onum Deo offerre *Lit. Cant.* III 215. **c** de capitibus adversariorum Christi pie ~onis sacrificium offerre G. COLD. *Durh.* 8 p.13.

2 (~*o publica*) gathering or assembly for conducting judicial or legislative business, folkmoot (*cf. placitatio* 1, *placitum* 2e).

c**1350** quod negotium in puplicis ~onibus ponere consentirent (*Reg. Roff.*) *MS BL Cotton Faustina B V* f. 5.

placativus [CL placatus + -ivus], that placates, conciliatory, placatory (in quot. w. gen.).

confessio . . est . ire Dei ~a *Spec. Laic* 20.

1 placatus [CL]

1 appeased, placated, reconciled; **b** (w. dat.) reconciled with or toward.

~us, *gesibbad, geþingad GlS* 213; post Cantuarie nocturnam principis peregrinantis penitentiam, propitiante nobili martyre Thoma lacrimis et devotione jam ~o GIR. *EH* I 45. **b** promittens se multum illi esse ~um, dummodo ille residens ad epulas tristitiam deponeret BEDE *HE* III 14 p. 157.

2 pleased, satisfied.

multe sunt facte mutaciones episcopatuum in Anglia, nam vix ullus de suo beneficio ~us *Eul. Hist.* III 232; rex . . Scocie, ~us summe in hiis *Plusc.* XI 3.

3 kindly, gracious, merciful.

vite fons indeficiens, / sumas placatus hodie / munus exilis hostie J. HOWD. *Cyth.* 44. 4; et vultum serenissimum / fac nobis placatissimum / cum nos ei placaveris *Ib.* 140. 11.

2 placatus [cf. OF *placart*, Eng. *placcate, placket*], placard, piece of plate-armour (esp. breast- or back-plate, worn for additional protection over or under the cuirass).

1322 j par plac' cum ferro duorum bacinettorum . ., j par placat' et pro clavis et clavatura . ., j par plac' et uno bacino *Rec. Leic.* I 340.

placca v. plecca. **placcutem** v. 1 placens. **placea** v. platea.

placeagium [OF *plaçage, plassage*], right of lord to place his livestock or other merchandise for sale freely in the fairs or markets of the lordship, 'right of place'.

1444 officium prepositure ville nostre de Leybourne .. ac plassagia dicte ville .. una cum sporliis, censibus, redditibus .. eisdem officiis et plassagiis debite pertinentibus *Pat* 459 m. 3 (cf. *CalPat* 332).

1 placens [CL], that pleases or finds favour, pleasing, agreeable; **b** (in mus. context); **c** (as sb. n.).

vir .. quantum pro industria exteriori regi ~ens, tantum pro interna suimet neglegentia displicens BEDE *HE* V 13 p. 311; hostia viva, Deo placensque per omnia summo WULF. *Brev.* 541; quanto sunt [sc. leprosi] despicabiles abjectius et intolerabilius improbi, tanto se sperat obsequium prestare Deo ~encius MAP *NC* V 5 f. 66v; cecatus ex superbia judicat racione et appetitu corruptis, quod sit melius, hoc est ~encius WYCL. *Ver.* III 217; filium suum .. genuit, virum sanctum et Deo †placcutem [l. placentem] *NLA* I 504; s1454 de fratribus .. qui subtraxerunt se ab obediencia abbatis .. procuraruntque sibi ~enciorem modum conversandi *Reg. Whet.* I 146. **b** quando in principio habet punctum delectabilem sive ~entem tardo modo sumptum *Mens. & Disc.* (*Anon. IV*) 83; juxta septem dona Spiritus Sancti est septimus modus .. magis voluntarius et ~ens *Ib.* 85; pone colores loco sonorum proportionatorum ignotorum, et quanto magis colores, tanto sonus erit magis notus, et si fuerit notus, erit ~ens GARL. *Mus. Mens.* 16 p. 97. **c** s1459 ut potenciores .. deponerent, exaltarentque alios qui .. magis humilia ac .. ~encioria de ipsis dominis in regiis auribus insusurrarent *Reg. Whet.* I 337.

2 placens v. placenta.

placenta [CL; cf. πλακόεις], **~um**

1 sort of bread or cake (usu. flat and round), wastel, simnel, flawn, pancake; **b** (her., w. ref. to torteau, roundle, small circular figure that represents a cake or loaf of bread); **c** (fig.).

11.. hec ~a, *fouace*, i. *gastel WW Sup.* 73; c1150 dederunt .. mihi .. unum panem conventualem et alium de secundo pane, liba, ~a de celario monachorum in festis majoribus *Reg. Malm.* II 325; panis tria genera aposita sunt: azimus, hiffungia, ~a [*gl.*: *simenel, wastel*] BALSH. *Ut.* 48; ~e [*gl.*: *symeneus, simenel*], et flamicie, et ignacie jacent ante fenestras aucionariorum GARL. *Dict.* 126; hec ~a *flaon Gl. AN Ox.* 276; ~e sunt panes facti de pasta azima per quoddam artificium et dicuntur a placeo, -ces, G. et A. *crampastes Alph.* 137. **b** pilam rubram .. Gallice *un torteau*, hoc est libum seu ~um, vocarunt, reique frumentarie copiam significare aiunt SPELMAN *Asp.* 113. **c** multum fermenti vestra placenta tenet L. DURH. *Dial.* II 144.

2 kind of flatfish, plaice.

ista precipue pitancia taliter ordinatur quod quociens de ~ibus debet procurari, ferculum ex illis unam et dimidiam debet continere *Cust. Westm.* 76; 1309 dominus habebit similiter qualibet seisona per annum viij placent' pro j d., et viij brem' pro j d., et j reiam pro j d. *IPM* 16/9 m. 6; 14.. sex ~e, vel sexdecim allecia frisca, vel unum magnum congrum, vel duo parva AMUND. II *app.* 317.

placenter [CL placens+-ter]

1 so as to please, pleasantly, gladly.

c1340 id quod uni prosit ac cedat ad honorem, studet alter pro viribus votiva promptitudine ~er adimplere *FormOx* 283; s1422 lex justa censetur et racionabilis, cum taxam a superiore impositam ~er admittunt subditi AMUND. I 85.

2 so as to show favour, favourably, indulgently, kindly.

1300 nolentes .. contra vos inordinatis quorundam affectibus et blandis induccionibus prima facie ~ius acceptare quod tanquam asperum, nocivum, et detestabile posset ex majori noticia injurium imposterum displicere *Reg. Cant.* I 372; a1440 etsi .. non mane set vespere jam librum deferens ad vos accedit noster nuncius, librum .. et nuncium velitis .. ~er admittere *Reg. Whet.* II 447.

3 so as to appease or placate, appeasingly.

si reus in facto eis ~er voluerit emere culpam suam, evadet testificatus ab eis immunis et mundus WYCL. *Sim.* 99.

placentia [CL]

1 that which pleases one, pleasantness, pleasure.

color est pulchritudo soni vel objectum auditus, per quod auditus suscipit ~iam GARL. *Mus. Mens. app. P* 15. 10 p. 95; virgo .. / dola linguam hanc imperite / in sonantis lyram placentie J. HOWD. *Ph.* 3; hec dum scribis, amor eximie, / librum facis mire placentie *Ib.* 562; ~ia [ME: *licunge*] .. exterior, [sicut] corporis sanitas, cibus, potus, vestimentum sufficiens, et quidlibet hujusmodi carni placens *AncrR* 60; *a plesance*, ~ia, placitum *CathA.*

2 condition of being pleased, delight, pleasure, pleasance. **b** (*facere ~iam* w. dat.) to do one's pleasure, be at one's command.

ad minus .. fuit in illa vi que fuit superior; ergo fuit ibi delectatio et ~ia HALES *Qu.* 245; non enim placet ut fiat quod permittitur, quia non est causa mali, sed cum fit beneplacet propter bonum universi. nonne est ex ~ia antecedente? nonne beneplacet Deo ut sit bonum universi? GROS. *Quaest. Theol.* 202; cum .. volo velle ~ia est, ad quam .. sequitur delectatio et fruitio, que est ~ia finalis et completa *Ps.*-GROS. *Summa* 478; admonendus est pauper non solum de sufferentia paupertatis sed de ~ia et acceptione, ut enim ait Seneca .. 'honesta res et leta paupertas' J. WALEYS *Commun.* III 4. 2; 1374 parati .. facere quicquid poterimus, quod vobis cedere poterit ad ~iam, vel honorem, ad regimen gregis vobis commissi *Pri. Cold.* 45; Susanna in castitate .. perpetualiter ad divinam ~iam ocularem convertit aspectum *NLA* II 77. **b** 1437 fidele desiderium [quod] idem Johannes consanguineus noster habet ad faciendum nobis servicium et ~iam in hac parte *RScot* 299b.

3 pain-demeine, white bread of good quality (cf. *dominicus* 5);

hec ~ia .. *a payman WW.*

4 (as place name) Piacenza.

una est addita de Beata Maria in concilio Urbani habito ~ie R. NIGER *Chr. II* 132; 1277 subtiliter computarunt per providos viros R. M. de Luca de societate Ricciardorum, F. D. de societate filiorum Bonsignoris de Senis, et Fulconem de societate Scottorum de ~ia, mercatores (*Collect. Papae*) *EHR* XXXII 73.

placentula [CL placenta+-ula]

1 small flat bread or cake.

1287 debent xxxij ~as, et valent v s. et iv d. *Reg. Gasc. A* I 74; 1310 Johannes P. burgensis .. facit certum deverium domino .. regi in adventu apud X., sc. unum pitallum vini cum una plassentula et j d. Tur' *Reg. Gasc. A* I 27; imposterum .. cavendum est, ne hunc novum inferorum deum, tam irritabilem irritemus, sed in os Cerbereum conjectis offis, conemur placare ~is (*Responsio ad Lutherum*) MORE *Opera* 406.

2 (her.) torteau, roundle, small circular figure that represents a cake or loaf of bread.

cyanee ~e tres, circa cantherium concolorem, in aureo scuti solo, sunt equestris familie Clepoolorum UPTON *app.* 91.

placentum v. placenta.

1 placere [CL]

1 to be pleasing or acceptable (to, w. dat.); **b** (gdv. treated as act.).

haec Deo ~uisse non ambigo BEDE *HE* III 17; rex modo ex ipsis potest facere quod sibi ~uerit *DB* II 17b; ejus mater humus placitus thorus est fodiente / zelotipo, quod ei sit turpe placet futuenti D. BEC. 2044; scorto nemo plācet nisi dextram munere plācet SERLO WILT. II 94; videns [Herodes] .. quia ~eret Judeis de nece Jacobi, apprehendit etiam Petrum M. PAR. *Maj.* I 99; pone sub numero secundum quod melius competit et ~uerit voluntati juxta appetitum alicujus modi supradicti *Mens. & Disc.* (*Anon. IV*) 85. **b** molles deveniunt tales, qui dura solebant / ordinis ex voto ferre placenda Deo GOWER *VC* IV 714.

2 (impers.); **b** (w. inf.); **c** (w. *ut* or *quatinus*). **d** (*quantum ~uerit*) as much as would be pleasing, to such an extent as one would wish. **e** (*si ~et, ut ~et*). **f** as accords with one's opinion.

853 unum aratrum .. sivi avendum et possidendum .. et post dies ejus cuicumque hei eredi [l. heredi] ~uerit derelinquendum *CS* 467; p960 (10c) quando ei visum et ~itum fuit [OE: *þa him eft geþuhte*], accepit firmam suam in Vuldeham *CS* 1098. **b** ~uit eidem abbatissae levari ossa BEDE *HE* IV 19; haec .. excerpta .. nostris ad utilitatem legentium historiis indere ~uit *Ib.* V 17; c762 (12c) ~uit mihi hanc paginam condere *CS* 194; docendo .. verbis Grecissare nec ~et nec convenit, quare non ex his que de arte docendi sunt sciendum BALSH. *AD* 56; ~uit excellentie vestre .. me .. in Hiberniam .. transmittere GIR. *TH pref.* p. 20; 1220 ~uit eidem S. postnato filio melius promoveri in ecclesiam illam quam uxorem ducere *SelPlCrown* 136. **c** intellexit quia ~eret Deo ut benediceret Israeli *Comm. Cant.* I 437; si .. papae hoc ut fieret ~eret BEDE *HE* II 1; 798 (12c) ~uit mihi .. quatinus ipsa Cynedrytha .. daret michi .. terram centum et decem manensium *CS* 291; ~et .. utrisque ut carnis exercende gratia Jerosolimam adeant *V. Gund.* 4; dum .. ~uisset ei qui eum segregavit de utero matris sue .. ut fieret vas electum in numero sanctorum *V. Edm. Rich B* 618. **d** quintus supra quartum crescit per duo plus, et sic de singulis ordinibus, quantum ~uerit, crescendo semper per duo *Mens. & Disc.* (*Anon. IV*) 24; et sic procede in primo modo, quantum ~uerit *Ib.* 74; sumatur una longa cum duabus cum proprietate et perfectione et longa pausatione, et sic quantum ~uerit .., tres cum una brevi in fine et debita pausatione, et sic quantum ~uerit servando imperfectionem GARL. *Mus. Mens.* 5 p. 60; possunt [sc. dissonantie] sumi in infinitum sicut et concordantie, sc. semitonium cum diapason .. usque ad bis diapason et ulterius quantum ~uerit *Ib.* 9 p. 72. **e** nunc igitur si ~et .. ipsa mundi consilia perquiramus THEOD. *Laterc.* 1; 705 utere prudenti consilio ut vel consentiam voci deprecantium si ita ~uerit vel subter fugiam et me ipsum a conloquio [hujus] concilii subtraham si ita justum judicaveris WEALDHERE *Ep.* 23; Azor tenuit, et serviebat ut episcopo ~ebat *DB* I 174ra. **f** stultum est dicere .. 'lingue' pro 'linge', et, ut Servio ~et in IX Aeneidos, 'ungue' pro 'unge' ABBO *QG* 10 (24); aliter in E per ditonum, quod quibusdam ~et, quamvis improprie *Mens. & Disc.* (*Anon. IV*) 71.

3 to choose or be pleased to do something (w. inf.).

a1307 ad quartam precariam, quod vocatur *hungerbedrip* .. habebunt .. j ferculum secundum quod serviens illius loci providere ~uerit, et caseum *Cust. Battle* 54.

4 (*~ebo* as sb.): **a** vespers in the Office for the Dead (from opening word of first antiphon, *cf. Psalm.* cxiv 9). **b** flatterer, sycophant (also as name of allegorical figure).

a decretum fuit ut ~ebo et Dirige cantarentur sollempnius solito, sc. cum magnis campanis pulsatis BRAKELOND f. 147; c1220 precipio .. ut quilibet rector .. et vicarius habeat in ecclesia sua librum qui dicitur Manuale in quo contineatur .. ~ebo, Dirige, et servicium sepulture (*Const. Lond.*) *EHR* XXX 296; 1304 ~ebo, Dirige, et Commendacionem jugiter dicant prout decet *Mem. Ripon* I 120; 1366 lego .. presbyteris cantantibus ~ebo et Dirige pro anima mea cuilibet cantanti xij d. *Test. Karl.* 180; 1431 celebrabimus .. annuatim anniversarium ipsius R. .. cum ~ebo et Dirige (*Carta Abbatis*) AMUND. I *app.* 451; 1503 anniversarium cum exequiis mortuorum, viz. ~ebo et Dirige *FormA* 339. **b** c1386 Placebo *seyde O Januarie brother* G. CHAUCER *Merchant's Tale* 234; 1426 *Fflateryng .. somme callen hir* ~ebo, *ffor sche kann maken an eccho answere evere ageyn the same* J. LYDGATE *De Guileville's Pilgrimage* 22417.

2 placere v. placitare 5b.

placesta v. placeta. **placet-** v. et. placitum.

placeta [OF *placet(t)e*], small place, small piece or parcel (of land).

una ~a pasture .. duas ~as pasture .. duas placestas pasture *MS PRO* C. 115/58. G. 29/4030; ego Hamundus Urri dedi .. unam ~am terre mee in vico versus Dustelee .., cujus latitudo in fronte continet in se xvj virgas ferreas preter unum quarterium, et totidem a retro (*Cart. Leominster*) THOMAS BLOUNT *Nomo-Lexicon* (London, 1670) s. v. virga ferrea (=*Du C* VI 847).

placeum v. platea. **plachia** v. plancha. **placia** v. platea.

placide [CL], **a** in a kindly or indulgent manner. **b** pleasantly, agreeably.

a benedicat vos omnipotens Deus .. et vestram ~issime dignetur suscipere humillimam benedictionem EGB. *Pont.* 91. **b** artus infrigidas placide placidoque calore / letificas, placide singula membra foves NECKAM *Poems* 112.

placiditas [CL], serenity, gentleness, placidity.

1313 ex familiari conversatione, morum ~ate, et aliis virtutum donis .. excitati, hospitale S. Stephani .. conferimus *Reg. Durh.* I 476.

placidum v. 1 placitum.

placidus [CL]

1 disposed to please or gratify, ingratiating. **b** kindly, indulgent. **c** pleasing, pleasant, agreeable (*cf. placitus* 2); **d** (w. ref. to animal) not fierce, quiet, friendly. **e** (of plaice, w. play on *placius*, ME *plaise*, OF *plaïs*).

mentibus haec [sc. funalia] placidis .. cum tempore prisco / attribuere Deo ÆTHELWULF *Abb.* 628. **b** irato Apollini arcum et sagittas, ~o vero citharam assignamus ALB. LOND. *DG* 8. 16 p. 209. **c** artus infrigidas placide placidoque calore / letificas, placide singula membra foves NECKAM *Poems* 112; **1331** petitionem .. quam reputo Deo ~am *Lit. Cant.* I 373; **1365** ipse ~um rumorem de ortu Edwardi filii Edwardi principis Wallie .. intimavit *Pat* 272 m. 14; **1436** nos .. affectui suo in hac parte favorabiliter inclinati, remque sibi ~am agere volentes *Foed.* X 655; **1437** hanc .. gratiam sibi annuens, rem nobis gratissimam et ~issimam faciet apostolica celsitudo BEKYNTON I 7. **d** delphini .. et cocodrilli .. prelium inhierunt, cocodrillis victis ab animalibus ~is morsuque innoxiis GROS. *Hexaem.* XI 12 p. 319. **e** plecte, quam placidam dicunt, seu pectinis ossa / formam barriti pectinis instar habent / .. / utraque pars placido placido recreare sapore / vescentes poterit NECKAM *DS* III 435, 439.

2 calm, serene, untroubled, placid: **a** (of mind or feeling, also as sb. m.); **b** (of the sea or sim., also fig.).

a respondent omnes ~issimam se mentem ad illum et ab omni ira remotam habere BEDE *HE* IV 22 p. 262; rogaret ut .. patienter dolorem ac ~a mente sustineret inlatum *Ib.* 29 p. 278; aveto, placidis praesul amabilis / .. / .. / Augustine placabilis WULF. *Poems* 165; passa .. est consensu ~o venerem voluptatis ejus MAP *NC* II 12 f. 27. **b** ut .. ad orationis ~um [v. l. placitum] litus, quasi anchore fune restringerer *V. Greg.* p. 77; **1242** postquam naves nostras ascendimus .. mare .. placitum invenimus et tranquillum *RGasc* I 3a.

placita v. 1 placitum.

placitabilis [ML < 1 placitum+-bilis], pleadable: **a** (of person) able to sue or be sued in his own right in a court of law. **b** (of property) in regard to which legal action may be brought or suit made in a particular court or form of court. **c** that is disputed. **d** (w. *placitum*) liable to be pleaded or tried (in a spec. court of law). **e** (w. *breve*) by or in accordance with which legal action or suit may be brought, maintained, or defended in a court of law. **f** (*dies ~is*) day on which pleas are heard, day available for court business.

a s**1433** prior dictus placitans est ac ~is in persona propria, veluti plane liquet ex processibus variis .. sub suo nomine prosecutis AMUND. I 331. **b** **1337** terra illa est liberum feodum et ~is per breve ad communem legem *JustIt* 1413 r. 7*d*.; a**1391** manerium de B. .. est de antiquo dominico corone regis, et omnes terre et tenementa .. sunt ~ia in curia dicti manerii per breve regis de recto, secundum consuetudinem dicti manerii, et non ad communem legem *MonA* V 100b. **c** **1464** acta erant hec in monasterio de N. et super terras ~es .. presentibus ibidem providis et discretis viris *Reg. Newbattle* 291. **d** **1291** ad ipsam dominam reginam et ballivos suos .. pertinet omnia placita corone, et omnia placita que coram vic' et sen' sunt ~ia *RParl* I 69a. **e** **1282** brevia ~ia quibus indigniter eidem gratis habere fac' *PS* 1680. 78; **1291** petit predictum manerium sibi reddi habendum et tenendum .. absque brevi originali et ~i *RParl* I 66b; a**1329** nullus ejiciatur extra liberum tenementum suum .. sine brevi regis ~i, vel tali brevi quod adjacet (*Prima Stat. Rob. I cap.* 25) *RegiamM* II f. 34; **1331** idem abbas nec aliquis predecessorum suorum unquam habuerunt in curia ipsius abbatis placita de vetito namio, nec de frisca forcia, nec ~ia brevia in com' prout idem abbas clam' *PQW* 144a; nullus liber homo tenetur respondere domino suo in curia sua super hoc quod tangit liberum tenementum sine brevi domini regis ~i *Quon. Attach.* 25; quodlibet breve quod tangit liberum tenementum in London' .. si sit ~e dirigitur majori vel custodi et vicecomitibus *Reg. Brev. Orig.* f. 2v. **f** in curiis illis, ad †quod [? l. quas] omni die ~i confluunt studentes in legibus illis FORTESCUE *LLA* 48 (cf. *CurR* XV 1567).

placitare [1 placitum+-are], **~ari**

1 to meet in or hold an assembly or moot.

rex et Godwinus die constituto ad ~andum Londonie convenirent ..; Godwinus .. placitum inire cum rege non audebat, verum nocte .. fugam iniit S. DURH. *HR* 167; statuto die condicto placito se ingerunt .. longos cultros invaginatos in abscondito secum gerentes; non in pacis consensu sed in dissensione magna ~atum est J. WORC. 45.

2 (leg.) to sue or be sued, to plead, to make or bring suit, to participate in or initiate a legal plea or pleading in a court of law; **b** (dist. from less formal response to accusation). **c** (w. dat., *contra, erga, super, versus*) to make or bring suit against, plead against, to plead in answer to a claim; **d** (fig., w. ref. to the Devil). **e** (w. *cum*) to contend with in a legal suit or plea. **f** (*dies ~andi*) day on which a case is heard, day available for hearing a suit.

ipse reclamat advocatum episcopum Bajocensem et praepositus suus inde noluit ~are *DB* I 30rb; a**1100** nolo ut Robertus episcopus ~et de omnibus terris et ecclesiis de quibus Remigius episcopus saisitus fuit die qua vivus et mortuus fuit *Regesta* I *app.* p. 140; in secularibus [sc. negotiis], postquam aliquis vocatus venerit et in foro ~ari ceperit, non licet ante peractam causam recedere (*Leg. Hen.* 5. 4) *GAS* 549; rex .. faciat .. ut revestiat episcopos de rebus suis, alioquin jure gentium dissaisiti non ~abunt W. MALM. *HN* 474; vulnerati .. quia sciverunt quod actor forum rei sequi debet, maluerunt silere .. quia nullo modo voluerunt venire in curiam S. Edmundi ad ~andum BRAKELOND f. 135; nemo ~ans pro communi promissione denarii vendicat illum denarium .. sed vendicat quod debetur sibi denarius WYCL. *Log.* II 62; quod ipse venire faciat coram eisdem justiciariis .. duodecim probos et legales homines .. qui neutri partium sic ~antium ulla affinitate attingunt FORTESCUE *LLA* 25; **1595** quod ipsi et successores sui per idem nomen ~are et implacitari .. possint .. in omnibus .. causis *Pat* 1431 m. 18. **b** **1221** venit et defendit totum sicut clericus, et non vult hic ~are, set sine placito vult dicere veritatem *SelPlCrown* 102. **c** quidam .. cujus cor plenum nequitiae .. die Kalendarum Maiarum ~aturus aderat cuidam acervo HERM. ARCH. 2; c**1110** precipio .. ne aliquis vestrum ullo modo de eadem Swintuna ~et aut respondeat ulli homini nisi ego ipse ore ad os vel meis litteris precepero (*DC Durh.*) *E. Ch. Scot.* 26; nullius contramandationem necesse est recipi si dominus ~at contra suum hominem de proprio placito suo (*Leg. Hen.* 59. 11) *GAS* 579; c**1140** curiam suam .. habeat et teneat ut alicui homini .. non ~et nec respondeat *Ch. Chester* 43; super Goduuinum coram multis principibus hujus patrie frequenter ~avit, eo quod injuste terras ecclesie possideret *Chr. Evesham* 81; **1384** dictum fuit eidem R. per curiam .. quod idem prior ~avit versus eum in barram executionis finis predicti *RParl* III 192b. **d** sciendum quia sic ~at diabolus contra hominem, quomodo improbus placitator contra alium aliquem *Simil. Anselmi* 74. **e** **1307** G. junior ~avit cum eodem R., et posuit se in juratam patrie *Year Bk.* I 2. **f** a**1135** die statuto ~andi et plegio quietandi *Chr. Abingd.* II 140.

3 to be able or obliged to make or respond to pleas in a spec. court of law (in expr. of privilege or restriction); **b** (*debere ~are*). **c** (w. ref. to land) to fall within the jurisdiction of a spec. court of law.

1052 quicumque de ecclesia aliquid tenuerit .. extra curiam ecclesiasticam coactus non ~abit, quamvis forisfecerit, nisi .. in curia ecclesiastica rectum defecerit (*Leg. Ed. Conf.*) *Conc.* I 311a; a**1133** cives non ~abunt extra muros †civitates [l. civitatis] pro ullo placito (*Ch. Hen. I*) *GAS* 525 (=*SelCh* 129); c**1285** extra burgum Oxonii non ~ent de aliquo unde calumniati sint, sed de quocunque in placitum ponantur se disrationabunt secundum legem et consuetudinem civium Londinii *MunAcOx* 784. **b** civis Lund' extra civitatis muros versus regem nec versus alium ~are debet (*Lib. Lond.* 3) *GAS* 673; **1196** dicit .. quod non debet .. ~are de ullo tenemento ecclesie sue nisi coram domino rege *CurR* I 23; **1200** nullus eorum debet ~are extra muros civitatis .. set disracionare se secundum libertates et leges civitatis Londonie *SelPlCrown* 39. **c** in D. hundred' jacent xiij hidae .. quae hic ~ant et geldant et ad Hereford reddunt firmam suam, et sunt scriptae in breve regis *DB* I 178ra.

4 (trans.) to make or bring suit against in a court of law, to implead. **b** (w. *super* & acc.) to plead (a monetary sum) against someone, to bring suit against someone for financial reparation. **c** to plead or present (a case, plea, or sim.) in a court of law. **d** to make or bring suit regarding.

a**1135** si burgensis calumniatus fuerit non extra burgum ~abitur nisi pro defectu curie (*Newcastle*) *BBC* 115; a**1184** justitia mea non ~abit burgensem sine burgense teste (*Swansea*) *Ib.* 249; **1200** abbas de P. ~avit illum Simonem .. de terra illa in curia domini regis *CurR* I 245; p**1349** H. de B. ~avit dictum abbatem in diversis curiis *Chr. Rams. app.* p. 352; **1431** ipsi attornati ~abant .. W. archiepiscopum Ebor' .. et alios diversos detentores *Cl* 282 m. 17*d*.; si hujusmodi forisfactura super terram ecclesie evenerit, defendo ne in aliis locis quocunque modo ~entur nisi in eadem curia S. Marie et sua *FormA* 38. **b** a**1087** nolo .. ut aliquis forestarius meus de eis [sc. silvis] se intromittat, et C. venatori precipio ut de lx s. quos super homines suos ~averat eum et suos clamet quietos *Reg. Malm.* I 330. **c** manifestabit eisdem juratis omnes .. evidencias quibus eos docere se posse credit veritatem exitus taliter ~ati FORTESCUE *LLA* 26; hoc anno [sc. 1363] statutum est in parliamento quod homines juris regni de cetero ~arent in lingua materna W. WORC. *Ann.* 749. **d** **1196** concessimus .. eis ne aliquis officialium nostrorum presumat hominia eorum ~are, sine aperta rationabilique causa, de illo distringat (*Ch. Ric. I*) *DuC* III 687.

5 (of judge or sim., usu. w. *placitum* as dir. obj. or as subj. of pass. form) to hear or try in a court of law. **b** (absol.) to hear pleas, hold court. **c** (w. *breve*, usu. pass.) to plead a writ or brief, to bring to trial the legal action ordered or instigated by a writ or brief.

a**1133** cives ponent vicecomitem .. et justiciam .. qualem voluerint de se ipsis ad custodiendum placita corone mee et eadem ~anda (*Ch. Hen. I*) *GAS* 525; **1168** debet x s. quia ~avit placit' corone *Pipe* 29; c**1168** precipio ut .. placita eorum [sc. monachorum] sicut mea ~etis *Regesta Scot.* 70; **12..** omne placitum quod in predicto burgo ortum fuit .. in ipso burgo inter ipsos et per ipsos ~etur (*Ch.*) *EHR* XVI 108; **1255** de aliquo forisfacto quod vicecomes posset ~are *IMisc* 9/9; **1264** justic' nostri .. ~ent infra civitatem predictam omnia placita ejusdem civitatis .. sicut coram justic' nostris ~ari et terminari debent et consueverunt (*Worcester*) *BBC* 167; **1316** major et ballivi .. placitantes adjornarent coram prefatis justiciariis ad certum diem .. et justiciarii predicti warantum illum summoniri facerent coram eis .. et warantiam illam ~arent *MGL* II 175; **1419** ad diem qua placita corone solent ~ari, consuetudo civitatis talis est *MGL* I 53. **b** **1129** xxj li. de placito de .. combustione et xx li. de placito de .. homicidio .. unde justicia mea ~averat et duellum tenuerat de combustione in curia mea (*Ch. Hen. I*) *EHR* XXIV 210; **1170** concedo .. Alexandro pape .. civitatem Tusculanam .. cum domibus, feodis, placitis, bandis, justitiis .. et ab hac hora .. potestatem habeatis in ea intrandi, tenendi, .. fruendi, ~andi, infeudandi Boso *V. Pont.* 423; **1252** W. T. constitutus est justiciarius ad sedendum ad bancum regis Lond', et ad ~andum regi ibidem *Cl* 249; facta est itineratio justiciariorum in comitatu Norfolcie .. sub justiciariis dominis S. de R., .. R. de R. ~antibus .. de morte antecessorum .., R. de B., W. de S. ~antibus de corona; W. de O. et Th. de S. †placentibus [l. ~antibus] de brevi quo warranto OXNEAD *Chr.* I 266. **c** **1254** salvis .. nobis .. placitis brevium que coram justiciariis nostris ~ari debent *RGasc* I 508a; **1284** secta .. debetur .. quando breve domini regis venit ~ari in hundredo (*IAQD*) *Deeds Balliol* 13; **1300** placita et perquisita sokemoti in quo brevia ~antur *IPM* 96/32*d*. (cf. *Cal. IPM* III 604 p. 473).

6 (pr. ppl. as quasi-sb.) one who is suing or being sued, litigant. **b** plaintiff.

indecens estimavit pro verbi calumnia ~antium more contendere EADMER *HN* 90; **1316** major et ballivi .. ~antes adjornarent coram prefatis justiciariis ad certum diem *MGL* II 175; **1321** ad quas curias quilibet ~ans seu implacitatus venire debet sub salva et secura proteccione domini regis *JustIt* 546 r. 48; **1336** J. de H. et sociis suis ~antibus pro domino priore ij vicibus, xiij s. viij d.; .. aliis narratoribus

et apprenticiis ~antibus pro eodem, xl s. *Ac. Durh.* 527. **b** s**1433** prior dictus ~ans est, et placitabilis, in persona propria, veluti plane liquet ex processibus variis .. sub suo nomine prosecutis AMUND. I 331.

placitari v. placitare.

placitatio [ML]

1 gathering or assembly for conducting judicial or legislative business, moot, folkmoot.

die Dominica publica mercimonia vel ~onum conventicula [AS: *folcgemot*] .. prohibemus (*Quad.*) *GAS* 294; interdicimus .. diligenter diei Dominice mercacionem et omnem vulgi ~onem [AS: *folcgemot*] (*Cons. Cnuti* 15) *GAS* 297.

2 legal proceeding, plea, action or suit at law. **b** (w. ref. to formal petition or request regarding a legal matter, in quot. w. gen. of gd. specifying nature of petition).

precipio ne .. nullus .. eos amodo ~onibus et occasionibus .. gravet aut laboret *FormA* 38; s**1429** consulimus vobis .. ut, bello jurgiose ~onis ad tempus semoto, tentetis .. media pacis AMUND. I 265; **1441** expense placitorum: pro expensis ~onis contra Humfridum Everard .. viz. in vino dato doctori Hautrive, v d. *Cant. Coll. Ox* II 161; c**1500** tametsi .. in edificiis fabricandis, et in ~onibus .. grandem admodum pecuniam .. consumpserit *Reg. Whet.* I *app.* p. 478. **b** ad hoc est audax promota praesulis lingua, promittens regi centum marcas auri si sibi concederet ~onem enarrandi HERM. ARCH. 26.

placitator [placitare+-tor]

1 one who pleads in a court of law (usu. on behalf of another), pleader, advocate.

sciendum quia sic placitat diabolus contra hominem, quomodo improbus ~or contra alium aliquem *Simil. Anselmi* 74; **1240** prohibitum est in plena curia ne aliquis tenentium abbatis ducat ~ores in curiam abbatis ad impediendam vel prorogandam justitiam domini abbatis *Cart. Rams.* I 412; a**1290** non permittatur quod in halimotis adventitii ~ores partes cum solemnitate sustineant, sed communiter per bundos de curia veritas inquiratur *G. S. Alb.* I 455; prohibitis insuper ~oribus in lege sua peritis coram baronibus de scaccario seu ante quemvis alium justiciarium secularem pro personis ecclesiasticis allegare *Flor. Hist.* III 291; dicitur et expertum est, quod isti mali advocati, et falsi ~ores, justiciarii eciam injusti imminente morte amittunt vocem, linguam, et sensum HOLCOT *Wisd.* 198; **1412** ~or ad pagulam, **1506** ~or ad barram (v. pagula d).

2 one authorized to act on behalf of another in legal matters, procurator, attorney; **b** (w. *regis* or *reginae*).

Rannulfus .. abbatias, dehinc episcopatus .. accepit a rege .., cujus astutia et calliditas tam vehemens extitit .. ut ~orem ac totius regni exactorem rex illum constitueret FL. WORC. II 46 (=S. DURH. *HR* 181, W. COVENTR. I 118); rex Rannulfo, ~ori sed perversori, exactori sed exustori tocius Anglie, dedit episcopatum Dunelmie H. HUNT. *HA* VII 21; dedit episcopatum Dunelmensem †pacitatori [l. placitatori] Ranulpho viro pessimo M. PAR. *Min.* I 168 (cf. WEND. II 157 (ed. H. O. Coxe): placitatori); **1377** constituimus ipsum David ~orem et attornatum nostrum *Pat* 298 m. 31; de ~ore et attornato in partibus Northwall' et Suthwall' constituto *Ib.* m. 31 *in marg.* **b** Ranulphus, regis ~or, fit episcopus Dunelmensis; iste conscripsit quendam librum, quem titulavit De Legibus Anglie *Chr. Angl. Peterb.* 69; **1461** Thome Laing, ~ori domine regine, pro feodo suo de anno compoti *ExchScot* 59.

3 one who is impleaded in a suit or action at law.

cum .. ~ores .. Bataliensem adissent curiam .. placitum dominus G. .. in primum Dominici Adventus diem recrastinavit *Chr. Battle* f. 41v.

4 ? 'pleaser' either of self, hence one concerned only with pleasure, or of others, hence perh. sycophant, parasite (*cf.* CL *placitare* 'to be very pleasing').

cum ex talibus [sc. clericis secularibus] aliquem ob generis sui favorem in episcopum vel archidiaconum promovemus, populo Dei non predicatorem verbi Dei, sed ~orem, ne dicam letatorem, preesse conspicimus GERV. CANT. *Chr.* 540.

placite [CL placitus+-e]

1 so as to be pleasing, pleasingly, pleasantly, agreeably (*cf.* 2 *placitus* 2).

tuis satisfacere pergam pro posse dictis et voluntati, ~e tamen, et abhorribilis omne citra scrupulum corrixacionis E. THRIP. *SS* X 2; s**1438** sit quicquid placite vox psallere sciverit ode AMUND. II 186.

2 as one able or ready to be pleased, graciously, benevolently (*cf.* 2 *placitus* 3).

hanc .. bone voluntatis oblacionem innatis sibi clemencia et mansuetudine ~e accipiat AD. USK 87.

3 in a way that deserves approval, justly, lawfully (*cf.* 1 *placitum*).

legem ~e dicimus quicquid potius eligitur, dum religioni consonet, discipline conveniat, saluti proficiat (*Quad.*) *GAS* 543.

placitor [ML], one who pleads in a court of law (usu. on behalf of another), pleader, advocate (also fig.).

dies postea statutus venit, nec ~or nec plegius quietandus affuit, unde abbas predictos plegios ascitos movit de habita re questionem *Chr. Abingd.* II 140; athornatum .. ad litigandum cum dicto comite, et alios servientes ~ores .. ibidem ordinavit WHITTLESEY *Cont.* 228; duo ~ores de curia erant *trewthe and nede* .. e contra fuit alius ~or, viz. necessitas MELTON 248; **1461** per solucionem factam Thome Layng ~ori, de mandato regine *ExchScot* 94.

placitosus [CL placitum+-osus], fond of pleas or suits at law, eager to go to law, litigious.

s**1456** vir .. factiosus, ~us, in tantumque litigiosus .. quem .. novistis quod .. nunquam .. artare potuimus aut ad exhibendum nobis homagium, aut ad persolvendum aliquem .. redditum debitum nobis *Reg. Whet.* I 219.

1 placitum [CL], ~a

1 agreed condition, agreement. **b** ? previously agreed meeting, appointment.

705 ante paucos .. dies hoc ~um communi consensione condixerunt, ut .. in loco qui dicitur Bregunt Ford omnes advenissent reges ambarum partium, episcopi et abbates judicesque WEALDHERE *Ep.* 22. **b** die quadam cum ad ~um quoddam exiturus, missa celebrata cibum sumere statuit *NLA* II 522.

2 gathering at an agreed time and location, assembly (for conducting judicial or legislative business), moot, gemote, (passing into) court of law, law-court; **b** (w. *magnum*); **c** (w. *generale*); **d** (w. *provinciale*). **e** (*~um populare* or *populi*) folkmoot, hundred-court. **f** (w. ref. to tenant's obligation to attend). **g** (*mons ~i*, Scot.) the 'Moot-hill' (of Scone). **h** inquisition (held by Domesday commissioners).

753 cognoscas .. quod possim in vestro servitio iterum esse, propterea petimus vos ut nobis indicetis si ad ~um istum debeamus venire, ut vestram voluntatem perficiamus BONIF. *Ep.* 107; qui equum habebat ter in anno pergebat cum vicecomite ad ~a et ad *hundrez* ad Urmelavia *DB* I 179ra; precipimus .. ut omnis homo habeat pacem et securitatem eundo et redeundo ad ~um [AS: *gemote*], nisi sit latro publicus omnino (*Inst. Cnuti* 82) *GAS* 367 (cf. *Quad.*) *Ib.*: rediens de gemoto, i. ~o); a**1133** debet ire ad ~a et ad hundredas et syras et wapentas (*Surv. Burton*) *EHR* XX 281; a**1135** sciatis me .. dedisse .. hominibus de B. .. suum *gilde* mercatorum, cum placidis suis et teloneo et cum omnibus .. consuetudinibus et libertatibus suis in omnibus rebus *Gild Merch.* II 21; **1182** hanc convencionem .. fecit .. coram Roberto de W., qui tunc fuit vicecomes .. in pleno placido domini regis coram villata ejusdem ville *Cart. Osney* II 6; si quis .. coram primarium pugnaverit in ~o [v. l. plito] .. solvat primario quadraginta solidos (*Ps.-Cnut* 17) *GAS* 623; **1275** clamat habere apud S. Botolphum .. curiam de tribus septimanis in tres septimanas, que vocatur ~um fori *Hund.* I 385a; c**1286** volumus quod sit ibidem ~um quod vocatur *portemonmote* a tribus septimanis in tres septimanas (*Ormskirk*) *BBC* 146. **b** s**1015** hoc anno factum est magnum ~um super Oxanaforda *ASChr.*; **1103** precipio .. ut omnes libere tenentes in viij hundredis et dimidio veniant ad magna ~a abbatis S. Edmundi, et qui venire noluerint distringantur (*Ch. Hen. I*) *EHR* XXIV 426 (=*CalCh* II 258); fuit .. ~um magnum apud Oxineforde, ubi .. elegerunt Haraldum, ut conservaret regnum fratri suo H. HUNT. *HA* VI 18. **c** sicut antiqua fuerat institutione formatum .. generalia comitatuum ~a certis locis et vicibus et diffinito tempore per singulas provincias Anglie convenire debere (*Leg. Hen.* 7. 1) *GAS* 553; edicitur generale ~um apud Lundoniam quo .. beatus Æðelwoldus prefatum Leofsium in jus protraxit et coram cunctis suam causam et injuriam .. patefecit *Lib. Eli.* II 11. **d** quidam notissimus .. cum de collecto censu plebis calumniaretur in ~o provinciali habito juravit .. se nunquam .. quicquam .. defraudasse CIREN. I 315. **e** interdicimus .. mercatum dierum Dominicorum et omnia popularia ~a [AS: *folcgemot*], nisi maxima sit necessitas (*Inst. Cnuti* 15) *GAS* 297; constituantur popularia ~a, quod Angli vocant *hundred* (*Ib.* 17) *Ib.* 321; si ~um populi [AS: *folcgemot, folces gemot*] erexerit (*Ib.* 38. 1) *Ib.* 73; sint .. immunes .. ab omnibus provincialibus summonitionibus et popularibus ~is, que *hundredlaghe* Angli dicunt (*Ps.-Cnut* 9) *Ib.* 621; si quis *folcgemot*, i. populi ~um, armorum exercione turbabit (*Quad.*) *Ib.* 73. **f** †**1065** (13c) precipio quatinus ecclesia ista sit libera .. de schiris et hundredis et ~is et querelis *CD* 817 (=*Reg. Malm.* I 323); c**1157** (1332) sint .. quieti de sciris, et hundredis, et placetis, et querelis *CalCh* IV 284; c**1194** omnes terre ad eam pertinentes .. sint quiete de ~is et querelis et murdro et latrocinio *Reg. Wetherhal* 28; **1200** (1227) precipimus quod predictus episcopus et successores sui .. teneant omnes terras et possessiones suas .. libere et quiete de omnibus .. auxiliis, ~is, querelis, summonitionibus, scyris, hundredis *Ch. Sal.* 179. **g** dominus rex Malcolmus dedit .. totam terram regni Scotie hominibus suis, et nihil sibi retinuit in proprietate nisi regiam dignitatem et montem ~i in villa de Scona (*Leg. Malc. II*) *RegiamM* I f. 1. **h** utraeque aecclesiae in sua terra habuerunt consuetudines suas judicio baronum regis qui ~um tenuerunt *DB* I 2ra; in Burnham invasit T. xv acras et dim', et tamen erant in manu regis priusquam haec ~a fierent *DB* II 99b.

3 legal proceeding, plea, action or suit at law; **b** (dist. from less formal response to accusation); **c** (treated as source of income for person or institution having jurisdiction to hear pleas). **d** monetary fine incurred as result of a legal plea (usu. in royal financial accounts, appearing either as a debt owed or a sum collected). **e** (n. pl. *~a*) judicial sittings or sessions for hearing pleas, (passing into) law-court, court (*cf. OED s. v.* Common Pleas).

10.. ut nullus vicecomes ullam ibi habere possit querelam, nec in aliquo ~o, nec in alia qualibet causa *CS* 1137 (=*DB* I 172va); Frogerius postea misit [sc. Pandeborne] in firma regis absque ~o et lege *DB* I 58ra; unumquodque ~um [AS: *spræce*] terminum habeat, quando peragatur quod tunc recitabitur (*Quad.*) *GAS* 139; abbas .. aliquem juris peritum .. constituet qui querimonias et ~a .. diligenter audiat et .. decidat *Chr. Abingd.* I 20; **1195** de duabus virgatis terre .. quas .. episcopus clamavit .. et unde ~um fuit inter eos in curia domini regis *Ch. Sal.* 55; **1230** potestatem .. audiendi et terminandi ~a et querelas dictum hundredum et curiam concernenda (*Cashel*) *BBC* 146; **1316** cum terminata fuerit [loquela de warantia], .. eat in civitatem illam et respondeat de ~o principali *MGL* II 172; predicta .. ~a de recto directe et ab initio veniunt ad curiam domini regis *RegiamM* III 20; ~um .. *plee WW*. **b** **1221** venit et defendit totum sicut clericus, et non vult hic placitare, set sine ~o vult dicere veritatem *SelPlCrown* 102. **c** hae xvij librae .. sunt de ~is comitatus et hundretis, et si inde non accipit de suo proprio reddit *DB* I 172ra; haec terra cum burgo de W. et tercio denario ~orum sirae reddebat TRE xvij li. *DB* I 238rb; c**1162** cum decima omnium lucrorum et placidorum que proveniunt de Hadint' scire *Regesta Scot.* 231; recepit .. de predicta villa .. de franccis hominibus pro exitibus et fine ~orum xxiij li. et xij s. et viij d. *RDomin* 46; qui [sc. clericus] de hujusmodi .. extractis cum exitibus ~orum aule onerabitur et in garderoba regis inde respondebit *Fleta* 75; **1372** de exitibus placitorum aule coram majore et aldermannis *Comp. W. Gunthorp* f. 2. 38. **d** **1100** omnia ~a et omnia debita que fratri meo debebantur condono, exceptis rectis firmis meis, et exceptis illis que pacta erant .. pro eis rebus que justius aliis contingebant (*Ch. Hen. I*) *GAS* 522; **1130** W. P. de N. reddit compotum de xxiij li. .. de plac' forest' *Pipe* 7; R. reddit compotum de ij m. auri pro plac' accipitrum *Ib.* 8; O. presbiter de D. debet lx s. pro plac' falsi denarii *Ib.* 9; **1168** W. G. .. reddit comp' de v m. de H. hundr' pro plac' celatis ..; idem vicecomes reddit comp' de ij m. de S. pro plac' concelatis *Pipe* 27; sequitur compotus de ~is et conventionibus ..; ~a .. dicimus penas pecuniarias in quas incidunt delinquentes, con-

ventiones vero oblata spontanea *Dial. Scac.* II xii A; **1227** vicecomes recognovit .. quod recepit omnia ~a et perquisita de honore Peverel *LTR Mem.* 10 m. 8; **1242** R. reddit comp' de xlix li. .. de firma de S. .. preter ~a et perquisitiones; et de xxj s. viij d. de ~is et perquisitionibus *Pipe* 116. **e** **12..** hec debet aliquem in sokna manentem ad regis ~a invitare (*Consuet.*) *EHR* XVII 714; decreverunt unanimiter .. ut occulte armati venirent ad ~a comitatus, ad propellendas injurias si necessitas immineret M. PAR. *Maj.* II 15; s**1205** hoc anno fuerunt ~a corone apud Turrim Londoniarum *Leg. Ant. Lond.* 3; a**1285** ballivi nostri .. faciant homines nostros, quot habuerint necesse, ad eadem ~a venire ad curiam roborandam *Melrose* 325; dominus H. de St. clericus, dominus W. H. miles, justiciarii domini regis, sederunt in ~is *Ann. Paul.* 290; **1369** curia vocata ~a de pede pulverisato *Cart. Glam.* 1326.

4 (w. adj. or p. ppl. to specify nature of legal action, or jurisdiction under which the action falls). **b** (*~um commune*) plea not restricted to a spec. pers. or local jurisdiction, esp. as dist. from *~um coronae, ~um regis*, and sim., (passing into) Common Plea (*cf.* 5b *infra*, *communis* 7). **c** (*~um apertum*) ? 'open' or pending plea, plea of which final determination has not yet been made. (*V. et. capitalis* 9b, *civilis* 1c & 2b, *criminalis* 1a, *dominicus* 2a, *ecclesiasticus* 1c, *privatus*.)

statutum .. est ne episcopi secularium ~orum offitium suscipiant W. MALM. *GP* I 64; c**1168** de omnibus ~is suis tam secularibus quam ecclesiasticis *Regesta Scot.* 28 p. 138; ut sciatur que competat actio et quod breve, secundum quod ~um fuerit reale vel personale BRACTON II 20; a**1327** quod major sibi non attrahat, nec coram ipso teneat, ~um vicecomitale *MGL* I 142; **1384** prior .. dixit quod ~um predicti R. fuit duplex, unde non intendit quod ipse ad tale ~um duplex de jure necesse habet respondere *RParl* 192b; nec quisquam et preterquam serviens talis in curia communis banci, ubi omnia realia ~a placitantur, placitavit FORTESCUE *LLA* 50 p. 124. **b** **1127** sint quieti et in pace de sciriis et hundredis et de wardis et communibus ~is et omnibus aliis rebus, excepto murdro et latrocinio probato *E. Ch. Ox.* 57; c**1130** sint quieti de sciris et hundredis et wardis et danegeldis et communibus ~is et omnibus aliis exactionibus et querelis excepto murdro et latrocinio probato *Ib.* 64 (=*CalCh* III 418); **1237** quamvis communia ~a prohibeantur quod non sequantur dominum regem, non sequitur propter hoc quin aliqua ~a singularia sequantur ipsum *BNB* III 227; **1252** veniant justicie nostri in villam de Sh. ad placitandum communia ~a .. burgenses .. ejusdem ville tangentia (*Shaftesbury*) *BBC* 165; **1368** in pleno hustengo Londonie de communibus ~is *FormA* 200; **1419** de hustengis de communibus ~is et de processu in eisdem *MGL* I 172; s**1448** coram justiciariis nostris .. itinerantibus ad communia ~a et placita corone, vel ad placita foreste .. audiendum et terminandum assignatis *Reg. Whet.* I 32. **c** **1242** villata de G., exceptis draperiis, vinitariis, et ~is apertis, reddit comp' de l m. de fine ante judicium *Pipe* 80; c**1248** si .. ~a aperta in eodem burgo emerserint .., dicta placita per ballivos nostros pertractentur et in judicium deducantur, et amerciamenta exinde perveniencia .. ad opus nostrum capiantur (*Poole*) *BBC* 197; cum .. aliqua ~a aperta contra eos .. fuerint emersa *Ib.* 201; salvis .. querelis et ~is apertis ad libertatem suam pertinentibus *Reg. Malm.* II 179.

5 (w. gen. to specify nature of legal action, or jurisdiction under which the action falls). **b** (*~um coronae*, also *~um regis, ~um tangens regem, ~um pertinens regi, ~um privatum, etc.*, sts. dist. from *~um commune*; *cf. corona* 3b) plea in which the Crown has an interest, or over which the Crown claims jurisdiction, (passing into) Plea of the Crown, Crown Plea. **c** (*commune regis ~um*) ? plea in which the Crown claims universal or general jurisdiction, *i. e.* over all other persons exercising jurisdictions of any sort whatever (cf. *communis* 6a); **d** (*commune ~um coronae*) ? plea to be heard in that part of the general eyre devoted to Crown Pleas. **e** (*~um forestae, v. et.* 3d *supra*, *cf. foresta* 3b) plea dealing with or related to Forest Law. (*V. et. gladius* 5b, *namium* 2c, *privatus*, *terra*, *venatio*, *warenna*.)

de ~is ecclesie pertinentibus ad regem: sunt alia quedam ~a Christianitatis, in quibus rex partem habet hoc modo (*Leg. Hen.* 11, 11.1) *GAS* 556; **1196** de ~o dotis .. de ~o warantie carte .. de ~o advocacionis ecclesie de W. .. de ~o audiendi judicium *CurR* I 25; **1198** de ~o cirographi facti inter eos .. de molendino de Torp *Ib.* 44; **12..** etsi hec inveniantur bis infra dua ~a attachiamentorum foreste *DL Forest Proc.* I 5 r. 15*d*.; **1272** justiciarius Judeorum .. protulit duos rotulos de ~is Judaismi .. unum de placitis, essoniis, et memorandis de termino Pasche .. et unum .. de termino S. Hillarii *SelPlJews* 68; extractas liberet clerico ~orum aule pro rege, qui de hujusmodi .. extractis .. onerabitur et .. respondebit *Fleta* 75; sequitur quod solum commune est vendicabile in ~is casuum promissionum WYCL. *Log.* II 61; **1419** in ~is debiti, compoti, et convencionis, et omnium aliarum accionum personalium *MGL* I 173. **b** tantundem reddebat ipsum burgum TRE, et in hac firma erant ~a hundret' de C . et S. quae regi pertinebant *DB* I 64vb; si quis de proprio ~o regis inplacitetur a justitia ejus .. non debet justitie vadium recti denegare (*Leg. Hen.* 52. 1) *GAS* 573; c**1132** ad custodiendum ~a corone mee et eadem placitanda (*Ch. Lond.*) *GAS* 525 (=*SelCh* 129); **1238** istud commune ~um non est, immo privatum ~um et specialiter tangit personam domini regis et coram eo terminari debet ~um quod ipsum tangit *SelCKB* I xxxix; **1299** de quindena Pasche et de ~is regis ..; de ~is tangentibus regem (*CoramR*) *SelCKB* IV xlix; s**1448** coram justiciariis nostris .. itinerantibus ad communia placita et ~a corone .. audiendum et terminandum assignatis *Reg. Whet.* I 32; Bancus Regius, ita dictus quod rex ipse in eo praesidere solebat, corone ~a tractat CAMD. *Br.* 141. **c** defectus justitie ac violenta recti detencio primo, secundo, et tercio secundum legem requisiti commune regis placitum est super omnes, sive socnam suam habeant sive non habeant (*Leg. Hen.* 59. 19) *GAS* 579. **d** vinetarii qui transgressi sunt assisam debent .. amerciari ad communia ~a corone, non coram justitiario apud Turrim *Leg. Ant. Lond.* 25. **e** **1232** sciatis quod assignavimus vos .. ad ~a foreste nostre in comitatu Eboraci placitanda *Cl* 138; **1240** de itinere justiciariorum ad omnia placita vel ad ~a foreste *KR Mem* 18 m. 18; **1256** ~a foreste apud Hunt' *KR Forest Proc.* 37 m. 1; **1277** justiciarii nostri .. tam ad communia placita quam ad ~a forestarum itinera sua .. teneant (*Windsor*) *BBC* 239; **1290** eidem Thome in subvencione expensarum suarum in officio justiciarii ad ~a foreste *Doc. Scot.* I 197; s**1448** coram justiciariis nostris .. itinerantibus .. ad ~a foreste .. audiendum et terminandum assignatis *Reg. Whet.* I 32.

6 (w. *de* & abl. to specify nature of legal action or jurisdiction under which the action falls (*v. et. bancus* 3a, *ensis* 1d, *namium* 2c, *spata*, *viridis*).

c**1110** si .. exsurgat ~um de divisione terrarum, vel de preoccupatione *SelCh* 122; ~a de debitis .. sint in curia regis H. BOS. *CE* 1416B; **1265** volumus quod omnia ~a de banco remaneant in eodem statu in quo nunc sunt *Cl* 64; **1302** de ullo ~o, preter ~a de tenuris exterioribus *MGL* II 112; in ~is de debitis et convencione *Quon. Attach.* 1. 5; **1361** usi sunt per ~a de pede pulverisato justiciare tam intrincecos .. quam forincecos (*CoramR*) *Law Merch.* II 105.

7 **a** (*aetas ~i*) age at or after which one is able to plead in a court of law. **b** (*dies ~i*) day ordained for a judicial assembly to be held or for a plea to be heard in court. **c** (*sessiones ~arum*) judicial sittings or sessions for the hearing of pleas (assoc. w. or infl. by Sessions of the Peace).

a **1166** C. filius H. reddit comp' de xxxv s. et iiij d. ne placitet ante etatem placit' *Pipe* 3. **b** p**960** (10c) diem .. ~i hujus rei constituit archiepiscopus apud Erhetham per testimonium Ælfstani episcopi *CS* 1098; nocte .. quae diem statuti inter me et illum ~i praecedebat OSB. *Mir. Dunst.* 24. **c** cunctarum sessiones ~arum regalis curie tam de scaccario quam de banco, quas de regis pallatio Westmonasterii .. suggestio .. episcopi Elyensis .. ad Eborum attraxerat, auferre conabantur *Flor. Hist.* III 189; itinerantes justiciarii regis .. qui .. ~arum sessionibus inceptis, eas usque festum S. Johannis Baptiste .. studiose pertraxerunt *Flor. Hist.* III 195.

8 (w. verbs): **a** (*ponere* or *trahere in ~um, ~a, ~is*, usu. in pass.) to bring suit against in a court of law, to implead. **b** (*esse in ~o*) to be impleaded. **c** (*~um tenere*) to hold a plea, hear or try a legal action. **d** (*~a tenere*) to hold pleas, hear or try legal actions, hold court, have legal jurisdiction. **e** (*~am habere*; *cf. habere* 23a) to hold a plea, conduct or carry on a legal action. **f** (*~um inire*; *cf. inire* 5b) to enter a plea. **g** (*~um instituere*; *cf. instituere* 5c) to begin or institute a plea or legal action. (*V. et. aperire* 4d, *audire* 3a, *concelare* 1b, *decidere* 4, *deserere* 2a, *ducere* 11c, *emergere* 6b, *habere* 23a, *perdere*, *placitare*, *ponere*, *proferre*, *reddere*, *suscipere*, *terminare*, *trahere*.)

a c**1110** (1380) prohibeo .. quod non ponantur in ~um de aliquo tenemento suo nisi coram me *CalCh* 266; a**1154** precipio .. ne super hoc ponatur inde in ~um donec veniam in provinciam, quia nolo quod placitent nisi coram me *Chr. Abingd.* II 181; c**1160** precipio quod prior .. et monachi .. non ponantur in ~a .. de aliquo tenemento suo (*Ch. Wint.*) *EHR* XXXV 398; a**1189** de nullo tenemento .. ponatur in ~is nisi coram me *Reg. Malm.* I 335; **1255** sciunt .. nichil .. de hiis viris religiosis qui laicos traxerint in ~um *Hund.* I 22b; **1355** si aliquis .. eos in aliquo vexare vel in ~um ponere voluerit *MonA* VI 981. **b** homines qui manent extra forestam non veniant de cetero coram justiciariis nostris de foresta per communes summonitiones, nisi sint in ~o, vel pleggii alicujus vel aliquorum qui attachiati sint pro foresta *Magna Carta* 44. **c** **1202** ivit ad consilium xij juratorum, qui quesiti fuerunt utrum in wapentaco tenebatur ~um *SelPlCrown* 15. **d** c**1072** precipio ut nullus episcopus .. de legibus episcopalibus amplius in *hundret* ~a teneant (*Leges Episc.*) *GAS* 485; istae consuetudines pertinent ad T. .. ter in anno teneri ~a episcopi sine ammonitione *DB* I 87va; domus hec .. ~a .. tenet lucrativa, secularibus se negotiis implicando GIR. *Spec.* III 12 p. 207; **1229** quociens ~a justiciariorum, de omnibus placitis, tenebuntur in Eboracensisire, episcopus tociens faciet teneri .. in episcopatu suo *Feod. Durh.* 215; **1255** ad ~a mercati tenenda .. et ad omnia alia facienda que ad mercata pertinent *Pat* 69 m. 1; **1311** predictus Adam faciet pro .. conventu sectam curie in comitatu de Lanarc' .. quamdiu potenciam sui corporis habeat .. et tenebit similiter placida sua .. quando fuerit per dictum priorem super hoc requisitus *Kelso* I 196. **e** c**1400** ut patet in ~a habita apud Novum Castrum .. coram H. de C. *Reg. Whet.* I 450; ad reddendum chartas et quemdam librum in quo veteres ~e inter abbathiam et villanos habite continebantur WALS. *HA* II 28. **f** episcopus Bajocensis .. de his ~um inierit, sed ille intelligens ~um non duci per rectitudinem ad proficuum regis, ~um deseruit *DB* I 32ra; episcopus Bajocensis .. adversus Lanfrancum archiepiscopum pro more ac legibus terre ~a inire EADMER *Mir. Dunst.* 238. **g** Odo .. ~um instituit contra sepefatam ecclesiam et tutorem ejus patrem Lanfrancum EADMER *HN* p. 21.

9 will, desire, pleasure. **b** (*ad* or *per ~um, pro ~o*) in accordance with one's will or desire, at one's pleasure, at will. **c** ((*suum*) *~um facere*) to do (one's) will, act according to (one's) will or desire.

sunt plures cause per quas .. / est sacer hic ordo carus ..: / in prima causa fugio .. flagella / legis ..; / ulterius video quod non sudore laboro / ..; / tercia causa meum dat vestitum, quoque victum; / sicque meo placito persto quietus ego GOWER *VC* III 2102; *a plesance*, placencia, ~um *CathA*. **b** eum [sc. Theodorum] .. Beda commemorat primum .. vigorem pontificalem in tota Britannia exercuisse, denique et citra et ultra Humbram episcopus hos pro ~o abegisse, hos posuisse W. MALM. *GP* I 1; que opinionis arbitrium sequuntur, incerta sunt, et sicut ad ~um sunt, ita et ad ~um evanescunt J. SAL. *Pol.* 522B; aptentur .. sic appellatis hujusmodi appellationes, velut que ad ~um sunt ex discentium consensu, ne de nomine contentio discipline seriem interrumpat BALSH. *AD rec.* 2 126; comitissa .. et filio suo ab ipso rege .. cotidianas expensas ad ~um et stipendia non modica extorquentibus *Flor. Hist.* II 260; Judei .. res suas ad ~um vendere poterant OCKHAM *Pol.* I 331; nunc addita est ulterius, id est ultra minimam, scilicet non per artem sed per ~um, que dicitur crocheta WALS. *Mus. Mens.* 81. **c** **1255** de volatis idem Johannes in dominicis boscis facit suum placitum *Hund.* I 22a; **1422** commedet in aula domini prioris ad suum ~um *DCCant. Ac. Chamb.* XIII 63; **1581** ad voluntatem et ~um predictorum R. P. et E. W. *Pat* 1205 m. 8.

2 placitum v. 1 platea 3a & 5a.

1 placitus v. placidus.

2 placitus [CL]

1 that has been agreed, agreed-upon.

instante hora ~a induuntur episcopi, baculosque tenentes mitrati incedunt GERV. CANT. *Chr.* 97; noluerunt ulterius consentire, eo quod juxta ~os dies non venit comes Lancastrie *V. Ed. II* 264.

2 that has been pleasing or won approval, pleasing, pleasant, agreeable, favoured.

THEOD. *Laterc.* 14 (v. pascuus 2a); **804** (11c) si ibi non habeat, sit libera cum libris et ruris ad elegandam [v. l. eligendum] patrocinium ubi ~um sibi fuerit *CS* 313; **1033** (12c) eas [sc. mansas] quoad vivit libere possideat, et post mortem det sibi ~o cuicumque elegerit *CD* 752; s**1115** requirimus .. consilium et auxilium .. ut secundum Deum talem substituere valeamus, qui nos et gentem nostram per Deo ~am conversationem regere et docere .. sciat EADMER *HN* 283; sis placitus placitis domino, sis hostibus hostis / ejus D. BEC. 1321; ejus mater humus placitus thorus est fodiente / zelotipo, quod ei sit turpe placet futuenti *Ib.* 2043; c**1211** copiosam loci ejusdem piscationem, presertim in Quadragesima, valde ~am et concupiscibilem esse GIR. *Ep.* 6 p. 212; falsificantes scripturam sacram et eligentes sensum eis ~um WYCL. *Ver.* I 390; corpus nostra senecta premit: / sicque perit placite paulatim gracia forme, / nullaque de multis que placuere manent GOWER *VC* VII 379; autumans ~um et gratum Deo esse, quod .. summo Satori reddantur gratiarum actiones CAPGR. *Hen.* 113.

3 that has been pleased or gratified.

omnipotens Deus vos ~o vultu respiciat, et in vos suae benedictionis donum infundat EGB. *Pont.* 82.

1 placium [ML]

1 (in gl.) fibre of flax, hemp, or jute (esp. shorter, inferior fibre of flax or hemp) prepared for spinning, tow.

videbamus lanam et linum, biscum, canabium, fibrum, sericum, ~ium [*gl.*: *estupe*, a placeo, -es, quia minime placet] BALSH. *Ut.* 52.

2 (in gl., understood as) shred or clout of silk.

stuppa, *æcumbe*. tomentum, *hnygela*. platum [? l. placium], *seolce hnygele* ÆLF. *Gl.* 152.

2 placium v. platea. **placius** v. plaicia.

placor [LL]

1 placation, appeasement, conciliation.

ostendens quomodo placaretur ait 'lavamini, mundi estote ..' [*Is.* i 16]; quasi ~oris vicissitudinem adjungens ait '.. peccata vestra .. quasi nix dealbabuntur' (*Is.* i 18) GILDAS *EB* 42.

2 pacific or placatory quality, placidity, tranquillity.

placo, -as, inde .. hic ~or .. i. tranquillitas OSB. GLOUC. *Deriv.* 463; ~or, tranquillitas, placiditas *Ib.* 480; c**1206** salutata .. pueritia, cum jam in facie vestra quidam favorabilis ~or et pubescentis adolescentie lanugo vernaret, misistis manum ad fortia P. BLOIS *Ep. Sup.* 19.1; Deo .. displicere non credo si quis hominibus placeat .. nam ipse .. quorumdam faciem ita quodam ~ore .. serenat .. ut corda hominum sibi concilient ipso visu *Id. Serm.* 708D; omnes .. aspicientes et alloquentes eum in sui dilectionem et reverentiam quodam dulcifluo ~ore conducebant J. FURNESS *Walth.* 47; expectant auram placidam transire volentes [*gl.*: placidus .. i. mitis, mansuetus, quasi ~ori datus, unde hic ~or .. i. tranquillitas] D. BEC. 832n.

placteris [? cf. πλαγκτήρ=*one that wanders*, or πλακτήρ=*a cock's spur*, πλάκτωρ=*striker*], scalp ringworm (*tinea capitis*), or kind of parasite (in quot. pl.) that infests human hair or scalp, perh. itch-mite (*Acarus scabiei* or *Sarcoptes scabiei*) or louse (*cf. OED s. v.* ciron, itch).

de sironibus et cimicibus: sirones et cimices capillos detruncant et corrodunt ..; item aliud, quod valet allopicie casui capillorum, sironibus et cimicibus: .. si cum aqua decoctionis lupinorum, vel centaur' minor', vel absin', caput abluatur, ab hujusmodi mundificabitur, et ~ides, i. marpilli, occiduntur GILB. II 81 v. 2.

plactilus [? cf. πλαγκτήρ=*one that wanders*, or πλακτήρ=*cock's spur*, πλάκτωρ=*striker*], parasite of the eyelid or eyelash, hair follicle mite (*Demodex folliculorum*) or sim.

pediculi palpebrarum ~i nominantur; hi removentur si de aqua decoctionis lupinorum vel calendule colluantur GILB. III 143. 2.

1 plāga [CL; cf. πλᾶγά, πληγή], **1 plagia, plagus, ~um**

1 blow, stroke (imparted with violence, usu. fig.).

post diversarum ~as virgarum .. egit gratias GILDAS *EB* 73; a nobis ~as mortis et diabuli flagella dimovit THEOD. *Laterc.* 20; sed nullus valuit sanctas terrore minarum, / quamvis centenis plagis incumberet atrox, / a Christi cultu mentes discludere fixas ALDH. *VirgV* 2269; scimus te mansuetum esse et nolle inferre ~as [AS: *swincgla*] nobis ÆLF. *Coll.* 90; 'flagellat pater omnem filium quem recipit' ... revocatum purget ~a filiali, quem adversum percuteret ~a crudeli PULL. *CM* 199; ~e cooperte *EHR* XV 498 (v. 2 cooperire 1d).

2 visible lesion made by a blow, gash, wound; **b** (spec. of Christ); **c** (leg., dist. from *brusura*, *ictus orbus*, or *verber*); **d** (dist. as *incurabilis*, *insanabilis*, *mortalis*, or sim.).

anguis mirae magnitudinis .. nimiam dedit mortalibus ~am *Lib. Monstr.* III 5; cicatrices, ~ae, seisurae .. in corpore *GlC* C 413; recia, regna plāgas dicunt et vulnera plăgas SERLO WILT. 2. 87; **1198** nullum ~um nec locum ~i invenerunt *CurR* I 63; plagis siccandis usturis atque tumori / sedando celerem ferre soletis opem NECKAM *DS* VII 331; ~a visa est et testatum est quod nullum per eam habet mahemium et coronatores et comitatus testantur quod recta racionabiliter facta est et quod viderunt ~am recentem *PlCrGlouc* 87; lupi lambunt agnellum simplicem / lambunt, inquam, ut †plages [MS: plagas] pallient J. HOWD. *Ph.* 610; vulnus .. si [fiat] in carne appellatur ~a GAD. 122. 1; ex ~ia ab eo facta *Sanct. Bev.* 134. **b** paret ~a in gutture Christi *Descr. Constant.* 249; ad quinque plagas ejus [Christi] referunt numerum Psalmorum S. EASTON *Psalm. prol.*; plaga pium [Christum] exasperat J. HOWD. *Cyth.* 26. 4; Joseph de Arimathea .. lavit ~as [ME: *woundis*] ejus *Itin. Mand.* 54. **c** GLANV. I 2 (v. medlea 1); BRACTON 142, 145, **1572** (v. brusura 1a); placita .. de .. ~is, verberibus, transgressiones sine brevi .. ad vicecomites provinciarum pertinent audienda HENGHAM *Magna* 2. **d** angelus .. Domini .. percussit Herodem ~a insanabili R. NIGER *Chr.* I 21; ~a incurabilis P. BLOIS *ep.* 157. 452A; si ~a mortalis fuerit BRACTON f. 122b; c**1349** personarum .. per ~am mortalitatis iminentem de medio sublatarum *Eng. Clergy* 121; **1479** ei dedit ~am mortalem unde idem Johannes infra duos dies obiit *Sanct. Durh.* 9.

3 wound (as giving right to exact a fine).

1134 (v. libertas 5b); **1134** (v. mors 4); c**1176** (v. murdrum 2a); **1243** perquisita .. de vj d. de Alexandro pro plag' (*Wyke juxta Portland*) *Ac. Man. Wint.*; *PQW* 462a (v. mahemium 1).

4 affliction, disaster, plague; **b** (w. defining gen.); **c** (w. ref. to *Ex.* vii-xi); **d** (spec., as invasion).

Ezechiel .. cui .. Dominus miserabiliter ~am Israel deflenti ait .. GILDAS *EB* 61; tempore mortalitatis .. ad .. idololatriae medicamina concurrebant, quasi missam a Deo conditore ~am per incantationes .. cohibere valerent BEDE *CuthP* 9; haec .. ~a Hiberniam quoque insulam pari clade premebat *Id. HE* III 27 p. 192; sententia cujusdam astrologi de ~is futuris TORIGNI *Chr.* 283 *tit.*; quatinus ex universali ~a ~am suam melius intelligeret G. COLD. *Durh.* 18; **1281** ecclesia Anglicana a .. falsis clericis .. sustinuit ~as diras *Conc.* II 60b. **b** putabant autem quia non multo ante pestilentiae clades et eos et multos et circunquaque lata caede straverant, eam de hujusmodi ~a jam reditura fuisse locutum BEDE *CuthbP* 27; ab omni tristitiae ~a curata GOSC. *Transl. Mild.* 18 p. 178; trucibus virgae ~is *Ib.* 21 p. 183; mulierem propter caecitatis ~am a viro derelictam *Id. V. Iv.* 21. 91B. **c** Nilotica regna / quando decem plagas spurca cum gente luebant ALDH. *Aen.* 34 (*Locusta*) 7; cum decem plagis Egiptum percussit PETRUS *Dial.* 16; ~as Egypti *V. Frideswe. B* 13; Moysis .. ad oracionem ~e Deus inmensitatem cessare precepit E. THRIP. *SS* II 17; terribiles ~as et signa quibus per Moysen afflicti fuerant FORDUN *Chr.* I 13; c**1396** tractatus de decem ~is Egipti (*Catal. Librorum*) Meaux III lxxxix. **d** quinque .. ~as .. immisit ultio divina Brittannie .. primam per Romanos, .. secundam per Pictos et Scottos, .. tertiam per Anglicos, .. quartam per Dacos, .. quintam per Normannos H. HUNT. *HA* I 4; ne ~am Dacorum, que proxime secuta est, correcti perferrent *Ib.* IV 25 (=M. PAR. *Maj.* I 353).

2 plăga [CL; cf. pelagus, πέλαγος, πλάξ], **2 plagia**

1 tract, open expanse (of land, sea, or sky).

stellae .. illam caeli ~am interdiu quam noctu antea lustrando circumeunt BEDE *TR* 34; **957** Adam .. expulsus in has aerumpnosas orbis ~as *CS* 995; illam ~am caelestem que .. omni tali sorde intactissima est ADEL. *QN* 74; si .. a qualibet ~a directe ad meridiem eatur lxvi miliaribus .. in priori ~a notata stella .. superior esse videbitur *Id. Elk.* 7; dicit 'extra sidera' quia quantum ad visum habitantium Rome illa ~a videtur quasi de mundo remota BERN. *Comm. Aen.* 124.

2 region, territory. **b** climatic region, zone. **c** quarter, direction. **d** (w. ref. to county, shire).

ipse .. girat .. in occidente ab aquilonali ~a *Comm. Cant.* I 462; nascuntur homines in orientalibus ~is qui .. xv pedes altitudinis capiunt *Lib. Monstr.* I 43; Pictorum, qui illas Brittaniae ~as incolunt BEDE *HE* III 3 p. 132; dominare in australi parte .. autem sit noster Aedmundus in finibus meridianae ~ae *Enc. Emmae* II 13; sicut .. orientales ~e propriis quibusdam .. preeminent .. ostentis GIR. *TH pref.* p. 20; Jacobus Duglas depredatus est .. totam orientalem ~am episcopatus GRAYSTANES 36; s**1336** totam ~am Scocie .. borialem *Plusc.* IX 34; patres .. ad Arianam vesaniam extirpandam .. Constantini .. fervor ex omnibus Christiani orbis ~iis coegit BEKINSAU 747. **b** senis ecce plagis latus qua panditur orbis ALDH. *Aen.* 100 (*Creatura*) 61; ~a si climata cardinalia designat *Id. PR* 113; '~a', cum clima significat, brevis est 'pla-', cum vindictam, longa BEDE *AM* 98; climmata, ~ae *GlC* C 484; **9..** clima, i. ~a, ascensio, *epl WW*. **c** quedam stridula cornix ad ~am voce pejorem cantavit *V. Greg.* p. 88; mundus quatuor ~is continetur, orientis, occidentis, meridiei, et aquilonis EGB. *Dial.* 411. **d** Alfredus .. coactus est .. vix tribus ~is in fide cedentibus, i. e. Hamptesyre, Wyltesyre, et Summersetsyre SILGRAVE 44.

3 strip of land. **b** boundary-strip. **c** area along the shore, littoral.

~a, .. A. *forue Teaching Latin* II 28. **b** **704** a septemtrione ~a torrente austro flumine Tamisæ terminata *CS* 111; **811** ad meridianam ~am civitatis quae dicitur Hrofescester *Ch. Roff.* 17; **855** jugera a meridiano [*sic*] ~a villuli illius adjacentia *Ib.* 23; ecclesia ad occidentalem urbis ~am OSB. CLAR. *Ed. Conf.* 10 p. 84; a**1155** sciatis me dedisse .. totum pratum a septentrionali ~a de Tuf' usque ad pratum ecclesie *Ch. Mowbray* 47. **c** intransmeabili .. circulo absque meridianae freto ~ae, quo ad Galliam Belgicam navigatur GILDAS *EB* 3; gens Nordanhymbrorum .. quae ad aquilonalem Humbrae fluminis ~am habitabat BEDE *HE* II 9; in occidentali ~a fluvii qui nuncupatur Uuenrisc *CS* 230; in insulam Enli .. cum sit circundata undique mari et eminenti promuntorio orientali ~a *Lib. Landav.* 2; Lindisse regionis, que est ad meridianam ~am Humbre fluminis M. PAR. *Maj.* I 275 (=BEDE *HE* II 16: ripam); s**1016** in ~a australi Thamensis fluminis scrobem profundam fodit *Ib.* I 495.

4 space alongside an artefact or structure. **b** space in a document.

habebat .. domum in occidentali parte viculi. .. in orientali ~a ejusdem vici .. domus .. coepit ardere BEDE *CuthbP* 14; sepelite me in hac mansione .. contra orientalem ~am sanctae crucis quam ibidem erexi *Ib.* 37; vir Dei .. sepultus est in cripta ad australem ~am sancti altaris WULF. *Æthelwold* 41; c**1200** dedi .. terram cum domo juxta parietem ecclesie sancti Nicholai versus occidentalem ~am *Bristol City Ref. Libr. RB S. Aug.* f. 42; novum .. ad orientalem ejusdem ecclesie ~am opus construere cepit G. COLD. *Durh.* 7; illa australis ~a ecclesie in magna parte renovaretur *G. S. Alb.* II 125. **b** **840** testes .. quorum hic nomina in altera ~a cartulae flavescunt *CS* 430.

5 counterpane, blanket.

blanckettes, bodices, ~ae (HULOET *Abecedarium*) *CathA* 34n.

6 net.

~ae, *netrapas* ÆLF. *Gl.* 167; bilex, ~a ex virga facta OSB. GLOUC. *Deriv.* 76; recia, regna plăgas dicunt et vulnera plāgas SERLO WILT. 2. 87; ~a, *reis Teaching Latin* II 30; hoc rete, hec ~a, *a nett WW*.

3 plaga [ML; cf. πλάγιος], (mus.) mode in which

the octave ranges from the fourth below to the fifth above its final.

~a proti *Trop. Wint.* 62; ~a deuteri *Ib.* 63; ~a triti *Ib.* 64; ~a tetrardi *Ib.*; est . . ~a cujuslibet authenti sibi secundus modus ODINGTON *Mus.* 101.

4 plaga v. plaicia.

plagalis [ML < 3 plaga+-alis], (mus.) plagal, of a mode in which the octave ranges from the fourth below to the fifth above its final.

istorum octo tonorum quatuor dicuntur autentici et quatuor ~es. ~es sunt illi qui in numero pari situantur ut secundus, quartus, sextus, et octavus GARL. *Mus.* 167; dicitur ~is Grece, quasi subjugalis Latine, quia ~es illi quatuor aliis precedentibus autenticis fuerunt addendi *Ib.* 168; quemlibet modum in duos dividunt et omnium secundam partem ~em vocant, i. e. partialem seu subjugalem, authentis et ~ibus easdem finales habentibus. . . ~ibus . . dant terminum sub finali diapente et supra diapente cum tono vel semitonio ODINGTON *Mus.* 101; gravis autem modus ~is diceretur, i. e. lateralis vel minor TUNST. 229b.

plagare, ~iare [LL < CL *p. ppl. only*]

1 to beat.

multare, verberare, flagellare . . ~iare, vapulare OSB. GLOUC. *Deriv.* 365.

2 to wound. **b** (p. ppl. as sb. m.) wounded man.

si quis in testiculis ~ietur, ut generare non possit, emendetur ei lxxx s. (*Quad.*) *GAS* 85; qui aliquem occiderit vel ~iaverit sue vite periculum vel membrorum detrimenta sustinebit (*Leg. Hen.* 68. 1) *Ib.* 586; cum pugnax apud Alst ferro plagatus obivit (*Epitaph.*) ORD. VIT. XII 45 p. 483; **1199** aliam sagittam mittens illum ~avit in brachio suo dextro ita quod maimatus est *CurR* I 101; **1277** ad inquirendum quis ~avit jumentum Alicie . . in curia sua nocturno tempore *Hund. Highworth* 53; c**1367** illic plagatus est miles de Burlee vocatus, / sed cito curatus est equitare ratus *Pol. Poems* I 109; to *wounde*, vulnerare, carpoforare, . . ~are, ~iare, plagis affligere *CathA*. **b** sane nec sacerdos nec levita tam erat proximus ~ato quam Samaritanus qui fecit misericordiam in illo GOSC. *Transl. Mild.* 6 p. 163.

1 plagarius, ~iarius [1 plaga, 1 plagia, plagare, ~iare+-arius], one who strikes a blow or causes a wound.

quisquis parcit perjuris et latronibus, ~iariis, et execratis proditoribus, aufert pacem et quietem innocentibus ORD. VIT. VIII 2 p. 275; pessimis ~iarios, qui omne nefas perpetrare satagebant *Ib.* XIII 23 p. 61; a *wounder*, ~arius, plagius *CathA*.

2 plagarius, ~iarius [CL < 2 plaga, 2 plagia 6+-arius]

1 (as adj.) who makes nets. **b** (as sb.) maker of nets.

videas textrices bombicinarias, nectrices birrhetarias, textrices cincturarias et nectrices †plagiaris [l. plagiarias] vel rhetiarias WHITTINGTON *Vulg.* 66. **b** ~iarius, -rii, i. retiarius OSB. GLOUC. *Deriv.* 425.

2 one who traps and sells: **a** kidnapper (of men). **b** rustler (of domestic beasts).

a ~arius, mancipiorum . . alienorum distractor *GlC* P 476; ~iarii sunt clam transferentes homines de patria in patriam et vendentes LANFR. *Comment. Paul.* 348; o militis gregarii consimilis ~iario turpis contractus [*gl.:* ~iarius est qui liberum hominem vendit; plagium est crimen ipsum] NECKAM *NR* II 175. **b** ~arius, . . pecodum alienorum distractor *GlC* P 476; ~iarius, *nytena ðeof* ÆLF. *Gl. Sup.* 189.

3 plagiarist, one who appropriates words or ideas.

quasi rex illam unam [scripturam] . . uno verbo non sustulisset sacrilego et ~io, ac Germano sensui restituisset MORE *Op.* 124b; **1525** hic omnis de doctrina censura Cicceronis imitationem spectat, nec laus major esse possit quam Ciceronis ~ium (LUPSET) *Ep. Erasm.* VI 1595.

plagatio [1 plaga, plagare+-tio], beating, wounding.

imus ad montem Oliveti colligendo herbas percussionis et ~onis GILB. II 83 (*recte* 87). 1.

1 plagella [1 plaga+-ella], little blow, little wound.

~a, plagas diminutive *GlC* P 460; plaga, -e, dicitur pro vulnere, et tunc inde venit hec plagula, -e, vel ~a, i. parva plaga OSB. GLOUC. *Deriv.* 425; ~a, parvum vulnus *Ib.* 473.

2 plagella [2 plaga 5–6+-ella], (med.) pledget, compress.

~a de plumbo facta perforata foraminibus iiij cum palpebra sumatur et plumaceolus in medio ponatur et ligaminibus pellicula ad superiora comprimatur . . post ~a auferatur et curetur vulnus GILB. III 144. 2; si morphea est in facie . . ~a intincta in eodem sanguine [sc. leporis] superponatur *Ib.* 172. 1; habeas ~as factas de argento, et pone eas cum filo legatas M. SCOT *Lumen* 245.

plagia v. 1–2 plaga. **plagiare** v. plagare. **plagiaris** v. 2 plagarius. **plagiarius** v. 1–2 plagarius.

1 plagiator [1 plagia, plagiare+-tor], one who strikes a blow or causes a wound, tormentor.

a *tormentowre*, tortor, spiculator, tormentator . ., ~iator *CathA*.

2 plagiator [2 plagia 6+-tor], maker of nets, trapper and seller of men or domestic beasts belonging to others.

ille respondit "hunc ~iatorem [*gl.: awertur* (i. e. *agaiteor*), *quchur* (i. e. *cerchur*)] . . volo ut cognoscas" AD. BALSH. *Ut.* 48.

plagiosus v. plagosus. **plagis** v. 1 plaga.

plagium [CL], kidnapping.

NECKAM *NR* II 175 (v. 2 plagiarius 2a); cum se ipsum vendit, crimen ~ii non incurrit, quia non liberum sed servum vendit *Ib.* II 185.

plagius [1 plaga, 1 plagia+-ius]

1 one who causes a wound, wounder.

a *wounder*, plagarius, ~ius *CathA*.

2 one who makes an incision, surgeon.

a *surgen*, aliptes, cirurgius, cirurgicus, ~ius *CathA*.

plagma v. plaicia.

plagosus, ~iosus [CL 1 plaga, 1 plagia+-osus], wounded, full of wounds.

plaga, -e, dicitur pro vulnere, et tunc inde venit . . ~iosus, -a, -um, vel ~osus, -a, -um, i. plagis plenus OSB. GLOUC. *Deriv.* 425; ~osus, saucius, vulneratus *Ib.* 473.

plagum, ~us v. 1 plaga. **plaicerus, plaiceus** v. plaicia.

plaicia, ~ius, ~ium, plais [ME, OF *plais, plaiz*], plaice (*Pleuronectes platessa*) or similar flatfish.

1207 pro plaicis xij d. pro menusa ij s. ij d. (*Chanc. Misc.*) *Househ. Ac.* I 113; ?**1219** in allece v d. ob., in merlengo iij d., in plaicis v d. (*Ib.*) *Ib.* I 119; ore giganteo, spinosa ragadia perdit / arma canisque maris et spatiosa plays GARL. *Epith.* VIII 532; **1257** de sex milibus allecis frisci, duobus milibus plaiciorum, quinque milibus merlengorum, et de solis, mulvellis, haddoccis, congris et alio genere piscis marini quod invenire poterit ibidem *Cl* 153; **1265** plage, bremie, soles, et alii pisces, xxxv s. j d. *Manners* 50; **12** . . nos . . concessisse I. buterio . . quartam partem feodi . . coquine nostre . . viz. . . de piscibus ut placiis et de congris capita, de raiis capita et caudas et medium, de salmonibus caudas (*Ch.*) *MonA* II 484b; hic placius vel pectens, *plaiz Gl. AN Ox.* 306; **1290** in cc allec', xvj d.; in xij plaic', iiij s. vj d. *Ac. Swinfield* I 43; a**1298** sic emant mangones quod possint dare meliorem placium pro iij obolis, et mediocrem pro j denario, et alios minores prout consequenter valere videantur *MGL* II 118. **1299** in allece et plaiccs ij s. vj d. (*Notts RO DDFJ 8/4/1*) *Househ. Ac.* I 164; **13** . . piscator . . vendit . . pectines vel †plaiceros [MS: plaiceos] (*Nominale*) *Neues Archiv* IV 340; pisces sani: . . cornis, plagma [?l. plagcia, *gl.: plays*], cum perca, gobis, barba *Dieta* 56.

plais v. plaicia. **plaissetum, plaissicum** v. plessetum.

plaka [ME *plakke* < MDu.], plack, coin of Deventer and Brabant.

1486 per solucionem factam . . rotulatori, in antiquis ~is, quas asserit se optulisse alias T. R., tunc rotulatori, pro quinque libris *ExchScot* 445.

plamatio v. plasmatio. **plana** v. planus.

planare [LL < CL *p. ppl. only*]

1 to make level or smooth: **a** (ground, surface of natural object or artefact); **b** (surface of skin); **c** (hair of head, by straightening, or part of body, by stroking).

a ~atis . . lapidibus cum in pariete ad ordinem unius lineae collocantur ANSELM *Misc.* 314; cavat Ardea rostro / marmoreos fossore sinus, Lucinia planat J. EXON. *BT* VI 384; prefalcat sparos Hyspania, planat et hastas / Anglia quas comitans Dacha bipennis erit GARL. *Tri. Eccl.* 28; **1294** in j platia ~anda in curia pro tasso feni ibidem faciendo *MinAc* 991/24; [cupidus] cineres . . palpat et ~at et facit in eis figuras algorismi sicut computatores faciunt *AncrR* 76; **1373** (v. pana 1). **b** cutem subtilians, ~ans maculas et omnem sordiciem delens GILB. III 166v. 2. **c** [miles] capud pectine ~at E. THRIP. *Collect. Stories* 232; canes . . / hii sunt quos dorsa nullus planare valebit GOWER *VC* I 409; nec manus in longum planat utrumque latus *Ib.* VII 732.

2 to make smooth with a file, plane, or axe.

plano superficiem constans asperrima rerum ALDH. *Aen.* 21 (*Lima*) 4; scopes, ferrum unde ligna ~antur OSB. GLOUC. *Deriv.* 560; aspera plano, seco, ligna foranda foro WALT. ANGL. *Fab.* 48. 8; **1430** [*foteaxes for smoothing*] ~and' [*piles*] (*KR Ac* 479/25) *Building in Eng.* 341; to *playne*, dolare, levigare, ~are, ex-, levare, ex- *CathA*.

3 to make smooth or eloquent by removing rusticity.

quicunque benigno ardore accensi . . barbarizantis lingua materiam Romanae verriculo eloquentiae ~are studuerint NEN. *HB pref.* p. 127; solus nummus verba tornat, / planat, polit, comit, ornat, / solus linguam liliat WALT. WIMB. *Van.* 28.

4 to make smooth (abstr.; also absol.).

dulcis amicitie correptio mulcet et urit / . . / asperat et planat GIR. *Symb.* II 26 p. 370; ille docet quodcumque decet, set et aspera planat GOWER *VC* II 481.

planarius v. plenarius.

planatio [LL planare+-tio]

1 act of making level or smooth (ground).

1490 pro certis laborantibus circa ~onem curie circa novas cameras iij s. ij d. *Arch. Hist. Camb.* II 451n; **1499** pro dispercione et ~one *lez moldhyllez Ac. Durh.* 656.

2 act of making smooth: **a** (with a file or plane); **b** (with a knife or shears).

a 1419 Johanni Grene *joynor* pro joynacione tabularum pro libraria et ~one et *gropyng* de *waynscott*, per annum, xvij s. viij d. *Fabr. York* 39; **1488** pro scansilis factis et ~one tabularum in inferiori parte ecclesie *Arch. Hist. Camb.* I 412n. **b 1278** item pro ~one ejusdem [carentiuille] x d. *Rec. Leic.* I 178.

3 explanation, exegesis.

verum est vocabulum Cestrie et vera ~o ejus LUCIAN *Chester* 45.

4 act of making smooth or easy.

sic genus boni manet ut pena penes dampnatos et bonum utile, bonum honestum ac bonum moris manet penes Christum et suos cives, sic quod licet misericorditer punit eos quia ad eorum bona, ne ex ~one pena deterius eis contingeret; pena tamen non est illis graciosa, honesta, vel utilis, sed excludit majorem reprobacionem et inhonestacionem et inutilitatem, si cum paribus pena hujusmodi non inesset WYCL. *Civ. Dom.* III 290.

planatorium, tool that makes smooth, carpenter's plane.

A. a *boture*, instrumentum ferrarii est *WW*; a *plane*, leviga, ~ium *CathA*.

planca [CL; cf. πλάξ], **1 plancus, ~um**

1 wooden board, plank; **b** (as customary payment); **c** (as gangway).

corpus virgineum dum nat ceu planca carinae / ad ripas remeans ALDH. *VirgV* 2338; **1176** in operatione ~arum et asserum et bordorum et latarum *Pipe* 203; **1276** noctanter fregit pontem Cantebr' et abstulit ~as pontis *Hund.* I 49b; **1288** R. P. invenit et habet unum plankum per jactum fluminis et non liberavit ballivis. H. H. invenit aliud plankum . . et non liberavit ballivis *Leet Norw.* 4; **1294** maeremium: . . pro una †planta [*sic* MS; l. planca] iij s. *KR Ac* 5/2 m. 2; **1296** in mercede iiij operariorum portancium ~os super quos galee trahi †debrat [l. debeat] maeremium *Ac. Galley Newcastle* 174; **1341** in sarracione ~orum . . iij s. ij d. *Ac. Durh.* 540. **b** episcopus incipit operari . . primam peram . . deinde tres virgatas ~as ponere *CS* 1321; c**1230** reddendo predicto ponti Tyne per annum unam ~am vel sex denarios argenti *Deeds Newcastle* 67; reddendo annuatim unam bonam ~am ad eundem pontem Tyne *Ib.* 68. **c 1342** quod per dictos mercatores nichil vendatur de mercandisis illis antequam planckum navi apponatur *Gild Merch.* II 185; **1545** quod per prefatos mercatores nihil vendatur de mercandisis illis antequam ~um burgi predicti ad navem apponatur *Ib.* 353.

2 planch, horseshoe.

1210 cum equis quorum unus fuit sine ferris duobus posterioribus pedibus et unus habuit plankam in uno pede *CurR* VI 23.

plancagium [CL planca + -agium], plankage, payment for right to use gangway. **b** (*officium ~ii*) office of the collector of plankage.

1341 quieti de . . warfagio, ~io, lastagio, levagio *ChartR* 108 m. 9; **1387** pro pontag', plancag', et batillag' diversorum victualium . . regis . . circa eskippacione eorundem facta in aqua Thamis' *KR Ac* 183/12 f. 20*d.* **b 1409** officium ~ii ejusdem ville cum omnibus commoditatibus et emolumentis predicto officio . . pertinentibus *Little RB Bristol* II 45.

plancare [cf. CL planca], to supply with planks. **b** (p. ppl. as sb. n.) structure made of planking or furnished with planks or flooring.

1195 in operationibus turris de Bonavill' ~andis et muris hordandis *RScacNorm* I 233; **1204** quod . . reparari facias domos nostras de N. et turrim ~ari *Cl* 5a; **1227** ad . . turellam . . ~andam (v. 2 gistare) a**1298** debet ~asse domum (*CourtR Wakefield*) *EHR* XIX 347; **1383** solut' cuidam homini querenti virgas et cledres in bosco domini de Northwode et wattellanti dictum molendinum nec non studanti et pleccanti parietes domus molendini predicti, in grosso xv s. *MinAc* 1209/15 m. 8 *sched.* 2. **b** a**1174** apud fontanas molendinum unum et fefum Lancelini presbiteri et fefum Odelini Nutricii cum ~ato in dominio *Act. Hen. II* I 551.

plancatura [plancatus *p. ppl. of* plancare + -ura], planking, flooring.

1250 deest . . plankatura ejusdem gaole *CallMisc* 91.

plancha, ~us, ~um, ~ia [OF *planche* < CL palanga < φάλαγξ; cf. CL planca]

1 wooden board, plank.

1172 pro iij breteschis et pro dcc ~is mittendis in Hiberniam *Pipe* 69; **1186** pro carriandis l ~iis de sappo a Warengford usque Clarendon *Pipe* 116; mulus . . ~am elegit ultra limitem aliarum sese extendentem in medio pontis NECKAM *NR* II 159; **1211** in pariete faciendo de virgis supra cursum aque, vj d.; in virgis colligendis ad spernas, viij d.; in plang' faciendo, viij d. *Pipe Wint.* 149; **1216** mairemium . . ad ~ias faciendas *Cl* 281a; **1233** gistas et ~ias (v. 2 gista b); **1246** maeremium quantum necesse fuerit ad plachias [*sic* MS] nove camere *Cl* 406; **1250** plures ~ee (v. 2 gista b); **1250** desunt plures ~ee *CallMisc* 91; **1266** cum conductione carpentorum usque ad planam perfectionem dicte aule, et cum parietibus de plaunchis *ExchScot* 14; in duobus plaunchis emptis de Adam Jargone iiij s. *Ac. Galley Newcastle* 187; **1302** pro scissura xiiij rodarum magnarum et spissarum ~earum *MinAc* 771/2 m.7; **1327** in stipendiis carpentariorum et operariorum pro plangis et pro *fellyng* (*Comp. Pitanc. Norw.*) *Arch. J.* XXXII 474; **1329** duobus sarratoribus sarrantibus bordas sive ~os de novo maeremio et reiles de veteri maeremio pro ponte predicto *KR Ac* 467/7/1.

2 planch, horseshoe.

1210 fecit ipsum fabrum videre pedem equi sui, qui ferratus fuit quadam ~ia et simili ~ie que fuit in pede equi predicti *CurR* VI 24; **1232** in iiij plang' ad equum domini episcopi *Pipe Wint.* B1/15 r. 11; **1261** in plangis faciendis et in cura stottorum (*Chartham*) *MinAc Cant.*; **1281** in marescalcia j equi cariagii infirmi et ij ~is ad eundem (*RecR Wint.*) *EHR* LXI 103.

3 (as or in place-name) Planches.

ad ~ias Godfredi vadum Eguenie fluminis pertransivit ORD. VIT. X (10) p. 56; in villa que ~is dicitur in confinio Luxoviensis episcopatus et Sagiensis *Ib.* XIII 16 p. 39.

planchare, ~iare [cf. plancha, plancare], to supply with planks (for floor).

1188 pro plangianda turre de Arundel' (v. herbarium a); **1188** pro ~ianda turri in eodem castello xiij li. et vj s. et viiij d. *Pipe* 190; a**1199** duo cellaria, unum ad notam et aliud ~eatum et unam domum intra coopertam de stramine *Cart. Osney* I 61; **1216** ad turrim Bristoll' ~iandum *Cl* 281a; **1239** visores operis turris . . ~ande, et **1242** ad . . ~eandum . . turrim (v. 2 gistare); **1285** bordis emptis . . ad ~iandam novam garderobam (*KR Ac*) *Arch.* LXX 29; **1286** in servicio carpentariorum . . plangchiantium pontem *KR Ac* 460/27/A3.

planchatio [planchare + -tio], act of supplying with planks, planking (for floor).

1304 pro ~one . . turris (v. gemellatus 1b).

planchatura [planchatus *p. ppl. of* planchare + -ura], planking, flooring.

1250 deest tota planjatura trium camerarum *Cal IMisc* 91; **1260** planchiatura . . turriolorum . . fere putrefacta est *Ib.* 252.

planchea v. plancha. **plancheare** v. planchare.

planchera, ~um, ~ium [OF *planchier*]

1 planking, flooring.

a**1194** si in predictis seldis vel solario desuper aliquid deterioratum fuerit, quicquid subtus ~ium emendandum fuerit nos emendabimus; quicquid vero supra ~ium emendandum fuerit vel ipsum ~ium, si opus fuerit, Malgerus et heredes ejus emendabunt *Cart. Osney* II 9; c**1257** gista et ~e . . fracte . . sunt (v. 2 gista b); **1335** ~a eciam erit competens juxta quod dictum opus exigat et requirat *DC Ebor. MS Reg. Ant.*; **1435** camere tam pendentes contra dictum ~ium quam contra parietes pendentes et humi prostrate *Collect. W. Worc.* 569.

2 board, (*ad ~um*) at a cook's table, at a dressing board.

s**1206** debet . . habere infirmarius . . duos porcos ad ~um et unum truncum de celerario contra Natale *Chr. Evesham* 212 n; coquinarius . . duos porcos habere debet ad ~um *Ib.* 217.

plancherium, plancherum v. planchera. **planchia** v. plancha. **planchiare** v. planchare. **planchiatura** v. planchatura.

planchitium [plancha + -itium], planking, flooring.

1223 ~ium illud et gutteras illas . . reparari facias *Cl* 545b; **1234** quando frangit ~ium vel fundamentum exclusarum vel sub rota extra molendinum ut illa illum reparet *Cust. Glast.* 87; **1237** pro iiij ~iis circa rotam infra molendinum *KR Ac* 501/18 m. 2; **1243** reparari faciatis apenteicium et plancheicium apenteicii warderobe camere . . episcopatus in Suwerk' *Liberate* 19 m. 5; **1257** maeremium ad quoddam plancheicium faciendum . . ecclesie *Cl* 25; **1317** in refic[iendo] ~io (*Ac. Maidstone*) *MS Lambeth Palace Libr. C. R.* 659.

plancho v. planco.

planchura [plancha + -ura], planking, flooring.

1250 deest tota ~a domus speculatoris *CallMisc* 91; **1293** ~am suorum parietum asportavit *CourtR Hales* 237; **1296** in m de *semenayl* ad planchur' castri . . precium C iiij d. *Ac. Galley Newcastle* 179; **1297** in meremio prosternendo in parco de Bilton' et plaunchura inde secanda ad forinsecam portam castri de nouo faciendam *Ac. Cornw* 193; **1305** gistamenta cum ~is (v. 2 gistamentum); **1307** bord' ad ~am *Fabr. Exon.* 38; **1326** in ~a duarum batellarum pro calce et sabulone cariandis *ExchScot* 57; **1354** pro

plaunchura ad cameram senescalli *KR Ac* 471/6 m. 6; **1355** plaunchur' (v. bretescha 1a).

planchuratio [planchura + -tio], planking, flooring.

1377 in plaunchuracione trium earundem navium ex convencione facta cum marinariis ix s. et in plaunchuracione et stowag' et dennag' quarte navis ex convencione x s. *Min Ac* 1096/6.

planchus v. plancha. **plankus** v. planca.

planco, plancho [OF *plançon*]

1 sprig, shoot, scion.

1275 pro d plancon' rosarum, ij s. vj d.; pro j quarter' liliarum xij d. *KR Ac* 467/6/2.

2 sapling.

1285 pro uno muro faciendo in nova garderoba . . pro ij gistes' et ij planchon' emptis ad idem (*KR Ac*) *Arch.* LXX 29.

planctare [CL planctus *p. ppl. of* plangere + -are], to mourn for, bewail, lament.

c**1334** plurima plantasti; non sunt tua verba prophete *FormOx* 111.

planctuosus [CL planctus + -osus], lamentable: **a** that utters lament. **b** that elicits or causes lament.

a grandis fit strepitus in platea ululatusque et voces ~e undique resonabant *Mir. Hen. VI* V 156; parentum . . pavore et gemitu ~o *Ib.* 157. **b** s**1277** transitoriam mundi gloriam ~o fine conclusit *Ann. Osney* 272; s**1318** patrata fuit hec acerba congressio duodecimo die mensis Octobris, plurimum Scotis ~a *Flor. Hist.* III 186; ~os tumores juxta veritatem ostendit *Ps.-* ELMH. *Hen. V* 116.

planctura [CL planctus + -ura], act of striking or beating.

1207 debet dixisse et promisisse senescallo xl s. pro ~a *Rec. Leic.* I 33.

planctus [CL], **~a**

1 act of striking noisily (as sign of lamentation).

olim dictabar proprio sub nomine caesar / . . / et caesus cogor late persolvere planctum / cursibus haut tardis cum ad luctum turba recurrit TATWINE *Aen.* 7 (*De tintinno* 4) 174.

2 lamentation, complaint; **b** (in title of book); **c** (as literary or musical composition).

heu publicus luctus hominum, universalis ~us filiorum Adae! ANSELM (*Prosl.* 1) I 98; o quantus sanctimonialium fletus . . o quantus populi ~us *V. Gund.* 47; lupam . . gemitus et ~us humanos emittentem GIR. *TH* II 19; Jacob existimans filium suum Joseph devoratum a bestia multos dies continuavit in ~u P. BLOIS *Ep.* 2. 5A; tunc Stix erit sine trenis, / sine planctu, sine penis WALT. WIMB. *Van.* 104; **1313** dantes eidem . . plenam ac liberam facultatem . . plantam seu plantas fratrum esgardium seu esgardia faciendi et tenendi de eis et easdem de suis excessibus . . puniendi *Foed.* III 460; **1337** ex causa noviter intellecta doloris amaritudine intime percussa gemens jam redditur et languida eo quod ad regni jura gubernanda vos in cancellarium prefecit celsitudo regia †planitusque [MS: planctusque] omnium †nubi [MS: inibi] existencium concussit corda . . *Collect. Ox.* I 35; de cujus morte factus est ~us magnus in civitate G. *Roman.* 291. **b** incipit encheridion magistri Allani qui intitulatur ~us Nature *Sat. Poets* II 429. **c 1233** lamentacio sive ~us in laudem Radulfi prioris *ObitR Durh.* 45; in hac . . tragedia sunt actus septem, quorum primus ~us est Heccube et chori Trojanarum de eversa Troja TREVET *Troades* 3; secundo ponitur ipse ~us ibi 'o dulce pignus' *Ib.* 53.

plancula [CL planca + -ula], little wooden board, little plank.

1355 cum stachiis et ~is opturavit cursum aque *SelCKB* VI 103.

1 plancus v. planca.

2 plancus [CL; cf. πλάξ], flat-footed, who has flat feet.

~i, qui planos habent pedes OSB. GLOUC. *Deriv.* 472.

plane [CL]

1 plainly, clearly: **a** (to the senses); **b** (to the understanding).

a Plaustri plane pulcherrima / non comparent curricula (ALDH.) *Carm. Aldh.* 1. 71; viam dirige plane / .. ut valeam pure / ibi peccata flere *Ps.-* BEDE *Collect.* 384; video ~e illum hominem quem quaerimus ANSELM (*CurD* 11) II 111; hoc ~e patet in 'Alleluia posui adjutorium' in loco post primam longam pausacionem *Mens. & Disc.* (*Anon. IV*) 56. **b** videor .. mihi hoc ~ius et apertius posse patefacere ALDH. *Met.* 10; quod ut ~e intelligas, intende ad ea quae dicam ANSELM (*De Lib. Arb.* 1) I 208; ne multum ames difficile dictare, sed ~e et rationabiliter *Id.* (*Ep.* 328) V 260; **1312** intelleximus magis ~e super quibus vestre strenuitatis et fidelitatis constantiam .. *RScot* 111b; ut hic patet ~e. .. ut .. patet .. manifeste HAUBOYS 332.

2 certainly, surely.

~e, sane, certe *Gl. Leid.* 2. 132; juramentum aliud quam forsitan "crede mihi", "secure", "~e", vel hujusmodi non proferre *Cust. Cant.* 406.

3 absolutely, completely, fully; **b** (*de ~e*).

illic ~e inmensa multitudo .. convenerat BEDE *HE* I 17; fultus magnifico Uuilfridi plane rogatu FRITH. 557; quae hoc non vult ~e injusta est ANSELM (*De Lib. Arb.* 8) I 220; juret .. Anglicus liber triplici lada ~e vel simplici frangenti vel judicio neget (*Leg. Hen.* 18. 1) *GAS* 559; solus fracto juramento .. comprobet, et testes ejus ~e confirment (*Ib.* 64. 6) *Ib.* 584; **1367** quam cito poterit dictam placeam edificare ~e cum aliis vicinis *Doc. Bev.* 43; **1427** preconis officio congruit sibi commissa ~ius quo noverit intimare *StatOx* 233; s**1494** posteaquam palacium .. ~e regium parasset *Scot. Grey Friars* II 177. **b 1466** sentencialiter et de ~e absque strepitu *Mem. Ripon* I 180.

planeaca v. planeticus.

planescere, to become smooth.

si .. appareant quasi albe et livide, non rotunde forme sed plane, significatur conceptio femine; livescunt .. et ~unt propter debilitatem caloris GILB. VII 306. 2.

planeta [CL < πλανήτης; CL *as m.*, ML *also as f.*], ~**um**

1 (astr.) planet, one of seven 'wandering stars', Moon, Mercury, Venus, Sun, Mars, Jupiter, or Saturn; **b** (as feature of the reckoning of time or naming of days of the week); **c** (as source of influence); **d** (in title of book); **e** (fig., w. ref. to flatterer).

caelum .. in quo sunt omnes stellae fixae quasi clavi, nisi vij ~ae *Comm. Cant.* I 17; septenis caelorum orbibus .. ~arum retrogradis cursibus tricentur ALDH. *Met.* 3 p. 72; hoc ~um, a plano *GlC* H 132; stellarum .. quas Graeci ~as vocant ADEL. *QN* 70 (v. error 1a); ingenuam celum, ignei [v. l. ignee] ~a GIR. *TH* II 12; predictarum ~arum NECKAM *NR* I 7 (v. intersecare 3b); ~a progrediens regiratur retrograde R. BURY *Phil. prol.* 8; ~e sunt stelle non scintillantes T. SUTTON *Gen. & Corrupt.* 66. **b** est annus .. errantium discretus stellarum, est et omnium ~arum unus quem magnum specialiter nuncupant BEDE *TR* 36; Sylvester statuit .. dies non dici a ~is R. NIGER *Chr. II* 123; quilibet septem ~arum speram habet propriam, in qua defertur motu proprio contra celi motum et in diversis spatiis temporum ipsum [zodiacum] metitur, ut Saturnus in 30 annis, Jupiter in 12, Mars in duobus sol quidem in 365 diebus et 6 horis, Venus et Mercurius fere similiter, luna vero in 27 diebus et 8 horis SACROB. *Sph.* 79; invenire motus singulorum ~arum ad omnem diem et horam secundum .. varietatem motuum eorum BACON *Tert.* 36; tercia [linea kalendaria] ostendit quanta sit horarum ~arum nocturna *SB* 5. **c** fudisse sibi statue caput certa inspeccione syderum, cum viz. omnes ~e exordia cursus sui meditarentur W. MALM. *GR* II 172; totus est venerius / nec cursum alterius / sequitur planeti P. BLOIS *Carm.* 25. 10. 57; hos .. effectus non ita ~is attribuunt phisici ALF. ANGL. *Cor* 13. 2; quod .. ~a aliquis [vv. ll. aliqua, aliquid] sit causa hujus motus GROS. *Flux.* 460; gentiles caderent mactantes bruta planetis / dantes dona deis ditia danda Deo GARL. *Tri. Eccl.* 26; Saturnus est ~a malevolus (J. BRIDL.) *Pol. Poems* I 209; s**1454** oriente .. aurora anni tercii,

oriebatur simul cum ea ille ~a malivolus, qui mundum polluit mendaciis *Reg. Whet.* I 124. **d 1389** Theorica ~arum *Catal. Med. Libr.* V 137; **1431** presentatas .. supponimus .. audisse .. Theoricam ~arum *Stat Ox* 234; p**1440** astronomia: .. Theorica †planetarium [l. planetarum] (*Catal. Librorum*) *JRL Bull.* XVI 477. **e** sic motu vario feruntur varie / quo placet principi planeti curie WALT. WIMB. *Palpo* 78.

2 (eccl.) chasuble, eucharistic vestment (orig. worn by traveller).

septimum [vestimentum] est quod casulam vocant, hanc Graeci ~am dicunt *Ps.-*BEDE *Collect.* 354; has stolas sive ~as .. benedicere EGB. *Pont.* 16; hanc ~am .. seu pudorem .. benedicere *Ib.* 17; aecclesiasticum .. habemus vestimentum, i. e. .. casula, i. ~a ÆLF. BATA 6 p. 101; ~a qua ipse pater Dunstanus inter missas frequenter usus fuerat EADMER *V. Dunst.* 23; dedit .. optimam ~am albam cum aurifrisio mirabili Boso *V. Pont.* 388; vidit magistrum Gilebertum sacerdotalibus indutum et .. ~a erat rubea *Canon. G. Sempr.* f. 150; ~am quem [*ed. OMT:* que] usitatius casula vocatur *Chr. Battle* f. 39; erat enim juvenis in obsequio Ricardi magnifici bellatoris atque Johannis regum Anglie, cum quibus prius didicerat usum lorice quam pontificalis ~e M. PAR. *Maj.* III 309n; obtulit .. duas ~as, aurifrigio ante et retro ornatas *G. S. Alb.* I 179.

planetarium v. planeta.

planetarius [CL planeta + -arius], one who studies the movement of planets, astronomer, astrologer.

mathematici vel ~ii, dum professionis sue potentiam dilatare nituntur, in erroris et impietatis mendacia perniciosissime corruunt J. SAL. *Pol.* 442B; ne ~iorum .. sequi videamur errorem *Ib.* 461B.

planeticus [LL < πλανητικός = *migratory*], that wanders (in quot., of mind); **b** (of fever) erratic.

nam cum muris arbore corpus includatur / mens tamen †planeaca [l. planetica] per urbes vagatur *Ps.-*MAP 241. **b** erratica febris .. dicitur ~a, a 'planos' quod est error, seu a planeta Saturno GILB. I 55. 1.

planga v. plancha.   **plangchiare** v. planchare.

plangentia, expression of mourning, lamentation.

citharizat plectrum plangentie J. HOWD. *Ph.* 329. 2.

plangere [CL]

1 to mourn for, bewail, lament: **a** (person); **b** (act, event, or abstr.); **c** (w. *quod* & subj.); **d** (absol.).

a xxx dies Moysen planxerunt filii Israhel THEOD. *Pen.* II 5. 5; plangere ceu solet ablatum matrona maritum ALDH. *VirgV* 2130; **800** qualiter planxit monachum in heremo quem perdidit in monasterio ALCUIN *Ep.* 205; vacent alii et suis cantibus vel ~ant mortuum vel honorent AILR. *Ed. Conf.* 783D; Venus .. Adonem ab apro interfectum fusis lacrimis ~it ALB. LOND. *DG* 11. 17; seque reum plangit Christi vestigia tangit *Vers. Cant.* 5 p. 17. **b** [vox] Hieremiae ruinam civitatis suae .. ~entis GILDAS *EB* 1; **799** non solum hoc damnum ~imus ALCUIN *Ep.* 185; malum quod fecerat planxit ALEX. CANT. *Dicta* 16 p. 171; ~enda quidem non admiranda est hec translatio ADEL. *QN* 41; cum .. familiares ejus aliquotiens suas adversitates ~erent *V. Edm. Rich.* P 1810B; ~it Troje eversionem TREVET *Troades* 4; pocius ~erent conquerencia humane carenciam sepulture *G. Hen. V* 21. **c** mestus plurimum et ~ens quod amplius illi locutus non fuisset GIR. *EH* I 40; s**1240** ad cancellarium versus suspirando planxit quod eum a deliciis maximis impedisset *Eul. Hist.* III 118. **d** melius est ut quisque .. ~at et .. pro peccatis confusionem sustineat quam .. ad poenam perpetuam perveniat ÆLF. *EC* 37;

2 *f. l.*

perfidus, qui semel plangit [? l. frangit] fidem *GlC* P 368.

plangia v. plancha.   **plangiare** v. planchare.

plangor [CL], lamentation.

pro ludo subiit letalis terror, pro gaudio ~or GOSC. *Transl. Mild.* 11; mors nescit compati cunis aut senio / neque plangoribus neque suspirio WALT. WIMB. *Sim.* 78.

planicus [2 planus + -icus], deceitful, of imposture.

everticula .. ~arum improbitatum MORE *Ut.* lxxxvii.

planificare [1 planus + -ficare], to make smooth (an irregular surface).

adequantur et ~antur timpora GILB. I 70v. 2; nigella est semen cujusdam herbe .. et est rotundum et ~atum, subamarum *Alph.* 125.

planimetria [1 planus + metrum + -ia], measurement of a flat surface, surveying.

Noe georgica, Moysis prestigia, Josue ~ia, Samsonis enigmata R. BURY *Phil.* 7. 110.

planisphaerium [1 planus + sphaera + -ium], (astr.) planisphere, map formed by projection of a sphere, esp. part of celestial sphere, on to a plane.

Albion ad instar planisperii tocius spere celestis concentricos, ecentricos et eciam epiciclos pro variis stellarum motibus machinatos .. continet WALLINGF. *Alb.* 294.

planistra [cf. 1 planus], tract of level or open ground.

1436 quandam croftam terre .. uno capite inde abuctante super ~am vocatam Overedes Grene *DL Cart. Misc.* III 148.

planities, ~**ia** [CL]

1 (horizontal) flat or smooth surface: **a** tract of level ground, plain; **b** (in cloister); **c** (of sea); **d** (fig.).

a congregati sunt .. multi juvenes in campi ~ie [vv. ll. ~iem, ~iae] *V. Cuthb.* I 3; neque ullus alter in tota illa campi ~ie lapis inveniri poterat BEDE *HE* V 6 p. 290; s**1141** in patenti ~ie camporum citra Wintoniam W. MALM. *HN* 491 p. 50; in Kildarensi ~ie non procul a castro Nasensi GIR. *TH* II 18; c**1199** xxx acras terre in illa ~ia que jacet ante portam grangie sue *Ch. Chester* 278; in nemore positi causa lustrandi .. contigit episcopum per quandam †platnitiem [l. planitiem] divertentem mansionem pulchram .. videre *Lanercost* 23; tota .. circumjacens ~ies ab ipso .. certamine .. Blodeweld [v. l. Blodifeld] a sanguine interfectorum denominabatur *V. II Off.* 4; super quemdam ~iem juxta turrim eos decapitaverunt *Chr. Kirkstall* 125. **b** parietes claustri obducti erant argento .. ; herba .. mediae ~iei virens erat EADMER *V. Anselm* I 21 p. 36. **c** 'camposque liquentes', i. e. ~ies marium BERN. *Comm. Aen.* 119; 'liquentes campos', ~iem aquarum *Ib.* 121. **d** a quibus Sol justitie, ex morte oriens, mirabiliter est illuminans ~iem ecclesie HON. *Spec. Eccl.* 985C.

2 flat or smooth surface (on any plane); **a** (of part of human body); **b** (of natural object or artefact); **c** (of geom. plane).

a caro .. in maturitatis ~iem respirabat; .. plantarum ~ies et genuum inconveniens superficies redire maturabat R. COLD. *Cuthb.* 48; homospalta .. dicitur ~ies illa super quam onera feruntur *SB* 24 (v. omoplate); planiciem frontis que nitet alba satis GOWER *VC* V 82. **b** grandinibus / .. / quorum pulchra planities / perlucebat ut glacies (ALDH.) *Carm. Aldh.* 1. 57; **930** virgineo aterrimi lacrimas liquoris forcipe in ~iem tetragoni campuli albentem destillante perscripta est *CS* 1343; in hac regione litterali ~ie mentem .. ambientes .. agrestem componentibus ignaviam explorare deposco B. *V. Dunst.* 1; duos tabularum reges ponat per planiciem (*Vers. Wint.*) *Hist. Chess* 514; lenitas et ~ies ligni aromatici J. FORD *Serm.* 114. 10; ~ies, A. *rof Teaching Latin* II 29; ~ies, A. *playn*, et eciam in panno A. dicitur *champe WW*. **c** regulas quibus altitudo corporum et longitudo vel latitudo ~ierum .. comprehendi possent ADEL. *ED* 29; ad ~iem, quam Greci epiphaniam vocant, mensurandam *Ib.* 30.

3 plainness of meaning, clarity.

theologie due feruntur positiones, inspectiva .. et actualis .. qua ~ies historie primitias fovet frugum novellarum SENATUS *Ep. Conc.* xlv; in verbo Dei alii brevitatem alii ~iem amplectuntur J. FORD *Serm.* 39. 1; tractatus sufficiens debet habere septem conditiones .. ut ~ies habeatur cum brevitate BACON *Tert.* 57; ~ies scripture .. excellenter nutrit neophitos WYCL. *Ver.* 335.

planitus v. planctus. **planjatura** v. planchatura. **plank-** v. planc-. **planka, ~us,** v. planca.

1 planta v. planca.

2 planta v. planctus.

3 planta [CL; cf. πλατύς], **~us**

1 sole of the foot: **b** corresponding part of bird, insect, or sim.

tege talos cum tibi[i]s et calcibus / crura, pedes plantarum [*gl.*: *fet illa*] cum bassibus (LAIDCENN MAC BÁITH *Lorica*) *Cerne* 87 (=*Nunnam.* 93); a triplicis summitate cerebri ~a tenus ALDH. *VirgP* 32; [inmundi spiritus] erant .. talo tumido, ~is aversis FELIX *Guthl.* 31 p. 102; numquid alligavit quis ignem in sinu suo et vestimenta ejus non ardeant aut ambulare super prunas potest et non comburentur ~ae ejus? *Ps.*-BEDE *Collect.* 215; ~a, *fotwylm GlP* 567; planta pedis non nuda tui cuiquam speculum sit [*gl.*: quod operias ~us tuos] D. BEC. 1110; consolidans plantas gressibus aptat eas NECKAM *DS* V 396; ave, que sub plantis / caput indignantis / tenes vipere J. HOWD. *Sal.* 27. 1; hec ~a, *the sole of the fote WW*. **b** pergo super latices plantis suffulta quaternis ALDH. *Aen.* 38 (*Tippula*) 1; adveniunt volucres geminae quae lintea plantis / contingunt pariter ÆTHELWULF *Abb.* 235.

2 (bot.): **a** (*~a Christi*) kind of plant. **b** (*~a leonis*) *pied de lion*, (?) lady's mantle (*Alchemilla vulgaris*). **c** (*~a leonis*) mallow (*Althaea*).

a ~a Christi guttas facit nigras in foliis, sed quidam dicunt esse satirion, set non est *Alph.* 137. **b** ~a leonis *SB* 21; pauca [v. l. planta] leonis idem *Alph.* 63 (v. flaura); ~a leonis, *medilwort MS Cambridge Univ. Libr. Dd. 11. 45* f. 112 ra. **c** ~a leonis *SB* 29 (v. magudaris 2).

3 bottom, lower border (of game board).

perge .. ad superiorem quadrangulam .. Matheum in superiore loco .. et Lucam a sinistris Mathei, Johannem vero a ~is atque Marcum a dextris *Alea Evang.* 175.

4 planta [CL], young shoot detached from parent plant for propagation, slip, cutting. **b** young plant, seedling; **c** (fig.).

prima die septem opera fecit .. tertia die, quatuor: maria, semina, sationes atque ~as *Ps.*-BEDE *Collect.* 238; ~e, *treowes sprancan* ÆLF. *Gl.* 149. **b** **10..** ~a, *spelt WW*; et in partibus et augmento ~is certe quantitatis metam natura non statuit, sed vel annuatim quantitati adiciunt aut arefiunt ALF. ANGL. *Cor* 1.1; ~arum alia domestica, alia ortensis, alia silvestris ... si .. ~a habet diversitatem penes locum, penes locum habet diversitatem naturalem BACON XI 230; queritur de generatione ~arum et alteratione .. quomodo generatur ~a ex semine *Ib.* 234. **c** ecclesie namque ~am Christi sanguine [*supply* irrigatam] olim ac rubricatam adeoque firmissime fundatam et inconvulse radicatam quis vel exstirpare vel etiam ad modicum infirmare valebit? GIR. *Ep.* 4 p. 178.

plantaga v. plantago.

plantago [CL], **a** (*~o* or *~o major*) great plantain (*Plantago major*). **b** (*~o aquatica*) water plantain (*Alisma plantago-aquatica*). **c** (*~o lanceolata* or *minor*) ribwort (*Plantago minor*). **d** (var.).

a habet autem flores similes ~ini BEDE *Tab.* 965; ~o, *uuegbrade GlC* P 462; ibi crescit sandix, caula .. archangelica, plantaga, quinquefolium ÆLF. BATA 6 p. 99; arnoglossa, i. ~o *Gl. Laud.* 178; si .. vehemens calor arcem capitis .. invaserit, radatur caput atque aqua .. ~inis .. tempora mulceantur P. BLOIS *Ep.* 43. 127B; mustela .. quando venenoso morsu vulneratur recurrit ad ~inem O. CHERITON *Par.* 125; utraque plantago laudem de jure meretur; / dicitur hec major, lanceolata minor NECKAM *DS* VII 61; hec ~o, *plantein Gl. AN Glasg.* f. 18 rb; arnoglossa, i. ~o major *SB* 11; elleborus albus habet folia similia ~ini sed longiora et acuciora *SB* 18. **b** ~o aquatica TURNER *Herb.* A2 (v. fistula 6c). **c** plantago .. / .. lanceolata minor NECKAM *DS* VII 61 (v. a supra); item ~o lanceolata, celidonia, acus muscata .. GAD. 126. 2; quinquenervia, lanceolata, ~o minor idem *SB* 36; nota quod ~o minor quinquenervia, et lanceolata sunt idem, G. *launcele*, A. *ribwort Alph.* 14. **d** bibone, i. beta, i. brittanica vel beta ~inis *Gl. Laud.* 204; eptafilon, i. *gelowurt*, vij folia, sive ~inem *Ib.* 530; gorolione, i. ~o *Ib.* 712; gereboni, i. ~o vel centauria *Ib.* 762; porno, i. ~o Macedonici *Ib.* 1169; veta, i. ~o *Ib.* 1497; succo ~inis feminine GILB. III 124v. 1.

plantacius v. platanus.

plantamen [3 planta+-men], young plant (in quot. fig.).

1430 in ortulo scripture brevis nostrorum nequimus conceptuum ~ina radicare *EpAcOx* 61.

1 plantare v. planctare.

2 plantare [CL]

1 to propagate from a cutting, to strike; **b** (fig.).

viij arpenn' vineae noviter ~atae *DB* I 129rb; Icarus Bacchi servus vineam ~averat *Natura Deorum* 76; queritur an surculus recipiat novam animam .. quia quandoque ~atur planta de regione ad regionem .. BACON XI 244; virum .. peritum ~andi et inserendi fructiferas arbores FERR. *Kinloss* 48. **b** in cordis sui .. gleba surculamen .. insipientiae ~averat GILDAS *EB* 28; fructiferos virtutum surculos pastinare Christo ~ante possimus ALDH. *VirgP* 16; ut .. ecclesiae nascentis quasi magnae cujusdam vineae surculus ~aretur BEDE *Hom.* II 15. 175; ave, virgo, vas verbale, / decus plantans matronale / virginis in stipite WALT. WIMB. *Virgo* 27; **1471** fratres .. in vinea Domini .. ~are ad perpetuam rei memoriam *Scot. Grey Friars* II 217.

2 to plant: **a** (tree, shrub, or vine); **b** (fig.); **c** (crop); **d** (ground or land); **e** (absol.); **f** (w. ref. to *I Cor.* iii 6–8).

a quia non potuit ante fructum facere quod erat ~atum *Comm. Cant.* I 382; quis ~avit vineam? *Ps.*-BEDE *Collect.* 10; arbores .. quas .. propriis manibus .. circa cemeterium olim ~averant GIR. *TH* II 54; **1275** entas .. ~avit in gardino suo (v. exstirpatio 1a); s**1280** haya quam .. ~avit (v. 1 haia 1a); c**1290** arbores .. ~ate (v. deturbare b); **1300** ~averunt salices *Rec. Elton* 94; **1344** pro spinis vivis .. ~andis *KR Ac* 458/4; **1428** non licebit predicto R. .. ~are salices aut aliquas alias arbores in via predicta *Rec. Leic.* II 237. **b** viri ecclesiastici .. et boni Christiani, in quorum cordibus Dominus noster cotidie ~at diversa genera arborum *G. Roman.* 411; Adrianus .. vineam Dominicam .. ~atam rigare .. privilegia .. studuit .. renovare ELMH. *Cant.* 244. **c** hortulanus .. herbas .. ubi eas ~et considerat *Simul. Anselmi* 97; **1325** in fabis ~andis ciij^{xx} iiij opera *Rec. Elton* 289; debet ~are fabas domini *Cust. Taunton* 21. **d** fecit vineta et oliveta ~ari ORD. VIT. VI 3 p. 10; **1298** in plantis olerum ad ~andum curtilagium, xij d. (*Ac. Farley*) *Surrey Rec. Soc.* XV 18; super decimis quibuscumque garbarum .. de ortis seu curtilagiis aut aliis terris et locis ~atis THORNE 2101. **e** dies laudabilis, bonum est in ea edificare, ~are, et res antiquas agere BACON V 112; vassalli .. coeperant .. serere, arare, ~are *Jus Feudale* 22. **f** ego ~avi .. Apollo rigavit BEDE *Cant.* 1145; Paulus ~avit, Apollo rigavit, Dominus incrementum dedit *Ps.*-BEDE *Collect.* 48; ille ~abat, iste rigabat *V. Gund.* 8; quod ~as verbo riges exemplo W. NEWB. *Serm.* 846; ~avit moribus, rigavit verbis, de officio boni agricole nichil omittens *Ib.* 882.

3 to fix in place, infix; **b** (w. ref. to *Psalm.* xciii 9).

in ulteriori .. etate .. valent dentes ~ari *Quaest. Salern. B* 71. **b** si quis de socio famulo tibi plantet in aure / verba malignosa D. BEC. 839; verba susurronis tibi non plantentur in aure *Ib.* 844; numquid qui ~avit aurem non audiet? AD. MARSH *Ep.* 244 p. 409.

4 to put on the ground, build, construct.

1200 quod nec monachi nec alii ~abant grangiam vel bercheriam vel plures masuras quam tres super .. terram *Couch. Kirkstall* 82; **1311** placeas .. cum aysiamentis murorum et turrellorum .. ad ~andum, edificandum, et quicquid nobis placuerit ibidem operandum *MunCOx* 19; **1325** falda sua ~anda (v. falda 3); **1508** reparaciones: .. sol' diversis sepientibus .. viz. querendo *le whikkes* ~ando, fodiendo foveam, et eciando ad profunditatem iij quar' .. *Ac. Durh.* 660.

5 to establish: **a** (person or group, also fig.); **b** (institution or place); **c** (abstr.); **d** (act, in quot. siege).

a concede, .. Deus, huic plebi salutiferae Paschae sollempnia celebranti, omnes ovium vellere in tua voluntate -ari EGB. *Pont.* 68; sed rudibus fidei cupiens animos animare / et ne marcescant noviter plantata rigate NIG. *Laur.* 544; gentem hic nostram in insula ~are et immobiliter radicare proposuit GIR. *EH* I 9; Anglia plantavit stirpem se multiplicantem, / orbis plantantem dominos quos illa creavit GARL. *Mor. Scol.* 289–90; ad quem effectum saluberrimum alma mater ecclesia vos ~avit gratuito, ~atosque rigavit favoribus R. BURY *Phil.* 6. 86; ~asti eos [sc. impios], radices miserunt, proficiunt *V. Ed. II* 248 (cf. *Hier.* xii 2); ~averat eos in omni loco dominacionis sue *Croyl. Cont. C* 570. **b** et regnum caeli destructa fraude maligni / aedificet plantetque restaurans sceptra polorum ALDH. *VirgV* 317; Deus, .. terram fundasti, paradisum ~asti *Nunnam.* 62; a**1102** Christus .. ecclesiam suam .. novam ~avit ANSELM (*Ep.* 235) IV 142; ut .. edificaret et ~aret ecclesiam Anglorum AILR. *Ed. Conf.* 779C; quomodo ordo noster hic primo dextera Dei ~atus fuerit *Chr. Dale.* 1; regio .. civitatibus et castris ~ata *Eul. Hist.* II 23. **c** ut siquando haec recitanda audiant, interius viz. in corde frequenti meditatione ~ent O. CANT. *Const. Pref.* 69; ad roborandum fidem Christi, que debilitabatur, per Sanctum Augustinum ~ata *G. S. Alb.* I 6; **1295** extirpando vicia et ~ando virtutes (*Lit. Papae*) *Mon. Hib. & Scot.* 159b; ista [sc. pacem et concordiam] summo conatu ~are debet princeps et fovere in sibi subjectis OCKHAM *Pol.* I 106; natura humana que in primo parente sc. Adam erat ~ata *G. Roman.* 293; ~etur et crescat Christiane fidei religio CAPGR. *Hen.* 73; **1452** quos in me ~asti virtutum .. exordiis BEKYNTON I 269. **d** s**1319** cumque collegisset exercitum et ~asset obsidionem WALS. *HA* I 155.

plantarium [CL]

1 cutting, slip, seedling; **b** (transf.); **c** (fig.).

ut .. arboris maliferae ~ia [*gl.*: sc. sunt que ex seminibus nata sunt, plantationes] florenti fronde fecundentur ALDH. *VirgP* 16; pla[n]taria, *setin GlC* P 467; aquae, unde ~ia sua verus hortolanus faciat germinare GOSC. *Lib. Confort.* 106; spinarum ~ia facilius evelluntur antequam coalescant P. BLOIS *Ep.* 51. 157C; Grecismus plantaria poni vult pro plantis / et jubet plantaria dici calceantis *Qui majora cernitis* 186; ~ia, A. *plontes WW*. **b** sunt dentes secundum Constant. quedam ~ia in ossibus maxillarum et menti quibusdam radicibus inserti [TREVISA: *plauntis isteked and ipiȝt by rootes*] BART. ANGL. V 20. **c** ne .. justa ~ia cum malis pariter .. eradicando praecidant B. *V. Dunst.* 1; undecumque malorum extirpabat ~ia, continuo ibi bonorum jaciebat semina W. MALM. *GP* I 44; ne avulsa iniquitatum ~ia recidivent P. BLOIS *Ep. Sup.* 77. 15; s**1286** si mundialibus ultro renuntiasset, ut mundi et ambitionis ~ia de profundo pectoris radicitus extirpasset WYKES 307; nam ex radice infecta primi Adam, virtute secundi Adam multa sancta et gloriosa ~ia succreverunt WYCL. *Apost.* 14; s**1519** [legati] errata corrigant .. vepres viciorum extirpent, ~ia virtutum inserant *Reg. Butley* 36.

2 plot in which cutting, slip, or seedling is planted; **b** (fig.).

curre ergo et Dominum credens plantaria quaere *Mir. Nin.* 200; tellus copiosa .. ubertim procreans non solum patriae assueta sed adeo .. remotiorum regionum ~ia GOSC. *Aug. Maj.* 51B. **b** tali .. fine divina roseta et florigere Mildrethe ~ia collecta sunt ad Dominum GOSC. *Transl. Mild.* 5 p. 161; sic qui virtutum facere vult ~ium, quo in loco sui plantet eas sibi est praevidendum *Simil. Anselmi* 97; hortum .. constantie et mansuetudinis non temere ~ium dixerim J. FORD *Serm.* 119. 3; ~iis evangelicis ampliandis se gessit ELMH. *Cant.* 279.

plantarius [2 plantare+-ius], planter, one who plants.

de hujus horti ~io .. hortulanus iste, qui .. et sponsus, alios .. hortos conserere cogitet J. FORD *Serm.* 44. 8.

plantatio [CL]

1 act of putting into the ground, planting (cutting, seed, or plant); **b** (transf., treasure).

quid vero de palma dicemus, que nisi in centesimo anno sue ~onis fructum de se non producit? R. MELUN *Sent.* 222; ibi .. liliorum .. secura ~o, ibi radicatio solida, ibi perpetua germinatio J. FORD *Serm.* 44. 11; quatenus singula .. disponantur in eo [sc. horto], ut habeat sive satio sive ~o, sarcillatio quoque sive putatio et cetera que ad cultum ejus sunt *Ib.* 45. 3; **1232** idem reddunt compotum de vj bussellis fabarum, in ~one ij busselli, in supravenditis dimidium quarterium *Crawley* 204; quare plante educte in esse per ~onem hominum erunt corpora artificialia BACON XI 178; cui nulla virgultorum ~o nulla seminum satio comparatur R. BURY *Phil.* 5. 75;

1467 pro *le impgarth* una cum herbis et oleribus .. et solut' T. C. laboranti ibidem circa ~onem earundem, ij s. vij d. *Ac. Durh.* 91. **b** hoc sigillum ad collum suspensum valet ad omnes ~ones et ad inventiones thesaurorum *Sculp. Lap.* 451.

2 what is put into the ground, plant (also in fig. context); **b** (w. ref. to *Sir.* xxiv 18). **c** (collect.) plantation.

~ones ALDH. *VirgP* 16 *gl.* (v. plantarium 1a); surculus, ~o *GlC* S 591; si forte velis avellere iniquas ~ones radicesque vipereas P. BLOIS *Ep.* 129. 381D; novelle ~ones [ME: *ympen*] circumcinguntur spinis dum sunt tenere *AncrR* 148; ~o quelibet cedit solo quo inseritur FORTESCUE *LLA* 42. **b** sicut ~o rose in Jericho sic et tu exaltaris in hoc mundo BALD. CANT. *Serm.* 8. 37; quasi palma, quasi ~o rose, quasi oliva P. BLOIS *Ep.* 97. 305A. **c** opera in edificiis et ~onibus, in ortis et piscinis ANDR. S. VICT. *Sal.* 103; **1157** terram ~onis quam R. de M. et P. de B. et F. .. in elemosinam dederunt *Act. Hen.* II I 138; **1433** ~ones salicum et aliarum arborum .. fieri fecerant *Rec. Leic.* II 246.

3 (fig., w. ref. to): **a** (plant); **b** (person as noxious plant); **c** (person as introduced from elsewhere); **d** (*Sap.* iv 3).

a 796 qualiter novella ~o colenda sit ut primi flores fidei ad incrementa fructuum pervenire valeant ALCUIN *Ep.* 113; omnem ~onem iracundie .. exsufflant W. DAN. *Ailred* 5; hanc ~onem inter poma convallium in horto Sponsi plantare disposuit H. BOS. *V. Thom.* II 6; quatenus .. a Domino Jesu novellae auris ~o inseratur J. FORD *Serm.* 29. 4; **1155** in eis ~onem fidelem et germen gratum Deo inserimus (*Bulla Papae*) CAPGR. *Hen.* 72. **b** germen suae ~onis amarissimae ad Gallias .. Maximum mittit GILDAS *EB* 13; germen iniquitatis, radix amaritudinis, virulenta ~o .. in nostro cespite .. pullulat *Ib.* 23; **1282** vestis .. nuptialis que magis adulterinam ~onem redolet quam sponsi ecclesiastici caritatem PECKHAM *Ep.* 218. **c** quoniam .. [episcopus iste] de curia exierat et ~o regis extiterat GIR. *IK* II 1; erat [episcopus] .. Anglicana ~o Wallie nec naturaliter .. sed violenter inserta *Id. GE* II 34 p. 330; ipse .. regis ~o fuit et creatio *Id. RG* I 10; **1401** pater O. D. .. velut quedam celestis ~o, salutares fructus .. germinat *FormOx* 211. **d** adulterinae ~ones non dabunt radices altas ÆLF. *Ep.* 2a. 5.

4 act of putting on the ground, placing, siting.

1338 hec indentura testatur quod cum contencio mota esset inter W. de S. ex una parte et W. de L. ex altera de ~one cujusdam domus dicti Willelmi de L. *DC Durh.* 4. 14 *Spec.* 36.

5 foundation, institution: **a** (secular); **b** (eccl.); **c** (w. ref. to *Psalm.* cxliii 12).

1253 villa de Gannoc' novella est ~o *Cl* 365; s**1275** Walterus, dominus de S. .. fecit nobis mansum in pluribus locis, et ~ones suas inde abstraxit *Ann. Dunst.* 268. **b** domus Thare, in qua custodita est ~o civitatis Dei BEDE *Gen.* 133; s**975** ecclesias Deo fundaverat .. cujus ~onum greges .. Deum laudare non cessant H. HUNT. *HA* V 26; ~ones suas lacrimis rigavit *V. Edm. Rich B* 616. **c** volumus indicare ut .. proponat novellam ~onem et humilitatem ecclesiae BONIF. *Pen.* 430; ut novelle ~onis sue primordia .. consecrare dignaretur *Chr. Rams.* 22; ut novellas ~ones suas unda lacrimarum .. irrigaret J. FORD *Serm.* 18. 7; cum .. satis adhuc novella ~o vestra sit ecclesia P. BLOIS *Ep.* 78. 241B; super monasterio de Beletun, quod est .. vestre sanctitatis novella ~o AD. MARSH *Ep.* 26.

plantativus [ML < 2 plantare + -ivus]

1 that can be planted.

herbe seminative et arbores ~e .. fructificabant *Eul. Hist.* I 10.

2 that can grow, (*aetas dentium* ~*a*) age during which teeth can grow.

quare pueri in prima origine non producunt dentes, in medio vero pueritie, i. e. in etate dentium ~a, producunt et etiam amissos recuperant *Quaest. Salern.* P 123; accipiunt .. medici vij etates, sc. noviter genitam, dencium ~am .. BACON VI 6.

3 that can establish or instigate.

virtus legalis ~a originalium [*gl.*: constitutiva legum] BACON V 131.

4 (as sb. n.) vegetative condition, power to grow.

distinguens .. species et potencias anime irracionalis inquit hec quidem assimilatur communi et ~o, dico autem causam ejus quod est nutriri et augeri BRADW. *CD* 448A.

plantator [ML < 2 plantare + -ator]

1 one who propagates from a slip or cutting; **b** (fig.).

de vineis sine ~ore crescentibus GERV. TILB. III 36 *tit.*; hic ~or, *a nymper WW.* **b** Jesse prodit virgula, / totum profert angulus, / integrum particula, / ortolanum surculus, / plantatorem plantula P. BLOIS *Carm.* 19. 1. 6.

2 one who plants seed or seedling, planter (also fig.).

quidquid fructificat, tu cultor, tu sator, tu ~or es GOSC. *Aug. Maj.* 51A; a**1235** cum nostrum sit rigare quod predecessores nostri plantaverunt, .. eadem gratia que ~ori et debetur nutritori *Cart. Glouc.* III 7; s**1440** id fratres, novistis, desiderat arator in agro, id ~or in orto AMUND. II 235; hic ~or, *a plantor WW.*

3 one who puts on the ground, builder, founder.

rex David .. multorum monasteriorum ~or egregius J. FURNESS *Walth.* 49; ~or paradisi Deus est, qui plantavit eam et fundavit per Christum principium GROS. *Hexaem.* XI 6.

4 one who instils or teaches.

ut tanquam ~or et propagator erroris GOSC. *Lib. Mild.* 10; mitti .. fidei Christi ~ores impetravit GIR. *PI* I 20 p. 125; c**1375** ~orem meum ac inceptorem profectus mei *FormOx* 225.

plantetta [OF *plantette*], little plant.

1296 de ij s. vj d. d. de plancettis vinearum venditis *DL MinAc* 1/1 r. 12*d.*

planticium [OF *plantis*]

1 brushwood.

1271 in xxxviij perticis .. fossandis .. in ~io colligendo ad idem *Pipe Wint.* B1/35.

2 plantation or quickset hedge.

1236 juratores dicunt quod fossatum illud fuit quasi marchia inter terras ipsorum, et Radulfus habuit ex parte sua ~ium, et Hugo ex parte ipsius Radulfi scidit xiij fraxinos et asportavit *CurR* XV 1949; **1296** in xl pertic' fossati novi cum plancio [l. planticio] vivo faciendo et haiis emendandis circa parcum *DL MinAC* 1/1 r. 4.

planticula [3 planta + -ica + -ula], little plant.

si nativus tuus habeat maneletam in terra tua, pro qualibet ~a, dabit tibi .. multonem ad forisfactum suum *APScot* I 751a.

planticus [3 planta + -icus], one who studies plants.

DUNS *Metaph.* VI 1 (v. elementicus, plantista).

plantista [3 planta + -ista], one who studies plants.

licet talis sit perfectus planticus vel ~a, est tamen imperfectus sciens, quia eciam plantam imperfecte novit DUNS *Metaph.* VI 1. 317a.

plantium v. planticium.

plantula [LL < 3 planta + -ula]

1 little plant: **a** young shoot detached from parent plant for propagation, slip, cutting. **b** young plant, seedling.

a 1268 in .. centum ~is pirorum emptis et plantatis in gardino de Evereswell' *Pipe* 112 r. 1*d.*; est sine radice tua plantula, nec diuturna / floris habet laudem GOWER *VC* II 139. **b** s**1247** tam agricole quam hortolani .. se spe seminum, ~arum, fructuum, et segetum frustratos vehementer formidabant M. PAR. *Maj.* IV 604; **1276** in ~is olerum, v d. ob. *Ac. Stratton* 191; **1279** in ~is olerum iiij d. *Ib.* 222. s**1277** Oxonie studium per eum quasi plantula vernat WYKES 275.

2 (fig.); **b** (w. ref. to person).

istis se perhibet Ysaie pagina testem / qua stet paginule plantula firma mee GARL. *Epith.* I 96; femur illius plantula violarum J. HOWD. *Cant.* 5.1;

~as sanctitatis novellas jugiter visitans consolacionum sanctarum irriguo rore perfundit *V. Edm. Rich. C* 592; **1430** eterne legis dispergere semina, et celestes ~as ad fructus dirigere spiritales *EpAcOx* 55. **b** P. BLOIS *Carm.* 19. 1. 6 (v. plantator 1b); gens hec, novis ~arum succrementis, vires in insula non modicas habent GIR. *EH* II 15; speramus .. tantam ~am tamque undique fructiferam in varias utilitates et commoda pululandam *Reg. Ebor.* 10; **1283** liberos .. ~e tam eximie PECKHAM *Ep.* 362; **1320** ecclesia Anglicana in cujus plantario ~a novella quasi lignum vite dextera plantatum .. accrevit *Reg. Heref.* 142; c**1327** ut in commisso nobis orto Dominico novelle ~e exculte proficiant J. MASON *Ep.* 32 p. 215; minoris ordinis ~as juveniles CAPGR. *Hen.* 139.

plantus v. 3 planta.

planula [ML < 1 planus 13 + -ula], little plane.

scriptor habeat .. ~am [*gl.*: *une plane*] ad purgandum et equandum superficiem pergameni NECKAM *Ut.* 116; pellicula ex qua formabitur quaternus pumice mordaci purgetur et ~a leni adequetur superficies *Id. Sac.* 361; *staunch greyn for wrytaris*, ~a *PP*; *a playne*, ~a LEVINS *Manip.* 200.

planura [ML < 1 planus 12 + -ura], plain.

vellemus etiam scire quomodo est .. ignis qui eructuat de terra tam ~e quam montis M. SCOT *Part.* 294; aperies oculos et videbis opimam ~am in qua nidum edifficabis *Id. Proph. pref.* 156.

1 plānus [CL]

1 (as adj.) that has an even or level surface: **a** (of land); **b** (of water); **c** (of road, transf. of journey).

a planaque rimantur totas per rura salebras ALDH. *VirgV* 2838. **b** adeo ut .. secundi nos venti ad terram usque per ~a maris tergora comitarentur BEDE *HE* V 1 p. 282. **c** contigit .. nos .. devenisse in viam ~am et amplam *Ib.* V 6 p. 289; felicius est quippe per asperum iter ad regnum quam per amoenum ~umque ad supplicium duci *Id. Hom.* II 3. 124.

2 that has a flat shape or surface: **a** (of part of body); **b** (of artefact). **c** (~*o pede*) on a flat foot, by foot.

a qui ~os habet pedes OSB. GLOUC. *Deriv.* 472; [castores caudam] ~am habent et levigatam GIR. *TH* I 26. **b** dicitur bucella panis quando rotunda et ~a fit et non torta *Comm. Cant.* I 107; unde ~o gladio [v. l. ~o gladii] percussus caput attonitum reportavit W. CANT. *V. Thom.* II 40; quidam eum cum ~o ense cedebat inter scapulas W. FITZST. *Thom.* 140. **c** a**797** ut ~o pede illum portans pergat ad Jerusalem ALCUIN *Ep.* 89.

3 (geom.) two-dimensional, plane.

superficies ~a est ab una linea ad aliam extensio ADEL. *Elem.* I *def.* 7; angulus ~us est duarum linearum alternus contactus quarum expansio supra superficiem applicatioque non recta *Ib.* I *def.* 8; figura corporea rotunda cujus bases duo circuli ~i extremitatesque ejus spissitudini equales *Ib.* XI *def.* 11; diatetragramaton figura est ~a BART. ANGL. XIX 124.

4 that has a smooth surface, unwrinkled (also fig.); **b** (of skin); **c** (of hair); **d** (of surface of natural object or artefact).

erugat, ~um facit *GlC* E 288; ipse lima lorimarii .. sicut lima .. facit tuam animam ~am et claram [ME: *he smeoðeð þi saule*] *AncrR* 62. **b** faciem .. muliebriter ~am et omni pilositate carentem GIR. *TH* II 20. **c** capilli ~i .. significant hominem naturaliter timidum corde M. SCOT *Phys.* 60; homo est optime memorie bene compositus qui .. est .. capilli ~i mediocriter BACON V 171. **d** Greci .. pro albo pipere accipiunt quoddam minutum ~um sine rugis quod invenitur in pipere nigro *SB* 27; **1452** sepultum, cum superposicione unius lapidis ~i marmorei sculpti cum epitaphio *MunAcOx* 640; **1510** vestimentum .. de ~o serico *Cant. Coll. Ox.* I 52.

5 (of land) open, free from obstacles, not wooded, not built upon.

Anschitel tenet xl acras inter ~am terram et pratum *DB* I 179rb; silva minuta cum ~a terra *Ib.* 311va; **1217** terras suas ~as .. reddat, rettentis in manu nostra castris eorum *Pat* 77; **1227** concessimus .. de platia nostra .. partem illam quam incluserunt quodam fossato .. usque ad dunam fossati civitatis

Eboraci .. quamdiu ~a terra se extendit *Cl* 11; **1495** in ~o campo .. enbatellaverunt (v. 1 campus 3a).

6 unadorned, undecorated, not embossed or engraved. **b** (her.) couped, cut straight (with unadorned ends).

1207 unam bonam sellam cum bonis lorennis .. ~am et deauratam *Cl* 81a; **1208** j cuppam deauratam et ~am ponderis v m. .. j cuppam albam et ~am *Invent. Exch.* 124; **1225** duas fiolas cum argento quarum una est deaurata et altera ~a est *Cl* 71a; **1241** liberate v marcas xviij d. pro una ~a cuppa deaurata *Liberate* 16 m. 18; **1290** de uno cipho aureo ~o liberato domine Alienore *Househ. Eleanor* 59; **1449** in mcc tegulis ~is *Crawley* 479; **1464** item j pelvis ~a de auricalco cum uno lavacro *Ac. Durh.* 640. **b** sunt alii qui portant animalium capita ~a ut hic. et sic portat, portat namque de argento cum capite leonis ~o. et Gallice sic, *il port d'argent un tet de lyon playn* BAD. AUR. 140; crux ~a *Ib.* 175 (v. crux 8f); S. Georgius .. portat unum scutum de argento cum quadam cruce ~a de rubeo .. *il port d'argent un croys playn de gowlez* UPTON 210; de cruce ~a cordata ... crux cordata .. appellatur cordata quia fit de cordis *Ib.* 212.

7 unadorned, plain: **a** (of speech or writing) that lacks ornamentation; **b** (of mus. notation) that lacks a plica.

a vitam .. Cudbercti et prius heroico metro et postmodum ~o sermone descripsi BEDE *HE* V 24 p. 359; ~o sermone commendat nobis Dominus diem vocationis nostrae ADEL. BLANDIN. *Dunst.* 10 p. 64; illum ~um [*gl.*: *plane*] modum loquendi .. flumini visum humanum usquequaque in ima admittenti comparabas BALSH. *Ut.* 45; edita .. ~o facilique stilo GIR. *EH intr.* p. 207; cujus vox est mitis et ~a et gratta auditori significat hominem pacificum M. SCOT *Phys.* 72; tuus est michi vanus / sermo, nisi sanus sit hic eger et in pede planus M. CORNW. *Mansel* 2; c**1370** in ~o dictamine (v. dictamen 1d); jam facta pace cantemus licet, vel signata fuat [*sic*] magis oratio ~a, nullus insectabitur LIV. *Op.* 187. **b** omnis nota vel est nota ~a vel nota plicata. nota ~a est figura representacionis vocis in alico modorum absque plicacione WILL. 24.

8 (mus.) plain: **a** (*musica ~a*) unmeasured music (as dist. from measured). **b** (*cantus ~us*) plain-chant, monophonic music (as dist. from polyphonic). **c** (of singer of chant or descant).

a de ipsa ~a musica, que immensurabilis .. dicitur *Mens. & Disc.* (*Anon. IV*) 33 (v. musicus 4d); ~a musica que immensurabilis dicitur GARL. *Mus. Mens.* 1.1; in ~a musica non attenditur talis mensura HAUBOYS 182 (v. mensurabilis 1b). **b** iste regule tenentur in cantu ~o GARL. *Mus. Mens.* P 15. 9; quinta [pars] de harmonia simplici, id est de ~o cantu ODINGTON *proem.* 43; **1415** ad cantandum ~um cantum (v. discantus); **1434** ~um cantum, **1450** ~o cantu, etc. (v. 2 cantus 2b). **c** differentia est inter istos et discantatores qui dicuntur ~i cantatores, quoniam ~i discantatores, si tenor ascendit et ipsi ascendunt, si tenor descendit et ipsi descendunt *Mens. & Disc.* (*Anon. IV*) 75.

9 clear, obvious, manifest to the senses or understanding. **b** honest, open, plain-dealing.

si forte quod pluribus tegebatur planum fieret LUCIAN *Chester* 40; **1226** c milites et ducentos servientes equites et xxv balistarios equites pro ~a guerra facienda *Pat* 99; ~um est quod nomina inponuntur infantibus .. sub esse presenti BACON *CSTheol.* 55; alia translacio ~ior habet sic T. SUTTON *Gen. & Corrupt.* 1. 38; facta heretica dant ~iorem fidem de heresi quam scripta fallacia WYCL. *Ver.* III 302; in vestram .. intelligenciam volumus devenire ~a luce, quomodo .. *Reg. Whet.* II 410. **b** s**1213** juravit etiam quod .. infra proximum Pascha ~am restitutionem faceret ablatorum WEND. II 81 (=M. PAR. *Maj.* II 550: plenam, v. l. planam); **1254** probi homines dicti loci jurabunt postmodum domino quod erunt ei boni, ~i, et legales sicut bono domino *RGasc* I 546b; **1571** ad subversionem .. ~i commercii (v. chevisantia).

10 (*lex sacramentalis ~a* or *sacramentum ~um*) plain oath (sworn uninterrupted, as dist. from divided into sections and repeated clause by clause), or ? *f. l.*

si Anglicus non audeat eum probare per bellum, defendat se Francigena ~o juramento [v. l. pleno juramento; AS: *mid unforedan aðe*] (*Quad.*) *GAS* 484; si quid bello vel lege sacramentali ~a [v. l. plena] vel frangenti vel etiam judiciali repetatur (*Leg. Hen.* 9. 6) *Ib.* 555; ut qui ex parte patris erunt fracto juramento, qui ex materna cognatione erunt ~o [v. l. plane] se sacramento juraturos advertant (*Ib.* 64. 4) *Ib.* 584.

11 (*annus ~us*) residual year, remainder after division by 30.

hac .. ratione et dakaicis horarum et ipsis horis et diebus et mensibus et annis ~is [v. l. residuis] et annis collectis in prima linea prescriptis .. ADEL. *Elk.* 3; annos viz. ~os ab uno ad xxx vocantes *Ib.*; ratio inveniendi annum bissextilem .. per annos Arabum collectos, deinde per ~os in annos Alexandri eis adjunctos .. *Ib.* 5.

12 (as sb. m. or n.) level ground, plain.

Bethleem .. in dorso sita est angusto .. circumdato .. muro per extrema ~i verticis instructo (ADOMNÁN) BEDE *HE* V 16 p. 317; ad ~a descendere ABBO *Edm.* 6 (v. 2 descendere 1a); mox adfuturo construens iter Deo / clivosa planis [*emnxm*, i. e. *emnum*], confragosa ut lenibus / converterentur *GlP* 282; tune vides pecoris raptus per plana Reontis? J. CORNW. *Merl.* 52.

13 (as sb. f. or n.) flat surface. **b** artefact that has or makes a flat surface, carpenter's plane.

~o gladii W. CANT. *V. Thom.* II 40 v. l. (*v.* 2b *supra*). **b** hec [tigna etc.] fabricantur securi, dolabra .. et celte et ~a [*gl.*: *plane*] GARL. *Dict.* 137; item una pala de ferro precii iij s. j item ~a ferr' precii d. *Chanc. Misc.* 4/5 f. 49v; **1320** ij ~is v d. *Fabr. Exon.* 126; **1322** j ~a vij d. *Ib.* 141.

14 (as sb. n., geom.) plane.

item duas lineas rectas ~um non continere ADEL. *Elem.* I *def.* p. 33; quadrilatera figura est in ~o quadrato que sub quatuor rectis lineis BART. ANGL. XIX 127; ponatur quod B sit unum corpus sphericum et moveatur super aliquod ~um KILVINGTON *Soph.* 16b; corpus .. non potest figurari in ~o quia habet tres dimensiones ODINGTON *Mus.* 45.

15 open space. **b** open land, usu. arable as dist. from woodland; **c** (phr. *in bosco et ~o* or sim.).

repletio malorum humorum qua solet infirmitas generari ostenditur per hec signa: .. timor de ~o M. SCOT *Phys.* 40; s**1298** semivir, evigila de cubilibus ad virilia, de umbraculo ad ~a progredere *Plusc.* VIII 28 (=BOWER XI 34: de umbra ad solem). **b** iiij solina .. inter nemus et ~um *DB* I 2rb; volo etiam, ut omnis homo habeat venationem suam in silvis et in ~is super sua [AS: *on wuda on felda*] (*Inst. Cnuti*) *GAS* 367 (=*Quad.*: in nemore et in campo); volo ut omnis liberalis homo pro libito suo habeat venerem sive viridem in ~is suis super sua, sine chacea tamen (*Ps.*-Cnut.) *Ib.* 625; a**1191** in silvis et ~is et pasturis et molturis *Cart. Blyth* 337; **1300** rex avus domini regis nunc afforestavit omnes villas et hameletta subscripta cum boscis, vastis, et ~is earundem villarum et hamelettorum *SelPlForest* 120. **c** a**1071** in bosco et ~o, inter boscum et ~um *DB* I 136rb (v. 1 boscus 1b); **1131** tam de ~is quam de †bochis (v. l. boscus 1a); a**1190** libertates .. in bosco et ~o, in pratis et pascuis, in aquis (*Shrewsbury*) *BBC* I 9; **1257** concessi .. communiam suam liberam in ~is et boscis, in aquis .. (*Carmarthen*) *Ib.* II 13; **1292** tenendo .. predicto Johanni .. de me .. quiete .. in boscis et ~is, in pratis et pascuis, in moris et mariscis *RScot* 11a.

16 plain sense, manifest meaning.

vestre discretionis epistolam epistole magistri Symonis responsivam, certe secundum ~um sui vehementiores ultricium objurgationum acrimonias preferentem AD. MARSH *Ep.* 120; Salvatore melius disponente secundum occultum sui beneplaciti quam secundum ~um nostri desiderii *Ib.* 144.

17 (*de ~o*) directly, summarily.

c**1155** est sciscitatus episcopum, si quod de ~o interlocutus fuerat jurisjurandi religione firmaret *Lit. Cant.* III 366; ut .. comes Symon a custodia Vasconie .. de ~o amoveretur AD. MARSH *Ep.* 30 p. 126; **1264** ad quod fideliter faciendum volo si necesse fuerit de ~o absque strepitu judiciali per quemcumque judicem ordinarium vel delegatum .. compelli *Cart. Glast.* I 28; ubi lux habitet de plano cognoscit, / qui nivis thesauros profunde rimatur J. HOWD. *Cant.* 126; *State Tri. Ed. I* 20 (v. de 10e); **1332** summarie, de ~o, ac sine strepitu *Scot. Greyfriars* II 3; **1452** summarie et de ~o, ordine juris pretermisso *Melrose* 554.

2 plānus [CL < πλάνος]

1 wanderer.

hoc planetum, a ~o [i. e. ἀπὸ πλάνου] *GlC* H 132.

2 something out of the way, marvel, miracle.

paradoxa, miracula, ~os *GlC* P 47.

3 one who practises deceit or imposture, esp. as means of making a living.

quidam leno plānus, locus est quem nomino plānus [*gl.*: hic, *place*] (SERLO WILT.) *Teaching Latin* I 130, 135.

3 planus, ~a [ME, OF *plane* < CL platanus < πλάτανος], (wood of) plane-tree (*Platanus orientalis*).

1275 de ~a (*KR Ac* 467/2) *Building. in Eng.* 252; cyphos .. reparant de murinis et ~is [*gl.*: *de plane*] et brucis de acere et tremulo GARL. *Dict.* 126; **1328** ciphus ejusdem de ~o, cum pede, castore, et circulo (*Invent.*) *MS BL Cotton Galba E. IV* 14 f. 185.

plara, thrustle-cock, thrush (*Turdus musicus*).

merula vel ~a, *þrosle* ÆLF. *Gl.* 132.

plasca v. flasca. **plascetum** v. plessetum.

plashetum [ME *plash* < AS *plæsc*+-etum], shallow pool, plashet.

bidentes in locis aquosis, mariscis, plassetis, vel profunditatibus et pasturis insanis depasci non permittant *Fleta* 167; **1255** invenit in eodem bosco quatuor cordas extensas circa unum plateum aque ad feras capiendas *SelPlForest* 113; **1323** plasshetam [*called Wyldesee*] *HMC Rep.* LXXVII (1925) 23.

plasma [CL < πλάσμα]

1 act of forming.

sicut .. sex diebus Deus mundi plasma [v. l. plasmam] formavit .. ita etiam hominem decet sex diebus per jejunii ~a [v. l. ~am] spiritu reformari FELIX *Guthl.* 30 p. 100; de †piasma [l. plasma], †fractura [l. factura] vel ars *Gl. Leid.* 30. 27; **1031** in Altithroni onomate qui nos qui voluit creavit ~ate *CD* 744; ab eodem verbo [sc. plastes] dicitur ~a neutrum, id est factura GROS. *Hexaem. proem.* 55.

2 something formed or moulded, figure. **b** artefact, product. **c** creature (made by God or nature). **d** (collect.) creation.

sese nova quaedam ~ata, immo diabolica organa .. patriae ingerunt GILDAS *EB* 67; ~a, forma *Gl. Leid.* 35. 269. **b** cervisiam .. donandam Francis, id genus liquidi ~atis mirantibus W. FITZST. *Thom.* 19 p. 30. **c** homines, qui ejus [sc. Dei] ~a .. sunt BEDE *Prov.* 950; rex fortis, cuncta gubernans, / plasma tuum salva ORD. VIT. XI *proem.* IV 159; et si vicinis concordant plasmata causis, / tunc natura parens omne figurat opus J. SAL. *Enth. Phil.* 611; venit .. Dominus .. occurrat ~a Creatori, Magistro discipuli AD. SCOT *Serm.* 97C; nobile plasma / de cujus costa sumpta virago fuit NECKAM *DS* X 221; **1315** humani generis ~a .. a paradisi dejectum amenitatibus *Conc.* II 453a; mortalitatem ~atis reformat corporalis resurreccio RIC. ARMAGH *Serm.* 31; Christe, tuum plasma constringit tussis et asma *Plusc.* VI 25. **d** **12..** caduci plasmatis gens plus quam misera / nunc es nunc desinis velut effimera (*Vers.*) *EHR* XXXII 403.

plasmare [LL], to form, make, mould, shape; **b** (Adam and Eve by God at Creation); **c** (other men); **d** (collect., creation); **e** (w. man as subj.); **f** (absol.).

materia duplici palmis plasmabar apertis ALDH. *Aen.* 52 (*Candela*) 1; omnia membra mihi plasmavit corporis auctor *Ib.* 72 (*Colosus*) 1; priusquam ad imaginum formas ~antis manu deducatur [cera] J. TILB. *AN* 316; *makyn or make*, facio .. †psalmo [l. plasmo] *PP*; *to schape*, aptare .. ~are, formare *CathA.* **b** sicut .. hominem sexta die de terra ~avit Deus THEOD. *Laterc.* 3; sexta die homo in paradyso ~atus corruit in peccato *Ib.* **993** Adam .. quadriformi ~atum materia .. formaverat (*Ch. Regis*) *Conc. Syn.* 182; ut hominem redimeres / quem ante jam plasmaveras [AS: *thu gesceope*] *AS Hymns* 31; Adam plasmasti sed eum culpa reprobasti R. CANT. *Malch.* VI 14 (=*Poems* 287. 4); quod [homo] extra paradisum sit †psalmatus [l. plasmatus] certum facere videtur Scriptura inducens Deum tulisse hominem quem formaverat in paradisum PULL. *Sent.* 746D; aspiciensque Deus quia quem plasmaverat ante / corruit atque reus periit NIG. *Laur.* 1619; nec obstat quod .. teneat ecclesia .. Adam .. de terra ~atum *Eul. Hist.* I 66; factus est homo primus .. femina nondum ~ata FORTESCUE *NLN* II 18. **c** omnipotens Genitor, plasmat qui corpora cuncta ÆTHELWULF *Abb.* 60; parce .. proli insonti

quam in utero meo ~are voluisti SIM. GLASG. *Kentig.* 8; habuisti .. miseram vitam, quia in peccato conceptus et in peccato originali natus et de vili materia ~atus *G. Roman.* 301. **d** ut globus astrorum plasmor teres atque rotunda ALDH. *Aen.* 100 (*Creatura*) 57; **940** omnis creatura valde bona in principio formata formoseque creata atque speciose ~ata est *CS* 753. **e** reum clamabat quod creaturam Dei occidit, quam ~are vel vivificare non potuit J. FURNESS *Walth.* 40. **f** lex nature .. cum minoris sit virtutis regere quam ~are FORTESCUE *NLN* I 10.

plasmaticus [LL plasmatus *p. ppl. of* plasmare + -icus], of creation, creative, formative.

10.. ~a, *þære frumheowunge WW.*

plasmatio [LL]

1 act of forming, moulding, or shaping; **b** (by God at Creation).

~o .. vel ficcio proprie pertinet ad corpus ... ~o .. proprie convenit vasis fictilibus de luto formatis GROS. *Hexaem.* VIII 18; dilatatio meatuum naturalium et raritas ex creatione et generatione et ~one sicut in carnibus glandosis GAD. 35. 2. **b** secundum sex dierum ~onis Adae THEOD. *Laterc.* 4; figmenta, ~o hominum *GlC* F 174 (cf. *Gl. Leid.* 35. 164: de figmento, de ~one hominis); †protoplastrum [l. protoplastum], prima †plamatio [l. plasmatio] *Gl. Leid.* 29. 26; **1177** penitentia parvi penditur, hominis ~o, carnis resurrectio, abnegando respuitur (*Lit. Comitis*) GERV. CANT. I 270; o admirabilis ~o corporis humani! AD. SCOT *Serm.* 100A; neque .. nativitatis sue horam voluit preoccupare, sed ~onis sue legitimam seriem patienter decucurrit ... Jesus .. matris sue virginitatem et conceptu suo fecundavit et sua ~one sacravit et suo letificavit exortu J. FORD *Serm.* 83. 3; si quis corpora vegetabilium subtilius perspiciat, inveniet omnem eorum figuracionem et ~onem per motus girativos perfectam GROS. *Hexaem.* IV 30 p. 154; a ~one Ade usque ad .. diluvium fuerunt anni mmccxxvj BACON *Tert.* 208; quod antequam viri et mulieris ~o angelis nota est, mulieris viro futura subjeccio .. lucebat in Verbo FORTESCUE *NLN* II 20.

2 something formed or moulded, a creature.

Adam ~o Dei *Eul. Hist.* I 301.

3 counterfeit, forgery, lie.

figmenta, i. ~o, mendacia, *hiwunga GlH* F 377.

plasmator [LL], one who forms, moulds, or shapes; **b** (of God as Creator); **c** (w. ref. to *Job* xl 19).

macare, factor .. ~or, -ris *PP.* **b 982** creaturarum investigabili ~ore .. regni moderamina coercente *CD* 633; hortulanus Mariae, vinitor virginis filiae Judae, et ~or amoenitatis paradysiacae GOSC. *Edith* (II) 48; rerum plasmator, Deus, omnipotensque Creator R. CANT. *Malch.* VI 4 (=*Poems* 287. 1); viribus ergo Dei solis homo talia tantum / sanctus agit, summo sub plasmatore minister E. THRIP. *SS* XI *prol.* 18; per eam [sc. musicam] ~orem mundi debemus collaudare TUNST. 204a; **1411** ~or omnipotens, Dominus Jhesus Christus *Lit. Cant.* III 123; s**1455** misericordia Domini ~oris *Reg. Whet.* I 174. **c** stringenti caudam, gladium Plasmator ibidem / amplicat [?l. amputat, applicat] ELMH. *Metr. Hen. V* 1242.

plasmatrix [LL plasmatre + -trix], that forms, moulds, or shapes, creative.

dextram omniferam Dei ~ricem sapienciam *Miss. Ebor.* II 306.

plasmatus, creation.

omnes languores et insidiae odorem ipsius sentientes effugiant, et separentur a ~u quam [*sic*] pretioso sanguine redemisti EGB. *Pont.* 131.

plassagium v. placeagium. **plassentula** v. placentula. **plassetum** v. plessetum. **plasterarius** v. plastrarius. **plasteratura** v. plastratura. **plasterium** v. plastrum.

plastes [CL < πλάστης], one who forms, moulds, or shapes, a modeller, statuary.

~es, compositor *GlC* P 959; ~es, figulus *Gl. Leid.* 13. 49; mollis cera .. etiam artificis et ~e cesset manus GIR. *Invect.* V 2; ~es vero dicitur ab hoc verbo Greco plasso quod est 'manibus compono' et est hoc nomen ~es sumptum a secunda persona preteriti perfecti passivi quod est peplaste GROS. *Hexaem. proem.* 55.

plasticus [CL < πλαστικός]

1 (as adj.) of forming, moulding, or shaping, plastic.

lotura plumbi, virtus est ei frigida et stiptica et parum plaustica et malactica et plectoria *Alph.* 105.

2 (as sb. f.) act of forming, moulding, or shaping, creation.

nam quippiam in rerum visibilium ~a [*gl.*; i. factura, i. *on gesceape*, i. elementum] humanae naturae necessarium omnipotentem reliquisse infectum atque imperfectum catholicae fidei regula refragatur ALDH. *VirgP* 56; ~a, creatura *GlC* P 461; **9..** ~a, *gewyrce WW.*

plastographia [πλαστογραφία], false writing, forgery.

plastrogravis, falsis scriptis *GlC* P 475; *ffals wrytyng*, ~ia *PP.*

plastographus [πλαστογράφος], false writer, forger.

ffals wryter, ~us *PP.*

plastrare [ML; cf. LL plassare], **~iare**, to plaster, cover with plaster.

1198 ad .. areas camerarum ~andas (v. 1 caminus 1a); **1212** omnes coquine super Tamisiam dealbentur et ~ientur intus et extra *MGL* II 86; **1237** in parietibus .. ~andis (v. 2 latare); **1285** cuidam cementario .. fenestr' plaustrand' xij d. *Fabr. Exon.* 7; **1294** in parietibus grangie de B. postuland' et playstrand' per partes *MinAc* 991/24; **1300** in dictis parietibus plastrand' et dealband' ad tascham *KR Ac* 479/16; **1302** plaustro domum *KR Ac* 260/22 m. 6*d.*; **1323** pro quodam muro ~ando (v. plastratorius); **1353** solut' Johanni B. ad playstranda eadem tenementa *Sacr. Ely* II 154; **1437** plaustranti et dealbanti parietes *Ac. Obed. Abingd.* 113; in stipendio j hominis .. ~antis muros .. domus *Comp. Swith.* 444.

plastrarius [plastrare + -arius], **plasterarius** [ME *plasterer*], one who covers with plaster, plasterer.

1275 in busca empta ad opus plumbariorum et ~rariorum *KR Ac* 467/7/3; a**1287** in stipendiis ~rariorum reformantium et facientium hostia (*KR Ac* 91/3) *Arch.* LXX 29; **1395** de cementariis, ~erariis, et tegulariis domorum *Mem. York.* I 148; tegularii et ~erarii .. operantes muros lapideos .. vel aliquod aliud arti cementariorum pertinens *Ib.*; **1419** Robertus Kereby et Johannes Kyrkeham, ~erarii et tegularii *Mem. York* II 82; **1422** in stipendiis J. K. tegularii et ~rarii per lxviij dies dim. xxxiiij s. iij d. in stipendiis J. P. tegulatoris et ~erarii per lxxv dies xxviij s. d. ob. *Fabr. York.* 45.

plastratio, ~iatio [plastrare, ~iare + -tio], act of covering with plaster, plastering.

1284 pro ~acione domorum in castro *KR Ac* 351/9 m. 12; in ~acione cumuli alte camere nove turris *DL MinAc* 1/3 m. 12; de ~iacione domorum *MGL* II 52.

plastrator, ~iator [plastrare, ~iare + -tor], one who covers with plaster, plasterer.

1292 in ~atore ejusdem domus xiij d. ob. *Comp. Worc.* I 12; **1300** ~atores pro eodem. .. pro vad' R. de W. et trium sociorum ~atorum *Ac. Wardr.* 266; **1305** Willelmo Scot ~atori operanti circa domos dicti scaccarii .. per septimanam ij s. iiij den. *KR Ac* 486/17; **1317** plaustrator' xxij d. *Fabr. Exon.* 83; **1361** cementarii, positores .. vitratores, plaistratores, sarratores *Ac. Foreign* 100/13; c**1385** ~eatores: .. in vadiis unius ~iatoris .. *KR Ac* 473/2 m. 3; **1451** in stipendiis plaustratorum, carpentariorum .. ad .. plaustrandum unam .. domum *Ac. Obed. Abingd.* 130.

plastratorius [plastrator + -arius], one who covers with plaster, plasterer.

1323 in j ~io conducto per ij dies et dimid' ad mensam domini pro quodam muro plastrando in curia carpentarie iiij d. *Sacr. Ely* II 28.

plastratura [plastrare + -ura], act or result of covering with plaster, plastering, plasterwork.

1303 in emendacione columbarii, in coopertura et ~ura (*Ac. Milton*) *DC Cant.*; **1419** considerantes quod predictus Willelmus del Lee magnas fecit expensas in plasteratura et tegulatura in tenemento predicto *Mem. York* II 82; **1422** ordinatum est quod quilibet plasterarius exercens et operans plasteraturam et tegulaturam, sit contributorius in solvendo utrique pagine ipsarum arcium *Ib.* II 126.

plastritium [plastrum + -itium], (act of covering with) plaster.

1237 cameram nostram apud Kenynt' prolongari de ~io *Liberate* 11 m. 10; **1238** facias .. ex utraque parte .. hostii [camere regine] ~ium fieri *Ib.* 12 m. 1.

plastro, ~onum [ME, OF **plastron* < plastrum], breastplate.

1290 in .. ferratura equorum, capistr', plastron', cingulis .. pro equis (*Wardr. Bk.*) *Chanc. Misc.* 4/5 f. 7 (=*Doc. Scot.* I 134).

plastrum, ~ia [ME, OF *plastre* < AS *plaster* < emplastrum < ἔμπλαστρον]

1 (med.) plaster, poultice.

1288 Rogerus manucepit sanare capud ipsius Johannis de glabra. .. posuit ei in plastrum [?l. inplastrum] .. et postea recessit de villa (*CourtR St. Ives*) *Law Merch.* I 36; effundatur circulariter et lente super predictum emplastrum seu mixturam et ita fiat novies lexivium sc. semper calefaciendo et super vinum et idem ~um seu mixturam effundendo *Pop. Med.* 242. 56; **1335** in diversis medicinis et ~ris pro domino priore emptis *Comp. Swith.* 237.

2 (as building material) plaster. **b** (dist. as *~um Francum, Parisiense*, or sim.); **c** (dist. as *~um Anglicanum, de Purbik*, or sim.).

1243 quod fieri faciant unam capellam magnam de ~o in castro .. Hertfordie *RGasc* I 185b; **1244** fieri faciat capellam castri Eboraci vel cum plaustria vel alio modo prout cicius et expedicius poterit *Liberate* 20 m. 5; **1246** quod fieri faciat quendam caminum in camera capellanorum regis apud Westm' inferius et superius de petra vel plaustro prout melius viderit expedire *Cl* 395; s**1254** elegantiam domorum .. de .. ~o (v. gypsum); **1275** in ~o ad molas emendandas (*Ac. Aghene*) *DC Cant.*; a**1287** in ~o empto ad idem una cum bosco et carbonibus emptis ad predictum ~um comburendum v s. vij d. (*KR Ac* 91/3) *Arch.* LXX 29; **1320** in ij quar' carbonum marinorum pro plastera ardenda *KR Ac* 482/1 m. 4; **1323** pro blastro, canabo, et aliis rebus diversis emend' *Cl* 141 m. 31; **1337** parietes sunt de maheremio et plaustro *Capt. Seis. Cornw* 1; ~um, terra glutinosa *SB* 22 (v. gypsum); **1415** in cariagio de ~o combusto versus reddit' infra villam per vices, iij s. j d. *Fabr. York* 35; **1504** custus canabi et ~i .. pro duobus quarteriis plaustri, iij s. iiij d. *Ib.* 93; **1533** xx cwt. de *plaster de Parrys* .. pro cariagio ejusdem plasterii *Comp. Swith.* 218. **b 1251** descum .. de franco ~o (v. discus 4a); **1252** muri sint de ~o Paris' *Cl* 290; in mmcc de busca empt' ad plumbum fundendum, ~um Parisiensem [*sic*] et calcem ardend' *KR Ac* 467/7/4; **1296** pro franco ~o (v. 1 Francus 5b); **1300** in ~ia Paris' empt' ad idem *KR Ac* 479/16; **1301** capella .. cum duobus caminis de ~o Parisiensi *HMC Rep.* IX *app.* 37a (cf. ib.: bicameram cum camino de plaustro de Paris debilem et ruinosam); **1323** in j buss' ~i de Paris empt' v d. *Sacr. Ely* II 33; **1335** capellam de ~o de Parisis tendulis coopertam *Vis. S. Paul.* xvi; **1338** custus domorum .. in ~o Parisiense ad idem empto xij s. (*Silkstead*) *Ac. Man. Wint.*; **1464** ita quod maeremium inde sit sufficienter constructum ad plastrandum cum ~o de Parys in omnibus muribus [*sic*] earundem [domorum] exceptis muribus vocatis *les helow wowes AncD* A 8449. **c** a**1389** Henrico Yevele .. pro xj mouncell' plastr' de Purbik' .. et Rogero Eweros pro ij buss' flor' plastr' Anglican' *KR Ac* 473/2 m. 8.

plastrura [OF *plastrure* < plastrare + -ura], **plastura** [ME *plasture*], act or result of covering with plaster, plastering, plasterwork.

1253 domus .. facte sunt de bordis et plastrur' et cooperte sunt de tegulis *IMisc* 8/5; **1292** in servicio .. facientium ~ruram in forinseca camera *KR Ac* 460/29 m. A3; **1294** in parietibus grangie de B. postuland' et playstrand' per partes cum j pecia muri versus portas exteriores de plystrur' emend' et cooperiend', ij s. d. ob. *MinAc* 991/24; **1324** in coopertura et ~rura domus ubi Petrus Feych manebat viij s. x d. *Sacr. Ely.* II 42; **1423** ij doliis plenis cum ~ura *Test. Ebor.* III 89.

plastura v. plastrura.

platanipala, platapila [CL platanus + 2 pala, 4 pila; cf. πλατάνου φύλλα], fruit of plane-tree.

platapile vel platanipale dicuntur fructus platani arboris *Alph.* 137.

platanus [CL < πλάτανος], plane-tree.

10.. platarum [? l. platanum], proprium nomen arboris *WW*; ne degener alnum / induat aut platanum semper virguncula laurus HANV. IX 247; et platanus vino letatur NECKAM *DS* VIII 53; ~us a latitudine foliorum dicta vel quod ipsa arbor patula sit et ampla GERV. MELKLEY *AV* 11n; hec ~us, *plataner Gl. AN Ox* 571; ~us est arbor humide et frigide substancie et ideo folia ejus virida, trita, et imposita genua inflata optime curant *Alph.* 137; ~us, A. *a plane*; .. hec plantacius [l. platanus], *a plantre WW*.

platapila v. platanipala.

platare [cf. platus 3], to plate, to cover with plate of metal: **a** (ferrous); **b** (precious).

a 1283 in j *drofbeam* imponendo in molendino in vertice ejusdem cum ferro ~ando (*Ac. Monkton*) *DC Cant.* **b 1386** firmacula argentea foris ~ata cum platis de auro *Cal. Pl. Mem. Lond.* III 106.

platarium v. plantarium.

1 platea, ~ia [CL < πλατεῖα], **placea, ~ia, ~eum, ~ium** [ME, OF *place* < platea]

1 street (usu. in city or town, sts. as type of public as dist. from private space; some exx. might also be construed as sense 2a); **b** road, highway.

usque ad persecutionem Diocletiani .. in qua .. cunctae sacrae scripturae quae inveniri potuerunt in ~eis exustae GILDAS *EB* 9; vias publicas, quae ducunt per civitatem ~ae dicuntur *Comm. Cant.* I 88; heu! tectorum tutamina / prosternuntur in platea (ALDH.) *Carm. Aldh.* 1 176; omnis multitudo regia quae adhuc erat in ~ea populi *V. Greg.* 88; vidimus .. circa prescriptum ~eas monasterium .. refertas utrobique turmis aegrotantium LANTFR. *Swith.* 4; viculus et vicus, est publica strata, platea GARL. *Syn.* 1588D; capte ville fores ingrediens, et coopertas ~eas cadaveribus hostium occisorum aspiciens *Ps.*-ELMH. *Hen. V* 45. **b** s**409** urbes atque castella, nec non pontes ~easque mirabili ingenio condiderunt [sc. Romani], quae usque in hodiernam diem videntur ÆTHELW. I 1; semita magna fuit, quam rebar et esse plateam / tum quia lata nimis, tum quia trita satis NIG. *SS* 905; †c**1193** habeant omnes consuetudines .. in viis et ~eis et chiminis *Ch. Chester* 262 (=*MonA* VI 411a); de ~eis regalibus Britannie *Eul. Hist.* II 145; ~eas .. habet [sc. Anglia] quatuor principales, quarum prima et maxima, Fossa sc., .. incipit ab angulo Cornubie apud Totenese, et terminatur in fine Scocie apud Ottenese OTTERB. 5 (cf. *Eul. Hist.* II 145–6); hec via .. *a wey*, hec ~ea, *a hye wey*, hic vicus .. *a strete*, .. hec semita .. *a paytt WW*; **1550** de .. meo tenemento terre jacente in burgo de H. .. inter tenementum terre Johannis D. ex boreali, communem venellam que dicitur Cailparis ex australi, tenementum terre Thome P. ex orientali, et communem ~eam regineam ex occidentali *Scot. Grey Friars* II 43.

2 open space or area of land: **a** (in town or city) square, plaza, place, green (some exx. might also be construed as sense 1a); **b** (w. ref. to wharf or landing-stage). **c** (in assoc. w. building or structure, sts. dist. acc. use) yard, court, courtyard, garden; **d** (as site of judicial combat); **e** (as stage or acting area). **f** (w. ref. to cemetery) area, enclosure. **g** open ground, field; **h** (fig.); **i** (w. *viridis*); **j** (w. play on 'sports field' and 'battlefield').

a 1012 (12c) praedium quoddam .. infra civitatis Wentonae moenia .. juxta politanam nundinationis ~eam *CD* 720; c**1158** habeant super unam ~eam quam ipsi habent .. unam feriam annuatim .. et mercatum qualibet die Veneris cujuslibet septimane per annum *Act. Hen. II* I 225; quorum totam decimam partem .. in unum acervum congestam in media ~ea vici, accenso rogo, fecit consumi *Canon. G. Sempr.* f. 41v; ex cujus [sc. ecclesie S. Marci in civitate Veneciarum] opposito est illa vulgata ~ea, cui .. nullibi sibi reperitur similis S. SIM. *Itin.* 14; facta fuit sedes quedam imperialis in quadam communi ~ia extra domum in .. villa Confluencie AD. MUR. *Chr.* 84n; **1419** solebant tunc tam major novus quam antiquus, et aldermanni pariter .. equestres convenire in ~ea extra Gildhalle *MGL* I 25. **b** c**1390** major et aldermannus et communitas ville predicte .. habuerunt unam communem ~eam vocatam *le commen stathe* cum pertinenciis, que valet per annum .. xlij li. vj s. viij d. *Gild Merch.* II 169. **c** c**1116** ~eam que est ante domum suam similiter concedunt ei pro iiij d. in feudo *Ch. Westm.* 242; **1175** in liberatione operariorum in haia et ~eis ante aulam et circa aulam regis in cast' de Wint' *Pipe* 188; **1283** res comestibiles de foris apportate .. non vendantur donec primo ad ~eam dicti castri fuerint apportate *RGasc* II 210a; **1294** in j ~ia plananda in curia pro tasso feni ibidem faciendo *MinAc* 991/24; **1326** unum mesuagium cum orto et ~ea hagardi nostri in villa de Burgh *Reg. Kilmainham* 7; **1544** vendiderunt crucem et calicem .. et alia jocalia, ut pavimentum ~ee conficere possent *Arch. Hist. Camb.* I 26 n. 1. **d 1229** cum duellum fuerit adjudicatum in curia prioris .. execucio judicii fiet per ballivos prioris .. ad ~eam .. episcopi *Feod. Durh.* 216; postquam pax proclamatur in palacio domini regis, vel in ~ea, ubi pugna duorum hominum vadiatur, nemo loquatur preter eos qui debent custodire ~eam vel palacium *Quon. Attach.* 73 (*recte* 74). **e** sic transient circa ~eam *Ludus Coventriae* f. 71; tunc verberavit eos in ~eam *Macro Plays* f. 171; tunc descendent in ~eam *Ib.* f. 174v; **14..** et eat pla[ceam] *Non-Cycle Plays* VII 470; tunc navis venit adcirca ~eam; rex dicit *Digby Plays* p. 86 f. 138; descendunt omnes in ~eam *Beunans Meriasek* 10. **f** per cimiterii ~eas lustrando circumivit sed .. exitum vel introitum nunquam invenire prevaluit R. COLD. *Cuthb.* 72. **g** ipsa cepit x m. de bosco suo .. et s. de ~ea *RDomin* 45; **1258** quod .. contigerit in comitatu Linc' quod pauperes, famis inedia deficientes, in ~eis et campis miserabiliter moriuntur *Cl* 212; in terra .. vel in aqua, bosco, plano [v. l. ~io], vel marisco, vel in villa vel extra *Fleta* 21; **1373** cepit in stuffo ~ias subscriptas seminatas cum pis' et aven' *Hal. Durh.* 120. **h** derivatis .. foras fontibus in ~eas aquas spargens, multum in horrea Domini .. fructum afferebat GIR. *David* 385. **i** c**1285** salvis tantum mihi .. quadam viridi ~ea ante domum meam in W. jacente et aliis approviamentis meis in eadem *Cart. Chester* 565a p. 325; **1298** fuit locus tenendi visum ibidem in quadam viridi ~ea in villa de K. contra domum .. Hugonis de G. et in tempore pluvioso .. seneschallus tenuit visum .. in curia prioris *Ambrosden* I 474; **1309** medietas unius boverie et una bercaria scite sunt simul cum una viridi ~ia juxta dictam grangiam *Cl* 126 m. 11*d*.; **1338** J. filius R. ivit ludendo juxta quendam communem puteum vocatum Tonewalle in quadam virida ~ea in Westone Coleville, et cespitavit et .. cecidit in predictum puteum et ibidem submersit *SelCCoron* 42; s**1424** juxta Soppewellemylle, in tribus viridibus ~eis jacentibus inter Flotgatstrem et Myllestrem AMUND. I 191. **j** infra paucos menses cum pilis talibus ludam cum Francigenis in ~eis eorum quod jocum perdent in eventu et pro ludo luctum lucrabuntur STRECCHE *Hen.V* 150.

3 (w. ref. to land tenure or property ownership): **a** plot, lot, site, piece of land, burgage (usu. in town or city); **b** (w. *edificata*). **c** (w. ref. to structures on a site) property, place, building, dwelling; **d** (w. ref. to fortified location). **e** plot, parcel, or piece of land; **f** (*~ea terrae*); **g** (w. gen. spec. kind of land). **h** (more generally) property, holding, tenement, place; **i** (w. ref. to divisible ownership or tenancy).

a c**1159** comes Giffardus recognovit quod ~ea in qua est coquina sua .. est de jure ecclesie Pratellensis *Act. Hen. II* I 347; c**1170** sciatis me concesisse .. in civitate Andegavis ~iam unam .. ad faciendum granarium ubi minagium reponant *Ib.* 541; **1208** dedimus .. canonicis S. Radegundis ecclesiam S. Petri de R. et ~iam et curiam nostram cum pertin', ubi domus nostre esse solebant in R., ad edificandum ibi .. et .. precipimus quod eis predicta †placita [l. placiam] et curiam cum pertin' habere facias *Cl* 107b; c**1217** messuagium .. in villa de P. cum tota ~ea sua .. quod messuagium cum ~ea extendit in longitudine a curia .. usque ad curtilagium .., et in latitudine .. a gardino .. usque ad magnum vicum *Ch. Sal.* 81; **12..** nos .. de prefata terra unum ~ium competens cum dimidia acra terre, ubi edificare et hagardum nostrum facere possumus, retinemus *Reg. S. Thom. Dublin* 116; **1315** concedimus habitatoribus et burgensibus dicte bastide ~eas sive solos ad domos construendas .. ita quod quelibet ~ea habeat in se viginti duos pedes in amplitudine et sexaginta et sex in longitudine *RGasc* IV 1626 p. 471b; **1342** pro ~ia super qua molendinum situm est, de predicto tribus terminis, vij s. vj d. *Exch Scot* 477. **b** c**1285** in una ~ea cum pertinenciis in villa de V., que sita est et edificata inter tenementum quod J. .. tenuit .. et tenementum G. filii O. *Carte Nativ.* 444; **1314** quod .. major et tota communitas burgensium .. quandam ~eam edificatam .. Ricardo de W. .. tradidissent *MunCOx* 27; a**1334** quedam ~ee in civitate vestra dudum de edificiis duo vel tria stagia continentibus edificate *MGL* I 469; **1442** lego .. filio meo .. unam ~eam meam edificatam infra civitatem Ebor' in quodam vico vocato Waterlane *Test. Ebor.* II 87. **c 1373** in carpentaria .. unius ~ee que vocatur Lyhtfothowses .. xij li., xviij s., x d. *Ac. Durh.* 210 [cf. ib. 248: de uno ten[emento] .. vocat' Lightfotehous]; **1373** cum nuper .. tenuerimus .. unam ~eam cum curtilagio et pertinenciis in suburbio et hundredo in parochia predicta .. situate inter tenementum .. hospitalis S. Johannis .. et tenementum G. le S. *Deeds Balliol* 57; **1440** volo .. quod mea magna ~ea sive taberna vocata le Sarasynes Hede .. prope Poules Cheyne vendatur Willelmo U. .. pro summa quadraginta marcarum sterlingorum *Reg. Cant.* II 572; edificata sunt a fundamentis de novo tota ~ea abbatis juxta ecclesiam: dimidium .. claustri .., domus quorumdam officiariorum .., magnum *malthous* cum turri .., molendinum aquaticum FLETE *Westm.* 135; a**1460** cujus tempore .. fratres Carmelite obtinuerunt ~iam suam in Stokwelstret (*Ann. Osney*) *EHR* XXXIII 499. **d 1250** concedimus .. potestatem faciendi commutationes rationabiles de terris nostris in W. pro loco et ~ia de C., ad firmandum ibidem castrum ad opus nostrum (*Pat* 61 m. 2) *RL* II 383; **1311** concesserunt .. Cantuariensi archiepiscopo .. duas venellas contiguas ~ie sue Castri Bainardi et Turris de Montfichet, obstruendas ad elargacionem ~ie predicte *MGL* I 127; **1409** dictum castrum [sc. vocatum Carmarssac] totaliter extitit desolatum quousque jam tarde quidam .. armiger .. dicendo se hereditarium et dominum dicte ~ee de Camarssac, ~eam illam fortificare incepit *Foed.* VIII 611. **e 1257** concessit .. eidem R. quod claudere possit unam ~eam in .. pastura de K., incipientem ad le Sleypewathstyhel apud T. et sicut T. extendit se usque caput occidentale de M. *FormA* 310; **1260** dedimus .. xl acras bosci infra metas et divisas predictas habendas et tenendas .. imperpetuum, salva nobis et heredibus nostris venacione nostra in dicta ~ea *Cl* 23; **1284** concessit priori .. unam ~eam .. super ripam situatam, que tenet in longitudine ix perticatas, perticata de xvj pedibus et dimidia, et in latitudine xxij pedes THORNE 1940; **1313** noveritis me dedisse .. Th. filio Th. .. quamdam vastam ~eam in loco qui vocatur Westwode et Woltotwra in villa et territorio de Alne, continentem in se viginti quatuor acras vasti per perticas foreste *Cart. York* 40; **1338** in quadam ~ea vocata Bastardesgrove in perambulacione [sc. foreste] *Cart. Boarstall* 564; **f 12..** dedi .. unam ~eam terre in medio vico qui est contra vicum figulorum *Reg. S. Thom. Dublin* 429; **1310** dedimus .. duas ~eas terre .. que .. ~ee .. continent in se centum et quater viginti pedes in longitudine et quinquaginta pedes in latitudine, ad elargacionem mansi predictorum magistri et scolarium *Deeds Balliol* 15; **1430** pro j ~ea terre inclusa coram hostio suo, per annum, iij s. iiij d. *Feod. Durh.* 85; **1512** habendum et tenendum predictum situm vocatum le Savoy, sive predictam ~eam seu peciam terre vocatam le Savoy, cum pertinentiis *Foed.* XIII 334; **1583** unam ~eam terre vocatam Churchwood *Pat* 1234 m. 24. **g 1275** Robertus de H. tenet unam ~iam prati et reddit per annum .. xij d. *Ac. Stratton* 6; **1296** J. de M. cepit quamdam ~eam vasti ad unam salinam suam emendendam, et dabit ad g[er]smam xij d. *Hal. Durh.* 2; **1310** super quadam ~ea bruere jacente infra divisas subcriptas *Cart. Chester* 344 p. 227; **1333** de vendicione cujusdam ~ee subbosci *LTR Mem* 105 m. 96; **1338** G. de E. .. tenet quandam ~eam pasture in eadem foresta que vocatur Bytwenetheheye continentem tres acras *Cart. Boarstall* 564; a**1383** punderus habet, causa officii sui, ij ~eas prati voc' Mireresheved et Wybbysgar *Surv. Durh. Hatf.* 169. **h 1228** concessimus fratribus ordinis predicatorum de ~ia nostra que vocatur Kingestoftes partem illam quam incluserunt quodam fossato .. quamdiu plana terra se extendit *Cl* 11; **1230** tulit breve domini regis .. de divisis faciendis inter terram suam et terram predicti abbatis .. et .. datus fuit eis dies .. super locum illum et ~iam illam de qua fuit contencio *BNB* II 356; **1270** est predicta balliva fere omnino destructa ita quod vocari poterit ~ea jam devastata *KR Forest Proc.* 229 m. 9*d*.; **1288** rex dedit et concessit .. situm et ~iam de I. cum marisco, exceptis decem acris terre quas in ~ea predicta rex retinet ad opus suum (*New Winchelsea*) *BBC* 321; **13..** una cum ~ea quadam que dicitur croftum coquinarii *Cart. Chester* 411 p. 258. **i 1282** quandam aliam ~eam vacuam .. cujus ~ee una medietas jacet in parochia S. Augustini, et alia medietas in parochia S. Michaelis ad Bladum *MGL* II 274; a**1293** habeant totum thelonium et custumam .. in omnibus locis .. exceptis tredecim ~eis et dimidia supradictis (*Newport*) *BBC* 253; **1316** S. T. tenet unam partem ~e Walteri O. .. inter ripas et reddit xij d.; A. filia H. C. tenet aliam partem ejusdem et reddit vj d.; J. P. et W. P. aliam partem ejusdem et reddunt xviij d. *Terr. Fleet* 27.

4 (leg.; *cf.* sense 2d *supra*, as which some quots. might also be construed) place in which legal business is transacted or legal documents produced, court (in quots. Common Bench and King's Bench). **b** (conf. with *placitum*) plea.

1315 habeant querentes pro brevibus originalibus remedium in cancellaria .. vel alibi, et de brevibus judicialibus habeant remedium de ~eis unde brevia illa exibunt *RParl* I 322b; **1321** ad civitatem, racione presencie nostre quam ~earum nostrarum, tunc .. magna confluit multitudo *MGL* II 307; **1340** cum ipse sit minister .. de banco .. domini regis ad placita coram domino rege tenenda simul cum aliis justiciariis .. ejusdem ~ee, et fuit in veniendo versus eandem ~eam in aula placitorum ad placita .. tenenda simul cum aliis sociis suis justiciariis *SelCKB* V 121; **1358** justiciarii domini regis, ad placita coram ipso rege tenenda assignati, accesserunt ad palacium episcopi Bathoniensis et Wellensis .. ubi ~ea domini regis .. ordinata extitit *Ib.* VI 121; **1365** rotuli non possunt aliquo modo scribi sedente ~ea apud Westm' ante nonam nisi clerici essent ibidem per totum diem continue *Cl* 203 m. 25; fecerunt jurari quod de cancellaria non permitteret exire ullum breve tangens vel respiciens .. quoscunque quorum vellent negocia promovere .. in illa ~ea precipue ubi nulla debet justicia denegari *G. Ed. II Bridl.* 67; **1389** cursiste .. et .. alii clerici qui .. cancellarie .. adherere voluerint .. nec habeant inter se commorantes attornatos aut clericos aliarum ~earum *Chanc. Orders* 4; **1393** pro vadiis carpentariorum .. ac aliis custibus .. circa facturam et reparacionem cujusdam ~ee pro officio et sessione ejusdem cancellarie .. ac alterius ~ee pro hanaperio dicte cancellarie in alba aula Westm' *Cl* 234 m. 10; in communi banco posuerunt unum de illa ~ea attornatum civitatis *MGL* I 25; quod inquisiciones et jurate in placito terre capiend' .. capiantur in patria coram uno justitiario ~ee ubi placitum motum *Reg. Brev. Orig.* f. 186; **1560** regina .. Ricardo Talbot, secundario justiciario nostro ~ei regni nostri [Hibernie] .. salutem *ActPCIr* 82; **1595** in omnibus et singulis causis .. in quibuscunque placeis, locis, et curiis nostris *Pat.* 1431 m. 18. **b 1365** quia curia nondum est assisiata ad tenendum ~eam an non, datus est dies predicto Th. hic die Mercurii proximo futuro *CourtR Winchester*.

5 place, spot, location. **b** (in mil. context) place, post, position, station. **c** (transf.) place, position, office.

grandes sunt lapides [sc. choree gigantum] .. qui si .. circa ~eam locabuntur, stabunt in eternum G. Mon. VIII 10; **1194** sciatis nos concessisse quod torneiamenta sint in v placitis [l. ~iis], inter Sarrisberiam et Wilthoniam .. inter Blie et Tickhill (*Lit. Regis*) Diceto II *app.* lxxx; c**1195** mihi quietam clamavit .. unam domum, que est juxta portam australem Cestrie, cum terra que est in eadem †pacia [l. placia], que pertinet domui illi *Ch. Chester* 244; **1209** forestarius .. invenit in bosco .. quandam ~iam sanguinolentam; et traciavit sanguinem in nive usque domum Radulfi Red de Siberton .. *SelPlForest* 3; **1278** de Petro mercatore, ij s. ..; de eodem pro secunda placea, ij s. ..; .. pro tercia placea, ij s. *Law Merch.* I xl; **1295** xxj d. in stipendiis Andree le P. et socii sui custodum bonorum in ~ea galee existencium *KR Ac* 5/8 m. 3; **1296** in mercede E. K. pro una batellata meremii .. carianda usque ad ~eam galee *Ac. Galley Newcastle* 165; **1351** J. filius S. .. dicta vasa enea sic abscondita iterum a dicta ~ia ubi abscondita fuerunt felonice furatus fuit *SessP Essex* 116; **1552** unam ~eam sive locum unius suere sive gurgitis una cum piscacione ibidem pro capcione salmonum *Pat* 848 m. 39. **b 1225** mandatum est militibus .. qui wardam debent castro de P. quod unusquisque eorum ~iam suam firmari faciat in baillio castri .. ita quod .. possint se ibidem competenter defendere *Pat* 502. **c** prosecucionem placiti illius callide machinans enervare, se racione placie sue supponend' .. nullo modo vocari debere *Entries* f. 484vb.

6 (as place-name); **b** (passing into surname).

a c**1183** dono .. duos modios bladi in molendino de ~ea *Act. Hen. II* II 348. **b 12..** uxor Roberti de ~ea de Scotere *Carte Nativ.* 452 (cf. ib. 454: Roberti de *la Place* de Scotere; ib. 455: Roberti de *la Grene* de Scotere).

2 platea v. platus.

platealiter [1 platea+-alis+-iter], in a public place, publicly.

punicionis deitatis anomale maneries ~iter est puplicata trivialiter trita E. Thrip. *SS* III 5.

Platearius [1 platea 1, 2, 6+-arius], of the street or square (as surname).

dragantum secundum Plate' [Trevisa: Platearius] .. est gummi cujusdam arboris. .. faciem mundificat et dealbat .. ut dicitur in Plat' [Trevisa: Platearius] Bart. Angl. XVII 51; dicit ~ius ex commasticione specierum, licet hos ad tempus aromaticum videatur in posterum tamen corrumpitur Garl. *Mor. Scol.* ch. 31 *gl.*

plateatim [1 platea+-im], in a public place, in a street, street by street.

vicatim vel ~im [*gl.*: *strete by strete*] eosdem .. confluxere Whittington *Vulg.* 69.

platellus, ~a [platus 6+-ellus, -ella], little plate, platter, dish.

1237 pro j ~o argenteo ad opus regine .. et pro auro ad deauranda scuta in ipso ~o de armis regis et pro operatione ejusdem ~i et .. capsa ad ipsum ~um *Pipe* 81 r. 15; ij magnos ~os ad interfercula coram rege deferenda *Ib.*; **1242** sexcies xx cyphos et ducentas quinquaginta et novem scutellas et quinquaginta ~os de fasto et sexaginta et quatuor salsaria *Cl* 504 (=*RGasc* I 8a); munda cultellum; morsellum quere tenellum, / set per cancellum; post supra pone platellum Garl. *Mor. Scol.* 180; **1296** in coffro de G. .. [sunt] ciiij ~e arg' *KR Ac* 353/30 m. 3*d.*; **1317** vasa lignia viz. scutellas et ~as *Reg. Aberbr.* I 301; **1337** item in xxiiij discis, xxiiij salsariis, xviij ~is, et vj ciphis emptis xv d. *Househ. Ac.* 202.

platena [AN *platene*, OF *plataine* < platus], flat piece of precious metal, plate, dish.

1276 perdonavimus .. accionem .. occasione cujusdam ~e ex metallo alio quam puro argento conflate in manibus ipsius .. invente *Cl* 93 m. 6.

platepera [AN *plater*+*pere*; cf. 2 pera], bowl the stone, hit the rock, game in which one throws a stone at a target, perh. duckstone.

1301 R. M. et N. frater ejus luserunt ad platiper' et lapis dicti R. in lusu cescidit in capud dicti N. unde recepit unam parvam plagam *SelCCoron* 68.

1 platera, ~ia [1 platea 3], flat or marshy ground, water meadow.

1219 Dionisia .. inventa fuit submersa in quadam ~a *Eyre Yorks* 376; **1270** de pastura in mariscis, plater', et marett' vendita *Min Ac* 1078/12 r. 2; **1271** de ~is prati per loca venditis, xj s. ix d. *Ib.* 1087/6 r. 5; **1286** de viij s. ix d. de pastura in ~is et per particulas in eodem marisco et extra foss' vendita *Ib.* 827/39 r. 1; **1291** mons .. est propinquus cujusdam ~e sive nause que dicitur nausa de Pudhpudent .. ad aliam ~iam sive nausam que est propinquior eidem monti *RGasc* III 11b; **1292** terris et tenementis, pratis et ~iis *Cart. Haughmond* 165; **1308** idem reddunt compotum .. de x li. .. de herbagio in ~is de Holm' et inter dominicas terras de Skipton' *MinAc* 1079/18 m. 10.

2 platera, ~ia [ME, AN *plater* < platus 6], plate, platter, dish.

a**1276** in xxx ~is, lxx discis, et lxvj salsariis ij s. v d. ob. *Househ. Ac.* 152; **1339** in discis, ~iis, et salseriis *KR Ac* 20/37; **1342** in xij discis, xij ~is, et xij salsariis de peutr' empt' vij s. vj d. *Sacr. Ely* II 119.

platerella [2 platera+-ella], little plate, platter, dish.

1373 iij *chargers*, xij platerell', xij disci *Pl. Mem. Lond.* A 18 m. 6.

plateria v. 1–2 platera. **platesia, -ium** v. platessa.

platessa, ~issa [LL < CL platys < πλατύς], **~essum, ~issum**, flat fish: **a** plaice or loach. **b** flounder, fluke, or sole.

a quid capis in mari? .. ~esia [AS: *fage*] Ælf. *Coll.* 94; nomina piscium: .. ~esia, *facg Id. Gl. Sup.* 180; ~issa, .. *pleiz* (Ælf. *Gl.*) *Teaching Latin* I 25. **b** ~isa, *flooc GlC* P 464; ~issu, *folc* [? l. ~issa, *floc*] *Gl. Leid.* 47. 9; quid capis in mari? .. ~issa [AS: *floc*] Ælf. *Gl.* 94; **11..** ~issa, *floc WW Sup.* 200; ~issa, *floc* .. *ođđe* flundra (Ælf. *Gl.*) *Teaching Latin* I 25.

plateum v. plashetum, 1 platea, platus. **platia** v. platea, platus. **platicoriasis** v. platycoriasis.

platidus, *s. dub.*

lapis gagates, i. petra latida vel platida [? l. placita] *Gl. Laud.* 919.

platiobtalmon v. platyophthalmon. **platipera** v. platepera. **platissa, ~um** v. platessa. **platnities** v. planities.

platocyminum [platus + cyminum], (bot.) hartwort, sermountain (*Laserpitium siler* or *Seseli montanum* or *tortuosum*).

plato ciminum, i. filer [l. siler] montanus *Gl. Laud.* 1191; platocimini, i. sileris montani Gilb. VII 357v. 2; platociminum, siler montanum, ciminum rusticorum idem, G. *silermontayne MS BL Addit. 15236* f. 6v; platos, i. latum, inde †platiminum [l. platociminum], silermontanum, caminum rusticorum idem. c. s. G. *silermontaigne, sermountaigne MS BL Sloane 5* f. 10 ra; plantociminum montanum, *suremontayne MS BL Sloane 282* f. 171 vc; platociminum, *comyn MS BL Sloane 2479* f. 101 v.

platoma v. platuma.

Platonicus [CL < Πλατωνικός], of Plato or his philosophy, Platonic. **b** (as sb. m.) student or disciple of Plato, Platonist.

801 in illo ~o legitur proverbio dicente felicia esse regna, si philosophi .. regnarent Alcuin *Ep.* 229; a**805** fortassis Atheniensis sophista ex academica scola hujusmodi protulit questionem cum quo ~is paulisper liceat argumentis verba conserere *Ib.* 307 p. 470; si ferar Platonicam per opinionem, / evagatur animus per digressionem Garl. *Poems* 6. 18. **b** unaqueque .. doctrina uniuscujusque Stoicorum, Perhipatheticorum, ~orum, Pictagoreorum .. aditus est ad philosophiam Bern. *Comm. Aen.* 41; quamvis isti naturalius loquuntur quam ~i, non tamen recte dicunt T. Sutton *Gen. & Corrupt.* 180; recenciores .. philosophi nobilisimi .. noluerunt se dici peripateticos aut academicos sed ~os Bradw. *CD* 137A.

Platonismus [CL Plato+-ismus], Platonism.

Plato, *Platonisme*, ~us Levins *Manip.* 146.

Platonitas [CL Plato+-tas], nature of Plato.

Socratitas, ~as Bacon XV 207 (v. asinitas).

platophyllos, ~on [CL < πλατόφυλλος], **~um,** broad-leaved plant, perh. dragon arum (*Dracunculus vulgaris*).

viperina, platofilum *GlC* U 183.

platos, plattum v. platus.

platula [platus 6+-ula], little plate, platter, dish.

regem Johannem .. veneno fuisse extinctum in ~a prunorum *Plusc.* VII 6.

platum v. placium, platus.

platuma [LL < πλάτυμμα=*flat-cake*], inscription on a flat plate or tablet.

super sepulchrum platoma parieti infixa, gesta bonorum ejus aureis literis et versibus scripta Byrht. *HR* 57; Damasus .. basilicam .. fecit .. ubi corpora sanctorum apostolorum Petri et Pauli jacuerunt. in quo loco platomam ipsam, ubi jacuerunt, versibus adornavit Ord. Vit. I 23 p. 118.

platus [ME, OF *plat* < CL platys < πλατύς; cf. πλάτος]

1 (as adj.) broad. **b** (as sb. m.) breadth.

~os, i. latum *MS BL Sloane 5* f. 10ra (v. platocyminum); ~os .. est latum *Alph.* 137. **b** ~us, latitudo *GlC Interp. Nom.* 249.

2 flat.

1334 cristam ~am ejusdem camere de maeremio et plumbo cooperiri (v. crista 3a); **1338** lx pecias ferri plat' (v. ferrum 1b).

3 plated, covered with plate of precious metal.

1257 unum ciphum auri .. cum coverculo ~o ad eundem *Cl* 98; **1280** ij ciphos argento ~os *SelPlJews* 111; sex ciphos argenteos ~os et duos deauratos cum pedibus Domerh. *Glast.* 523; **1295** lego .. octo ciphos ~os argenteos (*Test.*) *EHR* XV 526; **1300** sex ciphi argenti ~i *Ac. Wardr.* 345; iiij candelabra .. argentea ~ea cooperta (*Invent. Cant.*) *Arch. J.* LIII 268.

4 (as sb. f.) flat fish.

13.. piscator .. habeat pisces marinos vel aque dulcis vel limosos sive ~ias et balenas (*Nominale*) *Neues Archiv* IV 340.

5 plate, flat piece of precious metal, unwrought bullion, ingot.

1196 ad sigillum R. novum faciendum ~am de pondere v m. *Pipe* 19; **1200** W. de B. . . captus fuit cum ~a de retoncuris facta *CurR* I 232; **1276** corpora . . Judeorum captorum . . cum quadam falsa ~a fundata tanquam argentea *SelPlJews* 91; de fundatoribus qui retonsuram vel ~as ejusdem affinaverint *Flete* 30; **1310** ij ollis et vj ~eis emptis Londonie *Reg. Cant.* 1063; **1365** dum tamen arcus sagittas seu armaturas aliquas aurum vel argentum in massa, ~a, vel moneta . . extra regnum . . non deferant *RScot* 891b; **1394** cuneum monete nostre . . controfecit et grossos, dim. grossos, denarios, et obolos de ~eis Flandr' et argento vivo fecit *Pat* 339 m. 36; breve ne quis ducat extra regnum aurum vel argentum in ~a, vel veterem monetam, nisi tantummodo novam monetam *MGL* I 629; **1465** bullionem, massam sive ~am auri vel argenti (v. 1 billio b).

6 (as sb. f. or n.) a plate, dish.

averia . . solebant ponderari per ulnas, stateras, pleicias hospitum, vel per baskettum suum *Leg. Ant. Lond.* 118; **1296** de quolibet miliari discorum et ~eorum ligneorum *Pat* 115 m. 8; **1313** una plata ad species cum scuto ponderis xxxv s. (*Ac. S. Paul.*) *HMC Rep. IX app. I* p. 29b; **1335** in viij libris de sucre in ~is. . . in ij libris de gingibre iiij s. *Comp. Swith.* 235; **1373** non ponet vendicioni aliquas ~as cum alconomia factas in decepcionem populi . . nisi purum aurum et argentum *SelCKB* VI 166; **1383** costa sancti Remigii episcopi in una ~a argentea deaurata et quadrangulata *Ac. Durh.* 429; una ~a argentea cum vestimento beate Marie . . Virginis *Ib.* 433; **1390** de j ~a magna arg' deaur' et aymellata cum ij reginis equitantibus super equis albis cum uno cervo albo jacente super uno monte in medio plate *Ac. Foreign* 25G; xij ~as argenteas, ponderis x librarum *FLETE Westm.* 136.

7 flat piece of metal, plate-armour.

1289 duo paria ~earum cum uno gorgero de *plates SelCKB* III cv; **1290** Huguetto le Armurer valletto regis Sicilie qui venit . . cum uno nobili scuto . . et cum ~is et aliis quibusdam armaturis factis ad modum armorum regis *Chanc. Misc.* 4/5 f. 43; **1297** duobus paribus circothecarum de ~is *Doc. Scot.* II 138; **1298** ferrura ~orum claris *Ib.* 320; **1303** unum par ~arum coopertarum velvetto *KR Ac* 363/18 f. 21d.; **1305** in uno pari de ~is cum uno coleretto (v. colerettus a); c**1320** W. B. tulit j par plattorum preter j *bacenet* coopertum corio . . *RR K's Lynn* I 102; **1333** tulit j par ~orum precii x s. *Ib.* 111; **1508** pro . . vj le plattis ostii scaccarii *Ac. Durh.* 104.

8 flat of a sword.

1277 cum ~a tinuit predictum H. ita fortiter per gulam quod [eum] oportebat occidere *Chanc. Misc.*; **1302** percussit predictam J. . . in sinistro brachio cum ~o gladii *Gaol Del.* 38/3 m. 6.

9 plate of a plough.

1279 in x plat' ped' caruc' emptis xx d. (*Aldenham, Herts*) *MinAc*; **1280** in j ~a sub capite *le dropbeam* faciendo cum ferro ad idem empto (*Ac. Milton*) *DC Cant.*; **1355** in xx ~is emptis pro carucis, xiij d. in broddis ad idem, vj d. (*Newnham Kent*) *MinAc.*

10 flat piece of wood.

1279 in meremio, gistis, et ~is emptis ad turrellum regine infra Turrim *KR Ac* 467/7/4; **1333** pro j ~a meremii de quercu empta pro dicta venu, longitudinis xviij pedum *Ib.* 469/12 m. 17; **1385** ad obstruend' bases et ~as . . molendini aquatici *PIRCP* 497 r. 316.

11 (as sb. n.) shoulderbone.

hoc ~um, A. a schuldyrbone *WW.*

platya v. platea.

platyceros [CL < πλατύκερως], animal that has widespread antlers.

[canis] alius cervi, alius -otis, alius taxi . . tantum odore gaudet *CAIUS Can.* f. 2.

platycoriasis [LL < πλατυκορίασις], (med.) disease of the eye characterized by dilation of the pupil, mydriasis.

platicoriasis vel plantigaras interpretatur dilacio pupille oculi *Alph.* 137.

platyophthalmon [CL < πλατυόφθαλμον], antimony, substance that dilates the pupil of the eye.

hunc [sc. stibeum] multi †perlati obtalmon [l. pla-

---

tiobtalmon] aut laurosum nominant. virtus est ei frigida, stiptica, paremplastica, et staltica *Alph.* 175.

plaudere, plodere [CL]

1 (tr.) to strike with a flat or concave surface, to clap. **b** (to express approval) to applaud, congratulate; **c** (w. dat. of person applauded).

pludit, plaudit *GlC* P 452; plodo . . plosii vel plosivi, plosum . . i. repercutere OSB. GLOUC. *Deriv.* 458. **b** plaudit, favet *GlC* P 443; cur in theatris te vidente id plauditur? *haftud GlP* 401. **c** ne prelati sibi plauderent pro eo quod quasi humanis judiciis sunt exempti ROB. BRIDL. *Dial.* 172.

2 (intr.) to make a flapping sound, to flap (with wings).

cum filium suum intumularet Daedalus, perdix in aere plaudebat pro Daedali luctibus, quia per Daedalum in avem fuerat mutatus *Natura Deorum* 124.

3 (*manibus ~ere* or sim.) to clap with the hands.

plaudit, manibus sonum facit *GlC* P 479; reliqui . . manibus plaudentes et gratias . . Deo referentes WULF. *Æthelwold* 39; manibus plaudens de tanti principis gloria OSB. CLAR. *Ed. Conf.* 3 p. 73; manibus quoque plaudunt et ad invicem dicunt "ecce, jam eos habebimus" *Simil. Anselmi* 72.

4 to give expression to one's approbation, rejoice; **b** (transf.).

non ex sanguine nobilitatis plaudentium sed et pauperum gregem humiliter sentientium THEOD. *Laterc.* 18; beata praemia ubi sancti plaudent coram Christo in aethris (ÆTHELWALD) *Cerne* 41; pro me . . plaudit populus? *V. Gund.* 40; quid tristamus super plaudentem? STEPH. HARD. *Serm.* 1376C; plaudit humus, Boree / fugam ridens exulis P. BLOIS *Carm.* 7. 1. 1; *elecer*, letari . . plaudere, exultare *Gl. AN Ox.* f. 154v; plaude puerperio, virgo vetule quia vero *Vers. Peterb. Psalter.* 3a; plauditie sub optimo rege, cum talis affuerit FORTESCUE *NLN* I 25. **b** nunc socii luctus socio velut organa plaudunt GOWER *VC* VII 299; organa nulla sibi nota vel citharistea plaudunt *Ib.* 753.

plaudosus v. paludosus.

1 plaudus [cf. plaudere 1, 2], slapping, flapping, or ? *f. l.*

nothus carbasa impleverat, qui continuato flatu, et ~o [? l. placido] undarum impulsu, navem prosequens . . W. MALM. *Mir. Mariae* 160.

2 plaudus v. 2 plantus.

plaunchura v. planchura. **plaunchuratio** v. planchuratio.

plausibilis [CL]

1 that can be applauded or approved.

~e nuntium allatum est W. MALM. *HN* 525 (=R. NIGER *Chr.* II 187); illa non segnis gestibus inpudicis motibus inverecundis, ~em psaltriam agit *Id. Wulfst.* I 1 p. 6.

2 that confers approval or favour.

Sanctum . . Spiritum columbina spetie . . super memoriam beati Odonis ~i volatu sedisse W. MALM. *GP* I 19.

3 (in gl.).

~is, res favores [l. favoris] *GlC* P 445.

plausibiliter [LL], in a manner that confers approval, favourably.

quippe presentium mala periculose, bona ~iter dicuntur W. MALM. *GR* IV *prol.*; a suis exceptus ~iter *Ib.* IV 387.

plausificus [plausus 3 + -ficus], that arouses or confers approval. **b** (as sb. n.) something that expressess approval.

1346 hic [sc. Edwardus] prope Berwycum populum superans inimicum, / Anglis plausificum fore se demonstrat amicum (*Nevile's Cross*) *Pol. Poems* I 41. **b** Regi regum omnium / cantemus plausificum *Anal. Hymn.* XXXIV 55.

---

plausio [LL = *applause*], **plosio** [CL plodere + -sio], (perh. act of) striking (with a flat surface).

plodo . . et hec plosio . . et hoc plaustrum . . eo quod a terra sepius repercussa OSB. GLOUC. *Deriv.* 458.

plaustellum [CL plaustrum + -ellum], little cart, wagon, wain.

plaustrum, plaustellum subit eis annumerandum GARL. *Syn.* 1579A; usus est appodiamento ad modum pueri plostello innixi humum pene signantis mento *Mir. J. Bev. C* 332; c**1298** non est plaustelo barbati jungere mures (*Dunbar* 200) *Pol. Songs* 175; plaustellum [*gl.*: *wayne*], currus, epredia, bigaque, reda *WW*; *a wayne*, plaustrum, plastellum, et cetera, ubi *a carte CathA*.

plaustelum v. plaustellum. **plausticus** v. plasticus.

plaustralis [CL], of a cart or wagon, (*domus ~is*) carthouse, cartshed, wainhouse.

1462 (v. domus 15a).

plaustrare v. plastrare.

plaustrarius [CL], carter, wagoner.

1322 liberaciones ~iorum. et in lib' iiij plaustr' . . qui quidem plaustr' conducti fuerunt pro fenis cariandis *MinAc* 1146/11 m. 11; **1335** salvus conductus pro ~iis . . prioris de Okebourn *RScot* 318a; **1386** distribuantur inter carucarios, ~ios, et custodes animalium meorum (*Test.*) *FormA* 428; **1537** sol' . . ~ariis . . xiij s. iiij d. *Ac. Durh.* 703.

plaustrata, ~us, ~um [cf. CL plaustrum], cartload, wagonload.

haec tria maneria reddebant TRE . . v ~as plumbi de l tabulis *DB* I 273ra; **1251** spoliaverunt . . decanum et capitulum . . de uno ~o feni (*DC Lichfield*) *Arch. Soc. Derb.* V 148; **1284** in j plaustro conducto ad cariand' ij ~as decime apud Trumpel' *MinAc* 1070/5 r. 3; **1325** pro quolibet ~u petarum unum quadrantem *Reg. Aberbr.* I 312; **1409** in stipendio J. C. cum plaustro suo cariantis xiij ~as maeremii (*Audit. Durh.*) *EHR* XIV 517; **1433** duo ~a feni et duo ~a focalium . . carianda *Reg. Heref.* 164; **1485** faciant . . decem ~us feni pratorum *Reg. Aberbr.* II 226; **1588** duas ~as sive carectatas . . subbosci *Pat* 1319 m. 17.

1 plaustrator v. plastrator.

2 plaustrator [CL plaustrarius + -tor], carter, wagoner.

1374 in stipend' ij ~orum cariancium dictum *plaunchour DL MinAc* 507/8227 m. 2;

plaustria v. plastrum.

1 plaustrum v. plastrum.

2 plaustrum, plostrum [CL], **~a, ~us**

1 cart, wagon. **b** (w. sb. gen.) cartload (of), wagonload (of).

quidam pater familias filium suum a demonio fatigatum . . in plaustro ad insulam nostram vehebat *V. Cuthb.* IV 15; **732** dedi in omni anno centum xx plaustra onusta de lignis ad coquendum sal *CS* 148; **866** v plaustros plenas [*sic*] de virgis bonis *CS* 513; si . . adjudicetur alicui et venerit cum palustro, id est *carr Leg. Wall. A* 131; hoc plaustrum, *car Gl. AN Glasg.* 20vb; **1333** consimilia brevia diriguntur priori Dunolm' de uno plaustro cum decem bobus sufficientibus *RScot* 231b; **1468** pro cariagio x plaustrarum *del* Ryss a Rilley usque le Westorcharde *Ac. Durh.* 92; plostrum, A. *a chare of ij whelys WW*. **b** **1219** quatuor plaustra bosci *Eyre Yorks* 106; **1290** in dccc plaustris petarum, cum cariagio, et aliis *ExchScot* 38; **1492** dicunt quod dictus R. T. illam gutteram de novo faciet et R. T. dabit ad eandem faciend' unum plaustrum lapid' *CourtR Ottery St. M.* m. 98; **1527** ducendo duos plaustros glebarum *Reg. Aberbr.* II 468; ipsa sibi accersit quae plurima plaustra malorum J. HERD *Hist. IV Regum* 146; **1583** quatuor plaustr' feni annuatim percipiend' extra pratum *Pat* 1234 m. 26.

2 item of bed furniture.

1388 sunt ibidem . . j *blanket*, j *materace*, j *mappa*, j plaustram, iij *flasketz*, j *coverlit IMisc* 239/3j.

3 (astr.) Charles's Wain, the Great Bear.

ALDH. *Met.* 6, NECKAM *DS* I 351, *CathA* (v. Arcturus); ut stellam cingant septem splendore triones, /

sol novus in plaustro vult rutilare novo GARL. *Epith.* I 206.

plaustur' v. 2 plaustrum.

plausus [CL]

1 act of striking with a flat or concave surface. **b** noise, din (made by person).

conplosi, ~um feci *Gl. Leid.* 15. 8; **10** . . ~u, *ðæm plagan* WW. **b** ~us, risus stultorum *GlC* P 472; ictu . . supervacuo percussit templi parietem, maximum ~um per omne templum audientibus reddens B. *V. Dunst.* 18.

2 flapping of wings. **b** noise, din (made by animal).

concrepante jam pullorum ~u [*gl.*: i. percussione] et sonante gallicinio ALDH. *VirgP* 52; galli cantus galli ~us proximum sentit diem nos cantantes et praecantes quae futura credimus *Cerne* 169; more aligerorum, qui se priusquam professionis vocem emittant, alarum ~ibus flagellare videntur B. *V. Dunst.* 1; auream aquilam . . que pennarum ~u diu civitatem perlustrans W. MALM. *GP* II 75 p. 166; et [columba] fugiens magnum pennis dat territa plausum L. DURH. *Dial.* III 123; curia jam volucrum frondosa palatia plausu / concelebrat, terram palliat herba recens GARL. *Epith.* VI 7. **b** canis domesticus ~ibus ululatibus mixtis . . omnes qui aderant in admirationem agebat AD. EYNS. *Hug.* I 3; nemine . . episcopi suspicante adventum, ex avis hujus [sc. cygni] ~u gestuque insolito illum citius affuturum prescierunt *Ib.* III 7.

3 clapping of hands (as expression of approval). **b** approval.

hic letis oculis multisque plausibus / ministrat fomitem tuis erroribus WALT. WIMB. *Palpo* 35. **b** ~us, favor *GlC* P 444; favor, ~us *Gl. Leid.* 1. 55; ~ui et favori adortantium respondebat stridulus aer W. MALM. *Wulfst.* I 1 p. 6; cum favore plebeio popularique ~u GIR. *EH* II 29; in triumphorum quoque suorum ~ibus exsultabant pari utique exsultatione cum victoribus illis, qui in dividendis olim spoliis suis non minus discreta quam jucunda exsultavere letitia J. FORD *Serm.* 62. 12.

4 rejoicing.

~us, G. *enjoy* GARL. *Unus gl.* 167; plausum da pro ploratibus J. HOWD. *Cyth.* 139. 7.

1 plautus v. petilus.

2 plautus [CL]

1 who has long or broad ears.

plautis, auribus magnis *GlC* P 470; *laue eared*, plaudus, -da LEVINS *Manip.* 42.

2 (as personal name, esp. of Roman dramatist) Plautus.

~us in Cassia 'hec fallacia est fabrefacta' OSB. GLOUC. *Deriv.* 245; ossum, quod frequenter in ~o et in Augustino . . reperies *Ib.* 387.

plavus v. planus.　**plays** v. plaicia.　**playstrare** v. plastrare.

plebanalis [plebanus + -alis], lay, of or for the laity.

1408 iste [episcopus] eciam univit ecclesiam ~em de Chiw mense sue episcopali *Hist. Wells* 68.

plebanatus [plebanus + -atus], benefice for a cleric for the laity.

episcopi habent plenum jus in episcopatu suo, et plebianus in ~u PECKHAM *Paup.* 60; **1298** jus speciale . . cujus pretextu ipsam [ecclesiam] una cum dicto ~u licite valeat retinere . . exhibiturus *Reg. Cant.* 277.

plebania [plebanus + -ia]

1 (eccl.) form of benefice for a cleric for the laity.

~ia est aliud genus beneficii et majus quam rectoria, habet sub se capellas, et dignitatem esse putant interpretes *Ambrosden* II 272; **1527** prebendam de Kinkel alias dictam seu ~iam militum Hierosolimitanorum . . retulit *Reg. Aberd.* II 253.

2 parish.

1333 ad . . clerum, et populum ~ie de Brauntone corrigendum *Reg. Exon.* II 689.

plebanus [CL plebs + -anus]

1 (as adj.) of the common people, of the populace, plebeian.

hec . . forma est status gentis ~e regionis illius FORTESCUE *LLA* 35 p. 84.

2 (eccl.) lay, of or for the laity.

alii dicunt archipresbiterum principalem in ~is ecclesiis GIR. *PI* I 19 (v. archipresbyter a).

3 (as sb. m.) (one of) the common people, a plebeian.

fecit itaque edictum suum ut centum milia ~orum in Britannica insula colligerentur G. MON. V 14 (=DICETO *Opusc.* 227); tantam tyrannidem in populum exercuit ita ut . . irruerunt in eum ~i et interfecerunt G. MON. VI 1 (cf. M. PAR. *Maj.* I 173); omnes . . tam nobiles quam ~os THORNE 1786; ~i . . dicunt quod est aurum exterius et argentum interius (TYSS.) *Ziz.* 143; milites et armigeri, libere tenentes et ~i infiniti *Meaux* II 107; tam proceres quam ~i eum accusare disponebant *Dieul.* f. 145.

4 (eccl.): **a** cleric for the laity. **b** rector, rural dean.

a **1292** nos Ericus . . rex Norwagie . . ordinavimus . . procuratores . . magistrum H. ~um plebis de Castillione Arretino (*Lit. Regis*) RISH. 132; tercii galli sunt predicatores minores et fratres beate Marie Dei genitricis de monte Carmeli et alii qui verbum Dei predicant, et Augustinenses et ~i G. *Roman.* 306. **b** **1155** Adrianus episcopus . . abbatibus, prioribus, archipresbyteris, ~is, capellanis, et aliis ecclesiarum prelatis Placentini episcopatus HADRIAN IV 21. 1392A; **1155** Adrianus . . Antonio ~o S. Hippolyti de Bibiena *Ib.* 40. 1409B; **1294** Celestinus . . archidecanis, prepositis . . archipresbyteris, ~is, rectoribus et aliis ecclesiarum prelatis . . salutem (*Lit. Papae*) B. COTTON *HA* 259; **1320** dilectis filiis electis, abbatibus . . archipresbyteris, ~is, rectoribus et aliis ecclesiarum prelatis (*Lit. Papae*) *Mon. Hib. & Scot.* 214a; sic dicitur quod ~us recipit ecclesiam a solo episcopo, . . non tamen absque presentacione patroni OCKHAM *Brev.* 109; laicos et alios curam animarum non habentes, qui non tenentur scire constitucionem pape nisi ~i seu rectores eorum, aut alii prelati superiores publicant eandem . . inter ipsos *Id. Dial.* 660; **s1435** parochialium . . ecclesiarum rectoribus . . ~is, viceplebanis, capellanis, curatis et non curatis, vicariis perpetuis . . AMUND. I 381; **1524** (v. parochus 1a).

plebecula, 1 plebicula [CL]

1 the common people, the populace.

ut . . quod . . reverberante justitia verbis minus audent, factis affirment, et ambiguam ~iculam in varium murmur dissicent GOSC. *Lib. Mild.* 1; vox una accurrentis et condolescentis ~icolae concrepuit *Id. Mir. Iv.* lxxiii; dividat quoque levem plebecula mesta favorem / et facit interea pro se sine pondere vota J. CORNW. *Merl.* 114.

2 (eccl.) the laity.

cum parentela et suae villae ~icula venerat ad sanctum HERM. ARCH. 52; juventus clericorum ~iculae favorem quaeritabat ambitiosa festivitatis extollentia quatinus suae parrochiae intentaret virginis nostrae praesentiam GOSC. *Lib. Mild.* 23; sacerdotes . . cum vexillis et crucibus suas precedebant ~eculas DICETO *YH* II 115.

plebeianus [cf. plebeius, plebanus]

1 (one of) the common people, a plebeian.

ut centum milia ~orum de Britannia ad eum venirent M. PAR. *Maj.* I 172 (=G. MON. v 14: plebanorum).

2 (eccl.) cleric for the laity.

episcopi habent plenum jus in episcopatu suo, et plebianus in plebanatu PECKHAM *Paup.* 60.

plebeicus [CL plebeius + icus]

1 (as adj.) of the common people, of the populace, plebeian.

1435 sic inimica infestacio ~a paveat potenciam principum *EpAcOx* 122.

2 (as sb. m.) (one of) the common people, the populace.

s1213 charta ipsa . . coram innumerabili procerum et plebicorum multitudine . . lecta fuit WYKES 57.

plebeius [CL]

1 (as adj.) of the common people, of the populace, plebeian. **b** (in Parliament) of the Commons.

populare, i. ~us, *folclices* GlP 334; ~a, *cyrlisc Ib.* 342; ~ae consuetudines usque in hodieruum diem permanserunt indiscussae et immutatae perduraverunt (*Cons. Cnuti prol.*) GAS 618; populum inermem turbamque ~am nobis resistere non posse quis diffidet? GIR. *EH* I 9; turbe allecta est multitudo tam militaris quam plebie *Id. IK* I 11; residebat Wlstanus inter ~os monachos, gloria et honore cathedre pontificalis exutus OSB. CLAR. *V. Ed. Conf.* 29 p. 119; **a1169** quis enim suspicetur te alicujus ambitionis stimulo incitatum . . ut opinione ~a ventos sequereris? J. SAL. *Ep.* 170 (206). **b** quumque dicta ~a communitas dicto cicius advenisset . . prefati quinque nobiles . . judicium petere non cessabant FAVENT 15.

2 (eccl.) lay, of or for the laity: **a** (of a priest); **b** (of a parish).

a a Dominico igitur die ipsam solennitatem praecedente indixit parochianis suis ~us presbyter imminens festum celebrare EADMER *V. Dunst.* 24; ~us [AS: *folciscne*] sacerdos, qui regularem vitam non habet (*Quad.*) GAS 286; ~us sacerdos purget se sicut regularis diaconus (*Leg. Hen.* 64. 8b) *Ib.* 585. **b** in ~am parrochiam monasterium deinceps destituitur GOSC. *Transl. Mild. cap.* 5 *tit.*; deinceps duorum aut trium clericorum ~a erat parrochia *Ib.* 5 p. 162.

3 (med.) of a practitioner (as dist. from a theorist).

dictum est de his in Recisionibus et plebei medicine professores non ignorant ALF. ANGL. *Cor* 3. 1; hoc in his que de medicina sunt plebei etiam morborum curatores intelligunt *Ib.* 12.3.

4 (as sb. m.) (one of) the common people, a plebeian; **b** (in quot., franklin). **c** (in Parliament) the Commons.

pluveius, sine dignitate homo *GlC* P 450; Cnuto rex . . toti genti Anglorum tam nobilibus quam ~is salutem (*Inst. Cnuti prol.*) GAS 276; tam magnates quam plebei, qui crucis signaculum deposuerant . . resumere sunt coacti *Ann. S. Edm.* 9; de pluribus occurrerunt leucis nobiles [et] matrone, plebei et villani *NLA* II 489; ipse quidem apostolicus cum clero et cardinalibus, principibus, matronis et virginibus, plebeis et civibus *Ib.* 491. 14; hoc est commune bestiis et plebeis WYCL. *Univ.* 81; quali etiam honore pociuntur omnes nobilium filie, quousque ipse maritate fuerint ~is FORTESCUE *NLN* II 53. **b** Galfridus Chaucer . . scripsit . . plebei narrationem BALE *Index* 76. **c** **s1390** tentum est Parliamentum . . in quo constanter petitum a plebeis ut signa alias stigmata dominorum que gestabant ipsi et eorum famuli deponerentur *V. Ric.* II 121; **s1397** dominus J. Bussh, miles, . . per ~os locutor parliamenti conspectui regis presentatur *Ib.* 132.

5 (eccl.) layman.

s1251 absurdum fuit ut laicus, immo ~us, spreta auctoritate pontificali . . predicaret M. PAR. *Maj.* V 250; **s1268** diriguntur clerici . . ad taxandum omnia bona temporalia . . cleri . . per estimacionem ~orum ad hoc vocatorum OXNEAD *Chr.* 235.

plebēre, plebescere [CL plebs + -ēre, -escere]

1 to be or become like the common people.

fuit . . parentum non ingenuorum proles, nec tamen obscuri sanguinis humilitate ~escens *Itin. Ric.* I 3; *to folowe pepylle in maneres*, ~ere, ~escere *CathA*.

2 to be known among the people, to be or become famous or notorious.

inde cepit falsus ille rumor populariter evagari et passim ~escere, quia fera pessima devoravit Joseph P. BLOIS *Ep.* 27. 93B; tue damnationis sententia jam in ore omnium ~escit *Ib.* 42. 123A; eorum iniquitas in multitudinem ~escebat *Ib.* 152. 445A; qui non illecebris modo lascivire, sed ipso / luxurie noto plebescere nomine vellet HANV. VIII 255; in vulgi jugulum nolens furit, impetus iram / mutat et ultricem cogit plebescere dextram J. EXON. *BT* VI 348; sicut enim nobis nimio ~escit in usu insignis victus H. AVR. *Hugh* 295.

plebialis, plebilis [CL plebs+-alis, -ilis]

1 (as adj.) of the common people, of the populace, plebeian.

799 beati .. inmittentes pedem bovis ecclesiastici ordinis et asini ~ialis curiae ALCUIN *Ep.* 181; multi .. ob celeberrimam sanctitatis famam nobilium vel ~ialium virum Dei visitare solebant *Id. Vedast.* 5; **957** (14c) in illo loco ubi ~ili narratione dicitur æt Stantune *CS* 998.

2 (as sb. m.) layman.

reges et ~iles, quibus melius est dare quam recondere *Conc.* I 7b.

plebianus v. plebeianus. **plebicetas, plebicitas** v. plebiscitas. **plebicitum** v. plebiscitum.

1 plebicola v. plebecula.

2 plebicola [CL], one who cultivates the favour of the common people.

plevicola, amans cives *GlC* P 477.

plebicus v. plebeicus. **plebilis** v. plebialis.

plebiscitas [CL plebiscitum 2, 3+-tas], municipal court, (*custos ~atis*) burleyman, officer of a by-law court.

1511 custos ~atis (*CourtR* 92/1270 m. 1) *EHR* XLV 229 n. 7; **1563** Edmundus Crakall et Thomas Skelton junior electi sunt in officiis custodum plebicetatis de anno sequente et jurati (*CourtR Settington, Yorks*) *Arch. Soc. Yorks J.* X 75; **1573** in officiis custodum plebicitatis (*CourtR Temple Newsham, Yorks*) (v. custos 3d).

plebiscitor [plebiscitum 2, 3+-tor], burleyman, officer of a by-law court.

1539 electi sunt in offic ple'torum (*Templehurst, Yorks*) *CourtR* 211/136 r. 6; elegerunt .. Johannem Andrew et Thomam Turner fore plebiscit[ores] et scrutat[ores] pastur' pro anno sequente (*Settington, Yorks*) *Ib.* 211/121.

plebiscitum [CL; al. div.]

1 (leg.) resolution of the *plebs* in the *comitia tributa* (*c*287 B.C.) given the formal force of law.

uti tota illa legum turba que in imperatorum legibus diversis tot nominibus recitantur, ut sunt principum placita, senatus consulta, ~a FORTESCUE *NLN* I 5.

2 law: **a** (national); **b** (municipal) by-law.

a ad pacem confovendam, legem et ~a eis [sc. Walensibus] indixere *G. Steph.* 8; jus pessum civile datur, lex utraque languet; / plebis scita vacant; mos abit; ordo perit L. DURH. *Dial.* II 44; plebicitorum [*gl.*: *de status de peple*] vel prevaricatores plebi statutorum NECKAM *Ut.* 105; si ipse tenens inventus fuerit juxta ~um antequam reddatur ed calumpniam petentis cohercetur respondere .. HENGHAM *Magna* 6. **b** suos mariscos .. communi ~o .. inter se diviserunt *Croyl.* 94; *a byelaw*, agraria, ~um *CathA*.

3 parish meeting, court leet.

1297 per communitatem plebiceti *CourtR Wakefield* I 279; **1472** omnes parochiani ibidem tenent plebisitum et alias ordinaciones temporales in ecclesia et cimiterio *Fabr. York* 256; **1481** tenent ~um (v. garrulatio); **1461** reddendo inde annuatim ~o de Ripon .. quinque solidos *Mem. Ripon* 289; **1511** contra ~um ville (*CourtR* 92/1270 m. 1) *EHR* XLV 229.

plebs, pleps CL]

1 general body of citizens at Rome (as dist. from patricians).

populus .. Romanus in quinque ordines erat distinctus, erant enim patres conscripti, senatores, ordinarii, equites, plebs HOLCOT *Wisd.* 4.

2 common people, populace; **b** (as dist. from nobility); **c** (dist. as low).

plebs epulare casam villae tunc venit in unam ALCUIN *SS Ebor* 343; Sceva et Ollo .. pueri de plebe, adepta simul modica substancia MAP *NC* IV 16 f. 57v; eum .. qui multitudini preest plebi subjecte .. condescendere GIR. *PI* I 2; s**1376** fecerunt tantam karistiam .. quod vix potuit vivere plebs communis *Chr. Angl.* 79. **b** rex Eduini cum cunctis gentis suae nobilibus ac plebe perplurima BEDE *HE* II 14; ipse rex et plurimi de plebe sive optimatibus *Ib.* III 30; posuit te Dominus, ut sis principibus ad correctionem, plebibus ad eruditionem P. BLOIS *Ep.* 15. 52B. **c** contraduxit suum testimonium de villanis et vili plebe *DB* I 44 vb; plebs, A. *rascayl of folke WW*.

3 multitude of persons, people: **a** (w. ref. to ethnicity or nationality); **b** (Jewish); **c** (Christian); **d** (w. ref. to *Os.* ii 24).

a **722** ad praedicandum plebibus Germaniae gentis (*Lit. Papae*) *Ep. Bonif.* 20; **956** Angul Saxorum basileus ceterarumque plebium hinc inde habitantium *CS* 962; hujusque perniciosi capitis factum est exitio ut et pleps mea ab infausta pernitie sit immunis et libera et tota Dacia ab homicidii liberetur offensa OSB. CLAR. V. *Ed. Conf.* 5 p. 76; **1237** innumerabilis plebs Rusie (v. Bulgarus 1). **b** librum Esaiae prophetae in medio synagogae in aures plevi[s] aperuit, legit THEOD. *Laterc.* 19; s**1290** a venerabili rege E. effugatur a regione Anglicana tota multitudo plebis Judeorum *Ann. Exon.* 16. **c** ascendit Christus ad Patrem et descendit Spiritus Sanctus ad ~em THEOD. *Laterc.* 22; plebem Christi verbo salutis instruere BEDE *HE* II 14 p. 115; cum nova Dei plebe *Ib.* V 19 p. 326; a**812** quod illi hic et ibi juste plebi Dei praedicaverunt *CS* 333; audi, pleps inclita, quo modo sit vocatus ad fidem Christi protomartyr hic Stephanus *Trop. Wint.* p. 7; visitabit Dominus iniquitatem plebis sue AILR. *V. Ed. Conf.* 768B; novelle / plebis legis GARL. *Myst. Eccl.* 490; s**1229** Dominus noster Jesus Christus .. visitans misericorditer plebem suam, civitatem sanctam Jerusalem .. restituit Fretherico M. PAR. *Maj.* III 172. **d** [Deus] vocans non plebem suam plebem suam, et non dilectam dilectam, et non misericordiam consecutam misericordiam consecutam AILR. *Nin.* 6.

4 laity.

673 ut [episcopus] .. contentus sit gubernatione creditae sibi plebis (*Syn.*) BEDE *HE* IV 5 p. 216; s**1119** principum diversarum provinciarum concursus cum numerosa clericorum ac plebum multitudine EADMER *HN* 305 (=J. WORC. 14: plebium); admonendi sunt .. ministri Christi .. ut plebs eis commissa .. gratanter eis obediat GIR. *GE* I 7 p. 22; questio levite patet ignorantia plebis GARL. *Myst. Eccl.* 127; oportere te esse .. cleri ordinatorem, plebum pastorem AD. MARSH *Ep.* 1 p. 78.

5 parish.

illas quinque plebes, viz. Guoher, Chedueli, Cantrebacham, Estrat eu, Erchin, infra Landavensis episcopatus terminos contineri *Lib. Landav.* 46; **1156** plebem Sancte Marie in Serra cum omnibus pertinentiis suis HADRIAN IV 96. 1462B.

pleca v. plecca.

plecca [ME *plec*], plot, parcel, or piece of land.

1280 dat domino pro ingressu duarum plecarum terre .. iiij s.: viz. una placca jacet juxta fontem et alia placca vocatur Narewemor *CourtRHales* I 143; s**1284** predictus S. fuit .. contra portam hospitalis S. Johannis .. in una plecea Stafteis extra portam predictorum ad duas perticas versus orientem *Ann. Dunstable* 309; **1567** tenent .. messuagium et unam virgatam terre cum suis pertinentiis, unde .. in prato ij *pleckes* continentes dimidiam acram *Surv. Pembr.* 143; tenet .. messuagium, unam virgatam terre .. cum pertinentiis, unde in separale .. iij *plecces* prati continentes per estimacionem unam acram *Ib.* 144; tenent .. unum pratum vocatum Brodemede cum iij ~is continens ij acras dimidiam *Ib.* 165; **1568** tenent .. unum pratum vocatum Y^e Priors Mede scituatum, jacens, et existens in boriali parte unius ~e prati pertinentis rectori S. Marie *Ib.* 180.

pleccare v. plancare. **plecea** v. plecca.

1 plecta [LL; cf. 1 plectere], plaited or woven artefact: **a** wreath, garland; **b** (as architectural decoration, w. ref. to *III Reg.* vii 29). **c** plaited rope used as a halter. **d** hurdle.

palmarum .. ~ae .. dignas actiones significant BEDE *Sam.* 556; s**1254** ictus tonitrui cum fulgure .. turrim ecclesie Sancti Petri .. penetrans .. materiem quernam quasi ~am contorsit et quasi in fila minuta .. contrivit M. PAR. *Maj.* V 455; s**1247** tonitrus .. robora .. vel ad similitudinem ~arum vel foliorum palmarum quassata diffidit *Id. Min.* III 20. **b** habent inter coronulas et ~as leones BEDE *Templ.* 793. **c** ut .. ~a collo circumligata pendeat in ignominioso patibulo caput sacra chrismatis unctione delibutum H. BOS. *Thom.* III 24 p. 269; et jumentum hoc non frenum sed tantum plectam [v. l. prolectam] circa collum habebat *Ib.* IV 3; pro freno solam plectam [v. l. prolectam] circa collum habens *Ib.*; a lecto prosiliens laqueum ex ~a circa collum habens .. nec surgere vel moveri voluit *Flor. Hist.* II 185; jumentum unum, non frenum sed ~am circa collum habens (*V. Thom. Cant.*) *NLA* II 384. **d** consuta .. palmarum ~a [*gl.*: i. cratere, *gewinde, wæfelsa*] et praedulci dactulorum sagina squalidum sustentans corpusculum naturae debitum solvit ALDH. *VirgP* 28; in heremo .. mansit .. faciens ~as de palmis siccis et panem siccum comedens *NLA* II 168; *fleke or hyrdyl*, ~a *PP*; hyrdyl, ~a, -te, fflecta, -te *PP*.

2 plecta [cf. plaicia, platus 4], plaice (*Pleuronectes platessa*) or similar flatfish.

plecte, quam placidam dicunt, seu pectinis ossa / formam barriti pectinis instar habent; / discolor ornat eam vestis; candore nitescit / venter et est rubeis pars nigra tincta notis NECKAM *DS* III 435.

plectarius v. fleccarius.

1 plectere [CL; cf. πλέκειν]

1 to plait, twine: **a** (cloth); **b** (net).

a **747** texendis et ~endis vario colore inanis gloriae vestibus (*Syn. Clovesho* 20) *Conc. HS* III 369; confundantur qui operantur linum, ~entes et texentes subtilia! O. CHERITON *Par.* 156. **b** venator et piscator ~unt sibi retia ÆLF. *Ep.* 2. 149.

2 (p. ppl. *plectus, plexus*): **a** plaited. **b** woven (in quot. fig.).

a apparuit ei diabolus in specie capti cum crinibus plexis nimis HERRISON *Abbr. Chr.* 13. **b** plectis .. inter cetera tribus copulis illis GIR. *Invect.* I 13 p. 125.

3 (as sb. m.) (med.) plexus.

~us reticularis (rete mirabile trivialibus vocatur) D. EDW. *Anat.* clv.

2 plectere [CL], ~i

1 to beat, buffet. **b** (*capite* or *cervice ~i*) to be beheaded.

ante rapax mundum quam pontus plecteret undis ALDH. *CE* 4. 12. 13; plexus, percussus *GlC* P 455. **b** Jacobus .. capite plexus est GILDAS *EB* 73; judex .. capite eum [Albanum] ~i jussit BEDE *HE* I 7 p. 20; ut si quis Kenelmum requireret .. sine dilatione capite ~eretur *V. Kenelmi* 10; capite est plexus *Dieul.* 143v (v. 2 affilare b); lata in publice confessos sentencia dicti domini .. ~ebantur capitibus *G. Hen. V* 2. quod dux complevit efficaciter, plexis rebellium cervicibus, consumptis eorum bonis omnibus WALS. *YN* 53.

2 to strike (fig.), to punish: **a** (person); **b** (w. dat. or abl. to designate offence); **c** (w. abl. to designate punishment); **d** (part of body); **e** (offence).

a ut si anathemate ~i nollent EADMER *Wilf.* 48; quidam [Ethelbertum] merito plexum affirmant W. MALM. *GR* I 72; quando dives fornicatur / jura volunt quod plectatur WALT. WIMB. *Van.* 11; soli Codro lex est dura, / solus Codrus plectitur *Ib.* 14; p**1280** quicunque .. corporaliter ~i solet (v. contrafactio a); qui essent ~endi per alios OCKHAM *Dial.* 916; non omnis qui tĩmet amat, set amans timet omnis; / plebs in amore manens plectit utrumque simul GOWER *VC* VI 998. **b** professus se plexum merito fratricidii delicto W. MALM. *GR* V 400; intelligens .. se merito inobedientie plexum .. *Id. GP* III 107. **c** tales sunt nimirum illa terribili increpatione ~endi BEDE *Hom.* II. 6. 237; in quibusdam etiam aliis Mosayce legis morem [Sarraceni] custodiunt, ut qui hominis sanguinem fuderit eadem pena ~atur PETRUS *Dial.* 64; corruit in tenebras pena plexus graviori NIG. *Laur.* 1170; Herodes .. tanto et tam vehemente plexus annexitatis incommodo GIR. *PI* I 17 p. 59; s**1267** suspendio ~eretur (v. detruncatio a); nunc te hac ~or sentencia, ut in infernum descendas *Latin Stories* 32. **d** sensim languoris tale peresa / pontificis summi plectuntur membra dolore *Mir. Nin.* 259. **e** sententias tuis sententiis commodas ~enda temeritate confingis LANFR. *Corp. & Sang.* 408A; si .. aucto furto, aliis rebus quasi furtivis oneratum produxeris, ~endi eum sceleris poteris accusare BEN. PET. *Mir. Thom.* IV 2 p. 174; propter peccata malorum ~enda OCKHAM *Dial.* 878.

3 to pay penalty for.

sicque perenne bonum Dominum sprevisse polorum, / plectet in inferno jure perenne malum L. DURH. *Dial.* IV 256; ille miser inicitur vinculis .. aqua vinum, fame cibum, exili victu crapulam ~ens MAP *NC* IV 6 f. 48v.

4 to punish with a fine of, to fine.

tantam exercuit pro forestis duriciam, quod pro dama hominem suspenderet, pro lepore xx solidos ~eretur, pro cuniculo x solidos daret KNIGHTON I 111.

5 (p. ppl. *plectus* as adj., in quot. superl.) imposed as the greatest penalty, or ? *f. l.*

nobiles generosos de perdicione et crimine lese majestatis regie convictos, et super hac re legittime per judices condemnatos, et morte turpissima plectissima [? *delete*] plectendos piissime relaxavit BLAKMAN *Hen. VI* 17.

6 (as sb. n.) blow, buffet.

1239 abbas vel prior †plectrum [v. l. plectum] capitis sustinebit *Conc. Syn.* 283.

plectibilis [CL], **plexibilis** [ML], that can or should be punished, punishable.

plecto .. et plexibilis .. i. habilis ad puniendum [v. l. plectendum] OSB. GLOUC. *Deriv.* 441; nullo pacto patientis, sed ~is probatur negligentia H. BOS. *Ep.* 16. 1442B; perpetuo penali et ~i temeritate GIR. *GE* II 7 p. 195; in tanti sceleris presumptuosam et ~em audaciam *Itin. Ric.* I 18; de temeritate ~i esset merito arguendus OCKHAM *Dial.* 841.

plectibiliter [LL], **plexibiliter**, in a manner that deserves or involves punishment.

plecto .. plexibilis .. i. habilis ad puniendum [v. l. plectendum] unde plexibiliter adverbium OSB. GLOUC. *Deriv.* 441; injuriam .. per tot circumstantias et tantas plectibiliter aggravatam GIR. *GE* I 34; plectibiliter ad Gehennam edificare nec verecundatur nec veretur *Id. Invect.* I 11 p. 119; cum factis enormibus et inordinatis leditur ordo monasticus .. ibi non secundum ordinem inceditur sed potius plectibiliter exceditur *Id. Spec. Eccl.* II 1 p. 31.

plecticius [plectus *p. ppl. of* 1 plectere + -icius], plaited, woven.

1209 pro lecto .. regis ~io vj d. *Misae* 121.

plectio, plexio, (*capitis ~io*) beheading.

scias .. nec capitis plexione me a Domini mei auctoritate movendum ADEL. BLANDIN. *Dunst.* 12; contingit ut aliquis captivetur et ad capitis plexionem vel membrorum obtruncationem ne fugiat ligetur ALEX. CANT. *Dicta* 15 p. 167.

plectissimus v. 2 plectere. **plector-** v. plethor-.

plectrellum, plectellum [2 plectrum + -ellum], (mus.) little plectrum, little tuning key, wrest.

a wraste, pecten, plectrum [v. l. plectrellum], plectellum diminutivum *CathA.*

1 plectrum v. 2 plectere 6.

2 plectrum [CL < πλῆκτρον]

1 (mus.) instrument with which one plucks the strings of a harp or lyre, plectrum; **b** (transf., as instrument of lyric poetry); **c** (transf.).

'pectine', ~o BERN. *Comm. Aen.* 117; plectrum plices in laude propria J. HOWD. *Ph.* 4. 2. **b** et nova dulcisono modularis carmina plectro BEDE *HE* IV 18 p. 248; non stolidum carmen rustica plectra dabunt ÆTHELWULF *Abb.* 16; tibia veriloquo cecinit miracula plectro FRITH. 101; modulo resonent pia cantica plectro WULF. *Brev.* 554; hic in choro ferarum ut in aecclesia a virgineo templo adoratur ture precum et Davitico ~o gratificatur GOSC. *Edith* (II) 66; prodere nec possem si linguas plectraque nossem / milia linguarum doctissimus omnimodarum R. CANT. *Malch.* II 248; silvas commovit Orpheus modulamine plectri GARL. *Tri. Eccl.* 101. **c** lingua, que est plectrum vocis RIC. MED. *Anat.* 220.

2 (~*um linguae* or ellipt.) (tip of) the tongue.

nullam potuit commovēre membrum / excepto linguae plectro ÆTHELWULF *Abb.* 247; ut ad sonum C et G prope eodem modo collidatur palato ~um linguae ABBO *QG* 9 (22); ibi nihil vocale fuit, ubi nec lingue ~um W. MALM. *Mir. Mariae* 165; ab utero matris nec verbum unum ~o lingue formaverat W. CANT. *Mir. Thom.* III 59; ad hoc enim est palatum oris concavum ut ~um lingue [TREVISA: *þe wrast of þe tonge*] moveretur facilius BART. ANGL. V 19; *a tunge* .. ~um est anterior pars lingue verbum formans *CathA.*

3 tuning key, wrest.

cavillas erigere, torquere ~um H. BOS. *LM* 1302B (v. 1 cavilla 3d); ~um, A. *a wrests WW.*

4 part of the clapper of a bell.

~i batellus, qui ferreus est .. percutiens instantiam .. superius .. debet batelli ~um recurvari, quia semper .. debet omnibus conformatus adequari R. COLD. *Cuthb.* 81 p. 170; ictus ~i de regione in regionem translatus ducitur et sic sonus resonans dupplicatur *Ib.* p. 171.

5 used by carter or on a cart.

1419 item in ~is empt' pro carrecta Henrici Carter viij d. *Ac. Durh.* 615.

3 plectrum, *f. l.*

1463 item par duodenarium vasorum †plectri [l. electri] sive stangni *Cart. Dublin* I 26.

plectus v. 1–2 plectere. **plegg-** v. plegi-.

plegiabilis [plegium + -bilis], (leg.) pledgeable, who is entitled to bail. **b** (as sb.) pledgeable person, one who is entitled to bail.

a**1258** si aliquis .. forisfecerit, non ducatur infra portas castelli dum possit invenire bonos et salvos plegios de stando juri, nisi pro transgressione pro qua non ~is fuerit (*Carmarthen*) *BBC* 190. **b** de irreplegiabilium dimissionibus per plevinam. de ~es injuste detinentibus *Fleta* 28.

plegiagium [plegius + -agium], pledge, bail, security, surety. **b** (*liberum ~ium*) frankpledge group (*v. et. francplegiagium* a). **c** (*francum ~ium*) court attended by frankpledge.

p**1147** terram .. eisdem abbati et conventui in ~ium obligavimus *Kelso* 34; **1190** Hugo de Tisteda r. c. de lx m. pro ~io Rudulfi de Arden' *Pipe* 136; **1200** debuit magistro Egidio .. iiij li. et v s. de plegagio *CurR* I 242; s**1214** quia comes ad pleggagium se offerens refutabatur M. PAR. *Abbr.* 231; **1243** plegii .. debent .. esse quieti de ~io *MGL* I 113; **1256** dedicit hac vice pleiagium predictum *CourtR Ramsey* 36; acquietavit ipsos de ~io *Ib.* 40; **1316** ut nullus namos .. capiat pro alicujus debito, ~io, vel forisfacto *Melrose* 359; c**1320** conficiantur [*sic*] rotulos .. in quibus contineantur plegaggia et attachiamenta corone regis spectancia *MGL* I 52; **1340** dum manucapcionem seu ~ium .. possent invenire (v. manucaptio a); **1416** plegius de prosequendo Johannes Asper *spicer*; defend[ens] attach[iatur] per ~ium Thome de Aton et Johannis Louth *Mem. York* II 60. **b** **1269** si omnes xij annorum sint in libero ~io et si quis tante etatis non est in libero ~io *CBaron* 71; **1269** locuit domus [*sic*] unam cuidam extraneo qui non est in libero ~io *Ib.* 72. **c** **1204** successores sui habeant *infengenthef* et *utfengenthef* et francum pleggaium, ita quod visus franci pl'g' fiat in curia *RChart* 129b.

plegiamentum [plegius + -mentum], pledge, bail, security, surety.

1274 pro deliberacione eorum sub ~o (v. dandonare).

plegiare [OF *plegier* < Frk.; cf. AS *plegian*]

1 to go bail for, to stand surety for: **a** (person); **b** (absol.).

a si latro ~iatus aufugiat et plegius infra xij menses possit eum rehabere .. rehabeat quicquid ante propter hoc dederat (*Quad.*) *GAS* 203; si multis homagium fecerit .. ille cujus residens .. est .. jure potest eum ~iare (*Leg. Hen.* 43. 6a) *Ib.* 569; si plegius alicujus dicat se de minore summa ~iasse principalem debitorem *RegiamM* III 1. 13; **1188** Ailwardus le Bogiere debet iiij s. et viij d. quia non habuit quem ~iavit *Pipe* 20; **1217** Robertus Maudut .. optulit se .. versus Willelmum de W. de placito l marcarum unde ~iavit comitissam Warrewici .. et non acquietavit eam *BNB* III 317; si mors illorum, qui ~iati fuerunt, per aldermannum .. testificata fuerit *Leg. Ant. Lond.* 9. **b** nemo ignotum vel vagantem ultra triduum absque securitate detineat vel alterius hominem sine commendante vel ~iante recipiat (*Leg. Hen.* 8.5) *GAS* 554.

2 a (w. *de*) to bail (person) out of. **b** (w. gd. or *ad* & gd. or w. *quod*) to stand surety that.

a c**1290** plegios ipsius Thome qui ipsum ~iaverunt de predicta prisona *State Tri. Ed. I* 52. **b** si quis appellatus de latrocinio vel roberia ~iatur [AN: *il seit plevi*] ad habendum ad justiciam et interim fugerit, in Merchenlahe dabitur plegio respectus unius mensis et unius diei querendi fugitivum (*Leg. Will.*) *GAS* 495; sciendum tamen quod si quis alium ~iaverit de stando ad rectum in aliqua loquela .. GLANV. X 5; **1206** ~iavimus domino P. .. Martinum filium R. rettatum de foresta reddendum nobis in eo statu in quo nunc est *Pat* 64a; **1219** ~iaverunt Willelmum .. standi recto, si quis versus eum loqui voluerit *Pat* 223; **1226** manuceperunt et ~iaverunt pro me .. quod .. reddam .. *Ib.* 76; **1302** ad hanc conservandam dictus Tho. pleggiavit et Will. le Paumer *Rec. Leic.* I 241.

3 to pledge (money or property) as surety.

1194 quilibet burgensis suum proprium namium ~iabit (*Pontefract*) *BBC* 140; **1198** Milo de B. r. c. xvj s. pro porcis ~iatis *Pipe* 104; **1205** saisinam habere facias .. de C. et O. .. quia ea ~iavimus ballivis ipsius archiepiscopi *Cl* 35a.

4 (p. ppl. as sb.) one who has been bailed, one for whom surety has been given.

plegii et ~iati de C. debent xx s. pro defalta *Pipe* 6.

plegiarius [OF *plegeor*], pledger, one who goes bail or stands surety for another.

1339 nullatenus arrestentur [mercatores] nisi dumtaxat pro transgressionibus, debitis, convencionibus et contractibus suis propriis et pelegiariis secundum legem mercatoriam vel communem legem regni Anglie *MS Paris BNF Néerl.* 4 f. cix.

plegiatio [plegiare + -tio], (act of) going bail for, standing surety for.

si quis alteri debitor est de ~one [AS: *borh oððe bote*] vel aliqua contingentium secularium emendatione, reddat ei sedulo prius aut postea (*Quad.*) *GAS* 299; si venerit, sub ~one saisinam recuperabit GLANV. I 16; **1209** V. de R. dat tres marcas ut quietus sit de ~o *SelPlForest* 10; confitentur suam ~onem aut diffitentur eam *RegiamM* III 1. 8 (v. diffiteri 1 a); si non habuerit eum ad rectum, per ~onem illam incidet in misericordiam .. regis ... per hoc liberabitur a sua ~one *Ib.* 19 *tit.*; **1284** pro plegiis suis plegius .. iij s. de ~one solvendos *CourtR A. Stratton* 147; c**1290** optulit vadium suum in manibus comitis Lincolnie, et recipitur per ~onem predictam *State Tri. Ed. I* 43.

plegius, ~ia, ~ium [OF *plege* < Frk.]

1 (as m. or f.) pledger, person who goes bail or stands surety for another; **b** (w. gen. to indicate person bailed); **c** (w. gen. to indicate amount pledged). **d** (*capitalis ~ius*) headborough, chief of frankpledge group.

a**1099** illos qui eos dissaisierunt et sua post predictum terminum ceperunt pone bonos ~ios *Regesta* 67 p. 135; inveniat xij ~ios cognationis sue qui ei stent in fidejussione sua (*Quad.*) *GAS* 170; si culpabilis erit .. mittat credibiles ~ios, quod omnis mali deinceps abstineat (*Ib.*) *Ib.* 219; illuc debent gabli ~ios [AS: *gafol 7 gislas*] dare (*Ib.*) *Ib.* 379; omnis homo qui voluerit se tenere pro libero sit in plegio, ut ~ius teneat et habeat illum ad justiciam (*Leg. Will.* 8) *Ib.* 488; **1196** ponatur per salvos ~ios quod sit a die Dominica .. in j mensem .. responsurus *CurR* I 25; **1219** vicecomes non misit nomina ~iorum *Ib.* VIII ix; **1238** si deffendens inveniat plegeos parti respondendi *Law Merch.* I xxxviii; **1269** notandum est quod postquam aliquis fuerit sumonitus vel per pleggios justitiatus ad instantiam partis poterit primo die essoniari vel comparere et defendere se et contradicere et legem vadiare *CBaron* 83; **1293** invenit ~iam de relivio suo predicti comitatus .. et insuper invenit ~iam ad faciendum dominum regem habere scriptum de resignacione *Foed.* II 614; **1301** quod primo fuerunt concordati .. Robertus duxit Alyciam uxorem suam ad proximam curiam ad ~iam *CourtR Hales* 430; s**1448** ~ii seu manucaptores dictorum hominum (*Pat*) *Reg. Whet.* I 36; **1539** Paulus .. admissus est tenens ~io Johanne .. cui committitur custodia .. Pauli, quousque provenerit ad rationabilem aetatem *Comp. Swith.* 143. **b** **1167** ~ii Johannis de G. reddunt compotum de j m. *Pipe* 32; de xx s. pro ~io filii sui *Ib.*; s**1259** pligii .. Philippi finem fecerunt pro sex marcis, de quibus nihil retinuimus *Ann. Dunst.* 212. **c** **1201** ~ius marce W. filius R. *SelPlCrown* 2. **d** Stephanus capitalis ~ius Nicholai le hosier .. debet dim. m. pro fuga ejusdem Nicholai *Pipe* 118; **1198** Wido Wastell' capitalis ~ius cum decenna in misericordia (*AssizeR* 559) *Selden Soc.* LXVIII no. 9.

2 (as m. or n.) tithing, group (orig. of ten men, notionally one-tenth part of a hundred)

of which members stand surety for each other. **b** (w. *francus* or *liberalis*) frankpledge group.

omnis liber homo . . sit in hundredo et in ~io [AS: *on hundrede 7 on teođunge*] (*Inst. Cnuti*) *GAS* 323; sit in hundreto et ~io [AS: *on borge*] constitutus, et teneat eum plegius et adducat ad omne rectum (*Quad.*) *Ib.*; (*Leg. Will.* 8) *Ib.* 488 (*v.* 1a *supra*); comitatus in centurias et sipessocna distinguntur, centurie vel hundreta in decanias vel decimas et dominorum ~ios (*Leg. Hen.* 6. 1b) *Ib.* 552; omnis dominus . . teneat familiam suam in ~io suo; et si accusetur in aliquo, respondeat in hundreto (*Ib.* 41. 7) *Ib.* 568. **b** *statutum* est, ut a duodecimo etatis sue anno in hundreto sit et decima vel ~io liberali quisquis were vel wite vel jure liberi dignus curat estimari (*Leg. Hen.* 8. 2) *GAS* 554; **1221** Ivo le M. . . fuit in franco ~io Durandi de V. . . exigatur et utlagetur; fuit in franco ~io Philippi Trace *PlCrGlouc* 3; **1234** sint quieti . . de visu franci ~ii (v. palefredus 2); **1484** visus franci pleggii cum curia ibidem tenta *CourtR Carshalton* 81.

3 pledge, bail, security, surety; **b** (dist. as *canonicus*). **c** (*Dei*, *divinorum*, or *sacer ~ius*) pledge confirmed by appeal to God.

si quis ~ium regis [AS: *cyninges borh*] infringat . . (*Quad.*) *GAS* 51; ~ium [AS: *borges*] potest homo licet homini pernegare, si sciat, quod rectum faciat (*Ib.*) *Ib.* 107; si quis ~ium regis fregerit [AS: *gyf hwa kyninges borh abrece*] (*Inst. Cnuti*) *Ib.* 351; **a1136** pecuniam suam eorumdem ~io recepit *Chr. Abingd.* II 140; excommunicati non debent dare vadium ad remanens, nec prestare juramentum, sed tantum vadium et ~ium standi judicio ecclesie, ut absolvuntur *Const. Clar.* 5; **1208** ~ii Milonis de prosequendo sint in misericordia sc. U. M. et Y. N. uterque de dimidia marca per ~ium commune Judeorum Eboraci *SelPlCrown* 57; **1219** Ilgerus . . dat dimidiam marcam pro licentia concordandi cum W. . . per ~ium Giliberti . . Johannes . . dat dimidiam marcam per eodem per idem ~ium *CurR* VIII 147; **1219** averia . . tenuit contra vadium et ~ios (v. detentio 3c); **1221** averia . . detinuit contra vadium et ~ium (v. detinere 3c); ut renovarent pleggios suos BRAKELOND 150 (v. denarius 6c); **1268** xij m. et dim. per ~ium Johannis de Iveby et Michaelis de Haverinton' *Cl* 509; capere fecit tres haveros . . abbatis . . et ea detinuit contra vadia et ~ia *G. S. Alb.* I 361; **1414** tunc liceat . . custodibus dictum vadium seu pleggium vendere et pecuniam sic prestitam in cistam illam ponere *Reg. Cant.* II 12; **1441** meipsum in ~ium tue redileccionis habe BEKYNTON I 171. **b** **13..** asserant se canonicum invenire ~ium paratos esse quod ~ium canonicum . . decernimus nullatenus fore admittendum *Conc. Scot.* II 68. **c** de divinorum ~io [AS: *be Godborgum*] (*Quad.*) *GAS* 19; si quis alium *Godborghes oncunne*, alii Dei ~ium intemptet, et compellare velit . . (*Ib.*) *Ib.* 67; **1359** allocantur computanti [*sheriff of Forfar*] pro amerciamentis trium hominum senescalli Scocie, attachiatorum in nundinis de Dunde, et liberatis eidem, per ~ium sacrum, causa liberatum nundinarum, vj li. *ExchScot* I 592.

4 (in phr.) to go bail (for), to stand as surety (for): **a** (*ire* or *mittere in ~ium* or *sub ~io*); **b** (*dare* or *ponere ad*, *in*, or *per ~ium*); **c** (w. money or property as obj.).

a si fur ponatur in carcere . . inde redimatur foras per cxx s. et eat cognatio ejus in ~ium [AS: *ga sio mægþ him on borh*] (*Quad.*) *GAS* 151; si aliquis hominum sit qui omni populo sit incredibilis . . prepositus regis . . mittat eum sub ~io [AS: *under borge*] (*Ib.*) *Ib.* 221; mittet eum per vadimonium et per ~ios (*Leg. Ed.*) *Ib.* 631; si quis a domino suo missus sit in ~ium [v. l. pligium] et ostendere possit, quod ei ex sponsione vel fidejussione illa dampnum venit . . (*Leg. Hen.* 44. 1) *Ib.* 569. **b** quod si overseunessam dare et rectum facere renueret, mittantur qui de suo capiant et eum, si opus est, per ~ium ponant (*Leg. Hen.* 53. 1b) *GAS* 574; **1196** positus fuit per ~ios et ponitur per meliores ~ios. ~ii fuerunt W. de K. et G. et secundi ~ii fuerunt B. B. et R. filius R. *CurR* I 18; ministri . . regis advenientes, omnes per wagium et per ~ium posuerunt (*V. David. II*) *RS* XXI 433; **1218** si aliquid fecerint quare poni debeant per vadium et ~ium *Pat* 157; perpetrator aperti murthri . . per breve . . regis potest dari ad ~ium (*Leg. Malcolmi* 15. 3) *RegiamM* I p. 6. **c** **1210** totam terram Anglie et Wallie nobis in ~ium posuit, incurrendum nisi terminum illum servaret *BBExch* 379; **1218** Radulfus omnes terras suas . . episcopo posuit . . in ~ium, habendas et tenendas eidem episcopo . . quousque . . *Pat* 175.

5 what is provided as surety: **a** (one's body or person); **b** (artefact or possession); **c** (moveable property); **d** (confinement in gaol).

a **1275** pro transgressione in misericordia, pauper, ~ius corpus suum *SelPlMan* 139. **b** **1201** ~ius de catallis R. filius H. *SelPlCrown* 2; **1275** Adam . . satisfaciat dicto Thome, et pro injusta detencione in misericordia vj d., ~ius supertunica sua *SelPlMan* 139; pro injusta detencione in misericordia xij d., ~ius ij equi et caretta *Ib.*; pleg' Thom' ven' omnia bona sua *Ib.* 153. **c** ponit omnia bona sua in ~ium predictarum centum marcarum *MGL* I 81. **d** **1220** ~ius Thome, gaola de Flete . . ~ius Eustachii, gaola de Flete *SelPlCrown* 132; **1221** W. det vadium defendendi se et P. probandi, ~ius eorum gaola *PlCrGlouc* 17.

Pleias [CL]

1 any of the seven daughters of Atlas and Pleione.

Atlantidas quas Graecorum traditio Pliadas [v. l. Pliades] . . nuncupaverat ALDH. *Met.* 3 p. 72; per ~ades . . quarum una Maja est ALB. LOND. *DG* 4. 2 (=WALS. *AD* I 9).

2 (astr.) constellation of the Pleiads, Pleiades, the rising of which was associated w. rainy weather.

Pliadis vel Arcturi sidera ALDH. *Met.* 3 p. 72; septem latet lampadibus / Pliadis pulchra copula / ab Athlantis prosapia *Id. Carm. Aldh.* 1. 77; veris et autumni, cum Pliades media fere die vel nocte oriuntur et occidunt, ponentes ingressum BEDE *TR* 35 p. 247; Pliadas, *sibunsterri GlC* P 451; ~ades quasi pluviades stelle, sc. quibus apparentibus pluvie inundant OSB. GLOUC. *Deriv.* 474; Pliadarum stelle cum saliunt J. HOWD. *Ph.* 872; ipso nunc norunt Pleyades apparere *Id. Cant.* 123; signum . . oppositum Scorpioni est Taurus, in quo sunt ille septem stelle que dicuntur ~ades, et dicuntur Gallice *la pucenere* ROB. ANGL. (II) 173.

pleidura [OProv. *pleidure* < plectura], close, building-site.

1254 milites et burgenses . . loci debent habere vendagium pledurarum [MS: pleidurarum] et domorum qui tenentur ab eis in burgo, vel in ambaratis *RGasc* I 546b.

pleisare v. plessare. **pleissa** v. plessa.

plemen [CL; cf. πλῆσμα], impregnation.

de trocheo: . . rumen, ~en, limen ALDH. *PR* 116.

plenagium [CL plenus+-agium], thing that fills or satiates, pannage, mast for swine.

concedo . . pasturam porcorum suorum, sive ~orum, et decimam pannagii mei (*Ch.*) *MonA* VI 869a.

plenare [CL plenus+-are], to provide or supply (abundantly), to lavish.

[rethor] ledit donec sibi munera plenet / gazis ramosus D. BEC. 1519.

plenarie [LL]

1 (in respect of payment) to the full amount or quantity, fully, in full.

c1160 precipio quatinus predictus redditus sine aliqua disturbacione eis ~ie reddatur *Regesta Scot.* 143; **1163** do . . omnes . . decimas . . ~ie *Ch. Sal.* 35; **c1165** ~ie solitam censam persolvent *Ch. Westm.* 276; **1222** quicquid ad pacificandum dictam calumpniam idem comes erogaverit, dictus Lewelinus solvet illud ~ie *Ch. Chester* 411; **1313** quousque predicte octinginte libre ~ie persolvantur *Pri. Cold.* 8; **1457** post debita mea ~ie persoluta *Wills Richm.* 4.

2 in large numbers or with full attendance.

1257 villata de R. ~ie fecit stabliam circa boscum de R. quando cervus exivit *SelPlForest* 99; **1253** per quatuor villatas propinquiores . . que ~ie venerunt et dixerunt . . *Ib.* 111.

3 to a full degree, extent, or scope, fully, entirely, completely.

rex noster . . angelos atque animas justorum in caelis perfecte ac ~ie dono dilectionis implevit BEDE *Templ.* 769B; dehinc per septem . . dies ~ie [AS: *fullice*] agatur vigilia *RegulC* 67; **c1140** melius et ~ius (v. plenarius 3); **c1154** episcopo ~ie reconciliatus est J. SAL. *Ep.* 35 (5 p. 8); donec veritatis substantia ~ie illucescat *Id. Pol.* 541D; **1201** libertates . . per terras nostras vobis ~ie habere faciemus *Pat* 2a; reperit se sanitati . . integre et ~ie reconstitutum J. FURNESS *Walth.* 98; **1287** quod regalis justicia . . per ministros eorum juste et ~ie fiat *PQW* 14a; **s1423** mansit . . ibidem febricitans ~ie per quindenem AMUND. I 129.

plenaris [CL plenus+-aris; cf. plenarius 2], that contains the full text or version, full.

c1170 glose super Ovidium magnum ~e cum multis aliis *Libr. Cant. Dov.* 11.

plenariter [plenaris+-ter], (in respect of payment) to the full amount or quantity, fully, in full.

1359 debita . . ~iter soluta *Test. Karl.* 27.

plenarius [LL]

1 that contains the full measure, size, amount, or sim., full, entire: **a** (of artefact); **b** (of land or measure of land); **c** (of payment); **d** (of period of time).

a **s1222** item vestimenta ij ~ia parata (*Invent.*) *Reg. S. Osm.* II 139 **b** **c1170** dabo . . unam ~iam maysuram in burgo meo de Renfru *Reg. Paisley* 2; **c1175** unum toftum ~ium in Renfru et dimidiam marcam argenti de firma ipsius burgi *Ib.* 6; **c1155** unam ~iam carucatam terre *Regesta Scot.* 141. **c** **1123** ~iam decimam eis daret *Cart. Bath* 52 p. 52; **c1180** dedi eis . . et confirmavi decimam ~iam *Reg. Paisley* 6. **d** **c1100** pro una ~ia septimana firme *Ch. Westm.* 241; in illis nundinis moram fecerunt ~iam per quindecim dies *Leg. Ant. Lond.* 14.

2 (of book or treatise) that contains the full text or account, full, comprehensive.

a nativitate Christi cronica sua incipiens, vera et ~ia usque ad hunc annum perduxit *Flor. Hist.* II 11; **c1430** libri processionales ~ii vj (*Invent.*) *EHR* III 122; missale ~ium cum nota *Ib.* 123.

3 (of assembly) fully attended or that possesses full powers or authority.

c1140 dono eis eorum curiam, tam ~iam quam habeo meam in R. . . cum omnibus consuetudinibus quas ego vel aliquis antecessorum meorum eis melius et plenarius eis [*sic*] concedere poterit [*sic*] *Ch. Chester* 45; **c1180** in ~io capitulo *Ch. Westm.* 388; **1182** sub his testibus, in ~ia curia domino regi Anglie assistentibus *Act. Hen. II* II 227; **1213** utlagari debeat per iij comitatus ~ios (v. comitatus 6a); **c1230** dedi et concessi predictis canonicis curiam suam ~iam, preterquam de furtis et de propriis hominibus meis *Ch. Chester* 274 p. 273.

4 (of abstr.) full in degree, extent, or scope. **b** (abl. sg. *~io* as adv.) fully, completely.

haec est vera et ~ia nostra circumcisio BEDE *Hom.* I 11. 56; **c798** si noverim te ~iam hujus rationem in sanctorum patrum tractatibus legisse ALCUIN *Ep.* 133 p. 200; **c1180** super meam ~iam defensionem (v. defensio 8); **1202** mittatis in ~iam possessionem juris patronatus illius *Pat* 6b; **1222** precipimus quod planariam inde saisinam . . quam inde fieri fecimus, habere facias *Cl* 495a; omnium peccaminum suorum ~iam indulgentiam (*Lit.*) GARL. *Tri. Eccl.* 96; **1313** ~iam justiciam regia dignitate perficiat *PQW* 333b; dantes eis generalem et liberalem potestatem ac ~iam KNIGHTON I 293; nunquam erit bona pax et ~ia WALS. *HA* II 54; **1549** absque integra et ~ia informatione veritatis *Conc. Scot.* II 121. **b** **1310** fuerat confessus . . et credebat esse veraciter ~io absolutus (*Acta Contra Templarios*) *Conc.* II 360b.

5 (of person): **a** who enjoys full rights. **b** who holds a full unit of land, (as sb. m.) tenant of full-sized holding.

a **1328** hoc autem ea condicione feci ut in eadem ecclesia sim ~ius frater (*Ch.*) *MonA* III 500a. **b** unusquisque ~ius reddit domino ij d. et dimidii villani j d. *Chr. Peterb. app.* 164; ~ii villani operantur ij diebus in ebdomada, dimidii villani quantum illis contingit *Ib.*

6 (leg., of case or proceeding) that proceeds through all gradations, plenary, full, complete.

~ia causa septem habet circumstantias ALCUIN *Rhet.* 6; **1549** in omnibus causis summariis . . . in ~iis vero usitata procedendi forma servetur *Conc. Scot.* II 125.

7 fully occupied, not empty or deserted.

viij mansiones wastae quae TRE fuerunt ~iae et dabant omnes consuetudines (*Hunts*) *DB* I 203ra.

8 (as sb. n.) receptacle, container with contents.

11.. sella ponatur in medio et supra eam sacre reliquie et ~ium cum stola ponatur (*Pont. Magd.* f. 58v) *HBS* XXXIX 54; levite tabernaculum federis portaverunt, et hic diaconi et subdiaconi ~ia et capsas gerunt HON. *GA* 565D.

plene [CL]

1 in full measure, amount, or size.

de arabili terra et pratis et ortis ~e j carucatam (*Yorks*) *DB* I 298rb; **1389** quam summam .. in compotis suis .. visis ipsius Johannis literis de recepto, volumus et precipimus per presentes ~ius allocari *ExchScot* 208.

2 to a full degree or extent, fully, completely. **b** (w. vbs. that denote describing or explaining) in detail, clearly; **c** (w. other adv.).

auctoritatem Dominus per eum .. perfecte ~eque augebat *V. Cuthb.* IV 2; **716** quia in hoc dilectionis tuae voluntatem eo ~ius liquidiusque .. implere valeo BONIF. *Ep.* 10 p. 8; tunc .. ~e delebuntur nostra peccata BEDE *Retract.* 1005; **c1211** rerum .. dampnis etsi non ~e saltem honeste restauratis GIR. *Ep.* 6 p. 226; **1218** castrum .. quod traditum fuit incendio .. nec tamen ~e prostratum fuit *Pat* 182; **1311** debet invenire unum hominem in fimario domini circa fima extraenda ad curtanas implendas, semper secundo die donec ~ius extracta fuerint *Cust. Battle* 150; **s1216** sine plica fraudis ~e et plane dimitterentur *Ann. Lond.* 21. **b** ad enuntianda ~ius vel confirmanda Romani regni molimina GILDAS *EB* 6; haec .. si vestra curiosae sollicitudinis solertia ~ius animadverti maluerit ALDH. *VirgP* 13 p. 242; haec periocha eadem quae superior sub meretricis persona ~ius explicatur BEDE *Prov.* 962; in Graeco ~ius et apertius scriptum est *Id. Retract.* 1019; de his suo in loco ~ius dicetur GIR. *TH* I 7 p. 31; ut in secundo capitulo ~ius patebit *Mens.&Disc.* (*Anon. IV*) 40. **c** invenit ibidem abbatem .. ~e splendide prandentem GIR. *Spec.* III 13 p. 211.

plenilunium [CL], **~ia,** (the time of) full moon.

ad perfectum pleniluni [vv. ll. ~ii, plenae lunae] circulum crescit ALDH. *Met.* 3 p. 72; mulier .. pertinax .. quae virum proprium integro ~io [*gl.*: plena luna: *monaþfulne*] reversurum spopondit *Id. VirgP* 57 p. 317; neque alia servandi Paschae regula est quam ut aequinoctium vernale ~io succedente perficiatur BEDE *TR* 6 p. 191; unde non secundum solis concursum sed secundum lune cyclum primi mensis ~o agitur HON. *Spec. Eccl.* 939D; propter varios humores in ~io nimis enormiter excrescentes GIR. *TH* II 3 p. 79; in die ~ie reversus est GASCOIGNE *Loci* 15.

plenipotens [CL plenus+potens], who has full power or authority, plenipotent.

1407 ambasiatores .. ~entes *Lit. Cant.* III 104.

pleniter [LL], to a full degree, extent, or scope, fully. **b** (w. vb. that denotes explaining) in detail.

c795 quocumque vadas clerici qui servitium Dei ~iter peragant tecum eant ALCUIN *Ep.* 74 p. 117; **796** vix consentimus substantiam nostram ~iter decimare *Ib.* 110 p. 158; **964** (11c) ut ~iter persolvant omnia que ad jus .. aecclesiae .. competunt .. ita .. ut semper aecclesiae servitia †~itur [l. ~iter] .. inde persolvantur *CS* 1136; **1077** ~iter prohibeo ne .. (*Ch.*) *Chr. Rams.* 203; **c1087** notum vobis facio quod Baldewyno abbati abbatiam suam .. tam ~iter habere concedo .. sicut Edwardus rex .. sibi concessit *Regesta* 293 p. 131; multiplici litterarum scientia ~iter imbutus ORD. VIT. IV 10 p. 245; †**938** (12c) ni ante obitum ~iter penitendo emendaverit quod deliquit *CS* 729. **b 798** nobis ~iter significare studuit ALCUIN *Ep.* 144 p. 228; **1065** quamvis .. in singulis chyrographis possessiones ejusdem ecclesiae ~iter annotatae habeantur .. (*Ch.*) *MonA* II 286a; sed de isto superius ~iter diximus OSB. GLOUC. *Deriv.* 234.

plenitudinarie, to the full amount or quantity, fully, in full.

Hugo abbas ita bene et honorifice et ~ie habeat omnes redditus (*Ch.*) ELMH. *Cant.* 365.

plenitudo [CL]

1 state or condition of being filled or replete, fullness.

sacerdotes .. non commoda plebi providentes sed proprii ~inem ventris quaerentes GILDAS *EB* 66; o indeficiens crateris hujus ~o J. FORD *Serm.* 69. 7; inhertia ad motum, ~o venarum, dolor frontis intolerabilis GILB. I 29. 1; hec [rationalis] .. cellula plus habet ~inis quam vacuitatis, ut in ea mitius consideret et quiescat anima absque vago motu discernendo et intelligendo RIC. MED. *Anat.* 216; circulus denotat quod brevis valet tres semibreves et ~o denotat quod semibrevis valet tres minimas HOTHBY *Cant. Fig.* Fa 28.

2 (leg., eccl., of benefice) state of being full or occupied, plenarty.

1285 si pars rea excipiat de ~ine ecclesie per suam propriam presentacionem *Reg. Malm.* I 76 (=*Fleta* 329).

3 abundance in content or number, fullness, plenty; **b** (of drink); **c** (in med. context, w. ref. to excessive substance). **d** (~*o maris* or *aquae*) high tide; **e** (of light); **f** (of abstr.).

comolus, ~o vel acervus *GlC* C 850; in Anglorum regno tanta hujusmodi ~o est [sc. presbyterorum filiorum], ut .. (*Lit. Papae*) *Conc.* I 378a; Pictavia .. de ~ine sua ei copiose vina transmittit GIR. *TH* I 6 p. 28; temporum vicissitudines paro .. autumni ~inem, algorem hyemis HOLCOT *Wisd.* 50; in regno toto tempore suo est fertilitas terre et ~o bonorum (J. BRIDL.) *Pol. Poems* I 139; victualia et arma .. ad ~inem pro duobus annis futuris pro duobus millibus armatorum *Plusc.* X 31 p. 366. **b** mos .. inolevit ut cotidie post prandium in honore gloriosi regis et martiris Edmundi post gracias Deo solutas potacionem quam plenum sive ~inem sancti Edmundi vocabant ad gustandum postulare *Chr. S. Edm.* 76 (=*NLA* II 610). **c** ~inem in venis impossibile est laxativo purgari GAD. 19v. 2; facile est illam plectoriam vel ~inem particularem laxativo purgare *Ib.* **d 1591** infra fluxum et refluxum maris et aquae ad ~inem *SelPlAdm* II 174. **e** attestatur lucis ~o, nam puritati aeris claritas lucis proporcionatur *Eul. Hist.* II 13. **f** de ~ine sua potens est impartiri quibus vult et quantum vult Jesus Christus J. FORD *Serm.* 3. 5 p. 54; Domine, tua plenitudo dulcoris / puros preveniet et reget affectus J. HOWD. *Cant.* 355.

4 full amount or quantity.

1340 fratrem J. .. vobis cum ~ine sue rate annualis transmittimus pro scolari *FormOx* 302.

5 full measure, degree, or scope, fullness, completeness: **a** (of heavenly body); **b** (of voice); **c** (of time, ~*o temporis*) fullness of time (*cf. et. Gal.* iv 4); **d** (of person; *cf. et. Eph.* iv 13); **e** (of office, act, or abstr.).

a qui .. ~inem lunae paschalis ante aequinoctium provenire posse contenderit .. (*Lit. Ceolfridi*) BEDE *HE* V 21 p. 340. **b** recta brevis est illa que non valet nisi unum tempus, quod est minimum in ~ine vocis HAUBOYS 242. **c** ubi venit ~o temporis .. *Reg. Malm.* I 311; ?**1312** quando venit apta rei plenitudo temporis (*De Morte P. de Gaveston*) *Pol. Songs* 260; **1406** quando venit temporis ~o *Conc.* III 288b. **d** donec occurreret in virum perfectum et in aetatem ~inis Christi ALCUIN *WillP* 4; quatenus continuata instantia studiorum imperfectum tuum perduceres in ~inem et de discipulo ascenderes in magistrum P. BLOIS *Ep.* 9. 24B; nec .. absurdum erit hoc sentire in Christo Jesu parvulo adhuc, quod sentire in semetipso dedignatus est, cum profecisset jam in mensuram etatis ~inis sue J. FORD *Serm.* 83. 5; **1295** tuam .. simplicitatem et ~inem de commisso plenius attendentes *Reg. Cant.* 79. **e** in eundem Sanctum Spiritum qui est ~o unius Deitatis adque substantiae THEOD. *Laterc.* 22; ad adnuntiandam vobis ~inem fidei Christianae (*Lit. Papae*) BEDE *HE* II 10 p. 101; **800** tota ~o divinitatis et nulla minoracio nec defectio ALCUIN *Ep.* 205 p. 341; ~o [AS: *fyllnisse*] legis et obedientia Deo Patri *Rit. Durh.* 100; **1163** ut ipsis .. justicie non differat ~inem exhibere *Reg. Malm.* I 374; **s1251** Willelmus .. cui rex nimis severus extitit, antequam hereditatis sue ~inem valeret adipisci M. PAR. *Maj.* V 225; postulat devota vestra filia Ecclesia Christi Cantuar' concedi palleum de corpore beati Petri sumptum electo suo consecrato, ut habeat ~inem officii *DCCant. Reg. Q* f. 24v.

6 full account (of the text of book or treatise).

s1189 formam [pacis], quia flebilem, non hic scribo. respice ~inem Historiarum M. PAR. *Min.* III 208.

plenus [CL]

1 (of vessel or receptacle) that has no space empty, full, replete; **b** (w. gen.); **c** (w. abl.); **d** (w. *de* or *ex* & abl.).

'pugillum', i. ~am manum concavam *Comm. Cant.* I 334; confertissimus, ~issimus *GlC* C 789; vas quantum plenior [*sic*; AS: *fulre*] tantum moderatius ambulandum *Prov. Durh.* 42; ut .. nihil tam ~um cui non adjiciat, nihil tam obscurum quod non illuminet GIR. *TH intr.* p. 6. **b** cythum meri ~um *G. Herw.* 323b (v. cyathus a). **c** reddebat ei .. unam cuvam plenam cervisia (*Chesh*) *DB* I 269rb; quamvis ibi pene omnes monasterii anfractus ~i sint sanctorum corporibus W. MALM. *GR* II 215; ut introducerent equum ligneum qui ~us erat militibus Grecis armatis TREVET *Troades* 7. **d** ex optimo vino flasco [v. l. flasca] .. inventa est ~a ut ante ALCUIN *WillP* 17; orreum .. ~um .. de frumento (v. deforis 3a); **1270** portaverunt .. unam cuvam ~am de gruto *SelCCoron* 15; cum duobus phialis ~is de sudore Christi sanguineo *Eul. Hist.* I 157; **1374** una pipa .. ~a de vino de Ghaschon *Pri. Cold.* lxxvi; unum saccum ~um de .. pixidibus *Proc. A. Kyteler* 26.

2 (of fish) full of roe, that contains roe.

1471 ij last' allecis albi vacue j last' allecis albi ~e *Ac. Cust. Hull* 137; **1490** ~i ij last' allecis albis vacui *Ib.* 208; **1490** iiij bar' allecis ~e .. *a last* allecis vacue *Ib.* 212.

3 (of person) who has eaten or drunk to repletion, full.

~i satiatique cibo de facili ad negandum Dominum suum illiciuntur ANDR. S. VICT. *Sal.* 85.

4 (of person, transf. or fig.) filled with, full of. **b** (~*us dierum*) full of days (*cf. I Par.* xxiii 1). **c** who has (more than) enough (of).

homo .. aetate legitimus et mente ~us et capacem [v. l. capax] rationis THEOD. *Laterc.* 17; hanc scriptor verax expressit Mathēus olim / quamque profeta Dei sacro spiramine plenus / humana specie vidit signarier olim ALDH. *CE* 4. 10. 16; vere .. profitemur omnes homines in lucem istam ~os iniquitatis .. venire BEDE *Cant.* 1070; quicumque fraterna dilectione ~us est *Id. Ep. Cath.* 102; extasis divine .. ~us W. MALM. *GP* V 218; quam ~us gratie fuit tam ~us extitit scientie et veritatis J. FORD *Serm.* 83. 2. **b** cum esset senex et ~us dierum THEOD. *Laterc.* 8; senex et ~us in omni perfectione dierum ALCUIN *WillP* 24; **1171** ~a dierum vetula P. BLOIS *Ep.* 27. 93B; **s1259** obiit comitissa Cantie, dierum ~a *Flor. Hist.* II 437; **13..** obiit .. ~us dierum (*Chr.*) *Mon. Francisc.* I 549; longo fessus senio ~usque dierum obiens *Meaux* I 153. **c s1381** afferte nobis aurum; argento enim vestro ~i sumus WALS. *HA* I 452.

5 (of position) filled, occupied. **b** (eccl., of bishopric, headship of mon. house or benefice) filled, occupied, not vacant (sts. w. *de* & abl. or *per* & acc. to designate incumbent).

secundus de primo accipiat adverbium 'quare' ut sit ~a utriusque positio BEDE *Retract.* 1009. **b 1268** [advocacio] non potest esse ~a nisi ex concessione ultimi presentatoris (*Law Rep.*) *Selden Soc.* CXI 3; **1298** prioratus nondum vacans, sed ~us et suo priore confultus (*Reg. Cant.* f. 244v) *Conc.* II 238a; **1323** sede Roffensi vacante .. sede [Wyntoniensi] ~a *Lit. Cant.* I 114; **1341** beneficia .. de possessoribus suis ~a .. pretendentes vacasse *Conc.* II 679a; **1350** per archiepiscopum sede ~a vel per alium .. sede vacante *FormA* 266; **1426** intelleximus quod .. Lincolniensis ecclesia de .. Ricardo Flemyng ejusdem ecclesie .. jam episcopo ~a extat pariter et confulta *Reg. Cant.* I 90; **1450** que quidem ecclesia ~a est per W. B. personam impersonat' in eadem *IPM* 16/137.

6 that contains or is characterized by abundance (of), abundant (in), full (of); **b** (w. gen.); **c** (w. abl.); **d** (w. *de* & abl.).

tempore nam quodam per somnum femina sensit / munere virtutum quam pleno praeditus esset ALDH. *VirgV* 839; odor .. sanctorum est sicut odor agri ~i cui benedixit Dominus [cf. *Gen.* xxvii 27] BEDE *Prov.* 1032; agri flos pleni turbine sepelitur J. HOWD. *Cant.* 99. **b** equitum ignito vultu fulgentium montem ~um patefecit GILDAS *EB* 72; tria verba maximae perfectionis ~a superadjecit BEDE *HE* II 1 p. 78; ista inquisitio ~a fuit doloris, ~a anxietudinis AILR. *Serm.* 20. 27. 314; nunc multos invenies Didimos quorum ~i immo referti sunt commentarii J. SAL. *Met.* 864C. **c** in throno dolis ~o GILDAS *EB* 31; lilia purpureis possum conexa rosetis / vincere spirantis nardi dulcedine plena ALDH. *Aen.* 100 (*Creatura*) 16; litteras eis .. eruditione ~as direxit BEDE *HE* II 19 p. 122; classem suam de Cantia, ~am bellatoribus ASSER *Alf.* 67; **1167** quia [litere] nimis ~e videntur

suspicionibus et supra modum dentosis salibus J. SAL. *Ep.* 232 (228); **1438** *coverleth* magnum ~um parvis volucribus vocatum *Northfolkebedde Reg. Cant.* II 561. **d** s**1292** ubera mea ~a sunt de viciis eorum *Flor. Hist.* III 77.

7 full in amount or quantity. **b** (as sb. n.) the full amount, (*facere ~um*) to render or pay in full. **c** (abl. sg. *~o* as adv.) entirely, in full.

1443 ad solvendum Lockeley in ~am solucionem pro cariagio vini *Comp. Dom. Buck.* 6. **b** **1252** de caseo, melle, sepo, et sale fecit ~um *DCCant. Reg. H* f. 173; **1254** de primis wardis que nobis acciderint, defectum illum supplebimus, ita quod .. Edwardus semper suum ~um [sc. xv millia marcarum per annum] habeat *RGasc* I 477b. **c** **1219** nisi .. ~o persolvisset .. totum predictum finem *Eyre Yorks* 413.

8 full in number, (of assembly or sim.) fully attended or that has full powers or authority, full, open (*cf. et.* W. A. Morris '*Plenus Comitatus*', *EHR* XXXIX 401–3).

c**1160** cum .. perlectum esset regis breve in ~o comitatu *Chr. Abingd.* II 226; c**1192** in ~a curia mea apud Munros *Regesta Scot.* 353; **1200** Jordanus in ~a curia omnibus qui aderant .. audientibus affidavit *Reg. Malm.* I 440; **1242** mandatum est vicecomiti .. quod cartam .. ~o comitatu suo legi .. permittat *RGasc* I 125a; **1270** acopiatus fuit in ~a curia de pluralibus defaltis *CourtR Hales* 6; **1287** R. armatus in ~o campo retraxit se de appello suo *Gaol Del.* 36/1 m. 26; ibi in ~o capitulo *Reg. S. Thom. Dublin* 321 p. 277; c**1402** arestatus fuit .. in ~a curia *Bury St. Edm.* 181 no. 12.

9 complete (with nothing missing), full, entire: **a** (of land) that contains a full unit, full. **b** (of the moon or its orb) completely illuminated, full. **c** (of sentence, verb, or verse). **d** (of period of time). **e** (*~a aetas*) full (*i. e.* legal) age. **f** (of act or abstr.). **g** (as sb. n. or f.) full measure, degree, or scope, (*ad ~um, de ~o*, or sim. as adv.) fully, completely, entirely.

a **1306** tenent †quendam [l. quandam] plenam terram vocatam Edricheslond *Ext. Hadleigh* 242; **1325** ~as terras tenentes et dimidias terras tenentes *CBaron* 143. **b** luna .. vespere ~issima BEDE *TR* 6 p. 191; quaecumque .. luna ante aequinoctium ~a est *Id. HE* V 21 p. 339; ut .. deinde luna ~um suae lucis orbem mundo praesentet *Ib.* p. 340. **c** ratio exigit ut in ~o versu xxiv tempora sint ALDH. *Met.* 10 p. 82; sunt .. memoriter tenenda verba auctorum sed ea maxime que ~as sententias explent J. SAL. *Met.* 900D; non est sicut verbum docentis ~um sed sicut verbum decurtatum GROS. *Cess. Leg.* I 9. 8 p. 51. **d** conversatus cum hominibus super terram .. Jesus Christus circa quod per annos xxxiij non ~os THEOD. *Laterc.* 3; **716** redivivo in corpore ~a septimana nihil omnino corporalibus oculis videre potuit BONIF. *Ep.* 10 p. 15; ut .. saepe ebdomade integra .. nonnumquam etiam mense ~o domum non rediret (*V. Cuthb.*) BEDE *HE* IV 25 p. 270; **798** septima hora ~a noctis .. sexta hora diei ~a ALCUIN *Ep.* 148 p. 238; **905** nam per vij annos ~os destituta fuerat .. omnis regio Gewisorum *CS* 615. **e** erant .. omnes ~ae aetatis robore valentes *Enc. Emmae* II 4; c**1198** donec .. Willelmus ~am etatem habeat *FormA* 300; s**1217** heres .. si ~e etatis fuerit (*Magna Carta* 2) *Reg. Malm.* I 29; **1218** donec .. Radulphus fuerit ~e etatis *Eyre Yorks* 40; **1317** in ~a etate ac ligea potestate mea *Deeds Balliol* 42. **f** donec ~ae fidei et operationis bonae lucem recipiat BEDE *Tob.* 934; recte in luce esse memoratur quia ~a bonitas semper existens ubi proficere valeat non invenit *Id. Ep. Cath.* 87; nam bis ~o proelio inter se belligeravere ASSER *Alf.* 85; absque ~o consensu abbatis *DB* II 359; ~am jubebimus justitiam fieri W. MALM. *GR* I 93; ut artis ex eo ~a sit et facilis cognitio BALSH. *AD* 8; cui .. ~ior valetudo rediit sed non ~a GIR. *TH* III 34 p. 181; **1254** eos in ~am graciam nostram recepimus *RGasc* I 537a; **1282** damus .. vobis .. ~um posse quod auctoritate nostra .. possitis consentire super matrimonio contrahendo inter .. *Foed.* II 210. **g** sic mea turgescunt ad plenum viscera musto ALDH. *Aen.* 78 (*Cupa Vinaria*) 5; secularium ergo librorum scientia ad ~um imbutus EADMER *V. Osw.* 4 p. 6; vasa magna .. vino et medone plena ut haurirent de ~o quicumque vellent *Found. Waltham* 16 p. 20; **1254** mandatum est Jordano de O. .. quod catalla ipsius Petri, que arrestari fecit .., ei interim per ~am deliberari faciat *RGasc* I 380a; nos, de eodem Henrico ad ~um confidentes *Cl* 142; **1289** inquiratis .. veritatem summarie et de ~o *RGasc* II 494b.

10 (of person): **a** who has full rights or authority. **b** who holds a full unit of land.

a non potestis sine rubore eandem potestatem Christi ~o vicario denegare OCKHAM *Disp.* 13. **b** ~i villani operantur ij diebus in ebdomada .. dimidii villani j die in ebdomada *Chr. Peterb. app.* 164.

11 (of literary work) that contains a full version or account.

quorum regnorum genealogiam .. primo libro breviter intexui quia ~a gesta regum nusquam potui reperire W. MALM. *GR* II 213;

12 (of sail) unfurled or full of wind.

currimus hinc pleno spatiosa per equora velo L. DURH. *Dial.* III 81; cumque subire ratis pleno putat ostia velo *Ib.* 147; ave, novis nova navis / onerata mercibus / per quam plena plenis velis / est allata lux de celis / cecis et errantibus WALT. WIMB. *Virgo* 4.

13 (med., of pulse), full, intensive.

pulsus .. judicatur secundum ~um et vacuum et medium. ~us [TREVISA: *ful*] est qui quadam humiditate redundare videtur et hoc provenit ex nimia sanguinis et spiritus repletione BART. ANGL. III 23.

14 (as sb. n.) sort of drink (served in a full-sized cup).

potacionem, quam ~um sive plenitudinem sancti Edmundi vocabant *Chr. S. Edm.* 76 (v. plenitudo 3b).

plenitur v. pleniter.

pleo [cf. OF *plion, ploion* < plicare], peg, thatching-pin.

?**1314** inveniet de meremio domini ~ones ad juga (*Cust. Lillesdon*) *Som R. O.* DD/CC 131911a/4; c**1445** in ~onibus *Ac. Almshouse Sherborne*.

pleonasmus [LL < πλεονασμός], (gram. or rhet.) pleonasm.

verbis oris, ~us ANDR. S. VICT. *Sal.* 29; quod dicit 'piscinas aquarum' ~us est ut sic 'ore locuta est' *Ib.* 104; saga .. cilicia dici solent, quod autem post saga additur cilicina, ~us est AD. SCOT *TT* 646B; dicitur ~os quasi habundans ut 'corvus niger', 'sic ore loquitur' *Ps.*-GROS. *Gram.* 69; ~os et sub eo parelcon et epanalepsis LINACRE *Emend. Lat.* xxii v; ~os .. accidit .. cum una pluresve dictiones ad legitimam constructionem non necessariae in oratione redundant *Ib.* lv.

plere [CL], to fill.

pleo, ples, non est in usu, pleo componitur impleo .. suppleo OSB. GLOUC. *Deriv.* 413.

plericus [cf. LL plethoricus < πληθωρικός; πλήρης, CL plerusque], (med.) one who suffers from plethora, a plethoric.

el'ria [i. e. electuaria] ~orum GILB. IV 177v. 2.

plerusque [CL]

1 (w. sb. in pl.) the greater part or number of, most of. **b** (as sb. pl. usu. m.) most people; **c** (w. partitive gen.).

~aque carmina .. in honorem Priapi conscripta ALDH. *Met.* 10 p. 94; non solum in eodem monasterio sed et in ~isque locis aliis BEDE *HE* IV 14 p. 236; et Hieronimus ~aque testimonia Veteris Instrumenti .. edocet *Id. Retract.* 995; tandem autem sciendi studio velut jam iterum incipiente, attentioni neglecta repetenti ~isque artium institutionibus eorum ad que artes notitiam redintegrari accidit BALSH. *AD* 7; hinc accidit ut scientissimi ~ique se nesciendo senescant GIR. *TH intr.* p. 5. **b** constat ~osque in senectute Domino donante mutari a vitiis quae adulescentes habuerant BEDE *Prov.* 1002; contingit ~osque de nocte surgere dum dormiunt et arma arripere *Quaest. Salern.* L 1. **c** quia ~ique electorum non pro suae solum vitae puritate .. praemium perenne sortiuntur BEDE *Cant.* 1138; Roma .. quam propter eximiam virtutem ~ique scriptorum Urbem appellare malebant *Id. Nom. Act.* 1039; ~osque prophetarum credimus quorum nulla miracula legimus PETRUS *Dial.* 66.

2 (as sb. n. pl.) many or a great number of things.

sunt .. ~aque que urgente natura propriis definitionibus carent J. SAL. *Met.* 908A.

3 (n. sg. acc. as adv.) on most or many occasions, mostly, often.

nonne ~umque invenimus versum xviij aut xix seu xx sillabarum, ut sunt hi ALDH. *Met.* 10 p. 83; denique ~umque [*gl.*; sepe] .. castitatis conscientia elationis pulsatur cenodoxia *Id. VirgP* 16 p. 245; latet .. sub otio laudabilis ~umque virtus et eruditio GIR. *TH intr.* p. 5; s**1455** in curis morborum moras tollere multum proficit; officit tamen in causis rerum, ~umqueque penitenciam inducit *Reg. Whet.* I 204; s**1456** nobili viro .. succedit heres spurius .. ~umqueque viro sic justo et juridico quod .. *Ib.* 218.

plesiselenos [πλησισέληνος], (astr., as sb.) the gibbous phase of the moon.

figure .. lune sunt: generacio, ortus, menoides, dicotomos, amphikirtus, plisiselenos, panselenos GROS. *Hexaem.* IX 10. 7 p. 283.

plessa [OF *plesse, plaisse*]

1 pleached hedge.

1203 pro pleissa facienda circa idem castrum *RScac Norm* II 548.

2 number entrapped in enclosure, 'bag'.

1246 mandatum est .. quod non permittat quod venatores regis capiant de apris in foresta de Dene ~am quam ceperunt, set de laiis capiant secundum quod ibi copiam invenerint *Cl* 486.

plessare, ~iare [AN *plesser*, OF *plaissier*], to make a hedge by pleaching, to pleach (saplings) to form a hedge; **b** (intr. or absol.).

1224 in sepe pleisiando de cxxij perticis *Pipe Wint.* B1/10 r. 6d.; **1244** in spin' pleissand' vj s. *Ib.* B1/18 m. 11; **1280** custus domorum ... in una sepe cedenda et ~anda .. iiij s. vj d. (*Michelmersh*) *Ac. Man. Wint.*; **1297** in liiij perticis vive haye dicti parci ~andis *Ac. Cornw* 62; **1336** custus domorum ... in xij perticis veteris fossati scurandis mundandis et plasschandis, xij d. (*Silkstead*) *Ac. Man. Wint.* **b** c**1235** nec ex aliqua parte de Tanetta plantabit nec ~iabit ad nocumentum alterius *Cart. Worc.* 93 p. 56.

plesseitium v. plessetum.

plessetum, plesseitium [cf. OF *plessié*], pleached hedge. **b** enclosure, piece of land enclosed by pleached hedge; **c** (as place-name, passing into surname).

1219 purpresturam illam claudendo tam sepi quam ~eto circumduxit *Cl* 407a; **1228** boscum quendam .. qm [i. e. cum] fossato et plaisseto *ChartR* 20 m. 4. **b** dedit .. proprium ~eicium et partem sylve ORD. VIT. V 16 p. 428; **1162** plaissicium et molendinum et quod habebant in piscaria *Act. Hen. II* I 363. **c** municipium .. ~icii ex insperato intravit ORD. VIT. XII 3 p. 318; Hugo de ~icio *Ib.* XII 40 p. 463; me tibi Plasseti [*gl.*: proprium nomen est ville] viderunt confraga densi / primitias studii composuisse mei GARL. *Epith.* X 185; **1229** commisit .. Hugoni de ~etis .. manerium de C. *Pat* 313; **1230** Aluredus de ~edo [v. l. Plaisseto] *Pipe* 159; **1242** Johanni de Pleisseto *Pipe* 2 (*Chanc.*: Plasceto); Johannes de Pleisseto *Ib.* 54 (*Chanc.*: Plasseto); **1259** quod faciat habere Johanni de Plassetis .. *Cl* 10; **1265** per Johannem de ~etis *Cl* 30.

plessitium v. plessetum.

plestia [*aphaeretic form of* aplestia < ἀπληστία], superfluity.

plestia abundantia vel indegeries *Gl. Leid.* 12. 39.

plethora [LL < πληθώρα], (med.) repletion of blood or other humour in the body, plethora.

si calidum vehementer est cum corporis plectorea GILB. II 94v. 1; facile est illam plectoriam vel plenitudinem particularem laxativo purgare GAD. 19v. 2; plectora *Ib.* 31v. 2 (v. cacochymia); plectora est replecio intra vasa *SB* 35 (v. cacochymia); plectora, i. cacochimia, nomina sunt replecionum, sed plectora est replecio intra vasa, cachochimia extra *Alph.* 143.

plethoricitas [LL plethora, plethoricus+-tas], (med.) condition of affliction with plethora.

festina sit purgatio plectoricitatis et cacochie cum solutione ventris GILB. VII 353v. 1.

plethoricus [LL < πληθωρικός]

1 (med.) afflicted with plethora, plethoric: **a** (of person); **b** (of body).

a hoc facinus ad preservationem materiei quando patiens [est] plectoricus, id est grossus et pinguis *Quaest. Salern.* B 132; juvene .. colerico valde plectorico GILB. I 17. 1; si cognoscas pa[tientem] non esse plectoricum *Ib.* 13 (*recte* 18). 2; c**1250** erat utique ~us, robustus, et corpore toto quasi taurus *G. S. Alb.* I 319.   **b** si corpore exeunte plectorio provocetur febris viritabitur humor GILB. I 4. 1; nisi corpus esset nimis plectoricum, et tunc .. purgetur GAD. 4v. 2.

2 that affects plethora.

lotura plumbi, virtus est ei frigida et stiptica et parum plaustica et malactica et plectoria [v. l. plettoria] *Alph.* 105.

plettorius v. plethoricus.

pleumon [LL < πλεύμων], (med.) lung.

pulmo vel .. ~on .. lungen ÆLF. *Gl.* 160; dyapenidion valet ad omne vitium pl'onis [? l. pleumonis] et tussis GILB. IV 184. 1.

pleumonia [? LL < πλευμονία], (med.) inflammation of the lung, pneumonia (sts. understood as tumour of the lung).

~ia, dolor vel tumor pulmonis OSB. GLOUC. *Deriv.* 483; ~ia, pulmonis est vicium cum dolore vehementi et suspirio *SB* 34.

pleura [ML < πλευρά], (med.) pleura.

quam tunicam Graeci πλεύραμ [*sic*] .. nominant ... a ~a jux[t]a spinam nascitur et membrana pulmones et intimum thoracem .. distinguens D. EDW. *Anat.* B 4.

pleuresis v. pleurisis.   **pleureticus** v. pleuriticus.

pleurida [cf. πλευρά; *in gl.* πλευρίδιος =*lateral*], (pl., her.) flanches.

~ida seu sinus sunt tanquam circuli portiones, scuti latera pro cordis habentes ... hujusmodi linee crebre sunt in clypeis Teutonicis SPELMAN *Asp.* 104.

pleurimonia [cf. LL pleurisis, pleumonia < πλευμονία], disease of the lung, pneumonia.

s**1401** medici affirmaverunt ipsum de pleurisi in ~iam incidisse *G. S. Alb.* III 451.

pleuris [*formed by apocope or haplology from* LL pleurisis], (med.) inflammation of the pleura, pleurisy.

~i gravatus *G. S. Alb.* I 182.

pleurisis [LL; cf. πλευρῖτις], **~esis** [ML], (med.) inflammation of the pleura, pleurisy. **b** (*~isis vera*) inflammation of or in the midriff. **c** (*~isis non vera*) inflammation of the parietal pleura.

podagra, pedum infirmitas .. ~esis laterum OSB. GLOUC. *Deriv.* 468; emitriteo et ~isi intolerabiliter cruciatus W. CANT. *Mir. Thom.* VI 2 p. 407; cepit emitriteus et ~esis mitigari *Ib.* p. 409; in ~esi, in peripulmonia *Quaest. Salern.* N 37; ~esi nulla precedente GILB. II 101v. 2; s**1254** licet in latere quasi ~esi infirmatus vel lancea sauciatus M. PAR. *Maj.* V 430; ~esis habet familiaria accidentia, tussim, dolorem lateris acutissimum, febrim acutam BACON IX 201; apostemata costarum vocantur ~eses, a 'pleuros' costa et 'isis' positio, quasi positum juxta costas sicut in diafragmate vel in lacertis GAD. 25v. 1; valet in omni pustula, et illis que dicuntur plurpis et in venenosis et aliis omnibus *Ib.* 49. 2; pleuresis aut frenesis aut tercia sinocha causon / urinas albas monstrantes hee moriuntur J. MIRFIELD *Brev.* 58; s**1401** medici affirmaverunt ipsum de ~isi in pleurimoniam incidisse *G. S. Alb.* III 451.   **b** ~esis vera est apostema in dyafragmate *SB* 35.   **c** pleuresis non vera est apostema in panniculis costarum *SB* 35.

pleuriticus [ML < πλευριτικός], **~eticus**, (med.) who suffers from pleurisy, pleuritic. **b** (as sb.) one who suffers from pleurisy, a pleuritic. **c** (understood as) pleurisy.

~iticus, *on sidan lama* vel *sidadl* ÆLF. *Gl.* 112; si sit pleuretica, paralitica, glabrio, ceca D. BEC. 2019; et duo gibbosi, puer unus mortuus, unus / yctoricus, vir pleuriticus, mulier sine partu H. AVR. *Hugh* 1250.

b queritur quare ~etici et peripleumonici maxime vinum appetant *Quaest. Salern.* B 273; semen aristei .. / succurrit cholicis pleureticosque juvat NECKAM *DS* VII 48; ex apparentibus post, quemadmodum sputum in ~etico GILB. I 29. 1; morbo regio .. spleneticis, ~eticis, nefreticis .. medetur *Ib.* VII 357. 1.   **c** ~iticus .. *sidadl* ÆLF. *Gl.* 112 (v. a supra).

pleva v. plevina.

pleviare [AN *plever*, OF *plevir* < plegiare], to deposit as surety, to pledge, to pawn.

1293 quos quidem caseos ~iavit bonos et ydoneos ad comestum (*CourtR St. Ives Fair*) *Law Merch.* I 60.

plevicola v. 2 plebicola.

plevina, plevinum, plevium [ML; cf. ME, OF *plevine*; cf. et. plegium], pledge, surety, bail; **b** (w. ref. to replevin of land or real property).

1177 W. F. r. c. de v m. pro quadam ~ina quam negavit et postea cognovit *Pipe* 65; **1188** Gervasius Painel debet xj l. et vj s. et viij d. ut sit quietus de ~ina comitis Liegercestrie versus Aaron Judeum et ne distringatur de ipsa ~ina *Pipe* 47; **1196** quietus de .. hansis et de pluvina *Rec. Leic.* I 14; **1199** H. de B. debet j m. pro stulta ~ina senescalli sui *Pipe* 156; **1209** de xx s. .. pro ~ina hominum qui fuerunt in cippo .. pro mellea (*Ac.*) *Crawley* 189; **1228** precipimus tibi quod forestarios .. quos capi precepimus .. dimittas per ~inam *Cl* 15; **1285** captus fuit per ~inum neque adventum justiciariorum *DocCOx* 194.   **b** **1194** petiit terram illam per ~ium et habuit eam *CurR RC* I 9; **1195** petiit per ~am .. ecclesiam de Wicford' que capta fuit in man' .. regis pro ejus defectu *Ib.* I 20; **1196** W. .. petit terram de S. per ~inam *CurR* I 17; **1232** venit coram baronibus de scaccario .. ad terram suam de Bischopwrh' petendam per ~inam et unam virgatam terre in Harpetre, que capta fuit in manum regis per defaltam *KR Mem* 11 m. 8d.

plevinum, plevium v. plevina.   **plex-** v. et. plect-. **plexi-** v. plecti-.

plexuosus [plexus *p. ppl. of* 2 plectere + -osus]

1 beaten, punished.

plecto .. plexuosus .. i. punitus [v. l. punctus] OSB. GLOUC. *Deriv.* 441.

2 intractable, disobedient, who deserves punishment.

frawarde, .. contrarius, discors, .. ~us, rebellis *CathA.*

plexus v. 1–2 plectere.   **Pliada, Plias** v. Pleias. **plibiare** v. plipiare.

plica [ML; cf. CL plicare, plicatura]

1 fold, ply: **a** (of or in artefact); **b** (in the body or its parts); **c** (fig.).

a c**1177** ocreis sine ~a, pileis sine fastu et vestibus utitur expeditis P. BLOIS *Ep.* 66. 198A; tres ~as in cappa sua faciens *Id. Opusc.* 834D; quando littera equata linealiter scribatur, debes plicare vel eque cindere pergamenum pro superiori et primam lineam per illam ~am eque dirigere *Orthog. Gall.* S 25; fascie .. sint munde, molles, leves et suaves sine sutura grossa dura aut ~a aut limbo GAD. 123. 1.   **b** ut sint continencia quedam in suis ~is sicut stomachum et intestina *Ps.-RIC. Anat.* 8 p. 3; os matricis constringitur secundum sui ~as ad modum rose .. *Ib.* 40 p. 21.   **c** prima que simplex et licita absque periculi ~a videtur GIR. *GE* II 30 p. 314; s**1217** prisones, castra, debita redemptionem .. obsides et consimilia, utrobique sine ~a fraudis plene et plane dimitterentur *Flor. Hist.* II 166 (=*Ann. Lond.* 21; cf. M. PAR. *Maj.* III 31: sine omni difficultate); absque plica sit simplicitas, sit vera, modesta GARL. *GS* 277. 81; sine ~a falsitatis BACON *Maj.* III 20; debet hec simplicitas esse sine ~a vane intencionis HOLCOT *Wisd.* 16; tunc enim necessario de ~a duplicitatis et anguli in vita hominis WYCL. *Ver.* III 85.

2 layer, thickness, ply.

1377 totam domum .. cooperient de unica plita de *thakborde* (*KRAc* 598/24) *Building in Eng.* 454.

3 cord or rope made by twisting or plaiting, a twist.

1302 [2 *loads of twists*] summis ~arum *Fabr. Exon.* 16; **1427** in iiij^c arundinibus frumenti emptis pro

molendino cooperiendo ... in ~is emptis ad idem opus, xij d. (*Mun. Dunster*) *Som Rec. Soc.* XXXIII 191.

4 (mus.) sign that indicates liquescence of the voice. **b** liquescence of the voice.

omnis figura cum ~a et proprietate, et perfecta, ultima cum ~a, valet longam; quia ~a nihil .. est nisi signum dividens sonum in sono diverso GARL. *Mus. Mens.* 3. 8; est .. una figura que dicitur ~a, recte stando cum uno tractu vel duplici *Mens. & Disc. (Anon. IV)* 41; qualiter simplex longa plicata transit a vi ~e in erectam longam HAUDLO 152; post obliquitatem ascendentem nichil potest ei ligari .. nisi ~a HAUBOYS 324; ~a est nota divisionis ejusdem soni in grave et acutum WILL. 24.   **b** ~a est inflexio vocis a voce sub una figura ODINGTON *Mus.* 129.

plicabilis [CL plicare + -bilis; cf. et. CL plicatilis]

1 that can be (easily) bent or folded, flexible, pliable; **b** (of artefact); **c** (of limb or joint in the body); **d** (in fig. context).

plyabylle .. binus, ~is *CathA.*   **b** habuerunt faculam unam sub specie gladii evaginati ~is M. PAR. *Maj.* V 264; **1340** una tabula ~is *AcWardr TRBk* 203 p. 410; **1421** j cathedra ~is de feno *KR Ac* 407/5 m. 2; **1421** ij cathedre ~is *Ib.* m. 3; c**1451** item una tabula ~is *Test. Ebor.* II 151.   **c** ossuum compages .. volubili facilitate sibi ~es repperit R. COLD. *Cuthb.* 62 p. 123; digitum ipsum ~em restituet et alleviabit *Id. Godr.* 191 p. 201.   **d** cum .. omne continuum permanens sit in infinitum ~e [v. l. plicacione] .. WYCL. *Trin.* 76.

2 (mus., of a note) that can be embellished or provided with a sign that denotes modulation of voice.

plica est inflexio vocis a voce sub una figura. sole longe et breves sunt ~es ODINGTON *Mus.* 129; ligatura autem descendens cum perfeccione est ~is *Ib.* 136.

plicalis [ML plica + -alis], that can be (easily) folded, that folds.

duo ponantur in medio chori cathedre ~es *Ord. Ebor.* II 197.

plicamen [CL plicare + -men], (strand of) wick.

candela .. que multo sepius ~ine erat involuta R. COLD. *Cuthb.* 66 p. 134.

1 plicare [CL]

1 to fold, bend, flex; **b** (artefact); **c** (coin or knife, w. ref. to presentation as offering); **d** (person's body or joint, also refl. w. ref. to bowing or supplication); **e** (fig., w. ref. to influencing or winning over, ? assoc. w. CL *placare*).

coelum movebit se de loco et ~abitur ut liber [cf. *Is.* xxxiv 4] in tremendo die *Ps.-* BEDE *Collect.* 381 p. 186; quadruplex .. i. in quatuor partes ~atus OSB. GLOUC. *Deriv.* 486; celum plicas volubile ut librum J. HOWD. *Cant.* 178.   **b** librum ipse revolutum legit ministro autem plic[a]tum reddidit BEDE *Luke* 374; vesteplicia, femina quae vestes ~at *GlC* U 141; cuculla ~ata et juxta se posita LANFR. *Const.* p. 157; ~atus est liber P. BLOIS *Serm.* 709C; quando littera equata linealiter scribatur debes ~are vel eque cindere pergamenum pro superiori et primam lineam per illam plicam eque dirigere *Orthog. Gall.* S 25; **1389** nullus eorundem duodecim [clericorum] ~et brevia communiter ad sigillum predictum preter prefatum custodem rotulorum et preceptores per dominum cancellarium nominandos et perficiendos *Chanc. Orders* 2.   **c** ~ate pro eo denarium ad sanctum Wlstanum de Wigornia *Mir. Wulfst.* I 17; **1258** quod ita dotata fuit et sub forma predicta et in possessionem posita per predictos quadraginta solidos et per quendam cultellum, qui ~atus fuit ad ostium ecclesie in testimonium predicte dotacionis, quem profert, producit sectam sufficientem (*CurR* 158 m. 5) *SelCWW* 35; s**1275** eodem anno cepimus de denariis Sancti Freemundi ~atis, ad pondus centum solidorum et emimus inde avenam *Ann. Dunst.* 267; denario super eum ~ato ad Sanctum Symonem .. *Mir. Montf.* 100; **1286** Woydekino falconario pro viij denariis quos ~avit ultra viij girfalcones regis per preceptum regis, viij d. *KR Ac* 351/20 m. 3; **1290** pro totidem denariis ~atis ultra girfalcon' regis in honore S. Thome Martiris et pro quibusdam guidag' dictorum girf' xij d. *Chanc. Misc.* 4/4 m. 49d.; pro denariis oblatis apud Cant' et

Wygorn' et pro denariis ~atis pro predicto girfalcone suo *Ib.* 53*d*. **d** producunt bracchia, ~ant digitos AILR. *Ed. Conf.* 782C; membrorum sinuamina . . inflectendo ~at et replicando consolidat R. COLD. *Cuthb.* 2 p. 4; tante levitatis agilitate . . se Sancte Virginis Marie imago circumtulit ac ~ando vel reclinando inflexit quod . . *Id. Godr.* 90 p. 100; sese plicat / et intricat / genua / ne janua / pudoris resolvatur P. BLOIS *Carm.* 10. 4a. 68; sole nitentior et redolentior aggere thuris, / plena Deo, voveo me tibi, reddo, plico GARL. *Epith.* VI 182. **e** hii sunt errantes pedites; hii sunt equitantes / mannum frenantes, jumentaque [*gl.*: i. e. puellas focarias, meretrices] sepe plicantes [*gl.*; flecantes, curvantes] GARL. *Mor. Scol.* 242; vultis eum [sc. Deum] vobis ~are, graciam vobis serenare, ite ad tabernam Marie et haurite de vino ejus WALT. WIMB. *Elem.* 320.

2 (mus.) to supply or embellish (note) with a sign that indicates liquescence of voice.

alii . . istum modum notant cum proprietate et perfeccione ~ata ODINGTON *Mus.* 139; longa . . duos tractus possedens quorum dexter longior est sinistro ~ata longa vocatur HAUDLO 84; que . . conjungi dicuntur ultima manente ~ata sursum, non deorsum *Ib.* 86; qualiter simplex longa ~ata transit a vi plice in erectam longam *Ib.* 152; longa ~ata cum duobus tractibus ascendentibus HAUBOYS 222; nota ~ata est figura representacionis vocis in alico modorum cum plica WILL. 24.

3 (~*are plectrum*) to flex the plectrum, *i. e.* to make music.

proles David, parens eximia / plectrum plices in laude propria / laudis tue docens magnalia J. HOWD. *Ph.* 4. 2.

4 (intr. or absol.) to (be able to) fold, (pr. ppl. as adj.) that folds, folding.

1390 de . . una tabula ~ante de cupro deaurato *Ac. Foreign* 25Gd.

5 (p. ppl. as adj.) that can be (easily) folded, folding.

1275 Stephano le Joignur . . pro j mensa ~ata ad opus fratris Joseph thesaurarii v s. *KR Ac* 467/6/2 m. 8; **1352** [*a platelok for a folding*] ~ato [door]; (*KR Ac*) *Building in Eng.* 255; **1373** computat in empcione unius mense ~ate et pro una cista de Prusce, liij s. iiij d. *ExchScot* 442.

2 plicare v. plucare.

plicatio [CL plicare + -tio]

1 (act of) folding, bending, or flexing; **b** (coin, w. ref. to offering); **c** (falc., w. ref. to ruffling of feathers); **d** (in phil. context, of abstr.).

1342 pro ulnagio et ~one x mill' xx uln' mapperie large, tuall' long', tuall' curt' *KR Ac* 389/14 m. 7. **b** s**1430** precibus vicinorum et parentum, cum ~one denarii . . ad vitam pristinam restitutus est *Chr. S. Alb.* 54. **c** post vij enim dies . . sine ~one tractari possunt [accipitres] ADEL. *CA* 8. **d** ex trina ~one [v. l. replicione] parcium et ex multitudine accidencium conveniencium in eodem subjecto WYCL. *Trin.* 75.

2 (mus.) embellishment (of note) with a sign that indicates liquescence of voice.

nota plana est figura representacionis vocis in alico modorum absque ~one WILL. 24.

plicatrix [CL], one who folds, bends, or plies (f.).

1334 distringantur ~ices jurate lanarum, packatores et lotores pellium *Rec. Leic.* II 23.

plicatura [CL]

1 fold, ply: **a** (of or in artefact); **b** (of hair); **c** (med., w. ref. to joint).

a mulier . . punctis et ~is vestem distinguit O. CHERITON *Par.* 55; in illius [planete] ~a vis fulminis ignea immodica effecit foramina *Chr. Battle* f. 40; cum . . aperuisset primam ~am illius littere *Mir. Montf.* 104; **1348** filum et pergamenum per medium ~e scripti predicti transmissa (*Pat* 225 m. 16) *CalPat* 131; **1565** nullus . . praefectus . . in camisiis suis altioribus ~is illis serratis et flexuosis, quae vulgariter ruffae nuncupantur, . . utetur *StatOx* 386. **b** cirrus . . quod proprie pro ~a dicitur capillorum OSB. GLOUC. *Deriv.* 124. **c** habet . . fetus positionem et

situm membrorum naturalem secundum diversas sui ~as naturales *Ps.*-RIC. *Anat.* 40 p. 24; spongia mollis . . in ~is brachiorum alligetur GAD. 90v. 2.

2 strand of wick (of candle).

multiplices candele ~as accenderat et consummebat flamma caloris R. COLD. *Cuthb.* 45 p. 92; extremos candele fines in unum collegit quos sexaginta sex ~as obvolubiles in uno corpore habuisse comprobavit *Ib.* 66 p. 134.

pligius v. plegius.   **pliosperus** v. phosphorus.

plipiare [CL], to cry (as a hawk).

accipitres pipant vel ~iant [v. l. pipilant, plibiant, pipliant] ALDH. *PR* 131 p. 179; est . . proprietas . ., accipitrum ~iare OSB. GLOUC. *Deriv.* 78.

pliris [? cf. πλήρης], (med.) sort of electuary.

si sicce, utatur diarodon abbatis; si humide, ~is arcon *Quaest. Salern.* L 1; debilibusque viris et tristibus est bona pliris [*gl.*: alio modo dicitur andricon, id est *princes*, quia precipuum est illud electuarium et nobilissimum] GARL. *Mor. Scol.* 594; electuarium ~is cum triasandalis vel rosata novella GAD. 6. 1; **1323** p[ulvis] plir' arcont', libre ij, precium v s. *War. Issue* 482; **1335** in j pixide de plyris cum musco empt' pro eodem *Ac. Durh.* 526; ~is dicitur principale *Alph.* 146.

plisiselenos v. plesiselenos.   **plitum** v. placitum.
plodere v. plaudere.

ploidum [cf. OF *ploi*], fold (as measure of cloth).

1438 posui in plenam possessionem per deliberacionem eis trium ploid' de *fustyan Cl* 288 m. 17*d*.

ploma v. phlomos.

plomarius, ~erius [ME *plomer*, OF *plomier* < CL plumbarius], one who works in lead, plumber.

1286 cuidam ~erio . . jactanti plumbum et cooperienti predictam turrim *KR Ac* 462/11; **1307** pro uno ~ario locato pro dicto plumbo ponderando et eligendo, ij s. vj d. *KR Ac* 501/22 m. 3. 2.

plombum v. 1 plumbum.   **plomonion** v. prosomilia.

plongeare [ME *plongen, plungen*, OF *plongier*], (intr.) to plunge.

1539 necavit unam vaccam . . racione quod dicta vacca ~eavit ultra quadam sepe et quoddam fossat' fensura dicti Johannis *CourtR* 173/46 2. 5.

plonkettum v. plunkettum.

plorabilis [CL], that one can grieve over, lamentable, deplorable.

ploro . . inde . . ~is OSB. GLOUC. *Deriv.* 465; ad cedem presentem que innumerabilis erat et toti mundo ~is MAP *NC* V 6 f. 68v.

plorabiliter [CL plorabilis + -ter], in a lamentable or deplorable manner.

ploro . . unde ~iter adverbium OSB. GLOUC. *Deriv.* 465.

plorabundus [cf. LL plorabunde = *with weeping*], full of tears, sorrowful.

luctuosus, flebilis, ejulabundus, lugubris, ~us OSB. GLOUC. *Deriv.* 328; ~us . . i. ploratus plenus *Ib.* 465; ~us, ploratione plenus *Ib.* 480.

ploramen [CL plorare + -men], (act of) weeping, expression of grief. **b** tear.

sicut conceptus est sine peccamine / sic partus virginis sine ploramine WALT. WIMB. *Carm.* 67; terra concutitur mole ploraminis / ferre non sustines vim tanti fluminis *Ib.* 622. **b** flumen, ~en, flentium humor OSB. GLOUC. *Deriv.* 246.

plorare [CL]

1 to shed tears, weep, express grief, wail; **b** (w. *in* or *pro* & abl. or *propter* & acc. to indicate cause of weeping). **c** (pr. ppl. as sb.) one who weeps.

[infans] ~ans et lacrimans quem pene nullus consolari potuit *V. Cuthb.* I 3; surge . . frater mi, et noli ~are sed gaudio gaude (*V. Cuthb.*) BEDE *HE* IV 27 p.

275; altera vice legimus, altera ~avimus, immo cum fletu legimus CUTHB. *Ob. Baedae* clxi; quare quidam nunquam ~are possunt, alii facillime? *Quaest. Salern.* N 56; rex David ~at super tumulum Abner AD. DORE *Pictor* 159; ridet et cantat freneticus, sed ~at et luget medicus T. CHOBHAM *Serm.* 23. 92rb. **b** signavi ei mulierem . . ~antem propter filium suum nuper mortuum *V. Cuthb.* IV 6; mortuo amico suo Lazaro Christus plorat et non ~at mulier illa Machabea in morte horrenda septem filiorum AILR. *Serm.* 3. 31. 225; ille offert turturem qui pro verecundia de peccatis suis ~at ante Deum *Ib.* 5. 25. 238; pro inimicis orant et ~ant, pro alienis peccatis dolent et lugent BALD. CANT. *Serm.* 1. 23. 566. **c** imperiali potentia abradere ac ~anti pinnicula profluentis incausti in melius ab errore reformatum emendare praecipias B. V. *Dunst.* 1.

2 (trans). to bewail, mourn, grieve over, weep for.

quid restat tibi, o peccator, nisi ut in tota vita tua ~es totam vitam tuam ut ipsa tota se ~et totam? ANSELM (*Medit.* 1) III 77; ut nostra et aliorum peccata ~emus *Id. Misc.* 331; ~a . . carissimum patrem tuum . . ~a dulcissimum amicum tuum AILR. *Spec. Car.* I 35. 104. 541; mulier, quid ploras? *Drama* I 382.

ploratio [LL], (act of) weeping, lamentation, grieving over. **b** (*vallis ~onis* or sim., w. ref. to *Psalm.* lxxxiii 7: *vallis lacrimarum*) vale of tears, earthly life. **c** (w. obj. gen.).

subditi casus excessum lacrimarum preveniamus honore suumque reddamus officialius; in ~one valete *Ep. ad amicum* 9. 50 p. 107; cytharam ~one, organum voce planctus commutavit *Chr. Rams.* 30; gemuisti filium doloris et ~onis, filium damnationis eterne? P. BLOIS *Serm.* 670 C; suspendantur organa musica, cedant oscula ~oni, pro eo quod declinaverit atque transierit J. FORD *Serm.* 41. 1. **b** ut incola in valle ~onis ALCUIN *Exeg.* 621C; ascendens a convalle ~onis AD. SCOT *OP* 508C; **1187** sedentes in valle ~onis et miserie *Ep. Cant.* 66 p. 52; cum venerit in vallem ~onis et doloris P. BLOIS *Serm.* 585B; s**1196** ab hujus valle ~onis est . . ad celestis eminentiam patrie redeundum (*Lit. Archiep.*) DICETO *YH* II 144. **c** proprii reatus . . ~o AD. SCOT *TT* 771B.

plorator [CL], one who weeps or laments, mourner.

exemplum ~orum et ploratricum Longubardorum in exequiis mortuorum ad flendum et plangendum solo pretio conductorum GIR. *GE* II 25 p. 289.

ploratorium [CL plorator + -ium, plorare + -torium], place for mourners or weepers, place for weeping or mourning.

hujus loci non oratorium / nomen erit, sed ploratorium HIL. RONCE. 6. 49 p. 65.

ploratrix [CL plorare + -trix], one who weeps or laments, mourner (f.).

exemplum ~icum GIR. *GE* II 25 (v. plorator).

ploratus [CL], (act of) weeping, mourning, lamentation.

pluratus et luctus magnus [cf. *Matth.* ii 18: ~us et ululatus multus] THEOD. *Laterc.* 15; utraque avis memorata quia gemitum pro cantu edere solet sanctorum in hoc saeculo designat ~um BEDE *Hom.* I 18. 80; vanae sunt lacrymae tuae, vanus ~us tuus OSB. *Mir. Dunst.* 19 p. 146; quia causam tanti ~us narrare non posset ANSELM (*Or.* 16) III 66; sollemni ~u Spiritus Sancti gratiam invitabat W. MALM. *GR* II 192; vestro satis dignum est risu, nostroque ~u MAP *NC* IV 15 f. 56; ploratus lamentabiles J. HOWD. *Cyth.* 17. 8.

plosio v. plausio.   **plostellum** v. plaustellum.
plostrum v. plaustrum.

plouclutum, ploucloutum [ME *ploueclute, ploughclout*], plough-clout, metal plate attached to the side of a plough.

1307 in vj ploucloutis emptis, ix d. (*MinAc Wiston*) *Econ. Condit. app.* p. 28; **1351** in v ploucloutis emptis, x d. *Ib.* p. 61; **1386** ploweclut' *MinAc Elton*; **1391** plowclut' *Ib.*; **1393** in ij plouclut' emptis v d. *Ib.*

plouverius, plovarius v. pluviarius.   **ploweclutum** v. plouclutum.

ploxlanda [ME *plox, ploughlond*], measure of land, a carucate.

c**1150** excepta terra Spilemani, camerarii mei, sc. ~am unam *Danelaw* 362 (=*Ch. Chester* 66: †ploxlaudam).

plucare, [ME *plukken* < AS *pluccian*]

1 to pluck or collect wool.

1314 cum expensis . . auxiliancium ad lanam prolicandam [l. plucandam] (*DL MinAc*) *N. Riding Rec. Soc.* II 22; c**1330** plicanti lanam per prioratum xiij s. iiij d. *Ac. Durh.* 519.

2 (p. ppl. as sb. m. or n.) sort of cloth, ? plush.

13 . . habeat . . rugetam, persum, bluetam, wagetam, ~atum, russetum (*Nominale*) *Neues Archiv* IV 340.

pludere v. plaudere.

pluere [CL]

1 (impers.) to rain. **b** (*grandinem ~ere*) to hail.

tres dies primos significat quia sine sole non potuit ~ere *Comm. Cant.* I 33; guttit, paulatim ~it *GlC* G 186; Dominicum sepulchrum muro fortissimo circumcinctum et opertum ne dum ~it pluvia cadere possit supra sanctum sepulchrum SÆWULF 64; Helias oravit ne ~eret super terram et non ~it annos tres et menses sex G. MON. II 10; tribus annis et mensibus sex non ~it super terram *Spec. Incl.* 2. 1 p. 89; quadraginta diebus . . ~ere confabulantur ANDRÉ *Hen. VII* 122 (v. pluidus). **b** grandinare, grandinem ~ere OSB. GLOUC. *Deriv.* 263.

2 (w. God or cloud as subj.) to send (or pour down) rain. **b** (transf. or fig.).

Dominus . . non ~erat super terram *Comm. Cant.* I 65; prohibuit Dominus ne ille nubes . . ~erent AILR. *Serm.* 15. 17; Domino ~ente quadraginta diebus et noctibus M. PAR. *Maj.* I 4; non enim ~erat Deus super terram *Eul. Hist.* I 13. **b** nubes sunt sancti praedicatores qui conversationem habentes in caelis miraculis coruscant et ~unt sermonibus de quibus Deo dicitur: . . BEDE *Ep. Cath.* 127; ut . . conturbetur cor meum et ~ant oculi mei ANSELM (*Ep.* 156) IV 18; cepit denique vir Dei amplius verbis et doctrinis ~ere DOMINIC *V. Ecgwini* I 15.

3 to fall like rain.

sic ruant venti, et ~ant flumina, non possunt ea [fundamenta templi sapientiae] movere umquam, fundata enim erat supra petram EGB. *Pont.* 38; manna ~it de celo et colligunt illud filii Israel AD. DORE *Pictor* 160; sive Danes pluens aurum / ymbre dulci mulceat P. BLOIS *Carm.* 8. 7. 66; item secundum eosdem lac aliquando ~it de celo vel aere BACON V 11.

4 (trans.) to pour or shower down like rain; **b** (w. ref. to *Psalm.* x 7); **c** (*nives ~ere*) to (cause to) snow.

in illo die ~it Deus de celo cinerem *Descr. Constant.* 259; pravus iners fellita pluit, fellita propinat D. BEC. 106; fluctuum diluvium hec pluerunt stille *Poem. S. Thom.* 82; astra pluunt radios et caligantibus usum / lampadis indulgent HANV. VIII 357; ne differas omnem suscipere felicitatem quam tibi de celo ~it altissimus MAP *NC* IV 11 f. 52v; s**1256** unde populoso exercitui suo larga stipendia ~endo distribuebant M. PAR. *Maj.* V 548; hic laudat fortiter quicquid laudaveris / mutat sententiam si tu mutaveris / in risus solvitur in quos te solveris / et pluit lacrimas cum ipse plueris WALT. WIMB. *Palpo* 28; cum plueret manna per desertum Deus olim GOWER *VC* V 691. **b** sicut . . quondam ~it ignem et sulphur ut perderet Sodomitas ita profecto . . ~et Dominus super hujuscemodi peccatores laqueos AILR. *Serm.* 28. 29; Dominus . . ~ebat super peccatores laqueos, super pios vero auditores salutaris doctrine imbrem W. NEWB. *Serm.* 821. **c** c**1367** quos vita prives, Christe, pluendo nives (*Bellum Hispaniae*) *Pol. Poems* I 116.

5 (p. ppl. *plutum* as sb. m.) rain.

ave, pluta celi nimbo / udas ortum et a limbo / sanctos patres eruis WALT. WIMB. *Virgo* 108; ~tum, A. *rayn WW*.

pluidus [CL pluere + -idus], during which rain falls, rainy.

quo quidem die martyrum Processi et Martiniani ~o, quadraginta diebus vulgo pluere confabulantur ANDRÉ *Hen. VII* 122.

pluitare [CL pluere + -itare], to rain (frequently).

~are, sepe pluere OSB. GLOUC. *Deriv.* 474.

pluma [CL]

1 feather; **b** (as example of lightness).

quot ~as in corpore habuit, tot oculos, totidem aures et ora *Lib. Monstr.* I 42; bernace . . firmam ~arum vestituram indute GIR. *TH* I 15 p. 47; in Levitico . . de sacrificio avium precipitur ut ~e et vesicula pulmonis deponantur in pulvere P. BLOIS *Ep.* 94. 297C; de siccitate in eo cognoscimus quia tanta ~arum et pilorum est abundantia *Quaest. Salern.* B 265; ~a, *ffether WW*. **b** sum levior pluma cedit cui tippula limphae ALDH. *Aen.* 100 (*Creatura*) 41; culpa levis est ut pluma / quem tuetur burse struma WALT. WIMB. *Van.* 91.

2 feather used as writing instrument, pen (in quot., in transf. context).

bella jam ~e plusquam civilia . . orta GIR. *Spec.* II 27 p. 85.

3 (collect.) down (also dist. acc. use); **b** (as material for) feather-pillow or feather-bed.

culcita dum plumis Augustos sterneret artus ALDH. *VirgV* 596; s**1190** pix bulliens super caput ejus fundatur et ~a pulvinaris super caput ejus excutiatur ad cognoscendum eum G. *Ric.* I 110; **1287** vendidisse debuit undecim saccos de plume [*sic*] (*CourtR St. Ives Fair*) *Law Merch.* I 15; **1303** pro panno Anglie, plumbo, et ~a *EEC* 284; **1376** stapula nostra . . plumbi . . casei, butyri, ~e, gaule, mellis *Foed.* VII 116. **b** s**1141** ut rex . . captionem fratris sui et archiepiscopi parvi duceret, dummodo ipse liber in ~a jaceret W. MALM. *HN* 512; ~am et ullum omnino lectum non habere, sopori non indulgere *Id. Wulfst.* I 3; ~a caput nunquam reclinavit H. READING (I) *Adjut.* 1349A; quia primus invenit ut dormiret in ~is ideo dicebatur vir omni muliere corruptior T. CHOBHAM *Serm.* 25. 85vb.

plumaceolus [plumacius + -ulus], (med.) feather-pad.

~us desuper ponatur, et ligature secundum varietatem capitis applicentur GILB. II 87v. 1; ~us in medio ponatur *Ib.* III 144. 2; applicetur circumquaque apostemati calido maturando cum ~o intermedio vino calido madefacto GAD. 27v. 2; superpone medicinam sc. ~um de stuppis intinctum in vino vel in albumine ovi *Ib.* 34 v. 1.

plumacium [LL]

1 artefact made or filled with feathers: **a** feather-bed. **b** feather-cushion or pillow.

a 10 . . ~ium, *langbolster WW*. **b** pulvillos, plumatios †micinos [? l. vicinos] duos conjunctos habent in sella *Gl. Leid.* 15. 43; hoc ~ium . . i. cervical vel pluteum [v. l. pulvinum] OSB. GLOUC. *Deriv.* 464; pulvinar, pulvinus, ~ius, cervical, capitale, aurale *Ib.* 467; ~ium, *orelir* (GARL. *Unus gl.*) *Teaching Latin* II 167; **1553** unum ~ium serico tectum *Pat* 863 m. 38.

2 artefact in which pens are kept.

atramentariolum, parvum scriptorium, pluteum, ~ium [v. l. pluviatium] OSB. GLOUC. *Deriv.* 48.

3 sort of pad used in metal-work.

ut ex argento speciosam formes imaginem non modo malleus [*sic*] opus est incude sed celte sculptorio, plumaxi et aliis quibus peragitur res fabrilis J. SAL. *Anselm* 1018B.

plumacius v. plumacium, pluviarius.

plumalis [LL]

1 made or filled with feathers, feather-. **b** (as sb. m. or n.) feather-bed. **c** feather cushion.

implumem senio confectum veste parentem / plumali proles officiosa tegit NECKAM *DS* II 588; culta sive culcitra ~is [*gl.: de plume*] *Id. Ut.* 100; **1361** lego Katerine . . unum lectum ~a *Lit. Cant.* II 407; **1385** quinque lecti ~es *Ac. Durh.* 264; **1430** lego eidem consorti mee . . duos lectos ~es *Reg. Cant.* II 542; **1438** pro una culcitra ~i cum cervicali pro . . rege . . vj li. v s. *ExchScot* 26; *a fedyr bed*, fultrum, plumale, lectus ~is *CathA*. **b 1341** lego . . mappas, manutergia, ~es, et omnes ciphos *RR K's Lynn* I 150; hoc ~a, *a fedyrbed WW*; **1458** me recipisse . . omnia linthiamina, ~ia, pulvinaria . . per patrem meum . . in testamento suo . . michi legata *Cl* 308 m. 17*d.*; *a fedyr bed*, fultrum, ~e, lectus plumalis *CathA*. **c 1394**

iij antiphonaria, j ~e pro textu, j ordinale (*Invent. Wearmouth*) *Surtees Soc.* XXIX 182.

2 (assoc. w. CL *plumarius*) of embroidery in a feathered pattern.

peritus debet esse tam in opere ~i [*gl.: plen*] quam . . in opere ductili NECKAM *Ut.* 118.

plumare [CL]

1 to provide (arrow) with feathers, to fletch, to feather.

1456 pro cerico ad ~andum sagittas, de mandato domini regis *ExchScot* 128.

2 (assoc. w. deplumare) to deprive of feathers, to pluck. **b** (falc., w. hawk as subj.) to plume.

pinnirapus . . i. ille qui ~at aves OSB. GLOUC. *Deriv.* 428. **b** cum autem primum volaverit, si volucrem ceperit, ad libitum suum eum ~are dimitte ADEL. *CA* 9 (cf. ib. 2: ad libitum deplumet et comedat).

3 to decorate with a feathered pattern or sim. (also in fig. context).

aeternae beatitudinis coronam . . inextricabili plecta plumemus [*gl.: ornemus, scribamus, pingamus*] ALDH. *VirgP* 39 (40) p. 291; integritas nitidam necnon et passio rubram / plumabant pariter macta virtute coronam *Id. VirgV* 2445; ~are, pingere, ornare; hinc et opus plumarium, i. pictura variatum, dicitur OSB. GLOUC. *Deriv.* 483.

4 (falc., p. ppl. as sb. f.) 'casting', meal of feathers.

~atas singulis ebdemodis duas da ADEL. *CA* 4; da ei ~atam et sanabitur *Ib.* 5.

5 (in *gl.*).

9 . . ~emus, *windan WW*; **10** . . ~emus, *scecen we WW*.

plumaris [CL pluma + -aris; cf. et. LL plumalis], made or filled with feathers, feather-, (as sb. n.) feather-bed, cushion, or pillow.

non depositis diurnis vestimentis nec adjecto capiti ~i sustentaculo *Canon. G. Sempr.* f. 60v; stragula, cento, toral, pulvinum, culcitra, lodex / est et plumare sed fulta tapetibus addas GARL. *Syn.* 1587C; **1404** tria plummaria, unum coopertorium frisatum (v. frisare).

1 plumarius [CL]

1 who deals in or works with feathers or down, (as sb. m.) one who deals in or works with down, or one who makes arrows, fletcher (unless to be referred to *plumbarius*).

1176 Walterus ~ius *Pipe* 120; **1230** Rogerus ~ius *Pipe* 78.

2 made or filled with feathers or down, (as sb. n.) feather-bed, bed quilt.

1385 tria ~ia *Ac. Durh.* 264; *purpoynte, bed hyllynge,* ~ium . . plumea *PP*.

3 concerned with decoration or embroidery in a feathered pattern. **b** (as sb. m.) one who decorates or embroiders in a feathered pattern.

nisi . . arte ~ia [*gl.: multimoda, awundenum*] omne textrinum opus . . perornent ALDH. *VirgP* 15 p. 244; ars ~ia, *uuyndecreft GlC* A 772; opere ~io, *bisiudiwerci Ib.* O 212; ~io, in similitudinem plumae *Ib.* P 463; plumare, pingere, ornare; hinc et opus ~ium, i. pictura variatum, dicitur OSB. GLOUC. *Deriv.* 483; albas quoque tres . . acu ~io decoratas G. S. *Alb.* I 93. **b** purpura coccoque bis tincto et ipsa bysso retorta, opere ~ii BEDE *Tab.* 460; qui viz. colores opere ~ii sunt invicem variati *Ib.*

4 (in list of words).

~ium, aerarium ALDH. *PR* 132 p. 182.

2 plumarius v. pluviarius.

plumatio [CL plumare + -tio], (act of) providing (arrow) with feathers, fletching.

1542 in solutis pro reparatione *ly case* sagittarum et ~oni earum et barbillis erga progressum Pasche xviij d. *Ac. Coll. Wint.*

plumator [CL plumare + -tor]

1 one who works with down or flock, flock-puller.

1230 Turbertus ~or debet xx d. quia non est prosecutus *Pipe* 346; **1281** ~ores capient j d. et ob. sine cibo *Rec. Leic.* I 186.

2 bird that moults.

mowtare or mowtarde, bryd, plutor [? l. plumator] *PP.*

plumaxis v. plumacium.

plumba [*pronunciation spelling of* bloma < AS *bloma*], 'bloom', lump of iron.

ibi ij molini reddunt ij plumbas ferri *DB* I 91va.

plumbacium, sheet or strip of lead used for roofing, (pl.) leads.

1297 in conduccione unius plumbatoris . . reficientis ~ia super quinque turres castri *Ac. Cornw* 65.

plumbago [CL], lead-ore. **b** (unspec.) ore.

ore of leade, ~o . . haec LEVINS *Manip.* 175; ~o, galena, molybdena, unum et idem sunt, seu lapis plumbarius, unde fiat plumbum *LC* 259a. **b 1566** de montanis voc' Newlands in com' Cumbr' in quibus quedam vene sive minere et ~inis sive metall' cupri, aurum vel argentum in se continent', A. dict. *mines and owres of copper containing in themselves gold and silver*, existunt *Entries* 410.

plumbare [CL], **plumbeare** [CL plumbeus + -are], **plummare** [cf. ME *plummer*]

1 to fit or provide with lead, to lead (sts. w. ref. to weighting with lead); **b** (w. ref. to roofing or covering with lead); **c** (w. ref. to lining with lead); **d** (w. ref. to providing or closing with leaden seal).

librilla . . i. baculus cum corrigia ~beata ad librandum contra canes OSB. GLOUC. *Deriv.* 309; **1377** una corda ~beata inferiori parti dicti retis infigitur cum pluribus magnis et ponderosis lapidibus *IMisc* 211/5. **b 1199** si domus ~bata in Norhant' fuerit *Pipe* 18; **1238** ad ~mand' suppremum stagium *Cal. Liberate* 334; **1253** in clavis ferri ad ~bandum berefridum *Ac. Build. Hen. III* 238; s**1384** hoc anno . . prior ~bavit gremium sive navem ecclesie *Ann. Berm.* 481. **c 1180** in plunbandis goteriis *RScacNorm* I 8; **1276** oportet . . quod dicte gutture per loca de novo ~bentur *Chanc. Misc.* 3/48/2; **1285** pro xvj libris plumbi emptis ad pluncandum . . stillicidium (*KR Ac*) *Arch.* LXX 29; **1340** de . . j cisterna ~bata *MinAc* 1120/10. 2. 9d.; **1411** guterium . . ~batum in terra *Lit. Cant.* III 115 (v. guttera 3). **d** s**1317** sperantes Scotos per frivola verba et paginas ~beatas de facili perducere ad relinquendum acquisita *Flor. Hist.* III 180; **1336** littera . . que est in desca camere ~bata, in pixide ubi sunt testamenta *Lit. Cant.* II 125; cum literis ~batis quidam . . venerunt J. READING f. 170; **1411** camera privata et ~bata *Lit. Cant.* III 114; **1454** literas . . cum cordula canapis Romane curie more ~batas . . accepimus *Mem. Ripon* I 300; **1546** per . . literas ~batas in forma graciosa expeditas de data Rome *Dryburgh* 288.

2 (dep.) to melt down (metal for casting).

~bor, -aris, i. fundo -is, A. *gete* (*Deponentiale*) *Teaching Latin* I 156.

3 (p. ppl. as sb.): **a** (f.) leaden ball. **b** leaden cannonball. **c** (n.) load of lead.

a cestus plumbatas appellant ere ligatas R. CANT. *Malch.* II 8; cedite plumbatis, plumbatis cedite multis NIG. *Laur.* 1709; nec disciplinam accipiatis cum stragulis nodulatis vel ~bacis [*sic*; ME: *wiþ schurge ileadet*] vel vepribus *AncrR* 170. **b** jacula telis, saxa petris, et masse ferree occurrunt ~batis *Ps.*-ELMH. *Hen. V* 32 p. 81; quidam alius canonus nuncupatus *serpentyne* munitus duabus cameris portans ~batam ponderantem de quinque ad sex libras *Collect. W. Worc.* 574. **c** ~batum, A. *a coope of lead* WW.

plumbarialis [CL plumbarius + -alis], concerned with leadwork or plumbing.

s**1518** novo tecto tam opere carpentali quam plumbriali ad maximas expensas domini prioris *Reg. Butley* 35.

plumbarius [CL], **plummarius**, **plummerius** [cf. ME *plummer*]

1 (as adj.) concerned with making or working with lead.

1428 opera carpentaria et ~beria *Reg. Cant.* II 376; **1433** in stipendiis Roberti Plumber operantis tam in opere ~bario quam in aliis operibus circa fabricam *Fabr. York* 50; in stipendiis Roberti Plumbar operantis in opere ~bario *Ib.* 53.

2 (as sb. m.) one who works in lead, plumber; **b** (passing into surname).

1254 querant . . omnes cordanos, ~barios, et fabros . . *Cl* 259; ~barius . . corredium habet monachale *Cust. Westm.* 50; **1280** c et lxxvj cementariis, xiiij carpentariis, v fabris, ij ~bariis, mille c et xx aliis diversis operariis qui steterant in opere predicto *MinAc W. Wales* 14; **1320** item cuidam ~mario locato . . ad cooperandas diversas cameras domini regis in castro *KR Ac* 462/15 m. 2; **1380** compotat in . . servicio fabrorum, carpentariorum, cuperiorum, ~mariorum, et ceteris minutis hujus compoti *ExchScot* 43; **1423** in stipendio ~biarii emendantis defectus j[us] partis porticus capelle *Ac. Obed. Abingd.* 97; **1435** fecit executores suos viz. T. D. civem et ~merium civitatis London' . . *Reg. Cant.* II 553; nomina artificum . . hec ~marius, *a plumstere* WW; *a plummer*, plumbator, ~barius CathA. **b 1112** a domo Godrici ~barii usque ad ecclesiam *Chr. Rams.* 266; **1183** Gillebertus ~barius r. c. de dim. m. *Pipe* 43; c**1210** hiis testibus . . Willelmo ~bario. Osberto ~bario *E. Ch. S. Paul.* 167; **1218** W. . . occidit Auty ~barium de Ledes et fugit *Eyre Yorks* 265; c**1235** testibus . . Radulfo Plumbario [MS: Pulbario], Alano Dudeling *Cart. Osney* II 339; **1242** Rogerus le Plumus *Pipe* 88 (=*Chanc.*: ~barius); c**1300** Rogero ~bario et garcionibus suis pro plumbaria de plumbo . . facienda *KR Ac* 486/23 m. 4d.; **1302** in stipendium . . Thome ~barii . . fundendo et assidendo plumbum super novam fabricam *Fabr. Exon.* 24.

3 (as sb. f.): **a** lead-mine. **b** plumber's workshop. **c** (product of) leadwork or plumbing. **d** vessel made of lead (in quots., salt-vat).

a in viij acrae prati et una ~batia *DB* I 272rb. **b 1258** in tribus caretatis busce emptis ad plumer' *Ac. Build. Hen. III* 184; **1259** in quadam fabrica et quadam ~meria in eodem castro [de Windesor'] faciendis *Liberate* 35 m. 4; **1323** in factura unius chiseel pro officio ~barie *Sacr. Ely* II 29; una grossa patella ferrea pro plumbo fundendo in plumbar' *KR Ac* 467/6/1; **1455** officium servientis ~barie nostre infra Turrim nostram London' *Pat* 479 m. 4; ~baria, A. *a plomerye* WW. **c** c**1300** Rogero plumbario et garcionibus suis pro ~baria de plumbo principis facienda et cubanda, x s. iij d. ob. *KR Ac* 486/23 m. 4d.; **1360** claustrum . . est ruinosum et indiget cementria . . et carpentria . . et tegular[ia] cum clavis et lathes . . et ~bria *IMisc* 182/12. **d 1441** Wyche . . de firma bullarie ibidem, viz. de xxix plumbar' aque salis *DL MinAc* 645/10461 r. 9; pro qualibet plumbar' viij d. *Ib.*; **1544** omnes illas viginti novem salinas sive plumbar' sive bullar' aque salse vocat[as] *fates* alias *salte fates* alias *boylingfates* alias *salthowses* alias *boylingleedes* alias *saltleedes* sive *wychehowses* in Droytwiche predicta ac totum illum puteum plumbar' aque salse vocatum Sherneputte *Pat* 738 m. 25/16; quendam puteum plumbar' et baillarie aque salse *Ib.*

4 (as sb. n.) plumber's workshop.

1419 in carriagio [plumbi] a Borowbrig usque ~barium Ebor' *Fabr. York* 37.

plumbatio [CL plumbare + -tio], (act of) fitting or providing with lead, leading, plumbing: **a** (w. ref. to roofing or covering with lead); **b** (w. ref. to lining).

a item in plumbo et ~one ejusdem capelle AMUND. II *app.* p. 258; librariam . . perfecit . . tam in tecto quam eciam in muris, superaddiditque ~onem *Reg. Whet.* I 424. **b** hoc modo preparantur plumbi et ~ones ollarum GILB. VII 351. 2.

plumbator [CL plumbare + -tor], one who works with lead, leadworker, plumber; **b** (passing into surname).

1253 in stipendiis xxvj carpentariorum, ix ~orum *Ac. Build. Hen. III* 238; **1285** arena ad opus ~oris *Fabr. Exon.* 5; **1291** in stipendio unius plumbatoris componentis partem tabliamenti *KR Ac* 479/15 r.1; si ~orem . . ad opus ecclesie perficiendum conducat *Obs. Barnwell* 72; **1297** in conduccione unius ~oris cum homine suo . . reficientis plumbacia super quinque

turres *Ac. Cornw* 65; c**1335** stipendia ~orum fundencium et ponencium dictum plumbum *IMisc* 128/19. **b 1228** liberate . . Elye ~ori de Rupella tres m. *Liberate* 7 m. 8; **1242** Thurbertus ~or *Pipe* 194; c**1250** usque terram . . quam Ricardus ~or tenuit *Cart. Cockersand* 966; c**1266** domus Johannis ~oris *Cart. Osney* III 111.

plumbeare v. plumbare.

plumbeitas [CL plumbeus + -tas], (med.) leaden colour or complexion.

si [est] melancolicus declinans ad ~atem GILB. II 80. 1; fit in colore citrinitas non consueta aut ~as GAD. 8v. 2.

plumbeius v. plumbeus.

plumbetum [CL plumbum + OF *diminutive suffix* -ette; cf. et. ME *plumet*, OF *plomet*], lead weight, plumb bob.

a plummet, ~etum LEVINS *Manip.* 87.

plumbeus [CL]

1 fitted with or made of lead, leaden. **b** (w. ref. to the malleability or softness of lead, *lancea ~ea*) leaden spear, useless weapon; **c** (w. ref to the heaviness of lead).

sarcofagum ~eum . . transmisit FELIX *Guthl.* 48 p. 146; urna . . habens intus xij ciatos modicos ~eos *Gl. Leid.* 22. 12; patuit arca et in arca ~ea theca GOSC. *Lib. Mild.* 19 p. 86; ecclesia . . ~eis laminis operta GIR. *IK* I 3 p. 37; **1244** fenestras . . ~eas . . amoveri . . faciat (v. fenestra 1 b); **1289** in xviij carr' j peis' et xvj clav' plumbi . . ad coopertunam nove camere . . cum aliis diversis stellicidiis [*sic*] plumbeiis [*sic*] emendandis *KRAc* 467/19 m. 2; **1314** ad ducendum aquam . . per fistulas ~eas *Reg. Durh.* II 1256; pistellum de plumbo et tabula †pumblea [l. plumbea] fricentur GAD. 126. 1; **1395** vasa enea lign' et ~ia et alia utensilia domus *CoramR* 534 r. 4; **1457** item j par del *weyscalez* cum j *balke* ferr' et ponderibus ~iis *Ac. Durh.* 635. **b** quaelibet virtus sine exercitio quasi ~ea lancea est ANSELM *Misc.* 300. **c** quasi ~eum pondus pendens a collo tuo deorsum te trahebat ANSELM (*Medit.* 3) III 89; sed si desunt hii tutores / erunt culpe graviores / omni mole plumbea WALT. WIMB. *Van.* 91.

2 (of mine) that abounds in or yields lead (-ore).

1270 in mineris nostris . . ~eis (v. cupreus b).

3 of the colour of lead, leaden, dull grey; **b** (med.); **c** (her.).

panis ~eus, loliatus, et crudus P. BLOIS *Ep.* 14. 47C; earum [plantarum] color est lividus, sive niger, sive ~eus *Quaest. Salern.* N 39. **b** ~eus color oculos circumfundit, faciem pallor invadit AILR. *Sanct.* 794D; urina est quasi karopos aut plurimum ~ea aut . . subcinericia GILB. VI 258. 1; color . . ~eus . . significat . . flegma livida GAD. V 86; mutatur color faciei in ~eum aut lividum GAD. 12. 1. **c** isti quinque colores medii a nigredine ascendunt ad albedinem, viz. griseus color qui parum participat de albedine, ~eus, cinericius, terreus, lividus BAD. AUR. 155; color . . ~eus . . a nigredine ascendens et ad albedinem tendens . . color ~eus signum est frigiditatis dominantis et extinccionis caloris naturalis in corpore humano UPTON 118.

4 (fig.) heavy as lead, slow, oppressive.

cunctabundus, morosus, tardus, piger, segnis . . ~eus OSB. GLOUC. *Deriv.* 148; set mala mens intus plumbea vota gerit GOWER *VC* IV 1064.

5 (as sb. n.) plummet.

1387 quoddam ~eum et ij scale ejusdem manerii sunt in custodia J. W. *IMisc* 236/9.

plumbicidium [CL plumbum + -cidium], lead-mine.

[terra] ferrifodiis et ~iis, cujuslibet eciam pene metalli, satis habilis FORDUN *Chr.* II 8 p. 41 (=BOWER II 8 p. 182).

plumbicinium [CL plumbum + -cinium], leadwork, plumbing.

1250 desunt sex lovere in dictis sex talamis cum toto ~io stillicidia putrefacta sunt et deest totum ~um *CallMisc* I 91 p. 30.

plumbilamina [CL plumbum+lamina], sheet or plate of lead.

~a, A. *a plate of lead WW.*

plumbilarius, one who works with lead, leadworker, plumber.

1523 solvisse ~io de Mendefre viij d. *Ac. Churchw. Bath* 105.

plumbinator [cf. plumbinus, plumbator, ME *plumbiner*], one who works with lead, leadworker, plumber.

1313 in stipendio j ~oris cubantis plumbum super cameram . . et facientis ij pipas plumbi super turrim pro goteriis *MinAc* 843/4.

plumbinus [CL plumbum+-inus]

1 of or connected with lead, lead-.

1299 cineres ~os purgandos *Pipe Wint. (Taunton).*

2 of the colour of lead, leaden, dull grey.

mutata est in ~um et lividum colorem GILB. I 70 v. 1.

plumbius v. plumbeus.

plumbosus [CL], that contains lead.

1300 de . . argento albo tam cinerum ~orum quam aliunde *Pipe.*

plumbrialis v. plumbarialis.

1 plumbum [CL], **plumbus** [LL]

1 lead (also spec. as *nigrum*); **b** (w. ref. to baseness or heaviness); **c** (dist. acc. use, sts. w. ref. to piece or sheet of lead).

1243 de karrata blumbi, unum denarium *Pat* 53 m. 10; ad cymbala facienda . . sexta pars metalli sit stannum purificatum a ~o ODINGTON *Mus.* 85; ~um quoddam genus metalli est *Alph.* 151; hoc ~um, A. *lede WW;* ~um, a chymicis tribuitur Saturno, et ejus nomine appellatur. est corpus metallicum, lividum, terreum, ponderosum, parva participans albedine, multum habet de substantia terrea, et in stannum per lavationem vertitur. quo patet stannum esse perfectius ~o. ~um plus habet de substantia sulphuris fixi ad compositionem suam, quam Jupiter, id est stannum *LC* 257b; ~um nigrum, molybdon, excoquitur vel ex galena vel ex pyrite fit *LC* 288a. **b** sum gravior plumbo: scopulorum pondera vergo ALDH. *Aen.* 100 (*Creatura*) 40; ~um tanto vilius est quanto pretiosius esset si aurum esset ANSELM (*Mon.* 15) I 29; potest et per ~um intelligi peccatum NECKAM *NR* II 154 p. 239; terribile est . . honus peccati quia ~o comparatur T. CHOBHAM *Praed.* 98. **c** cujus clipeum vij coria boum ferro ac ~o consuta tegebant *Lib. Monstr.* I 51; ablata harundine ~i lamminis eam [ecclesiam] totam . . cooperire curavit BEDE *HE* III 25 p. 181; perpendiculum, modica petra de ~o qua licant in filo quando edificant parietes *Gl. Leid.* 13. 40; fastigavit [ecclesiam] in summum parietes cemento, tectum ~o reficiens W. MALM. *Wulfst.* III 10 (v. fastigare 2a); subtrahe ~um suppositum vitro, jam nulla resultabit imago inspicientis NECKAM *NR* II 154 p. 239; duo sarcofaga de plumpo inventa fuerunt . . plena ossibus; . . dentur leprosis *PlCrGlouc* 106; hoc modo preparantur ~i ad plumbationes ollarum GILB. VII 351. 2; **1258** ad fundendum ~um ad ligaturas turris *Ac. Build. Hen. III* 184. **1311** in j pecia plumbi empta pro plumbo emend' xx d. *MinAc* 875/7; **1314** invenit quamdam [sic] partem sigilli de ~o controfacti sigilli . . regis *SelCKB* IV 58; inter tabulam et laminam de ~o fiat fricacio GAD. 126. 1.

2 a (~*um album* or *alba* ~*i*) white lead, ceruse. **b** (~*um arsenicum*) lead monoxide, litharge. **c** (~*um arsum*) ? smelted lead. **d** (~*um azur'*) 'blue lead', galena. **e** (~*um candidum* or *argentarium* or, (alch., ~*um candidum nostrum*) ? white lead, ceruse. **f** (~*um cinereum* or *cinis* ~*i*) bismuth. **g** (~*um fertile*) argentiferous lead, lead with admixture of silver. **h** (~*um philosophorum*) a derivative of antimony. **i** (~*um rubeum* or *rubrum*) red (oxide of) lead, minium; **j** (dist. from *minium*). **k** (~*um sterile*) pure lead, lead with no admixture. **l** (~*um ustum*) lead sulphide, (also understood as) litharge.

a in iiij libr' albi ~i emptis *Ac. Beaulieu* 242; **1277** Roberto de Hakeneye speciario pro vj lib. rub' plumbi

xv d. . . eidem . . pro albo ~o *KR Ac* 467/6/2; **1289** in albo ~o . . viridi oleo plumbo rubeo stangno albo . . emptis ad viridand' novam cameram de petra et ad emendaciones picture mangne camere *KR Ac* 467/19 m. 3; **1296** in xj libris ~i rubei et albi emptis de R. de Ponte *Ac. Galley Newcastle* 179; **1342** pro dim. lib. azure ij s. pro cole j d. [pro] dim. lib. plumbi rubei iiij d. pro dim. lib. ~i albi iiij d. (*AcWardr*) *KR Ac* 389/14 m. 2; cerusa, i. album ~um vel flos plumbi sive *gerse* appelletur *Alph.* 37; **1472** pro necessariis ad picturam magni campanilis, viz. . . vj lb' plumbi rubei . . *blaunche plome* . . vij lb' di' ~i albi *Fabr. York* 77. **b** spuma argenti . . ex arsenico ~o fit *Alph.* 180. **c 1198** et Roberto clerico xvj s. et j d. pro ccc et xxv li. de arso misso regi per breve ejusdem *Pipe* 167. **d 1301** de minera ~i azur' (v. albus 5c). **e 1622** ~um argentarium, A. *tynn HCA Act Bk.* 29/624; ~um candidum, improprie stannum dicitur, et non sunt idem. ~um candidum nostrum, nigro plumbo est purius et perfectius quiddam. conflatur apud nos, ut plumbum nigrum, tum ex pyrite, tum ex galena. Plinius et Caesar candidum ~um in Britannia provenire testantur *LC* 288a. **f 1254** de cinere blumbi vj s. viij d. *DCCant. Reg. H* f. 178; ~um cinereum est quasi sui generis metallum. nobilius quiddam est plumbo, deterius argento, et est quasi medium inter species plumbi et argenti. metallum unde conflatur, est simile galenae, unde coquitur plumbum nigrum, sed a galena differt in illo, quod inficit manus tractantis nigrore, nisi plane sit solidum *LC* 287b. **g 1323** ~um fertile (v. fertilis 3). **h** ~um philosophorum est ex antimonio tractum *LC* 259a. **i 1277** pro vj lib. rub' ~i (v. 2a supra); **1289** in . . ~o rubeo (v. 2a supra); **1296** in una libra ~i rubei *Ac. Galley Newcastle* 179; **1466** pro expensis Dedrici Gunnare laborantis circa purgacionem . . bombardorum et artillarie . . nec non oleo lingeti, ~o rubeo, canubio *ExchScot* 422; oleum inde extrahitur coloris aurei aut huic simile ex nostro subtili rubro ~o RIPLEY *Axiom.* 111; hoc est nostrum adrop, uzifur atque ~um rubeum Ib. 114; **1472** pro necessariis ad picturam magni campanilis, viz. . . ij lb. *blew ynde,* ij lb. *vermeyon,* vj lb. ~i rubei, *fresed leder,* ij lb. *ocor Fabr. York* 77. **j** dum vertatur in minium et ~um rubeum RIPLEY 196. **k 1302** fornellario fundenti nigrum opus et ~um sterile *KR Ac* 260/22 m. 6; c**1350** ~um sterile, id est plumbum purum sine argento vel alio metallo *RBExch* 1009. **l** elicmas, i. ~um ustum ces innule *Gl. Laud.* 577; molebda, i. ~um ustum *Ib.* 961; merdasengi, i. litargiri, secundum alios ~um ustum ablutum *SB* 29; ~um ustum, i. cerusa secundum quosdam *SB* 35; alconnium, adaras, coro marina idem secundum nos, secundum alios alconnium est ~um ustum, vel quedam avis marina, vel quedam superfluitas arboris in mari crescentis *Alph.* 7.

3 artefact made of or with lead: **a** a leaden vessel or ? vessel for melting of lead, crucible. **b** vessel (made of material other than lead). **c** leaden seal. **d** plummet, lead-weight, plumb-bob. **e** lead-pen.

a huic manerio pertinent xiij salinae in Wich et xiij salinarii . . ibi sunt vj ~i *DB* I 172. 2b; cum . . nutrix infantem in ~o balnearet . . *Mir. Wulfst.* I 8; c**1160** adhuc in curia illa sunt . . iiij tunelle et ij ~i super fornaces et ij tine *Dom. S. Paul.* 131; ibi est . . unum ~um super fornacem *Ib.* 132; c**1170** Willelmus Maubanc dedit S. Werburge Cestrie quatuor ~os salis in Wico in salina S. Werburge *Cart. Chester* 325 p. 215; **1184** pro j ~o et ij caldariis et vj patellis . . ad coquinam *Pipe* 70; **1234** quod faciat in coquina . . regis . . duos ~os, unum qui contineat xij tinatas aque et alterum continentem xviij *Cl* 405; **1337** in j ~o empto super quod caseus efficitur (*Ac. Milton*) *DCCant.*; **1388** duo ~a posita in fornaci precii decem solidorum *Pat* 326 m. 34; c**1440** unum ~um in deiria . . duo ~a in pandoxatria *DC S. Paul.* 38a. **b 1373** in emendacione unius ~i erei in bracina *Ac. Durh.* 577. **c 1177** nuntii vestri a Romana curia redierunt, exonerati quidem argento, onerati ~o P. BLOIS *Ep.* 41. 121C; hoc privilegium non habemus sub ~o sed transcriptum in textu Adriani et in pluribus aliis locis THORNE 1770; optinuit licenciam a papa . . sub ~o GASCOIGNE *Loci* 130; **1450** primo, littera dispensacionis Archibaldi de Douglas sub ~o *Pri. Cold.* 236; **1454** bullam papalem . . sub ~o signatam . . committi faciatis *Lit. Cant.* III 216. **d 1295** item in duabus cordulis ad ~os qui dicuntur *sundingelend'* emptis . . item in duobus ~is qui dicuntur *sundingeleden* vj d., prec' ~i iij d. *KR Ac* 571/1; **1371** in convencione facta . . pro j novo *cloke* operando cum toto apparatu preter ~um et campanam *Fabr. York* 10; **1399** item . . ~i ponderantis xiij pro velo quadragesimali item ij *plumes* pro orilogio ponderantes xxij petras *Ib.* 19; **1521** ij candelabra super altare; iiij ~i super altare *Ib.* 278. **e** scriptor . . ~um [gl.: *plum, plumet*] . . habeat et lineam NECKAM *Ut.* 116.

2 plumbum v. plumum.

plumella [ML < CL pluma+-ella], (little) feather.

pluma . . inde . . ~a OSB. GLOUC. *Deriv.* 464; *a fedyr,* penna, pluma, ~a *CathA.*

plumentare [cf. ME *plumen, plumet*], to fit with lead.

1290 j ciphum argent' plumentat' et vitreatum *Chanc. Misc.* 4/5 f. 53.

plumere v. plumescere.   **plumerus** v. pluviarius.
plumes v. proluvies.

plumescere [CL], **plumere** [ML]

1 to grow feathers, become fledged; **b** (fig.).

grandia membra mihi plumescunt corpore denso ALDH. *Aen.* 42 (*Strutio*) 1; sicut mox nati pulli donec ~escant aera volando superare non valent BEDE *Luke* 428C; cutis [alitis] cepit ~escere W. MALM. *GP* IV 172 p. 309; discant . . in claustro sub abbate tamquam pulli in nido sub matre ~escere ROB. BRIDL. *Dial.* 36; in nido ~escunt pulli avium residentes AILR. *Serm.* [*PL*] 482D; cum . . crescunt [aves] amplius ~escunt *Quaest. Salern.* B 265; *to be fedyrde,* ~ere *CathA.* **b** ~escat interim, Domine Jesu, ~escat queso anima mea in nido discipline tue AILR. *Spec. Car.* I 5. 16. 510a.

2 (of moulting bird) to change feathers.

~escit, mutat *Gl. Leid.* 19. 57; *mowtyn, as fowlys,* ~eo *PP.*

plumeus [CL]

1 made of or with feathers or down. **b** (as sb. f.) quilt stuffed with feathers.

1463 pro cariagio duodecim lectorum ~eorum *Exch Scot* 214. **b** *purpoynte, bed hyllynge* . . ~ea *PP.*

2 (fig.) light as a feather, that lacks weight or substance.

~eum est argumentum id, ideo levi racione sufflatum OCKHAM *Disp.* 14.

plumiger [CL], feather-bearing, covered with feathers, feathered.

~eram, *feþerbære GlP* 144; pullos plumigera teneros sub veste recondit NECKAM *DS* II 501.

plumm- v. plumb-.

plumositas [CL plumosus+-tas], state or condition of having many feathers or being covered with feathers.

herodius . . est multe pennositatis [v. l. ~atis; TREVISA: *haþ meny feþires*] BART. ANGL. XII 20 (21).

plumosus [CL]

1 covered with feathers, feathered.

~us, i. plumis plenus OSB. GLOUC. *Deriv.* 464; *federid or fulle of fedyrs,* ~us *CathA.*

2 fluffy, downy.

non sint plumose vestes nec pulverulente D. BEC. 1191.

plumula [CL], little feather.

pluma . . inde ~a OSB. GLOUC. *Deriv.* 464; pullum candiculum candens columbula / vestit ventriculum cadente plumula WALT. WIMB. *Carm.* 100.

plumus, ~**um** [AS *plume;* cf. CL prunum], **2 plumbum** [ME *plumbe, ploume* < AS *plume*]

1 plum.

~um, *plumae GlC* P 456; et princeps, tumba, bel, brachia sulsaque plumba / et syserem potus—hec sunt staura civitotis [sic] *Staura Civ.* 20.

2 plum-tree.

plunas [? l. plumus], *plumtreu GlC* P 449; **10** . . plumnus, *plumtreow WW.*

plunbare, pluncare v. plumbare.

plunkettum [ME *plunket*], sort of blue woollen cloth, plunket.

c**1378** garter' .. cum litteris de serico plunkett' de dictamine *hony soit qi mal y pense KR Ac* 400/4 m. 11; **1399** panni .. j xij de plonkett' .. j xij de russet' .. j xij blankett' *KR Ac* 345/20; **1414** quatuor pannos de ~o *Cl* 263 m. 2.

pluor [CL], rain (in quot. transf., of tears).

sed Jesum limpidis cernunt obtutibus / detersis pupule lippe pluoribus WALT. WIMB. *Palpo* 199.

plura v. plures.

pluralis [CL]

1 (of gram. form) plural. **b** (of word) plural in form.

eodem modo in ~i numero reperiuntur ut margines, cardines ALDH. *PR* 122 p. 169; quidam codices ~i numero habent BEDE *Acts* 981D; nomina et verba ~is numeri hanc vocalem E habencia in ultimis sillabis requirunt hanc litteram Z, verbi gracia, *amez, enseignez Orthog. Gall.* S6; numerus .. dupliciter singularis et ~is apud Latinos invenitur *Ps.*-GROS. *Gram.* 40; cum hoc nomen 'pars' poterit construi cum ~i verbo competenter racione pluralitatis BACON XV 29; commutando numerum singularem in numerum ~em OCKHAM *Quodl.* 155. **b** in secunda persona et tertia ~i ALDH. *PR* 114 p. 156; ablativo ~i *Ib.* 119 p. 163; nominativus, accusativus, et vocativus ~is in masculino et feminino genere producuntur BEDE *AM* 102; Micene nomen civitatis et ~e sicut kalendae *Gl. Leid.* 43. 16; de prima .. et secunda persona ~i preteriti perfecti .. ABBO *QG* 15 (33).

2 that has more than one aspect.

s**1433** ubi tam ~is est potestas que invasive percutit (v. invasive).

3 (eccl.) who holds two or more benefices at the same time, (as sb.) a pluralist.

1305 quem quidem presentatum idem episcopus ad predictam ecclesiam nequivit admittere nec debuit eo quod ~is fuit, simoniacus, et excommunicatus *PlRCP* 153 m. 273*d.*; **1318** quandam constitucionem a vestra sanctitate emanasse, per quam pluralitatum dispensaciones tolluntur quodammodo: et vacatura, per eandem constitucionem, ~ium beneficia vestre et sedis apostolice disposicioni reservantur (*Lit. Regis*) *Foed.* III 691; **1519** vicarius non residet et dicitur quod est ~is *Vis. Linc.* I 66.

4 (w. sb. in pl.) more than one in number, several, numerous.

1270 acopiatus fuit in plena curia de ~ibus defaltis *CourtR Hales* 6; pluraliter de se ipsa poterit unus solus loqui, unde nobiles et magnates de se loquentes dicere possunt 'nos', racione ~ium dignitatum quibus a se ipsis et ab aliis cognoscuntur *Ps.*-GROS. *Gram.* 53.

5 (as sb., usu. n.) (form in) the plural number, a plural.

secundum vel cata silemsin; aliquando a ~i ad singulare iterumque de singulari ad ~e *Comm. Cant.* I 61; ~e pro singulari ponit, unum enim fuit sompnium ANDR. S. VICT. *Dan.* 21; in singulari .. in ~i OSB. GLOUC. *Deriv.* 134; sicut autem per silempsim ~e pro singulari sic et simili tropo singulare pro ~i reperies GIR. *Invect.* I 5 p. 102; per ~e notat extrinseca inter rem visibilem et videntem sicut aera et aquam GILB. III 126v. 1; illa .. que solo numero et nulla mensura, eorum nomina tantum ~e habent, ut arma *Ps.*-GROS. *Gram.* 40; causa in singulari .. cause in ~i BACON VIII 80; cum hoc quod dico 'secant' est pluralis numeri, solum exigit a parte ante nominativum ~e, quare nullo modo construitur cum singulari *Id.* XV 28; similiter est fallacia figure diccionis commutando singulare in ~e OCKHAM *Quod.* 155.

pluralitas [LL]

1 (state or condition of) being or consisting of more than one in number, plurality. **b** large number or quantity, multitude. **c** numerical amount, number, quantity.

quas Graecorum traditio a ~ate Pliadas [v. l. Pliades] .. nuncupaverat ALDH. *Met.* 3 p. 72; significat quod non id agat illa ~as personarum ut plures deos credamus BEDE *Gen.* 30; ecce Adam quasi unus ex nobis factus est, nonne et ibi aperte ~as demonstratur? *Eccl. & Synag.* 71; ut unitatem ~atis, ita quietem causam pono motionis ADEL. *QN* 60; inde est quod non ~as sed unitas nucleorum procreatur *Quaest. Salern.* B 65; ~as talium [encium] non est ponenda in Deo DUNS *Ord.* II 247; si .. plures simul haberentur in apostolica sede .. ex ~ate hujusmodi summorum pontificum nullum periculum schismatis sequeretur OCKHAM *Dial.* 813. **b** innumera generalium cogitationum ~as BEDE *Cant.* 1129; **1086** frater noster .. multa laudanda de te michi retulit, quorum ~as et epistolaris brevitas ea nunc enumerari non sinit LANFR. *Ep.* 54 (56 p. 170); juxta multitudinem [v. l. ~atem] et paucitatem substantiarum ROB. ANGL. (I) *Alg.* 68; s**1247** ~ate innotuerat meritorum M. PAR. *Maj.* VI 123; propter heredum ~atem BRACTON f. 67v; rugiencium saxivomorum horrenda ~as *Ps.*-ELMH. *Hen. V* 62 p. 167. **c** cum minor [emitriteus] dicatur minor ratione ~atis horarum que sunt in medio in afflictione GILB. I 59. 1; oportet considerare ~atem horarum in crisi BACON IX 187; de aliis luminaribus .. sicut de cereo Paschali et aliis circa corpora sanctorum et magnum altare, de ~ate et grossitudine non hic scribo *Cust. Cant.* 104.

2 (eccl., fact or practice of) holding of two or more benefices by one person, plurality.

~as .. capellarum peperit munera illegitima et plura alia monstra GIR. *GE* I 49 p. 138; **12..** ~as beneficiorum est adempta *Reg. S. Osm.* II 19; **1295** dispensaciones super quavis ~ate dignitatum, personatuum .. beneficiorum *Reg. Carl.* I 49; **1318** quandam constitucionem a vestra sanctitate emanasse, per quam ~atum dispensaciones tolluntur quodammodo *Foed.* III 691; omnes quos ipse novit talem ~atem ecclesiarum habentes .. confessi sunt seipsos dampnabiliter vixisse duo beneficia retinendo GASCOIGNE *Loci* 68; **1517** exhibuit .. ~atem domini Julii secundi concessam Johanni Hawkesford (*Court Bk. Episc. Linc.*) *Linc. Rec. Soc.* LXI 2.

3 the greater number or part, majority.

quorum unum major et aldermanni .. per ~atem vocum .. eligebant *MGL* I 21; **1451** si .. fuerint in numero equali, iteretur scrutinium quoad illos, quousque per ~atem vocum eleccio unius alteri preferatur (*Stat.*) *Mon. Francisc.* II 110.

pluraliter [CL]

1 (gram.) in plural number.

haec pentaptota sunt singulariter et tetraptota ~iter ALDH. *PR* 132 p. 181; cum sit una ecclesia catholica toto orbe diffusa saepe ~iter appellantur ecclesiae .. BEDE *Ep. Cath.* 49; ~iter primae et secundae personae declinantur, ut nos, vos BONIF. *AG* 493; *þa syx* casus: nominativum .. et ~iter *and menigfealdlice* ÆLF. *Gram.* 10; **1121** Britannias .. ~iter appellat, propter diversas .. insule provincias et linguarum divisiones (*Lit. ad Papam*) *Conc.* I 398b; quoniam .. dixerat Scriptura ~iter 'nostram' pro pluralitate personarum .. NECKAM *SS* I 7. 9; propter hos duos terminos dicit Scriptura ~iter: 'constituisti terminos ejus' BACON *Maj.* II 207.

2 more than once, several times.

per istos triginta dies post matutinas qualibet nocte dicetur 'Verba mea', cum collecta 'Absolve' ~iter *Cust. Cant.* 368; ~iter cum eodem oretenus circa singula suprascripta tractavi J. YONGE *Vis. Purg. Pat.* 12 p. 58.

plures, plura [CL]

1 (w. sb. in pl.) more (than one), a greater or additional number of, (absol.) very many. **b** (as sb. m. pl.) more persons, (absol.) very many persons. **c** (as sb. n. pl.) more or very many things.

vinctos ~es in carceribus habentes GILDAS *EB* 27; ~a [*gl.*: multa] monachorum ergasteria ALDH. *VirgP* 36 p. 281; vocato filio suo .. et ~ibus amicis *DB* I 177ra; videtur .. ex una anima ~es animas fieri GILB. VI 245. 1; **1212** fuit cum eo ad ~a alia latrocinia *SelPlCrown* 65; emit ab eo unam tunicam .. et ~a alia furta *PlCrGlouc* 18. **b** nempe volunt plures collum constringere dextra ALDH. *Aen.* 80 (*Calix Vitreus*) 5; **705** hoc tibi per litteras intimare curavi ne inter ~es devulgatum innotescat WEALDHERE *Ep.* 23; ~es .. regularem instituebat ad vitam BEDE *HE* IV 25 p. 269; haec terra per ~es est divisa *DB* I 179va; quia .. ~es odio eam habeant *PlCrGlouc* 32; ille medicus ~es sanat in quo ~es confidunt BACON IX 187. **c** haec .. et multo ~a quae brevitatis causa omittenda decrevimus GILDAS *EB* 1 p. 26; nam ingenti miraculorum mole victus brevitatis compendio ~a praetereo ALDH. *VirgP* 35 p. 280; cum .. haec et hujusmodi ~a loqueretur BEDE *HE* IV 3 p. 209; necessitas ~a [AS: *feala*] docet *Prov. Durh.* 36; genus predicatur de ~ibus quam species, i. ~ius, ut ita dicam NECKAM *NR* I 2 p. 15n; **1212** fuit cum eo .. ad brusandum quandam domum et ibi furati fuerunt ~a *SelPlCrown* 65.

2 too many.

amicos ~es [AS *to feala*] nemo habet *Prov. Durh.* 4.

pluries [LL]

1 more than once, often, frequently.

c**1168** quod ipsum sepius audivi excusantem .. recessum vestrum et pro vobis ~ies intercedentem J. SAL. *Ep.* 237 (277 p. 590); ~ies in illo itinere dicebat nusquam se tot lacrimas .. vidisse GIR. *RG* II 18 p. 75; **1220** ~ies alienavit loquelam suam *SelPlCrown* 128; arbor .. sit que pluribus solis periodis permanens de eodem stipite ~ies fructificat GROS. *Hexaem.* IV 28. 2 p. 151; ut si idem frequenter repetit ~ies aut causa delectacionis aut causa firmioris inpressionis .. vicium fugiet *Ps.*-GROS. *Gram.* 73; Aristoteles .. ~ies loquitur de equivocacione BACON *CSTheol.* 64; cum Anglis Scoti pugnant aequali numero, ~ies solent esse victores quam victi MAJOR V 9 p. 219.

2 (leg., as name of writ *sicut* or *cum*) *Pluries*, usu. issued the third time an order has been given.

s**1433** accepto brevi tercio quod vocatur ~ies ne incideret in contemptum AMUND. I 312; **1444** *the seide writts of* plur', capias, *and* exigent *RParl* V 109b; **1469** ~ies (v. capere 21 b).

plurificabilis [ML < plurificare + -bilis], (phil.) that can be made more than one, that can be increased in number, multipliable; **b** (dist. from *multiplicabilis*).

ad secundum quod dicitur quod hec non est concedenda 'Deus genuit Deum' .. dico quod verum est quia hoc nomen Deus inquantum significat naturam non ~em nec secundum rem nec secundum apprehensionem .. habet naturam termini singularis MIDDLETON *Sent.* I p. 61a; species ~is .. in individuis non determinatur ex se ad certum numerum individuorum DUNS *Ord.* II 232; quod quidem est ad se ens et per se nullo modo ~e vel numerabile *Ib.* IV *app.* p. 384; non potest demonstrari quod species ~is non determinat se ad certum numerum individuorum OCKHAM *Quodl.* 10; materia in aliquo toto est ~is in partes ejusdem species *Ib.* **b** qui .. ita fingunt circa naturam divinam, plurimum deviant et aberrant? non enim est multiplicabilis nec ~is in multa individua omnino similis racionis BRADW. *CD* 10C.

plurificabilitas [ML < plurificabilis + -tas], (phil.) capability of being made more than one or increased in number, multiplicability.

universale includit imperfecciones quasdam, viz. divisibilitatem et determinabilitatem et potencialitatem et ~atem DUNS *Univ.* 166b.

plurificare [ML < CL plures + -ficare], (phil.) to make more than one, to increase in number, multiply; **b** (dist. from *multiplicare*).

si materia ~aretur sicut forma BACON *Maj.* I 144; secundum Avicennam .. Deus non habet diffinicionem, ergo attributa Dei racionem non habent, non ~antur ergo secundum racionem MIDDLETON *Sent.* I 30a; ita non possunt ~ari actus nocionales fundati super actum eundem essencialem DUNS *Ord.* II 288; patet igitur quando plura et distincta cognoscuntur una cognicione, esse cognitum non ~atur sicut nec cognicio, licet ~entur in esse cognito objective W. ALNWICK *QD* 27; repugnat ipsi Deo ~ari et non conceptui specifico de pluribus predicari OCKHAM *Quodl.* 751; etenim res partibiles impartibiliter, et indistanter cognoscere ipsos est necessarium, et ~ata unitive, et temporalia eternaliter, et generabilia ingenerabiliter BRADW. *CD* 183C; corpus .. non est ~atum set unum indivisum T. SUTTON *Gen. & Corrupt.* 142; figuracionem .. propinquiorem comitati cantorum assignabo necessariis tractibus in aliquibus ~atis WILL. 31; **1409** cum .. dissensionum .. continuacio .. vicia simul et inerciam ~ando, morum venustatem .. denigraverit *StatOx* 204. **b** in tantum extravagantur nostri theologi, quod ponunt Deum non solum posse multiplicare corpus per diversa loca, sed eciam idem punctale singulare multiplicare per spacium infinitum, et idem singulare ~are ad tantum numerum sicud est maximus numerus mundi WYCL. *Log.* III 151.

plurificatio [ML < plurificare + -tio], (phil.) (act of) making more than one, increase in number, multiplication.

item intellectus est substantia immaterialis. sed non

est ~o nisi per materiam. ergo intellectus non habet materiam PECKHAM *QA* 41; dico quod verum est, tamen non posse divinam essenciam multiplicari spectat ad ejus nobilitatem quia talis ~o non posset fieri nisi per proprietates absolutas et realiter distinctas MIDDLETON *Sent.* I p. 34b; unum simpliciter sine ~one et idcirco unum multiplicacione NETTER *DAF* II f. 123rb.

pluriformis [CL], that has a variety of forms, varied (in quot., of abstr.).

1009 caeteris . . calamitatum aerumnis ~ium opprimentibus *Conc. Syn.* I 363 (=*GAS* 247).

plurimus [CL]

1 very many, greatest in number, most numerous. **b** (w. *quam*) very many, as many as possible. **c** (as sb. m. pl.) very many persons, most persons (also w. partitive gen.). **d** (as sb. n. pl.) most things.

ante annos ~os BEDE *HE* IV 18 p. 247; conjugatis . . abstinendum est a coitu ~is diebus, orationi vacare ac sic deinde ad corpus Christi accedere *Ps.*-BEDE *Collect.* 284; maculosum, notis ~is varium *GlC* M 83; due superficies . . ~orum angulorum ADEL. *Elem.* XII 1; in audiencia ~a coram pueris nostris GIR. *SD* 110. **b** quorum [martyrum] . . passionum loca, si non lugubri divortio barbarorum quam ~a ob scelera nostra civibus adimerentur . . GILDAS *EB* 10; reges . . quam ~as conjuges habentes *Ib.* 27; habet Britannia . . quam ~os ministros, sed impudentes *Ib.* 66; suis discipulis apostolis et aliis sanctis quam plurimis THEOD. *Laterc.* 11. **c** quod ~orum [gl.: multorum] est . . quod paucorum [gl.: s. hominum] est ALDH. *VirgP prol.* p. 228; erant ~i eorum de monasterio Bancor BEDE *HE* II 2 p. 84; coenobium . . est . . habitaculum ~orum *Gl. Leid.* 2. 188; c1150 coram me et comitissa et ~is baronum meorum *Ch. Chester* 98. **d** ~a desunt huic manerio quae TRE appendebant ibi *DB* I 219va.

2 greatest in size, extent, or duration.

~ae longitudinis habet dies aestate . . ~ae item brevitatis noctes BEDE *HE* I 1 p. 11.

3 greatest in degree or scope.

cum ~am insulae partem incipientes ab austro possedissent . . BEDE *HE* I 1 p. 11; piscis . . quem . . ~a denariorum venditione distraxit OSB. CLAR. *V. Ed. Conf.* 10 p. 86; crux plurima, mundus; / et nobis corpus carceris instar adest L. DURH. *Dial.* IV 281; apud Deum et homines laudem ~am meruisti P. BLOIS *Ep.* 36. 115A.

4 (n. sg. acc. as adv.) to the greatest degree or extent, most.

quae poetica exemplorum adstipulatione ~um indigent ALDH. *PR* 116 p. 159; piis elimosynarum fructibus ~um intentus BEDE *HE* IV 11 p. 225; c1168 doleo . . et ~um doleo quod . . J. SAL. *Ep.* 237 (277 p. 590); ut . . ~um posse videatur oratio GIR. *TH intr.* p. 6; que cum in primis inter carnis et spiritus luctam anxia ~um inveniretur . . *Id. GE* II 11 p. 223.

plurinomium [LL], (gram.) word that has the same or similar meaning as another, synonym.

undecimae [speciei] sinonima, i. ~ia, eo quod sit in pluribus nominibus significatio una, ut terra, humus, tellus, solum BONIF. *AG* 476 [cf. Isid. *Etym.* I 7. 14].

plurior [LL]

1 (compar.) more numerous still, (as sb. m. pl.) more persons still.

primo ~iores erant [libri Regum] quam modo sunt in ipsis *Comm. Cant.* I 435; sicut . . a pluribus ei dictum fuerat . . regis in vita . . et post mortem ejus a ~ioribus GIR. *RG* II 9 p. 60.

2 greater in size, extent, or sim.

ut . . pars ~ior foret falsa WYCL. *Ver.* II 113.

pluripendere [CL plus+pendere], to make more of, to value more, prefer (to).

probe satis fecisti, qui ~eris Dei timorem quam patriam ac respectum celestis ire quam minas meas. quapropter habeto episcopatum R. NIGER *Chr.* II 160 (cf. DICETO *Chr.* 177).

pluritas [LL], (state) of being or consisting of

more than one number, plurality (also fact of being many, plurality, large number or multitude).

hanc ~atem altarium detestans, Osee ait . . GIR. *GE* I 49 p. 138; ubi enim non est multitudo essenciarum vel naturarum, non est ex talibus combinacionibus personarum ~as WYCL. *Civ. Dom.* I 365; *mekyllnes*, ~as, multitudo, et cetera, ubi *largenes CathA*.

plurivocus [LL; cf. LL multivocus], (gram.) that has many names or is expressed by more than one word, (as sb. n.,) something that has many names.

sinonima vel polionima, i. e. multivoca vel ~a TATWINE *Ars* 18 p. 10 (v. multivocus a); omonyma aequivoca, synonyma univoca, polyonyma ~a Latine dici possunt ALCUIN *Didasc.* 955A.

plurpis v. pleurisis.

plus [CL]

1 a greater or additional amount or number, more (usu. w. *quam* or abl. of comparison); **b** (w. numeral); **c** (w. partitive gen.). **d** (*plus minus* or sim.) more or less, approximately. **e** (*sine pluri* as adv.) without further delay, straightway.

si . . unus plus, alius minus dixerunt . . THEOD. *Laterc.* 4; tunc plus non accipit quam decretum est a senioribus *Id. Pen.* I 1.4; de quibus taediosum est plus scribere velle *Lib. Monstr.* I 56; quia solum duas syllabas plus habet in genitivo quam in nominativo ABBO *QG* 5 (13); in quibus sunt domus quae non reddunt geld' plusquam vasta terra (*Wilts*) *DB* I 64va; quia omne genus in plus est quam aliqua suarum specierum J. BLUND *An.* 39; dicit Avicenna quod plus facit confidentia infirmi in medicum ad curam quam . . BACON IX 187; 1290 de sturjun' expendiderunt marinarii quandam partem, nesciunt quantum [*sic*], set bene sciunt quod medietas et plus expendebatur per nuncios *KR Ac* 4/26; c1300 proviso quod seniores . . plus debito nullatenus onerentur *Vis. Ely* 15; occupando plus de loco quam unum per se T. SUTTON *Gen. & Corrupt.* 109. **b** Samaritani . . dicunt esse cum eis nomen Domini inenarrabile, hoc est tetragramaton, cum ipsis non plus quattuor litteras habens *Comm. Cant.* I 236; effigies plus quam quingentas . . ad solum diruit ALDH. *VirgP* 36 p. 282. **c** sic et illa quae semen viri sui in cibo miscens ut inde plus amoris accipiat, peniteat THEOD. *Pen.* I 14. 15. **d** uxor quae sanguinem viri sui pro remedio gustaverit, xl dies plus minusve jejunet *Ib.* I 14. 16; alii xij solidos . . alii plus, alii minus *Comm. Cant.* I 264; anno dxcvii venere Brittaniam . . doctores; qui fuit annus plus minus cl adventus Anglorum in Brittaniam BEDE *HE* V 24 p. 353; anno . . ante obitum suum plus minus uno *V. Gund.* 349; cum rursus Phebus excentricus ambiat orbem / et centrum terre plusue minusue petat GARL. *Epith.* IV 48. **e** s1381 ut . . redirent ad propria sine pluri ibidem prestolaturi chartas confirmatorias pacis WALS. *HA* I 462.

2 something more considerable or important (usu. w. *quam*), more than.

rege plus est sacerdos *Comm. Cant.* I 449; frequens lectio et quotidiana meditatio plus laborare solet quam labor corporis *Ps.*-BEDE *Collect.* 120; tam manifestam prodicionis plus quam fraudem . . nec notare curat nec vitare laborat GIR. *SD* 2; ut officialis vester et plus quam magister fieret *Ib.* 94; pluries tamen vobis dicere consuevimus quod, si quandoque naturaliter obediendi et obsequendi patruo, qui vobis plus quam pater extitit, vos titillacionem sentire contingeret, hoc proprie paterne nature ascriberetis *Ib.* 136; nonne dictabit racio / quod plus sit hec transgressio / quam patris primi vicium? J. HOWD. *Cyth.* 123. 5.

3 (w. gen. of price) of a greater price or value. **b** (*pluris facere* w. acc.) to make more of. **c** (as adj., w. *pretium*) greater (in price or value).

nisi quod plus appetit / ea que sunt pluris P. BLOIS *Carm.* 25. 6. 36. **b** ut juvenili levitate pluris facerem scientiam meam quam erat J. SAL. *Met.* 868A. **c** quia pluris apud se estimabat precii OSB. CLAR. *V. Ed. Conf.* 10 p. 86.

4 the greater amount or number, the most.

1350 cautio . . subhastetur et plus offerenti detur *StatOx* 78.

5 (*ad plus* as adv.) additionally, beyond the normal limit, or at the most.

1204 extendi faciatis manerium . . ad plus quod

poterit extendi *Cl* 4a; werre . . nec nisi per annum ad plus vel etiam dimidium durare solent GIR. *JS* III p. 210; post complementum annorum xiiij et deinceps usque ad annum lxxvij ad plus M. SCOT *Phys.* 2 f. 10ra; in uno anno tres dies vel in duobus annis quinque dies ad plus debent dari in brevi de recto *State Tri. Ed. I* 1; 1327 per mensem ad plus . . retardata *Melrose* 368 p. 334; quod . . vicecomes habeat tres servientes vel iiij ad plus, et non plures *MGL* I 569.

6 (as adv.) to a greater degree or extent, more (usu. w. *quam* or w. abl. of comparison): **a** (w. vb.); **b** (w. adj.); **c** (to form compar.); **d** (pleonastically, w. adj. in compar.); **e** (pleonastically, as secondary compar.).

a in parcendo ei plus merito *Comm. Cant.* I 230; cum mihi vita comes fuerit, nihil aurea forma / plus rubet et moriens mea numquam pulpa putrescit ALDH. *Aen.* 14 (*Pavo*) 4; Aedilfrid qui plus omnibus Anglorum primatibus gentem vastavit Brettonum BEDE *HE* I 34 p. 71; sciebat illam nullum virorum plus illo diligere *Ib.* IV 17 p. 243; duxit secum . . filium suum juniorem, quem ceteris omnibus plus dilexit M. PAR. *Maj.* I 384; c1290 indicati fuerunt de abbeto indictamenti facti super Willemum . . et dixerunt quod plus fecerunt per illos quam per alios fuit . . Willemus . . indictatus *State Tri. Ed. I* 29. **b** qui [homo utriusque sexus] . . ipsa facie plus et pectore virilis quam muliebris apparuit *Lib. Monstr.* I 1; rex . . bella plusquam civilia per biennium sustinens GIR. *EH* I 45 p. 298; plus crudelis quam delectabilis M. SCOT *Phys.* 63 (v. delectabilis b). **c** eo quo vir Dei instantius illis in regionibus semina vitae sparserat quo plus necessarium antiquam ignorantiae famem depellere perspexerat ALCUIN *WillP* 8; dum vultum venerabilem / ponis plus petra stabilem J. HOWD. *Cyth.* 57. 11. **d** Diogenes enim plus potencior et locuplecior erat Alexandro omnia possidente *Eul. Hist.* I 426. **e** genus predicatur de pluribus quam species, i. plurius, ut ita dicam NECKAM *NR* I 2 p. 15; gratia Dei et donum in gratia unius hominis Jesu Christi in plures abundavit, id est plurius et efficatius *Id. SS* IV 20. 16.

plusagium [OF *plusage*], excess amount, surplus.

1289 dedimus . . Henrico . . custodiam terrarum . . ita tamen quod, si plus valeat quam viginti libras dicta custodia, illud ~ium nobis remaneat *RGasc* II 394b; 1295 si forte aliquid ultra retinuerit vel ceperit de illo ~io teneatur fideliter respondere *Foed.* II 692; c1410 allocat expensas misas ratasque dierum / tallias ostensas super et plusagia rerum (*Vers. Exch.*) *EHR* XXXVI 60; arreragia nulla, sed habent ~ium ut patet in pede ultimi compoti *Cant. Coll. Ox.* II 206.

pluscarius v. plusculparius.

pluscula [ML], ~um, buckle.

1310 flagella nova emp' cum plustulis . . *Ac. Durh.* 511; 1330 canab' pro . . cingulis et plustulis *Ib.* 16; 13 . . zonarius habeat ~as de ferro, cupro (*Nominale*) *Neues Archiv* IV 342; 1385 duo botelli de jaspide grisea, cum lacis de serico viridi, cum ~is et pendiciis argenti (*Invent. Ripon*) *MonA* VI 1367b; ~a, A. *a bocule, WW*; hoc ~um, *a bokylle WW*; *a bukylle*; buccula, ~a *CathA*; c1525 circa feretrum S. Willelmi portabile . . unum *le chelander* argenti deaurati . . una ~a auri cum viij lapidibus (*Invent.*) *Fabr. York* 224; una zona parva de serico purpureo cum ~a et *le pendaunt* de auro *Ib.* 225.

plusculare [pluscula+-are], to fasten or provide with a buckle or clasp.

to bokylle, ~o, ~ans, ~atus *CathA*.

plusculparius [pluscula+-arius], one who makes buckles or clasps, buckle-maker.

~ii . . [v. l. pluscarii, *gl.: boqelers*] sunt divites per plusculas suas et lingulas et mordacula GARL. *Dict.* 123; ~ius, *bokylle makere PP*.

plusculator [plusculare+-tor], one who makes buckles, buckle-maker.

a bukylle maker, plusculus, ~or *CathA*.

plusculatrix [plusculare+-trix], one who makes buckles, buckle-maker (f.).

a bukylle maker, plusculus, plusculator, ~ix *CathA*.

1 plusculus [CL]

1 somewhat greater in amount or duration.

si negligentior debito fuisti, si ~o cibo crudior,

si potu dissolutior, metas necessitatis excessisti AILR. *Inst. Inclus.* 16; quid est, inquis, quod cum . . poculis pauculum relaxarer, ~o somno indulgerem *Id. Spec. Car.* II 7. 553A; interrogationibus . . tam longis et ~a [*gl.: par poye plus*] meditatione circumvolvendis BALSH. *Ut.* 52.

2 (pl.) fairly large number of, several.

quamvis informi Terpsicore paucula versu / luserit, ardet amor quo pluscula cara superstes / expediat FRITH. 132;

3 (as sb. n.) somewhat larger amount, a surplus.

feliciora fuisse tempora nec tantis egena ~is perniciosa curiositate (*Quad. dedic.* 13) GAS 530.

4 (n. sg. acc., sts. as adv.) to a greater degree (than is necessary), more (than enough); **b** (in list of words).

~um, plusquam oportet *GlC* P 468; ~um in pane contractior et constrictus a panis fuit erogatione semotus LUCIAN *Chester* 58. **b** ~um, clanculum, ferculum ALDH. *PR* 120 p. 164.

2 plusculus [cf. ML pluscula], one who makes buckles, buckle-maker.

a bukylle maker, ~us, plusculator *CathA.*

pluspetitio [CL plus+petitio], (leg.) excessive claim.

1227 cadit breue per ~onem *BNB* III 627 *marg.*; item [breve] cadit pro ~one *Fleta* 441.

plusquamperfectus [CL, al. div.], (gram.): **a** (as adj.) pluperfect. **b** (as sb. n.) pluperfect tense.

a GARL. *Dict.* 134 (v. hypersyntelicon); 'non possederat', quod est verbum temporis ~i OCKHAM *Pol.* II 441. **b** ALDH. *PR* 127 (v. perficere 9b); BEDE *AM* 2357, ALCUIN *Gram.* 875B, Ps.-GROS. *Gram.* 48 (v. perficere 9a).

plustul- v. pluscul-.   **plutecus** v. pithecus.

pluteus [CL], plank, board. **b** desk, writing-board, or bookshelf. **c** bedstead, bedframe, or couch. **d** head- or neck-rest, pillow or cushion.

leniter et quasi furtim superficiem ~ei metitur animal dolosum [sc. mulus] NECKAM *NR* II 159 p. 265; ~eum, *plaunc Teaching Latin* I 156; *plank, boord* . . ~eum . . neut. *PP.* **b** pro phalera pluteum, calamum jaculi vice porto L. DURH. *Hypog.* 67; hoc ~eum . . i. scriptorium super quod scribitur OSB. GLOUC. *Deriv.* 422; quod in claustralium ~eis continetur excutiunt, litteratim expilant scrinia J. SAL. *Pol.* 685A; scriptor . . scripturus . . in cathedra sedeat, ansis utrinque elevatis, ~eum [*gl.: carole monachi, charoule, deske*] sive asserem sustinentibus NECKAM *Ut.* 116; ~eos Romanice *karoles* supra quos scribunt clerici *GlSid* f. 145ra; *leteron or leterun, deske,* lectrinum . . lectorium . . ~eum . . omnia neut. *PP; wrytyng boord,* ~eum . . neut. *PP.* **c** *a bedstoke,* sponda, fultrum, lectica, ~ens *CathA.* **d** hoc plumacium . . i. cervical vel ~eum [v. l. pulvinum] OSB. GLOUC. *Deriv.* 464.

plutina [cf. CL pluere], drizzle.

mulreynne, ~a . . pluviola *PP.*

plutinare [plutina+-are], (impers.) to drizzle.

mullyn, or reynyn a mulle reynne, ~at *PP.*

Pluto, **~on** [CL < Πλούτων], Pluto, god of the underworld (in gl., assoc. also w. Πλοῦτος, god of riches). **b** (in gl.) one who sacrifices.

idcirco penetrant Erebi sub tristia nigri / Tartara Plutonis plangentes ignea regis BONIF. *Aen.* (*Justitia* 13) 73 p. 293; Aides, ~o, divitiae *Gl. Leid.* 38. 39; **11** . . ~on, deus inferni *WW;* quadriga currus ~onis OSB. GLOUC. *Deriv.* 65; ditis, ~o, quod et pro divite dicitur *Ib.* 176; hic Summanus . . i. ~o deus inferni *Ib.* 349; thesauros terre commiserunt et Diti [*gl.: Dis, Pluto, qui et terra quasi pluviicto (sic)*] divitias legaverunt NECKAM *NR* II 188 p. 335. **b** ~ones, *bloteras GlP* 700.

plutor v. plumator.   **pluveius** v. plebeius.   **pluverus** v. pluviarius.

pluvia [CL], (fall of) rain; **b** (transf. or fig.).

non dicit Scriptura ~iam ante diluvium si esset an non *Comm. Cant.* I 33; si quando ~iarum vel nivium aquas recipit BEDE *Ezra* 890; aque in nubibus . . conglobate . . demum in ~ias . . resolvuntur GIR. *TH* I 6 p. 27; Helyas ascendit in montem Carmeli oratione sua daturus ~iam AD. DORE *Pictor* 160; dicitur quod ventus per modicam ~iam [ME: *rein*] prosternitur *AncrR* 90; sed in xvij die fuit ~ia magna et subita cum tonitruo ita quod Oxoniis non fuerat ~a tam magna in tam modico tempore per multos annos W. MERLE *Temp.* f. 4.   **b 793** quid significat ~ia sanguinis qui [v. l. quam] . . vidimus de borealibus domus sereno aere de summitate minaciter cadere tecti? ALCUIN *Ep.* 16 p. 43; quid significat ~ia sanguinis W. MALM. *GR* I 70; isti sunt nubes qui totum mundum irrigant per ~iam spiritalem AILR. *Serm.* 15. 10; nubem . . suspendisti in faciem meam que . . imbre ~ie salutaris interdum diluat quod culpa fedavit J. FORD *Serm.* 4. 4; in ~is sagittarum retrocedere compelluntur et fugere ad acies posteriores G. HEN. *V* 13 p. 86.

pluvialis [CL]

1 that consists of rain, rain-. **b** (of wind) mixed with rain. **c** caused by rain.

fons ille, si quando ~ibus pascitur aquis W. MALM. *GR* IV 369; minutatim super nos ruit sicut ~is aqua terram guttatim infundit ANDR. S. VICT. *Dan.* 91; queritur cur aqua ~is sit constipativa *Quaest. Salern.* P 81; cum multa aqua ordei vel ~i J. MIRFIELD *Brev.* 80; descendit aqua ~is T. SUTTON *Gen. & Corrupt.* 195; **1392** Editha . . demens et insanis [sic] submersa fuit in parvo puteo impleto cum aqua ~i in alta via *SelCCoron* 49.   **b s1256** tempestas . . venti ~is sive pluvie ventose M. PAR. *Maj.* V 561.   **c** ~is aquositas GIR. *TH* I 6 p. 27.

2 characterized by rain, rainy.

December quem esse ~em ac tempestivum . . quis nesciat? BEDE *Ezra* 878.

3 that protects from rain. **b** (as sb. n.) rain-cloak, cape for wet weather.

a1170 dederunt . . cappam . . ~em (v. cappa 2a); **1207** debet ij cappas ~es de Flandr' (v. cappa 2a); respondit . . se nunquam capam ~em habere velle de panno ex tali mixtura confecto GIR. *SD* 38; **1346** habeant formam honestam cappe . . ~is *Conc.* II 730b; una cum ~i capucio patris mei *Offic. R. Rolle* xxv; **1416** alba stola et capa ~i indutus *Reg. Cant.* I 25. **b 1160** impositum . . sibi manibus fere omnium ~e repellit ARNULF *Ep.* 28 p. 40; s1179 misit idem papa . . plumale [? l. pluviale] suum et zonam suam in signum et memoriam specialitatis et dileccionis perpetue THORNE 1824; habeat . . tunicellum, dalmaticam, ~e, mitram solemnem AMUND. II *app.* p. 362; **1473** unum ~e cum cervicali *Rec. Burford* 44.

4 (as sb. n.) drain that carries away rainwater, gutter.

11 . . hoc ~e, i. *luver WW Sup.* 90.

pluviarius [CL pluvia+-arius], **plovarius**, **pluverius** [OF *plovier*, AN *pluvier* < pluviarius], kind of bird, plover.

passeres, pluviarii [v. l. plumarii, pluvinarii; gl. *pluvers, plovers, hulsterris*], ardee, grues GARL. *Dict.* 135; **1250** pro . . c et l perdicibus, witecockis, et plovariis *Cl* 385; **1255** in . . ix fasianis, lvj perdicibus, lxviij wydecok', xxxix pluver' *Liberate* 31 m. 10; **1274** quod possit dare . . unum plumerum [? l. pluvierum] meliorem pro j denario *MGL* II 82; **13** . . aucuparius habeat aves . . *wodecok* plumarios [? l. pluviarios] (*Nominale*) *Neues Archiv* IV 340; **1338** in xvj *teles* xvj d. in iij pluveriis iiij d. *Ac. Ep. Bath.* 124; **1384** de phasianis, perdicibus, pluveris, quailis, alaudis et omnimodis aliis avibus de warenna *Pat* 317 m. 17; **1386** licenciam . . capiendi . . perdices, pluveros (v. coturnix a); **1389** quod nullus ammodo vendat gallum silvestrem, perdricem, pluverium, carius quam pro duobus denariis *Mem. York* I 94; plumacius [? l. pluviarius], A. *a plumere* [? l. *pluviere*] *avis* est *WW; a plover,* pluvarius *CathA.*

pluvias [cf. CL pluvia; *formed by analogy w. Greek words ending in* -άς], associated with rainy weather.

Pleiades quasi ~ades stelle, sc. quibus apparentibus pluvie inundant OSB. GLOUC. *Deriv.* 434.

pluviatim [CL pluvia+-atim], in the manner of rainfall.

decursim, fluxim, stillatim, paulatim [v. l. pluviatim] OSB. GLOUC. *Deriv.* 173.

pluvicinare [ML]

1 to rain lightly, to drizzle.

10 . . ~o, ic stancrige *WW; to miselle* [v. l. *mysylle*] . . pluvitinare *CathA.*

2 to rain frequently.

~are, pluitare, sepe pluere OSB. GLOUC. *Deriv.* 483.

pluvicinatio [ML pluvicinare+-tio], light rainfall, drizzle.

10 . . ~o, *stanc WW.*

pluvina v. plevina.   **pluvinar** v. pulvinar.   **pluvinarius** v. pluviarius.

pluviola [ML < pluvia+-ola], light rain.

pluvia . . unde hec ~a OSB. GLOUC. *Deriv.* 429; *mulreynne,* plutina . . ~a *PP.*

pluviose [CL pluviosus+-e], in a manner characterized by abundance of rain.

pluvia . . pluviosus unde ~e OSB. GLOUC. *Deriv.* 429.

pluviositas [CL pluviosus+-tas], abundance of rain, raininess.

pluvia . . pluviosus . . ~as OSB. GLOUC. *Deriv.* 429; de ventositate et ~ate, earumque causis GIR. *TH cap.* p. 10.

pluviosus [CL]

1 characterized by abundance of rain, rainy; **b** (of weather, day, or season). **c** (*signum* ~*um*, of sign of the zodiac).

imbricus, ~us, nimbosus OSB. GLOUC. *Deriv.* 290; pluvia . . et ~us *Ib.* 429.   **b 1233** propter tempus ~um *BNB* II 630; s1267 ver fuit ventosum et ~um BOWER X 25; **1496** quamvis tempus fuerit ~um vel aliis procellarum turbinibus intemperatum *Eng. Clergy* 127; s1515 dies fuit totaliter ~us, ventosus cum perniciosissima tempestate *Reg. Butley* 33.   **c** ipsos . . hedos . . in celo stellificavit; capram quoque signum fecit ~um *Natura Deorum* 13.

2 soaked by rain.

sint decorata, nova tua vestimenta decora / non sedeas cinere vel pulvere; pulverulenta / sordida si fuerint, pluviosa vel incinerata, coram divitibus tales non excute vestes D. BEC. 2492.

? pluvire [cf. CL pluvia, pluere], (impers.) to rain.

1324 a constabularia Turris . . amotus eo quod male custodiebat domos Turris et quia ~iebat super lectum regine Anglie *MGL* II 409.

pluvitare [cf. CL pluvia, pluitare] **pluvitinare**, to drizzle.

to miselle [v. l. *mysylle*], ~are, ~inare *CathA.*

pluvius [CL], characterized by abundance of rain, rainy.

nimbosus, nimbidus, ~ius, pluviosus, aquosus OSB. GLOUC. *Deriv.* 384; cum Auster pluvius oriri ceperit WALT. WIMB. *Palpo* 80.

plyris v. pliris.   **plystrura** v. plastrura.

1 pneuma v. 1 neuma.

2 pneuma [LL < πνεῦμα]

1 breath. **b** (gram.) aspiration.

a spyrite, alatus, spiritus, ~a, pneumaticus *CathA.* **b** due . . alie prosodie sunt dasia et psili et vocantur neupmata apud Grecos et spiritus et aspiraciones apud nos BACON *CSPhil.* 509.

2 (theol.; ~*a Sanctum* or sim. or ellipt.) the Holy Spirit.

940 (14c) postquam Virgo puerpera / . . / celeste protulit cunctis catholice / conversantibus Agion / Neuma impnizante / eulogium (*Vers.*) *CS* 751; mentem tangere is dignetur Pneumate Sancto OSW. *Vers.* 14; cui est honor . . cum Patre et Sancto ~ate LANTFR. *Swith.* 40; cui manet imperium cum Patre et Pneumate Sancto WULF. *Swith.* II 1171; **1004** Jesus Sancto refertus ~ate *Ch. Burton* 28; virgo Dei Natum concepit Neupmate Sancto GARL. *Hon. Vit.* 125; aspersio trina /

nomine facta Patris, Nati, quoque Pneumatis Almi *Id. Myst. Eccl.* 109; hic rex cuncta valet, omni preciosior auro, / ponitur in stauro, Pneumatis igne calet (*Invect. in Franciam*) *Pol. Poems* I 30.

pneumaticus [CL < πνευματικός = *concerned with air pressure*], concerned with breathing.

a *spyrite*, alatus, spiritus, pneuma, ~us *CathA*.

pneumatizare v. neumatizare.

pneumatosis [LL < πνευμάτωσις], (med.) accumulation of gas in the bodily cavities, pneumatosis, emphysema, (also understood as) flatulence or ventosity.

conversionem ad neumatosim GILB. VII 357. 1; neumatosis, i. sufflacio vel ventositas *Alph.* 125; ~is, i. ventositas *Ib.* 141.

poa [LL < πόα], alkalized water, lye.

quasi ignis ardens et poa lavantium [cf. *Mal.* iii 2: herba fullonum] GILDAS *EB* 75; poa laventium, folles fabrorum *GlC* P 501.

poalum, bellows.

poalum [vv. ll. folles fabrorum; de polialibus] ALDH. *Aen.* 11 (*Poalum*) tit.

pobium v. pomum. **pobles** v. poples.

poca, ~us, pocha, poka, puchia [ME *poke, pouche, puche* < OF *poche*], bag, pouch, (also as unit of measure) poke.

1242 quater viginti et duodecim sacci et quatuor puke lane mercatorum Flandr' detenti sunt apud Winchels' *Cl* 475; **1262** de kidellis et pucheis per aquam Sabrine comburendis . . omnes kidellos et pucheas quas per aquam illam se invenire contigerit . . conburi . . faciant *Cl* 32; **1265** pro pochiis, ij d. *Manners* 14; coronator concelavit unam pokam lane precii iiij marcarum furatam . . per Judeos Linc' *Hund.* I 313a; **1276** cum diversis platis argenti in una pucha sub sigillo suo *SelPlJews* 91; **1294** invenerunt . . tres pochas continentes pecuniam *Reg. Wint.* 495; **1299** pro pucheis et saccis et bursis, pergamen' et incausto *Pipe* 144 r. 28; pro pochiis et saccis *Ib.*; **1300** una puchia cum bellis et aliis diversis litteris contrarotulatoris missis ad curiam *AcWardr* 59; c**1300** quandam baccam de poco arripuit *IMisc* 67/20 (cf. *CallMisc* I 2420 p. 643); **1303** claves . . in una puchia de canabo signata sigillo integro . . ostendebat (*KR Ac*) *DocExch* 277; **1303** poca alum' debet iij d. ad exitum *Doc. Scot.* II 459; **1314** quedam brevia . . que cepit in quadam puchia posuit *SelCKB* IV 58; **1417** habuerunt unam pocam lane non tronate, quam estimaverunt ad octo petras *ExchScot* 276; **1421** pro . . ij barellis, ij pokis, ij balis cum v^c pellibus cuniculorum *EEC* 460; **1503** vendiciones . . omnimodorum sherpleriorum lanarum ac saccorum, poccorum et pakettorum, vulgariter vocatorum *sherplers, pokes,* et *pokettes* lanarum *Pat* 592 m. 25.

pocculaca v. portulaca.

pocenet(t)us, ~a, ~um, possin- [ME *possenet*, OF *poçonet, pocenet*], small (metal) pot, posnet.

1208 item j pocinetum argenti ponderis ix m. xl d. *Invent. Exch.* 123; **1251** mandatum est E. de W. quod . . fieri faciat . . unum possinetum argentum . . ponderis v marcarum *Cl* 11; **1273** utensilia . . j pocinett' remanet in curia (*Chilbolton*) *Ac. Man. Wint.*; **1286** de latrocinio j pocenerett' et j laciator' *Gaol Del.* 36/1 m. 19; **1286** de . . pocenettis *IMisc* 45/25; **1290** iij pocinecta, j tripodem, et j craticla *Reg. Wint.* 705; **1303** de alia olla enea et uno pocineto *Ac. Exec. Ep. Lond.* 92; **1303** de ollis et caldronis, bacinis et poscenetis et patellis *EEC* 166; **1306** de j cacabo, j olla enea, j pocinet', j patella (*Ac.*) *Crawley* 248; **1310** coquina: iidem respondent . . de vij s. xj d. de iij jocenetis [*sic*] ponderantibus xxxviij libras j quarterium venditis *Ac. Exec. Ep. Exon.* 11; **1310** item Lucie filie mee unum pocenetum eneum *Arch. Bridgw.* 65 p. 48; **1327** xxx ollas, xxx patellas, xx poceneitos, iij mortaria enea . . ceperunt (*Reg. Bury St. Edm.*) *MonA* III 109a n; **1327** duo possineti orrei precii unius ij s. et precii alterius xij d. (*Invent.*) *RIA Proc.* XXVI 373; **1329** liberavit . . quinque ollas et duas pocenetas ereas, duas patellas majores *ExchScot* 202; **1399** in j postnetta cum patella *Ac. Durh.* 268; **1410** de j olla enea . . j posneto *Crawley* 303.

pocerus v. procerus. **pocha** v. poca.

---

pocharda [Early Mod. Eng. *pocharde*], kind of diving bird, pochard.

aves . . vocatae ab Anglis wigene et ~ae, eam puto boscam esse quae proxime ad magnitudinem et similitudinem anatis accedit TURNER *Av.* C5.

pochia v. poca. **pocibilis** v. possibilis.

pocillator [CL], cup-bearer.

1640 Johannes Croftes armiger et ~or dicti domini regis (*Surrender of lease*) *MS PRO DL 10* 420/43.

pocillum [CL], small cup or small cupful.

pocillo [v. l. poculo] exiguo aqua superfuso ut omnis sapor cervisie dilueretur W. MALM. *GP* II 82; eum . . nunquam nisi unum ~um exhausisse percelebre est *Ib.* III 100 p. 219.

pocillus, (in gl., understood as) sort of bread.

pocillus, genus panis *GlC* P 514.

pocinet- v. pocenet-. **pocodochium** v. ptochodochium.

pocokus [ME *pocok*], peacock.

c**1472** pro anceribus, signis, caponibus, gallinis, pulcinis, heronis, perdicibus, ~is, cranis, et minoribus volatilibus *BBHouseh* 109.

poculamentum [cf. CL poculum, poculentus], a cupful, a drink.

ut . . excepta ordeacei panis particula et lutulentae aquae ~o [vv. ll. poculo, ~a], nullius alicujus alimenti usibus vesceretur FELIX *Guthl.* 28 p. 94.

poculare [ML], to drink. **b** to give to drink.

c**1195** adorant vitulum / proscribunt exules / propinant poculum / quo, Christe, pocules (*Pol. Poem*) *EHR* V 323. **b** *to yif a drynke*, potare, ~are, pocionare *CathA*.

poculentus [CL], drinkable, (as sb. n.) a drink.

nisi forte ad esculentum et ~um aliquid offeretur H. Bos. *Thom.* III 14 p. 220; que esculenti et ~i causa fuerant DICETO *YH* I 375; sanitas . . que . . esculentis et ~is superfluis corrumpitur NECKAM *SS* IV 5. 2; esculento frui ~ove E. THRIP. *SS* II 14; **1373** reddendo . . esculenta et ~a *Deeds Balliol* 222; **1416** pro expensis meis funeralibus die sepulture mee in esculentis et ~is *Reg. Cant.* II 98.

poculum [CL]

1 drinking vessel, cup, bowl; **b** (fig.).

rogans sibi ~um vini mittere BEDE *HE* V 5 p. 288; **10..** ~um, *drenccuppe WW*; cumbia, genus ~orum OSB. GLOUC. *Deriv.* 149; ~orum [*gl.*: godés] genera: fialas, pateras, crateres BALSH. *Ut.* 51. **b** ubi lumen divinum, / ubi gaudium verum, / ubi poculum purum / vitae perennis plenum *Cerne* 107.

2 the contents of a cup, a drink, potion (also w. ref. to act or occasion of drinking); **b** (in fig. context or fig.). **c** (~*um caritatis*) loving-cup, for drink at a special meal (v. *caritas* 4a).

an ne ipsa quidem virulenta scelerum ac si ~a pectus tuum satiare quiverunt? GILDAS *EB* 29; si . . per ~um vel artem aliquam [occiderit hominem] iiij annos [paeniteat] aut plus THEOD. *Pen.* I 4. 7; **802** fortassis et ille miser hortatus est ad mansionem suam rusticos venientes inter ~a, ut defenderent ecclesiam Sancti Martini ALCUIN *Ep.* 249 p. 403; unde et Petronius Arbiter ad libidinis concitamentum se myrrhinum ~um bibisse refert ALB. LOND. *DG* 11. 17; **1294** portantes exculenta et potula *CourtR Ramsey* 205; hoc ~um, A. *drynk WW*. **b** virulento spiritalis nequitiae ~o [*gl.*: potu] letaliter infectis ALDH. *VirgP* 7 p. 235; illa . . totius familiae episcopo ~um laetitiae dedit V. *Cuthb.* IV 3; dum sese alterutrum caelestis vitae ~is debriarent (*V. Cuthb.*) BEDE *HE* IV 27 p. 274. **c 798** feliciter vive cum pueris tuis et in ~o caritatis ALCUIN *Ep.* 142; papa Gregorius prelatos quotquot in curia aderant invitavit ad caritatis ~um *V. Edm. Rich P* 1809A.

podager [CL < ποδαγρός], who suffers from rheumatic feet, gouty, (as sb. m.) one who suffers from gout.

de sacerdote qui per viginti annos ~er fuit W. CANT. *Mir. Thom.* IV 38 *tit.*; hoc podagro solamen erit, sine fine poetor GIR. *Symb.* II 43 p. 384; primus Erictonius

---

currus erexit, ut illis / se podagrum faceret per sua regna vehi GARL. *Tri Eccl.* 27.

podagra [CL < ποδάγρα]

1 (med.) rheumatic disease of the feet, gout, podagra. **b** (in gl., understood as) chilblain.

~ae ALDH. *PR* 123 p. 170; erat . . corporis quidem infirmitate, id est ~a, gravatus BEDE *HE* II 7 p. 94; gravissima . . contortum . . ~a et chiragra GOSC. *Mir. Iv.* lxiii; **1169** quem . . ~a percussit in pedibus J. SAL. *Ep.* 287 (287 p. 632); s**1254** hic dum pedum infirmitate diuturna que ~a dicitur . . laboraret . . M. PAR. *Maj.* V 431; ~a est dolor in articulis pedum et in calcaneis; et ideo dicitur ~a quasi pedem supragradiens GAD. 35. 1; *potacre, or potagre, seknesse*, potagra *PP*. **b** †palagra [l. podagra], *ecilma GlC* P 117; hec podegra, hic perneo, *a mowlle WW*.

2 (bot., ~*a lini*) dodder (*Cuscuta*).

cuscute, i. ~a lini, *doder* idem *SB* 15; ~a lini, cuscuta idem, A. *doder SB* 34; bruncus, cuscute, rasta lini vel ~a lini idem, A. *doder Alph.* 27; cuscute, ~a lini vel rasta lini, grinicus, bruncus idem, A. *doder Ib.* 46; ludere semen, i. cuscute semitis lini, i. podagra lini *Ib.* 106.

3 (alch.) sort of tartar.

~a est tartarus sinoniae vel glutinis albi *LC* 259a.

podagrice [CL podagricus < ποδαγρικός + -e], in the manner of a sufferer from gout, goutily.

ibit podagrice ad opem operis *Ps.-MAP* 11. 212.

podagricus [CL < ποδαγρικός]

1 of, connected with, or caused by gout, (*morbus ~us* or sim.) gout.

743 eo quod nimis attritum atque in ~o humore et dolore fatigatum . . presbiter . . cognovit *Ep. Bonif.* 54 p. 96; claudus utroque pede, tumuitque podagricus humor WULF. *Swith.* I 1454; qui ~o et elefantioso languore dissipabantur *V. Gund.* 39; ~o dolore diutius cruciabatur *Canon. G. Sempr.* f. 76; de . . morbo ~o . . hic purgatus *Croyl. Cont. A* 112.

2 afflicted with gout, gouty; **b** (as sb. m.) one who suffers from gout, gouty person.

~us, *deagwyrmede* vel *deaggede* ÆLF. *Gl.* 161; pedibus ~is incessus T. MON. *Will.* VII 14 p. 274. **b** confidens ~us surrexit sanus W. CANT. *Mir. Thom.* VI 129 p. 518; artheticis, ~is mire subvenit GILB. II 100. 1; per hunc modum ~us ~um generat, non quia pedes in quibus est fundata podagra faciant ~um GAD. 36. 2.

3 (in gl.) afflicted with chilblain.

palagdrigus, *ecilmehti GlC* P 182.

podagrizare [CL podagra < ποδάγρα + -izare < -ίζειν], to suffer from gout, be afflicted with gout.

pueri eunuchi facile non ~ant GILB. VII 311v. 1; eunuchi non ~ant [TREVISA: *haveþ nouȝt potagre*] quia non coeunt BART. ANGL. VII 58; eunuchi non ~ant nec calvi fiunt GAD. 35v. 1.

podarius v. podiarius. **podegra** v. podagra.

poder, arch of the foot.

hic poder, A. *the fylthe of the fothe WW.*

poderis [LL < ποδήρης], (m. or f.) long robe (usu. worn by priests in the Old Testament). **b** (eccl. & mon.) alb. **c** chasuble. **d** sort of surplice, rochet.

~is, sacerdotalis linea, corpori penitus adstricta eademque talaris, unde et ~is appellata est *Comm. Cant.* I 295; quae videlicet tunica sicut et byssina ad pedes usque pertingebat, unde utraque Graece ~is dicta est BEDE *Tab.* 475; scribendum est ~is per O et per E, i. tunica talaris qua sacerdotes in veteri lege utebantur ALCUIN *Orth.* 2343; podas Grece Latine dicuntur pedes et ~em intelligimus usque ad talarem, i. e. usque ad pedes longam ÆLF. *Ep.* 2. 33; hec erat ~is, hec talaris vestis Joseph H. Bos. *Thom.* VI 15 p. 521; Aaron in veste poderis J. HOWD. *Cyth.* 7. 10; vidi in veste ~is Aaron totum orbem terrarum describi [cf. *Sap.* xviii 24] BACON *Tert.* 226. **b** advenit pervigil Oda podere vestitus BYRHT. *V. Osw.* 408; ambo monachi, ambo pontificalis laude redimiti ~e [*gl.*: pontificali veste] *Ib.* 448; porro quidam illorum

[clericorum], ~ibus suis induti, per cenosos urbis vicos ad hospitia sua concurrerunt ORD. VIT. XII 25 p. 408; **1278** nobis vestem ~is universum orbis ambitum continentem non offerentes tantummodo, sed etiam cum importuna instancia ingerentes *Reg. Heref.* 57; pŏdĕris est vestis, aliter que dicitur alba GOWER *VC* III 1787; *aube*, alba . . ~is, . . fem. *PP*. **c** comuntur roseo candentia pŏdĕre colla FRITH. 350; hanc planetam famuli tui illius seu ~em, albam, ac stolam cingulum orariumque (*Pont. Claudius*) HBS XCVII 62; hec casula, hec ~is, *a chesapulle WW.* **d** hec ~is, A. *rochytt WW.*

podex [CL], anus.

~es, clunes, culus OSB. GLOUC. *Deriv.* 469; que rusticus derisorie vocabit tentiginem, culum, et ~icem GARL. *Dict.* 121; hic ~ex, *poistrun Gl. AN Glasg.* f. 20ra; hic ~ex, *poiteron Gl. AN Ox.* 82; ~ex, A. *the endeles gut WW;* anus, crus, pubes, dorsum, sic spina podexque [*gl.: arcehole*] (*Vers.*) *WW.*

podiarius [CL podium + -arius], (eccl.) one who carries an episcopal staff, crosier.

crocer . . *pedarius* [? l. podiarius] *PP*; ~ius, A. *croser WW*; podarius, A. *a croser WW.*

†podidascalus, *f. l.*

Johannem Golde podidascalum [l. hypodidascalum] . . pro salar' suo per annum *Val. Eccl.* 435b.

podismus [CL < ποδισμός]

1 length measured in feet.

quid interest nostra, multimodas figuras et areas ~o, radio, lituo, et embado scire dividere, si nolumus cum fratre dividere? J. SAL. *SS* 949C.

2 step, footing.

c**1370** Hispani nutant, vitam cum sanguine sputant / podismus [*sic*] mutant, damna valere putant *Pol. Poems* I 119.

podium [CL < πόδιον]

1 thing that provides support, staff; **b** (in anat. context). **c** rowlock.

alii vero ~iis vel lapidibus, quos ibi forte invenerant, arreptis, repugnare conati sunt ORD. VIT. XII 25 p. 408; hoc ~ium . . i. baculus super quam innitimur, cum quo etiam terram sepius ferimus OSB. GLOUC. *Deriv.* 426; vix ~io gressus sustentante ecclesiam adire valebat *Mir. Fridesw.* 11; optate solutis remedium optinuit ibique in signum sua ~ia dimisit T. MON. *Will.* VII 11; quis nisi divina miseratio ~ium manibus immisit? W. CANT. *Mir. Thom.* III 3 p. 260; coram patronis pedibus sedeas coopertis, / poplitibus flexis, podium non sit tibi quicquam D. BEC. 1208; **1245** ~ium ese de cristallo cum lapidibus *Invent. S. Paul.* 473; s**1250** ad unam spondam que duos de stallis dividebat et pro ~io facta fuit M. PAR. *Maj.* V 123. **b** ad . . sustentandum venas . . sicut mesaraicas . . que indigent ~io cum innitantur *Ps.-RIC. Anat.* 9 p. 3. **c** remus . . clavum habeat et ~ium [*gl.: pualie, poyer, poayl*] NECKAM *Ut.* 115.

2 (act of) supporting, support, aid; **b** (transf. or fig.).

ut nullatenus nisi baculorum ~io quoquam dirigere gressus prevaleret *Mir. Fridesw.* 30; ut potius artificum studio quam suppositorum ~io initi videantur GIR. *TH* II 18. **b** a**1213** litterature solide ~io firmoque arcium fundamento suffulti GIR. *Ep.* 3 p. 170; quo judicis . . sentencia racionis equitatisque ~io statuque stabili stet E. THRIP. *SS* II 14; quam ipse leges armorum ~io sint servate BRACTON *Intr.* f. 1.

3 monastic settlement (sts. w. appurtenant land, orig. w. ref. to elevated site or raised boundary).

constituerunt ei episcopalem sedem . . apud ~um Lanntan *Lib. Landav.* 69; consecravit . . alios abbates et presbiteros . . Ildutum in abbatem apud ~um vocatum ob eodem Lannildut *Ib.* 71; de Lann Junabui: rex . . ~um Junabui cum uncia agri dedit *Ib.* 73; mandavit rex propter Sanctum Teliaum conversantem tunc apud Pennalum ~um suum ut cito ad eum veniret *Ib.* 126; Ilias pro anima sua et pro scriptione nominis sui in libro vitae dedit ~ium . . in medio *Ib.* 186; previdendum est nobis, quod C. de propria sua hereditate dedit ~um Sancti Tisoi . . quod fuerat ejusdem Dubricii ab antiquo tempore *Ib.* 187.

4 (in place-name, representing OF *puy* < *podium*).

1199 concedimus maresia et ~ium de Serra que avus matris nostre illi ecclesie donavit *RChart* 9a; **1242** Ebulus de ~o Willielmi *RGasc* I 24b; **1289** Orlandinus de ~o, de societate Ricardorum de Luka *Ib.* II 300b; **1282** Henrico de ~io de societate Ricchardorum de Luca (*Racio Decimarum Regni Anglie*) *EHR* XXXII 54.

podogra v. podagra.   **podoris** v. poderis.   **podum** v. podium.

poema [CL < ποίημα]

1 metrical composition, piece of poetry, poem. **b** (collect.) poetry.

672 panagericum ~ataque ALDH. *Ep.* 5 p. 488; quod tria sint genera ~atos [vv. ll. poematis, poematum] sane . . multa disputavimus de ~atibus et metris BEDE *AM* 139; poetae . . a ~ate appellationem acceperunt BONIF. *Met.* 112; ~a, unius libri opus *GlC Interp. Nom.* 256; Saxonica ~ata die noctuque . . audiens ASSER *Alf.* 22; ~a, *leoþ* ÆLF. *Gl. Sup.* 188; ergo viro tanto quae digna poemata canto? R. CANT. *Poems* 9. 11; in prosis aut ~atibus imitandis J. SAL. *Met.* 855B. **b** Virgilius . . doctissimus omnium poetarum in omni ~ate M. RIEVAULX (*Ep.*) 74.

2 (generally) written composition of poetic value or form (dist. as *metricum* and *prosaicum*).

poesis . . est poetarum scientia habens duas partes, metricum ~a et prosaicum BERN. *Comm. Aen.* 32.

poemaneus [ML], that remains in a poem or in poetic form.

poema componitur ~eus [v. l. poemanus], i. in poemate manens OSB. GLOUC. *Deriv.* 443.

poematice [poematicus + -e], in a poetical manner, in verse, poetically.

hoc poema . . unde poematicus . . et ~e adverbium OSB. GLOUC. *Deriv.* 443.

poematicus [ποιηματικός], of or concerned with poetic works or poetry, poetical.

cum . . mater sua . . fratribus suis quendam Saxonicum ~ae artis librum . . ostenderet ASSER *Alf.* 23; hoc poema . . unde ~us OSB. GLOUC. *Deriv.* 443.

1 poena [CL < ποινή]

1 penalty for committed offence, punishment; **b** (w. gen. or *pro* & abl. to indicate offence); **c** (w. gen. to indicate nature of punishment); **d** (w. gen. to indicate recipient of punishment); **e** (personified).

etiam pro his qui vestro cotidie exemplo pereunt, poenali ~a plectemini GILDAS *EB* 96; dum crucis in patulo suspensum stipite poenas / cogeret insontem violentia ferre reorum ALDH. *VirgV* 452; ut mortem quoque, quae pene cunctis ~a est . . ut . . laboris sui praemium amaret BEDE *HE* II 1 p. 74; Deus . . in inferno constituit timorem et aeternam ~am *Ps.-BEDE Collect.* 66; **957** idem crimen eademque ~a CS 995; tanquam ob ausum penalem . . ~am . . subire paratus GIR. *TH* II 28 p. 115. **b** ut contemptor divum meritam blasfemiae suae ~am lueret BEDE *HE* I 7 p. 19; de ~a peccati ad quam ille descendit AILR. *Serm.* 30. 13; ipsa magis ignavie sue semetipsa ~as exigit, ipsa exsolvit J. FORD *Serm.* 4. 9; **1326** forte . . papa . . invasionem regni Anglie dissimulando tolerabit, in ~a contumacie . . Anglorum, si ordinacioni sue . . non paruerint *Lit. Cant.* I 172; **1338** ~am pro demeritis recepturi, jurique . . parituri *Ib.* II 183; **1344** ~am condignam pro suis contumaciis recepturus *FormOx* 150. **c** quantae diversarum mortium ~ae. quantae apostatarum ruinae GILDAS *EB* 9; et ideo ~a [v. l. ~am] mortis incurrit THEOD. *Laterc.* 17; aeternas inferni ~as pro mercede recipiet BEDE *HE* I 7 p. 19; quando fecit nos timere ~am inferni AILR. *Serm.* 1. 41. 217. **d** brevis voluptas fornicationis et perpetua ~a fornicatoris BEDE *Prov.* 962; semper ~a delinquentis quantitati culpe quam sit gravius culpa carnalis luxurie liquere potest ex penarum magnitudine GROS. *DM* VI 10 p. 69. **e** ut ultrix ibi ~a seviat DICETO *YH* II 124.

2 (~*a fortis et dura* or sim. or ellipt.) *peine forte et dure.*

1303 quia refutavit communam legem, ideo remittitur gaole et ponitur ad ~am *Gaol Del.* 62/1 m. 3; **1368**

duram et fortem imprisonamenti ~am a diu sustinuerunt *Pat* 278 m. 4; predictos monachos suos . . capi et . . in forti et dura prisona poni fecit ~am delicti sui juxta predictam subituros *Ib.*; **1384** rettatus se multum tenuit, per quod ad ~am suam . . positus existat *Pat* 317 m. 19; s**1386** vicarius de Wyntringam obmutescens adjudicatus est ad ~am mutorum KNIGHTON II 211.

3 penalty for failure to meet an obligation, (*sub* ~*a* w. gen. to specify nature of penalty) on pain of. **b** money paid as penalty or forfeit, a fine. **c** compensation or satisfaction for incurred loss or damage.

1170 eos quacumque ~a usque Londoniam attraximus *Ep. Becket* 715 p. 389; **1232** obligari me . . ad duas predictas marcas solvendas . . sub ~a quinque marcarum *Cart. Blyth* 383; sub ~a suspendii M. PAR. *Maj.* III 228; inhibuit sub ~a excommunicacionis majoris G. *Durh.* 8; **1344** sub ~a centum librarum *SelCKB* VI 37; s**1381** nullus remaneat hac nocte in civitate . . sub ~a capitis *Eul. Hist. Cont.* 354; **1586** ut . . sub ~a degradationis . . responderent *StatOx* 437. **b** **1559** de collectoribus ~arum *Conc. Scot.* II 173. **c** **1228** dicit quod ipse exigit ab eo quandam ~am *BNB* II 245; **1515** tunc volo et . . concedo . . ad forisfaciendum et perdendum dictis abbati et conventui . . nomine ~ae perditae, alios octodecim solidos bonae et legalis monetae Angliae . . et quod bene licebit dictis . . tam pro praedicta annuitate sive annuali redditu octodecim denariorum, quam pro hujusmodi ~a sive ~is, sicut præmittitur, perditis et forisfactis *FormA* 273.

4 (in name of writ) sub poena, with implication of financial penalty for non-compliance.

1482 to graunte as many writts of sub ~a *out of the Court of Chauncerie RParl* VI 208a.

5 (eccl. & mon.) penance.

eos et illuminavit ad scientiam, et liquefecit ad gratiam, et induravit ad ~am AILR. *Ed. Conf.* 748C; pena piatrix / peccati GARL. *Myst. Eccl.* 106; presens pena piat confessos crimina justos *Ib.* 420.

6 difficulty, trouble, pains.

tunc valebat viij lib' et post lx s., modo viij lib' et x sol' cum magna ~a *DB* II 237v; **1227** nec possunt venire ad faldas suas nisi magna ~a *BNB* III 662.

7 bodily suffering, pain.

tanta manat devocio / . . / quod pena non percipitur J. HOWD. *Cyth.* 11. 6; dicimus de rebus animatis quod moriuntur quia potiuntur ~am aliquam per quam et propter quam desinent esse KILVINGTON *Soph.* 39 (40) f p. 103; alii habuerunt membra sua per luxuriam corrupta ita quod cogebantur propter ~am caput virge abscindere GASCOIGNE *Loci* 136.

2 Poena [cf. CL Poenus = a *Phoenician*], Carthage.

Poena, Cartago *GlC* P 489.

poenacia, ~*ius* v. pounaceus.

poenalis [CL]

1 of or concerned with punishment, punitive, penal.

etiam pro his qui vestro cotidie exemplo pereunt ~i poena plectemini GILDAS *EB* 96; c**804** Augustinus . . ubi plurima disputabat de ~i et justissima miseriae nostrae . . morte ALCUIN *Ep.* 307 p. 469; huic exsecutioni ~i quidam aulicorum . . prefectus est H. BOS. *Thom.* IV 13 p. 360; in locum unum, ~em viz., in quo reprobi cum diabolo et angelis ejus perpetuo punientur GROS. *Hexaem.* IV 12. 3 p. 136; crux non conceditur et est asperior, / pena remittitur et est penalior WALT. WIMB. *Carm.* 612; **1270** concessimus eidem A. quod . . infra manerium suum quasdam furcas ~es erigere . . possit (*Lydham*) *BBC* 176; **1330** quod clamat habere furcas predictas que sunt judiciales et ~es ad execucionem *PQW* 518b.

2 (of act or offence) liable to punishment, punishable.

ut ultrix ibi pena seviat ubi ~is reatus exarserat DICETO *YH* II 124; tanquam ob aurum ~em . . penam . . subire paratus GIR. *TH* II 28 p. 115; patet quod repugnaret statui innocencie sicut et ~is decepcio WYCL. *Ver.* II 73.

3 (of obligation) that involves or requires the payment of penalty or sim.

obligacio ~is *Fleta* 129.

4 (eccl. & mon.) of or concerned with penance, penitential.

admittuntur, tumulo [Wlstani] applicantur; per totum illud ~e triduum inseparabiliter ei adherentes *Mir. Wulfst.* II 11 p. 158.

5 that inflicts or is characterized by pain, painful.

cogitat quod sub delectacione est acetum et, licet ~e sit, melius tamen est pati sitim quam intoxicari *AncrR* 87; *paynfulle*, ~is *CathA.*

poenalitas [ML]

1 penalty, punishment.

dum ab omni ~ate exuitur et sui Conditoris . . fruitur visione BELETH *RDO* 73. 80B; Decius Laurentium dans penalitati *Ps.*-MAP 248. 179; tunc incidit in necessitatem ~atis . . quod tunc non potuit non peccare NECKAM *SS* IV 11. 5; quod . . dampnosum non sit ~atis perhennitate puniri E. THRIP. *SS* I 7; ne nos justa penalitas / juste possit affligere J. HOWD. *Cyth.* 122. 11; septimum quod nos movet ad vigilandum est inferni ~as [*þe soreȝe of helle*] ubi tria videnda sunt . . *AncrR* 46.

2 offence that merits punishment.

in custodia Cantebrugiae . . precipue viguit ~as pecunie in tantum ut . . non uterentur fratres illius custodie mantellis [*in marg.*: nisi in infirmaria], . . in custodia Eboraci . . viguit zelus paupertatis ECCLESTON *Adv. Min.* 44.

3 bodily suffering, pain. **b** hardship.

non tamen absque ~ate gravi ascendit equum (*Mir. Montf.*) *Chr. Melrose* 204 f. 68v. **b** per peccata singula discurrendo patebit quod . . induet paciencie fortitudinem in ~atibus hujus vite *Spec. Incl.* 2. 3 p. 106.

poenaliter [LL]

1 as or for punishment, by way of punishment.

c1045 sciat se cum Satane satellitibus tormentorum ignibus sine fine ~iter arsurum *CD* 769 p. 77; inferus illos / rupibus accensis penaliter occupat ignis (*Vers.*) *V. Ed. Conf.* f. 47v; ut . . tanquam ergastula quibus ~iter includerentur, corpora acciperent DICETO *Chr.* 68; cum . . ~iter ledunt quos justum est ledi GROS. *Hexaem.* VIII 13. 2 p. 237; suos . . deos memoret offensos fataliter ~iterque punivisse quamplures propter mendacia E. THRIP. *SS* II 2; **1351** ut sic ~iter custoditi . . ad vitam pristinam non redeant *Conc.* III 14b.

2 in a manner that is liable to punishment, punishably.

s1432 dolorosa . . res esset . . si jam ~iter et absque culpa infringerentur immunitates illius ecclesie AMUND. I 310.

3 in a manner that involves pain, painfully.

illorum gaudium est ut suspendantur ~iter [ME: *sariliche*] et pudenter cum Jhesu in sua cruce *AncrR* 137.

4 as if for punishment, with great hardship.

ipse [Cristus] tam ~iter et paupere vixit WYCL. *Ver.* I 261; disce quomodo Filius Dei ~iter, odibiliter et exiliter se habuit ad hunc mundum: ~iter, quia pro nobis egenus factus est *Ib.* II 142.

poenit- v. paenit-. **poenitor** v. punitor.

poenosus [LL], marked by punishment.

ultima septimana quadragesime . . dicitur ~a quia tunc magis debemus vitia nostra punire BELETH *RDO* 88. 91C; vide quo properas . . ad locum sc. tam ~um . . sine termino permansurum GIR. *GE* II 11 p. 223; peccatum exprimatur per confessionem tandem descindatur per ~am satisfaccionem HOLCOT *Wisd.* 17; molliatis munusculis et ~is rigoribus urgeatis R. BURY *Phil.* 6. 99; super quadam dubietate satis scrupulosa consciencieque a ~a *Reg. Heref.* 30.

Poenulus [CL], a little Carthaginian (as title of play by Plautus).

1549 post actionem ~i et Ypocrisis *REED Cam-*

bridge I 157; item magistro Yale pro recitatione ~i ut patet per billam *Ib.* 158.

poenum v. 2 penus.

Poenus [CL], **a** (as adj.) Carthaginian. **b** (as sb. m.) a Carthaginian.

a homo verax, non homo Punus GARL. *Mor. Scol.* 610. **b** Africa Poenorum me fertur gignere tellus ALDH. *Aen.* 42 (*Strutio*) 6.

poesia v. poesis.

poesire [CL poesis + -ire], to write poetry.

poesis . . quedam figura vel ipsa ars dictandi [v. l. inde poesio, -is, quod est fingo] OSB. GLOUC. *Deriv.* 443.

poesis [CL < ποίησις], **~ia**

1 art of a poet, poetry.

~is, *leopweorc* ÆLF. *Gl. Sup.* 188; ~is . . quedam figura vel ipsa ars dictandi OSB. GLOUC. *Deriv.* 443; materiam verbis veniat vestire poesis VINSAUF *PN* 61; floribus ex variis contexit serta poesis NECKAM *DS* VII 357; si major me sis, quia sit magis ipsa poesis / nota tibi . . M. CORNW. *Hen.* 37; ars dictandi et poemata fingendi que dicitur ~is vel poetica KILWARDBY *OS* 491.

2 a poetical composition. **b** (understood as) poetical work of more than one book.

te fore comptum / artibus et nos / posse poesim / fingere nullam *Responsio* 52; ~im Anglicam posse facere, cantum componere W. MALM. *GP* V 190; a1380 pertractantes aut moralia vel metaphoras vel ~ias honestas *StatOx* 173. **b** ~is est opus multorum librorum, poema unius BONIF. *Met.* 112; poessis, opus multorum librorum *GlC Interp. Nom.* 257.

poeta [CL < ποιητής], one who composes poetry, poet; **b** (as divinely inspired). **c** (in Welsh household) bard. **d** (as one who composes fiction, who lies or exaggerates). **e** (~a *laureatus*) poet laureate.

ut ~a ait GILDAS *EB* 32; egregius ~a [*gl.*: Sedulius] metrica facundia fretus ALDH. *VirgP* 4 p. 232; philosophorum et ~arum scriptura *Lib. Monstr. prol.* p. 126; **747** ut . . monasteria . . non sint ludicrarum artium receptacula, hoc est, ~arum, citharistarum, musicorum . . sed orantium, legentium habitationes (*Clovesho* 20) *Conc. HS* III 369; Sedulius ~a ASSER *Alf.* 1 p. 3. **b** quare ~ae Latine vates olim et scripta eorum vaticinia dicebantur? BONIF. *Met.* 112; peta, vates *GlC Interp. Nom.* 253; ~a vel vates, *leopwyrhta* ÆLF. *Gl. Sup.* 188. **c** de *bard teylu* . . si ~a venerit ad regem causa extorquendi aliquid ab eo, unum carmen ei tantum decantet *Leg. Wall. A* 118; princeps ~arum, i. *penkerd* . . ~arum habere mercedes filiarum poetarum sibi subditorum *Ib. B* 222; mercedes puellarum filiarum sub se ~arum, sc. xxiiij denarios, debet habere, sed nichil a feminis *Ib. E* 445–6. **d** ut ~arum [*gl.*: veterum] figmenta ferunt ALDH. *VirgP* 44 p. 297; hec si cuncta loquor, fortasse poeta putabor, / et multis sermo fabula noster erit L. DURH. *Dial.* II 191. **e** **1486** ~ae laureato (v. laureare 2d); hexastichon . . ~ae laureati MORE *Ut.* xciii *tit.* (v. laureare 2d); Joannes Skeltonus, ~a laureatus BALE *Index* 253 (v. laureare 2d).

poetari [CL], to write poetry.

et tu . . inter has precipis ~ari discordias? MAP *NC* I 12 f. 11v; hoc podagro solamen erit, sine fine poetor GIR. *Symb.* II 43 p. 384.

poetice [CL], in a manner typical of poetry or a poet, poetically. **b** in poetry.

scribite . . mihi ~e, figurate versus H. LOS. *Ep.* 47 p. 84; poeticus . . unde ~e adverbium OSB. GLOUC. *Deriv.* 443. **b** Eneas qui ~e et in infernum intromissus est ALB. LOND. *DG* 6. 24; Bootes . . ~e fingitur esse ductor majoris urse BACON *Gram. Gk.* 127.

poeticus [CL < ποιητικός], of, concerned with, or characteristic of a poet or poetry, poetic. **b** (as sb. f.) poetic art, poetry. **c** (as sb. n.) poetic saying, verse, poem.

secundum ~ae traditionis disciplinam ALDH. *Met.* 6 p. 76; per omne corpus ~orum librorum *Ib.* 9 p. 81; per ipsas ~as incredibilium rerum fabulas *Lib. Monstr.* II 28; quamvis haec [historia Job] in sua lingua non tota ~o sed partim rhetorico, partim sit metrico vel rhythmico scripta sermone BEDE *AM* 140; verbis ~is

maxima suavitate et conpunctione conpositis *Id. HE* IV 22 p. 258; theologia . . sacris et ~is [TREVISA: *poesies*] informacionibus usa est BART. ANGL. *proem.* p. 2; tunc est ~a licencia quando . . BACON *Gram. Gk.* 98. **b** profecto aut ~am grammatica optinebit aut ~a a numero liberalium disciplinarum eliminabitur J. SAL. *Met.* 847C; pro sapientia adipiscenda inventa est theorica disciplina, pro virtute ~a, pro eloquentia eloquendi disciplina BERN. *Comm. Aen.* 36; ars . . poemata fingendi que dicitur poesis vel ~a KILWARDBY *OS* 491. **c** et illud ~um: . . ALDH. *Met.* 7 p. 77; juxta illud ~um: . . D. LOND. *Ep.* 3; secundum illud ~um: . . M. PAR. *Maj.* V 153.

poetissa [ML]

1 poetess.

poetrida, ~a OSB. GLOUC. *Deriv.* 477.

2 a poet's wife.

hec ~a . .: uxor poete OSB. GLOUC. *Deriv.* 443.

poetria, ~is [CL poetria < ποιήτρια], **~ida** [ML]

1 poetess.

versibus Sibillae ~idis ALDH. *Met.* 9 p. 79; ~ida, poetissa OSB. GLOUC. *Deriv.* 477.

2 a poet's wife.

hec poetissa . . i. uxor poete quod etiam aliter hec ~ida, -de, dicitur OSB. GLOUC. *Deriv.* 443.

3 art of a poet, poetry. **b** (as title of work) Art of Poetry, Horace *Ars Poetica.* **c** (~ia *Nova* or sim.) Vinsauf *Poetria Nova.*

vobis factis poetis proscripsi ~iam H. LOS. *Ep.* 47 p. 84; ideo Huguccio mendax et Brito mendacior menciuntur quando volunt excusare omnes autores per licenciam ~ie BACON *Gram. Gk.* 98; Simon in arte versificandi precipuus, in astrologia peritissimus, in ~ia doctissimus AMUND. II *app.* p. 305. **b** Horatius in ~ia ABBO *QG* 16 (36); c1170 ~ia, sermones, epistole Oratii in corio *Libr. Cant. Dov.* 10; sermones Oracii et epistolas legat et ~iam et odas cum libro epodon NECKAM *Sac.* 372; Oracius . . scripsit librum sermonum . ., item . . ~iam W. BURLEY *Vit. Phil.* 350. **c** incipit ~ia novella magistri Gaufredi Anglici de artificio loquendi VINSAUF *PN tit.* p. 197n.

4 poetic composition, poem.

~ia, poema OSB. GLOUC. *Deriv.* 477; **1431** vel Ovidium Methamorphoseos sive ~iam Virgilii *StatOx* 234.

poetricus [ML < CL poetria + -icius], **poetricius**, of, concerned with, or characteristic of a poet or poetry, poetic; **b** (as sb. m., as title of book) Horace *Ars Poetica.*

~us . . i. poeticus OSB. GLOUC. *Deriv.* 443; ~us, poeticus, poetridus *Ib.* 477. **b** 13 . . doctrinale et ~ius cum aliis (*Catal. Librorum*) *Chr. Rams.* 363.

poetridus [ML < CL poetria + -idus], of, concerned with, or characteristic of poetry, poetic. **b** skilled or expert in poetry.

~us . . i. poeticus OSB. GLOUC. *Deriv.* 443. **b** ~us, in poemate assiduus *Ib.* 477.

poetrida, poetris v. poetria. **poffo** v. puffo.

pogeta [cf. OF *pojoise, pujoise*], (Gasc.) coin of small value.

1253 debent [monetarii] . . facere et operari denarios Burdegalenses ad quatuor denarios minus una ~a, de lege et de argento sterlingorum *RGasc* I 273b.

poiagium [cf. peisagium, OF *pois*, AN *poisage*], duty levied for weighing of goods, peisage.

unum pondus de averio ponderis in villa Suth'ton' extitit assignatum . . unde rex de . . mercandisis magnum proficuum perciperet, . . quod quidem ~ium per regem nunc hominibus dicte ville Suth't' dimissum fuit *RParl* I 332a.

poignator, poingnator [cf. AN *poign*, OF *poing, puing* < CL pugnus], (falc.) one who carries (falcon) on his fist.

1213 ad iiij girfalcones, j gentilem falconem et j poignatorem suum *Misae* 251; **1243** quam . . mittimus ad quemdam girofalconem affectandum, una

cum duobus poingnatoribus et uno portitore et iiij leporariis *RGasc* I 254b.

poingnellus v. pugnellus.

pointellus [AN *pointel*], a weight equivalent to half a stone.

1347 de custuma cxl ~orum de wolde adductorum, videlicet de quolibet pointell' .. quad[rans] *MinAc* 894/30.

pokca v. poca.

pokellus [cf. poca, poka, pocus + -ellus], small bag or pouch (also as unit of measure).

1314 de xxv ringis ij busellis de uno ~o avene *Rec. Elton* 221.

poketta v. pokettus.

pokettare [pokettus + -are], to place in a small bag or pouch, to pack.

1387 zucuram, amigdala et pulverem pockettatum ac alia mercimonia *Cl* 227 n. 12.

pokettus, ~a [ME, AN *poket*, *pocket* < OF *pochet*], (small) bag or pouch (also as unit of measure).

1276 recepit .. unum ~um piperis (*CoramR*) *Law & Cust. Sea* I 9; **1297** in parcameno et canabo ad ~os empt' *Ac. Cornw* 192; **1314** in iiij ulnis canabi pro poketis ad supradictos empt' *Ac. Durh.* 512; **1366** onerant se .. de v s., provenientibus de custuma unius pokete lane, misse ad tingendum *ExchScot* 238; **1371** tresdecim ~os lanarum *Pat* 284 m. 22; **1375** de quolibet pokeito lane duos denarios (*CoramR*) *Pub. Works* I 296; **1385** felonice depredaverunt unum hominem juxta Halywell' de una cloca et una puchica cum zona *Pat* 319 m. 9; **1390** unam zonam, unam pugicam, tres cultellos furatus fuit *Pat* 331 m. 40; **1393** eosdem saccos lanarum aperire et in parvos ~os ponere et trussere *Cl* 234 m. 16; **1503** vendiciones .. omnimodorum sherpleriorum lanarum ac saccorum, poccorum et ~orum, vulgariter vocatorum *sherplers, pokes* et *pokettes* lanarum *Pat* 592 m. 25; c**1530** pro sex ~is *hopps, le pokett* ij d. .. pro tribus *pokes hopps EEC* 195.

pol v. edepol.

1 pola, 1 polus [ME *pol*, MW *pwll*]

1 pool, pond.

1157 ad faciendas ~as monetariorum xviij s. et iiij d. *Pipe* 115; a**1160** in aliis molendinis et puliis, in vivariis et piscariis *Act. Hen.* II I 201; a**1185** si burgenses extra ~am piscem aliquo modo capere poterint, illorum sit (*Swansea*) *BBC* 63; **1190** per cavum pullum quod descendit de mossa in magnum pullum .. usque in voraginem *Cart. Cockersand* 757; **1199** confirmavimus .. partem polli que dicitur Kierkepoll' cum pertinenciis *RChart* 8b; **1208** concedimus .. totam insulam illam que est infra magnam pullam *Cart. Glam.* 316; **1290** habeant licenciam .. piscandi .. in ~is et extra ~os sine vexatione (*Ch.*) *MonA* VI 1146b; **1293** quedam ~a vacua sine pisce *Fees* 1308; **1309** antiquam et debitam prisam nostram de pisce, que in portu de Dertmuth et in ~a aque de Esshe .. applicare contigerit *Foed.* III 191; **1331** usque ~am de Sutton et ab eadem ~a usque ad Beliston .. preter in dicta ~a catalla felonium forisfactur [*sic*] *Capt. Seis. Cornw.* 124.

2 ordeal-pool.

1166 pro ~is parandis ad juisium latronum v s. *Pipe* 72; c**1174** wreccum .. et bellum et ~am et forum in villa de C. *CalCh* II 143; **1228** episcopus furcas prostravit et ~am implevit, et postea nunquam vidit eos habere furcas aut ~am *Feod. Durh.* 227; **1274** ibi solebant esse antiquitus poul' et postea furce *Hund.* II 121b; **1285** habet .. ~um et batallum (v. 2 batellus e); **1297** dedi eis .. in terris suis ~am, duellum, furcas *MonA* 503a.

3 (as place-name); **b** (passing into surname).

c**1248** dedi et concessi .. burgensibus meis de ~a (*Poole*) *BBC* 16. **b 1169** Mauritius de ~a *Pipe* 53.

2 pola v. 2 polus.

3 pola v. 4 polus.

polagium [OF *polage*], form of tax paid on or in chickens (C. I.).

1270 ab unaquaque domo in qua ignis ardet, unum ~ium, ab unaquaque masura duas gallinas ad Natale *CartINorm* 133; **1274** de prestacione que dicitur polag' [rex] percipit annuatim vij^{xx} gallinas et iiij^{xx} et iij pullos (*Chanc. Misc.*) *S. Jers.* II 12.

1 Polanus

1 Polish.

1335 in cccvij libris cere dicte Pullane emptis *Comp. Swith.* 235; **1349** cere Polane (v. 1 cera 2a).

2 (as sb. f.) a pelt from Poland, fur or pelt of a squirrel.

[lego] .. unam togam .. penulatam cum pulanis *Test. Ebor.* II 52.

2 polanus, kind of fish, plaice.

nomina piscium: hic ~us, hic pecten' *a place WW*.

3 polanus v. 1 pullanus.

polaris [CL polus + -aris]

1 pertaining to the pole or pole-star.

Maria stella maris, / .. / sublimitas polaris J. Howd. *Viola* 4.

2 of the sky or heaven (also w. ref. to abode of God, angels, saints).

a**787** macharius ~is aulae pantocrator clemens diu vos incolomes custodire dignetur (Wigbert) *Ep. Bonif.* 138 p. 278; in divine laudis jubilo ~is celsitudinis consortia salutavit *NLA* II 77.

polata, kind of fig.

hec massa ~arum, *a frayle ful of fyks WW*.

polaxa [ME *polaxe*], pole-axe.

1336 gisarmis, cultellis, baculis, et polhaxis seu aliis armis cum quibus se sciverint melius defendere *RScot* 459b; **1414** presentant quod .. vi et armis et contra pacem regis armati, viz. gladiis, lanciis, et pollexis, loricis, .. insurrexerunt (*AssizeR Salop*) *EHR* XXIX 501.

polaynnus v. 2 pullanus.   **polceacus** v. proleicus.

polder [MDu. *polder*], low-lying land reclaimed from marsh, polder.

1418 in stipendio opilionis apud Grykes, cum emendacione ~ri ibidem *Doc. Robertsbr.* 166 (cf. ib. 168 [**1427**]: in expensis circa le ~er, ib. 155 [**1484**]: le Newpolder).

1 polea, ~eum, 1 polia [ME, OF *polie* < 2 polus < πόλος], pulley; **b** (spec. for lowering barrels into a cellar).

1212 pro hanekis et pro ~iis eneis .. ad naves *Pipe* 23; **1279** pro factura axillarum, kavillarum, puelearum .. ad ingenia domini regis *KR Ac* 467/7 m.7; **1284** de Michaele P. pro ij ~eis eneis emptis ad vernam ad levandum meremium *Ib.* 467/9 m. 2; **1284** pro pinguedine et savone ad pulias ingeniorum *Ib.* m.5; **1311** in axibus magne verne et ~eis proprio ferro et armand' xij d. *Fabr. Exon.* 56; **1346** in pol' pro predicta campana *Sacr. Ely* II 138. **b 1348** in lignis emptis pro quodam ~eio inde faciendo pro vinis in selarium domini superrollandis *KR Ac* 462/16 f. 8d.

2 polea v. 2 polia.

polecia v. politia.   **polector** v. pollinctor.

poledrus [ML; cf. πῶλος], foal.

~us, *fola* Ælf. *Gl.* 119; ~us dicitur eque filius sive pullus equinus quamdiu matris uberibus est subjectus Bart. Angl. XVIII 40.

poleium v. 1 polea.   **poleius** v. pullanus.

polemicus [πολεμικός], controversialist.

conceditur tamen cum doctore quod rudium grammaticorum et ~orum ac aliorum quorum animus est phantasmatibus temporalium involutus non est sic loqui, cum margarite non sunt spargende inter porcos (Wycl.) *Ziz.* 463.

1 polemita [ME *pole* + *mite*], beetle, weevil.

nomina vermium et muscarum: .. hec ~a, *a somerboyde WW*; nomina muscarum: .. hec polimita, A. *a bude WW*.

---

2 polemita v. polymita.

polemonia [CL] < πολεμονία], **~ium** [πολεμώνιον], (bot.) celandine or calamint.

~ium Cappadocii celidoniam vocant, hastas habet tenues et quadratas et folia tenuia et oblonga similia poligonie, A. *calamynte*, semen nigrum, .. nascitur in locis montuosis .., radix ejus cum vino bibita venatis occurrit *Alph.* 148.

polen v. pollen.   **polenduare** v. pollentrudium.

polenta [CL], **~um**

1 hulled or crushed grain; **b** (in list of words); **c** (in fig. context).

quinque sata ~ae Bede *Sam.* 685; amolum, i. ~a *Gl. Laud.* 63; ~a, A. *wort WW*. **b** ~ae, patellae, olivae, lagoenae Aldh. *PR* 123 p. 170. **c** pulenta .. spiritum contribulatum .. significat ... quae .. humilitatis pulenta in Domino propria potestate quanta ipsa voluit ad nos instruendos apparuit .. Bede *Sam.* 614.

2 fine flour, gruel.

~a, *smeodoma* GlC P 497; ~um, .. *meluwe* Ælf. *Gl.* 127; malo pugillum ~e J. Godard *Ep.* 222; hec ~a vel pultes, *gruel Gl. AN Ox.* 294; **1367** in expensis factis in .. zucura, croco, confeccionibus, filo, ~ra, amigdalis, rice, ficubus .. *ExchScot* 215; ~a .. farina tritica *SB* 35; polon vel ~a, i. subtilis farina cujuslibet grani pacifici sed cum simpliciter ponitur pro triticia intelligitur *Alph.* 148; hoc ~um, A. *flowyr WW*; flatus qui facem ignitam accendit in flammam, non alius est quam qui calidam refrigerat tunc ~am Fortescue *NLN* I 20.

polentarius [CL polenta + -arius], maltster, brewer.

~ii qui brasium curant et faciunt *Iter Cam.* 26. **1288** recognovit se debere Waltero de W. pulentario xl libras *Selden Soc.* XLIX 8.

polentradinator v. pollentrudinator.   **polentridium, polentridualis** v. pollentrudium.   **polentriduare** v. pollentrudiare.   **polentriduum** v. pollentrudium.   **polentriticare** v. pollentrudiare.   **polentriticum, polentrudium** v. pollentrudium.   **polenus** v. 2 pullanus.   **poleo** v. 3 polia.   **poleos** v. polium.   **poles** v. poples.   **poletarius** v. pulletarius.   **polet-** v. pullet-.   **poletria** v. pulletria.   **poletriduare** v. pollentrudiare.

poletta [aphaeretic form of AN *espaule* + -*ette*], piece of armour covering the shoulder, pouldron.

1348 unum par de quissotes de plat' cum polet' *IMisc* 161/9.

polettarius v. pulletarius.   **polettus** v. pulletus.   **poleum, ~eus** v. polium.   **polex** v. pollex.

polhachettum [ME *polhachet*], pole-axe.

1319 ipsum in capite cum quodam ~o felonice percussit *SelCKB* IV 89.

polhaxum v. polaxum.   **poli-** v. et. poly-.

1 polia v. 1 polea.

2 polia [CL], herd or flock.

drove off bestys .. ~ia, -e .. *ffloke off hyrd beestis wat so they be, herd or flok of bestys whatsoever they be,* -e *PP; a floke of gese,* ~ea *CathA*; hec ~ea, est colleccio vel pluralitas quorumcumque bestarum *WW*.

3 polia [πολία = *greyness*], grey scurf.

poleo, *scaebe* GlC P 539.

poliandr- v. polyandr-.   **polianesum** v. polyandrium.

poliarches, ~us [< πόλις + ἀρχός; cf. πολιάρχης, πολίαρχος = *ruler of a city*], (of God or Christ) ruler of the heavenly city (unless to be referred to πόλος, heaven).

c**970** magnifica ~is Christi allubescente dinami *CS* 1139; c**1023** (12c) in nomine poliarchis Jesu Christi salvatoris mundi .. *MonA* III 137b; s**1028** Cnutus rex dedit privilegium sancto Aedmundo quod sic incipit 'in nomine ~i' Oxnead *Chr.* 18.

poliarchion v. polyarchon.   **poliarchus** v. poliarches.

polibilis [CL polire + -bilis], that can be polished.

lapides . . secabiles ferroque quodam modo ~es GIR. *IK* I 3.

polibilitas [polibilis + -tas], susceptibility to polishing.

lapidum . . ~as *Ps.*-GROS. *Summa* 629 (v. dolabilitas).

polica [ME, OF *polie* + -ica], **polex,** pulley.

1316 de xij d. de j polic' usitat' de mola (*MinAc*) *Econ. Condit. app.* 43; c**1360** pro ligatura unius pullecis xij s. *Fabr. York* 2; **1367** xvj ferrur' equor', iij pulice, viij scale *North Durh.* 107.

policari- v. pulicari-. **policarpos** v. polycarpus.

policernia [? < πολυκοιρανία (Arist. *Pol.* 1292a 13)], one who governs or imposes political order.

principans . . in civitate aliquando vocatur ab Aristotele ~ia. ~ia autem secundum quosdam tres habet significationes. primo autem . . significat imposicionem ordinis policie. secundo impositorem ipsius. tercio significat ipsum ordinem impositum, qui est policia et ita ~ia in una significacione idem est, quod dominus et principans in civitate OCKHAM *Dial.* 794.

policonios v. polygonus. **policrates** v. polycrates.

policraticus [πόλις + κράτος + -ικος or πολυκρατής + -ικος], (ellipt. of *liber ~us* or as sb. m.) title of work on government and political virtues by John of Salisbury.

taceo vias istorum quoniam eas ~us noster diligenter exequitur J. SAL. *Met.* 831C; mortuo Antonio Cleopatra accessit ad Augustum . . . . . de hoc Policratus libro iij capitulo x J. WALEYS *Commun.* I 3. 19a; istud . . Johannes Saresberiensis pertractat in suo ~on libro quarto R. BURY *Phil.* 14. 190; item, Polycraticon; item, Isidorus in Etymologiis *MunAcOx* 761; ~on Johannis Sarum *Reg. Aberd.* II 131.

polictor v. pollinctor. **polictorium** v. politorius. **polictricum** v. polytrichon.

policus [CL polus < πόλος + -icus < -ικος], heavenly.

hevenly, celestis . . ~*us CathA.*

polidamas, poligamas v. polygamus. **poligamia** v. polygamia. **poligon-** v. polygon-. **polihistor-** v. polyhistor-. **poliloquus** v. polyloquus.

polimen [CL], **polimentum,** decorating, engraving.

hoc ~men, . . i. scultura vel pictura, unde hoc ~mentum . . in eodem sensu OSB. GLOUC. *Deriv.* 431.

polimit- v. polymit-. **Polimnia** v. Polyhymnia. **polin'** v. 2 pullanus. **polinomios** v. polyonymus. **polintor** v. pollinctor.

polinus [CL polus < πόλος + -inus], of the pole or pole-star, of the sky.

canduit hic radius monachum coenobia circum / officiose, vias visus liquisse polinas FRITH. 1385.

polion v. polium. **poliorion** v. polyrrhizon. **polios** v. polium. **polipedium, polipodicum, polipodium** v. polypodion. **polipos** v. polypus. **polipticum** v. polyptychum. **poliptoton** v. polyptoton. **polipus** v. polypus.

polire [CL]

1 to give a smooth or shiny surface to, to smooth, polish (also p. ppl. as adj.); **b** (stone, also fig.).

duritiem ferri quadrata fronte polibo ALDH. *Aen.* 27 (*Coticula*) 2; ~io, *ic smeðie* ÆLF. *Gl.* 130; vas . . ita lucidum et ~itum ut vice speculi vultus intuentium viderentur W. MALM. *GR* II 135; pellis sicca, brevi tota polita pilo L. DURH. *Dial.* II 196; ut . . ~ita planities offendiculo non careret J. SAL. *Met.* 867C; scriptor . . habeat dentem verris . . ad ~iendum pergamenum NECKAM *Ut.* 116; ex ulmellis silvestribus arcus formant, non formosos, non ~itos, immo rudes GIR. *IK* I 4; aliquando apparent ymaginarie ut . . in pelvibus et ensibus . . et in ceteris rebus pollitis BACON V 6. **b** dilubra paganorum a cimentario ~itissimis compacta petris ALDH. *VirgP* 26; vivi lapides, qui ponendi sunt in illa celesti Hierusalem, . . variis

infortuniorum tunsionibus prius ~iuntur quam in edificio celestis habitaculi collocentur P. BLOIS *Ep.* 12. 37A; lapides . . fuerunt ~iti per multas tribulaciones quas sustinuit . . Virgo T. CHOBHAM *Serm.* 13. 49vb; artifex aliquos lapides pulchrius et decentius ~it W. MACCLESFIELD *Quaest.* 44ra; ex lapidibus ~itis *Reg. Whet.* I *app.* 472 (v. idealis 2).

2 to clean.

de vase argenteo tolle rubiginem et . . purissimum de manibus ~ientis vas egredietur ANDR. S. VICT. *Sal.* 75; fullo cum quadam die ~iendis instaret vestibus *Mir. Fridesw.* 581; herba aspera est qua solent ~iri pectines et archus et ciphi *Alph.* 82; digiti tibi sunt unguesque politi *Doctus dicetur* 12.

3 to decorate, adorn, engrave.

venter farcitus epulis et veste politus / reddit jocundos epulones et rubicundos R. CANT. *Malch.* II 381; ornare, venustare, . . ~ire OSB. GLOUC. *Deriv.* 289; ~io, -is, -ivi, -itum . . i. sculpere *Ib.* 431; acus habeat . . grossas ad byrri tricas ~iendas [*gl.:* planier] NECKAM *Ut.* 101; pollice divino polus iste politur, ut aula / polleat, ut vestis sit polymita Joseph GARL. *Epith.* VI 285.

4 to bring to a polished or refined state: **a** (person); **b** (w. ref. to language or literary work).

a istos veridica curavit cote polire, / illos Aonio docuit concinnere cantu ALCUIN *SS Ebor* 1435; nil hoste polito / sevius J. EXON. *BT* II 434. **b** tomum . . comptum sermone polito / ad famulam Christi scripsit dedasculus idem ALDH. *VirgV* 2153; librum ~ito sermone . . preclarum edidit ORD. VIT. III 14 p. 157; ora diserta putans depicta sepulchra, politis / plus labiis animum semper habere monet L. DURH. *Dial.* IV 87; quem ~itus tenor dulcis epistole . . tam insigniter venustavit AD. MARSH *Ep.* 242 p. 405; solus nummus verba tornat, / planat, polit, comit, ornat WALT. WIMB. *Van.* 28. **1509** utinam dicendi lepore . . tum lingua nobis tum labia pollita adessent *Reg. Merton* I 380.

5 to wear down, destroy.

Anglia conqueritur . . / quod premitur, teritur, oppressa dolore politur (*Contra Franciam*) *Pol. Poems* I 38; hydrarum capita sunt Scotis cesa polita; tres uno ceso crescunt (*Neville's Cross*) *Ib.* 42; multa cadunt capita truncata secure polita (W. PETERB.) *Ib.* 120.

1 polis [< πόλις], city.

hec polis, -is, i. civitas, quia videtur picta propter diversa edifici OSB. GLOUC. *Deriv.* 432; **1169** rectius tamen dixerim et verius quod is qui ventis et mari imperat, exigentibus hominum meritis, in polisi mundana, re sc. publica degentium in hoc saeculo, seditiones esse patitur J. SAL. *Ep.* 285 (288 p. 636); classe parata / tenditur ad Frigiam destruiturque polis. / menia dant aditus, ruit Ilion *Brutus* 52; si Londoniam veneris, celeriter pertransibis; multum enim mihi displicet illa ~is DEVIZES f. 39; sicut Jherusalem polis est terrena GARL. *Myst. Eccl.* 227; ~is, civitas BACON *CSPhil.* 443; sed dum ipsa ~is tam numerosa pugnantum multitudine superbiret *Ps.*-ELMH. *Hen. V* 65.

2 polis v. polys.

polisare, ~ere [ME *polishen,* AN *pollicer* < CL polire], to polish.

1253 Richero de Cruce pro ij petris ad marmor ~andum, vj s. *Ac. Build. Hen.* III 262; **1325** in ij libris cepi pro petris marmor' ~andis, iiij d. . . in cepo pro marmore ad petr[as] marmor' policend[as], iij d. *KR Ac* 469/8 m. 5; **1327** item in scafale pro marmore pollicendo (*Ac. Pitanc. Norw.*) *Arch. J.* XXXII 474.

polisinteton v. polysyndeton.

polisor [OF *polisseur* < CL politor], polisher.

1253 in stipendiis xxxix alborum cissorum, . . xiij pollisorum, xix fabrorum *Ac. Build. Hen.* III 250.

polissa v. polita. **polistor** v. polyhistor. **polisyllabus** v. polysyllabus.

polita [πολίτης], citizen.

non alios ~as credas atque sumus [sc. Romani]. nos urbani soli, ceteri municipes coloni LIV. *Op.* 178.

politanus [polis + -anus], of a city.

1012 praedium quoddam . . infra civitatis Wentanae moenia . . juxta politanam nundinationis plateam *CD* 720.

politarius v. pulletarius.

polite [CL], in an ornate manner, elegantly.

~e, *faegere GlP* 439; nisi si aliquod verbum causa paulo ~ius ornande lectionis avolavit W. MALM. *GR* V 230; ~e, ornate, venuste OSB. GLOUC. *Deriv.* 474; **1538** edificia . . posse ornari ac ~e construi *Deeds Balliol* 319.

politia [CL, *as Latin name for Plato's Republic* < πολιτεία], ~**ium**

1 (form of) government, political administration, constitution, state.

principium . . leges condendi et humanam ~iam statuendi fuit sapientia HOLCOT *Wisd.* 8; ~ia . . optima secularis est regnum, teste Aristotele OCKHAM *Dial.* 790; jura, quibus omnis regitur ~ia R. BURY *Phil.* 1. 18; statum tocius ecclesie ac eciam secularem ~iam subvertere . . nituntur (*Bulla Papae*) *Ziz.* 243; urbs gaudet et policia viget GOWER *VC* V 670; **1431** regni nostri leges et statuta omnemque polliciam spiritualem et temporalem ac totam rem publicam subruere . . machinantes *Cl* 281 m. 6d.; justicia regnavit, vicium aruit, polissia in tantum inolevit ut prosperitas pacis et bonorum abundancia . . vigebant in Scocia *Plusc.* VII 33 p. 112; cum aliis omnibus ~ie et boni regiminis commoditatibus *Ib.* p. 113; ~ia namque a πολυς dicitur quod aet pluralitas, et ικων administracio, quasi regimen plurium consilio ministratum FORTESCUE *NLN* I 23.

2 administration, management.

s**1426** fiat . . per eum debitis temporibus debita regiminis ~ia ne . . inveniatur . . inutilis in ea que committuntur sibi cura AMUND. I 217; veteris ~ie industria nos informat . . quomodo quantumcumque sit . . pinguis gleba . . si homo . . superseminaverit zizania . . coget . . messes arescere *Reg. Whet.* II 390; **1483** stabilivimus unum theologum . . qui prepositus pre aliis tribus sociis positus in regimine et ~ia domus vocabitur *Educ. Ch.* 424; **1493** cujus . . ~ia redditus manerii . . ad valorem triginta solidorum excrevit annuatim W. WYCH 280; **1567** ~iam et bonum ordinem (v. intertenere b).

3 political or administrative sagacity, shrewdness.

c**1405** quem ob . . in gubernandis et consiliandis populis probatissimam ~iam sacra canonicorum . . religio gaudet habere pastorem *FormOx* 211; mitto formam, ~am, venustatem, verecundiam [sc. mulieris] LIV. *Op.* 248; hoc anno Cancellarius Universitatis Cantabrigie Magister Willelmus Wilflete in sacra theologia doctor, decanus de Stoke juxta Clare, vir magne †pelicie [l. policie] et industrie HERRISON *Abbr. Chr.* 9; c**1472** provideat senescallus sive gubernator cujuscunque domus [quod] capiat primam septimaniam per ~iam in adjutorium tocius anni sequentis *BBHouseh* 129.

4 building or plantation with which an estate is improved.

1521 ad assedandam terram . . pro ~ia et hospitalitate habendis *Reg. Aberd.* I 386; **1538** opinantes perinde commoda non modica ut ~ia, honesta edificia, terrarum novas culturas . . regi et regno provenire *Dryburgh* 285; **1567** pro edificatione et constructione dicti hospitalis domorum hortorum et poleciorum ejusdem *Midlothian* 244.

politice [ML politicus + -e]

1 in accordance with a political constitution.

quantum ad uxores . ., quarum non est parens, racionabile est, ut ~e principetur, quia racio exigit ut leges matrimonii conservet OCKHAM *Dial.* 793; longe aliter potest rex ~e imperans genti sue, quia nec leges ipse sine subditorum assensu mutare poterit FORTESCUE *LLA* 9; rex ~e imperans equalis potencie et libertatis est cum rege regaliter dominante *Id. NLN* I 26.

2 with administrative sagacity.

1422 invenit . . singula . . fore ~e et discretissime ordinata *Conc.* III 423a; s**1451** virum . . officia alia varia . . provide ~eque gubernantem *Reg. Whet.* I 5.

politicus [ML < πολιτικός]

1 of government or the state, civil. **b** public. **c** (w. ref. to constitutional as dist. from despotic government).

justitiam que ~a dicitur . . cujus merito respublica hominum subsistit J. SAL. *Pol.* 390A; ~e constitutionis *Ib.* 540A; ut moneamur a quatuor virtutum ~arum quadratura pervenire ad coronam immarcescibilis glorie NECKAM *NR* II 168; prime . . sunt artes civiles sive ~e HOLCOT *Wisd.* 1; tam principatum aristocraticum quam ~um in quorum utroque president plures OCKHAM *Pol.* 109 (v. aristocraticus); dominii ~i aliud est dominium monasticum WYCL. *Dom. Div.* 16 (v. dominium 1b); dominio ~o preest qui secundum leges quas cives instituerunt eis dominatur FORTESCUE *NLA* I 16. **b** carnes equinas ~a parcitate distributas consumpserant *Ps.*-ELMH. *Hen. V* 68 (v. caro 1a). **c** inter primos rationabiles hominum conventus, cum id justitia ~a effecerit ut in occupationibus terrarum non tirannica invasione, verum tamen certa mensura uterentur ADEL. *ED* 28; multitudo ~a . . multitudo dispotica W. BURLEY *Pol.* 281; ipse incidenter tractat de principatu ~o et regali, ac de principatu tantum regali FORTESCUE *NLN pref.*

2 sagacious in political affairs or administration.

Xenophon . . fuit verecundus et speciosissimus, vir ~us, gratus, et probus W. BURLEY *Vit. Phil.* 150; s**1451** virum . . circumspectum et ~um, officium . . sui archidiaconatus . . multum provide . . gubernantem *Reg. Whet.* I 5.

3 (as sb. m.) one involved in public life or an expert in political theory. **b** (as sb. f. sg. or n. pl.) public affairs, political matters.

quidam enim preferunt contemplativam vitam reliquis, ut philosophi; quidam activam, ut ~i BERN. *Comm. Aen.* 46; sicut . . mundus quattuor habet regiones . . sic civitas per quattuor a ~is divisa est . . in arce . . Plato et Socrates ponunt philosophos, in secundo vico milites, in tertio cupidinarios, in suburbio agricolas *Ib.* 109; hec [sc. regula] . . omnium ~orum est; et bene cum istis agitur si eam fideliter servant J. SAL. *Pol.* 701A; iste . . virtutes politice dicuntur quia inter ~os, id est inter cives et simul commorantes necessarie sunt T. CHOBHAM *Praed.* 200. **b** Thales . . post ~am naturalis philosophie factus est speculator W. BURLEY *Vit. Phil.* 2; in ~is vero optime est consiliatus *Ib.* 4; in ~is sine capite communitas nullatenus corporatur FORTESCUE *LLA* 13 (v. corpus 6a); nec invenies huic Patri vel in hiis que cleri sunt consimilem, vel in ~is equalem *Reg. Whet.* I *app.* 474.

4 title of work by Aristotle, the Politics: **a** (as sb. f.); **b** (as sb. n. pl.).

a per ~am Aristotelis BACON *Maj.* II 231; quod Aristoteles tertio ~e . . testari videtur OCKHAM *Dial.* 790; annotationum in ~am Aristotelis FERR. *Kinloss* 46. **b 1329** lego domui scolarium de Balliolo in Oxon' . . sentencias super librum Eticorum, Retorice et ~orum *DCSal.* 376; ut docet Aristo' tercio ~orum capitulo j OCKHAM *Dial.* 790; secundo ~orum adstruit Aristoteles R. BURY *Phil.* 11. 173.

politio [CL], (act of) polishing, cleaning.

polio . . unde . . hec ~o, ~onis OSB. GLOUC. *Deriv.* 431; de gladio . . quod bene politus est et quod ex ~one dignus est bona vagina R. MELUN *Paul.* 74; **1253** pro pullitione xiij s. xj d. *Ac. Build. Hen. III* 232; **1335** in pollicione iij bacinetorum *Rec. Leic.* II 28.

politiosus [CL politus *p. ppl. of* polire, politio + -osus], polished (in quot., fig.).

qui in ecclesiaticis negotiis . . ~iore sermone pontificalia decreta ex consuetudine protulit *Ep. ad amicum* 145.

politizare [ML], to function as government, govern.

ostendens optimam politiam esse secundum quam civitas optime ~abit BRADW. *CD* 814A; penes tamen domitos est totius regni pondus et regimen, quia melius vel minus male quam alii ~ant MAJOR I 8 p. 34.

politor [CL]

1 one who polishes or cleans, polisher; **b** (fig.).

si quelibet arma ~ori vel emundatori commissa sunt ad purgandum (*Leg. Hen.* 87. 3) *GAS* 601; ~or . . scabrum et rubiginem aufert a gladio R. MELUN *Paul.* 124; **1265** in stipendiis ij pollitorum, ij seratorum *Ac. Build. Hen. III* 396; pollictor, A. *a bornyshour WW.* **b** cujus [sc. viriditas nove Jerusalem] . . ~ores gemmarii, martyres GOSC. *Aug. Min.* 750 (v. gemmarius).

2 stone-cutter, engraver.

~or, sculptor, incisor, celator, pictor OSB. GLOUC. *Deriv.* 474.

politorius [ML < CL politor + -ius]

1 (as adj.) of or for polishing or engraving.

polio . . i. sculpere . . unde ~us, -a, -um OSB. GLOUC. *Deriv.* 431.

2 (as sb. n.) brush.

polictorium, A. *a broshe WW.*

politrian, politricum, -us v. polytrichon.   **politridium** v. pollentrudium.   **politrudiare** v. pollentrudiare.   **politrudium** v. pollentrudium.   **politruduare** v. pollentrudiare.

politura [CL], smoothness, glossiness.

antequam moriaris perdes pollituram pennarum et oculos habiturus obliquos M. SCOT *Proph. pref.* 156.

politus, state of being polished or smooth.

trito radiosa politu / et bysso, quo prima cutem vestiverat etas, / candida HANV. I 382; marmor et, attriti quicquid splendore politus / aspectum pavisse potest aut nobile reddit *Ib.* IV 179; armorum fulgurante ~u [v. l. politura] *Ps.*-ELMH. *Hen. V* 76.

polium, ~ion [CL < πόλιον], **~ios**

1 a Mediterranean germander (*Teucrium polium*). **b** (spec. as ~*ium montanum*) mountain germander. **c** wall germander (*Teucrium chamaedrys*).

a herba ~ion *Leechdoms* I 26; herba ~ios, þæt is omnimorbia *Ib.* 56; ~ios, i. omnimorbia *Gl. Laud.* 1155; ~ii, coconidii . . GILB. I 44. 1. **b** cum decoctione ~ii montani GILB. V 225. 2; ~ium montanum habet folia circa stipitem ut ysopus, et ejus folia spissa sunt et duro quibus utimur *SB* 34; canusela similis est ~io montano, sed non habet tam grossa folia nec tam bene redolet *Alph.* 30; ~eos, ~eum montanum idem; est odorifera et similis camicelle, nisi quod habet spissiora folia et duriora quibus utimur *Ib.* 147. **c** camedreos, ~ion . : vel germa andrea minor . . . foliis et floribus cum stipite utimur, valet contra quartanam *Alph.* 28.

2 (~*ium marinum*) houseleek, sengreen (*Sempervivum tectoris*).

~ium herba est cujus sunt due species, sc. †martum [l. marinum] et montanum, sed quando simpliciter ponitur pro montano intelligitur *Alph.* 148; ~ium marinum . . Jovis barba idem *Ib.* 175.

3 knotgrass, centinode (*Polygonum aviculare*).

~ion, i. centumnodia *Gl. Laud.* 1149; ~ium, i. pelionica *Ib.* 1236.

polivum, ~us v. poliva.   **polixe** v. prolixe.   **polixenus** v. polysemus.   **polla** v. 4 polus, pullus.   **pollagium** v. pullagium.   **pollandum** v. polyandrium.   **pollanus** v. 1 pullanus.   **pollarda** v. 1 pollardus.

1 pollardus [ME, AN *pollard*], pollard, base coin.

s**1297** Edwardus rex . . concessit mercatoribus Francie ut exilem monetam, fallacem et debilem, in Angliam pro mercimoniis deferrent, quam monetam ~os appellabant . . qui . . ~i deintus erant de cupro et stanno, deforis . . dealbati *Ann. Ang. & Scot.* 380; s**1299** mercatores . . alienigeni introduxerant . . monetas plurimas et pessimi metalli, ~orum . . leoninarum dormientium, et aliorum diversorum nominum . erant . . omnes monete albe pretendentes argentum et erant . . artificialiter composite de argento cupro et sulphure W. GUISB. 333; **1300** de Sarra *le hattere* quia refutat poll' et crok' pro servisia *Leet Norw.* 53; s**1300** rex

poliva, ~us, ~um [ME *polive* < 2 polus < πόλος], pulley.

1290 ferrum . . pro puliva (*KR Ac* 492/10) *Building in Eng.* 326; **1295** David Fusori pro xij pollivis et una funda pondris xxxv li. *KR Ac* 5/a; **1296** in uno pulyfo empto de Waltero Goderyke *Ac. Galley Newcastle* 181; c**1300** in iiij ancoris et iiij cablis a diversis emptis cum una pollive et una racka, cxij s. vj d. *KR Ac* 501/ 23 m. 2; **1317** in cariagio . . duorum pullivorum ad vernam que fuerunt quesita apud Turrim et missa hic ad pallacium *KR Ac* 468/20 f. 9d.; **1318** pro v li. sueti . . ad pullivas verne unguend' *Ib.* f. 13d.; **1346** in emendacione ij ~orum dicte navis *KR Ac* 27/5.

Edwardus damnavit subito monetam surrepticiam et illegitimam quam ~os, crocardos, rosarios nominabant et latenter loco sterlingorum irrepserant et primo eos valere obolum fecit, deinde penitus exterminavit *Ann. Osney* 340; **1305** dicit quod . . ceperat iiij^{xx} xj libras ~orum quas misit ad scaccarium et ibidem numerate et remanserunt in thesauraria *Mem. Parl.* 429; littera regis ad proclamandam quod ~i et crocardi currant *MGL* I 573; quod ~us non valeat nisi obolo *Ib.* 574.

2 pollardus [cf. ME *pollen*=to cut]

1 pollard, bran sifted from flour.

1283 de xl quarteriis vj bussellis de pollard' venditis, precii quarterii ij s. *Dom. S. Paul.* 166; item de ~is venditis vj li. xij s. vj d. ob. item de furfure vendito cxvij s. vij d. *Ib.* 174.

2 (w. ref. to a man with cropped hair, passing into surname).

1155 in conductu sociorum ~i v s. *Pipe* 15; **1157** pro conducendo ~o ad mare xx s. *Pipe* 15.

pollare v. 2 pollire.

pollata, measure of land.

1540 tres ~e et dim' terre arabilis (v. montanus 3a).

pollegia, ~ion v. pulegium.   **pollemma** v. Polyhymnia.

pollen, ~is [CL], (finely ground) flour; **b** (in gl. spec. as coarsely ground).

de farris simila et ~ine [*gl.*: i. farine, *melewes*] ALDH. *VirgP* 38; macton, i. cataplasma fenugreci que ex lana admixta †pelline [l. polline] fit *Gl. Laud.* 1033; ~en volitolio excutitur NECKAM *NR* II 170; ~en dicitur subtilis farina cujuslibet grani panifici *SB* 35; polon vel polenta *Alph.* 148 (v. polenta); hoc polen, hoc polentum, hec simila, A. *flowyr WW*; hoc pellen, A. *floure WW.* **b** ~is, pollinis, *grytt GlC* P 540.

pollentia [CL], power, influence.

nota quod exornacio verborum nichil aliud est nisi flos mellitus idemptitatem et equiparanciam continens sub cujusdam ~ia radiosi coloris *Dictamen* 338.

pollentridinum, pollentridium v. pollentrudium.

pollentrudiare [< CL pollen + trudere], to sift flour; **b** (understood as derived from *pollen* and *triticum*).

pistores habent servos qui politrudiant [vv. ll. polutrudiant, pollitrudiant] farinam grossam cum polentrudio [vv. ll. polutrudio, pollitrudio; *gl.*: pollitrudium G. dicitur *buletel*] . . delicato pollitrudium, i. e. *bule-tent*, et dicitur a pollen, quod est farina, et trudo GARL. *Dict.* 127; *to bulte*, polentruduare *CathA*; poletrudiare, *to bulte WW.* **b** polentritico, A. *to bulty WW.*

pollentrudinator [pollentrudiare + -tor], one who sifts flour or instrument for sifting flour, flour sifter.

bultare, . . pellitudinator, -ris, masc. iij, pollitudinatrix, -cis, fem. iij *PP*; hic polentradinator, A. *a bulter WW.*

pollentrudinatrix [pollentrudiare + -trix], flour sifter (f.).

bultare, . . ~ix, -cis, fem. iij *PP*.

pollentrudium [CL < pollen + trudere + -ium], fine cloth used for sifting, flour-sifter; **b** (understood as derived from *pollen + triticum*).

habeat etiam polentrudium [*gl.*: bulter, biltepoke] et taratantarum ut illo polen eliquatur NECKAM *Ut.* 110; pollitrudium G. dicitur *buletel* GARL. *Dict.* 127 gl. (v. pollentrudiare); hoc polentrudium, *buletel Gl AN Glasg.* f. 20b; hoc polentridium, *bolotel Gl. AN Ox.* 295; **1325** staurum mortuum . . de vij cuvis, j tina, xij cumelin', j cista, j polutriduo, j crebra, prec' v s. *MinAc* 1126/5 r. 2; **1325** de . . j pollytruduo *Ib.* r. 3d.; **1368** in expensis factis in . . amigdalis, filo, pollentridino, ficubus, racemis *ExchScot* 216; **13** . . item habeat polentridium, rotabulum, . . farinam, florentem frumenti (*Nominale*) *Neues Archiv* IV 341; **1486** sol' pro vij pollitridiis, ij s. viiij d. *Ac. Durh.* 649; *bult poke*, . . pollitridium *PP*; *a bultynge cloth*, polentriduum, polentridualis *CathA*; hoc pollentridium, *a bultpele WW*; politridium, *a bultyngecloth WW.* **b** polentriticum, A. *a bultur WW.*

pollentrudualis, ~aris [pollentrudium + -alis,

-aris], (as sb. f., m., or n.) fine cloth used for sifting, flour-sifter.

polen[tri]duare, *a bult WW*; *a bultyng cloth*, .. polentridualis *CathA*.

pollenus v. 1 pullanus.

pollere [CL]

1 to be strong or powerful, to flourish. **b** to increase in power.

trinus in arce Deus qui pollens saecla creavit ALDH. *VirgV pref.* 3; ~entia regna BEDE *HE* V 7 p. 293; **749** quatenus sublimitas regni .. ~eat in terris *CS* 178; ~et, viget *GlH* C 1140; **996** ~ente perpetualiter Domini nostri Jesu Christi regno *Ch. Burton* 27. **b** ~ere, crescere *GlC* P 522.

2 to excel, be notable; to have an abundance of, be rich in (also w. abl. or *in* & abl.); **b** (pr. ppl.).

Hieremias bino pollebat munere clarus ALDH. *VirgV* 298; cluis, pollex [i. e. polles] *GlC* C 481; acceptus cunctis fidei pollebat in actis FRITH. 69; ipse .. Aelphegus .. prophetie spiritu ~ebat WULF. *Æthelwold* 8 (=ÆLF. *Æthelwold* 5); ~ere, nitere, splendere OSB. GLOUC. *Deriv.* 476; a Normannis .. qui magnis .. opibus ~ebant .. suscepti sunt ORD. VIT. X 12 p. 77; qui sunt .. qui florent inter concives, qui sunt qui opibus ~ent, qui sunt qui prevalent viribus, .. nisi eloquentes J. SAL. *Met.* 835A; pollet [*gl.: schynyʒt*] pollex *WW*. **b** hortus conclusus florenti vertice vernans, / fons quoque signatus caelesti gurgite pollens ALDH. *VirgV* 1699; virtutibus .. ~entes FELIX *Guthl.* 46 p. 142; morum probitate ~enti Adelidi ANSELM (*Ep.* 10) III 113; cenobia multa ingenti religione ~entia destruxerunt ORD. VIT. VI 10 p. 83; ingenio ~ens et ratione GIR. *TH* I 13; c**1410** cui mater nostra Universitas ~ientis eloquii lumina prestitit *FormOx* 213.

pollescere [ML < CL pollere + -escere], to become powerful or distinguished; **b** (w. abl.). **c** to increase in number.

a polleo ~o, -is OSB. GLOUC. *Deriv.* 437. **b** cum gratuita supernae liberalitatis munificentia mactus puer ~eret [*gl.: i. excelleret, þeh*] et secundis meritorum successibus .. late crebresceret ALDH. *VirgP* 30 p. 268; si Athanasius in summo gradum fastigio divina charismatum gratia ~eret [*gl.: i. excelleret*] *Ib.* 32 p. 273; quem simul ornabat pollescens munere duplo / pontificatûs apex cum virginitatis honore *Id. VirgV* 897. **c** cum credentium paulatim ~eret multitudo, praedicatorum quoque multiplicatus esset catalogus WILLIB. *Bonif.* 6 p. 33.

pollet- v. pullet-.

1 pollex v. pollere.

2 pollex [CL]

1 thumb; **b** (w. ref. to *III Reg.* xii 10); **c** (for anointing); **d** (transf., of glove); **e** (fig.).

mensuram palmae [cf. *Exod.* xxviii 16: palmi], i. a ~ice usque ad auricularem *Comm. Cant.* I 314; dum liciis olei liquore delibutis digitorum articulos et palmarum ~ices [*gl.: ~ex vocatur eo quod inter ceteros polleat virtute et potestate, þuman* ALDH. *VirgP* 36 p. 284; summitatem ~icis inter medios indicis et impudicis [v. l. impudici] artus immittes BEDE *TR* 1 p. 179; pollux [l. ~ex], *ðuma GlC* P 538; **1202** ipsi assultaverunt eum ad carucam suam et ei absciderunt ~icem suum *SelPlCr* 25; cicatrix circa policem *Mir. Montf.* 85; s**1524** crux magna cum crucifixo cadebat .. crucifixi imagine tunc illesa, ~ice vero dextre manus parumper fracto *Reg. Butley* 47. **b** dulce Deo nomen donatum pollice pingui *Pol. Poems* I 219. **c** a**957** presule Uulfstano hoc opus est censente paratum, / pollice quod docto inpressit subtilis alipes *CS* 896; viderat illam .. ~icem dextrum frequenter protendere et signum crucis fronti .. pingere W. MALM. *GR* II 218; ubi adhuc apparet in materia de oleo crucis signum quod apostolus ~ice caraxavit ORD. VIT. II 3 p. 248; qui ne sacerdotio fungeretur sibi ~icem amputavit HON. *Spec. Eccl.* 942A. **d 1274** pro iij paribus cirotecarum .. cum armis domini regis super ~icem *Househ. Henry* 411. **e** pergite .. musali pollice flores / carpere ALCUIN *Carm.* 14.1.

2 (as unit of measure) thumb's breadth, inch; **b** (w. ref. to means of reckoning).

a**1155** terra mea habet in fronte novem virgas ulna-

rias et unum quarterium cum ~ice interposito; retro .. in latitudine xij virgas ulnarias cum ~ice interposito *Cart. Glouc.* I 179; **1213** canale plumbeum .. cujus concavitas rotunda habet ex transverso iv polices *Cl* 145a; duodenum dicitur quia habet duodecim ~ices RIC. MED. *Anat.* 224 (v. duodenum 6); **1271** plagam longitudine iij ~icium profunditate usque ad cerebrum *SelCCoron* 15; **1283** unam aream terre et unum stabulum que continet .. quinque ulnas et dimidiam et quarterium cum ~icibus *Cart. Osney* I 94; **1313** computat liberasse .. lxxv dolia vini plena, xiiij ~ices vini in uno dolio et iiij dolia vacua *KR Ac* 375/8 f. 19d.; Stephanus .. articulosus de .. mansuris instituendis, .. de carucata, bovata, virgata, percha, acra, roda, et dimidia roda, pede, ~ice, cubito, et palma KNIGHTON I 140; pone desuper tantum hujus aque composite, ut possit illud cooperire ad spissitudinem dimidii ~icis RIPLEY 145. **b** ulna communis regis David debet continere in se xxxvij ~ices mensuratos cum ~icibus trium hominum, cum viz. ex magno, mediocri et parvo, et secundum mediocrem ~icem debet stare, aut secundum longitudinem trium granorum hordei sine caudis (*Stat. Rob.* III 22. 1) *RegiamM* II 68v; tria grana ordei sicca et rotunda faciunt ~icem *Mem. York* I 142.

pollexum v. polaxum.   **pollicari-** v. pulicarius.

1 pollicaris [CL], of a thumb's length, of an inch.

sum altior te pollicis vel ~i longitudine WHITTINGTON *Vulg.* 68.

2 pollicaris v. pulicarius.

pollicere v. polisare.

polliceri [CL]

1 to promise; **b** (w. dir. obj.). **c** to give promise of. **d** (w. *de* & abl.) to make promise regarding.

Domino pollicente credit [sc. ecclesia] quod portae inferi non praevalebunt adversus eam BEDE *Prov.* 1035. **b** palatinas ~etur [*gl.: promisit*] infulas et opulenta spondet patrimonia ALDH. *VirgP* 50 p. 305; evenit ut ~ita [*gl.: promissa*] codicelli rescriptio tanto temporis intervallo protelaretur *Ib.* 59; pertinet .. ad potentiam divinitatis quod sequentibus requiem ~etur aeternam BEDE *Cant.* 1168; illi .. Rogerium pro vita sua vociferantem et multa ~entem .. jugulaverunt ORD. VIT. XIII 36 p. 105; is criminis sui notam tonsori tantum ostendit, ei, ut tacerent, ~ens regni ALB. LOND. *DG* 10. 7; ~ens credulis quod ferventer optabant *V. Edm. Rich C* 592. **c** proventus .. florum spem fructus futuri ~eatur agricolis BEDE *Cant.* 1110. **d 1441** quemadmodum de submittendo se vobis .. ~etur *Lit. Cant.* III 174.

2 to promise that: **a** (w. acc. & inf.); **b** (w. *ut* or *quod* & subj.).

a patronus .. cunctos puellae oraculis credula praecordia pandere ~etur [*gl.: promittit*] ALDH. *VirgP* 52 p. 309; qui se .. usque in finem saeculi manere ~etur BEDE *HE* IV 19 p. 243; rex .. auxiliaturum se illi ~etur ORD. VIT. VI 10 p. 118. **b** ~itus fuerat Birinus .. pape quod extremas Anglorum penetraret provintias W. MALM. *GP* II 75 p. 158; venerat illa dies .. / qua lupus ut redeat pollicitus fuerat WALT. ANGL. *Fab.* 8. 66.

3 (p. ppl. as sb. n.) promise; **b** (*ex ~ito*) as promised.

alter, dum ~ita fefellisset .. amisit camellum, alius promissa complens asello .. perfruitur ALDH. *VirgP* 37; non prius abstitit quam omnes duces .. premiis et ~itis ingentibus in sua vota transduceret W. MALM. *GR* II 187; cepit .. ad amorem illicitum, sepe sollicitare ipsam puellam, minis, ~itis, blanditiis, atque muneribus adolescentule temptans emollire constantiam *V. II Off.* 6; sed nec ipse Deo averso ~ita, prout patri suo promiserat, complevit *Ib.* 10. **b** ut classiariis suis .. viginti marcas ex ~ito pensitaret W. MALM. *GR* II 188.

pollicetum [CL pollex, pollicis; cf. -etum], a thumb's breadth, inch.

1424 scrutatores .. limitabant venellam predictam esse apertam latitudinis unius ulne regie et dimidie ulne regie, et unius largi ~i *Mem. York* II 109.

pollicia v. politia.   **pollicio** v. politio, pollucio.

pollicitari [CL]

1 to promise; **b** (w. dir. obj.).

polliceri, ~ari, spondere, promittere OSB. GLOUC. *Deriv.* 478. **b** unde triumphum non ~arentur Andegavi W. POIT. I 15.

2 to promise that.

eis .. fidem firmissime servaturum .. ~ans *G. Steph.* 34; ~ans quod .. non alterum mensem subsequi debere priusquam litteras cambii mei manibus tenerem FREE *Ep.* 65.

pollicitatio [CL], promise.

discendit .. secundum Domini ~onem Sanctus et vivificator Spiritus THEOD. *Laterc.* 11; quae fida ~one [*gl.: i. promissione, i. sponsione*] spopondistis ALDH. *VirgP* 1; c**804** si forte quippiam de ~onibus istis quae ultronea voluntate hic scripsi caeca ignorantia .. seducente fuero .. transgressus .. corrigere nitar *CS* 315; opus .. quod tuis exhortationibus et inconsulta, fateor, ~one suscepi (*Quad.*) *GAS* 529; s**1389** nuncii .. nunc minis et terroribus, nunc ~onibus et blandiciis, id egerunt cum populo ut .. WALS. *HA* II 183; firmissima ~one se astringendo sacrum eius tumulum in Wynsore visitaturum esse *Mir. Hen. VI* I 8 p. 30.

pollicitatiuncula [CL pollicitatio + -uncula], little promise.

~a, parva promissio OSB. GLOUC. *Deriv.* 478.

pollicitator [LL < CL pollicitari + -tor], **pollicitor** [CL polliceri + -tor], one who promises.

~ores, ~atores, sponsores, promissores OSB. GLOUC. *Deriv.* 478.

pollicitatrix [LL], one who promises (f.).

cum excogitare non sufficeret quo argumento id proveniret quod illa .. crastino se conspiciendam promisisset. at vero praescripto tempore veraciter cognovit quam veram ~icem audierit GOSC. *Lib. Mild.* 19 p. 86.

pollicitor v. pollicitator.

pollicium [CL pollex, pollicis + -ium]

1 thimble.

tecam habeat corigialem acus insidiis obviantem que vulgariter ~eum [vv. ll. ~ium, policium, *gl.: dael, pocir, polluz*] dicitur NECKAM *Ut.* 101; *a themelle*, digitale .. ~ium *CathA*.

2 a thumb's breadth, inch.

an inche, ~ium *CathA*; hoc ~ium, *a nynche WW*; pollisium, A. *an ynche WW*.

pollicronica v. polychronicon.   **pollictor** v. pollinctor.   **polliens** v. pollere.   **polliganos** v. polygonos. **pollimitus** v. polymitus.

pollinctor, pollictor [CL], one who prepares bodies for funerals or one who announces funerals.

~inctor, sepeliens *GlC* P 512; ~inctores .. et vispilliones .. de propriis sumptibus conduxit. cadaver regis ad portum Sequane devexit ORD. VIT. VII 16 p. 250; advenerant mane ~inctores qui funus efferrent W. CANT. *Mir. Thom.* III 26; **1452** quod polictor .. ville .. sit per eandem villam ad pronunciandum .. diem obitus *Rec. Leic.* II 424; *a belle man*, polector *CathA*; *an hange man*, lictor, polictor *Ib.*

Pollinna v. Polyhymnia.   **pollinudus** v. polymitus. **pollipodia** v. polypodion.

1 pollire v. polire.

2 pollire [LL], to play with a ball.

~ire [v. l. pollare], polotare, cum pila ludere OSB. GLOUC. *Deriv.* 481.

pollis v. 2 pullus.   **pollisium** v. pollicium.   **pollisor** v. polisor.   **pollitio** v. politio.   **pollitor** v. politor.   **pollitricus** v. polytrichon.   **pollitridium** v. pollentrudium.   **pollitrudiare** v. pollentrudiare. **pollitrudium** v. pollentrudium.   **pollitudinatrix** v. pollentrudinatrix.   **pollitura** v. politura.   **polliva** v. poliva.   **polloten** v. ballote.   **pollubium, pollubrum** v. polubrum.

pollucere [CL], to give generously, to be lavish.

pollucere

~eo, -es, polluxi, i. donare, verbum neutrum et caret supinis OSB. GLOUC. *Deriv.* 448.

pollucibilis [LL], generous, lavish.

hic et hec ~is et hoc ~e, i. facilis ad donandum OSB. GLOUC. *Deriv.* 448.

pollucibilitas [CL pollucere + -bilis + -tas], generosity, lavishness.

porro Saturnum Pollucis filium refert Fulgentius, sive a pollendo, sive a ~ate, quod vulgarius dicimus humanitatem ALB. LOND. *DG* 1. 9.

polluere [CL]

1 to dirty, befoul, stain.

Numerianum Augustum interfectorum cruore contaminatum non permisit basilicae sacrarium intrando ~tis [*gl.*: i. inquinatis] pedibus profanare ALDH. *VirgP* 33; impudenter confractam [uxorem morientem] et saliva ~tam *V. Cuthb.* II 8; si ipse permittat . . margaritam . . excuti de manu sua in caenum . . ac postea eam de caeno sumens ~tam et non lotam ANSELM (*CurD* I 19) II 85; contaminare, ~ere, fedare, sordidare OSB. GLOUC. *Deriv.* 156; uti si margaritam candidam, in lutum missam, ~as, statimque eam inde auferas, non idcirco sordibus caret, sed ablutionem requirit ALB. LOND. *DG* 6. 12.

2 to pollute, defile, to render ceremonially or morally impure, to violate, corrupt; **b** (p. ppl. as adj.).

quod sanguine vel quocunque inmundo ~itur, si nescit qui manducat, nihil est THEOD. *Pen.* I 7. 12; animalia coitu hominum polluta occiduntur *Ib.* II 11. 9; aemulus . . pollutus peste livoris ALDH. *VirgV* 1645; se priscis idolatriae sordibus ~endum perdendumque restituet BEDE *HE* III 1 p. 127; violator virginis . . vas oblatum Deo . . dementi temeritate ~isti ROB. FLAMB. *Pen.* 278; respondit Pilatus "non ego ~tus sum in sanguine ejus" *Eul. Hist.* I 135.   **b** qui genitus mundum miseranda labe resolvit / atque crucifixus polluta piacula tersit ALDH. *CE* 2. 31.

pollus v. 1 pola, 3 polus, 3 pullus.

pollutio [LL]

1 dirt.

ponamus divitem . . in manu tenere margaritam pretiosam quam nulla umquam ~o tetigit ANSELM (*CurD* I 19) II 85.

2 defilement caused by physical or moral contamination; **b** (w. ref. to nocturnal emission).

peniteat juxta modum pullutionis THEOD. *Pen.* I 7. 12; **1223** ~o sanctuarii *RL* I 538; **1337** de ~one nostre ecclesie *Lit. Cant.* II 155; s**1378** Sathane satellites, irrumpentes templum, inauditum perpetrant sceleris exemplum, ~onem utique illius aule Dei WALS. *HA* I 375; a te mundentur †polliciones [l. polluciones] mentis (*Ord. Sal.*) *HBS* XXVII 3.   **b** sacerdos: "nocturnam ~onem passus es?" penitens: "frequenter" ROB. FLAMB. *Pen. app.* p. 298; abundantibus spiritibus et humoribus, sequitur ~o. sed in vigiliis hoc non evenit per imaginationem *Quaest. Salern.* Ba 96; eunuchi quando castrantur ante ~onem in somno, non oritur in corpore eorum post hec pilus BART. ANGL. V 48; **1281** inhibetur . . voluntaria ~o [sc. corporis] *Conc. Syn.* 903; ~o, que est dormiendo communiter emissio spermatis GAD. 74v. 1.

pollutor [CL pollutus *p. ppl. of* polluere + -tor], one who pollutes or defiles.

omnes hujusmodi violatores et ~ores *Conc. Scot.* I cclxxix.

pollux v. pollex.   **pollytruduum** v. pollentrudium. **polma** v. polea.   **pologonia** v. polygonus.   **polomita** v. polymitus.   **polomitatus** v. polymitare.   **polon** v. pollen.

Polonia

1 Poland.

Albania . . habens ab occasu vero Hungariam et Poloniam BACON *Maj.* I 359; **1432** prelatis parcium Italie, Germanie, ac Polonie BEKYNTON II 105.

2 (high-grade) gold (alch.).

aurum bonum dicitur Hispania vel Apulia vel ~ia . . . convertere Saturnum in Solem vel in . . ~iam est facere aurum de plumbo BACON *Tert. Sup.* 84.

---

polopodium v. polypodion.   **polopus** v. polypus. **polorieon** v. polyrrhizon.

polose [LL = *by traversing the pole,* i. e. *sky*], in a lofty manner.

antistes, ~e intelligens illius cogitationem — quoniam bonum pro bono reddere et malum pro malo disponebat corde — inquit . . LANTFR. *Swith.* 35; ~e, alte, sublimiter OSB. GLOUC. *Deriv.* 474.

polosus [CL polus + -osus], lofty, high.

polus . . unde ~us, -a, -um, i. altus, sublimis OSB. GLOUC. *Deriv.* 431.

polotare, to play with a ball.

pollire, ~are, cum pila ludere OSB. GLOUC. *Deriv.* 481.

poloten v. ballote.   **pols-** v. puls-.   **poltarius** v. pulletarius.   **polteria** v. pulletaria.

polubrum [CL]

1 basin.

hoc ~um . . i. pelvis OSB. GLOUC. *Deriv.* 431; calices, phiolas, pollubia . . et capsam pro reliquiis divi Andreae asservandis BOECE f. 197 v. 20; duas phialas, ~um magnum satis FERR. *Kinloss* 73.

2 (understood as) brush, instrument for cleaning.

~um, A. *a broshe,* polictorium, A. *a broshe WW.*

polula [ML polea + -ula], small pulley.

rex Persarum misit Carolo horologium ex aurichalco arte mechanica compositum, in quo xij horarum cursus ad clepsydram vertebantur, cum totidem eriis pullulis, que ad completionem horarum decidebant, et casu suo subjectum sibi cymbalum tinnire faciebant R. NIGER *Chr.* II 150.

polumita v. polymita.   **polupus** v. polypus.

1 polus v. 1 pola.

2 polus [CL < πόλος], 2 pola

1 axis of the celestial sphere or pole of this axis, around which the stars appear to revolve. **b** pole-star.

universitas totius creaturae quam . . agilis ~orum vertigo et bina cingunt emisperia ALDH. *Met.* 2 p. 63; dum ~us rotabit sidera, dum ulla in mundo erit littera W. MALM. *Wulfst. prol.* p. 3; sub opacis Antarctici ~i finibus GIR. *TH* II 17; ista duo puncta in firmamento stabilia dicuntur ~i mundi, quia spere axem terminant et ad illos volvitur mundus SACROB. *Sph.* 87; ipsum [celum] est mobile super duos ~os motu circulari simplici et uniformi, ab oriente in occidentem GROS. *Hexaem.* III 16 p. 117; polo Grece est versor Latine, unde ~us mundi dicitur propter hoc quod circa eum vertitur BACON *Gram. Gk.* 76.   **b** notabitur . . per astrolabium quanta sit in loco presenti ~i altitudo, tantum . . ejusdem loci latitudines esse noscendas est ADEL. *Elk.* 24; stelle que sunt juxta ~um . . moventur . . uniformiter circa ~um describendo circulos suos SACROB. *Sph.* 80; a *pomel,* ~us LEVINS *Manip.* 36.

2 sky, heaven; **b** (*arx* ~*orum*); **c** (as abode of God, angels, saints); **d** (dist. from earthly life and values).

omnia quaeque polo sunt subter et axe reguntur ALDH. *Aen.* 100 (*Creatura*) 18; quaeque turbide, ~i vertice sub arduo, a totius gyri ambitu et omni loco terrarum, ad hanc vastam gurgitis se voraginem vertunt *Lib. Monstr.* I *pref.*; non tellure locus mihi, non in parte polorum est (*Vers.*) Ps.-BEDE *Collect.* 103; ~um, caelum *GlC* P 546; appropinquante sole paulo cepisset albescere ~us *Mir. Hen. VI* II 37; hic ~us, *hewyn WW.*   **b** Vergilias numeris aequans in arce polorum ALDH. *Aen.* 53 (*Arcturus*) 7; Christus . . / aeternum regnum concedat in arce polorum GODEMAN 35.   **c** martyrii . . / ad convexa poli migrantes culmina celsi ALDH. *VirgV* 1122; reddidit atque animam tota sacrata polo BEDE *HE* IV 18 p. 248; spiritus . . / angelicis vectus ulnis super astra polorum / . . / letus in aula poli turmis celestibus ille / junctus conspicue cernit Trinitatis honorem *Mir. Nin.* 272, 275; mundum linquit initque polum GARL. *Tri. Eccl.* 136.   **d** seculi hujus prosperitas innumera adversitate respergitur, ut deliciis non hereamus solo, puncti vero sepius avolemus ~o PULL. *CM* 200; plura putantur esse justa in foro soli qui sunt injusta in foro ~i GASCOIGNE *Loci* 118.

---

3 polus [πολύς], much, many.

polymitam, i. multivariam. ~i, i. multa *Comm. Cant.* I 189; polis multus et multa, poli multum BACON *CSPhil.* 443; polys, multus, multa *Id. Gram. Gk.* 64 (v. polyandrium); πολυς . . quod est pluralitas FORTESCUE *NLN* I 23 (v. politia 1).

4 polus, 3 pola [ME *pol* < AS *pal* < 1 palus]

1 stake, pole.

1200 eam percussit cum quodam ~o *CurR* I 293; **1211** in pollis parandis ad novam grangiam vj d. *Crawley* 197; **1242** mandatum est . . quod faciat habere Franco de B. centum ~as, decem trenchas, et sex picois, ad faciendum novam motam *RGasc* I 83b; **1285** debet quelibet virgata claudere j perticatam sep[is] . . et . . cooperire grangiam de Stonham cum pollis, et quelibet virgata dat pro predictis pollis et claustura j d. ob., sed debent habere boscum ad pollas illas faciendas de bosco domini (*Cust. Wadhurst*) *Sussex Rec. Soc.* LVIII 35; **1307** sumonitus fuit . . ad respondendum domino pro pollis et busca in Coulesue asportatis *CourtR Hales* 592 **1487** pro sustentacione . . molendini unacum virgis vocatis *windings* et pollis pro *le weres* in forestis *Cart. Glam.* 1734.

2 metal rod, shaft, as part of mill.

1237 Hugoni le Lorimer pro ~o faciendo ad molendinum v d. *KR Ac* 501/18 r. 1; **1286** in ferro et ascero empto ad ~am fusill' et bill' molendini emendandis *MinAc* 827/39 r. 2d.; **1295** in xiij li. eris empt' et iij pol' ad molend' inde et de xxvij li. eris veterum ~arum fundend', iiij s. ij d. *MinAc* 829/27 r. 1; **1296** in una ~a eris fabricanda de novo xx d. cum vetere ere, item in ij ~is eneis fundendis cum viij eris emptis *Ib.* r. 2.

3 linear measure of land, pole.

1469 iij li. ix s. iiij d. solut' cuidam tectori pro reparacione et punctuatione lij ~orum, precium *le pole* xvj d. *Arch. Hist. Camb.* I 14n; *a bode,* ~a *CathA*; **1588** unum cotagium nostrum cum tribus ~is terre *Pat* 1319 m. 21.

polustor v. polyhistor.   **polutriduum** v. pollentrudium.   **polutrudiare** v. pollentrudiare.   **polyandrion** v. polyandrium.

polyandrium [LL < πολυανδρεῖον], ~um, cemetery, common burial place.

exposcimus ut hoc cimiterium sive poliandrum in quo famulorum famularumque . . corpora requiescere debent . . benedicere digneris EGB. *Pont.* 54; cujus sanctum corpus . . cum laudibus et hymnis ad Turonicam portatur civitatem, ibique in ~o publico sepultus est ALCUIN *Hag.* 662B; a**940** classica archangeli clangente buccina paliandria frigulis homulorum liquefactis tetra relinquentibus *CS* 640; cimiterium, poliandrium, *halig leger[stow]* ÆLF. *Gl.* 140; **10** . . in prescripto †polianeso [l. poliandro] basilice divina predestinatio sepulturam ordinavit (*Ch.*) *MonA* VI 1042a; ~ium locus appellatur, ubi multa sunt sepulcra publica BELETH *RDO* 159. 157A; est mausoleum, †pollandrum [l. polyandrum], tumba, sepulcrum GARL. *Syn.* 1589A; polys, multus, multa, poly, multum, a quo ~ion, sepulcrum multitudinis BACON *Gram. Gk.* 64; s**1250** ut . . regis Malcolmi poliandrum aperiretur *Plusc.* VII 15; hec tumba, hoc poliandrum, *a grave WW.*

polyarcha v. polyarchia.

polyarchia [πολυαρχία], government over many or shared by many.

polyarcha, principatus multorum OSB. GLOUC. *Deriv.* 484.

polyarchon [πολυαρχῶν *pres. ppl. of* πολυαρχεῖν], one who rules over many.

archos, i. princeps, inde poliarchion, i. principans pluribus *Alph.* 15.

polycarpus [πολύκαρπος], (bot.) knot-grass (*Polygonum aviculare*).

poligonus masculus herba est virgas habens . . super terram spansas sicut †agrestis [l. agrostis], unde et policarpos dicta *Alph.* 147.

polychronicon [πολυ + χρονικός], Polychronicon, title of work by Ralph Higden, recording historical events of many periods.

~on Ranulphi Higden monachi Cestrensis HIGD. I I *tit.*; c**1432** item ~on Willelmi Cestrensis ex dono domini fundatoris . . item Polycraticon ex dono Johannis Yve (*Catal. Coll. Wint.*) *Arch. J.* XV 70; **1443**

polychronicon item ~on, item Epitomum Titi Livii *MunAcOx* 769; in quodam libro cronicarum fidedigno vocato Policronica Cestrensis *Canon. S. Osm.* 27; sepultus est . . anno regni ejus XV secundum Martinum, secundum Pollicronicam XIX CAPGR. *Hen.* 40.

polychronitudo [ML < πολυχρόνιος + -tudo; cf. πολυχρονιότης]

1 longevity.

egressi ad optandum regi bona et polichronitudinem [MSS: policritudinem, pulcritudinem], id est, diurnitatem annorum GERV. TILB. III 106; ~inem antiquorum . . adscribendam miraculo, non nature, catholici decrevere doctores R. BURY *Phil.* 16. 211.

2 (~*o basileos*) title of work presented by John Skelton to Henry VIII.

Polichronitudo Basileos sive historia belli quod Ricardus I gessit contra Saracenos SKELTON I 147.

polycomos [πολύκομος], (bot.) ? plant that produces fluff and hallucinogenic seeds.

policonios [? l. policomos] folia et flores habet ozimo similia, gustu viscida; haste sunt illi grosse et quadre, semen simile porro, radix nigra et rotunda sicut mala maciana; nascitur in locis asperis; seminis ejus i. bibita sompnia mala et fantasmata facit *Alph.* 149.

polycrates [πολυκράτης], very powerful, (w. gen.) who possesses, who is master of.

a**984** omnium policrates virtutum cunctis carens adversis, omnibus florens prosperis, rite pollebat ingenuus (ÆTHELWOLD *Ch.*) *Conc. Syn.* 122.

polycraticon v. policraticus.

Polydamas [CL; cf. 3 polus < πολύς + ME, OF *dame* < CL domina], name of a Trojan hero, (understood as) lover of many women.

Polidamas, multarum amator, multigamus. Persius 'an mihi Polidamas et Trojades Labeonem' OSB. GLOUC. *Deriv.* 479.

polyfilius [3 polus < πολύς + CL filius], who has many sons.

ipsum etiam Pollucis filium, quasi ~ium, id est multos filios habentem ALB. LOND. *DG* 2. 6.

polygala [CL < πολύγαλον], **~on,** milkwort (*Polygala venulosa*).

poligalon hastam habet longam duabus palmis et folia lenticule similia, gustu stiptica, que bibita mulieribus lac crescere facit *Alph.* 149.

polygamia [LL < πολυγαμία], polygamy.

item Lamech, qui primo induxit poligamiam, a Deo reprobatus . . est M. PAR. *Maj.* III 254.

polygamus [πολύγαμος], who has several partners, much-marrying, polygamous.

poligamus esto, scriptum est enim, crescite et multiplicamini M. PAR. *Maj.* I 269 n. 3; *a leman* . . multigamus, poligamus *CathA*.

polygonus, ~a [CL < πολύγονος], **~um, ~ia, ~ium,** (bot.) knot-grass (*Polygonum aviculare*).

10 . . nomina herbarum: . . pilogonus et sanguinaria, *þæt is unfortredde WW*; †appolligonius *unfortreden uyrt Gl. Durh.* 299; poligonium, i. corrigiola *Gl. Laud.* 1152; poligonia, i. sanguinaria *Ib.* 1171; poligonos, i. proserpinaca *Ib.* 1202; poligonia, i. sive peonia, i. militano dosa *Ib.* 1237; poliganum, i. paas *Ib.* 1239; poligonia, i. centinodia GILB. IV 203. 2; poligonia, i. lingua passerina . . geniculata idem, proserpinem idem *SB* 34; poligonia *Alph.* 104 (v. lingua 5j); poligonus masculus herba est virgas habens tenues molles et multas nodosas et super terram spansas *Ib.* 147; poligonia, . . lingua passerina vel lingua passeris . . masticatus os excoriatum sanat; tota herba utimur *A. swynesgres Ib.*; geniculata, i. pologonia . . , *swynesgrace Herb. Harl. 3388* 80; polliganos *sheperdispurs MS Cambridge Univ. Libr. Dd 11. 45* f. 111vb.

polyhistor [CL < πολύιστωρ], widely learned, who knows or that contains many facts: **a** (of writer); **b** (of work).

a polistor dicitur Alexander quidam philosophus, quia multa viderat et expertus fuerat GROS. *Hexaem. proem.* 95. **b** quedam olim in isto Polihistore nostro de diversis auctoribus memorabilia dicta et

facta inseruimus W. MALM. *Polyh.* 112; **1383** liber qui vocatur Polustor hystoriarum Gaii Julii [So]lini †oratorum [l. oratoris] Rome *Ac. Durh.* 434.

Polyhymnia [CL < Πολυυμνία], Polyhymnia, Muse of mimic art.

Pollemma, musica septima *GlC* P 549; Euterpe, Clio, Polimnia *V. Ed. Conf.* 38 (v. Clio); Polyhymnia [MS: Pollinna] *Natura Deorum* 21. 1.

polyjugium [3 polus < πολύς + CL jugum + -ium], state of being much married, polygamy.

et Sare concubitus negetur ad historiam, et Abrahe ~ium, que ibi figurative etiam recitantur, intelligi NETTER *DAF* II f. 100 r. 2.

polyloquus [3 polus < πολύς + CL loqui + -us], who chatters much, verbose.

a chaterer, . . garulus, verbosus, loquax, . . poliloquus *CathA*; *jangiller*, . . poliloquus *Ib.*

polymita [CL as adj. < πολύμιτος], cloth woven with threads of different colours.

1478 triginta et quatuor virgas de polemita precii virge sex solidorum et octo denariorum *Pat* 543 m. 18*d.*

polymitare [polymita + -are], to weave or embroider with threads of different colours (in quot. p. ppl.).

1448 unum alium pannum polomitatum pendentem ad altare . . cum duabus imaginibus . . *HMC Rep.* IX app. 1 p. 55*b.*

polymitarius [LL < πολυμιτάριος]

1 (as adj.) of fabric or sim. decorated with various colours, of damask, (*opus ~um*) damask work; **b** (transf.).

pulvinaria . . opere plumario (Graeci dicunt a liciorum varietate multiplici ~ium) paravit FERR. *Kinloss* 76. **b** s **1456** veris grata temperies, que tam pratis quam pascuis, quam agris eciam, rosariis et vinetis, pallia ~ie tunicationis adaptare solet *Reg. Whet.* I 216.

2 (as sb. m.) one who weaves or embroiders with coloured thread, one who decorates with colour.

polimitarius, -ii, i. sculptor vel pictor OSB. GLOUC. *Deriv.* 431; hi prudentes ~ii qui superhumerale et racionale pontificis sed et vestes varias efficiunt sacerdotum R. BURY *Phil.* 8. 136; *stenyowre*, polimitarius, ~ii *PP*; *a payntour*, pictor, picto, polimitarius *CathA*.

polymitus [CL < πολύμιτος]

1 (of cloth) woven or embroidered with threads of different colours; **b** (w. *tunica, vestis,* or sim.); **c** (w. ref. to *Gen.* xxxvii 3). **d** variously inlaid. **e** multicoloured (fig.).

pilimita, *hringfaag* ÆLF. *Gl.* 40; polimitus, -a, -um, i. diversis coloribus adornatus sicut legimus de tunica Joseph OSB. GLOUC. *Deriv.* 431; **1383** in bursa varii coloris . . . in bursa polimita *Ac. Durh.* 433. **b** puer eleganti facie et tunica ~a affuit, nuntians quia puella fluctuaret in unda W. CANT. *Mir. Thom.* IV 53; polimitum quidam longant, alii breviant, unde vestis polimita quod est vestimentum factum de multis et variis generibus filorum et colorum BACON *Gram. Gk.* 123; tunicam . . polimitam facere etiam dignemini talarem *Reg. S. Osm.* II 84; pollimitum primitus habebat indumentum *Pol. Poems* I 262 (=*Mon. Francisc.* I 600 pollinudum); hunc polimita modo vestis circumdat GOWER *VC* III 1383; tunicam jam per Dei graciam polimitam facere . . dignemini *Canon. S. Osm.* 46. **c** fratres Joseph nudant eum tunica tali et polimita AD. DORE *Pictor* 161; texetur polimita Joseph de virgine vestis / ut de cisterne carcere liber eat GARL. *Epith.* III 467; teneri Joseph tunica polimita J. HOWD. *Cant.* 627. **d** fecit tabulam ante altare auro et argento et ebore polimitam W. MALM. *Glast.* 87. **e** O Philippe Valeys, Xerxes, Darius, Bituitus; / te faciet *maleys* Edwardus, aper polimitus *Pol. Poems* I 27.

2 (*opus ~um*) damask work.

matrona nobilis artis purpurarie peritissima, que regum divitumque vestes ornare auro, picturis et floribus opere ~o variare consueverat AILR. *Ed. Conf.* 783B; vestes . . opere ~o variare CIREN. II 307; tres cappe oloserice purpurei coloris sed opere ~o, aurei et

lactei coloris . . contexte. . . per opus texture . . ~um, virtutum varietatem attende ELMH. *Cant.* 99.

3 (as sb. f.) variegated cloth. **b** coarse woollen cloth, burel.

1440 unam togam de Kendale cum polomitis duplicatam *Pat* 446 m. 13; **1478** polemita *CalPat* 145; polimitus, *ray or motle or medlee WW.* **b** c**1300** polomitam, *borel* (*MS BL Harley 683*) *Teaching Latin* I 142.

polyonymus [πολυώνυμος]

1 who has many names.

Sennacherib . . pentanomius extitit. nisi polinomius habeatur, historicorum . . vacillabit auctoritas J. SAL. *Pol.* 798A.

2 (gram.) that has many names or is expressed by many words.

Isidorus duobus voluminibus quae sinonima vel polionima praetitulantur ALDH. *Met.* 10; sinonima vel polionima . . quod multa nomina unam rem significent TATWINE *Ars* 18; polionima, multivoca *Gl. Leid.* 43. 11; nuncquid adverbia synonyma vel ~a possunt esse? . . ~a ut 'ubi', 'quo' ALCUIN *Gram.* 888C; ~a [nomina] plurivoca Latine dici possunt. . . ~a . . sunt, quando multa nomina unam rem significant . . ut ensis, mucro, gladius *Id. Didasc.* 955B.

polypes v. polypus.

polyphemare [Πολύφημος = *name of Cyclops blinded by Odysseus*], to make like Polyphemus, to blind.

hunc humiliat et hunc exaltat, hunc Argum facit et hunc ~at GERV. TILB. II 10 p. 918.

polypodion [CL < πολυπόδιον], **~ium,** (bot.) kind of fern, polypody (*Polypodium vulgare*), or oakfern (*Thelypteris dryopteris*).

driopteris, i. polipodion *Gl. Laud.* 484; polipedium, i. *refnes foð Ib.* 1160; pelipodion, i. filix ex arbore *Ib.* 1163; quare polipodium purgat stomachum a fleumate? *Quaest. Salern.* N 46; polopodium tritum GILB. IV 180. 1; **12** . . pollipodium, i. *poliol,* i. *revenfot WW*; si materia sit melancolica, purgetur cum sene et polipodio et epithimo; sed polipodium, dicit Avic[enna] . . letificat per accidens evacuando melancoliam a cerebro GAD. 69. 1; filix quercina, pollipodium idem *Alph.* 66; polipodium quercinum, filex quercina, felicula idem, invenitur in rupibus et arboribus, sed quod in quercu laudabilius est; habet maculam sub foliis, A. *okfarn Ib.* 147; *herbe,* pollipodia, -ie *PP*; hoc polipodicum, *a pollypod WW.*

polypola [3 polus < πολύς + πώλης], wholesale merchant, grocer.

a groser, aromatopola, ~a LEVINS *Manip.* 74.

polyposus [CL], who suffers from a nasal tumour. **b** (as sb. n.) one who suffers from a nasal tumour.

turbato aere, id est sanguine, fit homo †polipus [l. poliposus] D. MORLEY 16. **b** olfactus . . sepius impeditur . . quandoque propter superfluam carnis superexcrescentis opilationem, ut patet in ~is BART. ANGL. III 19.

polypragmon [πολυπράγμων], officious, meddlesome, (as sb. m.) busybody.

quid prosunt pragmata polipragmonibus / . . / cum mors non deferat plus hiis quam gregibus? WALT. WIMB. *Sim.* 134.

polyptoton [LL < πολύπτωτον], (rhet.) repetition of a word in different cases in the same sentence.

~on est cum diversis casibus variatur oratio, ut Apostolus, 'quoniam ex ipso et per ipsum et in ipso sunt omnia' BEDE *ST* 150; 'jam clipeus clipeis, umbone repellitur umbo / ense minax ensis, pede pes et cuspide cuspis' hic modus in figuris poliptoton appellatur GERV. MELKLEY *AV* 15.

polyptychum [LL < πολύπτυχος], form of official document (with several folds), charter.

1012 anno ab Incarnatione Domini mxij indictione x caraxatum est hoc polipticum, et signaculo crucis insignitum *CD* 719.

polypus [CL < πολύπους]

1 cuttlefish (in quots, w. ref. to ability to change colour).

polypus, ha!, novit se conformare colori / cautis, ut incautos implicet arte sua NECKAM *DS* 659 p. 410; palpo si valeat in aulam recipi, / fit cutis concolor in morem polipi WALT. WIMB. *Palpo* 65.

2 lobster.

polipos, *loppestre* ÆLF. *Gram.* 308; quid capis in mari? alleces, . . delfinos, . . et polipodes [*gl*.: *lopystran*], et similia *Id. Coll.* 94; marinis piscibus, utpote ~is, ostreis . . utiliora FORDUN *Chr.* II 2; **1446** in polopis emptis per catorem Ty viij d. *Ac. Durh.* 86; polipus, *a loppestere, loppyster or a crabbe* WW; hic polupus, A. *lopstere* WW; flumina quae omnia . . cancris et mirae magnitudinis polypedibus abundant MAJOR I 6 p. 22.

3 growth or ulcer in the nose or discharge therefrom; **b** (understood as deriving from πόλις).

polypus et cancer, dolor auris, egent colubrina NECKAM *DS* VII 251 p. 478; hic †pompus [l. polipus], *pureture del nes Gl. AN Ox.* 20 (cf. *Gl. AN Glasg.* f. 19a: hic polipus); s**1257** episcopus . . habebat . . morpheam sive polipum in naso que totam faciem deturpavit M. PAR. *Maj.* V 622; si [fluit materia] ad nares, [causat] fetorem vel polipum GAD. 49v. 1; polipus est excrescentia carnis infra nares pendens ibi obturans nares *Ib.* 117v. 1; polipus est egritudo narium *Alph.* 148; hic polipus, A. *snotte* WW. **b** dicitur . . ab hoc nomine polis, hic ~us, -i, i. fetor qui maxime solet esse in civitate OSB. GLOUC. *Deriv.* 461.

polyrrhizon [CL < πολύρριζον], (bot.) black hellebore (*Helleborus niger*).

elleborus niger, radicula, poliorion . . folia habet platano similia *Alph.* 52; polorieon, respice in elaborus niger *Ib.* 148.

polys v. 3 polus.

polysemus [πολύσημος], that has many meanings.

si quis . . sermo tres aut quattuor habet significationes, statim polixenus est, id est multarum significationum J. SAL. *Pol.* 432B.

polysillaba v. polysyllabus.   **polysindeton** v. polysyndeton.

polysyllabus [LL < πολυσύλλαβος], that has many syllables, polysyllabic; **b** (as sb. f.) polysyllable.

~us, multarum syllabarum OSB. GLOUC. *Deriv.* 461. **b** haec sunt quae . . in trisyllabis vel in ceteris polisyllabis corripiuntur BEDE *AM* 100; polysillaba, diccio plurium sillabarum BACON *Gram. Gk.* 64; sic est in omni trisyllaba et ~a *Id. Tert.* 236.

polysyndeton [LL < πολυσύνδετος], (gram.) figure that contains many conjunctions or connecting particles in close succession.

polysindeton est oratio multis nexa conjunctionibus BEDE *ST* 151; polisinteton ergo, prout hic accipitur, est coadunatio terminorum similium per conjunctionem vel conjunctiones GERV. MELKLEY *AV* 34.

polytrichon [CL < πολύτριχον]

1 (bot.) maidenhair-fern (*Adiantum capillus-veneris* or *Asplenium trichomanes*).

pollitricum, i. capillaris *Gl. Laud.* 1139; politrian, i. capillus Veneris *Ib.* 1194; epaticam, ceterach et polytricum [v. l. polictricum] GERV. TILB. I 13 (v. ceterach); cum decoctione . . herbarum frigidarum, que sunt . . politricum, adyantos, capillus veneris, cicorea GILB. I 18. 1; adianthos, ceterach, politrici GAD. 12v. 2; cum decoctione isopi vel pollitrici *Ib.*; capillus Veneris subtiliorem habet stipitem et ramos subtiliores, politrico grossiores, G. *filet*, A. *maydenher Alph.* 29; politricum simile est polipodio in foliis et habet ramos graciles *Ib.* 147.

2 kind of hop-plant (used medicinally to encourage hair growth).

herba politricus, . . *hymele Leechdoms* I 24.

polytricum v. polytrichon.

polyvertentia [? *calque on* πολυτροπία], versatility, craft.

a**995** o si ferrea vox esset omnipotens †pilivertentia [l. polivertentia] in linguis (*Ep. Elfwerdi*) *Mem. Dunst.* 400.

pomacium [ML < CL pomum; cf. -ax, -acis, -atum], **1 pomatum,** cider.

a pomo, hoc ~ium, -ii, i. mollis et liquidus cibus ex pomis factus OSB. GLOUC. *Deriv.* 458; **1316** mandamus vobis quod . . c dolia cisare seu ~ii boni et puri . . ad opus nostrum emi . . faciatis *RGasc* IV 1688; s**1216** persicis cum musto et ~io ingurgitatus . . incidit in magnam egritudinem *Ann. Lond.* 20; syther, ~ium vel pomatum vel sicera potus est *CathA*; ~ium, A. *pomys* WW.

pomagium [CL pomum + -agium], orchard.

1256 percipiet etiam persona vel vicarius . . [decimam] de molendinis ad ventum, et aquaticis et . . de columbariis, de ~io, et omnibus aliis de quibus ecclesia consuevit percipere *Conc. Syn.* 512.

pomalis [CL pomum + -alis], of or resembling an apple.

a rotunditate ~i BACON *Maj.* I 211.

pomaria, ~ium v. pomarius.

pomarius [CL]

1 (as adj.) of apple, consisting of or made with apple.

coquinarius . . ad cibarium pomarium habebit poma de virgultario *Obed. Abingd.* 416.

2 (as sb. m.): **a** (mon.) one in charge of apples. **b** apple-seller.

a quoties poma distribuuntur in refectorio, ~ius dabit triginta poma . . refectorario *Obed. Abingd.* 402. **b** *an appylle keper or seller*, pomilio, †pomo [? l. pom'o, i.e. pomario] *CathA*; **1563** ~ius Londonie *CalPat* 544.

3 (as sb. m. or n.) apple tree.

~ium, arbor que fert poma OSB. GLOUC. *Deriv.* 366; **1229** de omni genere bosci preterquam de quercu, fago, ~io *Pat* 317; **1250** xix ~ii bosci *CallMisc* I 34; nec fient sepes de ~iis, piris, cerisariis . . set de salicibus *Fleta* II 171; **1299** sumoniatur ad respondendum . . de ~iis . . quos prostravit in curtilagio *CourtR Hales* 396.

4 (as sb. n. or f.) orchard; **b** (as surname).

676 cum pratis et ~iis *CS* 42; velut in amenissimo . . ~io GOSC. *Wulsin* 17 (v. florere 1c); hoc pometum, . . i. locus ubi poma crescunt quod hoc ~ium et hoc pomerium dicitur OSB. GLOUC. *Deriv.* 458; s**1252** vidimus lapidantem dominum regem . ., dum in ~io Sancti Albani spatiarentur, . . pomis viridibus M. PAR. *Maj.* V 329; **1345** terciam partem ~ii vocati *le ortyard* ibidem *Cl* 178 m. 11d.; **1539** pro ~io nunc, quondam ij burgagia *Feod. Durh.* 325. **b** Radulfo de ~io *Dom. Exon.* f. 71; habet Radulfus de ~ia j hidam *Ib.* f. 65.

5 store of apples.

pometa dicimus ubi poma nascuntur, ~ia ubi servantur ALCUIN *Orth.* 2340; *an appylle hurde*, ~ium *CathA*.

6 apple juice, cider.

~ium, *appuljuse* WW.

pomatum v. pomacium, pometum.   **pomelatus** v. pomellatus.   **pomelio** v. pomilio.   **pomelium** v. 2 pomerium.

pomellatus [pomellus + -atus; cf. ME, OF *pomelé*]

1 marked or decorated with apple-shaped spots, speckles, (of horse) dappled.

1311 pro . . septimo decimo equo favo pomelato de pelle leopardi precii iiij^{xx} m. (*Ac.*) *MS Bodl. Tanner* 197 f. 42; **1313** pro . . uno cursore liardo pomelato *KR Ac* 375/8 f. 13; c**1320** pro restauro . . unius equi ferrandi pommellati *KR Ac* 373/23 m. 2; pro j dextrario ferrando ~o *AcWardr TRBk* 203 215; **1349** unus palefridus ferrandus pomellatus *CalExch* I 165.

2 decorated with knobs.

duas cuppas optimas de mazaro cum . . operculis pumulatis SWAFHAM 105; **1310** iiij s. de j cathedra

diversi coloris ~a *Ac. Exec. Ep. Exon.* 7; aquarius . . ingravatus de alta sculptura et ~us *AcWardr TRBk* 203 66.

pomellum v. pomellus.

pomellus, ~um [CL pomus, ~um + -ellus]

1 apple tree.

an appylle tre . . ~us *CathA*.

2 small apple.

~um, i. parvum pomum OSB. GLOUC. *Deriv.* 458; *an appylle*, pomum, . . ~um *CathA*.

3 spherical button.

c**1218** ~a ad capas iij argent' *Process. Sal.* 170; **1230** pro . . ~is et tasselis ex corio *Pipe* 97; **1338** ij ~i argentei pro capis deaurati . . item ij parve capselle cum diversis fragmentis argenti et lapidum que cadebant de ornamentis ecclesie in quibus sunt ~i prescripti *Ac. Durh.* 376.

4 (ornamental) knob, pommel; **b** (of sword); **c** (as part of cup or flagon, esp. lid).

papa . . suum baculum ei dedit novum . . habentem . . ~um aureum GIR. *Invect.* VI 16; **1245** feretrum . . ligneum, cujus ~i sunt ad modum pomorum pinei superius florigerati *Invent. S. Paul.* 470; crux . . cum pede argenti et ~o *Reg. S. Osm.* II 127; **1402** ij alta candelabra argentea cum ~is et crestis deauratis *Invent. S. Paul.* 513. **b** 1213 ad cooperiendum capellum et ~um gladii domini regis . . de Cordubano (*Misae*) *Doc Exch* 238; **1251** pulcrum gladium . . et ~um de argento bene et ornate cooperiri *Cl* 12. **c** 1295 cupa magna . . ornata . . ~is argenteis *Vis. S. Paul.* 315; **1303** justa argenti . . in qua deficit ~us cooperculi (*KR Ac* 363/6) *DocExch* 283; **1328** cuppa . . cum cooperculo cum ~o emalato *Reg. Exon.* 569; **1339** sciatis nos recepisse . . calicem auri cum patena aymellata in ~o pedis *MonA* I 98; de vasis usualibus . . quatuor cuppe de mazaro, omnes cum operculis [v. l. cooperculis] pedibus et punulis [v. l. pennulis] deauratis, quarum una fuit de pretio sex marcarum vel eo amplius SWAFHAM 122; **1402** unum ciphum cum cooportorio de argento et deaurato cum uno rotundo ~o in eodem cooportorio *Pat* 382 m. 16; **1421** lego J. C. . . unam magnam peciam stantem cum cooperculo cum una aquila super ~um de argento *Reg. Cant.* II 253; **1457** lego . . xij cocliaria argenti cum *knoppes* deauratis, . . unum ciphum . . *chased* cum ~o in summitate cooperculi *Test. Ebor.* II 206.

5 ball or spherical ornament on pinnacle of building or sim.

1236 in coquina cooperienda circa pomell', iiij d. . . in clavis ad attagiend' tegulas circa pomell', j d. *Pipe Wint.* B1/16; **1269** tres ~os plumbo coopertos ad aulam et garderobam nostram de novo fieri et super easdem poni *Liberate* m. 4; c**1300** in v pomell' faciendis ad iiij porticus aule versus magnum herbarium et ad capud panetrie versus predictum herbarum *MinAc* 863/8; **1303** in j pomell' aule de novo faciend' . . in clavis emptis ad eundem . . in j homine capiente deorsum vetus ~um *Ib.* 991/26; s**1314** eodem anno deposita fuerunt crux et ~um cum magna parte campanilis ecclesie . . et nova crux cum ~o bene deaurato fuerunt erecta *Doc. S. Paul.* 45 (=*Ann. Paul.* 276); s**1314** ~um . . campanilis potest continere in sua concavitate x buss' bladi *Ib.* 46 (=*Ann. Paul.* 277); **1337** in xxxviij *gorouns* fact' pro ~is attagiandis, j s. *Sacr. Ely* II 84.

6 (of horse) dappled (cf. ME, OF *pomelé*). **b** (as sb. m.) dappled horse.

1311 equi sui ferrandi pomelli *Cal. Scot.* III app. vii p. 397. **b** 1297 cuidam pro uno pumello ad conductum xiij s. iiij d. *KR Ac* 467/7/7·

pomeraneum [CL pomerium + -anus + -ium], orchard.

c**1200** concedo . . duas partes decimarum totius feni mei et pomerhanei *MonA* VI 232.

pomerangium [CL pomum + ML aranga], orange.

1470 viginti quinque miliaria ~iorum valoris v librarum *Foed.* XI 674.

pomerhaneum v. pomeraneum.   **pomeria** v. 2 pomerium.

pomeridianus [CL pomeridiem + -anus], of or that occurs in the afternoon. **b** (as sb.) afternoon.

1590 intra horam secundam et tertiam ~am .. inter horas secundam et tertiam ejusdem diei ~as *StatOx* 442. **b 1577** dicunt super sacramentum suum quod ita accidit quod septimo die Julii in ~o ejusdem diei circa horam terciam *Pat* 1162 m. 18.

1 pomerium [CL], open space round city walls.

~ium, spatium circa muros *GlC* P 496; pumerium, spatium quod circa muros est *GlC* P 880; aggeres post ~ia, ubi captabant auguria, dicebant effatus ALB. LOND. *DG* 11. 15.

2 pomerium, ~ia [OF *pomier* < CL pomarius]

1 apple tree. **b** (*~ium silvestre*) crab tree.

1211 in xxx ~iis emptis ad gard[inum] restaur[andum], v s. *Pipe Wint.* 171; **1220** destruxit .. ~ia (v. pirarius); de ramis ~ii viridis accipe, fac manipulos et pone in igne GAD. 112. 2; **1269** ~ia et alias arbores ibidem crescentes succiderunt *CBaron* 85; **1287** cc plantulas ~iorum et pirorum *PlRChester* 3 r. 6; fecit fieri .. ibidem novum gardinum cum pyris et ~iis et aliis decenter ornatum WHITTLESEY 154; succidendo .. c quercus precii cujuslibet x s., xl ~ia precii cujuslibet ij s. *Reg. Brev. Jud.* 23b. **b 1268** W. percussit .. H. cum uno baculo de ~io silvestri in capite *SelCCoron* 11; **1304** terra jacente inter quandam quercum et unum ~ium silvestre *CourtR Hales* 480.

2 orchard; **b** (as or in surname).

W. P. concessit rex x acras terrae ad faciendum ~ium *DB* I 280ra; c**1145** dedit .. decimam .. pomorum ~ii sui de Karliun *CalCh* II 362; contigit .. quod clericus .. in ~ium patris meridie quadam intravit GIR. *GE* II 13 p. 228; non est homo .. quin amiserit hortum suum et ~ia sua BRAKELOND 160v; **690** (13c) cum pratis ac ~iis *CS* 35; cisera: reddit compotum de iiij doleis .. factis de exitu ~ie *FormMan* 48; hoc ~ium, *a norchard WW*. **b** Radulfus de ~ia habet j mansionem *Dom. Exon.* f. 85; **1260** fratris Willelmi de ~io *Cl* 252; prognosticon Juliani ~ii in uno volumine (*Cart. Reading*) *EHR* III 121.

3 store of apples.

hoc ~ium, pomelium, *a whorde WW*.

pometum [CL], **2 pomatum,** orchard.

~eta dicimus ubi poma nascuntur, pomaria ubi servantur ALCUIN *Orth.* 2340; hoc ~etum .. i. locus ubi poma crescunt OSB. GLOUC. *Deriv.* 458; ~ata, ~eta, pomaria *Ib.* 484; *an orcherd*, pomerium, ~etum *CathA*; hoc pomum, *a nappylle*; hoc ~etum, locus ubi crescunt *WW*.

pomex v. pumex.

pomifer [CL]

1 (of tree or garden) that bears fruit; **b** (w. ref. to *Gen.* i 11).

est [paradisus terrestris] .. omni genere ligni ~erarum arborum consitus, habens etiam lignum vitae *Comm. Cant.* II 9; terra omnis frugum opima, fructuum ferax ... cernas tramites publicos vestitos ~eris arboribus W. MALM. *GP* IV 153; fiant inquam de lignis patrie non ~eris, quoniam arbores fructifere non sunt excidende R. NIGER *Mil.* III 70; ~erarum arborum quam pauca reperies hic genera GIR. *TH* III 10; **1321** mansum cum .. orto ~ero superiori .. cum adjacente sibi curtilagio seu herbario *Reg. Heref.* 203. **b** proferat .. lignum .. ~erum faciens fructum AILR. *Serm.* 27. 16. 351A; lignum ~erum et arbor sinapis est Christus J. FORD *Serm.* 102. 2; lignum autem ~erum pro fructifero posuit GROS. *Hexaem.* IV 20.

2 fruitful (in quot. w. ref. to *Gen.* iii, of *BVM*).

tollens Eve pomifera / — vale, virgo Christifera — / Ade peccata vetera / que diluit ecclesia LEDREDE *Carm.* 14. 9.

pomiger [CL pomum+-ger], (of garden) that bears fruit.

viro Dei .. poma .. in horto pomorigero colligenti R. COLD. *Godr.* 248.

1 pomilio [LL < CL pomum+-ilis+-io; cf. CL opilio]

1 one in charge of apples, apple-seller.

hic ~ilio, -onis, i. pomorum venditor vel ut alii volunt, pomorum custos OSB. GLOUC. *Deriv.* 458; hic pandoxator, ibi streparius, ibi junctor; / est ibi pomilio, sic anigerulus hic *Pol. Poems* I 285; *an appylle keper or seller*, ~ilio, pomo *CathA*; hic ~ilio, A. *apulseler*; .. hic ~elio, *gardyner*, .. venditor pomorum; .. hic ~elio, custos pomorum. versus: pomelio custos, vector, vel venditor extat *WW*.

2 seller of water or wood.

~iliones dicebantur aquarum et lignorum venditores, quia vili precio quasi pomis conducebantur OSB. GLOUC. *Deriv.* 458.

2 pomilio v. pumilio.

pommellatus v. pomellatus. **pomo** v. pomarius. **pomona** v. pigno. **pomoriger** v. pomiger.

pompa [CL < πομπή]

1 ceremonial procession. **b** ritual.

gloriosa Mildretha resplenduit aetherea ~a, tamquam de thalamo procedens .. sponsa GOSC. *Lib. Mild.* 24; fuit .. tanta festinatio victorie ut in ~a triumphali tria verba diceret, "veni, vidi, vici" P. BLOIS *Ep.* 121. 356A; longam generis producere pompam / religio nativa jubet HANV. IX 245; Achilles .. interfecto Hectore corpus ejus traxit ad currum suum circa muros Troie in ~am victorie TREVET *Troades* 33; adduxit [Baltasar] miseros cum ponpa triumphali HIL. RONCE. 98. **b 1397** dicunt quod prefatus dominus Johannes capellanus ut eis videtur, non est firmus in fide, eo quod pluries fecit ~am suam tempore nocturno cum spiritibus fantasticis (*Vis. Heref.*) *EHR* XLIV 287.

2 splendour, luxury, pomp, display; **b** (spec. of this world); **c** (rhet.).

hic erat in saltu silvestria pabula mellis / atque locustarum mandens corpuscula frugi; / cetera nectareae contempsit fercula pompae ALDH. *VirgV* 401; a**805** quid vobis vestimentorum ~a? ALCUIN *Ep.* 284; animum regie virtutis decet originem .. querere regie dignitatis. cui si non comparari sit possibile a ~a praeclari sanguinis R. COLD. *Osw. pref.* p. 328; omnes orientales ~as sola aeris nostri clementia compensamus GIR. *TH* I 37; s**1438** poteris bene cernere cuncta / que fero vera fore, nec †perope [MS: pōpe; l. pompe] picta colore AMUND. II 186. **b** a**796** non tibi sit saeculi ~a suavior quam salus aeterna; nec delectatio carnalis dulcior quam dilectio Dei ALCUIN *Ep.* 37; **1433** lego corpus meum .. ad sepeliendum in choro ecclesie .. sine ~a aliqua seculari *Test. Ebor.* II 43. **c** Greci involute, Romani splendide, Angli pompatice dictare solent. .. quem [Aldhelmum] si perfecte legeris, et ex acumine Grecum putabis et ex nitore Romanum jurabis et ex ~a Anglum intelliges W. MALM. *GP* V 196.

3 ostentation, vainglory, pride.

sit quis ardens iniquis et facientibus iniqua et credentibus in injusticiam suam et ~am diabolicam *GAS* 419; solam carnalis ~e vanitatem spirantes J. FORD *Serm.* 60. 5; habent .. mollia vestimenta .. gule .. et luxurie sordes, superbie secularis ~am dominandique libidinem *Ib.* 77. 8; non ad commodum et utilitatem regni convertendo, set ad sui nominis ostentacionem, et ~am, et vanam gloriam prodige dissipando *V. Ric. II* 193; quae ergo est ista ~a vetustatis? quid de priscorum patrum .. nominibus gloriantur? JEWEL *Apol.* E vj v.

4 (pl., w. *abrenuntiare* or sim., also w. ref. to baptismal rite).

Dominus .. ecclesiam .. in primo desponsionis ejus initio jubet .. in singulis credentibus abrenuntiare Satanae et .. omnibus ~is ejus BEDE *Tob.* 930; abrenuntiatis saecularibus ~is, spem .. fixam in Christo tenebat FELIX *Guthl.* 19; adhuc .. adulescentulus .. mundum .. cum omnibus ~is suis abegit *V. Neot. A* 1; proposueras omnes seculi ~as et illecebras mundane conversationis abrumpere P. BLOIS *Ep.* 11. 33A; in baptismo abrenunciavimus diabolo et omnibus ~is ejus T. CHOBHAM *Serm.* 3. 14va; ? **1312** trux, crudelis inter omnes, nunc a pompis abstinet (*De Morte P. de Gaveston*) *Pol. Songs* 260; [mundo] renuncians et ~is ejus sancti Francisci assumpsit habitum *Mon. Francisc.* I 541.

pompare [LL]

1 to walk in procession.

exulatores hic ~abunt *Beunans Meriasek* 72 (v. exulator).

2 to celebrate, glorify. **b** to make splendid, adorn; **c** (poetry); **d** (refl.); **e** (p. ppl. as adj.) splendid, ostentatious.

Jupiter, ingentem quem pompant carmina vatum ALDH. *VirgV* 1373. **b** cornipedes mandatque suis pompare superbos; / ornantur faleris; splendescunt timpora bullis WULF. *Swith.* I 1267; quatenus ille ad divinum cultum quandam stolam sibi diversis formularum scematibus ipse praepingeret, quam postea posset auro gemmisque variando ~are B. *V. Dunst.* 12. **c** littera quo docti non docte carmina patris / pompat ÆTHELWULF *Abb.* 515; cujus Sedulius poeta mentionem facit .. ita dicens: 'cum sua gentiles studeant figmenta poetae / grandisonis pompare modis' (Sedulius *Pasch. Carm.* I 17) ASSER *Alf.* 1; hoc avet et bombis pompare poema superbis / gestit et hinc vanam — ventosus! — tollere famam *Altercatio* 37. **d** quare, rogo .. consentiret [papa] .. de potestate incognita, concedendo privilegia et terrendo inscios per fictas censuras ultra hoc, quod fecerunt Christus et sui apostoli se ~are? WYCL. *Chr. & Antichr.* 691. **e 797** interdiximus servis Dei ut ~ato habitu vel sago vel armis utantur BONIF. *Ep.* 78 p. 164.

3 to be proud, to boast; **b** (w. abl., *in* or *de* & abl.); **c** (w. acc. & inf.).

~are, superbire OSB. GLOUC. *Deriv.* 479; *to be prowde*, ampullari, arrogare, .., ~are *CathA*. **b** moderni itaque prepositi didicerunt a patre mendacii ~are in accumulato honore et pretensione potestatis abscondite WYCL. *Blasph.* 44; cum igitur omnes et singuli monachi perpetrant totum peccatum id ex consensu nephario, dum placet eis, et ~ant de opere *Id. Apost.* 40. **c** si sophista ~at se scire contenciose defendere WYCL. *Dom. Div.* 93.

pompasticus [cf. pompaticus], pompous.

nec sequamur locuciones ~as secularium dominorum WYCL. *Ver.* I 6.

pompatice [LL]

1 ceremoniously, in a splendid manner, with pomp, ostentatiously (usu. w. *procedere* or sim.). **b** (rhet.) in a rhetorical or inflated style.

Aedmund .. civitatem ~e ingreditur *Enc. Emmae* II 8; regis odium .. incurrebat quod .. nimis ~e veniret ad curias *Lib. Eli.* II 42; ~e et vultuose incedere P. BLOIS *Ep.* 16. 67B; processit .. ad Scociam cum pretioso suppellectili ~e (J. BRIDL.) *Pol. Poems* I 132; vallatus turbis ~e procedebat *Meaux* I 282; tabulam rotundam tenit [v. l. tenet] atque cum suis satropis [v. l. satrapis] ~e celebravit *Plusc.* VII 32. **b** Greci involute, Romani splendide, Angli ~e dictare solent W. MALM. *GP* V 196; Anglos ~e scribere memorat ELMH. *Cant.* 277.

2 pompously, arrogantly, boastfully.

non ut homo in honore mundano vel dominio super sibi pari in natura ~e delectetur, sed ut cum modestia utatur sensibus inferioribus in natura WYCL. *Innoc.* 487; non .. ad bella quasi ~e te provocantes hec rescribimus, sed .. pacem humiliter .. obsecrantes FORDUN *Chr.* II 15; aliis episcopis in hoc sepissime faventibus et dicentibus ~e GASCOIGNE *Loci* 41; Henricus coram parliamento surgens, superbe ac ~e coram omnibus dicens *Misc. Scrope* 297.

pompaticus [CL], ceremonious, splendid, ostentatious (usu. in derogatory sense); **b** (of person); **c** (of clothing); **d** (of speech or gait); **e** (of literary style) rhetorical, showy, impressive. **f** (w. ref. to character or attitude).

magisque intendit eas divinis ornare laudibus, quam ~is saeculi divitiis comere ALCUIN *Vedast.* 8; non noverat illa felicium virorum etas ~as edes construere, sed sub qualicunque tecto seipsos Deo immolare W. MALM. *GP* IV 141; ut magis monachus putaretur quam secularis potencie et ~i ministerii officialis discipulus W. DAN. *Ailred* 2; in curia regum Francie nil ~um, nil tyrannicum quis videbit GIR. *PI* III 30 p. 318; expompat Attropos omne pompaticum / et mors humiliat omne magnificum WALT. WIMB. *Sim.* 138; allata sunt in ~a gloria duo cigni vel olores ante regem, phalerati retibus aureis vel fistulis deauratis *Flor. Hist.* III 132. **b** viri ~i temeritatisque non audende presumptores .. militie prorsus et pompe seculari studium .. accommodabant *G. Steph.* I 34; qui [gloriam] nimis appetit .. vanus et ~us dici potest GIR. *Invect.* VI 1; dominus Johannes de Vian probus sed ~us miles de Francia *Chr. Kirkstall* 123. **c 747** nec ~is et quae ad inanem gloriam .. pertineant utantur indumentis sed simplici .. vestiantur habitu (*Clovesho*) *Conc. HS* III 369; c**794** quid ~is carnem induis vestimentis, et ornamenta animae non quaeris?

ALCUIN *Ep.* 34; clericos vel monachos . . versicoloribus et ~is vestibus indutos CIREN. I 235. **d** tumido gestu et ~o incessu pre se ferens conscientiam litterarum W. MALM. *GP* II 77; monacho silentium et claustrum competere non ~ico gestu et sermone populi auribus insultare *Id. Wulfst.* I 8; Christi mandata superbi atque ~i cujusdam sermonis inventione turbantur DICETO *Chr.* I 103; sua solita ~a verbositate *Croyl. Cont. A* 125; s**1460** occident de borealibus, suis boaticis ~isque flatibus non obstantibus, ultra numerum viginti quinque millium *Reg. Whet.* I 387. **e** nec si veterum ~a eloquentia procederet, non si Orpheus . . resurgeret W. MALM. *GR* IV 369; in dictando . . stylum temperavi meum . . modum eligendo propter simplices planum et perlucidum et circumspectum, et vitando . . ~um, suffultum et involutum J. FURNESS *Walth. prol.* 5; s**1279** carminum dictator egregius, affatusque ~i fuerat RISH. 94; semetipsum eisdem monstrat funiculis irretitum, quibus Anglicos ~os dictatores . . obvolutos testatur ELMH. *Hist. Cant.* 277. **f** c**795** melius est servis Dei animam ecclesiasticis ornare moribus, quam corpus laicorum consuetudine ~a vestire vanitate ALCUIN *Ep.* 42; ~a mundi jactantia GOSC. *Werb.* xxi; quos inflat ~i fastus ambitio AD. MARSH *Ep.* I p. 79; s**1312** ne ~a vanitas . . dilectionis rumpat vinculum *Reg. Durh.* I 259.

pompatilis [LL < CL pompatus *p. ppl. of* pompare + -ilis], splendid, ostentatious.

illorum episcoporum vitam detestabilem reputes, quorum habitus in veste ~i P. BLOIS *Ep.* 15. 55A.

pompator [LL pompare + -tor], arrogant or boastful person.

hic ~or, -oris, qui aliquid superbe et presumptuose agit OSB. GLOUC. *Deriv.* 460; locutus est tamquam ~or WYCL. *Civ. Dom.* I 105; *a boster* . . ~or, jactator *CathA.*

pompellum, cloak.

hoc ~um, *mantel Gl. AN Glasg.* f. 21ra.

pompenarius v. popinarius. **pompesus** v. pomposus.

pompholyx [CL < πομφόλυξ]

1 metal or dross left as deposit in furnace.

batitura ferri, ponfiligos idem *SB* 12; ponfiligos, i. batitura eris vel fuligo de fornace eris *SB* 34; spodium est fuligo que invenitur in domibus ubi funduntur metalla, que postquam ceciderit dicitur esse spodium, coherens . . tecto dicitur ponfiligos *SB* 40; pontifilagos etiam quedam fuligo que pendet in domibus ubi funduntur *Alph.* 68; ponfolix ex spondiis in eisdem nascitur fornacibus, sed ponfolix melior est spondio in virtute et levior et albidior, in verticibus tectorum invenitur *Ib.* 149; sodapenfiligos est fulgaola que fuit penfiligos *Ib.* 176.

2 (bot.) mullein (*Verbascus thapsus*) or sim.

ponfolingos, i. flommus vel verbascus *Gl. Laud.* 1224; panphiligos, i. flosmus vel barastus, G., A. *feldworth MS BL Sloane 420* f. 119v; pamphilagas, tapsus, *moleyne MS BL Sloane 2479* f. 102; pamphiligos, i. flosmus vel tapsus barbatus, A. *feltwort MS BL Royal 12 G IV* f. 134ra–136rb; pamfiligos, flosmus, tapsis barbastus, idem G. *moleigne*, A. *feltwort MS BL Sloane 5* f. 10rb; flosmus, filtrum, tapsus barbatus major, herba luminaria, pantifilagos idem, A. *feltwort vel cattestayl Alph.* 68; penfiligos vel panfiligos, flosmos vel flos tapsi barbati idem, facit magna folia subalba spissa pilosa . . A. *cattestayl Ib.* 140; panfiligos, i. flosmus vel tapsus barbastus, G. *moleyn*, A. *feldworth MS BL Sloane 347* f. 92v; pamphilogos, *moleine*, *feldwort MS DC Exon. 3519* f. 59rb; panfilago . . *ffeltwort MS Cambridge Univ. Libr. Dd 11. 45* f. 111vb; pamfilagos flosmus tapsus barbastus idem, G. *moleyne*, A. *fylwort MS BL Sloane 405* f. 14v.

pompina v. popina.

pompisonus [CL pompa + -sonus], that sounds splendid or pompous.

non ego pompisonis adii pretiosa lupatis / moenia, nec gilvis falerato stromate mannis FRITH. I 175.

pompla [ME *pomple*], ryegrass (*Lolium perenne*) used for fodder.

1349 computat in semine apud Fynchale xviij qu' vj bus' avene et ~e *Finc.* xxxiii.

pompociter v. pompositer.

---

pompose [LL]

1 splendidly, sumptuously, with pomp.

colligitur hoc pretium ~e decorato scrinio GOSC. *Transl. Aug.* 29A; s**1237** et precedentibus archiepiscopis Cantuariensi et Eboracensi eum . . sedem suam ascendit, per gradus ~e, ut dictum est, preparatam, et jam ~ius tapetis et palliis redimitam M. PAR. *Maj.* III 416; s**1099** in regem Jerosolimitanum ~e nimis est electus et creatus *Id. Min.* I 164.

2 ostentatiously, self-importantly.

illecebras explens pompose caducas FRITH. 904; nulli autem coopertorium de scarleto, aut de colore viridi, seu alio colore nimis ~e licitum est habere *Cust. West.* 146 (=*Cust. Cant.* 193: ponpose).

3 arrogantly, boastfully.

dum . . ingentem predam pluresque captivos ~e secum ducerent ORD. VIT. XIII 27 p. 76; Germanum . . non ~e, quemadmodum errant hodie episcopi nostri cum equitaturis multis, sed humiliter et cum paucis Romam euntem GIR. *GE* I 22; cum viderent ex monachis aliquos egrotare, alios expirare, reversi sunt ~e jactitantes quod rem strenue effecissent GERV. CANT. *Chr.* 430; ~e se gerens *Ann. Lond.* 156; **1322** [adversarii] ad prelium [exeuntes] . . sacramentis spiritualibus se muniunt . . nosque absque sacramentis . . ~e et capitose progredimur *Conc.* II 518b.

pompositas [LL], pomp, splendour, ostentation; **b** (rhet.).

episcopi humiles postmodum et depressi omnemque inanis glorie ~atem exuti G. Steph. 36; ~atis . . et ambitionis vitio trans modestiam notabilis GIR. *IK* II 1 p. 106; plangat animum suum . . ad vanas ~ates . . abstrahi *Id. GE* II 9; s**1260** tanta fuit . . ibidem sumptosa ~as quod tota circumjacens patria intollerabiles sustinebat expensas *Flor. Hist.* II 459; **1281** in calciamentorum ~ate *Conc.* II 62a; s**1453** sic patet . . qualis sit . . profectus illius ~atis magne, sive verbositatis maxime, que perflabatur utrobique *Reg. Whet.* I 108. **b** **1167** litteras . . quas . . non penitus ~atis gloria carentes nobis destinavit; . . nec eas . . nota cujusdam jactantie invenietis omnino carere BECKET *Ep.* 315; quid prodest rhetorico, eloquentie ~ate, verborum urbanitate gloriari, et lingua mercenaria uti? J. SAL. *SS* 949A.

pompositer [LL pomposus + -iter], ostentatiously, self-importantly.

s**1192** cum . . nimis . . curialiter ac pompociter se haberent OXNEAD *Chr.* 89 (cf. M. PAR. *Maj.* II 394: pompatice se haberet).

pomposus [LL]

1 splendid, sumptuous, impressive, ostentatious.

per pavonem superbia designatur, cujus cauda inanis gloria est, ornatuum variorum ostentatrix ~a NECKAM *NR* I 39; in ~is solemnitatum celebritatibus AD. MARSH *Ep.* 171 p. 310; quamvis admoveat te nummus nubibus / et equet Dario pomposis curribus WALT. WIMB. *Sim.* 96; illis . . ~o tumultu progredientibus OXNEAD *Chr.* 113; cum ~a fortitudine . . supervenit ubi . . princeps cum suo exercitu residebat *Meaux* III 157.

2 arrogant, boastful; **b** (of word, gesture, or sim.).

quam ~us, quam rebellis et seditiosus adversum me semper exstiterit *Ep. Becket* 276; elatus, ~us in verbis, dolosus in factis GERV. CANT. *Chr.* 382. **b** vivens ~is [*gl.*: ornamentosis] virtutum rumoribus se elevare noluit FELIX *Guthl.* 53 p. 168; quadam ~a et superciliosa facie despiciens universa P. BLOIS *Ep.* 21. 76a; in concilio publicantes verbis ~is potenciam *Flor. Hist.* III 43; a**1400** quod nullus se jactat verbis ampullosis seu aliis continenciis pompesis in presencia gilde (Grimsby) *Gild Merch.* I 27 n. 2; ~is gestibus et minis insultantes *Croyl. Cont. B* 501; ~o animo pro nihilo credidit Scotos pessundare *Extr. Chr. Scot.* 126.

3 (understood as) tender, delicate.

~us, dilectus, *mearuwe GlH* D 103.

pompula [ML < CL pompa + -ula], splendour, ostentatious wealth.

pompa . . inde haec ~a, -e OSB. GLOUC. *Deriv.* 460; miror cur stultis placet anceps pompula mundi WALT. WIMB. *Scel.* 3; mors imis supera facit equalia, / elata pompulis expompat omnia *Id. Carm.* 377.

---

pompulentus [CL pompa + -ulentus], splendid, ostentatious, self-indulgent; **b** (w. ref. to the vanity of this world).

colobium . . sine ~a [*gl.*: ~us, *geglenced*, compta] panucularum varietate ALDH. *VirgP* 38; c**675** in quis ~ae prostitutae delitescunt, lenocinando luxu *Id. Ep.* 3; **10**.. ~a, *sio glenglice WW*. **b** ~am mundi gloriam ALDH. *VirgP* 50 (v. illecebra a); utquid . . saeculi ~a [*gl.*: i. compta, plena, pomposa] vanitas in catholica Christi basilica intromittitur *Ib.* 55; ita nimirum prostrata mundi ~a gloria W. MALM. *GP* V 199.

pompus v. polypus.

pomulus, ~a, ~um [CL pomus + -ulus]

1 (as sb. m.) apple tree.

an appylle tre, pomus, malus, ~us, pomellus *CathA.*

2 (as sb. n.) small apple. **b** (~um pinale, in quot. representation of) a pine-cone.

hoc ~um . . i. parvum pomum OSB. GLOUC. *Deriv.* 458; *an appylle*, . . ~um, pomellum *CathA.* **b** **1245** tunica . . cum . . ~is croceis pinalibus *Invent. S. Paul.* 486.

3 (as sb. f., as girl's name).

alteram vocabulo ~a in amorem sui ascivit ORD. VIT. III 3 p. 44.

pomus, ~um [CL]

1 (as sb. f.) fruit tree or (spec.) apple tree.

scrabo . . volavit per . . ~os florentes, per rosas et lilia . . quesivit . . uxor ejus unde venit . . . qui respondit, 'circuivi arbores et flores' J. SHEPPEY *Fab.* 55; hec ~us, A. *apultre WW*; *an appylle tre*, ~us, malus, pomulus, pomellus *CathA*; comburendo in gardinis ibidem xx ~os pretii cujuslibet viij d. *Entries* f. 689vb.

2 (as sb. f. or n.) fruit, usu. of a tree.

'mandragoras' [cf. *Gen.* xxx 14], i. ~a quae crescunt in illa herba quasi in arbore, quam qui ederit multum inde opprimitur somno *Comm. Cant.* I 173; mandragora [cf. *Gen.* xxx 14] duplici est genere, masculini et feminini, quasi homo sine capite. femininum genus ~a fert *Ib.* II 13; ita ut . . decimam . . frugum omnium atque ~orum . . pauperibus daret BEDE *HE* IV 27 p. 276; fratribus ad prandium ~a ac diversi generis legumina preparet WULF. *Æthelwold* 9; omnis enim arborum fructus nomine ~i comprehenditur GROS. *Hexaem.* IV 20.

3 (dist. by kind). **b** (~um granatum or granatorium) pomegranate. **c** (~um citrinum or ~um orenge) orange. **d** (~um paradisi) banana or plaintain. **e** (~um pini) pine cone.

punica neu granis temnuntur mala rotundis, / . . / quamquam palmeti praecedant dulcia poma ALDH. *VirgV* 238; debita ejus sunt utique ~a illa in Sodomis que . . speciosa quandoque sunt et matura, sed attentata morsu in fumum et favillam subita evanescunt P. BLOIS *Ep.* 120. 354B; salix quedam . . ~a protulit . . egrotantibus salutifera GIR. *TH* II 28; jujube, i. ~a sancti Johannis, fructus est calidus et humidus in primo gradu *SB* 26. **b** **1252** pro quatuor ~is granatis, iiij s. *KR Ac* 349/10; **1285** pro ij ~is garnatis (*KR Ac*) *Arch.* LXX 32; item eodem die pro iiij ~is granatoriis ad opus eorundem xx d. *Househ. Henr.* 412. **c** potest uti pro siti acetosis ut ~o citrino GILB. I 27. 2; citrangulum, ~um orenge *SB* 15. **d** Alexandria . . est palmis consita . . ~is paradisi . . et multarum aliarum arborum fructificantium S. SIM. *Itin.* 33; *Ib.* 40 (v. 2 musa a). **e** **1245** ad modum ~orum pinei *Arch.* L 470; carbonum de cortice arboris pini vel de ~is pini GAD. 27v. 1.

4 apple; **b** (dist. acc. variety); **c** (mythical); **d** (w. ref. to *Gen.* iii, also fig.); **e** (fig.).

1209 in alveo faciendo ad †pobia [poma] pilanda xvj d., in sicera facienda viij d. ob. *Pipe Wint.* 47; **1391** serviens . . clerici parochialis . . et ibidem depredavit ~a et pira sua . . et asportavit contra pacem *Leet Norw.* 70; malum quando simpliciter de ~o usuali intelligitur *SB* 28; hoc ~um, A. *apulle, nappelle WW*; *an appylle*, ~um, malum *CathA.* **b** **1293** iij° ~orum costard' (v. costardus); **1296** de ~is silvestribus venditis . . in dec' ~orum silvestrium *DL MinAc* 1/1 2. 4; **1337** j pipam ~orum vocatorum *blaundurers IMisc* 133/11; ~a silvestria cocta in aqua et posita super renes . . curant dissinteriam GAD. 6. 2. **c** ortus

Athlantiadum describitur aureus esse / et satis Hesperidum reor aurea poma fuisse GREG. ELI. *Æthelwold* 6. 19; dea discordie ~um aureum in fontem projecit dicens 'detur pulcriori' TREVET *Troades* 9 (v. discordis a). **d** sicera .. carnalis voluptatis .. expressa est in torculari inobedientie, quasi de ~o retiti ligni BALD. CANT. *Serm.* 1. 16. 565; nolite oculos .. inclinare ad ~um mundane dulcedinis, sicut primi parentes nostri inclinaverunt, Genesis iii T. CHOBHAM *Serm.* 14. 51va; blanditiis .. virum circumvenit Eva, pretendens ~um quo capiatur herus NECKAM *DS* V 124 p. 443; hoc ~um [ME: *eppel*] significat omne delectabile in quo est peccatum *AncrR* 12. **e** **797** alios grammaticae subtilitatis enutrire ~is incipiam ALCUIN *Ep.* 121; si .. inter manus gesticulantis devenisset in ~um DEVIZES f. 33v (v. devenire 3b); porro sedenti sub umbra ~a delectationis interne aut ultro de arbore cadunt aut interdum decerpta proveniunt J. FORD *Serm.* 102. 7; ipse philosophus dicit: abiciendum est ~um quod tunc putrescit cum maturescere debet T. CHOBHAM *Praed.* 243.

5 (apple-shaped natural feature): **a** (cheek); **b** (oak-apple).

a signa peripleumonie .. dolor intra spatulas, rubedo ~ii maxillarum GAD. 25v. 1; [ptisici] habent rubedinem in ~is maxillarum post cibum maxime et post fortem tussim *Ib.* 52v. 2. **b** galle, i. e. ~a quercina *SB* 22.

6 apple-shaped artefact, pome: **a** orb; **b** (for reserving sacramental bread); **c** (for warming hands). **d** (*~um ambre* or sim.) pomander.

a habet .. rex gestaculorum suorum insignia .. sceptrum et gladium, crucem et ~um R. NIGER *Mil.* II 13; **1347** tenens in manu dextra sceptrum et in sinistra ~um *Foed.* V 569; hec sunt Londonis: pira pomusque, regia, thronus *Staura Civ.* 1; **1482** ymago regis coronati .. in manu .. sinistra quoddam ~um sive pilam rotundam tenentis *Ch. Edinburgh* 150. **b** **1245** ~um .. argenteum deauratum cum botris rotundis fabricatum .. ponderat cum scutella xvj s. viij d. *Invent. S. Paul.* 467; **1368** ~um argenteum deauratum cum cooperculo .. pro corpore Christi super altare (*Test. Episc.*) *Reg. Exon.* 1554. **c** c**1218** ~um unum argenteum ad calefaciend' manus *Proc. Sal.* 170; **1345** unum ~um de cupro superauratum ad calefaciendum manus *Sacr. Lichf.* 109. **d** **1213** v s. pro vij d. ob pondus auri positi ad apparacionem ~i nostri de ambr' *Cl* I 128b; **1265** de j ~o de ambre cum apparatu auri et lap' et de j ~o de ambre cum apparatu argenti *Pipe* 113 r. 2*d.*; a**1332** libellus de ~is ambre *Libr. Cant. Dov.* 60; olfaciat .. ~um factum de laudano et olibano et modico musci et ambre GAD. 51. 1; facit odoramentum sicut est ~um ambre de laudano *Ib.* 117. 1.

pona, ponacius v. pounaceus. **ponagium** v. pannagium.

1 poncellum [OF *poncel*], a unit of measure.

1307 [*the plaintiff's damages are taxed at one*] poncell' [*before the Purification and two garbs of rye afterwards*] *CourtR Wakefield* II 80.

2 poncellum v. pontellum.

poncherium v. panticarium. **ponciare, poncionare** v. punchiare. **poncona, ponconium** v. puncho. **ponda** v. 1 pundum.

1 pondagium, ponderagium [ME, AN *pondage, poundage*, < CL pondus+-agium], tax or toll on goods weighed, peisage, poundage.

1274 propriis statera et ponderibus hoc facere et ~eragium inde capere et illud suis usibus applicare *Pat* 93 m. 21*d.*; dictum ~eragium eis subtraxerunt .. ad grave dampnum *Ib.* **1303** una cum ponderag' x peciarum cere *KR Ac* 363/18 f. 5*d.*; **1304** quieti .. de ~agio, muragio, et pavagio et aliis consuetudinibus quibuscunque de mercimoniis eorundem capiendis, excepto tranogio lane antiquitus dato *BB Wint.* 11; **1404** ordinavimus quod thesaurarii guerrarum nostrarum .. custodiant et expendant .. subsidium tronagii et ~agii *Cl* 252 m. 5; **1411** item quod ~agium erit collectum *BB Wint.* 27; **1427** capient ex parte abbatis et conventus .. pundagium et proficuum de bladis asportatis *Cl* 275 m. 15*d.*; **1436** sint quieti de omni .. ~agio, chiminagio, ankeragio, et wharfagio *Entries* 674rb; **1444** subsidium tonnagii et ~agii *EEC* 646; **1503** perdonavimus .. concelamenta tonagii, ~agii *Pat* 592 m. 10.

2 pondagium v. pundagium.

pondatus v. ponderatus. **ponde** v. pondus.

ponderabilis [CL ponderare+-bilis], that can be weighed.

omne .. corpus .. pro partibus est numerabile, pro termino partium est mensurabile, pro lege sua fit ~e H. READING (I) *Dial.* VII 1240D; **1315** tam in blado quam in .. aliis rebus .. ~ibus (v. mensurabilis 1a).

ponderabiliter [ML < ponderabilis+-ter], by weighing.

tu [Deus] es ~iter imponderabilis ALCUIN *Dub.* 1040B.

ponderagium v. 1 pondagium.

ponderalis [CL pondus+-alis]

1 reckoned by weight (as dist. from reckoning by tale).

in quanto monachi .. pecunias ~es multiplicaverunt, in tanto corpus beati Jurmini majus ponderosum se reddebat *NLA* II 545.

2 (as sb. n.) goods sold by weight, avoirdupois.

hoc ~e, *haburdepays WW*.

ponderanter [CL ponderans *pr. ppl. of* ponderare+-ter], weightily.

peccata .. redeunt .. vere vel imputabiliter, seu eque ~er .. secundum reatum BRADW. *CD* 414C.

ponderantia [CL ponderans *pr. ppl. of* ponderare+-ia], weight (in quot. fig.).

decrevit honor et ~ia legis scripture, quod videtur esse via preparatoria antichristo WYCL. *Ver.* I 383.

ponderare [CL]

1 (tr.) to weigh, calculate the weight of; **b** (dep.); **c** (fig.). **d** (p. ppl. as sb. f.) what has been calculated in pounds, a pound's worth.

†**709** (12c) pensum librae auri .. aequa lance trutinatum ~atumque *CS* 124; festinavit denominatam sibi pecuniam recipere, diligenter ne quid sibi deesset ~are ORD. VIT. VII 16 p. 244; qui ~ant aliquid in lancibus et non permittunt lancem descendentem tantum descendere quantum descenderet si ei liceret T. CHOBHAM *Praed.* 214; **1275** promiserat .. ita quod ipse W. et socii sui essent in auxilio eidem J. et sociis suis pistoribus et non gravarent ipsos penes ballivos ferie ~antes panes eorum *SelPlMan* 159; **1267** nullus mercator .. vendat vel emat averium quod ~ari debet vel tronari nisi per stateram vel tronam nostram *MGL* II 254; c**1427** pro pane et pecuniis ~andis, .. pro speciebus et candelis ~andis *MunAcOx* I 284. **b** is qui sua bene gesta meliora quam proximorum suaque errata judicat leviora, trutina ~atur dolosa BEDE *Prov.* 971; ponderator qui ~atur per stateram domini regis *Leg. Ant. Lond.* 25. **c** arsis et thesis aequa sillabarum trutina et aequiperante temporum exagio pariter ~abuntur ALDH. *PR* 125. **d** ad exonerandum solam sortem, qua teneor, exceptis usuris duorum annorum et dimidium, vix mihi xxij millia ~ate sufficerent D. LOND. *Ep.* 26.

2 to weigh (a matter) mentally, to assess the value of, judge. **b** (w. abl. or *cum* & abl.) to balance with or against, to compare the value of.

rex ancipiti discrimine permotus, cum presentibus ~ato consilio, fores occlusit W. MALM. *GR* I 42; aliorum .. animos ex suo ~ans *Ib.* II 162; hinc amor, inde racio. / sub libra pondero / quid melius, / et dubius / mecum delibero P. BLOIS *Carm.* 14. 2b. 33; verbis statera exquisite veritatis et prudentie ~atis, et nuntiis insuper examinatis *Canon. G. Sempr.* f. 139v; discutienda est racio [Aristotelis] et bene ~anda T. SUTTON *Gen. & Corrupt.* 191; sed adhuc ~o argumentum DUNS *Ord.* IV 131; timere vel ~are [ME: *weie*] peccatum quandoque magis quam oporteret *AncrR* 129. **b** quia .. mens tua magnum affectum suum cum aliquantulo bono illo ~at, idcirco ea quae sola compensanda sunt, se ipsam fallens aequa libra non trutinat ANSELM (*Ep.* 17) III 124; fame .. incertum fide oculorum ~are deliberans W. MALM. *GR* II 213.

3 to weight, weigh down.

onustus .. i. sarcinatus, unde onusto .. i. ~are OSB. GLOUC. *Deriv.* 269; crurumque decora / mobilitas compto libramine ponderat artus J. EXON. *BT* IV 190; s**1300** venientibus famulis .. prioris et capituli .. cum decem plaustris †pondatis [MS: ponderatis] de bosco ad conburendum *G. Durh.* 25; **1326** de ccx peciis plumbi quadrat' pro ingeniis ~andis *Pipe* 171 r. 38; **1428** eadem reddit computum de iiij magnis cordis pondere cciiij li., et ij parvis cordis sine pondere, emptis pro ponderibus ejusdem orelogii ~ando per predictum tempus hujus computi (*KR Ac*) *Arch. J.* CXXX 220.

4 (intr.) to be heavy, have weight; **b** (fig.); **c** (pr. ppl. as adj.) weighty, cogent.

talia vestimenta in estate nimis ~ant *Eul. Hist.* I 162. **b** suam auctoritatem plurimum in Anglia ~are W. MALM. *GR.* II 196; quanto magis ~at in judiciis plurium idoneorum testium fides, quam unius tantum .. GLANV. II 7. **c** **1398** absque racionabili et ~ante causa *Lit. Cant.* III 69.

5 to be equal to (a certain weight), to weigh; **b** (transf. & fig.).

calix argenteus albus de plano opere ponde[ra]ns xx s. *Vis. S. Paul.* 6; magni lapides, ad sullevamen trium hominum ~antes *Flor. Hist.* II 453; per denarium Anglie qui sterlingus appellatur .. qui debet ~are xxxij grana frumenti mediocra *Fleta* II 72; **1296** calicem .. deauratum qui ~at j marc' *Invent. Ch. Ch.* 2; panis de toto blado bonus et bene coctus ~abit xxviij s. B. COTTON *HA* 93; ponatur .. homo in una pensa, sc. in paupertate cum qua ingressus est, et in alia paupertate cum qua egredietur, et inveniet quod eque ~abit *G. Roman.* 332; panis dominicus .. de obolo ~abit quantum wastellus de quadrante *MGL* I 353; panis *pouf* ~at xviij solidorum et denarii *Ib.* 354; **1517** duo salsaria argentea .. ~antia xxj unc. *Ac. Durh.* 293.

ponderaria [CL ponderare, pondus + -aria], **ponderia** [CL ponderare, pondus+OF *-erie* < -aria], office or serjeanty of pesour or weigher.

1262 officium ~erie *CalPat* 210; **1266** officium ~erie scaccarii nostri de recepta *Cl* 174; **1298** concessimus .. Johanni le Convers officium ~erarie recepte nostre *Hist. Exch.* 740; ad faciendum pro eo ad receptam scaccarii officium ponderar' *Ib.*

ponderatio [CL=*the marking of weights along the beam of a balance*]

1 act of weighing; **b** (fig., w. ref. to judgement or evaluation); **c** (w. ref. to duty paid for weighing of goods, peisage).

1281 semper emerunt et emere consueverunt .. per totum annum caseum et butirum per estimacionem et per ~onem manus *PQW* 414b; secundum trone ~onem *Fleta* II 73; **1307** ante ~onem statera .. vacua videatur .. et extunc ponderator ponderet in equali (*CoramR*) *Law Merch.* II 76; **1356** si pistor convictus fuerit in ~one panis .. amercietur *MunAcOx* 185; **1369** pro labore suo, impenso circa ~onem lane de Edinburgh, plus quam fieri consuevit *ExchScot* 359; **1404** in ~one dicti plumbi empti de dictis H. et W. per R. R. cum vino dato eidem per vices v s. iiij d. *Fabr. York* 25; **1417** quod statera et alia pondera legalia in dicta crana omni tempore parata existant ad ponderandum res et mercandisas ibidem mercatorum predictorum, que per ~onem vendentur *Mem. York* II 65. **b** accesserunt interim anime .. ad libram cum magno timore et trepidatione, una post alteram, singule ibidem visure ~onem actuum suorum, tam bonorum quam malorum COGGESH. *Visio* 14; post multorum ~onem quorum virtutes prout humanum est ipsi electores racionis statera .. trutinabant M. PAR. *Edm.* 237. **c** de ~one: *au poisage perteignent, qe chescune merchaundise serra vendue par peis MGL* I 226.

2 weight.

1277 recepi .. ij m. auri ponderati .. et iiij ciphos .. de ~one de lx s. *SelPlJews* 97.

ponderator [LL<CL ponderare+-tor], weigher, one who weighs money or goods; **b** (passing into surname).

8 .. ~or, *punderngeorn WW*; monetarios et *pundæres* vel ~atores *Text. Roff.* 46; **1207** ~oribus et thesaurariis de marcis domini regis in Devonia et Cornubia *Pat* I 74b; **1226** ad liberationes duorum camerariorum et unius ~oris, quorum quilibet cepit per diem viij d. *Pat* 93; **1260** rex Johannem de Windes', ~orem scaccarii regis .. cingulo militie decorabit *Cl* 128; **1307** ante ponderacionem statera .. vacua videatur .. et extunc ~or ponderet in equali *Law Merch.* II 76; *a weyer*, appensor .. ~or *CathA.* **b** **1208** confirmavimus J. ~ori totam illam terram quam .. *Ch. Westm.* 366.

ponderatrix [CL ponderare + -trix], that weighs (f.).

Brittannia insula .. divina .. statera terrae totius ~ice librata GILDAS *EB* 3.

pondere v. ponderare, pondus. **ponderia** v. ponderaria. **ponderisitas** v. ponderositas.

ponderose [CL ponderosus+-e]

1 heavily.

Anglici .. cum ipsi nimis ~e fuissent armati, Scotos insequi non valebant WALS. *HA* I 81.

2 with difficulty, in an oppressive or burdensome manner.

s**1194** quicquid ab illo tunc fuerat vel leviter datum vel ~e venundatum sub nomine repetiit commodati W. NEWB. *HA* V 1 (=BROMPTON 1259); **1327** sarcina .. ~e imposita mentaliter considerata *Reg. Dunferm.* 370.

ponderositas [CL ponderosus+-itas]

1 weight, heaviness, gravity. **b** (in gl.) burden, load.

ut .. nec ignea excrescat qualitas nec terrea supplodat ~as ADEL. *QN* 43; arma que ferimus .. ingenti .. ~ate nimis opprimunt ORD. VIT. VIII 17 p. 376; que ossa cum sint magna et de complexione frigida et sicca et quantitate et qualitate, plurimam in se continent ~atem *Quaest. Salern.* B 104; capa indutus plumbea, tam victualium penuria quam ipsius cape ~ate compressus, migravit ad Deum OXNEAD *Chr.* 125; monstrum in Wasconia natum fuit; mulier duo habens capita ... tandem una mortua est .. et altera duos annos supervixit, tum propter fetorem et propter ~atem altera mortua est *Eul. Hist.* I 251; propter gravitatem et ~atem armorum W. WORC. *Ann.* 773. **b** *a byrdyna*, .. pondus .. onus, onusculum, †ponderisitas [l. ponderositas] *CathA.*

2 feeling of heaviness, torpor, lack of agility.

partes .. beatitudinis sunt pulchritudo, agilitas ... partes vero miseriae turpitudo, ~as *Simil. Anselmi* 48–9; in celo habebis pulchritudinem sine turpitudine vel deformitate, agilitatem sine gravedine vel ~ate *Spec. Eccl.* 18; repletionis .. signa sunt magnitudo pulsus, ~as totius corporis et extensio membrorum GILB. VII 310. 2; propter .. superfluam potacionem, seu ventris ingurgitacionem, capitis ~atem .. paciuntur *Obs. Barnwell* 206; quandam tibi imponit ~atem [ME: *hevinesse*, sc. diabolus] *AncrR* 100.

3 burdensomeness, oppressiveness.

~as .. que hernia dicitur T. CHOBHAM *Conf.* 72 (v. pellicula 1b); ulterius fortune ~atem non ferentes .. veniam .. postulaverunt *Chr. S. Edm.* 69.

ponderosus [CL]

1 heavy, that weighs much; **b** (fig.); **c** (in list of words). **d** (as sb. n.) heavy object.

astu tamen ne rari germinis seminaria ~is pedibus incaute calcantes deprimant B. *V. Dunst.* 1; [n]ec caro carnem emendat dixit qui caccabum plenum ~um coxit *Prov. Durh.* 15; vinculis ferreis plus quam satis ~is .. constrictus ORD. VIT. VI 10 p. 127; corpulentus .. rex .. contristatus est. .. dux ~um regem parvipendens *Ib.* XI 16 p. 218; [saxa] ~a subsistunt et ad centrum tendunt GIR. *TH* I 13; mali graves sunt et ~i HOLCOT *Wisd.* 92. **b** libellum sacris auctoritatibus ~um ORD. VIT. IV 6 p. 211. **c** calculosi, ~i, ulcerosi ALDH. *PR* 138. **d** naturalis ~i motus ad centrum est ALF. ANGL. *Cor* 9. 5.

2 substantial; **b** (fig.).

ecclesiam mire pulchritudinis et ~i operis *Lib. Mem. Bernewelle* 46. **b** quanta sit caritas Dei quam longeva quam sublimis .. quam pretiosa, quam ~a, quam solida J. FORD *Serm.* 13. 10.

3 heavy-feeling, drowsy, lacking in agility.

fere semper quasi verberantur ei tempora, frons semper ~a, sed maxime inclinato ANSELM (*Ep.* 39) III 150; quia jam ex infirmitate ~us erat, credens per sudorem levamen aliquod habere, rogavit Dominum ut ei sudorem immitteret P. CORNW. *Rev.* 194; gravitas etatis et debilitas corporis .. reddiderunt me ~um atque inhabilem ad eundum BACON V 40.

4 burdensome.

quod .. peccatum ~um sit et grave, ostendit psalmista [*Psalm.* xxxvii 5]. magna .. molestia est homini quando honeratur pondere quod portare non potest T. CHOBHAM *Serm.* 5. 27va; c**1310** ex exaccione ~a mille librarum domino pape pro principe nostro .. solvendarum simus importabiliter onerati *Chr. Rams.* 399; si .. peniteri coram unica persona sit ~um, foret cum paribus magis ~um penitere publice WYCL. *Blasph.* 157; penas, afflicciones, flagellaciones, ejecciones a populo, similiter mortem ~am WYCHE *Ep.* 542.

5 (as sb. m., describing one who suffers from an inguinal hernia).

si fuerit herniosus vel ~us vel etiam sine culpa sua habeat virilia exsecta .. potest fieri regularis T. CHOBHAM *Conf.* 67; ~i dicuntur [in] inguine rupti *Alph.* 149.

ponderum v. pondus. **ponderus** v. punderus. **pondfalda, pondfolda** v. pundfalda. **pondium** v. pundium.

1 pondo [CL=*abl. as adv.*], (in gl. understood as indeclinable sb.): **a** a weight. **b** a small coin.

a ~o nomen indeclinabile, unde in vita beati Nicolai dicitur quod auri ~o trium virginum ademit pudorem OSB. GLOUC. *Deriv.* 444. **b** *an halpenny*, .. versus: stips, stipis, as, obulus, indeclinabile pondo *CathA.*

2 pondo v. pondus.

pondrellum [CL pondus, ponderis+-ellum, cf. AN *pondure*+-*el*], sort of weight.

a**1283** in .. prisis cervisie .. prisis †poudrellorum [MS: pondrellorum] mensuris, purpresturis (*Brecon*) *BBC* 317.

pondum v. pundum.

1 pondus [CL], ~o

1 the amount that something weighs, weight. **b** (in ref. to order or proportion, esp. w. ref. to *Sap.* xi 21). **c** heaviness, weight (as property of matter); **d** (w. ref. to mass exerting downward pressure).

codicem .. magnitudinis enormis et ~eris pene inportabilis BEDE *HE* V 13 p. 312; **9..** ~eribus, *hefum WW*; non est sanguis sed ignis et majoris michi videtur esse ~eris quam si ferrem super me Montem Sancti Michahelis ORD. VIT. VIII 17 p. 376; unum circulum equalis ~eris ROB. ANGL. (II) 180; **1494** scrutacione facienda de quibuscumque ~eris [*sic*], mensuris, et ulnis *Doc. Bev.* 78. **b** omnia in ~ere et mensura et numero constituens BEDE *Prov.* 987; constat nimirum quia 'numero Deus inpare gaudet' .. dum omnia in numero, mensura et ~ere constituit ABBO *QG* 22 (48); Pythagoras dum in musice inquisitione laboraret, symphoniasque ~erum ac numerorum proportionibus coaptaret effectus tamen rationem reddere non potuit ALB. LOND. *DG* 8. 20. **c** ferrum projectum in flumine naturali ~ere fertur ad ima AILR. *Anim.* III 21; nec est in corpore Christi illud ~us magis quam illa albedo FISHACRE *Quaest.* 51. **d** navis pro ~ere Enee gemitum dat BERN. *Comm. Aen.* 89; ei in collo gravi cum ~ere jacuisse GIR. *TH* II 46.

2 weight, heavy object; **b** (of scales; also fig.); **c** (of clock); **d** (of decorative tassel).

tum famulas tortor sacratas imperat atrox / pondere cum scopuli collum constringere nexu ALDH. *VirgV* 2332. **b** Basilius .. / condidit egregiam .. legem, / a qua processit libratae normula vitae, / vergere quae nullum laxat sub pondere scaevo, / trutinat electos sed justae lance libellae ALDH. *VirgV* 733; **1289** de W. P. pro falsis ~eribus et quia emit per majus pondus et vendit per minus *Leet Norw.* 30; ?**1366** venerunt ad shoppam W. de H., *mercer*, ad ~era sua prout onerati fuerunt probanda *Mem. York* II 9; **1427** ij cumulos ~erum .. pro .. pecuniis ponderandis (v. deservire 7c); **1457** cum .. ~eribus plumbiis (v. plumbeus 1a); **1460** duodecim petrarum plumbi pro ~eribus fiendis ad dictum tronum *ExchScot* 586; **c** modus .. faciendi tale horologium talis esset ... postea quod appendatur ~us plumbeum axi ipsius rote ROB. ANGL. (II) 180; **1428** item in ij cordis de filo emptis pro minore ~ere ejusdem orelogii, ij s. (*KR Ac*) *Arch. J.* CXXX 219. **d** **1414** vestimenta mea de viridi *felewet* stragulata cum ~eribus aureis *Reg. Cant.* II 36.

3 mass, amount, quantity.

octo ~era [AS: *pundo*] de quibus factus est Adam ~us limi, inde factus est caro. ~us ignis, inde rubeus est sanguis et calidus *Rit. Durh.* 192; a quo ille ingenti ~ere argenti dato redemit ORD. VIT. VIII 24 p. 413; cum eo inventum fuit ~us iv libr' de veteribus denariis *PlCrGlouc* 82.

4 (unspec.) measure of weight, pound, wey; **b** (w. gen. of commodity). **c** (esp. of cheese or wool).

~us vel ~o, *gewyhtu* vel pund ÆLF. *Gl* 148; **1324** pro lampredis appreciatis ad xxxvj li., de quolibet ~ere iij d.: [custuma] ix s. *EEC* 394; **1345** item de vitro glauco, albo et rubeo, xx ~era *Ac. Durh.* 379. **b** **955** emtum .. octuaginta mancusis auri .. et sex ~us [*sic*] .. argenti *Ch. Roff.* 29 (=*Text. Roff.* 121); stater, ~us argenti OSB. GLOUC. *Deriv.* 555; **1319** in lapidibus, calce, zabulo et j ~ere cementis *Comp. Swith.* 466. **c** **1217** cum quatuor ~eribus lane (v. filare 1b); **1225** precium sacci vj m., quilibet saccus de tribus pondis lane *LTR Mem* m. 2(1)*d.* (=*KR Ac* m. 14*d.*: ~eribus); unum ~us casei .. annuatim habuere *Cust. West.* 122; **1276** reddit compotum de ij ~eribus lane *Banstead* 306; **1276** de ccvj caseis facientibus xj ~ones dim. et j quarterium *Ac. Stratton* 72; **1277** de ccx caseis facientibus x ~ones *Ib.* 82; **1280** de vij[xx]vj caseis facientibus iiij ~era et ij petras *Ib.* 110; **1326** per viij[xx] ~era farrine et casei pro vadiis serviencium *ExchScot* 58; **1345** de iiij ~eribus lane .. pretio ~eris xl s. *Comp. Swith.* 147; **1376** de xl ~eribus casei .. precium ~eris viij s. *Ac. Obed. Abingd.* 23.

5 standard measure of weight (dist. acc. standard); **b** cartload; **c** (*~us equinum* or sim.) horseload; **d** (naut., *~us doliorum*) 'ton-tight'; **e** (*~us Troje* or *Trojanum*) troy weight.

c**960** ad ~us hustingiae Londoniensis (v. hustingum a); c**1280** vendere .. lanam .. per parvum ~us et per velleram *Gild Merch.* II 180; **1289** emit per majus ~us et vendit per minus *Leet Norw.* 30; **13..** pensa casei secundum ~us Lanfranci continet xxxij libras magnas *Eng. Weights* 31; **1431** per poundus majus vocatum communiter *le auncell* alias *scheft* seu *poundir* .. et per ~era minora vocata *avojr de poys* alias *lyggyng wyghtys Reg. Cant.* III 224. **b** **1412** confirmat .. xl ~era curruum turbarum annuatim in Angertonmosse *Couch. Furness* I 47; hoc ~e [?l. ~o], *a fowdrelle WW*. **c** **1289** duo ~era unius equi mortui bosci *CalCl* 17; **1360** ~era equina feni que vulgariter dicuntur *hors trusses IMisc* 181/27; **1528** pro xxx ~eribus equinis gipsi *Fabr. York* 102. **d** **1284** marinario carianti maeremium regis .. habenti in batello suo ~us xx doleorum vini, pro quolibet ~ere xvj d. *KR Ac* 351/9 m. 13; **1326** omnes naves infra ballivam vestram ~us triginta doliorum vini et ultra portantes *Cl* 143 m. 7; **1331** habet .. rex .. pro qualibet nave infra illud ~us xl doliorum, xxij s. vj d. Turon. *Ext. Guern.* 69; **1333** injungentes quod omnes naves ~us quinquaginta doliorum vini et ultra portantes in portubus .. detineri facias *RScot* 248a; **1369** pro xvj pond[eribus] dol[iorum] libre petre (v. dolium 2c). **e** **1402** ~us de Troye *Invent. S. Paul.* 512; **1445** de ~ere Trojano *Ib.* 520; **1416** una longa serpentina per ~us Troje, duas libras et xj uncias ponderantia *Foed.* IX 356; **1417** ponderant omnia vasa predicta secundum ~us Troge centum sexaginta duas libras, sexdecim solidos *Reg. Cant.* IV 180; **1427** duos cumulos ponderis de orichalco, quorum unus sexdecim marcarum est ~eris *de Troy* .. et alius est quatuor librarum *MunAcOx* 284; **1460** ponderantes xviij libras et xij uncias Troje ~eris *ExchScot* 31.

6 act of weighing. **b** (*ad ~us*) by weight, as determined by weighing. **c** (*averium ~eris*) avoirdupois, goods sold by weight. **d** (*domus ~eris*) weigh-house.

TRE valet xl s., modo lx s. cum ~ere et arsione *DB* I 337va. **b** reddit c li. ad ~us *DB* I 337vb; x solidos ad ~us et ad conbustionem *Dom. Exon.* 85; **1258** recepit .. xxxvj marcas .. de alia moneta ad ~us *Cl* 465; semen ejus et flos cum mulsa bibitum ad ~us duorum d. et ob. humoribus vomitibus purgat *Alph.* 168. **c** **1267** cum averio ~eris (v. averium 1b). **d** **1338** usque domum ponder' (v. domus 12b).

7 load, burden; **b** (transf. & fig.); **c** (w. ref. to *Matth.* xii 20).

1280 causa superflui ~eris deponendi (v. deponere 5b). **b** accedit .. indelebile insipientiae ~us et levitatis ineluctabile GILDAS *EB* 1; sanguis .. ~era dura tulit THEOD. *Laterc.* 16; quem gravi .. flagitiorum sarcina [*gl.*: i. ~us] triste piaculi ~us deprimit ALDH. *VirgP* 60 p. 322; mihi .. renitenti cum grave esset altaris ministerium, etiam ~us est cure pastoralis injunctum *V. Greg.* p. 76; pro insanabili ~ere peccatorum aeterna ultione subici BEDE *Ep. Cath.* 57; c**790** grave ~us (v. grandis 4); libet intueri animam illam .. deposito ~ere peccatorum, ad superiora conari AILR. *Spec. Car.* I 114. 545; s**1192** importabiliter aggravatum est in nostros ~us prelii *Itin. Ric.* VI 22 p. 419; sceleris aufer pondera comprimentis J. HOWD. *Cont.*

12. **c** aderat quadragesime tempus acceptabile, in quo numerantur in deliciis ~us diei et estus, in jejunio et fletu et planctu *Mir. Wulfst.* I 7a; numerabat in deliciis ~us diei et estus SENATUS *Wulfst.* 71; **1234** volumus etiam ut portantibus ~us diei et estus abbas .. vel in ejus absencia prior .. de communi faciant procurari (*Vis. Bury*) *EHR* XXVII 733; **1335** ~us diei potissimum et majorem studii sarcinam magistri .. in scolis gerere dinoscuntur *FormOx* I 86.

8 (fig.) weight, force. **b** influence, importance, authority; **c** (w. ref. to literary style).

pondus virtutum, miles et intrepidus, / dux .. fatuas approbat esse minas G. AMIENS *Hast.* 226; a**1078** praesertim si talis persona sit quae vel scientia litterarum vel probitate morum .. auctoritatis ~us prae se gerere videatur LANFR. *Ep.* 50 (46); quis .. conetur omnia illa consiliorum ~era .. retexere .. ? W. MALM. *GR* V *prol*; scribas sc. et Phariseos qui clavem scientie et ~us auctoritatis habere videbantur W. NEWB. *Serm.* 823. **b** draco crudelis sermonum pondere pressus ALDH. *VirgV* 2401; verba ~us habuerunt W. MALM. *GR* II 174; quoniam parvi .. ~eris vel momenti in oculis illius ANDR. S. VICT. *Dan.* 59; quodque rogas id agam. scio verba petentis amici / pondus habere: jubes, pareo; missus, eo L. DURH. *Dial.* I 184; ut tamen assistat verbis lex recta loquendi, qua sine non poterunt pondus habere suum J. SAL. *Enth. Phil.* 34. **c** et licet hunc [sc. calamum meum] superet brevitate Salustius apta, / Ennius ingenio, pondere Varro suo L. DURH. *Hypog.* 67.

9 gravity, solemnity.

magno ~ere pensandum est quod ait "ego dixi vobis" BEDE *Hom.* II 16. 184; cum sua ante commissa crimina immensi ~eris [*gl.*: gravi (*sic*)] fuisse meditabatur FELIX *Guthl.* 29 p. 96; s**1141** nec vero ullo sermonum ~ere ille moveri potuit ut iram proderet W. MALM. *HN* 502 p. 64; cum magno ~ere pronuntiandum est 'a Deo' AILR. *Serm.* 38. 5.

2 pondus v. 1 pundum.

3 pondus v. 2 pundum.

ponduscululum [CL], a small weight, something that weighs a little.

~um, -li, i. parvum pondus OSB. GLOUC. *Deriv.* 444; vigiles digitis retinent ponduscula, quorum / casus a somno turba citata notat NECKAM *DS* II 329; surgens circueo ventralem sacculum / nosse desiderans quale ponduscululum / vas sacrum teneat WALT. WIMB. *Carm.* 10.

1 pone [CL]

1 (as adv.) in the rear, behind. **b** from the rear.

~e, post *GlC* P 557; ascivere suis deceptum prone loquelis / veri doctorem, justi quoque pone sequacem / Theodorum FRITH. 614; Podiensis episcopus pone sequebatur ORD. VIT. IX 8 p. 510; tum denique fontem / Merlinumque videt super herbas pone sedentem *V. Merl.* 144; pone, i. retro adv. OSB. GLOUC. *Deriv.* 430; Bernardum pone sequentem NIG. *SS* 2887. **b** ~e domum raptoris adit MAP *NC* II 19 f. 30v.

2 (as prep.): **a** (spatially) behind, beside. **b** (temporally) after.

a pone, juxta *GlC* P 518; tres acras terre ~e cimiterium ORD. VIT. V 15 p. 425; in omni dictione dissyllaba debet elevari prima syllaba in accentuando, nisi causa differentie transferatur accentus ad finem, ut in hac prepositione 'poné', ad differentiam hujus verbi 'póne' VINSAUF *AV* 3.173 p. 318; in vino dato domino presidenti et ballivis in mansione sua tempore lusi in quarrera ~e muros *Med. Stage* II 253. **b** alie vero preposiciones temporalem notant ordinem ut ~e, prope, post, trans ... ~e vero dicit inpresencia, prope proximitatem secundum tempus sicut juxta respectu loci *Ps.*-GROS. *Gram.* 55.

ponecellus v. penuncellus. **ponefalda** v. pundfalda. **ponenere** v. ponere.

ponere [CL]

1 to place, put (in spec. or implied position); **b** (w. *in* & abl.); **c** (w. *in* & acc., w. ref. to *Psalm.* lxxii 9); **d** (*spem ~ere in* & abl.) to place one's hopes in. **e** (p. ppl. as adj.) placed, situated.

diadema .. posuit super caput ejus ALDH. *VirgP* 25; **798** libellos .. cenobii .. super altare .. ~i praecepit *CS* 291; c**1130** desuper altare donacionem posui *Ch. Westm.* 244; c**1230** non ducit fenum set habebit j hominem una die ad Rekhahe ad fenum ~endum *Cust. Waltham* f. 213; **1267** cepit .. S. et posuit ipsum vi extra hostium *SelCCoron* 10; cum semel ludebat et vidit regem ludi in scacco poni .. *G. Roman.* 675; **1368** nullus eorum permittet equos et boves intrare stipulam apud le Milnhill in autumpno nec ~ere equos suos noctanter antequam blada cariantur *Hal. Durh.* 75; **13..** volentes .. quod .. prior et conventus .. boscum includent, feras ~ant, et habeant .. in perpetuum *Feod. Durh.* 187; **1456** cementariis ~entibus petras super fabricam duarum fenestrarum in navi ecclesie cathedralis Ebor' ex regardo x s. *Fabr. York* 67. **b** postea in sepulchro est positus THEOD. *Laterc.* 2; s**309** B. Nicholaus obiit et in cathedrali ecclesia Mirroe civitatis positus fuit in tumba *Ann. Exon.* 7; **1201** eum .. posuit in ceppo (v. cippus 2); **1220** commisit eis M. ut eam ~erent in predicta abbatia .. ut ibi salvo custodiretur *SelPlCrown* 138; ubi viginti martires ~iti [*sic*] erant in tormentis *Brev. Hyda* 259r; **1434** in Bocardo positus est, quia fregit arrestam commissam *MunAcOx* 506. **c** tanquam idem ~ens in celum os suum honori regio in aliquo derogasset GIR. *Invect.* III 8. **d** ille qui in Domino spem ~ere didicit BEDE *Prov.* 988; Deus, in te ~o spem meam ANSELM (*Or.* 14) III 61; spes .. cum humiliter in Deo ~itur, non confundit BALD. CANT. *Serm.* 16. 30. 488. **e** **672** Britannia occidui in extremo .. orbis margine posita ALDH. *Ep.* 5 p. 492; in villa non longe posita BEDE *HE* V 2 p. 283; hae [domus] erant positae in calle regis *DB* I 2ra; sole in Ariete posito ALB. LOND. *DG* 10. 6.

2 to set up, erect. **b** to lay (foundation, also fig.).

praecelsa farus in edito rupis promontorio posita [*gl.*: i. constituta, constructa] ALDH. *VirgP* 9; ad austrum posuit tentorium suum LUCIAN *Chester* 60; c**1209** licenciam extendendi edificia, que vel ipsi vel alii per ipsos posuerint in terra sua *Ch. Chester* 231. **b** in Antiochia ecclesie per hos nobilissima sunt fundamenta posita BEDE *Retr.* 1016; amicitie ~endum diximus fundamentum, Dei sc. dilectionem AILR. *Spir. Amicit.* III 54. 686; hoc primum videamus, ut fundamentum positum sit, id est fides Christi *Id. Serm.* 24. 22.

3 to put (something on to something else), to attach, fix. **b** (*manum ~ere* w. *in* & abl.) to put one's hand to, apply oneself to. **c** (*ignem ~ere* w. dat. or *in* & abl.) to set fire (to).

1212 preterea posuerunt serruram .. regis super cameram suam in qua erant catallae *SelPlCrown* 64; ~endo circa collum ejus unum carcaneum ferri *State Tri. Ed. I* 51; **1240** litteris patentibus .. quibus posuit privatum sigillum *KR Ac Mem* 18 m. 16. **b** dudum a vobis jussus in sancti patris nostri Wlstani vita manum ponere W. MALM. *Wulfst. ep.* p. 1 **c** **1202** posuit ignem in domo sua et illam combussit ita quod post ignem appositum exivit ipse et levavit uthes et clamorem *SelPlCrown* 10; a Diocletiano imperatore compulsus, incensum posuit idolis *Eul. Hist.* I 186.

4 to set, ornament (with gem or sim.).

1425 unam paruram positam cum perreia et armis Anglie *Foed.* X 346.

5 to lay, resteel (the edge of tool).

c**1357** Y. P. pro *stanaxes, hakkes, pikkes, chesels*, et *pinceouns* ponenend' [*sic*] et acuand' *Ac. Durh.* 560; **1382** pro ferris carucarum ~endis et accuandis *Hal. Durh.* 174.

6 to put down; set down, lay: **a** to put into a tomb, to bury. **b** (*ovum ~ere*) to lay an egg; (also ellipt. or absol.). **c** (*pedem ~ere*) to set foot (also fig.).

a a nobis consuluit an cum ceteris Christianis corpus illius ~eretur W. MALM. *GR* II 137. **b** audio. sed posuit Leda quid? ova duo L. DURH. *Dial.* III 204; galline ponentes ova D. BEC. 2231 (v. cubare 2b); cucula .. ~it ovum O. CHERITON *Fab.* 4A (v. brunettus 3); **1322** saxum .. ubi ganetti ~unt et aeriunt que valet communibus annis lxxvj s. viij d. (*IMisc* 87/1) *N&Q* CCXXIX 35; si corvus nidificaverit in arbore et ova posuerit HOLCOT *Wisd.* 60; corvus .. ova posuit et pullos tres produxit STRECCHE *Hen. V* 148; **c** qui jam in paradiso posueram pedem unum P. BLOIS *Ep.* 102. 316C; cecus spiritualiter nescit ubi debeat ~ere pedem T. CHOBHAM *Praed.* 100.

7 to lay down (one's life); **b** (w. ref. to *Joh.* xv 13).

pro quis conservandis .. vita ~enda erat GILDAS *EB* 108; nonnulli tantam percepte semel munditiae curam gerunt ut etiam animas pro hujus custodia ~ant BEDE *Gen.* 105; **1166** nunc pro ea [ecclesia] cum Paulo ~ere paratus est et animam suam J. SAL. *Ep.* 145 (168 p. 106); **1171** animam enim meam pro vobis posui et ~o D. LOND. *Ep.* 11 (=*Ep. Becket* 752); ipse ~eret animam suam pro me in parte et specialiter oraret pro me in missa per unum annum WYCHE *Ep.* 533. **b** in testimonium perfecti amoris animam suam pro .. ovibus ~ere docebat BEDE *Ep. Cath.* 103; ad imitacionem Christi animam ~ere pro ovibus suis J. SAL. *Thom.* 9.

8 to put forward, bring before or into the open for consideration. **b** (*clamium ~ere*) to make a claim. **c** (*rationem ~ere*) to give an account, make a reckoning.

~ite cotidie ante oculos vestros finem vestrum ANSELM (*Ep.* 258) IV 171; quod discrepat ~atur in medio W. MALM. *GP* V 188; ~e ante conspectum cordis tui hinc vasa ire, illinc vasa misericordie AILR. *Anim.* III 39. **b** **1217** clamium suum posuit (v. clamium a). **c** **804** de donis pridem collatis rationem ~ere caeperit *CS* 315; veniet .. Dominus et ~et rationem cum servis suis ut videat quantum quisque negotiatus fuerit T. CHOBHAM *Praed.* 155.

9 to put behind, set aside, remove; **b** (w. abstr. obj.).

1228 sciendum est quod nulla bona nec mercimonia ~antur a nave super terram quousque custummari coram ballivo utrum debent dare teoloneum an non et quousque ballivus illa viderit *EEC* 157. **b** positisque procellis / carpit iter gaudens .. serenum BEDE *CuthbV* 178; lubricum seculi .. post tergum ~ebat W. MALM. *GR* I 59; [musica] supercilium ~it, austeritatem reponit, jocunditatem exponit GIR. *TH* III 12.

10 a to put (person or part of a body) into status or condition. **b** (*~ere in saisinam*) to put (person) into seisin. **c** (*~ere ad rationem*) to call to account, call upon to answer a charge. **d** (*~ere in*) to charge against (someone), to accuse (someone).

a si quis inferiore gradu possitus [v. l. positus] monachus [hoc agat], iij annis poeniteat GILDAS *Pen.* 2; qui hominem in infelicitate positum a multis eruerit malis *Comm. Cant.* II 8; vidisse inter alia pueros venales positos BEDE *HE* II 1 p. 80; **1217** si aliquis .. captus fuerit .. cum positi fuerint ad racionabilem redempcionem, illos acquietabunt *Pat* 22; **1255** H. et H. posuerunt se in fugam quando forestarius voluit eos attachiare *SelPlForest* 29; **1256** B. .. detenta in prisona .. habet breve vicecomiti Cant' quod ~atur per ballium *Cl* 9; **1265** ~e per vadium et salvos plegios .. priorem quod sit coram nobis in crastino Ascensionis Domini *Cl* 111; [non licet] absolvi positum in abstinencia aut in aliqua gravi penitencia sine judicio *Cust. Westm.* 192; c**1330** non potest ~ere filium suum ad studium .. sine licencia domini *Growth Eng. Ind.* 585; **1344** posuit filium suum ad scholas sine licencia domine (*CourtR*) *EHR* XX 483; **1418** T. A. executioni positus fuit *RNorm* 239. **b** **1218** dedit .. Alano tres bovatas terre et eum posuit in saisina *Eyre Yorks* 9; **1219** de .. terra illa .. posui in saisinam Ricardum *CurR* VIII 124; **1221** E. de C. per preceptum .. regis posuit eundem S. inde in seisinam post mortem G. et in seisina fuit quousque ipsa et parentes sui eum disseisiverunt *PlCrGlouc* 27. **c** suspirabat tam egre ut .. ad racionem ~eretur cur hoc MAP *NC* II 16 f. 28; rex .. posuit eos ad rationem .. ut certificassent .. si predicta moneta foret utilis ad commune commodum *Leg. Ant. Lond.* 30; **1321** si quis .. in itinere .. sit ad racionem positus se disracionare potest *PQW* 451b; **1327** ad racionem positus .. dicit quod in nullo est culpabilis *MGL* III 418; nec est citandus, nec ad racionem ~endus OCKHAM *Dial.* 597. **d** **1276** bedellus .. posuit in eum quod fuit latro, et est fidelis homo *Hund.* II 176b.

11 a to put (land) into condition. **b** to put (land or property) into leg. status. **c** (*in defenso ~ere* or sim.) to put (land) into reserve, usu. for hunting, fishing, or cultivation.

a Deus .. terribilis adveniet orbem ~ere in desertum .. in tremendo die *Ps.*-BEDE *Collect.* 381. **b** hoc manerium .. non fuit positum ad firmam *DB* I 179va; **1164** si Forgrund ad aliusmodi firmam posita fuerit *Regesta Scot.* 243; **1276** de feodis .. in manu mortua .. positis (v. 1 manus 14a); **1286** statuti de terris et tenementis ad manum mortuam non ~endis editi *MS PRO* C255/12/1/7; **1473** per .. beneficia in effectu

posita (v. effectus 1a). **c** s**1189** cum .. mariscum suum posuisset in defensione (v. defensio 3c); **1215** de ripariis que per nos .. posite sunt in defenso (v. defendere 3c); **1247** et illam [terram] in defensam ~ere et proficuum suum inde ad voluntatem suam facere *Cart. Osney* IV 162; **1268** cum .. J. .. in defensum posuisset communam pasturam (v. defendere 3e); **1285** aque .. in quibus salmones capiuntur .. ~antur in defenso (v. defendere 3d).

12 to appoint, instal; **b** (w. *in* & acc. or abl.).

tribuit tibi dominationem gentis tuae et posuit te principem populorum FELIX *Guthl.* 49 p. 148; **1221** H. P. posuit servientes ad voluntatem suam pro patria custodienda *SelPlCrown* 110; constabularii ~ebant capellanos pro voluntate sua *Feod. Durh.* 227; duo monachi .. ingressi sunt ecclesiam illam, postea venerunt ballivi episcopi et posuerunt similiter cum eis duos homines episcopi laicos ex parte episcopi *Ib.* 250; episcopus H. et episcopus P. fuerunt in possessione juris archidiaconalis, et posuerunt decanos suos *Ib.* 251; s**1191** Hugo de Nonaunt expulit monachos de Covintre et posuit ibi canonicos seculares *Ann. Exon.* 11; iidem abbas et conventus clamant habere infra eundem burgum justiciarios, coronatores, aldermannum, ballivos, subballivos, janitores et omnes alios regis ministros ad libitum suum ~ere et deponere *Bury St. E.* 19. **b** positus in pontificio .. factus est inclitus predicator DOMINIC *V. Ecgwini* I 3; †**1093** (12c) in quadam ecclesia .. monachos religiose viventes posuerunt *Ch. Chester* 3 p. 3; **1206** Walterum .. possuit in carriagium unius tonelli vini *Cl* I 69b; **1267** rex vel heredes sui .. Robertum .. in terris .. ~ant et eos in eisdem tueri *Cl* 395; **1290** Johannes de Bailyolle .. in die sancti Andree apostoli positus est in solio regali apud Sconam *Feud. Man.* 105.

13 **a** (*se ~ere*) to make oneself available. **b** (w. *in* & acc. or abl. or *super* & acc.) to put oneself on, submit one's case to, agree to accept the verdict of. **c** (*in misericordiam ~ere*) to put to an amercement. **d** (*~ere in assisa, in assisam*) to cause to serve on a jury. **e** (*placitum* or *assisam ~ere*) to fix a plea, hold legal proceedings. **f** to remove (to a superior court). **g** (*in respectum ~ere*) to postpone, adjourn.

a **1265** prior et Walterus posuerunt se coram rege in perambulacionem illam *Cl* 91; **1402** ad hanc curiam venit J. P. et ~it se pro pluribus defaltis secte curie *CourtR Banstead*. **b** si .. in magnam assisam domini regis se ~ere maluerit is qui tenet, aut patens similiter in assisam se ~et aut non. si semel in curia concesserit quod se inde in assissam posuerit .. de cetero non poterit resilire, sed per assisam ipsam oportebit eum perdere vel lucrari GLANV. II 6; offert .. quod se super curiam archiepiscopi ~et si voluero GIR. *Symb.* 31 p. 319; **1221** ~it se de fidelitate sua super visnetum suum de bono et de malo *PlCrGlouc* 18; **1221** quia ipse non audit [*sic*] inde ~ere se super juratam, intelligunt ipsum esse culpabilem *Ib.* 79; **1221** G. foristarius posuit se super veredictum xij juratorum si ipse culpabilis sit de morte *SelPlCrown* 84; **1227** dicit quod .. non recepit nisi xx m. et ~it se super rotulos de warderobba *LTR Mem* r. 9 m. 6; **1258** ~it se super librum qui vocatur *Domesday* (v. dominicus 4c); **1276** de hoc ~it se super Judeos qui manum suam cognoscunt *SelPlJews* 90; defendit quod nunquam .. injustum aut indebitum favorem prestitit et de hoc ~it se super recordum justiciariorum de Banco *State Tri. Ed. I* 20; **1459** ~ens se in voluntate judicis pro piscacione *ExchScot* 555. **c** a**1123** positus fuit .. in misericordia regis (v. misericordia 2); **1201** retraxit se et posuit se in misericordiam de j marca *SelPlCrown* 4. **d** **1227** mandatum est viccomiti Ebor' quod non ~at senescallum W. comitis A. in assisas vel juratas extra comitatum suum *Cl* 10; **1220** vobis mandamus quod .. Robertum usque ad etatem nostram in assisis vel juratis non ~atis *Pat* 274; **1242** rex concessit R. W. quod habeat hanc libertatem quod .. non ~atur in assisis, juratis vel aliquibus recognicionibus *RGasc* I 121b; **1267** rex justiciariis .. itineraturis ad communia placita .. ipsos in assisis, juratis, vel recognicionibus .. non ~atis durante itinere *Cl* 419. **e** si quis in placito per justitiam posito sui vel suorum causam .. difforciet, hanc perdat (*Leg. Hen.* 34. 5) *GAS* 566; si quis inter homines suos per eorum querimoniam placitum ipse posuit (*Ib.* 61. 11) *Ib.* 582; **1225** quod assisa illa ~atur coram justiciariis (v. assisa 8a); **1272** facias .. venire coram .. justiciariis .. omnes assisas et omnia placita que posita sunt ad primam assisam coram justiciariis *Cl* 550; **1321** omnia placita que posita sunt (v. assisa 8a). **f** tunc potest dominus ipse curiam suam ~ere in curiam domini regis GLANV. VIII 11; **1229** mandatum fuit quod assisa illa ~eretur coram domino rege apud Wintoniam *Pat* 305. **g** **1203** purget se per judicium ferri, set quia infirmatur ~itur in respectum quousque convaluerit *SelPlCrown* 29; **1332** vicecomes habet diem ad computandum in crastino Sancte Trinitatis; postea iste compotus ~itur in respectu usque octaba sancti Michelis *LTR Mem* 105m. 7*d*.

14 to put (into a particular form), apply authoritatively, to set, impose: **a** (boundary); **b** (regulation, or condition, or sim.); **c** (tax, fine, or price; also w. *super* & acc.); **d** (name); **e** (date); **f** (limit).

a reges .. regna dilatant et .. regnis suis limites ~unt M. PAR. *Maj.* I 252; **1289** subtraxit .. bundam positam inter ipsum et J. de F. (v. 2 bunda 1b). **b** **841** omnipotentis Dei nomine .. praeceptum ~imus ut numquam ullus regum .. libertatis gratiam infringere ausus sit *CS* 433; decreta .. et emendaciones quas posuit in Anglia *GAS* 489; ut vobis ~am super hac questione silencium OCKHAM. *Disp.* 15; **1434** jurare quod .. cerevisiam .. pandoxarent secundum assisam .. per .. cancellarium .. positam et taxatam *MunAcOx* 508. **c** scutum de xx solidos positum fuit per regnum *Doc. Bury Sup.* 15; **1215** nullum scutagium vel auxilium ~am in regno nostro, nisi ad corpus nostrum redimendum *Magna Carta* 12; **1217** scutagium positum de novo per consilium commune comitum et baronum .. per .. honorem de Walingeford *Pat* 125; **1217** scuttagium positum est super omnes qui de nobis tenent in capite *Pat* 171; **1223** debitum ccc marcarum quod positum fuit super eos pro licentia concordandi *LTR Mem.* m. 2*d*.; pone precium amoris tui [ME: *sete feor o þi luve*] *AncrR* 158; **1374** de pena posita, xl d. *Hal. Durh.* 124. **d** occiduo claudor, sic orto sole patesco: / unde prudentes posuerunt nomina Graeci ALDH. *Aen.* 51 (*Eliotropus*) 4; esse locum memorant quem mella liquentia rorant: / Dunham dixerunt, qui nomen ei posuerunt GREG. ELI. *Æthelwold* 6. 2. **e** **1245** posuit civibus diem usque ad xiij diem post predictum diem *Leg. Ant. Lond.* 11; si clerici ignorabant de ~endo rectam datam, propter hoc non fuerant brevia viciosa *State Tri. Ed. I* 35. **f** flagitiis non ~ens modum W. MALM. *GR* II 204; ~entes .. ferias sceleribus *Ib.* IV 347; ferrea .. vitiis ~ere frena suis *Id. GP* V 271.

15 to put out, lay out, expend, make use of, spend.

c**1150** omnes illi qui hanc elemosinam alibi ~ent nisi ad predictam pitanciam excomunicati sunt *Ch. Westm.* 385; **1227** vicecomites petunt sibi allocari que ~unt pro justicia facienda *LTR Mem* m. 5*d*.; eadem debet respondere .. de vj li. et viij s. pro semine et pro custo posito in cc acris seminatis *Ib.* m. 7*d*.; **1242** monstrabit quod denarios illos in usibus praedictis posuerit *RGasc* I 44a; **1265** ~i facias in reparacione .. defectuum [castri] .. usque ad viginti marcas *Cl* 20; **1282** sumptus quos circa emendacionem .. aule .. se posuisse .. docere poterit *RGasc* II 150a; **1296** recuperet de predicto A. sumptus quos posuit *Hal. Durh.* 9; dictum est vicecomitibus quod habeant .. duas marcas ad ~endum pro anima ipsius R., quia non pertinent ad .. regem *MGL* I 88; **1421** concessit et dedit viginti marcas sterlingorum, ~endas et expendendas pro factura et edificacione cujusdam crucis nove lapidee in foro vocato Thursday Market *Mem. York* II 100.

16 to give (as a pledge or security, usu. w. *in vadium* or sim.).

†**1083** [? **1086**] quod nec terram prefatam vendet nec in vadium ~et nec alicui ad dampnum ecclesie nostre dimittet *Ch. Westm.* 236; j virgata quam posuit in vadimonio *DB* I 141rb; cum .. res immobilis ~itur in vadium ita quod inde fuerit facta saisina ipsi creditori GLANV. X 8; **1201** pueri ceperunt illud [pallium] et posuerunt in vadium pro dimidio sextario vini *SelPlCrown* 6; **1218** in quadam taberna .. ad cervisiam .. posuit capam suam pro duobus denariis et obolo *Eyre Yorks* 273; Robertus .. cruce signatus .. posuit Normanniam in vadimonium fratri suo regi Willelmo M. PAR. *Maj.* II 59.

17 to set down, state in speech or writing, record. **b** to use in speech or writing, cite, quote. **c** (w. *pro*) to substitute one thing for another (in thought or expression).

~imus quod in prima aetate accidisse relatu multorum didicimus *V. Cuthb.* I 3; unum est, quod et nos in hac historia ~ere multis commodum duximus BEDE *HE* III 19 p. 165; nec necesse putamus, leges in hac parte presentialiter ~ere RIC. ANGL. *Summa* 26; posuit omnia verba hec in publicis codicibus pretorii *Eul. Hist.* I 129; **1419** hec libertas ~itur in charta domini regis *MGL* I 27. **b** illi quos supra exempli gratia posueras ALDH. *Met.* 10 p. 84; hos versiculos .. Hieronimus in libro contra Jovinianum ~ens ita explanat BEDE *Ep. Cath.* 79; nec obscura posuimus verba, sed simplicem Anglicam ÆLF. *CH Praef. I* 1; ~amus nunc exemplum aliquod ANSELM (*Praesc.* 6) II 257; 'mulier' in Scriptura aliquando solet ~i in mala significatione AILR. *Serm.* 33. 6; dicit Augustinus quod enigmata [*sic*] est obscura rerum similitudo, ~ens hoc exemplum T. CHOBHAM *Praed. prol.* 11; increpas me, quia in exhortationibus meis .. verba posui, que jus civile redolebant P. BLOIS *Ep.* 8. 23B; **1269** nec ~atur defendens nisi quando breve est in comitatu *CBaron* 82. **c** 'in lacum', lacum pro carcere posuit *Comm. Cant.* I 203; sic semper xij ~ebant pro numero xij mensium ac pro duodecim signis in caelo et pro futura significatione apostolorum *Ib.* 396; invenitur et comparativus pro positivo ~i ALCUIN *Gram.* 860D; hac suppositione ponita [*sic*] pro radice GROS. *Comp.* 241; nomen sapientie non hic ~itur pro dono supernaturali HOLCOT *Wisd.* 7; bulbus quando simpliciter pro radice narcissi ~itur *SB* 13.

18 to posit, imagine, propose, state. **b** (leg.) to assert a position; **c** (w. acc. & inf.); **d** (w. *quod*). **e** (*posito quod*) granted that. **f** (p. ppl. as sb. n.) premiss. **g** (*per positum*) hypothetically.

cum ~at limitationem potentie divine PECKHAM *QR* 17; ~it conclusionem principalem T. SUTTON *Gen. & Corrupt.* 49; ~it totam racionem *Ib.* 56; ~it sententiam propriam que continet totam veritatem *Ib.* 58; melius dixit alia opinio, que ~it quod simile non patitur a simili *Ib.* 62; **1314** philosophi .. non posuerunt productionem Verbi in divinis *MunAcOx* 101; sapiens posuit opinionem impiorum HOLCOT *Wisd.* 62; in destruendo positionem que ~it duos deos T. YORK *Sap.* I 12 *rub.* **b** **1279** dantes procuratori .. potestatem .. agendi pro nobis dies prorogandi, ~endi, respondendi positionibus, excipiendi .. *RGasc* III 559b; s**1283** dantes eisdem [procuratoribus] seu eorum alteri specialem potestatem nomine nostro agendi, defendendi, .. ~endi, posicionibus respondendi *Ann. Durh.* 57; **1357** de .. agendo, defendendo, excipiendo, replicando, ~endo, interrogando, posicionibus et interrogacionibus respondendo *MunAcOx* 193. **c** si ~imus Christum non esse, nullo modo potest inveniri salus hominis ANSELM (*CurD* I 25) II 95; [Diogenes] posuit aerem esse elementum ex quo fiunt omnia T. SUTTON *Gen. & Corrupt.* 49; quidam ~ebant .. primum esse ignem, ut Eraclitus *Ib.* 46; opinio que ~it Deum esse primum objectum intellectus DUNS *Ord.* III 78; **1314** philosophi .. non posuerunt cunctas res emanare ab uno supposito *MunAcOx* 101; opinio posuit hominem sicut brutum omnino resolvi in elementa HOLCOT *Wisd.* 62; inter philosophos primus [Thales] dicitur .. posuisse animas immortales W. BURLEY *Vit. Phil.* 4. **d** ~etur de una persona .. quod .. *G. S. Alb.* II 91 (v. ponibilis); **1314** ego possem ~ere quod Deus Pater potuit producere creaturas ante Verbum *MunAcOx* 101. **e** posito quod Deus tantum unum hominem creavit .., concedimus quod anima ubique est GROS. 256; **1282** posito quod eis derogatum fuisset, ut aiunt, quod nescimus; nullo modo licebit eis .. taliter majestatem regiam impugnare *Conc.* II 73b; **1324** posito quod esset vera, causa tamen est testamentaria *Proc. A. Kyteler* 11; posito quod Romani transtulerunt jus et potestatem suam in papam racione officii et non racione persone OCKHAM *Dial.* 937; posito quod .. hanc habeat licentiam, superfluit petere eam CONWAY *Def. Mend.* 1428 (*recte* 1328). **f** oppositum posito logicans fuge more perito GARL. *Mor. Scol.* 45. **g** cum .. per positum tales credant errori, qui nullum potest habere sensum catholicum, inter credentes sunt merito computandi OCKHAM *Dial.* 636.

19 to place mentally, esteem, reckon, value. **b** (*~ere ad*, w. sum of money or sim.), to value at, to fix at a certain price.

non majorem quippe in sacramento corporaliter prestito quam in verbo simpliciter emisso vim ~entes GIR. *SD* 100. **b** homines de hundredo nunquam .. viderunt brevem ex parte regis qui ad tantum posuisset *DB* I 32rb; **1205** si opera fuerint posita ad denarium (v. denarius 8a); **1278** quod, si wardi invenerint cervisiam non valentem iij quad., ponent eam ex officio suo ad obolum *Rec. Coventry* 31; **1278** quod cepisse debuit munera de divitibus ne essent censuarii et pauperes ad censum posuisse debuit *SelPlMan* 95.

20 to place in a category, classify. **b** (*~ere in* & abl. or *super*, *supra* & acc.) to attribute to, lay to the charge of.

~itur loco primo dactilus ita ALDH. *Met.* 10 p. 84; leonem .. in frontem beluarum horribilium ~imus *Lib. Monstr.* II 1; ipsa [sc. temperantia] ~itur inter

cardinales virtutes ultima T. Chobham *Praed.* 248; pinas .. similis est .. titimallo, unde in numero titimalli ~itur *Alph.* 146. **b** salsuginis causam in calore solis .. ~o Adel. *QN* 51; s**1195** mortem fratris nostri super Reinaldum .. posuit Diceto *YH* 127; Galenus .. posuit earum [sc. virtutum] processum ordinatum .. supra ipsius [sc. cordis] temperantiam *Ps.*-Ric. *Anat.* 20; **1236** debita .. posita fuerunt super Will' de Stutevill' dum habuit custodiam terre ipsius *KR Mem* 14 m. 11.

21 (as imp. sg., leg.) name of writ allowing plaintiff to remove litigation from county court to king's court.

breve de transferendo placito a comitatu in curiam: .. ~e coram me vel justiciis meis .. loquelam que est in comitatu Glanv. VI 7; **1214** de v marcis quos A. filius A. de T. nobis promisit pro habendo j ~e versus dominum E. episcopum de duobus acris terre *Cl* I 177b; **1220** continetur in breui de ~e *BNB* II 82; **1222** mitto vobis literas de ~e ad opus cognati vestri *RL* I 191; **1243** dat dimidiam marcam pro habendo quodam ~e de comitatu Cantebrigie usque Westmonasterium *RGasc* I 260a; per breve quod vocatur ~e, potest transferri negotium sive placitum .. coram justiciariis in banco vel .. proximo itinerantibus in ipso comitatu Hengham *Magna* 4.

ponfalda, ~um v. pundfalda. **ponfiligos, ponfolingos, ponfolix** v. pompholyx.

ponibilis [ML < ponere+-bilis], that can be posited, supposable.

quia igitur nullum tale est instans possibile vel ~e, cum ponat limitationem potentie divine, non est a Deo aliquod tale instans scibile sicut nec scire potest se esse impotentem Peckham *QR* 17; cum omne possibile sit ~e, ponetur de una persona .. quod victurus esset per quadraginta annos *G. S. Alb.* II 91; stat duos homines esse cum omnibus absolutis accidentibus in eis ~ibus sine hoc quod sint amici vel inimici Wycl. *Ente Praed.* 62; in quocunque casu pertinenti ~i *Id. Ver.* II 27.

ponos [πόνος], suffering, pain.

~os interpretatur dolor *Alph.* 148.

ponpa v. pompa. **ponpose** v. pompose.

1 pons [CL], **2 pontus**

1 bridge; **b** (w. ref. to *brycgbot*); **c** (w. name of spec. bridge); **d** (in place name); **e** (passing into surname); **f** (fig.).

pontibus aut ratibus fluvios transire feroces Aldh. *Aen.* 38 (*Tippula*) 5; hominum multitudinem .. quae .. fluminis .. occupabat ~em Bede *HE* I 7 p. 20; ~s, *brycg GlC* P 563; in Hantunescyre quae est ultra ~tem *DB* I 336vb; c**1165** unam hidam juxta ~tum de Bladene *Cart. Osney* I 6; unus solus fluvius in partibus Anglie borealibus septem ~tes ligneos et lapideos magnos dissipavit M. Par. *Maj.* V 607; s**1347** caput in palo fixum super ~tem Londoniarum in signum prodicionis manifeste Ad. Mur. *Chr. app.* 253. **b** †**680**, s**748**, **770** (v. arx 2b); c**801** instructio ~tuum et arcis *CS* 201; c**840** nisi ~tum faciat et arcem et expeditione solacium *CS* 429; **955** ab omni seculari servitio liberam preter arcem, ~tum, expeditionem *CS* 917. **c** in ingressu ~tis qui Stanfordbrigge dicitur W. Malm. *GR* II 228; **1387** ibat super quamdam puntem vocatam Braundounbruge *RCoron* 189 m. 1; **1387** ~s que vocatur Hungersbrigge .. dirruta est (*Anc. Indict.*) *Pub. Works* I 149. **d** monachus factus apud ~tem Fractum, cellam Cluniaci W. Malm. *GP* III 125; in loco qui tunc Steinfordebrigge nunc autem ex rei eventu etiam ~s Belli dicitur Ailr. *Ed. Conf.* 778C; transivimus .. a castro predicto versus ~tem Stephani Gir. *IK* II 3; prefuit jure hereditario ~ti Ysare comes illustris Neckam *NR* II 188; **1203** vj m. sunt super monachos de ~te Roberti de tribus feodis *Pipe* 195; **1203** de xliiij li. .. de firma de ~te Burgi *Ib.* 222; s**1066** tempore quo applicuit rex Haraldus fuit in partibus Eboraci .. in loco qui nunc dicitur ~s Belli Wykes 6. **e** R. de Petro ~te *DB* II 399; Willelmus de ~te Arcarum, vir .. regi Henrico .. fidelissimus *G. Steph.* 77; **1169** Willelmus de ~te *Pipe* 94; **1228** sciatis nos inspexisse cartam Roberti de Veteri ~te *ChartR* 20 m. 4; **1230** Reginaldo de ~tibus *Pipe* 37. **f** commisit ei Lundoniensem aecclesiam .. quo plurimo civitatis illius populo .. ~tem etiam ad alta polorum cacumina scandendi praepararet B. *V. Dunst.* 25; a tui cordis cubiculo ~s subtilis ut capillus capitis mihi in aurem porrectus est, in quo tua cogitatio gradiens ad me usque pervenit Alex. Cant. *Mir.* 25 p. 212; huc .. ut vulgo dici solet, per argenteum ~tem transitur a sordibus que transeuntem vel ~te aureo prosequuntur J. Sal. *Pol.* 678B; ex discipulo factus magister in via morum ~tem fecit pontifici *Canon. G. Sempr.* f. 43v.

2 drawbridge or swingbridge. **b** gangway (of ship). **c** part of siege-engine (in quot. fig.).

~tem pendulum pre foribus oppidi suspendebant; erat enim pro foribus ~s qui catenis vel funibus demitti seu suspendi consueverat R. Cold. *Cuthb.* 67 p. 136; a**1172** sic perambulatum est et signis signatum, sc. a superiore capite ~tis pendentis usque in Ribbil, ex capite ejusdem ~tis per quercus crucibus signatas usque ad proximum *cloh* cadentem in Sunderland *broc Cart. Sallay* 222; **1196** in operatione ~tis tornatilis castelli de Roncestr' *Pipe* 281; **1218** sub britaschia illa est unus ~s turnarius *Eyre Yorks* 394; **1250** in barbicana inter duos ~tes vertibiles *CalIMisc* I 91 p. 30; **1271** in ~te turnicio ad magnam portam de novo planchando, cum iij cordis ad ~tes turnicios tractandos emptis *MinAc* 1087/6 r. 5*d.*; cinxit totum boscum largo fossato cum ~e tractabili Swafham 120; **1316** pro una corda de x brach[iis] .. ad inde trahendum dictum ~em tornantem *KR Ac* 468/20 f. 8; de puteo exteriori ~tis tornicii versus London' *Ib.* f. 9; **1323** portam cum ~te versatili .. facere *Cl* 141 m. 39; **1395** ad ~tem levabilem .. construendum (v. levabilis 1); **1461** usque ad exteriorem pedem unius ~tis vocati *a draght brigge* (v. custodia 4e). **b** **1189** quod habeant unum ~tem ad proprios equos suos ponendos in navem (*Cart. Ric. I*) *Rec. Templars* 142; **1229** ~tes et maeremium ad naves suas (v. cleta 1c); **1284** pro xlviij claiis .. ad faciend' ~tes super quos equi possent ingredi in navibus *KR Ac* 351/9 m. 5; **1388** ij ~tes mobiles ad aquam de Trent pro transeuntibus ad batellam *IMisc* 239/3M; **1391** pro portagio ~tis usque naves ad tractandum equos extra naves apud Dovere *Ac. H. Derby* 15. **c** erit ergo sancte sinodus vel concilii legittima constitutio, ~s idoneus, qui a facie machine levi allapsu descendit super iniquorum propugnacula R. Niger *Mil.* III 73.

3 causeway.

s**1087** ~s magnus ad septemtrionalem plagam Oxonie .. factus est *Chr. Abingd.* II 15; venientes ergo aurige quidam itinerantes eam ante se flagellis suis egerunt, quousque ~tem Aslaci [i. e. *Bridgend Causeway*] transissent *Canon. G. Sempr.* f. 167v.

4 bridge-tree (of mill).

1314 in j ~te ad molendinum empto in quo fusillus currit et in eodem imponendo (*Ac. Milton*) *DCCant.*

2 pons [cf. ME *pound, pount*], pound, pinfold.

1364 vi et armis animalia predicta cepit et ~tem inde fregit *Rec. Notts* I 184.

ponsare v. punchiare. **ponsarius** v. puncho. **ponso, ponsona** v. puncho. **ponsonare** v. punchiare. **ponsor** v. puncho.

pontagiarius [pontagium+-arius], tenant who pays for upkeep of bridge.

1362 jurati presentant quod .. sunt quatuor hide terre que debent pontagium ad reparacionem et facturam magni pontis ville Cantebrigg' .. et .. quod tenentes terrarum predictarum simul cum aliis ~iis comitatus Cant' .. facere debent pontem predictum et reparare (*CoramR*) *Pub. Works* I 38.

pontagium [1 pons+-agium]

1 (*cf.* 1 *pons* 1) bridge-toll or tax for bridge repairs.

a**1175** (1268) quieti .. de omnibus geldis, et passagio, et puntagio, et summagio, et cariagio, et conductu *CalCh* II 113; **1204** proferunt breve .. quod ipsi ~ium et alias consuetudines aque capiant *CurR* III 96; **1240** denarios qui aliquo modo nomine ~ii ad pontes nostros .. capi solebant *Rec. Leic.* I 46; **1275** abbas et conventus sunt quieti de operibus castellorum, domorum .. clausura parcorum, passagio, †contagio [l. pontagio], lestagio, stallagio .. *Cart. Glast.* I 220; **1276** vicecomes cepit ad quamlibet hidam terre ij s. de toto comitatu ad ~ium et vix posuit terciam partem in opere pontis *Hund.* I 52a; **1306** quod possint habere ~ium apud Wyndesore per vij annos ad pontem ejusdem ville reparandum *RParl* I 193b; **1352** dicit quod domini manerii .. debuerunt .. facere et reparare pontes predictos, capiendo ~ium de omnibus rebus per eosdem pontes .. transeuntibus (*CoramR*) *Pub. Works* II 143; **1362** (v. pontagiarius); **1468** quod dicti burgenses de Appilby liberi sint et quieti de tolloneo, stallagio, ~io, muragio, chiminagio, et lastagio per totam terram Anglie *Mem. York* II 125.

2 duty to build or repair bridge.

1330 quieti sunt .. de omnibus quietanciis .. except' de pontag' .. si per hoc verbum ~ium intelligatur factura pontis, quia dicit quod idem abbas et homines sui facere debent pontem Notingh' qui dicitur *le Tounbrigge PQW* 633a.

3 (*cf.* 1 *pons* 2b) payment for embarkation or transport of horses.

c**1157** jussit .. rex .. ministris suis de Hamtona ut ~ium quod acceperant de equis abbatis redderent *Act. Hen. II* I 142; **1244** allocate vicecomiti Kanc' .. pro ~io .. equorum xix s. *Liberate* m. 4; **1299** in batellagio et pountagio unius navis pro equis comitis *Househ. Ac.* 168; **1299** in batillagio, portagio, cariagio cum ~io equorum et victualium comitis .. lj s. vj d. ob. *Ib.*; **1390** pro batillagio xxxij equorum de Caleys usque Dovere xlj s. ij s. .. pro ~io apud Dovere .. pro pountagio apud Caleys *Ac. H. Derby* 37; **1464** in ~io equorum .. in .. portu Dovorr' .. utraque vice iij s. (*KR Ac*) *EHR* XXI 736.

pontare [ML < 1 pons, pontis+-are], to bridge, to construct a bridge (over).

1290 Ricardo Genticors existenti extra curiam ad ~and' ripar' de Frome, Sture, et Waye *Chanc. Misc.* 4/4 f. 49*d.*; **1296** ripariam illam [de Sture] ~ari faciat prout alias fieri consuevit *Cl* 113 m. 5*d.*

pontarius, ~enarius 1 pons, pontare+-arius], bridge-keeper; **b** (as member of borough corporation); **c** (passing into surname).

c**1149** domum ~enarii et terrulam ad eam pertinentem ad pontem juxta Medlee (*Ch. Heref.*) *Camd. Misc.* XXII 19; **1170** ~enario de Ely, xl s. *Pipe* 96; c**1216** terra .. que jacet inter terram ~arii .. et inter terram Ysabelle *Reg. S. Aug.* 520; in sotularibus ~arii emptis vj d. .. in liberacione relicte Ricardi de la Gayole ~arii .. iij qu. *Ac. Beaulieu* 79; **1284** in bannum domus ~erii Bajonensis *AncC* 47/96. **b** **1568** volumus .. quod inhabitantes ville .. sint .. corpus corporatum .. per nomen gardiani, ~enariorum, burgensium et communitatis ville Henley super Thamisem *Pat* 1041 m. 39. **c** j hidam .. ten' Walterius Pontherius *DB* I 166rb; **1234** Willelmus ~arius tenet dim. ferdellam terre et reddit de gabulo vj d. et relaxantur quia est ~arius *Cust. Glast.* 123; **12..** sciatis nos .. ad utilitatem .. pontis dedisse Hutredo ~enario .. quandam terram pontis *Deeds Newcastle* 74; **12..** mesuagium .. quod Adam ~arius tenuit *Cart. Osney* IV 106.

pontellum, ~us, poncellum [1 pons+-illum; cf. OF *poncel*], little bridge. **b** (transf.) little bridge (between bowl and handle of a spoon).

1286 corpus defuncti inventum fuit in quodam hulmo .. inter ipsum pontem et ~tellum *PQW* 309b; c**1293** fratres .. debent reparare duo ~tella apud D. *MonA* VI 755. **b** **1390** de .. uno cocleari aureo cum j *perle* in ~cello *Ac. Foreign* 25G.

pontenagium v. pontonagium. **pontenarius, pontherius** v. pontarius.

pontianus [CL pontus+-anus], of the sea.

sic .. factum est, quod statim rupes, facto foramine, per scissuram exhaustum ventum semper eructuat, quem ~um vulgus nominat quasi a ponto illuc virtute divina translatum Gerv. Tilb. III 34.

ponticitas [ML < 1 ponticus 2+-tas], bitterness, tartness.

omnibus quidem arboribus cum primum plantate fuerint, dominabitur amaritudo vel ~as Alf. Angl. *Plant.* II 16; depilatur sicut caro porcina macra et in ea est salsedo cum ~ate M. Scot *Lumen* 246; si fuerit humor primo subtilis et aquosus, quando aduritur, efficitur salsus, et si fuerit grossus, trahitur ad acredinem vel ~atem Bart. Angl. IV 11; ~as est intensa stipticitas et stipticitas remissa ~as *Ib.* XIX 49; ad ~atem vel salsedinem *Ps.*-Gros. *Summa* 624 (v. fortiter 2a); ~as et .. stipticitas Bacon XIV 97 (v. acuitas b).

ponticulus [CL], ~a

1 little bridge.

pons .. inde hic ~us Osb. Glouc. *Deriv.* 456; extra civitatem jacet ~a illa que fuit facta ex arbore regia *Holy Rood-Tree* 56; ~um ligneum versus extra, qui ad voluntatem hostium poni et retrahi potuit *G. Hen. V* 4.

2 dyke.

alveos .. fluminum ~is cinxit, sic .. vir ille Deo dilectus .. per invia paludum usque in Hely viam semite fecit *Lib. Eli.* III 32.

ponticum v. ponticus.

1 ponticus [CL *in sense* 1]

1 of the Black Sea or region adjoining: **a** (*mare ~um*) Black Sea. **b** (as distinguishing epithet of a plant).

a Pontus, regio multarum gentium juxta mare ~um quod Asiam et Europam determinat BEDE *Nom. Act.* 1039. **b** gliquiritia, i. radix ~a *Gl. Laud.* 752; in quo decocta sint absintium ~um, et anet[hum] GILB. I 36. 2; nux ~a, avellana idem *SB* 32; centonica, secundum quosdam abscincium ~um idem *Alph.* 38.

2 bitter, tart; **b** (n. pl. as sb.).

fietque prima digestio acida vel amara vel ~a ALF. ANGL. *Plant.* II 16; quia dicit Isaac quod quidam sunt sapores qui testantur frigiditati, ut ~us, stipticus, et similia *Quaest. Salern.* R 30; alii .. inveniuntur ponere quatuor species ex parte saporis .. sc. salsum, acetosum, dulce, ~um GILB. I 37. 1; cum melle ~o fiat vel oximelle *Ib.* IV 188.2; fructus .. in medio sunt ~i BACON XIV 80 (v. amarus a); bulliant in aceto vel vino ~o et una gutta auribus instilletur GAD. 116v. 2; fulful fructus est .. ~us in sapore SB 22 (v. fulful b). **b** ~a et stiptica fortius retinent *Ps.*-GROS. *Summa* 523.

2 ponticus [1 pons+-icus], of a bridge.

a bryge, pons, ponticulus, ~us participium *CathA.*

pontifex [CL]

1 pagan priest.

confundebatur gentilitas .. victoriosa coronatur Christiana devotio. cadunt idola .. templorum dolent ~ices *V. Birin.* 14.

2 Jewish (high) priest.

logium .. pannus est exiguus ex auro, gemmis, coloribus variis quae [*sic*] superhumerali contra pectus ~icis adnectebatur *Comm. Cant.* I 295 p. 356; dies propitiationis .. qua sola per annum ~ex .. sancta sanctorum intrabat BEDE *TR* 8 p. 197; factus est summus ~ex Sadoch R. NIGER *Chr. I* 7; a Romanis quoque et Augusto potestatem regni in Judeos accipiens, postquam Hyrcanus ~ex eorum a Persis captus .. est GROS. *Cess. Leg.* II 7 p. 102; s**1254** Elyas .. de Londoniis, Judeorum ~ex .. respondit pro omnibus M. PAR. *Maj.* V 441; suggessit regi ut scriberet ~ici Judeorum ut Judeos Hebraice lingue et Grece peritos ad eum dirigeret W. BURLEY *Vit. Phil.* 298.

3 bishop or archbishop; **b** (*summus ~ex*); **c** (w. ref. to boy bishop).

o inimici Dei et non sacerdotes, veterani malorum et non ~ices GILDAS *EB* 108; rogavit eum, accepta ibi sede episcopali, suae gentis manere ~icem BEDE *HE* III 7 p. 140; tunc ad omnes circumquaque ecclesias ex hisdem monachis ~ices eligi, tunc abbates assumi OSB. *V. Dunst.* 19; missi sunt a rege nuncii .. ad ~icem Rotomagensem EADMER *HN* p. 43; adsunt ~ices, sacerdotum et clericorum frequens turba occurrit AILR. *Ed. Conf.* 776A; interim accessit ad obsequium diocesani sui ~icis *Canon. G. Semper.* f. 41v. **b** episcopus .., consecrata prius ecclesia, fidelem sacerdotem summo Deo sacravit. peractis ergo consecrationum obsequiis, rogatu summi ~icis .. vir Dei .. ad prandium venire cogitur FELIX *Guthl.* 47 p. 144; ecclesiae Cantuariensi officio summi ~icis loco et dignitate praesidebat EADMER *V. Osw.* 3. **c** **1263** ut pueri .. in eligendo suo ~ice et personis dignitatum decani archidiaconorum, et aliorum nec non et stacionariorum antiquum suum ritum observent *Reg. S. Paul.* 91; **1388** una mitra pro festo S. Nicholai ad parvum ~icem deputata (*Invent.*) *Arch.* LII 221.

4 (spec.) bishop of Rome, pope; **b** (*summus ~ex*); **c** (*~ex maximus*); **d** (*~ex generalis*);

a Romano ~ice sedis Apostolicae THEOD. *Pen.* I 9. 12; a beato Gregorio Romanae urbis ~ice directus BEDE *HE* II 3 p. 86; decretisque Romanorum ~icum .. studium impende LANFR. *Ep.* 23 (47); ~ex animarum caput est post Christum, imperator corporum dominus post Deum GERV. TILB. *praef.* p. 882 (ed. OMT p. 10); nonnulli Romani ~ices .. manus impias extenderunt OCKHAM *I. & P.* 4. **b** Alexandro totius sanctae ecclesiae summo ~ice W. MALM. *GP* I 39; ob quod a summo ~ice suspensus paulo post crepuit et effusa sunt omnia viscera ejus AILR. *Ed. Conf.* 773B; Adrianus dedit .. jus elegendi summum ~icem R. NIGER *Chr. I* 67; hic [sc. papa] etiam summus ~ex appellatur, quia caput omnium episcoporum esse videtur GIR. *PI* I 19 p. 106; per mille annos post Christi ascensionem tales observantie a summis ~icibus erant deceptorie institute *Ziz.* 427. **c** Innocentius ~ex maximus .. episcopum .. ad regem legavit ANDRÉ 46. **d** **1293** cardinales propter causas latentes .. nondum concordare possunt .. de creacione ~icis generalis *Reg. Cant.* II 1280.

5 (of God or Christ).

significans Jesum ~icem magnum .. caelestis regni janua ingressurum BEDE *TR* 8 p. 197; cum summus ~ex noster raptos de hac vita electos suos .. introducit *Id. Tab.* 414; ut interpellans pro nobis ~ex sumus nos .. absolvat *Rit. Durh.* 34; paratus esto die Sabbati hinc nobiscum Romam transire, et ante summum ~icem Sanctus aeternaliter canere OSB. *V. Dunst.* 41; **1438** quam .. muniat eternus ecclesie sponsus et ~ex Jesus Christus BEKYNTON I 3.

pontificalis [CL], **~ialis**

1 of or pertaining to a bishop or archbishop; **b** (? as sb. n., perh. w. ref. to resources). **c** (spec.) of a pope.

ecclesiasticorum sub dicione ~ali [*gl.*: i. episcopali] in clero degentium ALDH. *VirgP* 58; cum .. eidem provinciae ~ali regimine praeesset BEDE *HE* II 15 p. 117; **995** ad ~alem Hrofensis aecclesiae sedem *Ch. Roff.* 31 (=*Text. Roff.* f. 153); eum [Theodorum] ab sede apostolica missum Beda commemorat, primum omnium antistitum Cantuariae vigorem ~alem in tota Britannia exercuisse W. MALM. *GP* I 1; **1383** ~ialis dignitatis *Conc.* III 182a; adepto igitur ~ali gradu CAPGR. *Hen.* 170. **b** **1219** ecclesiam tantis .. possessionibus .. mutilatam .. ut ~ali non sufficiant que sibi sunt reservata *Pat* 210. **c** ~alis cathedrae ALDH. *VirgP* 25 (v. cathedra 2b); ~ali functus officio, domum suam monasterium facere curavit BEDE *HE* II 1 p. 74; ab Alexandro papa mitra et sandaliis sacerdotalibus donatur hisque uti ~ali vice jubetur GOSC. *Transl. Aug.* 33D;

2 (w. ref. to vestments or insignia); **b** (used by abbot). **c** (as sb. n. pl.) pontificals, episcopal vestments or sim.; **d** (used by pope); **e** (used by abbot).

certissimum .. habeto, in diebus filii tui ~ali infula me non esse sublimandum OSB. *V. Dunst.* 23; indumentis ~alibus induunt *V. Gund.* 46; **1317** duo paria cerothecarum .. ~alium (v. chirotheca 2b). **b** s**1379** arreptis ~alibus ornamentis, missam celebrat more abbatis loci WALS. *HA* I 416. **c** Thomas archiepiscopus .. discessit, vestiarium introivit, et se ~alibus exuit H. CANTOR f. 2v; descendens ab altari exutus ~alibus inter monachos ipse monachus simplex resedit AILR. *Ed. Conf.* 780B; **1257** mitram, .. tunicam, dalmaticam .. et alia ~alia tanto prelato convenientia fieri faciant *Cl* 472; **1341** prior portare possit baculum pastoralem .. in absencia archiepiscopi .. cum habeat omnia alia ~alia preter illud *Lit. Cant.* II 242; s**1190** ~alibus suis vestem superinduit muliebrem *Meaux* I 250. **d** ad gradus ecclesie sancti Petri fuit solemniter coronatus .. sicque ~alibus indutus .. equitavit ad ecclesiam Lateranensem AD. MUR. *Chr. Cont. B* 231. **e** s**1429** in crastino .. professionem fecerunt ad majus altare, abbati in ~alibus celebrante *Chr. S. Alb.* I 37.

3 (*liber ~is*) pontifical, office book containing rites performed by bishop; **b** (as sb. n.).

1291 librum ~alem *CalCh* II 409; **1383** iij libri ~ales *Ac. Durh.* 434; **1416** reverendissimus pater eundem ut moris est et sicut .. in ~ali libro continetur solempniter benedixit *Reg. Cant.* I 26. **b** 1296 librum unum qui dicitur ~ale *Invent. Ch. Ch.* 2; **1397** unum psalterium .. cum aliis ~alibus et libris *Ac. Durh.* 445; **1402** j ~ale gemmatum .. positum in uno hamperio *Invent. S. Paul.* 515; **1423** uno libro vocato ~ale *Test. Ebor.* III 74; **1499** pro .. emendacione ~alis episcopi puerorum et pro argento et deauracione ejusdem *Fabr. York* 92.

pontificaliter [ML], in the manner of a bishop, as befits a bishop, with the authority of a bishop.

sepultus .. est in sepulcro a seipso condito, ubi quosque transeuntium ~iter monet sortis proprie ADEL. BLANDIN. *Dunst.* 11; celebrantur ibi ~iter cum tripudio missarum sollennia HERM. ARCH. 50; quem electum [sc. abbatem] .. Lundoniensis episcopus sollempniter et ~iter benedixit in ecclesia DICETO *YH* 124; satisfaceret, alioquin sciret ipsum de tam contumeliosa injuria deinceps ~iter acturum *Chr. Pont. Ebor.* 351; ab Eustachio, Elyensi episcopo, ~iter et solempniter munus benedictionis suscepit M. PAR. *Min.* II 154; sepultus est .. cum imagine ipsius ~iter induto FLETE *Westm.* 122.

pontificare, ~ari [ML]

1 to serve as bishop; **b** (dep.); **c** (w. dir. obj.) to preside over as bishop.

iste Patricius .. in Hebernia extitit natus, qui ibidem ~avit circa annum Domini octingentesimum quinquagesimum W. MALM. *Glast.* 14 [*in marg.* ed. Hearne]; iste Laurentius abbati Jocelino ~anti successit in regimine Melrosensis ecclesie J. FURNESS *Walth.* 126; †**1093** (12c) in archiepiscopatu Cantuariensi ~ante Anselmo et in Eboracensi ~ante Thoma *Ch. Chester* 3; sancta salutavit crux Christi pontificantem GARL. *Mor. Scol.* 303; Petrus .. incepit presidere in partibus orientis, sc. circa Jerusalem, ubi iiij annis ~avit *Eul. Hist.* I 89; vocatur Wynchestre a quodam Wyne ibidem ~ante *Ib.* II 150. **b** dicitur pontifex quasi pontem, i. iter aliis faciens et inde .. ~or, -aris OSB. GLOUC. *Deriv.* 456; sanctus Eustachius Turoni ~atur R. NIGER *Chr. II* 130. **c** Adelwulfus .. de clericatu translatus ad regnum, concessu Leonis papae, ~avit eum feliciter H. HUNT. *HA* IX p. xxvi; regnante in Anglia Johanne, Henrici regis secundi filio, ~ante sedem Cantuarie Huberto *Canon. G. Sempr.* f. 106.

2 to act as pope, hold the papacy.

~ante .. domno Sergio papa BEDE *HE* V 8 p. 294; Cenred .. monachus ibi factus, Constantino ~ante usque ad diem permansit ultimum H. HUNT. *HA* IV 7; regnante Henrico secundo in Anglia, Malcolmo in Scotia, ~ante papa Adriano Angligena J. FURNESS *Walth.* 91; Clemens .. cogit Linum et Cletum ante se ~are OXNEAD *Chr. Min.* 418 (=*Eul. Hist.* I 169: ~are [v.l. ~ari]); ~ante apostolico viro .. Sergio papa ELMH. *Cant.* 256.

3 to make (someone) a bishop.

quis hodie facit sicut plerique fecere sanctorum qui se in cavernis foveisque, ne ~arentur, absconderunt? P. BLOIS *Ep. Sup.* 5. 8; post hunc promeruit Lanfrancus ~ari *Leg. Ant. Lond.* 222; s**1258** si ~ent te *Ann. Lond.* 50.

4 make (a place) a bishopric, raise to a bishop's see.

Wettelmus in Candida Casa, que nuper ~ata ipsum primum habet antistitem H. HUNT. *HA* IV 14; Arelatensem petit urbem pontificari ELMH. *Cant.* 91.

5 (fig.) to act as a bridge (in quot., of BVM).

propellit pelagus, mare mitigat, equor adequat, / pontificat ponto, portus et aura suis GARL. *Epith.* VII 282.

pontificatus [CL =*office of* pontifex]

1 office of Jewish high priest.

sub ~us sacerdotio Judaeorum Annae et Caiphae THEOD. *Laterc.* 11.

2 office of bishop. **b** period of episcopal office.

praesul erat .. / quem simul ornabat .. / pontificatus apex cum virginitatis honore ALDH. *VirgV* 898; **800** educavi et ad perfectum perduxi virum quem vos elegistis in ~us honorem ALCUIN *Ep.* 209; Dunstanus in cathedram ~us Cantuariensis .. Odoni successit EADMER *V. Osw.* 11; s**1046** Wigorniensem .. ~um Aldredus suscepit M. PAR. *Maj.* I 518; episcopum .. quia vocatus ad curiam non comparere voluit papa .. a ~u suspendit GRAYSTANES 25. **b** sui ~us quintodecimo [sc. anno], ab Egfrido rege de episcopatu suo Sanctus Wilfredus pulsus est *Hexham* I 24.

3 office of pope. **b** period of papal office.

cum Eleuther vir sanctus ~ui Romanae ecclesiae praeesset BEDE *HE* I 4 p. 16; in cathedra summi ~us solemniter est cathedratus, dictusque est Gregorius OXNEAD *Chr.* 240. **b** a**1070** anno ~us .. domni Alexandri papae undecimo LANFR. *Ep.* (3) p. 44; **1146** ~us .. domini Eugenii pape tertii anno secundo *Ch. Sal.* 13; **1339** ~us nostri anno quarto (*Lit. Papae*) WALS. *HA* I 215.

4 diocese.

in villis ad ~um pertinentibus domos multas .. sibi et successoribus suis edificavit EADMER *HN* p. 20.

pontificium [CL]

1 office or dignity of bishop.

solus ut illum pontificii preibat honore, / regmine qui fruitur sedis apostolice *Epigr. Milredi* 810; dico tibi me diebus filii tui regis ~io promovendum ADEL. BLANDIN. *Dunst.* 4; positus in ~io, statim divini verbi factus est inclitus predicator DOMINIC *V. Ecgwini* I 3;

2 office or dignity of pope, papacy.

1413 priores dignitatem ~ii non attingunt *Conc.* III 363b; anima .. de qua solvenda vel liganda Petrus et successores sui ~ium acceperunt a Domino DICETO *Opusc.* 180; [Roma] dum duos habere dominos contendit, inter ~ium posita et imperium, alterum excludit, alterum contemnit GERV. TILB. II 16 p. 931 (ed. OMT p. 394); signum insigne singularis ~ii Petri .. quod non navim unam .. sed seculum ipsum suscepit gubernandum AD. MARSH *Ep.* 246 p. 419.

3 bishop's palace.

haec [sc. episcopium Lundoniense, praesulatum Roffensem, monasterium Eligense] et alia inclyta vel ~ia vel monasteria quantum .. rex .. sublimaverit non indiget exponi GOSC. *Transl. Aug.* 43C.

pontificius [CL], episcopal, papal. **b** (*jus ~ium*) canon law. **c** (*religio ~ia*) Roman Catholicism. **d** (as sb. m.) papist.

1254 Johanni de Civitella subdiacono et capellano ~io *Mon. Hib. & Scot.* 64b; ad ~ios sumptus donavit BOECE f. 253; ~iae .. authoritatis assertores BEKINSAU 740; anno salutis 1312 hic ordo impietatis damnatus et ~ia authoritate omnino sublatus est CAMD. *Br.* 375; cum sacerdotes uxorati essent nec ullis comminationibus ~iis imo nec ipso fulmine excommunicationis poterant induci ut eas dimitterent *Jus Feudale* 17. **b** totum jus ~ium cum glossulis FERR. *Kinloss* 77; juris ~ii bachalarius *Offic. S. Andr.* 86; **1549** canonistam in jure ~io qualificatur *Conc. Scot.* II 100; **c 1565** statuta, quae ad monachos, fratres, et homines ~iae religiosos [? l. religionis] attinent *StatOx* 385. **d 1545** propter caussam religionis inter ~ios et praedictos principes et status controversam *SP Hen. VIII* 205 f. 89d.

pontificulus [CL pontifex, pontificis+-ulus], (in derogatory sense) little bishop.

objiciat hanc [labem] mihi patriae ~us ambienti forte sacerdotium (*Hist. Ric. III*) MORE *Op.* 21b.

pontificus [CL pontus+-ficus], of the sea, (in pregnant sense) of a rough sea.

invalescunt penitus undae, ~us fervor crescit ubique HERM. ARCH. 33.

pontinegium v. pontonagium.   **pontio** v. ponto.

pontisfractus [2 pons < ME *pounde, pount*+ LL fractus; cf. ME *pundbreche*], illegal removal or recovery of impounded goods or livestock, pound-breach.

1364 de placito transgressionis et ~us *Rec. Notts* I 184.

1 Pontius [CL =*name of Roman gens*], **a** (w. ref. to Pontius Pilate); **b** (as personal name).

a inde traditus est ~io Pilato presidi prima mane THEOD. *Laterc.* 10; ~ius, declinans consilium *GlC Interp. Nom.* 242; deinde missus est a Tiberio ~ius Pilatus Judee procurator M. PAR. *Maj.* I 93. **b 1085** Drogo filius ~ii (*Ch.*) *EHR* XLIV 372, plate p. 353; hunc autem ~ium in principio egritudinis illius graviter .. offendisse novimus episcopum AD. EYNS. *Hug.* V 17 p. 203.

2 pontius [πόντιος], of or that resembles the sea, (as sb. f.) water.

c**675** seu .. aporriatis vitreorum fontium limpidis laticibus palustres ~ias lutulentaque limphas .. potare ALDH. *Ep.* 3 p. 479; ~iae, aquae *GlC* P 556.

ponto [CL], ~**io**, flat-bottomed boat, ferry.

pontificat ponto GARL. *Epith.* VII 282 (v. pontificare 5); **1287** iidem homines, volentes ad .. ecclesiam .. trans flumen grande sitam venire, propter magnitudinem illius fluminis intercurrentis pontem vel ~ionem non habentis perraro accedere possunt *Kelso* 223.

ponto crator v. pantocrator.

pontonagium, pontenagium [OF *pontonage, pontenage* < 1 pons, pontis+-agium], (right to collect) pontage, bridge-toll.

c**1170** sciatis me concessisse .. quictanciam de tholoneo et .. ~tonagio et de omni consuetudine *Act. Hen. II* I 533; **1305** nauli sive ~tenagii quod habemus .. supra flumen *RGasc* III 450; **1314** cum consules et universitas civitatis Agenni .. barragium seu ~tonagium habuerunt in civitate predicta .. pro construccione pontis qui fit per dictos civitatenses supra flumen Garone *Ib.* IV 1231; absque omni solucione theolonearii, pedagii, ~tinegii, gabelle *Foed.* XII 211.

pontonium [CL ponto+-ium], boat, raft, punt.

~ium, *punt* ÆLF. *Gl.* 166; ~ium, *flyte* Id. *Gl. Sup.* 181.

pontor [cf. ME *pindere, ponder*; cf. et. *puntfold*], one who impounds stray livestock, pinder.

1253 erbagium bene custoditur et nullum sciunt inde malefactorem nisi sit de escapiis et ob hoc ~ores recipiunt denarios per talliam contra forestarios *SelPlForest* 111.

pontura v. 1 putura.

1 pontus v. pas.

2 pontus v. 1 pons.

3 pontus [CL < πόντος]

1 sea (sts. quasi-personified); **b** (n., w. defining gen., infl. by CL *pondus*).

quas [sc. loquelas] Enoch prisco descripsit tempore vates / ante rapax mundum quam pontus plecteret undis ALDH. *CE* 4. 12. 13; quomodo turgescens pontus [*gl.*: mare, *iþe*] in cumulum creverit Id. *VirgP* 29 p. 267; ~o .. tenebroso hoc opus aequiporo quia .. *Lib. Monstr. prol.*; adsumta ampulla misit de oleo in ~um BEDE *HE* III 15 p. 158; est locus undoso circumdatus undique ponto FRITH. 372; Eboracensi archiepiscopo Aldrado urbem Redemptoris Hierosolimam adeunti et in Adriatico ~o naufraganti GOSC. *Edith* 279. **b** venimus .. per latissimum ~us Adriatici maris ad Paffum civitatem SÆWULF 61.

2 (generally) water or lake.

~i, *wæteres GlS* 212.

3 (spec.) the Black Sea.

a facie Willelmi regis per ~um in Traciam navigaverant ORD. VIT. VII 5 p. 169.

4 the region around the Black Sea.

~us, regio multarum gentium juxta mare Ponticum quod Asiam et Europam determinat et propter plurimam ostiorum Danubii infusionem dulcius ceteris esse cognoscitur BEDE *Nom. Act.* 1039; per ~um Metridatis quondam xx duorum regnorum regis regnum ad aquilonem usque in Paflagoniam devia tenuerunt ORD. VIT. X 20 p. 126.

5 the island Ponzo.

~us insula c miliario a Roma est in mare Tyrenum *Comm. Cant.* III 57.

ponus [πόνος], work, toil, labour.

biblos *ic nu sceal*, / ponus et pondus pleno cum sensu, / .. *secgan soð* (*Aldhelm*) *ASPR* VI 97.

ponzonare v. punchiare.

1 popa [CL =*priest's assistant who kills the victim at a sacrifice*]

1 one who owns (or works in) a tavern or a cook-shop (*cf.* CL *popina*).

~a, *tabernarius GlC* P 508; ~a tabernarii qui in domo tabernarii sunt *Gl. Leid.* 45. 31.

2 animal fat, grease, or greasy meat. **b** (as adj.) fat, greasy, or plump.

indice, pollice queque cibaria sume facete, / ne popet exterius carnis piscis quae labra D. BEC. 1041; *spyke, or fette flesch*, ~a PP. **b** ~a, i. crassus, nomen indeclinabile OSB. GLOUC. *Deriv.* 424; ~a, crassus, pinguis *Ib.* 473.

3 hindquarter, haunch, rump.

~a, G. *cropt Teaching Latin* II 9.

2 popa [cf. CL papilla, pupa]

1 infant who has not been weaned, a suckling. *a pappe barne*, ~a, pupa, pupula. *CathA.*

2 (as personal name) Popa.

s**912** dux Robertus repudiatam ~am sibi repetens copulavit M. PAR. *Maj.* I 441.

popare [1 popa 2+-are], to make greasy.

postea pane tuo cultrum tu terge popatum D. BEC. 933; *Ib.* 1041 (v. 1 popa 2a).

popaver v. papaver.   **popela** v. papella.   **popella** v. popellus.

1 popellus [CL], ~**a**, (sg. & pl.) ordinary people, simple folk, multitude (sts. contrasted with *rex* or sim.).

~us, populus diminutive *GlC* P 553; regibus et clero mittentes atque popello FRITH. 1221; populus .. unde hic ~us .. i. parvus populus OSB. GLOUC. *Deriv.* 435; ergo tu, simplex et tantus, parce popello, / visere tantillum carne venire velis GARL. *Epith.* III 129; "credo" sequens notat assensum tribuisse popellam Id. *Myst. Eccl.* 535; mactatores a scolaribus animosos mactantur propter hillas inmundas .. et scruta que popello [*gl.*: *racayell*] conveniunt tunicato Id. *Dict.* 127; gaudeant omnes tenues popelli (*Vers.*) ANDRÉ *Hen. VII* 49.

2 popellus, poplus [ME *popel*, AN *pople*, OF *popre, porpre*, < CL purpureus], sort of fur, perh. the summer fur of the squirrel.

1301 fur[ure] popl' et stranl': .. pro xj fur[uris] popl', prec' fur[ure] xvj s. *KR Ac* 359/18 m. 4; **1327** forura de popell' de septem tiris [haberet] sexaginta bestias *CalPat* 34; **1393** quod .. forura de popell' de septem tiris [haberet] lx bestias, forura de popell' de sex tiris lij bestias *Pat* 337 m. 2.

popilio, popilion v. populeon.

popina [CL =*cook-shop, eating-house*], kitchen (also as department of household).

catena, ~a, culina ALDH. *PR* 121 p. 167; hec ~a .. i. coquina OSB. GLOUC. *Deriv.* 424; in ~a [*gl.*: *quisine*] BALSH. *Ut.* 51; vir nobilis .. raptum abscondit infantulum inter ~e sue servos MAP *NC* IV 15 f. 57; curia, mensa potens, complexio, leta popina, / servus, liber eget numinis hujus ope NECKAM *Poems* 120; dum tua fumigat popina pinguibus / diversi generis referta carnibus WALT. WIMB. *Palpo* 61; targa, laphi dorceque latus delata popine [*gl.*: i. *quoquine*] (*Vers.*) *WW*; solarium, promptuarium, coquina [*gl.*: *kychyn*], ~a [*gl.*: idem est] *WW*.

popinarius [ML *also as adj.*; cf. CL popinaria = *woman who keeps a cook-shop*], a cook.

hic ~ius .. i. coquus OSB. GLOUC. *Deriv.* 424; **1511** in uno magno vase vulgo *a mele* pro pompenar' domini vj d. *Ac. Durh.* 661.

popino [CL]

1 one who frequents eating-houses.

hic ~o, -nis, i. leccator, qui frequentat coquinam OSB. GLOUC. *Deriv.* 424.

2 cook.

jussum eodem decreto ut culinarii, ~ones, cupedinarii, ganeis eversis exularent, edicto haud temperantes sustolli in cruces BOECE 212.

popisma [cf. ML popa], greasy ointment.

a popa hoc ~a, -tis, i. quoddam crassum unguentum .. quod etiam popoemum dicitur OSB. GLOUC. *Deriv.* 424.

poplerus [ME *poplar*, OF *poplier*], poplar tree.

habente .. latitudinem ad portam interioris curie mee a ~o usque ad fossatum quod est inter curiam meam et curiam .. Philippi *AncD* A 429.

poples [CL], **poplex**

1 knee; (*flexis ~itibus* or sim., usu. w. ref. to supplication) with bent knees, on one's knees **b** (pleonastically, w. *genu*).

flexis ~itibus [*gl.*: suffraginibus, geniculis] suspicere [v. l. suscipere] refragabantur ALDH. *VirgP* 21 p. 252;

et cruce sic coram Dominumque Deumque potentem / poplitibus flexis exercitus omnis adorat ALCUIN *SS Ebor* 252; diu in pedibus astitit. ~itum flexionem frequentavit GOSC. *Transl. Mild.* 36 p. 207; trecenti potum manibus hauserunt, reliqui vero flexo poblite ore biberunt HON. *Spec. Eccl.* 841A; devotus adores / Christum poplitibus flexis; sit psalmus in ore D. BEC. 133. **b** flexis genuum ~itibus [v. l. poblitibus] suppliciter imploro ALDH. *PR* 142 (143) p. 201; flexis genarum poblitibus [*corr.* genuum poplitibus] *Ep. Bonif.* 49 p. 79.

2 back of knee (sts. dist. from *genu*); **b** (fig.).

tege . . femoralia / cum genuclis, po[p]lites et genua (LAIDCENN MAC BAÍTH *Lorica*) *Cerne* 87 (=*Nunnam.* 93); c**741** flexis genibus ac curbato ~ite *Ep. Bonif.* 103 p. 226; ~es, hamm ÆLF. *Gl.* 160; nervi enim in ~ite contracti, ad posteriores corporis partes crura retorserant AILR. *V. Ed. Conf.* 754B; hec varica . . i. quedam vena in ~ite OSB. GLOUC. *Deriv.* 609; ecclesia sentire genu caveat sibi poplex D. BEC. 178; hic ~ex, *garet Gl. AN Glasg.* f. 19vb; varix est vena grossa que apparet in ~ici, inde varicosus *SB* 42. **b** poplice contracto restat grandis via Rome / et modico sensu grande libellus opus GOWER *VC* I *prol.* 49.

poplex v. poples.

popliliga [CL poples+ligare], garter.

~a, A. *a gartour WW.*

poplus v. 3 populus. **popluus** v. 2 populus.

popoemum [cf. ML popa], greasy ointment.

a popa hoc popisma ~tis, i. quoddam crassum unguentum . . quod etiam ~um, -mi dicitur OSB. GLOUC. *Deriv.* 424.

popolus v. 1 populus. **poposcere** v. poscere.

populari, ~are [CL *in sense* 1]

1 to devastate, oppress, ravage; **b** (person); **c** (place or territory); **d** (fig.); **e** (absol.).

~atus, exspoliatus *GlC* P 528; ~or . . i. destruere, dissipare OSB. GLOUC. *Deriv.* 436; to *populate*, ~ari LEVINS *Manip.* 41. **b** alius . . ne virulenta regiae pestis incommoditate ~aretur [*gl.*: devastaretur, vastaretur, raperetur, spoliaretur], tertius . . ne gemellis oculorum obtutibus orbaretur ALDH. *VirgP* 32 p. 271; cepit uterque deos summo studio venerari, / Christicolas gladiis et supplicio populari NIG. *Paul.* f. 45vb l. 10. **c** civitates agrosque ~ans GILDAS *Ep.* 24; Traciarum provincias hostiliter ~abatur [*gl.*: vastabat, *bereafode*] ALDH. *VirgP* 48 p. 303; patet . . causa quae maxime hostibus terram repromissionis ~andi, i. ecclesiae virtutes vitandi, spatium tribuat BEDE *Sam.* 582D; Dani quos ex verbis Alcwini loca sanctorum ~atos fuisse . . ostendimus W. MALM. *GR* I 73; ambo . . consertis umbonibus terram Transhumbranam ~abantur *Ib.* II 228; cum tam . . diminuto exercitu abinde in tam longa distancia eorum patriam ~antem *G. Hen. V* 9 p. 64. **d** castra Venus renovari / novis ovat populis / et tenellas populari / blandis mentes stimulis P. BLOIS *Carm.* 7. 2. 17. **e** eodem / anno percutitur populantis peste doloris ALCUIN *SS Ebor* 1636; Arrius, qui in Alexandria una scintilla fuit, sed quoniam non statim oppressus est, per totum orbem ejus flamma ~ata est OCKHAM *Dial.* 630.

2 to supply with inhabitants, populate; **b** (w. abl. or *ab* & abl. to indicate inhabitants.)

insula Shepey . . non ~ata continet in longitudine jactum sagitte . . ibi sunt oves et cuniculi W. WORC. *Itin.* 132. **b 1249** fecit castrum Dusar in sua . . terra et populavit indem suis propriis hominibus *RL* II 58; s**1296** rex, obtenta civitate . . omnes Scotos expulit ab eadem et eam ab Anglicis ~avit *Ann. Dunst.* 403.

3 (intr.) to settle down, live, dwell.

concedimus vobis qui in castro illo ~are volueritis, quod habeatis foros, consuetudines . . quas cives . . A. habent *RGasc* I 341a.

1 popularis [CL < pŏpulus+-aris]

1 of or that involves the whole population, popular.

c**901** terra libera ab omni seculari servitio exceptis tribus: expeditione ~i, restauratione viatici pontis, constructione regalis arcis *CS* 581.

2 of, belonging to, or consisting of the (common) people, (also dist. from *ecclesiasticus* or

sim.) lay, secular; **a** (of person or group of people); **b** (of act or abstr.).

a ad premendum oleum et torquendum in manibus perfectorum virorum qui sincere ac perfecte in manibus exprimerent eum, quia ~e oleum in illud ministerium noluerunt suscipere *Comm. Cant.* I 292; qui pro nostris in edito stantes ~ibus [*gl.*: vulgaribus] catervis contionantur ALDH. *VirgP* 27 p. 264; quanvis . . lingua inefficax, intellectu tamen perspicax, frequentie ~i ad festum festinanti se immiscuit W. MALM. *GP* V 277 p. 441; sicut . . apud nos duo sunt genera personarum sc. laicales, i. ~es, nam laos populus interpretatur et ecclesiastice sic et apud gentiles et apud Hebreos BELETH *RDO* 12. 26A; c**1350** regni incole et wlgus ~is (*Reg. Roff.*) *MS BL Cotton Faustina B V* f. 39v. **b** sub dente primum multa ruminans, dein ~is aurae cognitioni proferens GILDAS *EB* 34; alio quoque tempore in adolescentia sua, dum adhuc esset in ~i vita *V. Cuthb.* I 5; a ~i vita revertens *Ib.* II 1; pateretur regia dignitas, concederet ~is religio . . W. MALM. *GP* III 100 p. 215; sic ~is insania . . pontificem urgebat . . *Ib.* V 219.

3 typical or characteristic of the common people, popular (in pejorative sense).

~es dissensiones que in electis omnibus sepe contingunt W. MALM. *GR* V 424.

4 intended for or understandable by the common people or the majority of the population, popular, public, (of sermon or sim., w. ref. to) vernacular.

monachos miserabili stipe cibans nec ad regularis ordinis amorem curavit accendere nec nisi ad ~em litteraturam passus est aspirare W. MALM. *GR* IV 341; non parcens in ~i sermone infimis nec potentiu ORD. VIT. VIII 27 p. 450; homilia, sermo ~is OSB. GLOUC. *Deriv.* 403; ~ibus quippe verbis uti licebit, ubi . . populi . . res geste . . declarantur GIR. *EH intr.* p. 208.

5 liked or admired by the majority of the people, popular.

sufficiens, hilaris, prudens erat et popularis R. CANT. *Malch.* I 20.

6 (of priest) secular (as dist. from regular).

si vulgaris (~is) presbyter calumniatur [AS: *gif man folciscne mæssepreost mid tihtlan belecge*; cf. *Quad.*: plebeius sacerdos] qui non regulariter vivit . . purget se sicut diaconus qui regulariter vivit (*Inst. Cnuti* 5. 2) *GAS* 287.

7 (as sb., usu. m.) one who belongs to the common people, (pl.) common people, general population; **b** (dist. from *nobilis* or sim.); **c** (dist. as layman). **d** (in chess) pawn.

eo . . tempore quo sanctus episcopus inter ~es verbum Dei praedicans . . *V. Cuthb.* IV 7; nimia in eos ~ium dilectio ORD. VIT. IV 4 p. 182; **1431** ad seducendum ~es et simplices *Cl* 281 m. 6d.; **1440** cum . . ab omni onere, subsidio et imposicione, que ~es tam in regno nostro Anglie quam in regno nostro Francie solvere tenentur, liber . . esse debeat *Pat* 448 m. 30. **b** aliter puniendus est nobilis et exclusus, aliter ~is et abjectus BACON V 52; **1382** quod ~es possint ad eorum arbitrium dominos delinquentes corrigere *Ziz.* 280; que [pestilencia] maxime in ~ibus accidit, et non in magnatibus *Plusc.* IX 40 p. 295. **c** pontifices et presbiteri ~es allocuti sunt ORD. VIT. IX 15 p. 604; si . . mortis timor . . ~is cujuslibet animum cohibet, quanto magis . . sacerdotem GIR. *GE* II 20 p. 265; non decet episcopum rapi per illum modum per quem capiuntur ~es *Proc. A. Kyteler* 6. **d** quartum genus est ~ium, quorum omnium est unus atque idem progressus. . . nunquam . . extra lineam rectam ad dextram vel sinistram progreditur ~is, nisi cum regine obtinet dignitatem G. *Roman.* 551.

8 inhabitant of a country or city, a native, citizen.

de ~ibus, *of beorhleodum* ÆLF. *Gl. Sup.* 178; †**945** (12c) in particula villulae quam indigene æt Suttanwille appellant . . in insula quam ~es Maccanig nuncupant *CS* 810; nunc . . pene universi ~es cerriti sunt et barbatuli ORD. VIT. VIII 10 p. 325.

2 popularis [CL < pŏpulus+-aris], made of poplar.

1396 in tabulis popular' empt' pro j novo hostio, xv d. (Moulsham) *MinAc Essex*.

popularitas [CL], membership of the same community or household, fellowship.

~as, familiaritas OSB. GLOUC. *Deriv.* 476.

populariter [CL]

1 in a manner that involves the whole group or population.

s**871** erant . . Saxones maxima ex parte in . . uno anno octo . . proeliis ~iter attriti ASSER *Alf.* 42 p. 33.

2 in a manner that is known among the common people, popularly.

nam quod corpus ejus, etiam recentis cruoris preferens vestigia, labem putredinis ad hunc diem ignoraverit, et alias dixi et ~iter tritum non eget inculcari W. MALM. *GP* I 20.

3 (in gl.).

popularis . . unde ~iter adverbium OSB. GLOUC. *Deriv.* 436.

populatio [CL]

1 (act of) plundering or ravaging, devastation.

patriam ~onibus late contristabant W. MALM. *GR* V 398.

2 (act of) supplying with inhabitants.

c**1249** de pertinentia dicti castri Dusar et de ~one regis Ricardi *RL* II 58; **1283** bastida nostra castri C. dudum incepta . . ob defectum libertatum, nove ~onis, et bastide fuit hactenus retardata *RGasc* II 175b.

3 (state or condition of) being populated.

mutacio in pluribus partibus terre de ~one ad non ~onem BACON IV 428.

4 honorific title of Juno (cf. *Populona*).

Juno . . dicitur . . ~o quod populos multiplicet WALS. *AD* 10.

populator [CL], one who plunders, ravages, or devastates, plunderer, spoiler; **b** (applied to abstr.); **c** (fig.).

efferus exuviis populator me spoliavit TATWINE *Aen.* 5 (*De membrano*) p. 172; preter subitos excursus quibus bellice artis gnarus populatores palantes crebro afflixit W. MALM. *GR* II 118; non protector populorum, / imo ferox studuit fieri populator eorum NIG. *Paul.* f. 45v l. 6; leo servat oves . . / custodit populum populator, predia predo H. AVR. *Poems* 127. 182; hic non est populator opum nec avarus habetur GARL. *Hon. Vit.* 170. **b** gula nimirum substantiam vorans, et luxus ~or opum GIR. *GE* II 22 p. 275. **c** audax invidie Jacobus populator Hebree / Herodis gladio celica cesus habet GARL. *Tri. Eccl.* 102.

populatrix [CL]

1 one who plunders or devastates (f.).

~ices, *devacceresses* [? l. *devaçteresses*] *Teaching Latin* II 7.

2 (w. ref. to) murderess.

et dum velificata veloci quasi tria miliaria maris ingressus fuisset, venerunt nuncii ab iniqua ~ice [vv. ll. muliere, pepulatrice], ut ferunt, qui oculos illius si in his maris littoribus inventus fuisset, eruendo dempsissent B. *V. Dunst.* 23.

populatus [CL populari+-tus]

1 (act of) plundering or ravaging, devastation, a plundering expedition; **b** (w. subj. gen).

haec quia non sprevi nam nec spernenda putavi / collatis carui crebris populatibus agris FRITH. 1171; ardebant . . cuncte sevis ~ibus provintie W. MALM. *GR* II 120. **b** plaga . . nunc vel antiquo Danorum vel recenti Normannorum ~u lugubris W. MALM. *GR* I 54.

2 a dwelling place, habitation.

~us, A. *folk wonyynge WW.*

populeon [ML; cf. CL pŏpuleus, ἔλαιον], ointment made from the buds of the black poplar, 'populeon'.

~eon [vv. ll. popilio', popilion, *gl.*: *unguent de pople*], oleum laurinum NECKAM *Ut.* 110; inungatur cum oleo

ro' et viol' mixtis vel ~eon' GILB. I 18v. 1; inungatur . . regio epatis cum ~eone *Ib.* I 18v. 2; cum oleo ro', cum popule', et albu' ovi *Ib.* V 217v. 1; debet primo dolor sedari cum oleo ros' vel de camomilla vel de ~eon GAD. 9. 2; ponantur repercussiva ut ~eon *Ib.* 127. 2; ~eon, herbarum quedam confeccio est et invenitur cum *spicers* quod quidem ~ion fit hoc modo: recipe . . *Pop. Med.* 234; pepilion' vetus ij li. dim., xij d. *Invent. Med.* 49.

populetum [CL], place in which poplar-trees grow.

~um locus ubi populus arbor crescit OSB. GLOUC. *Deriv.* 476.

populeus [CL], of or derived from poplar-tree, poplar-.

c804 qui [Dinocrates architectus] ~ea fronde coronatus et pelle leonis vestitus, inter turbas populi incessit ALCUIN *Ep.* 308 p. 472; populnus et ~eus, a populo arbore OSB. GLOUC. *Deriv.* 476.

populivorus [CL populus+vorare], (one) who devours people, cannibal.

nam Scyllas et Celenos rapaces, et Lestrigonas ~os [ROBINSON: *devowerers of people*], atque ejuscemodi immania portenta MORE *Ut.* 33.

popullus v. 1 populus.

populnus [CL], of or derived from poplar-tree, poplar-.

~us et populeus, a populo arbore OSB. GLOUC. *Deriv.* 476.

Populona [CL], ~ia, honorific title of Juno.

~a, Juno, quia videbatur regere populum OSB. GLOUC. *Deriv.* 476; dicunt et Junonem ~iam, quod populos multiplicet ALB. LOND. *DG* 4. 3.

populose [CL populosus+-e]

1 in a manner that indicates abundance of population, populously.

populosus . . i. populis plenus, unde ~e adverbium et hec populositas, i. populorum habundantia OSB. GLOUC. *Deriv.* 436.

2 so as to involve many people, in large numbers.

statuto ergo die probationis, convenitur ~e ab utrisque partibus GOSC. *Transl. Mild.* 32 p. 202.

populositas [LL]

1 abundance of people, density of population, populousness.

~as, habundantia populi OSB. GLOUC. *Deriv.* 476; propter eminentem provincie illius [Cantie] dignitatem, simul et ~atem universalis Britannie regibus . . dominari solebant SILGRAVE 11; videns partem contrariam robore fortem, ~ate numerosam WALS. *YN* 433; **1464** opidum predictum [Edynburgh] . . inter alia . . opida ~ate celebre et insigne esse *Mon. Hib. & Scot.* 455b.

2 large number (of people), multitude, crowd.

reliqua villae ~as minime captabat hujus exhilarationis delicias HERM. ARCH. 41 p. 81; **s1236** tanta plebium ~as M. PAR. *Maj.* III 336; **s1302** rex Francie cum multa ~ate venit contra Flandrenses *Ann. Worc.* 553; cetera ~as sub divo in curia comedebant *Croyl. Cont. A* 120.

populosus [CL]

1 full of people, populous; **b** (w. abl.).

lis . . satis cruenta inter duo ~a [*gl.*: populis plena, *betwyx twam folclicum*] credentium et incredulorum praedia gerebatur ALDH. *VirgP* 38 p. 289; populosa Hibernia sensit ALCUIN *SS Ebor* 458; ~a civitas ORD. VIT. VII 14 p. 226; viribus atque viris bene culta Colonia dignum / ex re nomen habet, urbs populosa satis NIG. *Mir. BVM* 1018; hec est causa quare multum est ~a India BACON V 50; plures se invenisse sanctos reges in Anglia quam in ulla alia mundi provincia quantumcunque ~a *NLA prol.* I 5. **b** urbs . . multo habitatore ~a W. FITZST. *prol.* 9 (8) p. 4.

2 (of crowd or multitude) that has a large

number of people, numerous. **b** (w. *numerus*) large.

quis numerare valet populosis oppida turbis? ALDH. *CE* 4. 3. 10; ~a caterva sollemniter expectante GOSC. *Lib. Confort.* 28; exinde ~ior infirmorum multitudo celebrius . . Yvonis frequentant limina *Id. Mir. Iv.* lxxx; nam rerum affluentia, familiarum copia, ~a multitudo illum a rectitudinis tramite revocant ALEX. CANT. *Dicta* 8 p. 147. **b** alium igitur cetum ~ioris numeri pugnatorum . . preparari jussit in arma *Ps.-*ELMH. *Hen.* V 79 p. 228.

3 (of person) who has a large following.

Johannes . . jam ibat per regionem ~ior DEVIZES f. 32v.

4 (of act or action) performed by a large number of people.

cantus et fletus variantur uno gaudio, cumulatur ~a oblatio GOSC. *Transl. Mild.* 16 p. 174; tergiversacionibus ~is rem turbare ac . . inquietare conantur DOMINIC *V. Ecgwini* I 19.

1 pŏpulus [CL]

1 human community, people, nation (also w. ref. to the people as representative of the state).

populorum conexio Judaeorum adque gentilium pacem in utrosque perficiens THEOD. *Laterc.* 14; ut populus Domini liquit Memphitica sceptra ALDH. *VirgV* 2477; quo meridiani et septentrionales Anglorum ~i dirimuntur BEDE *HE* I 25 p. 45; **842** ego Adelwulf rex australiorum ~orum . . trado terram . . *Ch. Roff.* 21; Angli Saxones . . qui de tribus Germanie ~is fortioribus . . advenerant FL. WORC. I 1; ibi . . a cuncto ~o Romano imperator eligitur W. MALM. *GR* II 110; totus totius Hibernie ~us in Anglos unanimiter insurgunt GIR. *EH* II 2 p. 311.

2 (usu. pl.) persons, people, folk; **b** (w. ref. to multitude or crowd).

si adulterium perpetraverit cum illa et in conscientia devenit ~is [v. l. ~i] projiciatur extra æcclesiam THEOD. *Pen.* I 9. 5; ut . . certatim ~i ad gratiam baptismatis convolarent BEDE *HE* I 20 p. 38; fama tantae novitatis Huntedunensem provinciam et frequentes ~os attraxit GOSC. *Mir. Iv.* lix; **s1150** montem positum in vicino [sc. urbis] ~is ad inhabitandum exposuit DICETO *YH* I 292; ipse . . per eam multum popullum [ME: *folc*] salvat *AncrR* 56; **1581** quod habeant . . liberum ingressum et egressum pro omnibus ~is quibuscumque ementibus carbones *Pat* 1205 m. 8. **b** inplentur ~i stupore miraculi et in pectoribus omnium fides . . firmatur BEDE *HE* I 21 p. 41; porrigitur . . urbs [Constantinopolis] ingentibus menibus sed eam angustat convenarum innumerus ~us W. MALM. *GR* IV 355; ~i . . stantes exterius . . conclamabant GIR. *RG* I 9 p. 41; inter quos innumerabilis ~us peditum se intrusit *Leg. Ant. Lond.* 55; innumerabili ~o utriusque partis occiso *Ib.* 63.

3 (sg. & pl., also w. *simplex, inferior,* or sim.) common people, general public; **b** (dist. from nobility); **c** (dist. from clergy).

tunc minutus ~us erexit se vocans se communam civitatis *Leg. Ant. Lond.* 91; oportet aliquando satisfacere ~o et dicere ei diversa GAD. 72. 1; proposui iram meam vindicare in popullo [ME: *folc*] sed tu dicis quod non debeo *AncrR* 162; **1336** mediocris ~us civitatis . . seu mercatores extranei *RScot* 447b. **b** interfecti a parte Danorum comites novem, rex unus, preterea ~us sine compoto W. MALM. *GR* II 118; **1314** affectantes quod inter majores et minorem ~um civitatis nostre Burdegale . . pax et concordia reformentur, vobis mandamus quod . . partes vestras interponatis, salvis semper in omnibus jure nostro et inferiori ~o civitatis nostre supradicte *RGasc* IV 1250. **c** sacerdotes habet Britannia . . ~os docentes sed praebentes pessima exempla GILDAS *EB* 66; velit solummodo clerus et ~us Eboracensis EADMER *V. Osw.* 21 p. 26; si quis . . a clero vel ~o pastor assensum tuum electus fuerit . . a nemine consecretur (*Lit. Papae*) W. MALM. *GR* V 424; infortunium regis luctum peperit clericis et monachis ~isque simplicibus ORD. VIT. XIII 43 p. 129; **s1320** omnes magnates . . venerunt, tam in clero quam in ~o excepto comite Lancastrie *Ann. Paul.* 290.

4 (in list of words).

hec liburna, pueri, recte declinate, / aurigamque popolum Liburnum vocate, / et pro corru sepius hoc pronunciate *Qui majora cernitis* 184.

2 pōpulus [CL]

1 poplar-tree. **b** white poplar (*Populus alba*). **c** black poplar (*Populus nigra*).

populus et taxus, viridi quoque fronde salicta / sunt invisa mihi ALDH. *Aen.* 84 (*Scrofa praegnans*) 6; item pōpulus, si ad arborem pertinet, dactilus est *Id. PR* 120 p. 164; pōpulus alta petit, sita ripe margine lenta NECKAM *DS* VIII 51; ~us, A. *a populentre WW*; fagus, lentiscus, pōpulus [*gl.*: *populere*], six fraxinus, ulmus *WW*; hec ~us, *a popyltre WW*. **b** leuci, i. arbor ~us *Gl. Laud.* 925; poplus, i. *albier Ib.* 1164. **c** aigerus, i. populus, †albor [l. arbor] *Gl. Laud.* 133.

2 (in gl., understood as) birch (*Betula*).

~us, *birce GlC* P 507; ~us, *byrc Catal. MSS AS* 443; **10 . .** ~us, *byrce WW*; **11 . .** ~us, *birc WW Sup.* 275.

3 (understood as) knotgrass (*Polygonum aviculare*).

centinodium, ~us vel popluus [v. l. ppulus vel populeus] longam habet hastam et gracilem et folia longa, A. *swynegrece* vel *cattesgres Alph.* 38.

3 populus [ME *popeler, poplere, poplar*], kind of bird, spoonbill (*Platalea leucorodia*).

1300 aerios sprevariorum, herronum, poplorum et bitorum in boscis suis . . ceperunt et asportaverunt *Pat* 120 m. 24d.; *scholarde or poplerd, bryd,* ~us . . masc. *PP; poplere, bryde,* ~us . . masc. *PP*; nomina avium fferorum . . hic ~us, *a schevelard WW*.

4 populus v. scopulus.

porare v. portare.   **porarium** v. porrarium.

1 porca [CL]

1 female pig, sow.

hec ~a . . quod . . pro uxore porci dicitur OSB. GLOUC. *Deriv.* 437; aper . . ictum non repetit, ~a [v. l. porcha] vero morsu sevior venatori occurrit, ictus cum morsu acerrime iterans NECKAM *NR* II 139 p. 220; ~a enim quasi spurca dicitur; hinc est quia Sarraceni sicut et Judei porcum execrantur M. PAR. *Maj.* I 271; scrofa, ~a, inde dicitur scrofula *SB* 38; scropha que sus sociam porcam sibi consociarunt GOWER *VC* I 309; hec ~a, hic et hec sus, hec scrofa, *a sow WW*.

2 (understood as) porpoise (*Phocaena*).

~a, *a porpays WW.*

2 porca [CL], ridge of soil between two furrows, baulk.

hec ~a . . pro terra illa que eminet inter duos sulcos quam etiam . . crebonem vocamus OSB. GLOUC. *Deriv.* 437; *balke, in a lond aryyd,* ~a *PP; creest of a lond eryd,* ~a *PP; rygge of a lond,* ~a *PP;* **1539** xvij ~as, vulgo *riggis RMS Scot* 1934; cum pecia lini ~e *lie lyntrig Ib.* 1963.

porcacium v. purcatium.

porcagium [OF *porcage*], fee paid for the feeding of swine, pannage.

c1185 libertatem animalium suorum de ~io et herbagio in forestis nostris *Act. Hen. II* II 314.

porcaricius [CL porcarius+-icius], of or for hunting wild boar, (*canis ~ius*) boar-hound.

1213 Rogero B. . . et xvj canibus porkerec' *Misae* 241; xvj canibus porkereciis et bernerio suo *Ib.*; **1214** ad currendum in foresta . . cum canibus nostris porkaric' *Cl* 181b.

porcarius [CL *as adj.=of or concerned with pigs*]

1 (as sb. m.) swineherd; **b** (passing into surname).

dominus illius [Patricii] nominabatur Milchu et ~ius cum illo erat NEN. *HB* 194; c910 (12c) preter jus porcorum quos ~ii debent habere *CS* 618; vij ~ii reddentes xl porcos *DB* I 64va; omnis geburus det vj panes ~is curie [AS: *inswane*] (*Quad.*) *GAS* 447; **1277** in porcis . . sustinendis iij busselli. in liberacione porcorii . . dim. buss. [de ordeo] *Ac. Stratton* 205 (=*Ib.* 85: j garcionis custodientis porcos); **1298** cuidam clerico excommunicato auxilianti porkarium in bosco tempore pannagii *Rec. Elton* 66. **b** **1166** de Ric' Porcar' ij s. *Pipe* 127; **1285** [Alexandro] ~io *CalCh* II 299.

2 (as sb. f. or n.) pigsty.

1086 in parco, unam ~iam cum terra porcarii *Ch. Westm.* 462; **a1190** precipio .. ut .. habeant .. ~iam suam in parco et hominem suum cum terra porcarii *FormA* 45; **1203** de placito ~ie levate *CurR* II 292; **1288** C. H. habet quandam porkariam extra metas domus sue nocentem vie .. regis *Leet Norw.* 16; **1298** dampna non modica sustinent .. per ~ias in regiis stratis et venellis predicte ville [Ebor'] situatas et per porcos in stratis et venellis illic pascentes *Cl* 115 m. 6d.; quod .. ~ias predictas .. prosterni et amoveri .. faciatis *Ib.*; ~ium, A. *a swynstye*; .. hec ~ia, A. *swyncote WW*.

3 (as sb. f.) female pig, sow.

1030 (1419) concessi .. decimam .. in caseis vaccarum, ovium, capratarum, et ~iarum (*Pat Norm.*) *MonA* VI 1073a.

porcaster [cf. LL porcastra], little or young pig.

dum stratis recubans porcaster pausat obesus / juncis et stipulis necnon filicumque maniplis ALDH. *VirgV* 2779; ~er, *foor GlC* P 520; ~rum, *foor Gl. Leid.* 47. 92.

porcatio [2 porca + -tio], (act of) supplying with roof ridge.

ryggynge of an hows, portacio *PP*.

porcator [CL porcus + -tor], swineherd or pig-keeper.

1300 item pacatum ~ori xij d. *Rec. Leic.* I 236.

porcatorium [CL porcus + -torium], pigsty.

hoc ~ium, A. *a hogstye WW*.

porcelana [ME *porcelane* < OF *porcelaine* < portulaca], (bot.) purslane (*Portulaca oleracea*).

porcellane, olib', dragaganti GILB. III 166. 2; item accipe .. amidum, cerusam, corallum al[bum], cristallum al[bum] porcellana[m] *Ib.* VII 343v. 2.

porcella [cf. CL porcilla], female piglet.

cernit tandem suem procedentem e silva, ~ellam non solam, sed quaternos atque ternos secum habens porcellos BYRHT. *V. Ecgwini* 364.

porcellare [CL porcellus + -are]

1 (absol., of sow) to give birth, to farrow. **b** (trans.) to give birth to.

1257 ij sues non ~averunt nisi semel *Crawley* 220; que ter in anno debent ~are *Fleta* 169; c**1283** debet dare domino j purcellum, sc. quando secundo ~averit *Cust. Battle* 30. **b 1258** j sus nichil ~avit (v. 2 infra).

2 (refl. & pass., of pig), to be born.

1233 porci sui fuerunt et ei ~ati et postea addirati *BNB* II **1234** dabit pro unoquoque porco qui ~atus fuerit ante festum B. Johannis j d. *Cust. Glast.* 63; **1258** r. c. de xxxviij porcellis ~atis ex predictis suibus hoc anno quia j sus nichil porcellavit *Crawley* 228.

porcellatio [porcellare + -tio; cf. et. CL porculatio = *pig-rearing*], (act of) giving birth to piglets.

c**1312** idem r. c. de iij suibus .. de quibus in vendicione ante forcellacionem [*sic*] j, et post forcell' j, et remanet j sus *LTR Ac* 19 r. 37; porci: .. summa xxvij, de quibus in morina ante primam porcell' j sus *Ib.*

porcellil' v. porcellulus.

porcellinus [LL], of a piglet (usu. w. *caro*); **b** (dist. from *porcinus*).

caro ~a GILB. I 49. 1; carnes .. ~as salsatas *Ib.*; sic [lupa] nutrit catulos ~a carne (*Tatheus* 16) *VSB* 284. **b** carnes porcine cum vaccinis et ovinis, / .. / carnes agnine, porcelline, vituline D. BEC. 2565.

porcellio [LL], wood-louse.

~ones reperte in stercore inveniuntur cum vino bibiti stranguriam curant et morbo regio laborantem liberant *Alph.* 150.

porcellulus [LL < CL porcellus + -ulus], por-

cellillus [CL porcellus + -illus], little piglet (also dist. from *porcellus*).

c**1170** recepit .. xij porcellos, unumquemque iiij d., et xij ~ulos, unumquemque unius denarii *Dom. S. Paul.* 138; rapuitque ~ulos unius scrofe (*Tatheus* 16) *VSB* 284; sic lupa reddidit ~ulos venerabili Tatheo *Ib.*; **1388** [habuit] ij sues precii iiij s., vj porcellos precii vj s., vj porcellil' precii iiij s. *IMisc* 239/3a.

porcellus, ~illus [CL], piglet; **b** (dist. as *lactans* or *separatus*); **c** (dist. from *porculus* or *porcus*). **d** (*~ellus de sude*) little pig kept in a sty. **e** (in fig. context or fig.). **f** (in gl., not dist. from *porcus*).

~elli grunniunt ALDH. *PR* 131 p. 180; ~ellus, *faerh GlC* P 537; porcus .. et hic ~illus OSB. GLOUC. *Deriv.* 437; c**1188** decimas .. de purcellis et agnis *Regesta Scot.* 281; **1294** scrutavit domum Willelmi messoris post unum purcellum *CourtR Hales* 301; **1320** canis J. M. fugavit suem J. A. unde dicta sus amisit ~ellos suos *CBaron* 131; **1383** item necat j ~ellum freschlyng' de stauro *Househ. Ac.* 261. **b 1340** custodes liberarunt .. xxxviij porcos, xiiij porculos, xv ~ellos separatos, v ~ellos lactentes *MinAc* 1120/10 r. 11d. **c 1223** unam suem cum ~ellis et unum porcum masculum *BNB* III 489; **1275** dabit pannagium, si porcos habeat, viz. pro porco j d. et pro purcello ob. *Ac. Stratton* 7; **1308** in lxxvij porcis cum sex ~ellis *Ac. Durh.* 2; **1311** porci vel ~elli *CalCh* III 179; **1389** de xvij porculis receptis de adjunct' ~ellorum *MinAc* 1126/6 m. 3d.; aper, porcellus [*gl.: pygge*], sus, scropha, suilla *WW*. **d** æhtespane, i. servo porcario .. pertinet habere *stiferh*, i. ~um de sude (*Quad.*) *GAS* 449. **e** sus gule habet hos ~elos [ME: *pigges*]: prepropere edere, nimis deliciose, nimis edaciter, nimium, nimis sepe *AncrR* 72. **f** hic porcus, A. *a hoge.* hic ~ellus, idem est *WW*.

porcelus v. porcellus. **porcha, porchea** v. porchia.

porcheria, ~erium [OF *porcherie* < porcaria], pigsty.

c**1130** potest ibi habere .. ~eriam unam (*Surv. Burton*) *EHR* XX 284; c**1159** xij acras terre juxta ~ariam de Feccheam *Act. Hen. II* I 222; **1190** monacis de Bordeslega c s. in porcher' de Benton' *Pipe* 10; **1203** de placito quare injuste prostraverunt ~eriam suam in Mora *CurR* II 310; **1262** concessi etiam predicte A. haybotum et housbotum in dominicis boscis meis de Acle et ad faciendas ~orias suas in boscis predictis ubi sibi placuerit *Ambrosden* 259; **1276** solebat ille locus esse ~eria domini regis antiquitus dum Cauntok' fuit foresta *Hund.* II 134b; **1284** de ~erio abbathie quod instauratur secundum quod possit sufficienter sustineri *Reg. Malm.* I 202; si aliqua vacheria, ~eria, vel alia domus .. construatur *Fleta* 90; cooperient bovariam, ~eriam *Reg. S. Aug.* 194.

porchetum [cf. OF *porchet*], piglet (in quot. slaughtered for meat).

c**1219** in carne bacona v d. in porcheto v d. *Househ. Ac.* 118.

porchia, porchea, porcha [ME, OF *porche* < CL porticus]

1 roofed structure open on the front and sides, porch (usu. in front of the entrance to a building or room); **b** (on public or royal land or road, also w. ref. to purpresture).

1232 l quercus .. ad ~iam magne camere regis de Wudestok' *Cl* 34; **1312** in meremio empto ad ~iam grangie *Rec. Elton* 169; **1325** in stipendiis iiij carpentariorum .. removencium penticium ultra hostium coquine et ~eam ante hostium aule .. et ea de novo cum dicto meremio reficiencium *Min. Ac.* 1147/23 m. 3; **1364** ad faciendum opus carpentrie de duabus ~is aule et gutteram desuper *le porche Banstead* 343; **1367** item ad porcium ad hostium ecclesie, ij s. *Test. Karl.* 83; **1383** fecit dampna, vasta .. in domibus .. infra manerium .. prosternando et vendendo .. quandam ~eam ad hostium grangie in vico S. Jacobi .. super viam regiam *Hund.* II 9b; **1276** levavit quandam ~iam super viam regiam in longitudine xij pedum et in latitudine vj pedum *Ib.* I 61b; **1402** habet licenciam edificandi .. ~eam super quamdam placeam terre vaste *Doc. Bev.* 42.

2 (w. ref. to) pentice court (in quot., at Lewes).

1266 Willelmus de Hoylaund .. et burgenses ville venerunt et petierunt illud placitum in ~iam eorum placi[ta]turum, et concessum est eis *Rec. Lewes* 34.

porchoria v. porcheria. **porcicetum** v. porcistetum.

porciculus [CL porcus + -culus; cf. et. CL porculus], piglet (also dist. from *porcus* or *porcellus*).

c**1312** r. c. de vij ~is de exitu .. de quibus in morina iij, in vendicione ij, et remanent ij ~i *LTR Ac.* 19 r. 32; **1342** assignavit .. tres sues cum quadraginta porcis et ~is *Eng. Clergy* 271; **1365** idem respondet de vij ~is de remanenti, et xiij adjuncto: summa xx. de quibus in adjuncto porc' vij. idem respondet de vj porcellis de ex[itu] mensis Marcii *DLMinAc* 242/3888 m. 1d.

porcidus [CL porcus + -idus], having the characteristics of a pig, *i. e.* dirty, unclean.

~us, fedus, impurus, obscenus OSB. GLOUC. *Deriv.* 471.

porcilis [CL porcus + -ilis], of or for a pig, (as sb. n.) pigsty, swineyard.

a stye for swine, ~e, -is, hoc LEVINS *Manip.* 108; *the swynyeard*, ~e, is, hoc *Ib.* 210.

porcillus v. porcellus.

porcinarium [CL porcinus + -arium; cf. et. CL porcinarius = *pork-butcher*], pigsty.

1399 quod .. custodiret porcos suos in domibus suis vel predictos porcos hab[eret] porsenario *Rec. Nott.* I 356.

porcinuncula [cf. CL porcinus + -uncula], little female piglet (perh. w. play on *portiuncula*, as small piece of pork).

habens gladium in dextra manu et ~am suillam in leva *Mir. Montf.* 81.

porcinus [CL]

1 of or for a pig, pig-. **b** (*caro ~a*, also pl.) pork. **c** (as sb. f.) pigsty.

~o jecore mero injecto W. MALM. *GR* V 410; Marsyas enim stultus interpretatur, qui solus in arte musica tibiam preponere voluit cithare; unde et cum ~a merito pingitur cauda ALB. LOND. *DG* 10. 7; **1302** in j coreo ~o empto ad panell' *Fabr. Exon.* 19. **b** quia carnem ~am comedere nolebant BELETH *RDO* 142. 146C; caro autem ~a licet sit frigida et humida, inde gravis est ad digerendum *Quaest. Salern.* B 68; promisi tibi carnem in genere, solvendo carnem ~am dedi tibi carnem, ergo quod promisi VAC. *Lib. paup.* 267; Sarraceni abstinent a vino et carnibus †porcivis [l. porcinis] WYCL. *Ver.* I 265; **1428** in qua quidem olla bullivit una pecia salse carnis ~e cum farina avene in eadem olla *Heresy Tri. Norw.* 49; caro ~a, *swyneflesche WW*. **c s1394** totum .. monasterium et singulas ejusdem officinas .. unacum granariis, molendinis, ustrinis, ~is, horreis .. redintegravit BOWER VI 55 p. 428.

2 characteristic of a pig, like that of a pig: **a** (of part of body). **b** (of act or conduct, in quot., transf.).

a sunt et pisces quidam de tali genere quibus marina minime sufficit profunditas, nisi in fundum maris ~is naribus transpenetrare contendant GIR. *GE* II 21 p. 272. **b** ~us [*gl.: sc. ut porcorum, swynen*] paganorum strepitus ALDH. *VirgP* 45 p. 299.

porciolus [CL porcus + -olus; cf. filiolus], young pig, piglet (in quot., dist. from *porcellus*).

1424 pro ~is et porcellis minoris etatis *Cart. Glam.* II 108.

porcistetum [ML; cf. CL porcus + stare + -etum], pigsty.

~um, locus ubi stant et manent porci OSB. GLOUC. *Deriv.* 476; **1389** in j quartron' de *dorenayl* empt' pro hostio ~i affirmand' *MinAc* 1126/6 m. 2; ad .. cooperiend' super ~um, super stabulum et super le Pressorhous *Ib.*; *a swynsty*, ara, porcicetum, suarium; versus: est ara porcorum brevis non ara deorum *CathA*.

porcithecum [CL porcus + theca < θήκη], pigsty.

grangia .. ubi sunt caule pro ovibus, ~a pro porcis LYNDW. 85k.

porcitor [ML < 2 porca + -tor; cf. CL imporcitor], one who forms ridges.

hec porca .. i. medietas illa que fit inter duos sulcos ubi aqua discurrit unde et ~ores dicimus qui eas faciunt OSB. GLOUC. *Deriv.* 421; porca aliquando dicitur pro terra que eminet inter duos sulcos unde ~ores dicimus qui eas faciunt *Ib.* 472.

porcius v. porchia.   **porclaca** v. portulaca.

porcopiscis [CL porcus+piscis]

1 porpoise.

exitus piscarie .. ~es: idem reddit compotum de j ~e remanenti anno preterito *Ac. Beaulieu* 310.

2 (in gl., understood as) kind of fish, perh. sturgeon.

~is, *styrga GlC* P 519; ~is, *styra Gl. Leid.* 47. 73; **10** .. ~is, *styria WW*.

porcorius v. porcarius.

porcula [ML =*little sow*], (in gl., understood as) spayed sow.

hec ~a, *a geldyd sow WW*; hec ~a, hec nefrenda, *a geldyd sow WW*.

porculus [CL], little pig (dist. from *porcellus*).

porcus inde hic ~us .. et hic porcillus OSB. GLOUC. *Deriv.* 437; c**1312** de j bove vend' et iiij[or] porcul' de stauro vend' *LTR Ac* 19 r. 32; **1340** custodes liberarunt .. xxxviij porcos, xiiij ~os, xv porcellos separatos, v porcellos lactentes *MinAc* 1120/10 r. 11*d.*; **1389** de xvij ~is de adjunct' porcellorum *MinAc* 1126/6 m. 3*d.*; **1444** tres ~i quilibet precij xvj d. *Paston Let.* 11 p. 20.

porcus [CL]

1 (male) pig, a swine, (*caro ~i*) pork. **b** (*~us nutricius*) pig that is fed at home (as dist. from in pasture or forest). **c** (*~us lactans*) a sucking-pig, piglet; **d** (paid as rent or sim.); **e** (w. ref. to *Matth.* vii 6); **f** (w. ref. to *Matth.* viii 31); **g** (in phr., usu. w. ref. to the pig as a dirty or unclean animal, animal for slaughter, or sim.); **h** (applied to person, as term of abuse); **i** (as nickname, passing into surname).

si casu ~i comedent carnem morticinorum aut sanguinem hominis non abiciendus credimus .. ergo ~i qui sanguinem hominis gustant, manducentur THEOD. *Pen.* II 11. 7; stulta amentia est qua filius prodigus patrem deserens ~os pavit [cf. *Luc.* xv 15] BEDE *Acts* 991; v ~i *DB* I 56vb; filia admiralii Antiochie .. respondit quod ideo sic ploraret, quia optimam ~i carnem qua Christiani utuntur manducatura non esset ORD. VIT. X 24 p. 153; qui de domo ~orum festucam .. retulit sine alicujus grunnitu MAP *NC* II 23 f. 31v; cur ~us moriatur si asinus portans ipsum mingit in aquam *Quaest. Salern.* C 22; **1313** de J. quia scienter emebat quendam ~um furiosum de W. le G. *curreur* et illum interfecit et vendidit per talliam que quidem caro fuit corumpeionelibus [*sic*] hominis *Leet. Norw.* 57. **b 1240** quod homines et tenentes ipsius Henrici .. habeant porcos suos nutricios in domibus suis in dictis nemoribus quietos *BNB* III 286. **c 1162** si porci lactentes [v. l. lactantes] erunt *Act. Hen.* II I 365.   **d** de herbagio un' porc' de unoquoque villano qui habet vij ~os *DB* I 16va; [villanus] debet dare landgablum et *gaersswin* i. porcum herbagii (*Quad.*) *GAS* 445; c**1170** me in perpetuum clamare quietum de me et heredibus meis .. de quatuor ~is, quos annuatim abo exigebam per consuetudinem *Ch. Chester* 164; **1285** quelibet virgata dabit tercium meliorem ~um, qui tres habet ~os, qui vocatur *gavelswen'* vel dabunt pro predicto ~o vj d. (*Cust. Wadhurst*) cf. *Sussex Rec. Soc.* LVII 36. **e** conculcantes ~orum more pretiosissimas Christi margaritas GILDAS *EB* 38; p**675** cum Judeis Christum blasphemantibus et margaritas evangelii ritu ~orum calcantibus ALDH. *Ep.* 4 p. 484; eo quod margaritas suas ~is alienis .. non vult esse communes J. SAL. *Met.* 828C.   **f** quando praecepit daemonibus ingredere [*sic*] in ~os *Comm. Cant.* II 35.   **g** indigne ~orum more volutantes GILDAS *EB* 66; p**675** reliquias epularum .. et immundis devorandas ~is proiciunt ALDH. *Ep.* 4 p. 484; sordidis adulterii voluptatibus ut ~us luto gaudens inhesit ORD. VIT. VII 4 p. 163; Rodbertus .. quem .. in carcere ut ~um mactaverant *Ib.* XIII 3 p. 4; in illis immunditiis volutatus .. que nec ~um deceant Epicuri [cf. *Hor. Ep.* 1. 4. 16] J. SAL. *Met.* 828B; qui non pascit nisi ~os, i. luxuriosos T. CHOBHAM *Serm.* 4. 222b. **h** Saraceni, illius vilissimi ~i Mahometi discipuli DUNS *Ord.* I 72; Machometum, ~um putridum, prophetam Dei et

---

nuncium esse affirmare S. SIM. *Itin.* 29.   **i** c**1167** testes .. Walterus Mard .. Walterus ~us *Act. Hen.* II I 412.

2 (*~us silvestris* or ellipt.) wild boar (sts. dist. from *aper*).

1198 G. de N. r. c. de xlix li. et xv s. et x d. pro ~o cum canibus suis capto in defenso regis *Pipe* 97; aprorum et silvestrium ~orum .. copiam vidimus GIR. *TH* I 24 p. 57; **1237** mittimus .. venatores nostros ad currendum ad ~os silvestres in foresta nostra de Den' (*KR Ac* 530/1) *Cal. Liberate* VI 2444; **1256** ad capiendum .. in parco de H. .. tres ~os silvestres *Cl* 8; **1258** occiderunt unum ~um in foresta de Dene *SelPlForest* xii.

3 (*~us marinus, maris,* or *piscis*) porpoise or seal.

cum quidam pisces sint, qui ex una parte habeant formam piscis et ex alia formam animalis quadrupedis ut ~us piscis, canis piscis, lupus piscis BELETH *RDO* 80. 86B; **1265** ~us piscis dimissus fuit Walingeford, preter ij pecias parvas *Manners* 5; **1324** ~um maris meliorem pro *demi-marc MGL* II 119; **1433** quatuor cados salmonum, duos cados anguillarum, quinque cados ~i marini, quatuor pipas cervisie *Cl* 284 m. 16; **1512** sol' T. R. .. pro vectura ~orum maris vulgo *sealles* a Farne usque Dunelm' *Ac. Durh.* 662; **1531** cum uno ~o marino vj d. *Househ. Bk. Durh.* 13.

4 (arch., *pes ~i*) crocket.

1377 in liv pedibus ~orum emptis .. cum iij garguliis (v. gargola).

porecta, poret(t)um v. porretta.   **porellia** v. puralea.   **porfir-** v. porphyr-.   **porigo** v. porrigo.   **porinus** v. porrinus.

1 porisma [LL < πόρισμα]

1 (log. & phil.) deduction, corollary, conclusion.

et, ut ~ate sive epilogo utar, omnia factus erat quo cunctos lucrificaret *V. Neot.* A 4; ex his igitur omnibus manifesta est conclusio principalis. unde non immanifeste consequitur hoc ~a, nulla res sufficit aliam conservare et quod necesse est Deum per se et immediate servare quamlibet creaturam BRADW. *CD* 162C; habito isto blasphemo ~ate facile esset sibi subvertere totum mundum (WYCL.) *Ziz.* 490; statuunt enim sibi pro lege hoc ~a dyaboli, quod .. WYCL. *Sim.* 93.

2 (assoc. w. πορισμός) means, supply, (surplus) funds.

inviso properat consulta porismate lampas FRITH. 845; xxx .. marcos argenti futuris .. magistris .. de ~ate meo libenter erogavi ORD. VIT. V 14 p. 420; hujusmodi viris totius sui ~atis questus superflua tribuebat *Ib.* VI 10 p. 120.

2 porisma [assoc. w. LL *pŏrus* < πόρος], (in gl.) aperture, hole, opening.

~ata, foramina OSB. GLOUC. *Deriv.* 471.

porismatice [1 porisma < πόρισμα+-icus+-a; ? perh. based on a putative form πορισματικῶς], (log. & phil.) by way of deduction or corollary.

ex hiis autem, quasi ~e videntur mihi multi multipliciter aberrantes posse clare reduci ad semitam veritatis BRADW. *CD* 3D.

porium [πωρίον], verruca, wart.

wrett in a mannys skyn, veruca .. ~ium, -ii, neut. *PP*.

porius v. porrum.   **porkar-** v. porcarius.   **pormo** v. pernio.

poroffra [OF *porofre*; cf. CL porro+offerre], offer, proffer, further or counter-proposal (in quot., w. ref. to challenge).

c**1285** pro sua ~a contra priorem de Lewes (*KR Ac*) *Arch.* LXX 21.

porositas [ML], state or condition of having many holes or pores, porosity, porousness. **b** hole, opening, pore.

inde est quod omne corpus cito magnam flammam a se emittens facile ab igne consumitur propter ipsius ~atem et raritatem *Quaest. Salern.* B 121; est .. quedam [soliditas] a ~ate partium distantium, ut lignis et

---

spongia. et est soliditas a ~ate partium consertarum ut vitro GILB. II 116v. 1; sunt etiam he caruncule concave et spongiose; ideo concave ut in sua concava ~ate [TREVISA: *hologhnes*] fumum a re odorabili recipiant resolutum BART. ANGL. III 19 p. 68; hoc accidit .. propter ~atem ligni [TREVISA: *for porosite of þe tree*] et fumositatem a cortice exhalante *Ib.* IV 2 p. 87; ~as [pumicum] propter inclusum aerem est causa natationis *Ps.*-GROS. *Summa* 632; partes circumferenciales terre stat [*sic*] tremere et alterari propter suam ~atem, non autem illud purum WYCL. *Log.* II 162.   **b** continuantur artarie cum ~atibus istis attrahentes totum quod in eis vicinatur GAD. 45v. 1.

porosus [ML], that has many holes, openings, or pores, porous (also in fig. context). **b** (as sb. n.) porous body or substance.

omne corpus .. ~is interstitiis subjectum est ADEL. *QN* 22; cum auris et caput sint corpora ~a J. BLUND *An.* 115; craneum .. cutis quedam ~a plurimum RIC. MED. *Anat.* 213; conponitur .. splen ex grossa carne .. rara tamen et ~a, ut possit suscipere intra se melancoliam *Ps.*-RIC. *Anat.* 37 p. 20; lapides ~i valde sicut sunt et pumices *Ps.*-GROS. *Summa* 632; [oculi] ~i sunt et rari et exeunt vapores et spiritus corrupti et inficiunt res BACON *Maj.* I 398; peccata quidem populi per fenestras ~as terre vivencium sepius insorbentur WYCL. *Ver.* III 99.   **b** durities si poroso sit juncta metalla / quamvis humida sint esse sonora jubet NECKAM *DS* VI 71.

porpa [cf. ME *porpas, porpeis*, OF *porpois*], porpoise.

1369 cuidam deferenti ~as de insula de Farne *Ac. Durh.* 574; **1402** servienti magistri de Farne portanti ~as *Ib.* 602.

porpesius, ~esia, ~asium [cf. ME *porpeis, porpais, porpas*, OF *porpois* < porcus piscis *or* porcopiscis], porpoise; **b** (w. ref. to) amount of porpoise caught.

1232 quod emi faciat .. duos vel tres ~esios *Cl* 172; **1247** quod venire faciant usque Wintoniam unum ~esium vel duos *Cl* 97; **1248** in uno ~asio empto ad opus prioris vj s. ij d. (*Portland*) *Ac. Man. Wint.*; **1275** asportaverunt j ~asium et kariari fecerunt apud Thoresby, precii xx s. *Hund.* I 298b; **1275** fecerunt purp[resturam] asportando unum ~eseum de wrecko maris apud Northal' pertinentem ad dominum regem *Ib.* II 198b; **1342** per empcionem unius purpaii, liberati clerico coquine vij s. vj d. *ExchScot* 494; **1353** de quolibet ~eisio cisso in foro *Reg. Rough* 31; **1365** de W. L. pro uno ~asseo per ipsum .. invento super sabulum *Hal. Durh.* 38; **14** .. inquiratur si quis cepit in mari .. ~esias, balenas .. *BBAdm* I 224; **1547** pisces regales, viz. sturgiones, balenas, cetas, ~etos, delphinos .. (*Pat*) *Foed.* XV 158.   **b 1309** dominus habebit similiter totum porpas' quod homines sui ceperint per annum *IPM* 16/9 m. 6.

porphyreus, ~ius [πορφύρεος, πορφύριος =*purple*]

1 made or consisting of porphyry, (*lapis* or *marmor ~ius*) porphyry.

s**900** mausoleum ipsius [Alfredi] constat factum de marmore porfirio pretiosissimo *Chr. S. Neoti* 143; est sepultus in concha ~ea miro opere sculpta *Eul. Hist.* I 270; sume Mercurium semel sublimatum et teratur in pulverem super ~ium lapidem cum duplo sui pondere de sale armoniaco RIPLEY 208; hos compegere porphyreos lapides (*Vers.*) FLETE *Westm.* 113.

2 (as personal name) Porphyry.

~ius rabidus orientalis adversus ecclesiam canis GILDAS *EB* 4; ut Simon, Arrius, et Porphirius BEDE *Prov.* 949A; **754** librum Pyrpyri metri ideo non misi (MILRED) *Ep. Bonif.* 112; in primo commento super Porphirium J. SAL. *Met.* 895B; dicit Boethius in secunda editione super Porphirium quod .. J. BLUND *An.* 87; ut potest haberi a Porfirio *Ib.* 334.

porphyricus [ML; cf. πορφυρική =*purple-dyeing industry*], made or consisting of porphyry, (*lapis* or *marmor ~us*) porphyry.

vasa .. miranda de marmore porfirico GREG. *Mir. Rom.* 21; piramis Julii Cesaris, que uno solidoque lapide porfirico condita est *Ib.* 29; in tumba ~a tumulatur *Eul. Hist.* I 272; s**1268** pavimentum porphiricum ante magnum altare Westmonasterii *Flor. Hist.* III 17 n.

porphyrio [CL < πορφυρίων], kind of bird, perh. purple gallinule. **b** (understood as) pelican.

porfyrio, *feolufer* GlC P 517; **10**.. porfyrio, †*fealfor* [l. *fealfor*] WW; porphyrio cunctis avibus precellit honoris / fastu, non modice nobilitatis avis NECKAM *DS* II 573. **b** porfyrio, porfyrionis, pellicanus GlC P 498; pelicanus est avis que .. ~io [TREVISA: *porphirion*] nuncupatur BART. ANGL. XII 29 p. 543.

porphyriticus [CL < πορφυριτικός], made or consisting of porphyry, (*lapis ~us*) porphyry.

tumulatus est .. in porfiritico pretioso sepulchro Boso *V. Pont.* 388; altare ex lapide ~o OXNEAD *Chr.* 34; s**1284** inter lapides .. marmoreos et porphiriticos *Flor. Hist.* III 61n; baptisterium de lapide ~o .. [TREVISA: *of a maner stoon þat hatte* porphiritike; ME: *of a ston porphiritike*] HIGD. IV 26 p. 130.

porphyrogenitus [πορφυρογέννητος], (of a child of a Byzantine emperor) born in the purple, porphyrogenite.

s**1146** Manuel in Christo Deo fidelis rex porphirogenitus DICETO *Chr.* 257.

porpiscis, ~us [cf. porcus piscis, porcopiscis, porpesius], porpoise.

1293 vulneraverunt [*MonA*: verberaverunt] ibi quendam ~em usque ad mortem *PQW* 217a (=*MonA* III 503b); **1309** dum .. balena et ~us non comprehendantur *PQW* 824b; **1309** abbas dicit quod quo ad regales pisces ipse disclamat .. dum tamen balena et ~us non comprehendantur sub hoc nomine (*AssizeR*) *S. Jers.* XVIII 42; **1332** seisiti fuerunt de quarta parte ballene et ~i per quoscumque marinellos capt' in aquis domini regis *JustIt* 1167 2. 4.

porprestura, porpristura v. purprestura. **porprisum** v. purprisa.

porraceus [CL], of the colour of leek, greenish.

una byssinia palmata, altera ~ea FERR. *Kinloss* 31.

porrarium [ML < CL porrum + -arium], leek-bed.

hoc porarium, *a lekbed WW*.

porrata [CL porrum + -ata], soup or broth made from leeks.

~a, A. *porrey WW*.

porrectio [CL]

1 (act of) stretching out, extension (in quot., temporal).

licet enim quasi unius seriei ~o sit ab exordio mundi usque ad finem mundi R. MELUN *Sent.* I 198.

2 (act of) bringing (to recipient or destination), delivery.

exigui muneris ~one gratiam hypocrite consequeris, sed gratiam vix diurnam NECKAM *NR* II 185 p. 327; de libelli ~one reo facienda per judicem RIC. ANGL. *Summa* 11 *tit.*; **1330** die ~onis presencium vobis facte nos certificetis *Pri. Cold.* 17; s**1456** audiens .. abbas .. de concepcione ~oneque bille dicte, de laboreque diurno inter proceres pro ejus expedicione *Reg. Whet.* I 259.

3 (in gl. understood as some sense of *compages*).

conpage, ~one *Gl. Leid.* 40. 19.

porrector [ML], one who brings or delivers, bearer.

c**1300** presencium ~ori quem pro defunctis nostris absolvendis brevium nostrorum constituimus portitorem cum ad vos declinaverit benivole impendentes humane beneficia caritatis *Ann. Durh.* 99; c**1380** receptis literis .. ~ori earundum .. *FormA* 232.

porrectorius [ML =*that extracts or delivers*], that can be held out or offered, (perh. as sb. m.) ? sort of cup or ladle.

parvus scyphus, cyathus, sorbicillus, claterculus ~ius OSB. GLOUC. *Deriv.* 151.

porrectura [ML =*offer, delivery*], extension, reach (in quot., w. ref. to height).

fuit autem [machina] tante proceritatis ut meniorum

---

culmen despiceret, turrium quoque ~am adequaret ORD. VIT. IX 13 p. 579.

Porrensis v. Porretanus.

Porretanus [cf. ML porretum + -anus], **Porrensis** [OF *porree* < porretum, porreta + -ensis], (in personal name) de la Porre (usu. w. ref. to Gilbert de la Porree and his gloss on the Psalter or the Pauline Epistles); **b** (other).

magister Gilbertus ~tanus J. CORNW. *Eul.* 3 p. 263; **14**.. item Psalterium .. glosatum secundum G. ~nsem (*Catal. Librorum*) EHR III 117; item exposicio super epistolas Pauli secundum magistrum G. ~tanum in uno volumine, ubi est textus epistolarum ante glosas (*ib.*) *Ib.* 118. **b** c**1200** testibus .. magistro Rogero ~tano *Cart. Osney* IV 61.

porret(t)a, ~um [CL porrum + -ētum *or* OF *dim. suffix* -ette; cf. et. OF *porret*, ME *porrette*]

1 leek; **b** (dist. from *porrum*).

1211 de xxvj d. de porettis; de vj s. de oleribus *Pipe Wint.* 153; c**1227** per servicium quod inveniat in castro olera et porreta *Fees* 370; c**1262** in duabus libris seminis porectarum et plantulis oler' emptis xvj d. *DL CourtR* 128. 1920; **1271** de herbagio, urticis, oleribus, porrett', sepis, alliis in gardino, xiiij s. viij d. ob. *MinAc* 1078/12 r. 4; **1298** in plantis olerum ad plantandum .. in poreccis ad idem (*Ac. Farley*) *Surrey Rec. Soc.* xxxvii (15) 18; **12**.. ita quod semen olerum et porectarum semper sufficiat semini anni subsequentis *Cart. Glouc.* III 218; emit semen porettorum et duxit illud in Scocia (*CourtR St. Ives Fair*) *Law Merch.* I 77; **1304** habeat .. decimas .. ovorum, mellis, et poretti *Reg. Wint.* 173; **1369** expensa minuta in plantis olerum et porettorum emptis ad plantand' in curtillagio domini, viij d. (*Silkstead*) *Ac. Man. Wint.* **b** ortolanus .. colit in orto suo .. porrum .. porreta [*gl.: poree*] GARL. *Dict.* 136.

2 place in which leeks grow or are cultivated, leek-garden.

~um, A. *a lekbed WW*; *ye leekegarth*, porretum LEVINS *Manip.* 34.

3 soup or broth made from leeks, leek-soup or pottage.

porretum, A. *a porrete WW*; hec porreta, *porray WW*; hec pereta, A. *leke potage WW*; *porray*, porreta, porrata *CathA*.

porret(t)arium [ML porret(t)um, -arium], leek-bed.

~ium, a lekbed *WW*.

porricere [CL], to offer or put forward (as sacrifice).

dicimus etiam porricio -is, i. obicere, proicere, et est proprie verbum sacrificantium OSB. GLOUC. *Deriv.* 284.

porrigere [CL]

1 to stretch out, extend (hand, sts. w. ref. to offering or giving).

pestiferum calicem .. / porrecta rupit dextra per signa salutis ALDH. *VirgV* 867; manum .. ad os ~ere est voci opere concordare BEDE *Prov.* 995; petentibus et pulsantibus consilii et auxilii manum non invitus ~ere V. *Swith.* 5; **1168** utinam ei vel nunc dominus meus et alii amici ~ant dexteram J. SAL. *Ep.* 269 (182) p. 620; fregit .. sinistrum brachium quo amplexata est puerum, et cum puer minaretur cassum .. dextrum porrexit brachium et retinuit puerum *Latin Stories* 66.

2 to extend in space; **b** (light or phys. phenomenon); **c** (abstr.).

murorum .. portarum, domorum quarum culmina minaci proceritate porrecta in edito forti compage pangebantur GILDAS *EB* 3; turrem .. in edito porrectam [*gl.*: excelsam, constructam, *arǽredne, gehydne*] .. erexit ALDH. *VirgV* 47 p. 301; Tityos, quem terrae alumnum dixerunt, cujus corpus per viiij jugera ibi porrectum extenditur *Lib. Monstr.* I 47; ~itur .. urbs ingentibus menibus sed eam angustat convenarum innumerus populus W. MALM. *GR* IV 355; murus interior amplus et in aera porrectus est ORD. VIT. IX 12 p. 577; arbor palme .. in altum porrecta constitit R. COLD. *Godr.* 209 p. 221; juxta hos sub

---

duabus fornicibus recubant due seniorum imagines ex marmore, quarum utraque ~itur in longitudinem xl pedum GREG. *Mir. Rom.* 13; terra .. medio inter Yslandiam frigidam et Hispaniam torridam libramine porrecta GIR. *TH* I 3. **b** nam visa est omnibus per totas tres noctes columna lucidissima silvam intrasse, porrecto cacumine usque ad celum *V. Greg.* p. 82; columna lucis a carro illo ad caelum usque porrecta BEDE *HE* III 11 p. 148; spiritus enim ille quasi a magnete ad ferrum ~itur *Quaest. Salern.* C 4; **1480** ut .. impediat lumen ab ea parte ecclesie a fenestris borialibus ad altaria ~i *Lit. Cart.* III 302. **c** subdit sibi regiones / ad remotas naciones / porrigens imperium WALT. WIMB. *Van.* 97.

3 to extend in time or duration, prolong: **a** (period of time); **b** (speech).

a lxx ebdomadibus .. decursis porrectisque ALDH. *Met.* 2 p. 69. **b** de quo si se amplior porrexerit sermo, nullum, queso, tedeat W. MALM. *GP* IV 136.

4 to hold out, offer, give, present, deliver: **a** (food or drink); **b** (artefact or money); **c** (abstr. or non-material thing).

a quare non et nobis ~is panem nitidum quem et patri nostro .. dabas? BEDE *HE* 11. 5 p. 91; quae est illa mulier quae innumeris filiis ubera ~it? .. mulier ista est sapientia *Ps.-Bede Collect.* 1; ut esurientibus ~atur buccella *Ib.* 140; pater .. dixit "aperi os et accipe quod tibi ~o" *Latin Stories* 47. **b** diacunus [v. l. diaconus] fuit quando calicem benedixit et apostolis suis ad bibendum porrexit THEOD. *Laterc.* 19; ad inchoationem hujuscemodi ~am xv libras sterilensium ORD. VIT. V 14 p. 419; coram cunctis eum amplectens, anulum aureum illi porrexit G. FONT. *Inf. S. Edm.* 1 p. 36; frustra ~eretur eis [vespilionibus] libellus conventionalis; citati non comparerent in judicio NECKAM *NR* II 187 p. 330; textum vite ipsius quem primo excellentie vestre quasi breviatum porrexeram, qualibuscumque verbis exaravi *Canon. G. Sempr.* f. 35v; porrecto cipho a noverca sua secreto in thalamo, dum avide biberet, mulier cultello ipsum perfodit *Feudal Man.* 133; **1365** Egidia que fuit uxor Johannis de M. porrexit peticionem suam domino regi *RParl Ined.* 273. **c** quem .. stipem pauperculis ~entem [*gl.*: dantem, donantem] .. caeleste beavit oraculum ALDH. *VirgP* 26 p. 260; ista oscula quae execlesie porrexit Xps *Gl. Leid.* 10. 1; ~e animae pauperis servi .. tui .. eleemosinam ANSELM (*Or.* 12) III 45; plerumque etiam, nisi sanctus auxillium porrexisset, consumierit W. MALM. *GP* V 232; c**1150** paternitati vestre preces ~o quod si opus fuerit et monachi petierint, prefatum Rogerum ab eorum infestatione .. ecclesiastica animadversione cohibeatis *Doc. Theob.* 218; **1222** ita quod .. precibus vestris pro loco et tempore nobis ~endis aures benignas exhibere debeamus *Pat* 329; dum porigo carmen H. AVR. *CG* f. 7v. 6 (v. porrigo 2); **1304** si .. dicta consultacio adhuc summo pontifici proposita non fuerit vel porrecta *Reg. Cant.* 661.

5 to put forward, propose.

quin episcopatum suscipias aut alium qui pro te presul fiat ~as ORD. VIT. IV 11 p. 249.

6 (intr., assoc. w. CL *pergere*) to move onward, proceed (to).

1200 servientes vicecomitis porrexerint ad domum predicti Ricardi *CurR* I 221; **1203** porrexit ad villam de Chippin et ibi levavit clamorem *Ib.* II 180; s**1285** porrexit in vestiario, ibique .. solempniter .. vestitus .. est *Ann. Durh.* 64; **1313** sectatores cognoscunt idem latrocinium factum fuisse in hundredo de H. et porrexerunt inde ad judicium *Eyre Kent* I 64; duos eciam consules .. Lucio Hiberio direxit ... porrexerunt [v. l. perrexerunt] illi ad Lucium *Eul. Hist.* II 342; Dominici corporis sepulcrum Jherosolimis visitare porrexit *Meaux* I 148.

7 (in gl.).

porgere, crescit ubi erat, puberat GlC P 548.

porrigibilis [LL], that can be stretched out or extended.

quod manus ejus [sacerdotis] debent esse ~es et non aride et curve ad retinendum ROB. FLAMB. *Pen.* 96.

porriginosus [LL]

1 full of or infested with skin eruption or scurf.

plaga ~a est contagiosa valde et pestifera *Mir. Hen. VI* V 154 p. 283.

2 who suffers from or is afflicted with skin eruption or scurf.

nam profecto quamquam totus ~us, jamjamque in vivo corpore putrefactus mortuorum preferret putredinem *Mir. Hen.* VI V 155 p. 285.

porrigo [CL]

1 skin eruption, pimple or pustle.

s**984** eum Annaniae et Saphirae una Stix ~ine hejulantem crucians complectatur (ÆTHELWOLD *Ch.*) *Conc. Syn.* 126; *pokke, seknesse,* ~o *PP;* ~o, *pokkes* .. hic ~o, *a poke;* .. hec porigo, A. *pokkys* WW; ut velut canis morbidus horrendus esset aspectu, herebat tamen superiori ejus labro pregrandis quedam ~o vel pustula *Mir. Hen.* VI V 155.

2 (spec. as) skin disease that affects pigs.

hec ~o, -nis, i. scabies porcorum OSB. GLOUC. *Deriv.* 437; ~o, porcorum infirmitas *Ib.* 472; absit porrigo porci dum porigo carmen H. AVR. *CG* f. 7v. 6; porigo est morbus quidam porcorum unde dicuntur quedam carnes porcorum, Romanice *sursemez* GlSid f. 145vb.

porrinus [CL porrum + -inus; cf. CL porrina = *leek-bed*], of the colour or nature of leeks.

prassus secundum quosdam, i. porus, unde colera prassina, i. porina *SB* 35.

porrio v. porrum.

porriolum [CL porrum + -olum], (small) leek.

pure, ~um, diminutivum de porrum *CathA.*

porro [CL]

1 (soon) afterwards, thereafter.

quid ~o, quid deinde *GlC* Q 69; lapidem jecit ad imaginem fregitque sinistrum brachium .. ~o cruor ex sinistro cucurrit abundante *Latin Stories* 66; ~o inito spiritus tercius predicto adolescenti callide suavit quatenus proprio cultello †cuideret [l. cinderet, i. e. scinderet] suum guttur *Chr. Kirkstall* 137.

2 (to indicate continuing action) further.

s**1139** sic ~o dicebat: .. W. MALM. *HN* 470.

3 (to indicate new aspect, consideration, or item) also, besides, furthermore, in addition. **b** (adversatively) on the other hand, but, still, however.

prasia ~o dictum est propter discretiones discumbentium *Comm. Cant.* III 71; ~o [*gl.:* certe, utique] tripertitam humani generis distantiam .. catholica recipit ecclesia ALDH. *VirgP* 19 p. 248; ~o [*gl.:* certe] quemadmodum intactae virginitatis gloriam .. venerari nitebar, sic .. *Ib.* 60 p. 321; bellum .. regni sui .. anno xj perfecit; ~o anno Focatis, qui tum Romani regni apicem tenebat, primo BEDE *HE* I 34 p. 72. **b** quia nimirum Osuiu .. nil melius quam quod illi [sc. Scotti] docuissent autumabat; ~o Alchfrid ... hujus [sc. Wilfridi] doctrinam omnibus Scottorum traditionibus jure praeferendam sciebat BEDE *HE* III 25 p. 182.

porrovidentia [CL porro + *pr. ppl. of* videre, *assoc. w. or w.* play on CL providentia], (act of) providing for (w. ref. to the care exercised by divine Providence).

me modo veridica, posco, doce sophia / quid series fati, quid porrovidentia cosmi / *De Lib. Arb.* 5.

porrulum [CL porrum + -ulum], leek.

nomina arborum .. et florum .. hoc ~um, *a portte* WW.

porrum, 1 porrus [CL], ~io

1 leek; **b** (w. ref. to its green colour). **c** (~us virgo) young or tender leek; **d** (dist. from *porrettum*); **e** (in phr.).

~us, *porleac* ÆLF. *Gl.* 134; tribus reliquis [diebus] ~os caulesque coctos vel elixos, panis cibaria aditiens W. MALM. *Wulfst.* I 10 p. 17; **12**.. porius, i. *poret,* i. *leke* WW; hoc ~um, *poret* Gl. AN *Glasg.* f. 18ra; raphanum, poros, cepas et salsa et unctuosa GILB. I 36v. 1; ~os, cepe .. que suscitativa sunt inordinati appetitus J. GODARD *Ep.* 223; tercia species est cholera quedam prassiva, in colore viridis et amara, acuta, sicut herba, que prassium, id est, marrubium vel

~us nuncupatur BART. ANGL. IV 10 p. 109; **1319** de quolibet panerio olorum et ~ionum *Reg. Gasc. A* I 97; prassus secundum quosdam, i. porus, unde colera prassina, i. porina *SB* 35. **b** bdellium et saphirum unum dicunt esse, jacincto colore, quasi folium ~i *Comm. Cant.* I 39; hiacincta, i. quasi ~i color frassineus *Ib.* 286; topazion ut aqua micat ut est ~us *GlC* T 210; cypressus viridem habet colorem ut est ~us *Gl. Leid.* 41. 16; sint viridis folia porri concisa minutim D. BEC. 2664; prassinus autem lapis idem est quod viridis lapis, nam prassos Grece ~us vocatur Latine GROS. *Hexaem.* XI 20. **c** ~os virgines .. cum oleo coq. ad tertiam GILB. III 148. 1. **d** ortolanus .. colit in orto .. ~um [*gl.:* porreus] .. porreta GARL. *Dict.* 136. **e** quendam .. bellatorem .. valido .. ictu per medium quasi tenerum ~um obtruncavit ORD. VIT. IX 9 p. 531.

2 (~um nigrum) kind of plant, perh. black horehound (*Ballota nigra*).

herba polloten, *þæt ys* ~um nigrum *Leechdoms* I 66; polloten, i. ~um nigrum *Gl. Laud.* 1151.

3 artefact that resembles a leek, perh. for heating food.

1379 in ij ~is de ferro pro cameris aule *Ac. Durh.* 131; **1454** iiij ~a ferr' pro igne *Ib.* 149.

2 porrus v. 3 porus.

porsenarium v. porcinarium. **porsocha** v. portsokna.

1 porta [CL]

1 gate: **a** (of town or city); **b** (of building or enclosure); **c** (w. gen. indicating use.); **d** (transf., anat.); **e** (of heaven or hell); **f** (in fig. context or fig.).

post ingressum ignotae ac si Jordanis ~ae urbisque adversa moenia solis tubarum clangoribus jussu Dei subruta GILDAS *EB* 1; Scaea, ~a Trojae *GlC* S 162; ~a Cornelia que modo dicitur ~a Sancti Petri .. ~a Flaminia que modo appellatur Sancti Valentini .. W. MALM. *GR* IV 352; **1261** custodi operacionum ~e civitatis regis London' de Ludgate *Cl* 434; **1340** quod nullus de burgensibus nostris predictis capi nec imprisonari debeat in castro nostro predicto .. dum manucapcionem seu plegiagium ad exteriorem ~am ejusdem castri possent invenire (*Ch. Cardiff*) *EHR* XV 517; **1361** inde allocatur pro expensis ~e apud Ffrenegate iij s. j d. *Gild Merch.* II 94. **b** mercatores ante ~am ęcclesiae manentes *DB* I 58va; **1202** nequiter noctu venerunt ad domum suam et ~as suas et haias fregerunt *SelPlCrown* 26; **1300** monacho ~e de Melros .. dicto portario *Melrose app.* 21 p. 682; **1369** P. de M. et J. R. custodientibus duas ~as parci .. iiij s. *Ac. Durh.* 575; **1552** in ~is ecclesiarum seu coemiteriis *Conc. Scot.* II 131. **c** ~a stercoris, ubi stercora pro [? l. proiciuntur] *Gl. Leid.* 23. 9. **d** ab intestinis .. que stomacho deserviunt ad ~am lacteam per poros alimentum exhalat defecatum ALF. ANGL. *Cor* 16. 8. **e** p**675** quis .. per caelestis paradisi ~am .. ingreditur? ALDH. *Ep.* 4 p. 485; per ~as [*gl.:* introitus, domus] caelestis Hierusolimae .. graditur *Id. VirgP* 22 p. 253; quomodo corporaliter maligni spiritus ad ~as inferni illum asportaverint FELIX *Guthl.* 31 tit. p. 68. **f** ut absque cunctamine gloriosi in egregiis Jerusalem veluti ~is martyrii sui trophaea defigerent GILDAS *EB* 1; aurea lux mundi, terrae sol, porta salutis ALCUIN *Carm.* 28. 27; per visum, auditum, gustum, odoratum, et tactum iste sunt quasi quinque ~e per quas ingrediuntur in memoriam .. illa omnia AILR. *Serm.* 32. 13; statio tranquillitatis, portus quietis, ~a jucunditatis J. FORD *Serm.* 26.9; precipua ~a vultus nostri est os nostrum T. CHOBHAM *Serm.* 6. 31ra; Augusti portis [*gl.:* i. in fine mensis Augusti] veniet pars optima sortis (J. BRIDL.) *Pol. Poems* I 168.

2 (~a aquatica, fluvialis, or sim.) flood-gate, sluice-gate, water-gate.

1224 in vertevell' ad ~am aque de molendino, xij d. *Pipe Wint.* B1/12 m. 15; **1294** cum ij peciis mur' inter ~am aquaticam et palic' claustr' castri *MinAc* 991/24; **1357** habebit ~as fluviales .. pro factura .. molendini *Enr. Chester* 39r. 2; **1359** dederunt .. Thome moram suam in predicta domo, juxta ~am aquaticum [*sic*], ad illam portam custodiendam *Lit. Cant.* II 384; **1374** maeremium .. pro emendacione ~arum aquaticarum et *les slowes* ejusdem molendini *Doc. Leeds* 112; **1465** tres rupturas circa ~as fluviales dicti molendini per excessivum cursum aque preantea dirupt' *MinAc* 1140/24.

3 (~a cadens, currens, or sim.) portcullis.

1203 pro .. ~is coleiciis .. castri (v. coleicius 1a); c**1316** ultra ~am colluseam (v. coleicius 1a); s**1337** per ~am cadentem .. Gallice *port culice* (v. cadere 2f); **1344** defectus .. ~arum curenc' (v. currere 3d); tunc ~a castelli pendula ad humum pressa fuit, et sic ex utraque parte per cancellos portule tirones pugnaverunt STRECCHE *Hen.* V 164.

4 (~a turnicia or volubilis) revolving door or gate raised by a windlass.

nichil juris deberet habere ultra ~am tornesiam *Leg. Ant. Lond.* 40; **1278** in maeremio empto ad duas ~as turnicias ex utraque parte Barbicane *KR Ac* 467/ 7/4 m. 2; **1456** ad cujus quidem alte vie introitum quedam ~a volubilis ex antiqua consuetudine extitit *Pat* 482 m. 9d.

5 (in surname).

1203 de Radulfo de ~a *Pipe* 49; **1230** Adam de ~a *Pipe* 24; de catallis Paulini de ~a *Ib.* 72; **1242** Willelmus de ~a *Pipe* 147.

2 porta v. postis.

portabilis [LL]

1 that can be carried or transported, portable. **b** (as sb. n. pl.) light or portable goods, movable property.

pondus interim ademit corpori ut ~e fieret undis? [cf. *Matth.* xiv 25 ff.] PULL. *Sent.* 803A; **1194** super candelabra ~ia *Conc.* I 498a; **1301** super feretrum ~e posuerunt *Reg. Cant.* 593; quod ubicumque locorum possit abbas altare ~e secum deferre G. S. *Alb.* I 353; s**1342** crux ~is insufficiens (*Vis. Totnes*) *EHR* XXVI 120; **14**.. cum baculo ~i pro eadem [cruce processionali] *Chr. Evesham* 301; castellum .. ligneum et ~e .. erexit *Meaux* I 254. **b** s**1346** suburbium omnibus ~ibus et villa spoliata fuerunt J. READING f. 155 p. 100; s**1355** pre timore transtulerunt se et sua ~ia AVESB. f. 127v p. 433.

2 (of clothing) that can be worn, suitable for wearing.

1259 vestes cotidie ~es *RGasc* II 475a.

3 that can be endured, bearable.

1246 quid vero parva et ~is injuria nisi leniter fluens aqua? GROS. *Ep.* 122 p. 345; respectu legis Mosaice, que quampluribus .. ceremoniis vix ~ibus subjectos involvit OCKHAM *Dial.* 779.

portacio v. porcatio. **portacla** v. portulaca.

portadera [cf. Provençal *portador* < portator], vessel for measuring, storage, or transportation of grapes or wine (Gasc.).

1289 de .. tribus cartallis de ffrumento et de tribus ~is de vindemia *RGasc* II 424a.

portagiare [ML portagium + -are], to act as porter, to carry, transport (in quot., as obligation).

1299 debet .. per quamlibet septimanam operari .. operacionem manualem pro quatuor dies et aliis diebus ~iare cum opus fuerit *RBWorc.* 132.

portagium [ML; cf. ME, OF *portage*]

1 carrying or transporting, carriage, portage.

1214 pro ~io avene viij d. pro ~io aque vij d. *Cl* 163a; **1294** quod nullus emat .. nec portet dicta bona empta de nave ante ortum solis set ab ortu usque ad declinacionem solis fiat ~ium sine requie *Gild Merch.* I 239; **1294** expense .. circa empcionem, mensuragium, ~ium, cariagium et custodiam .. bladorum (*Pipe*) *RGasc* III cxliib; **1298** pro ~io bagarum de castro usque scaccarium in principio termini et eis reportandis in fine termini, vj d. *KR Ac* 233/9 m. 1; **1299** usque dol' vini cum oleag', wyndag', et portag' *Ac. Durh.* 494; in tronagio, ~io, et †pakaero [MS: pakagio] *Ib.* 495; **1313** pro fraccione cujusdam navis regis .. et pro ~io ejusdem navis de aqua Tamis' usque palacium Westm' *KR Ac* 375/8 f. 10d.; c**1335** in cccc *bordes* .. in ~io eorundem de nave usque B. *Pri. Cold. app.* p. xii; **1336** in ~io de *stock fissh* de nundinis usque ad domos nostras *Ac. Durh.* 532; **1419** in portacione ejusdem [calcis] .. in ~io eorundem [carbonum marinorum] *Fabr. York* 37; **1583** concedimus .. pro exercicio officii predicti [generalis receptoris revencionum etc.] .. viginti solidos pro ~io

de qualibet centena librarum .. ad receptum Scaccarii *Pat* 1233 m. 29.

2 fee levied for transportation of goods or use of harbour (cf. 2 *portus*).

c**1163** liberi a .. ~io et passagio *Act. Hen. II* I 373.

3 burthen (of vessel), capacity, tonnage.

1336 de quo ~io fuerint naves ille *RScot* 472b; **1340** constabularius castri .. de Berewico .. quandam navem .. que non est de ~io triginta doliorum .. diversis bladis .. frettare *Ib.* 587a; **1398** quedam navis vocata le Cogge de Alemannia ~ii trecentorum doliorum *Pat* 304 m. 25*d*.; **1399** naves et naviculas guerrinas .. cujuscumque ~ii fuerint *Ib.* m. 16; c**1415** dantes vobis plenam .. potestatem .. ad naves et naviculas guerrinas .. cujuscumque ~ii fuerint, quociens necesse fuerit, congregandi *BBAdm* I 374; **1497** naves, carvellas, barquas, et alia vasa quecumque, cujuscumque fuerint ~ii *Pat* 579 m. 22/2*d*.

portale [ML *also as adj.* portalis = *situated near a gate*], doorway or gateway, portal.

unico ad instar ~alis aditu patens ad ingressum Gerv. Tilb. III 59 p. 979 (ed. OMT p. 668); **1255** ~e novum quod est sine ponte versus portam de C. [sc. suburbii] *RGasc* I *Sup.* 33b; **1267** ad cooperiendum ~ale de Eneford totum plumbum meum (*Test.*) *Ch. Sal.* 344; **1313** supplicarunt nobis .. quod .. velimus ~alia dicte ville .. fieri facere, cum ipsi consules parati sint residuum dicte ville bonis muris .. claudere *RGasc* IV 1030 p. 282; **1317** quoddam ~e lapideum in muro .. Arnaldi et Bonifacii *Ib.* 1708; ~ale, *a porche WW*.

portalicium [ML portale + -icium], doorway or gateway, portal.

1314 de ~iis Ville Nove super flumen Olti faciendis .. velimus portalia ejusdem ville .. fieri facere *RGasc* IV 1094.

portallum [cf. ML portale], doorway or gateway, portal.

1180 in reparandis .. ostiis turris Vernolii et ~allo *RScacNorm* I 84; **1243** fieri .. faciant ad introitum ejusdem aule magnum ~allum *Cl* 23.

portamentum [CL portare + -mentum; cf. et. OF *portement*], manner in which one carries or comports oneself, behaviour, comportment.

1250 nostre religionis status propter ejus inconveniens ~um .. fuit depressus (*Stat. Hosp.*) *MonA* VI 797.

portanarium [ML; cf. et. ML portanarius = *door-keeper*], (anat.) duodenum.

quorum [intestinorum] primum est duodenum sive portonarium *Ps.*-Ric. *Anat.* 35 p. 18.

portare [CL]

1 to carry (from one place to another), to convey or transport; **b** (news); **c** (abstr.). **d** (refl.) to take oneself. **e** (in gl. of a walking stick, to account for a *portorium*).

mos est monachos .. defunctos aecclesiam ~are Theod. *Pen.* II 5. 1; arca per aquas Jordanis ~ata *Comm. Cant.* II 23; dum caput abscisum populi ad convivia portant Aldh. *VirgV* 447; ut .. manibus ministrorum ~aretur in grabato Bede *HE* V 19 p. 328; **1202** judicium: fiat lex et in electione appellati sit ~are ferrum vel ut Astinus illud ~et *SelPlCrown* 10; **1203** consideratum est quod ipse purget se per judicium ferri, quia ipse elegit ~are ferrum *Ib.* 30; qui ~ando feretro humeros certatim supponebant Ad. Eyns. *Hug.* V 19 p. 217; **1308** cuidam mulieri ~anti aquam, iij s. vj d. *Ac. Durh.* 4. **b** implent precepta ejus et ~ant ad nos legationes ejus Ailr. *Serm.* 26. 45. 347; **1402** item garcioni comitisse ~anti rumores ad priorem de partu illius *Ac. Durh.* 603; **1447** Roberto Rukby ~anti nova de ortu ejusdem *Ib.* 630. **c** credendum est quod .. anima ejus ab angelis ~aretur Cuthb. *Ob. Baedae* clxiv. **d** deinde ter circa ecclesiam se in vicem ~ant Gir. *TH* III 22 p. 167. **e** portorium, baculus qui ~at senem Osb. Glouc. *Deriv.* 484.

2 (of ship; w. ref. to burthen or tonnage) to be able to carry, have capacity for.

1335 omnes naves pondus xl doliorum vini et ultra ~antes *Cl* 156 m. 25; **1337** naves xl dolia et ultra ~antes (v. dolium 2d).

3 (of horse; absol.) to carry (in a certain manner), 'ride'.

1234 viderat .. puerum .. sanum et incolumem equitantem magnum equum nigrum de Hispania dure ~antem *CurR* XV 1031 p. 225; c**1264** dedit .. unum palefridum bene ~antem *Reg. Whet.* II 323; huic sancto pontifici prior Wallevus equum subnigrum et dure ~antem dedit, qui infra paucos dies totus albus et suaviter ambulans effectus est (*V. S. Wallevi*) *NLA* II 407; super equum suaviter ~antem equitet modicum Gad. 33. 2; equitare super equo male ~ante *Ib.* 129v. 1.

4 to carry about with one, bear; **b** (weapon or other military gear). **c** to carry or bear as a mark of rank; **d** (clothes, habit, or ornament, w. ref. to wearing). **e** to bear or exhibit as a feature. **f** (abstr. or fig.).

1276 per servicium †parcandi [l. portandi] unum gerfalconem (v. girfalco d); **1284** liberi .. de thesauro ~ando (*Ch. Conway*) *MonA* V 674b. **b** instrumenta bellica [coenubialis militiae] .. ~antes [*gl.*: bajulantes] Aldh. *VirgP* 11 p. 240; c**1095** nulli licuit .. vexillum vel loricam ~are vel cornu sonare (*Cust. & Just. Norm.*) *EHR* XXIII 507; **1209** J. filius S. et J. de Albo Monasterio in misericordia quia ~averunt arcus et sagittas in foresta regis sine licencia *SelPlForest* 5; **1284** liberi .. de armis ~andis, .. de chaciis, establiis .. (*Ch. Conway*) *MonA* V 674b. **c** proposuerat .. ipse et regina sua coronam ~are *Leg. Ant. Lond.* 116; Wintoniam, ubi presente Willelmo Scotorum rege regiam ~avit coronam Trevet *Ann.* 152; Brutus .. coronam portavit auream circiter xxiiij annos *Eul. Hist.* II 220; imperator .. ~at aquilam fissam et explanatam in campo aureo Bad. Aur. 118; ~ant leonem rapacem *de goules* in campo aureo *Mon. Francisc.* I 516; ~avit tres fusulos rubios in campo argentio; super quidem arma ~avit racione certarum terrarum (*Tract. Her.*) *FormA* 124n. **d** c**1214** plerosque tam clericos quam laicos qui religionis habitum sumpserant et aliquandiu ~averunt ad laicales tam habitus quam [*supply* mores] redire .. permisistis Gir. *Ep.* 8 p. 264; **1281** †porare [l. portare] in fronte laminam auream Mosaycis mysteriis imperatur Peckham *Ep.* 188 p. 221; **1549** togas .. ~ent longas et talares *Conc. Scot.* II 89. **e** signum incendii .. visibile cunctis in .. maxilla portavit Bede *HE* III 19 p. 167; omnis figura simplex ~ans tractum magis a parte dextra quam a sinistra semper significat longitudinem Garl. *Mus. Mens.* 2. 12; cum plica dicitur esse illa, quando ultimus punctus ~at tractum a parte dextra, et hoc est dupliciter *Ib.* 2. 31. **f** c**734** ita .. sumus adoptati, sancte regenerationis ~antes misterium (*Lit. Papae*) W. Malm. *GP* I 36; utque pium placido Christum tu pectore porta Alcuin *Carm.* 53. 11; impossibilitas ~at secum impotentiam, et necessitas violentiam Anselm *Misc.* 342; nos ~amus carnem peccati, ille non ~avit carnem peccati sed similitudinem carnis peccati Ailr. *Serm.* 26. 28. 344.

5 (of woman), to carry or bear (child, also absol.). **b** (of land, plant, or tree) to bring forth or bear (fruit, also absol.).

desiderabilis beato ventri qui ~avit, desiderabilis uberibus quae eum lactaverunt Bede *Cant.* 1171; mater .. quae illum in ventre ~are et in sinu meruisti lactare Anselm (*Or.* 7) III 25; mater sustinet plures angustias in ~ando T. Chobham *Conf.* 145 (v. patrimonium 3); in vena virginis brevi sed regia / portatur portator qui portat omnia Walt. Wimb. *Carm.* 111. **b** modo ij arpenni vineae ~antes et alii ii non ~antes *DB* II 73va; modo ij arpenni vineae et dim', et dimidius tantum ~at *Ib.* 74; c**1230** si boscus ~averit nuces debet invenire unum hominem .. ad nuces colligendas (*Cust. Atherstone*) *Doc. Bec.* 103; debet quando boscus ~averit dare pannagium pro porcis suis *Ib.*; si nemus domini ~averit, debet porcos suos pannagiare sicut alius extraneus *Ib.* 119.

6 (refl., w. ref. to behaviour) to bear or comport oneself (in a certain manner).

c**1180** inveniret quod bene .. et fideliter se ~aret .. comitibus et ballivis suis tractabilisque communitati burgi predicti (*Tewkesbury*) *BBC* 140; **1269** honeste me ~ato erga patriam sc. erga divitem et pauperem *CBaron* 77.

7 to bear, sustain, endure (burden or suffering). **b** (leg., *~are judicium* or sim.) to undergo trial or judicial ordeal.

quod autem infirmitates adque egrotationes nostras .. libenter ~averit .. Theod. *Laterc.* 19; ut idem apostolus suique successores .. ludibrium in populo Romano ~arent Aldh. *Ep.* 4 p. 483; qui ergo non vult virgam in dorso ~are, portet in labiis sapientiam [cf. *Prov.* x 13] Bede *Prov.* 969; qui .. ~ant iniquitatem et onus Adae Anselm (*Orig. Pecc.* 26) II 169; monachile jugum subiit et .. per adversa et prospera fortiter ~avit Ord. Vit. III 9 p. 110; ego .. detractionem ejus familie equanimiter ~o J. Sal. *Met.* 833B; penam pro eo ~abit *Leg. Ant. Lond.* 127; dictus W. ~abit sive sustentabit omnia honera ordinaria et extraordinaria *FormMan* 10; si ipsam rex ~aret pacienter presumpcionem *Meaux* I 194. **b** de his omnibus terris facturi sacramentum vel judicium ~aturi ad Tantone veniunt (*Somerset*) *DB* I 87va; offert se ~aturum judicium quod non ita est sicuti dicunt (*Lincs*) *DB* I 336ra; qui sic convicti sunt et secum ~ant judicium sicut sententialiter condemnati nullum habent appellum versus aliquem Bracton f. 152.

8 (in phr., w. ref. to offering, delivering, or conveying).

homines de scira non ~ant vicecomiti testimonium [*bear witness*] (*Herts*) *DB* I 141ra; c**1095** si dominus Normannie filium .. baronis sui .. voluit habere obsidem de ~anda fide [*bear faith or allegiance*] (*Cust. & Just. Norm.*) *EHR* XXIII 507; c**1105** volo .. ut .. quiete et pacifice teneant omnes terras .. de quibus probi homines Wincestre testimonium ~abunt predictis monachis (*Ch. Wint.*) *EHR* XXXV 391; **1153** ita quod comes Leecestrie ~abit ei fidem *Ch. Chester* 110 p. 124; **1272** quia .. non sit consuetudo .. quod ea que fiunt in curia .. regis que recordum ~at inquirantur per patriam .. (*CurR* 205 m. 19) *EHR* XXV 413; **1289** a .. venditore .. facientes nobis ~ari .. guarantiam *RGasc* II 437b; cum sic quisque status sit in hiis cartis viciatus / ut veniam portet sibi solvere quicquid oportet Gower *CT* 3. 60.

9 (of property, w. ref. to taxation) to bring or pay as rent, be charged with.

1227 manerium enim de Hedindon' ~at in corpore comitatus l li., que sunt sic partite: abbatisse de Godstowe c s. .. *LTR Mem* 9 m. 8*d*.; **1235** inquiras .. quantum .. viginti et una acra terre .. quas idem W. tenuit ~are consueverunt in firma comitatus .. secundum antiquam extentam *KR Mem* 14 m. 5; **1242** manerium ~at vj li. viij s. vj d. per inquisitionem inde factam per preceptum regis *Pipe* 9.

portaria [ML; cf. LL portarius]

1 gatehouse, porter's lodge.

curam .. molendini atque ~ie et prati et curtilagii *Cust. Westm.* 71.

2 office of porter.

~iam Glastonie a Waltero, quondam portario Glastoniense, certa summa pecunie redemit et monasterii utilitati restituit Domerh. *Glast.* 505; **1359** una cum custodia turris nostre Burdegale ac ~ia ejusdem turris *Pat* 257 m. 17; **1366** officium ~ie de Rosfeir' *Rec. Caern.* 215; **1441** de redditibus, exitibus, et personis manerii nostri ville sive ~ie de Rosfair' .. infra insulam de Anglesey per manus senescalli .. ballivorum sive aliorum occupatorum eorundem manerii ville sive ~ie *Pat* 450 m. 14.

portarius [LL], **porterius** [cf. ME, AN *porter, portier* < portarius], door- or gate-keeper, porter; **b** (as royal office, also Cont.); **c** (of city or castle); **d** (eccl. & mon.); **e** (of heaven); **f** (passing into surname) Porter.

duo ~arii de Montagud tenent de comite Esturt *DB* I 92rb; inter .. kocos, port', dispensator' *DB* II 372; deliberarunt istum .. ~erium extracto sibi corde, ponere in una cassia et cor et corpus predicti ~erii .. maliciose regine presentarunt (*Ep.*) *Chr. Ed. I & II* II cv. **b** **1130** in liberatione .. ~arii Turris *Pipe* 143; s**1177** Aldefonsus rex Castillie .. tria castella .. per ~arium suum recipiat *G. Hen. II* 141; **1238** pro Hugone ~ario. rex concessit Hugoni ~ario suo .. *Cl* 66. **c** cum .. homo Dei venisset ad ostium urbis cum comitibus suis, venit ~arius et salutavit eos Nen. *HB* 173; **1157** in liberatione ~arii civitatis xx s. *Pipe* 101; Robertus ~arius castelli Torigni *Chr. app.* p. 339; **1201** ~ario de Hereford xxx s. et v d. *Pipe* 264; ~ario et vigilibus de Salopesbir' xxx s. et v d. *Ib.* 276; **1392** solute .. Patricio, ~ario castri de Edynburgh, pro feodo suo de tempore preterito *ExchScot* 285. **d** postea viij annos fuit ~arius in duobus monasteriis Hugeb. *Will.* 5 p. 102; is ipse vocatur Hunfredus, tunc sancti Augustini ~arius nunc sancti Wandregisili monachus Gosc. *Transl. Mild.* 20; **1205** monacho ~ario de Bello Loco *Cl* 18a; quem frater ~arius nec .. ingredi permittens .. Ad. Eyns. *Hug.* IV 13 p. 69; c**1230** me dimisisse ad feodfirmam ~ario de Melros .. totam terram meam *Melrose* 262 p. 233; ~arius abbacie

Cust. Westm. 79; **1370** cardinalis .. Rogerum .. per Segninum ~erium suum juratum citari .. mandavit *Cant. Coll. Ox.* III 188. **e** Petrum †apostolem [l. apostolum] assumpsit ~arium paradisi LUCIAN *Chester* 50. **f** Milo ~arius tenet de rege Brondene (*Hants*) *DB* I 49va; **1123** testibus his .. Hunfrido ~ario *Text. Roff.* f. 195v; **c1200** Guillelmo ~ario hiis testibus: .. *Lit. Cant.* III 361; **c1200** testibus .. Adam ~ario *Cart. Osney* IV 62; **c1215** testibus .. Willielmo ~ario (*Ch. MonExon* 121b; ego Alicia filia Willelmi ~arii *Reg. S. Aug.* 393.

portatilis [ML < CL portatus *p. ppl. of* portare+-ilis], that can be carried or transported, portable; **b** (of animal). **c** (as sb. n. pl.) movable or portable goods or possessions.

crux quedam .. major aliquantulum quam ~is GIR. *GE* I 35 p. 109; Jabaal adinventis ~ibus pastorum tentoriis M. PAR. *Maj.* I 3; **1257** applicato super fedissimam arcam altari ~i, missarum solempnia celebrare presumpserunt *Mon. Francisc.* II 269; laurum nescis spectabilem / triumphanti portatilem [v. l. partialem] dum vepris vulnus iterat J. HOWD. *Cyth.* 57. 8; **1295** capella sua ~is *Reg. Wint.* 777; rex Richardus Grifones in Calabria et Sicilia expugnavit, castellum ligneum et ~e contra Messanam erexit, quod et Mategriphum appelavit KNIGHTON I 161. **b** canem modicum sanguinarium ~em presentat MAP *NC* I 11 f. 10v. **c** s1346 villa .. fuit omnibus ~ibus spoliata WALS. *YN* 286.

portatio [CL]

1 (act of) carrying from one place to another, conveying, transporting.

1288 piscatores teneantur ad piscacionem congrorum et eorum ~onem (*AncD D*) *MS PRO* E. 210 / 389; **c1340** pro factura viij *coddes* pro ~one S. Willelmi xx d. *Fabr. York* 121 (cf. ib. 129: [**1390**]: pro reparacione viij *coddes* factis pro supportacione feretri S. Willelmi); **1367** in diversis cariagiis et literarum ~onibus .. per tempus compoti .. viij li. *ExchScot* 282; **1397** in j *last* bituminis, xxxiiij s. .. in ~one et expen' ejusdem ij s. iiij d. *Ac. Durh.* 600; **1419** custus calcis .. in ~one ejusdem ab Usa usque clausum ecclesie *Fabr. York* 37; **1432** in j nova magna corda canabea .. empta .. cum ~one ejusdem usque monasterium *Ib.* 51; **1537** pro ~one vini, olei, mellis *Ac. Durh.* 696.

2 (act of) carrying about with one, bearing. **b** (~*o armorum*) bearing of arms. **c** wearing (of clothes or habit).

quamvis enim ad ~onem hominis concurrat terra supportando, Deus eciam gubernando partes hominis xxx et alia juvando .. non est illius hominis extrinsece causa ~onis sue. unde impertinens est ~oni sue quod portans moveat localiter vel allevet pondus portatum WYCL. *Log.* II 159. **b** nisi ~onis vel posicionis armorum (*Leg. Hen.* 88. 2) *GAS* 602; **1290** tam in hostibus, ~one armorum, quam in aliis *RGasc* II 560b; **1466** convictus de ~one armorum. incarceratus reddidit arma *MunAcOx* 717. **c** ~o habitus [ecclesiastici] nullo modo obligat LYNDW. 202K.

portativus [ML < CL portatus *p. ppl. of* portare, portatio+-ivus]

1 of or for carrying. **b** (as sb. m.) one who carries or transports, carrier (also passing into surname). **c** (as sb. n.) thing fit for carrying or bearing.

1311 civera ~a *Fabr. Exon.* 57; nec ex hoc sequitur quod omne portativum sit eque ~um; quia unum excedit aliud quo ad sufficienciam diuturne portacionis, quantum ad modum portandi, erecte vel decline, alcius vel bassius WYCL. *Log.* II 160. **b 1435** Willelmo Askby meum ~um me ministranti fieri sacerdotem pro suo diligenti labore *Wills N. Country* I 44; **1466** pro certis pannis laneis .. liberatis Johanni ~is pro indumentis domine Marie *ExchScot* 423; **1474** Johanni de ~is *ExchScot* 257. **c** omne ~um WYCL. *Log.* II 160 (v. 1a supra).

2 that can be carried or transported, portable.

1432 portiforium et missale mea portitiva *Reg. Cant.* II 493.

portator [LL], one who carries, transports, or delivers, carrier, bearer; **b** (w. burden in gen.). **c** (~*or armorum*) bearer of arms. **d** (fig.).

hoc opus, hoc crudum rapuit portator ab igne ALCUIN *Carm.* 76. 1. 27; in vena Virginis brevi sed regia / portatur portator qui portat omnia WALT. WIMB. *Carm.* 111; pro trunco quem ~ores extra domum portaverunt *Leg. Ant. Lond.* 239; a portoure, bajulus, ~or *CathA.* **b** videre mihi videor Salomonem sollicite anhelantem circa templi edificium, Hiram ministrantem ligna, operoso edificio insistentes latomos, cementarios, biblios et onerum ~ores P. BLOIS *Ep.* 104. 327C; **1251** mandatum est .. duobus vallettis ~oribus austurcorum regis *Cl* 402; portator capitis Dionysius innuit intus / se portasse Deum, se placuisse Deo GARL. *Tri. Eccl.* 77; et chorus antiquus portator luminis; nêque / sublevita sequensque simul levita; *Id. Myst. Eccl.* 488; hii Caleph et Josue sunt exploratores / illius melliflue terre laudatores, / isti sunt continue botri portatores / fideles precipue Christi zelatores PECKHAM *Def. Mend.* 267; per presencium ~orem *Reg. Brev. Orig.* f. 264; ~ores [v. l. portitores] literarum *Plusc.* X 17 p. 342. **c** sclactarius, ~or armorum *GIC* S 202; **c1516** fornicarius, latro, octivagus percutiens aliquem, ~or armorum *StatOx* 333. **d** vos estis catholice legis portatores *Ps.-MAP* 45.

portatorius [LL]

1 (as adj.) of or connected with carrying, or that can be carried, portable, (*liber ~ius*) portable breviary, portas.

1341 lego .. j magnum superaltare ~ium et j portifiorum *RR K's Lynn* I 160; **1369** item J. filio meo unum librum ~ium usui Ebor' et unum psalterium *Test. Karl.* 97.

2 (as sb. n.): **a** artefact used for carrying or transporting. **b** (pl.) movable things, portable possessions, baggage.

a loculum, ~ium de tabulis [cf. *Luc.* vii 14] *Gl. Leid.* 25. 4. **b** ille perfidus furti conscius in malitia persistebat et saccos et ~ia exquirere sociis persuadebat. sciebat invenire quod latenter intro posuerat *Ep. ad amicum* 92 p. 117.

portatrix [CL], carrier (in quot. of female animal).

ecce ~ix arcae Dominicae victimanda vacca prophetatur BEDE *Sam.* 535C.

portatus [ML], manner in which one carries or comports oneself, behaviour, comportment.

1324 de gestis et ~u majoris *MGL* II 15 *tit.*

1 portella [LL], little door or opening; **b** (transf.).

hec porta .. unde portula et ~a diminut' OSB. GLOUC. *Deriv.* 429; ~a, portula, valvula, ostiolum *Ib.* 474. **b** legatus mittitur sciente nemine, / procus approximat portelle femine WALT. WIMB. *Carm.* 26; tu portella procis clausa, / salus egris, fessis pausa, / tristibus tripudium *Id. Virgo* 67.

2 portella [CL portare+-ella], small basket or sim., or ? *f. l.*

1358 cum duas ~as [? l. sportellas] de ficubus et duas ~as de racemis .. duci fecerit (*Cl*) *Foed.* VI 78.

portemia, portemina v. porthmia. **portemotum** v. portmotum.

portendere [CL]

1 to indicate (future or hidden event), portend, presage, foretell (sts. w. ref. to prefiguration); **b** (w. acc. & inf.). **c** (generally) to show, indicate.

sacram Redemptoris passionem misticis praesagminibus ~erat [gl.: prefigurat, manifestaverat, significabat, demonstrabat, signaverat, *getacnode*] ALDH. *VirgP* 23 p. 254; purae virginitatis praerogativam pulchra praesagia ~ebant [gl.: statuerant, manifestabant, significabant] *Ib.* 26 p. 260; ca[s]tissima apis .. sacre ecclesiae typum ~it BYRHT. *Man. app.* 244; quare viridis color in plantis non signat adustionem, cum in humiditatibus et urinis adustionem ~at? *Quaest. Salern.* N 39; expavescens vir castissimus, ne forte, ut est humana fragilitas, futurum fornicationis crimen ~eret *Canon. G. Sempr.* f. 40v; dicit Plinius quod examen apum sedit in ore infantis Platonis, tunc eciam suavitatem illam predulcis eloquii ~ens GROS. *Hexaem. proem.* 11. **b** prima praecepti complevi jussa parentis / portendens fructu terris venisse salutem [cf. *Gen.* viii 11] ALDH. *Aen.* 64 (*Columba*) 4; talia signa sacrum portendunt esse futurum *Id. VirgV* 986. **c 796** ab .. eodem longtitudine portendente [*sic*; ? l.

protendente] (v. favonius 1c); aureus ille calix, tetigi quem carmine dudum / ac lata argento pulchre fabricata patena / celatas faciem portendunt apte figuras ÆTHELWULF *Abb.* 651; debitores cum debitis propone, et in iij lineas per tabule medium e transverso in longitudine ductis, caracteres amborum numerum, id est eorum qui debent et eorum qui debentur ~entes THURKILL *Abac.* f. 56; deinde caracterem, vel si plures fuerint caracteres dividendur ~entes, a locis suis alterum post alterum remove *Ib.* f. 60.

2 (*p. ppl. portentum* as sb. n.) sign that indicates momentous future event, portent, token (also w. gen. to specify event); **b** (dist. from *miraculum* or *signum*).

nec enumerans patriae ~a ipsa diabolica paene numero Aegyptiaca vincentia GILDAS *EB* 4; ~um, *scin GlC* P 513; ~a, *foretacnu GlS* 214; ~um future calamitatis ORD. VIT. III 14 p. 157; dolens in sanctuario Dei fieri picturarum ineptias et deform[i]a quedam ~a magis quam ornamenta AD. DORE *Pictor* 142; in Aquitania ~um tale visum est a quodam hujus patrie ita dicendo: ego .. transcendens nives Alpinas in Italiam veni *Eul. Hist.* I 396. **b** signorum ~orumque [gl.: prodigiorum, *forebeacna*] praesagio ceteros mortales .. inspiravit ALDH. *VirgP* 53 p. 310; aliud non miraculum sed ~um nobis Walenses referunt MAP *NC* II 11 f. 26.

3 (applied to person) abnormal or unnatural creature, (*portentum naturae*) freak of nature.

presbiter agrestis, deformis sane et pene portentum nature W. MALM. *GR* II 175.

1 portensis [ML < CL porta+-ensis], door- or gate-keeper, porter.

a porto hic ~is .. i. janitor OSB. GLOUC. *Deriv.* 429.

2 portensis [CL portus+-ensis], **portuensis** [LL]

1 of or connected with a port, port-.

c1315 Walliam tam per terram quam per mare armis et ~uensi navigio circumcingens *DCCant.* 249.

2 of or connected with Portus, two miles north of Ostia.

tertia decima porta et via ~uensis dicitur W. MALM. *GR* IV 352; recepit secundam orationem a ~uensi episcopo *Ib.* V 423; Lambertus Hostiensis et Boso ~uensis ORD. VIT. XII 9 p. 335.

3 of the Cinque Ports. **b** (as sb., also w. *Quinque*) citizen of (one of) the Cinque Ports (sts. w. ref. to the barons of the Cinque Ports).

naute ~uenses et Gernemuthenses mutuo flagrantes odio TREVET *Ann.* 363; inter nautas ~uenses Anglie et Normannos, Picardos et Flandrenses *Meaux* II 257. **b** rex igitur, maritima perambulans loca, castra munivit, Quinque ~uenses, sacramentis et obsidibus ab eis extortis, sibi obligavit COGGESH. *Chr.* f. 115v; quidam de Quinque Portubus quamdam navem ibidem arestarunt cum lana .. set quia iidem ~uenses non potuerunt liquido docere .. quod ad ipsos per forisfacturam illam predicta lana pertinere debuisset .. *AncC* 7138; **1275** homines de communitate predicta [de Sandwyco] .. per consilium aliorum ~uensium (*CoramR*) *SelCKB* I 13; s1290 inter Bajonenses, Quinque ~enses et Gurnemutenses ex una parte et Flandrensium navigium ex altera exortum est navale bellum sevissimum OXNEAD *Chr.* 276; s1294 W. de L. factus est capitaneus omnium ~ensium et omnium aliorum marinariorum B. COTTON *HA* 234; s1264 perrexit Wynchelseiam, ubi ~uenses recepit ad pacem *Eul. Hist.* III 124; s1293 maxima discordia .. inter ~uenses Anglie et Normannos *Feudal Man.* 106.

portentare [CL portentum *p. ppl. of* portendere+-are], to indicate, show.

1306 tenendum totum predictum pratum in longitudine et latitudine, sicut bunde et mete ~ant *AncD* A 1262.

portentilla v. potentilla.

portentose [CL], **~uose**, in a manner that involves signs of abnormal phenomenon, portentously.

~uose, monstruose, exempli causa cum sex digitis nati *Gl. Leid.* 1. 95; portentuosus .. i. monstruosus et ~uose adverbium OSB. GLOUC. *Deriv.* 571.

portentosus, portentuosus [CL]

1 characterized by signs of abnormal phenomenon, portentous, monstrous.

~uosus, monstruosus OSB. GLOUC. *Deriv.* 480; hinc confusi parentes nemini videndum ~uosum animal exhibuerunt W. CANT. *Mir. Thom.* II 43 p. 204; superbia ~uosa . . legem communem sequi dedignatur NECKAM *NR* I 39 p. 93; immania . . monstra ~uosis lacertis ipsas complectencia AD. EYNS. *Visio* 38; quomodo puer quidam, vocatus Willelmus Sawndir', qui ~uoso quodam prestigio retroversa facie sepius in amenciam versus asseritur . . sanus et incolumis effectus est *Mir. Hen. VI* II 75 *rub.* p. 73; vallum ~osae molis BOECE f. 78v.

2 outlandish, exotic, quaint.

subtiles quasdam et exquisitas exinde pelliculas comparant: ~uosas vestes et peregrina palliola G. HOYLAND *Ep.* 294A.

porterium [AN *porter, portier* < LL portarius + -ium], office of porter, portership.

1297 porter' castri nostri de Baumburg' vacuum est *IMisc* 56/22.

portetorium v. portitorius.

portgerefa [AS *portgerefa*], portgrevius, portrevus

1 (pre-Conquest Eng.) borough-reeve. **b** (post-Conquest Eng.) portreeve, mayor.

968 ego Hloðepig portgerefa consensi *CS* 1212. **b** W. rex salutat W. episcopum et G. portgrevium [AS: *portirefan*] et omnem *burgware* infra Londonias (*Ch. Lond.*) *GAS* 486; **1419** qui nunc major olim portigravius . . vocabatur *MGL* I 4; rex suum locum tenentem . . portgravium (quod nomen a lingua Saxonica . . sumpserat) appellavit *Ib.* 13; **1577** Willelmus Ditchborne portrevus ibidem comparuit *DL CourtR* 126/1883 m. 1.

2 (f. *portreva*) female portreeve or wife of portreeve.

1577 Eva Asheborneham portreva ibidem *DL Court R* 126/1883 m. 1.

portgravius, portgrevius v. portgerefa.

porthmeus [CL < πορθμεύς]

1 ferryman.

fferyare, permeus *PP*.

2 busy harbour or port.

hic porthmeus [MS: hoc phormeum], -ei, i. portus ubi frequenter meatur OSB. GLOUC. *Deriv.* 341.

porthmia [πορθμεία =*ferrying across, conveyance by water*], ferry-boat.

portemia, navis lata, habilis ad portandum OSB. GLOUC. *Deriv.* 484; *fferyboot*, portemina, -e *PP*; *schotere* . . portemia, -ie *PP*.

porthmium [πορθμεῖον], boat-hire or conveyance by water.

boethyyr, petonium, -ii n. *PP*; *fferyage*, poteminum *PP*.

porthus v. 2 portus.   **porticulaca, ~iculata** v. portulaca.   **porticulum, ~us** v. portisculus.

porticus [CL *as 4th decl. f. & m.* ML *also 2nd decl.*], ~a

1 covered structure, portico, porch; **b** (fig.).

haec nimis alta domus . . / . . / pulchraque porticibus fulget circumdata multis ALCUIN *SS Ebor* 1511; ~us, *hwommas* GlP 574; hec [domus Pantheon] . . habet ~um spaciosam multis . . columpnis . . sustentatam GREG. *Mir. Rom.* 21; in ~u ante hiemale palatium . . pape *Ib.* 32; corpus aule vestibulo muniatur, juxta quod porticus [*gl.*: *portice, une curt, porche*] hospite sit disposita NECKAM *Ut.* 109; cum . . ad ~um jam pervenissent ecclesiam ingressuri AD. EYNS. *Hug.* V 11 p. 140; **1242** in . . ~io inter cameram regine et capellam suam et porta nova in introitu camere sue *Pipe* 176; ~am ante hostium camere . . et . . ~am ante hostium des Boms . . fieri faciatis *RGasc* I 255a; **1478** carpentario pro factura unius ~e ad ostium . . iiij s. *Cant. Coll. Ox.* II 203. **b** in

quadam ac si angusta timoris ~u luctabantur GILDAS *EB* I p. 27.

2 (eccl.) side-chapel.

sepultus est . . Benedictus in ~u beati Petri, ad orientem altaris *Hist. Abb. Jarrow* 18; in ~u [v. l. ~o] sancti Martini intro ecclesiam . . sepultus BEDE *HE* II 5 p. 90; **802** quicquid spatii vel in ~ibus vel in atriis vel in domibus vel in arcis ad ecclesiam adjacentibus pertinet ALCUIN *Ep.* 245 p. 396; ad venerationem sancti cui ~us [AS: *portic*] ad quam itur dedicata est *RegulC* 19; s**738** requiescunt ambo sub unius ~i tectum ÆTHELW. II 15 p. 22; sepultus est cum fratre suo in una ~u apud Eboracum W. MALM. *GP* III 112; fractum est totum . . excepto ~o uno et magno altari *Ann. Wint.* 37; item altari beate Marie ejusdem ecclesie in boriali ~u do et lego vj s. viij d. . . item fabrice ~us ubi filii mei sepeliuntur do et lego xx s. (*Test.*) *Feod. Durh.* 5 b.

3 (cf. CL *portus*) port, harbour, or ? harbour-gate.

1397 citra mare ex opposito ~um de Kyngeston' *CalPat* 80.

portifluvium [CL porta+fluvius; cf. et. porta aquatica *or* fluvialis], floodgate, sluice-gate.

1411 custus †portiflumiorum [MS: portifluviorum] . . ad cariandum maremium . . usque molendinum . . pro factura †porti flumiorum [l. portifluviorum] ejusdem (*DL MinAc*) *Arch. Soc. Derb.* XI 139; ad reparanda . . et emendanda dicta †portiflumia [MS: portifluvia] *Ib.*

portiferium v. portiforium.

portiforium [CL portare+foris+-ium], portable breviary, portas.

1295 lego . . melius ~ium meum . . novum ~ium (*Test.*) *EHR* XV 525; **1313** item unum portiferum *Pri. Cold.* 9; **1317** quoddam parvum ~ium sine nota *Reg. Heref.* 40; **1388** duo ~ia grossa nova non ligata nec in toto alluminata *IMisc* 240. 14; **1388** de precio duorum portoforiorum novorum et grossorum non ligatorum et in toto illuminatorum *LTR AcEsch* 10 r. 15d.; **1395** ~ium notatum *Test. Ebor.* III 6; **1424** unum optimum portiphorium *Reg. Cant.* II 300; *portos, boke, portiferium . . breviarium PP*; hoc ordinale, A. *a ordynal*, hoc portiforum, A. *a portes WW*.

portiforum v. portiforium.   **portigravius** v. portgerefa.   **portimannimot'** v. portmannimotum.   **portimotum** v. portmotum.   **Porti(n)gal-** v. Portugal-.

portio [CL]

1 portion in relation to the whole, (*pro ~one* or *secundum ~onem*) according to the degree, portion, or share.

1258 si alique particule terrarum teneantur in communi a participibus ita quod ad quemlibet participem pro ~one partis sue assignari non possit locus certus, sc. integra vel media perticata pro parvitate . . terre *Cl* 306; **1283** qui minus habet quam carrucam integram pro ~one quam habet herciat et arrat, quia quantum arrat herciare debet *Cust. Battle* 60; debent pannagiare porcos . . porcos plenarie etatis j d. et pro minore etatis secundum ~onem *Ib.* 89; de ij molendinis traditis ad firmam ad supradictos iiij anni terminos pro equali ~one *FormMan* 29; **1325** dabit pro mille domino et hominibus ville . . xxxij d. pro equali ~one *CBaron* 145.

2 part, portion; **b** (of a circle, arc); **c** (of abstr.).

tantus fertur fuisse numerus monachorum ut, cum in septem ~ones esset . . monasterium divisum, nulla harum ~o minus quam trecentos homines haberet BEDE *HE* II 2 p. 84; filacteria . . aurea cum ~one ligni Domini W. MALM. *GP* V 246 p. 397; ~o circuli est figura recta linea et parte circumferentie contenta, semicirculo quidem aut major aut minor ADEL. *Elem.* I *def.* 19; linee . . ET ~onem . . adjicio ROB. ANGL. (I) *Alg.* 82; qui primo Hiberniam in quinque ~ones equales diviserunt GIR. *TH cap.* p. 15; in hoc [receptaculo] ~ones congesserat sanctorum pignorum ad numerum usque reliquiarum AD. EYNS. *Hug.* V 14 p. 167. **b** dicam plane de relacione circuli ad ejus diametrum et cujuslibet ~onis circuli ad ejus cordam WALLINGF. *Quad.* 24; linea BE est sinus rectus ~ois BA, et linea EA est sinus versus tam arcus BA quam ~onis AD *Ib.* 26. **c** ~onem . . aliquam scientiae salutaris etiam gentilibus dabat BEDE *Tob.* 924; ~o beatitudinis [AS: *geþyld byð middes eades*] *Prov.*

Durh. 1; quamvis . . non modicam sortiatur beatitudinis ~onem AILR. *Serm.* 21. 12. 355A; Augustinus dicit quod superior ~o rationis dicitur que intendit eternis racionibus consulendis, inferior vero ~o dicitur que negociatur in istis temporalibus dispensandis R. MARSTON *QD* 253.

3 allotted part or portion, share (of property or abstr.). **b** (*ponere ~onem cum* & abl.) to throw one's lot in with (*cf. et. Psalm.* xlix 18). **c** (leg.; *placitum ~onis*) plea of purparty.

ut hoc sit quaedam fessae menti rata recompensationis ~o [v. l. partio] ac oblata remunerationis vicissitudo ALDH. *PR* 142 (143) p. 202; surgito concivis, nostri non portio vilis FRITH. 1248; pecuniae ~onem quam habebat in usum pauperum expendit WULF. *Æthelwold* 29; ut in resurrectione Domini nostri Jesu Christi percipiamus . . ~onem [AS: *dæl*] per eundem *Rit. Durh.* 32; singulis . . ~onibus suis areptis et direptis, expulsus est fatuus MAP *NC* IV 6 f. 47v; unicuique assignata est ~o sua in prebendam ut, deductis expensis que fratrum victualibus exhibere debeant, quod residuum erat in proprios usus, loco prebende, cederet *Found. Waltham* 15 p. 15. **b** nunc ammonet ne cum adulteris ~onem suam ponat BEDE *Prov.* 947; **1167** ut pro temporali emolumento ponatis cum scismaticis ~onem J. SAL. *Ep.* 189 (186 p. 226); **1168** gaudens audio de te, dilectissime, quod honestam ecclesie desideras et speras pacem, nec ~onem consensus ponas cum impiis *Ib.* 270 (251 p. 506). **c** **1196** de placito ~onis illius terre *CurR* I 18; **1218** Mazilia uxor Thome . . petens versus W. . . de placito ~onis *Eyre Yorks* 4; de placito ~onis *CurR* VIII 23.

portionaliter [ML < LL portionalis+-ter], in due proportion.

sex libre . . pro eorum expensis . . ~iter dividantur (*Ch. Evesham*) *MonA* II 31a.

portionare [ML], to divide (into parts or portions).

minorata semibrevis sic ~atur HAUBOYS 270; **1367** faciant equaliter ~ari predicta bondagia *Hal. Durh.* 67.

portionarius [ML < CL portio+-arius]

1 (of person): **a** (as adj.) who has a share (in a benefice). **b** (as sb. m.) joint tenant or holder; **c** (eccl., of a benefice).

a monachis, canonicis regularibus, monachis eciam ~iis *Obed. Abingd.* 385. **b** c**1321** sicut dicta baronia inter W. de Crechton et Isabellam sponsam suam ~ios . . fuerat divisa *RMS Scot* 27. **c** **1277** de duobus nepotibus cancellarii Herefordensis, ~iis de Bromgard *Reg. Heref.* 135; ~ius, circulo quindecim dierum, quotidie dimidium panem et obbatam cervisie debet procurare *Obed. Abingd.* 397; **1286** conventio inter ~ios de Duffus *Reg. Moray* 341 *tit.*; **1456** de medio terrarum de Litil Futhas, spectante Roberto Bissat, ~io ejusdem *ExchScot* 151; c**1520** ~iis et pensionariis ceterisque capellanis *Conc. Scot.* I p. cclxx.

2 (of church) whose revenues are used to support one or more *portionarii*.

1322 an sit litigiosa, pensionaria, vel ~ia *DCCant. Reg. Q* f. 9; **1414** an dicta medietas ecclesie de M. sit litigiosa, pensionaria vel ~ia . . inquisicionem faciatis *Reg. Cant.* III 344; **1420** nec est dicta ecclesia de Sutton pensionaria seu ~ia *Ib.* I 180; **1444** ecclesie pensionarie et ~ie exiles augmententur *Conc.* III 540a.

portionista [CL portio+ista < -ιστής], (acad.) portionist. **b** (in Merton College) postmaster.

a**1476** (17c) consuetudo est . . quod tota comitiva duos habeat ~as, quorum uterque alternis ebdomadis bibliam legat et alternis portam custodiat *MS Oxf. Univ. Coll.* UC: GB1/MS 1/1. **b** in reparacione muri alte camere et aliorum in aula ~arum (*Ac.*) *Oxf. Merton Coll. Rec.* 3769; **1483** insuper ~arum numerum decretum est augeri secundum magistrorum numerum *Reg. Merton* I 29; **1494** ~e assignati sunt secundum numerum magistrorum *Ib.*186; **1498** conventum est quo ~arum numerus magistrorum numero equaretur *Ib.* 217; quod magistri non darent de porcione panis aut carnium suis ~is extra aulam *Ib.* 222; **1577** unusquisque magister ~ae sui tutor esto. nullus ~a admittetur qui non habet suum magistrum tutorem et in ipsius cubiculo pernoctet *Ib.* III 103.

portiphorium v. portiforium.   **portis** v. 2 portus.

portisculus [CL]

1 hammer or mallet used for measuring time for rowers.

crepitante naucleru [vv. ll. naucleri, nauclerii] portisculo [v. l. porticulo; *gl.*: malleo, *hamure, helme, hamell*] ALDH. *VirgP* 2 p. 230; positisculo [l. portisculo], malleo *GlC* P 503; hic portusculus .. malleolus in navi cum quo gubernator dat signum nautis OSB. GLOUC. *Deriv.* 429; notandum quod porticulus [*gl.*: *le martel, maylet*] dicitur maleolus [v. l. malleolus] quo nauta dat signum sociis NECKAM *Ut.* 115; hic porticulus, *a maylat WW*.

2 sort of staff or stick.

a porto .. hic porticulus .. i. parvus baculus ad portandum habilis OSB. GLOUC. *Deriv.* 429; portitorium vel porticulum, baculus lixarum *Ib.* 484; *trunchyn or wardrere*, porticulus *PP*; *a betylle*, porticulus, occa, feritorium *CathA*.

portitare [ML, *frequentative of* CL portare], to carry or bear.

a porto .. ~o .. verbum frequentativum OSB. GLOUC. *Deriv.* 429; ~are, gestitare *Ib.* 474.

portitio [cf. CL partitio, portio], division (into parts), distribution.

c1320 de pane ad usum pauperum MMMCCCC panes, quando ad communem ~onem sufficiunt iiij corbelli. et si ad communem ~onem distribuantur vj corbelli vel vij, oportet furniare plus de blado secundum quod communis ~o est major vel minor *DCCant. Reg. S* p. 421.

1 portitor [CL < portus =*port-official, customs-officer*], door- or gate-keeper, porter; **b** (passing into surname) Porter (unless to be construed as *2 portitor*).

venditores, ~ores ALDH. *PR* 138 p. 191; hec porta .. et hic ~or .. i. janitor OSB. GLOUC. *Deriv.* 429; ~or, janitor .. portensis *Ib.* 474; *a porter*, †atruesis [l. atriensis], hostiarius, hostiaria, janitor, -trix, ~or *Cath A*. **b** **11..** hiis testibus: .. Watlin' ~ore *Feod. Durh.* 128n; **1153** Engelranno ~ori et ballivis suis de Leons, salutem *Act. Hen. II* I 44; **1183** coram .. Thoma ~ore, Henrico Lupello *Ib.* II 250.

2 portitor [ML; cf. portitare < CL portare]

1 one who carries (usu. from one place to another), bearer, carrier; **b** (of letters or messages, *~or litterarum* or sim. or ellipt.); **c** (of arms); **d** (as royal official).

~orum arma lixarum, ~ores aquae *GlC* P 483; quartus accolitus, i. ~or cerei, qui portat lucem ÆLF. *Ep.* 2. 119; transeant ~ores feretri per medium stationis LANFR. *Const.* 102; obviam confluebant sacri funeris ~oribus AD. EYNS. *Hug.* V 19 p. 219; **1276** pro ij ~oribus ferr' ad gutter' regis viij d. *KR Ac* 467/6/2 m. 8; in stipendiis operariorum et ~orum *Ac. Galley Newcastle* 184. **b** cartam .. in ignem .. projecit dicens ~oribus "enuntiate domino vestro .." EDDI 27; **792** ut benigne harum ~orem [v. l. portatorem] litterarum suscipere dignemini ALCUIN *Ep.* 11; istae litterae antea scriptae fuerunt et ~or earum multum festinavit ANSELM (*Ep.* 165) IV 40; ~or literarum falsi pape Alexandri BRAKELOND f. 134; **s1243** imperator .. posuit .. per mare galeas, ne bullarum ~ores transmearent M. PAR. *Maj.* IV 256; **1327** de .. die et loco .. nos cerciorare .. per presencium †postitorem [l. portitorem] *Lit. Cant.* I 247. **c** **c1322** fornicarius, latro, noctivagus .. ~or armorum, et consimiles *StatOx* 87. **d** **1184** ~oribus avium regis *Pipe* 154; **1332** de xxij s. .. quos dicit solvisse .. W. de B. uni falconariorum regis commoranti ... cum tribus falconibus et uno cane pro ripa ac B. ~ore dictorum falconum *LTR Mem* 105 m. 147; dominus Ricardus de Bury, ~or privati sigilli *G. S. Alb.* II 288; et palatinus dapifer, dux portitor ensis, / marchio prepositus camere, pincerna Boemus *Eul. Hist.* I 378 (cf. ib.: ensifer); **s1366** Willelmus de Wykam, ~or privati sigilli WALS. *HA* I 303; **1573** officium ~oris mange garderobe nostre infra civitatem nostram London' *Pat* 1106 m. 24/14.

2 (in gl.; understood as) road-mender.

a way-maker or mender, ~or, correpto, -ti- [v. l. importator] *CathA*.

portitorius [CL portare+-torius; cf. LL portatorius; cf. et. CL portitorius =*connected with import or export dues*], concerned with carrying or that can be carried or transported, portable, (as sb. n.): **a** sort of stick or staff. **b** portable breviary, portas, or ? *f. l.*

a ~ium vel porticulum, baculus lixarum OSB. GLOUC. *Deriv.* 484; **1352** in portitor' empt' pro stottis iij d. (*Godmersham*) *Ac. Man. Cant.* (cf. ib. [*Chartham* **1371**]: in *portours* emptis iiij d.). **b** **1242** omnes libros meos theologie quos habeo et habiturus sum, gradale, troperium, et portetorium [? l. porteforium] *Cart. Eynsham* II 175; **1282** precipimus .. scolaribus nostris .. ut portitorium [? l. portiforium] quod eis pro anima dilecti mariti nostri concessimus diligenter custodiant *Deeds Balliol* 279.

portitura [ML; cf. portare 2], (of ship) burthen, capacity.

1496 cum quinque navibus sive navigiis, cujuscumque ~e et qualitatis existant *Foed.* XII 595.

portiuncula [CL < portio+-uncula]

1 small part or portion; **b** (of land); **c** (of text); **d** (of abstr. or in fig. context).

dedit ei abbatissa ~am de pulvere illo BEDE *HE* III 11 p. 150; decrevit aliquam sanctorum ossium ~am secum deferre Dunelmum AILR. *SS Hex* 12 p. 197; †~um [l. ~am] corrupte masse detractam, ipsam quoque necesse est esse corruptam PULL. *Sent.* 755D; in aurem festucam immittens carnis ~am extraxit *Mir. Fridesw.* 48; Adulfus .. Ethelstano .. mira munera obtulit .. et ~am spinee corone Domini SILGRAVE 52; de candelis illis ~as consuevit conferre *Mir. Cuthb. Farne* 12 p. 19. **b** **875** quandam ruris ~am, villam scilicet .. vj cassatorum *CS* 541; sineret illos ~am habere patrie G. MON. IX 6; **11..** cum tofto quod Radulfus Bosse tenuit et unam po[r]tiunculam prati *Danelaw* 344; po[r]tiuncula terre, serpentum possessio, et vermium cibus P. BLOIS *Ep.* 117. 347D. **c** competentes ~as, i. *gelimplice dæle GlC* C 676; ad que manifestius ex antiquo probanda, ~as competentes ex epistolis Albini [v. l. Alquini] subitiam W. MALM. *GP* I 8; prout .. Dominus dignabitur illustrare presens eciam opusculum in tribus ~is partiturum PECKHAM *Persp. proem.* p. 60. **d** si .. alicujus intelligentie ~am te habere estimas .. *Eccl. & Synag.* 89; ut magne virtutis illius ~am sibi ad gustum delibaverit J. FORD *Serm.* 119. 6; concede nichilominus indigenti misero vel ~am aliquam tui preciosi sanguinis *Spec. Incl.* 3. 1 p. 111; cogor postulare a Domino .. non magnum auri pondus sed minimam ~am ad ejus elixiris doctrinam eruendam RIPLEY 134.

2 allotted (small) part or portion, little share.

c1159 si ut accepimus duas portiones decime .. preter consensum conventus sui diminuit .. aliquam ~am alienando *Doc. Theob.* 249; cum .. fratres quinque .. in quinque partes insulam divisissent, quelibet partium illarum suam in Media ~am habebat GIR. *TH* III 4; nec etiam matri sue ~am aliquam in ipso, nisi ferri igniti probetur examine, concedemus *Id. SD* 68.

3 (in place-name).

instituitque fratres juxta illam civitatem Asisiam apud sanctam Mariam de ~a anno Domini MCCVII KNIGHTON I 192; obiit sanctus Franciscus apud ecclesiam Sancte Marie in ~a in valle Spoletana *Eul. Hist.* I 277.

portmannimotum [ME *portmanmot, portmannimot*], town court, portmanmote.

postea in *portmannimot* ostensum .. est *Chr. Abingd.* II 141; **c1200** in plenarium portmanimotum *Cart. Dunstable* 255 p. 83; **1324** Toucestre .. est ibidem quedam curia de portimannimot' de tribus septimanis in tres septimanas *IPM* 83 m. 5.

portmannus [ME *portman* < AS *portmann*], citizen of a town, townsman, (*~us capitalis*) member of the town council, one who takes part in the administration of a town, councillor.

1200 ad eligendum xij capitales ~os de melioribus .. ville predicte ad ordinandum pro statu ville *Gild Merch.* II 117; quum cito predicti xij capitales portmenni fuerant jurati *Ib.* 118; **1201** omnia precepta ballivorum, coronatorum et capitalium portmennorum *Ib.* 119; **1446** ballivi .. ac quattuor alii burgenses ejusdem ville de duodecim ~is ville illius [Gippeswici] *ChartR* 188 m. 16; **1446** per ballivos, ~os, et totam villatam ville Gippewici *Gild Merch.* II 127.

portmenni v. portmannus.

portmotus, ~um [ME *portmot*], court of town or city, portmote.

1155 (1267) precipio ne ullo modo respondeant nisi illorum proprio porti moto *CalCh* II 68; **c1210** concedo quietanciam secte ~i mei et judicis inveniendi ad ~um meum Cestrie *Ch. Chester* 282; de xxviij s. de amerciamentis portemoti per annum *Ac. Beaulieu* 85; non est aliqua certa hora in civitate Cestr' limitata ad presenciam partis ree vel actricis in ~o postquam ad hoc cornu personuerit ballivis pro tribunali sedentibus expectand' *PlRChester* 627; **13..** item Burgensis non veniat nisi ad tres porte[mota] [l. portemotos] per annum, nisi habeat placitum super se, et nisi veniat ad quenquam magnum ~um, erit in misericordia de xij denariis (*Cust. Preston*) *EHR* XV 497; **1335** de xviij s. receptis de perquisitis portymotorum ibidem [sc. in Burgo de Whitchurche] *Comp. Swith.* 226; **1376** de portemot' pede pulverizato, et assisa fracta *Ac. Obed. Abingd.* 34; **1467** de sectis .. hundredorum, ~orum .. (*Ch.*) *MonA* IV 314a.

portoforium v. portiforium. **portonarium** v. portanarium.

portor [ME *portor*, OF *porteor* < LL portator], porter, one who bears or carries, carrier.

1325 ij ~oribus pro portagio vesellorum arg' de castro usque garderobam (*Ac.*) *EHR* XLVIII 436; **1353** de quolibet ~ore per septimanam solvatur .. quar' *Reg. Rough* 33.

portorium [CL =*duty, toll*], (assoc. w. CL *portare*) sort of staff or walking stick.

~ium, baculus qui portat senem, vel scabellum quod sustinet et portat contractum OSB. GLOUC. *Deriv.* 484; **1265** item in reparacione ~ii domini iij d. (*Ac. Archd. Durh.*) *DCDurh.* 2. 1. *Archid. Dunelm.* 24.

portratura [ME, OF *portraiture, portrature* < CL protrahere], pictorial representation, a painting, picture.

1449 as ostendendum .. regi ~am factam super conclusione edificii collegii (*Ac.*) *Arch. Hist. Camb.* I 398n; **1457** pro j pelle vitulino [*sic*] .. empt' .. pro quadam ~a desuper fiend' de situ et edificacione *Ib.* I 405n.

portreva, portrevus v. portgerefa. **portsoca, portsocha, portsockna** v. portsokna.

portsokna, portsoka [ME *port* < AS *port* < CL portus+ME *soken* < AS *socn*], district outside a city or borough over which the city has jurisdiction, portsoken.

1155 concessi eis quietanciam murdri infra urbem et portsoca (*London*) *BBC* 150 (=*CalCh* II 472, *MGL* I 130: portsoka; *MGL* II 31: portsokna); **1190** debeo adquietare .. adversus dominum .. de uno denario de langabulo de porttocha ad festum S. Martini (*Ch.*) *MonA* VI 1246a; **1197** R. de L. pro eo r. c. de lj s. et vj d. de portsocha Willelmi de M. *Pipe* 166; **1199** concessimus .. eis quietanciam murdri infra urbem et in porsocha *RChart* xla; **1256** nullus de civitate vel portsoka captus .. imprisonetur alibi quam in prisona ejusdem civitatis (*Canterbury*) *BBC* 168; **1275** omnes de portsokna unacum xij jur' dicunt quod prior de Cristescherche tenet wardemotam istam de portsokna de Alegate infra prioratum suum injuste et ideo similiter quia wardemota solebat teneri infra portsockna et non extra *Hund.* I 414a.

porttocha v. portsokna. **portuensis** v. 2 portensis.

Portugalensis [ML], **Portingalensis,** of or connected with Portugal, Portuguese. **b** (as sb.) citizen of Portugal, a Portuguese.

s1184 venit episcopus Portugalensis cum filio regis DICETO *YH* II 29; **s1190** imperator de Maroc .. venit in terram Sancii regis Portingalensis *G. Ric. I* 117; Portingalensis rex .. cum a multis impeteretur hostibus MAP *NC* I 12 f. 10v; **1200** nuncii karissimi fratris nostri et amici regis Portigalen' *RChart* 586; **s1184** venit antistes Portigalensis cum filio regis M. PAR. *Maj.* II 320. **b** **s1184** Adelfonsum regem Portugalensium .. sepius sollicitavit DICETO *YH* II 28; **s1381** Hispanis semper suspecta fuit eorum audacia et Portingalensibus onerosa presencia WALS. *YN* 334; **s1386** obvios habent Anglos inopinato cum Portingalensibus *Ib.* 343.

Portugalia [ML], **Portingalia,** Portugal.

s1381 in auxilium regis Portingalie contra Hispanos WALS. *YN* 334; **s1386** in regno Portingalie *Ib.* 343;

Portugaliam .. eam a Gathelo Portam Gatheli appellatam BOECE f. 1v.

Portugalus [ML], citizen of Portugal, a Portuguese.

1546 potentissino Portugallorum rege *Form. S. Andr.* II 326.

portula [CL], small door or gate (also wicket in a larger gate).

audivit ad ~am suam hominem in calamis modulantem GIR. *GE* II 11 p. 218; **1397** in sol' j carpentario pro factura j hostii cum ~a inter capellam et claustrum (*Custus operum J. Morys*) *Ac. Coll. Wint.*; militem usque ad ~am spelunce .. pertrahentes J. YONGE *Vis. Purg. Pat.* 7; tunc porta castelli pendula ad humum pressa fuit et sic ex utraque parte per cancellos ~e tirones pugnaverunt STRECCHE *Hen. V* 164; **1432** [*to the wicket*] ~am (*Ac.*) *Building in Eng.* 297.

portulaca, portlaca [CL], purslane (*Portulaca oleracea*).

herba porclaca *Leechdoms* I 42; andraginis, i. ~iculata *Gl. Laud.* 75; andraginis, i. pespulli et pocculaca *Ib.* 144; ~ulaca, i. pespulli *Ib.* 1150; andraginis Danays sed ~ulaca Latinis H. HUNT. *Herb.* III 24; ~ulaca licet sit frigida .. relaxat et viam spiritibus parat *Quaest. Salern.* B 67; si portulace vires experta fuisset / Judith, sol fervens non viduasset eam NECKAM *DS* VII 137; sunt .. quidam cibi quorum comestione castitas conservatur ut ~ulaca, lactuca .. M. SCOT *Phys.* 1 f. 102a; alterativam, cujus generis est ~iculaca et plantago GILB. III 161. 1; semen endivie .. lactuce, ~ulace GAD. 4v. 1; ~ulaca frequenter masticata et transglutita et pervinca sunt in .. fluxu sanguinis optima *Ib.* 54v. 2; *purslane, herbe*, ~ulata *PP*; ~ulaca vel ~acla, andrago vel andragnis, pes pulli idem, G. et A. *porsulaigne* [v. l. *purceleyne*] *Alph.* 149.

portulata v. portulaca.

portulettus [cf. portulus+-ettus < OF *dim. suffix -ette*], small harbour, cove.

1407 in singulis ~is et *crikes* portui ville nostre Suthampton et aliis portubus et locis vicinis adjacentibus .. proclamari fac' ne quis lanas coria et pelles lanutas aut aliquas alias mercandisas in ~is et *crikes* .. eskippet .. aliqui ligeorum nostrorum in villis et hamelettis circa et prope eosdem ~os et *crikes* commorantes *Cl* 256 m. 4.

portulus [CL portus+-ulus], small harbour, portlet.

arx, archa, porta, portulus / et navis institoris J. HOWD. *O Mira* 2. 7.

1 portum, 1 portus [OF *port* < CL portare], (money or artefact brought as) payment.

1277 de commun' Jud' Lond' pro port' Gyhald xiij l. xvij s. *KR Ac* 249/22; de communia Jud' Lond' pro port' de Fall' iij[m] m. xiij l. v s. viij d. *Ib.*; de Abr' Winel pro ~is xx d. *Ib.*; **c1375** recipiet .. capellanus ex parte nostra manus ~um quod prebent parochiani et quam alii fideles gratis offerrent *Mem. Ripon* I 197; **1464** annuum portum centum solidorum quem prior et conventus prioratus de Wenlok ad capitalem domum ejusdem prioratus in partibus transmarinis reddere solebant *Cl* 316 m. 5.

2 portum v. 2 portus.

Portumnus v. Portunus.

portunalis [CL=*of the god Portunus*], of a harbour.

10.. ~ia, *þa hyþlicam WW*.

portunus [CL]

1 presiding deity of harbours, (also identified as) Neptune.

hic ~us .. i. Neptunus OSB. GLOUC. *Deriv.* 429; ~us, Neptunus, Nereus *Ib.* 474; Neptunum .. a portu Portumnum litteris paulum immutatis .. nuncupant ALB. LOND. *DG* 3. 5; dicitur .. ~us a portu WALS. *AD* 34; ~um vocans ut preesset portubus *Ib.* 74.

2 supernatural being, imp, hobgoblin.

ecce .. Anglia demones quosdam habet quos Galli neptunos, Angli ~os nominant GERV. TILB. III 61 p. 980.

3 (in gl., explained as adj., aphaeretic form of CL *opportunus*) that provides aid or refuge, useful, convenient.

componitur quoque ~us oportunus .. quasi opem portans [MS: componitur quoque oportunus ~us, i. necessarius et utilis] OSB. GLOUC. *Deriv.* 429; *pesabylle*, pacificus, ~us, quietus, paciens, tranquillus, portuosus *CathA*.

portuosus [CL]

1 provided with several harbours.

a porto, portus .. unde ~us OSB. GLOUC. *Deriv.* 429; ~us, portubus plenus *Ib.* 474.

2 (in gl.) that provides aid, refuge, or shelter, suitable, convenient.

pesabylle, pacificus, portunus, .. ~us *CathA*.

portura v. pultura.

1 portus v. 1 portum.

2 portus [CL, *also as 2nd decl.*], **~is, ~uus**

1 harbour, port. **b** (*~us salutis*) safe haven; **c** (in fig. context or fig., esp. w. ref. to refuge or shelter); **d** (in place-name); **e** (in personal name, esp. passing into surname).

ac si marinis fluctibus jactatus et in optato evectus ~u [v. l. optatum .. ~um] remis GILDAS *EB* 65; ut saltem in portu quassatus navita flustris / ad requiem tendens obtata sorte fruatur ALDH. *VirgV* 2810; tres viri fratres, pulsato signo, ante ~um praefatae insulae steterunt, ad quos .. S. Guthlac .. successit FELIX *Guthl.* 40 p. 126; perduxit eum ad ~um .. ubi .. aliquantisper moratus .. navigavit ad Brittaniam BEDE *HE* IV 1 p. 203; Angiportos, nomen ~i *Gl. Leid.* 4. 93; in introitu ~us de Dovere est unum molendinum (*Kent*) *DB* I 1ra; **c1105** (1241) mercatio die Jovis quaqua ebdomada .. in omnibus porthis et burgis meis *CalCh* I 258; **c1163** in transitibus pontium et maris ~uum per totam Angliam *Act. Hen. II* 373; **c1250** concedo ut apud Eadwardestowe sit porthum et mercatio die Jovis quaqua ebdomada *Cart. Beauchamp* 58. **b** navigantes prospere ~um salutis tenuerunt *V. Cuthb.* II 4; navis autem sic ordinetur nostra quod ad ~um salutis applicetur NECKAM *Ut.* 115; **1440** supervisum apercionis quarumcumque mercandisarum custumabilium ad ~um salutis applicatarum et extra portum exeuncium *Pat* 448 m. 14. **c** ad ~um [*gl.*: ~us est navium status] coenubialis vitae festinantes ALDH. *VirgP* 10 p. 238; ut sit virginitas patria, castitas ~us [*gl.*: est statio navium, tutissima navium statio] *Ib.* 19 p. 248; optatum silentii ~um [*gl.*: ~us dictus a deportandis commerciis] sero attigit *Ib.* 59 p. 320; ad portum vitae .. gubernent ALCUIN *SS Ebor* 1657 (v. gubernare 1b); [ad Angliam] velut ad unicum tute quietis ~um .. appellebant W. MALM. *GR* V 410; ad conjugii ~um de fornicationis naufragio fugientes AILR. *Spec. Car.* III 35. 91. 611; **1171** ~us mortis et porta vite P. BLOIS *Ep.* 27. 93A. **d** a rege, hospitandi gratia, in castellum quod vocitabat ~um Gaudii [*Chateau Gaillard*] .. destinatur AD. EYNS. *Hug.* V 6 p. 103; **c1370** ~um Verrinum [*gl.*: vocatur Le Groyne: est in mare ut rostrum porci, ubi intraverunt terram] sic intravere marinum *Pol. Poems* I 112; **s1286** volens apud ~um Regine [*Queensferry*] in Laudoniam transfretare *Plusc.* VII 32 p. 111. **e** **c1085** Hugoni de ~u salutem (*Ch. Wint.*) *EHR* XXXV 386; **1161** Isemberto de ~u heredibusque ejus *Act. Hen. II* I 336.

2 (*Quinque ~us* or ellipt.) Cinque Ports.

1161 ad locand' naves V ~uum *Pipe* 59; **1224** de navibus V ~uum. rex baronibus de V ~ubus salutem *Pat* 435; **1236** in Cancia sunt lxvj hundredi preter Middeltune, Cantuariam, Quinque ~uos, Roffam .. *Cust. Battle* 126; **1242** consilio .. baronum .. de Quinque ~ubus *RGasc* I 2a; qui Angliam intrare non valens, navigio Quinque ~uum mare occupante .. TREVET *Ann.* 262; **s1327** de Londoniis et aliis civitatibus .. et precipue de ~ubus [v. l. Quinque ~ubus] AD. MUR. *Chr.* 51; rex solebat mittere brevia sua custodi Quinque ~uum *Mod. Ten. Parl.* 375.

3 tax levied for use of port or harbour, harbour-dues. **b** due or rent that brings income.

burgenses .. reddebant de theloneo xx sol' .. de ~u xxxv sol' de pastura vij sol' et iij den' (*Pevensey, Sussex*) *DB* I 20va. **b** **1464** annuum ~um centum solidorum quam prior et conventus prioratus de Wenlok ad capitalem domum ejusdem prioratus in partibus transmarinis reddere solebant *Cl* 316 m. 5.

4 (*cf. et.* AS *port*) borough, town, or city (that has a port or harbour). **b** (*curia ~us*) portmote.

c733 in Lundoniensi ~u *CS* 149; **857** quod habeat intus liberaliter modium et pondera et mensura[m] sicut in ~o mos est *CS* 492; si curet amicitiam ipsius ~i, reddat nobis triginta solidos emendationis (*Quad.*) *GAS* 234; ipsi qui ~os custodiunt, efficiant .. (*Ib.*) *Ib.* 236; via regia dicitur que .. ducit in civitatem vel burgum vel castrum vel ~um regium (*Leg. Hen.* 80. 3a) *Ib.* 596. **b** **1544** curia ~is domini regis tenta ibidem *CourtR* 155/20.

portusculus v. portisculus.

1 porus v. porrum, 1 porrus.

2 pŏrus [LL < πόρος], small opening or hole, pore; **b** (med. or anat., in human body; also w. ref. to canal or passage); **c** (in or of the earth).

quoniam igitur nullum locum esse vacuum verisimile est, videtur aer ~is carere. si enim ~os haberet, quid esset in ~is illis? NECKAM *NR* I 19 p. 65; quum in corpore aspero sunt ~i quos subintrat species lucis vel alterius BACON *Maj.* II 479; a .. vaporibus et fumationibus exeuntibus per ~os doliorum suffocatur *Id.* VIII 204; ~us equivocum est ad parvum foramen [πόρος], et callosum [πῶρος] id quod nascitur inter fracturas ossium vel hujusmodi *SB* 34; quid igitur scit dampnator talis, cum sacramentum sit porosum, si in ~is lateat panis non triticeus? WYCL. *Blasph.* 250; calidum adurit partes humidas et consumit humidum quod exalat in fumum nigrum ut patet in lignis viridibus .. quoniam ustibila sunt que habent in ~is humorem debilem qui non potest resistere calori ignis UPTON 100. **b** causali .. illius caloris agressione .. nimia pororum apertio fit; .. ita et in ea poros ipsius cranei .. apertiores esse necesse sit ADEL. *QN* 20; ~us, occultum foramen vel foramen per quod exit sudor OSB. GLOUC. *Deriv.* 471; per ~orum eciam apercionem [TREVISA: *by openynge of smale holes and poores*] ex vi caloris fit spirituum evaporacio BART. ANGL. IV 1 p. 84; illabente per ~os corporis et venas veneno M. PAR. *Maj.* I 227; dicunt .. quod .. aliquid emissum a sensibus ingrediatur ~os medii et sic transeat per alios ~os usque ad rem sensatam T. SUTTON *Gen. & Corrupt.* 71; hic ~us, a *sweteholle WW*. **c** laxatis terre poris P. BLOIS *Carm.* 2. 1. 3; conclusis poris terre brumalibus horis / fumi descendunt, interiora calent NECKAM *DS* III 297; unde cum aqua ibi subtiliatur per motum lune ingreditur ~os terre et non ascendit ad superficiem terre GROS. *Flux.* 467; **s1252** cum .. tempus equinoctiale pluviam .. arenti terre .. presentaret .. facta est propter ~orum apertionem terra sui prodiga beneficii M. PAR. *Maj.* V 321.

3 pōrus [CL < πῶρος=*kind of stone*]

1 callous excrescence, stone-like growth (usu. in human or animal body).

contra porros in pedibus medianum corticem juniperi .. cum carne da et sanabitur ADEL. *CA* 5; morbi quos vulgus verucas vocant et porros. et veruca .. est caro dura inspissata .. , similiter porri, .. sed porri sunt plus fixi propter siccitatem majorem melancolie GAD. 29. 2; ossa non consolidantur in pueris; sed post continuantur cum tali ~o qui mollior est osse et durior carne, et ideo vocatur ~us sarcoides a sarcos caro, quasi ~us carneus *Ib.* 124v. 1; ~us .. callosum *SB* 34 (v. 2 porus a); porus equivocum est ad foramen et ad corpus illud calosum quod nascitur in fractura ossis vel grossioribus cacatricibus [*sic*] *Alph.* 148.

2 fin.

11.. ~us, *finn WW Sup.* 367.

pos v. potis, pous.

posca [CL=*mixture of vinegar and water*], diluted vinegar or wine.

commisceantur cum pusca aut cum aqua decoctionis lenticule GILB. III 139v. 1; valet autem lotio cum aceto vel pusca in quo pumex assus sit extinctus *Ib.* III 159. 1; pusca fit ex aqua et vino ut sint ij partes aque et tercia vel pusca dicitur vinum secundum *SB* 35; pusca, i. vinum secundum quosdam, vulgariter dicitur fex *Alph.* 152.

poscenetum v. pocenet(t)us.

poscere [CL], **poposcere** [ML], to ask insistently, demand, call for; **b** (transf. w. thing as subj.); **c** (w. inf., acc. & inf., or sim.); **d** (w. *ut* or *quatenus* & subj.); **e** (parenthetic); **f** (w. double acc.). **g** (pr. ppl. as sb.) one who asks insistently.

unius . . ebdomadis indutias a parentibus poposcit [*gl*.: petiit, precatus est, optavit] ALDH. *VirgP* 36 p. 281; et veniens veniam poscat et ipse suam ALCUIN *Carm*. 89. 25. 6; ergo solo strati, poscunt miseramina Christi FRITH. 1011; regi prospera hujus vitae et futurae poposcebant BYRHT. *V. Ecgwini* 379; a quo auxilium multoties poposcisti ORD. VIT. VI 10 p. 129. **b** constructis omnibus quae maxime necessitas monasterii ~ebat, domibus . . *Hist. Abb. Jarrow* 11; cunctis . . quae necessitas poscebat itineris . . subministratis BEDE *HE* V 19 p. 324; **801** scito quod hujus honoris claritas praedicationis poscit instantiam ALCUIN *Ep*. 225; contigit clericum ejus cui sanctum crisma fuerat designatum minus olei quam necessitas poscebat accepisse WULF. *Æthelwold* 32 (=ÆLF. *Æthelwold* 21: poposcebat); a**1078** cunctaque quae ante missam fieri ordo poposcerat [v. l. deposcerat] sine casula consummavit LANFR. *Ep*. 13 (14). **c** militarem manum ad se vindicandam . . poscens GILDAS *EB* 15; c**680** si presbyterum . . sibi poposcerint consecrari . . *CS* 56 p. 90; a Christo Domino poscens oracula pandi ALDH. *VirgV* 627; simplicitas eorum qui fiducia devotae mentis sedere in regno circa Dominum poscebant BEDE *Hom*. II 21. 230; hanc ultionem poscit praeparari omnibus malivolis ANSELM (*Or*. 19) III 74; a monachis . . cenobii habitum sancti Benedicti sibi dari poposcit ORD. VIT. III 3 p. 43. **d** c**675** posco ut nequaquam prostibula vel lupanarium nugas . . lenocinante luxu adeas ALDH. *Ep*. 3 p. 479; illo poscente ut dicta sua secum dimitteret FELIX *Guthl*. 50 p. 154; imis . . poposco precibus uti me pro hujusmodi gratia humilitatis inspirare digneris *Nunnam*. 63; dum pastore caret, flexo rogitamine poscit / ordinet ut sacros decreto more ministros FRITH. 419; amicus noster . . poposcit . . quatenus hoc vobis nostra testaretur epistola ANSELM (*Ep*. 21) III 128; sicut a nobis poposcit vestrorum presulum excellentia ut ei justitiam faceremus W. MALM. *GR* I 89. **e** fundite proque mei Paulini, posco, salute / cum pietate preces ALCUIN *Carm*. 20. 19. **f** quem . . unius noctis intercapidinem . . poposcerat [*gl*.: postulaverat] ALDH. *VirgP* 47 p. 300. **g** duobus modis . . rationem poscentibus reddere debemus BEDE *Ep. Cath*. 57; an tu non poteris . . poscenti amorem ejus . . impetrare? ANSELM (*Or*. 71) III 25; signum quoque poscenti dedit ORD. VIT. IV 15 p. 278.

posceta [ME *posset* < OF **posce* < CL posca], hot drink made of curdled milk and ale or wine, often sugared and spiced, 'posset'.

s**1428** ad cenas suas percipiant de coquina cibaria salubria, videlicet, ova elixa, cocta, et assata, cum †candellis [MS: caudellis], et parosthetis [l. poscetis], et scrutis assatis *Chr. S. Alb. 1422–31* 29.

posis v. pityriasis.

positare [CL positus *p. ppl. of* ponere+-are], to put aside, deposit, dispose of (as a practice).

1376 de . . exitibus bestiarum ~andis . . *Mem. York* I 17 *tit*.

positio [CL]

1 (act of) placing, putting, or laying. **b** setting or arranging (of arms); **c** (w. ref. to *Joh*. xv 13).

locum signavit diligenter . . per quandam lapidum ordinatam ~onem *Flor. Hist*. II 90; **1341** in ij clatibus emptis ad ponendum in magno stagno pro piscibus custodiendis una cum stipendio j operarii pro ~one eorundem in stagno *MinAc* 1120/11 r. 17; fomentacio est membri ~o in decoccione aliquarum herbarum *SB* 21; **1376** uni positori operanti ibidem super ~one et emendacione diversorum grounsell' *KR Ac* 464/30 m. 3; **1453** pro ~one xix peditum veteris vitri *scored* in novo plumbo, precio ~onis peditis iij d. (*DL Ac. Var.*) *JRL Bull*. XL 423; **1458** pro . . ~one j friste in dictis domibus vj s. iiij d. *Ac. Durh*. 637. **b** de modo portacionis vel ~onis armorum (*Leg. Hen*. 88. 2) *GAS* 602. **c** cum nulla major sit intercessio quam pellis pro pelle et animae pro anima ~o ANSELM (*Ep*. 140) III 286.

2 (act of) laying, resteeling the edge (of tool).

1368 pro acuacione et ~one quatuor securium . . xx d. *Ac. Durh*. 569.

3 lowering (of the voice in pitch or volume), downward beat, thesis.

arsis interpretatur elevatio, thesis ~o; sed arsis in prima parte nominis seu verbi ponenda est, thesis in secunda ALDH. *PR* 112 p. 150; arsis est vocis elevatio cum temporibus, thesis est vocis ~o cum temporibus BONIF. *Met*. 109; eratque in carmine elevatio et ad finem ~o *V. Furs*. 301.

4 act of putting before a person in a transaction: **a** (payment or guarantee); **b** (merchandise for sale).

a cum . . creditur alicui, solet illud plerumque credi sub plegii dacione, quandoque sub vadii ~one, quandoque sub fidei obligacione, quandoque sub charte exposicione *RegiamM* III 1. **b** **1315** de quolibet onere unius roncini . . posito ad vendendum in diebus fori viz. propter ~onem [MS: preosicionem] seu vendicionem rerum predictarum *RGasc* IV 1626 p. 474a.

5 (act of) putting forward for consideration, positing, postulation.

hominem per ~onem occidere voluisti BONIF. *Pen*. 433; esse namque rerum naturalium ab intellectu non dependet, quia sine ~one alicujus intellectus vere essent *Ps*.-GROS. *Summa* 336.

6 act of nominating to or placing in an office, appointment, installation.

1230 quorum ~o et depositio ad nos . . pertinebit *Couch. Furness* II 556; c**1260** ut monachorum B. Cuthberti apud C. commorancium tam prioris quam aliorum ~o et remocio . . sub ecclesie Dunelmensis potestate consistat *Ann. Durh*. 112; **1440** in . . prioratu . . tam ~o quam remocio tam prioris quam monachorum . . ad nos . . pertinet *Pri. Cold*. 112.

7 statement or assertion, opinion; **b** (leg. or in leg. context).

et in passione Domini secundum Mathei ~onem de eodem infelici Juda scriptum est *Judas Story* 69; circa effectum odorum diverse fuerunt ~ones [TREVISA: *opynyouns*] BART. ANGL. XIX 38 p. 1165; haec ~o Johannis . . de Garlandia de musica mensurabili GARL. *Mus. Mens*. 16. 18; Aristoteles . . disputat . . ~ones philosophorum BACON *CSTheol*. 36; respondeo . . ad primam questionem et in quibusdam . . contradicam ~oni predicte DUNS *Ord*. III 15; s**1457** si . . opiniones meas et ~ones defendero (v. defendere 56). **b** **1272** factis . . hinc inde ~onibus et responsionibus ad easdem *SelCCant* 92; **1279** dies prorogandi, ponendi, respondendi ~onibus . . replicandi *RGasc* III 559b; **1320** visis . . ~onibus a parte dicti vicarii traditis et responsionibus habitis ad easdem *AncD* A 2857; **1339** potestatem . . nomine meo agendi, defendendi, excipiendi, replicandi, ponendi, ~onibus et interrogatoriis respondendi . . *FormA* 348; **1357** de . . agendo, defendendo, excipiendo, replicando, ponendo, interrogando, ~onibus et interrogacionibus respondendo *Mun AcOx* 193; **1549** ad respondendum ~onibus et articulis *Conc. Scot*. II 126.

8 manner in which something is placed or arranged, arrangement, layout; **b** (of or in written text).

talem quidem Dominici monumenti primo ~onem fuisse percipimus at tunc tradunt ecclesiam ibi esse rotundam BEDE *Hom*. II 10. 153D; in modum crucis se ~onem membrorum habuisse significavit *Eccl. & Synag*. 100. **b** eodem modo, ordine ~oneque [v. l. compositioneque] omnia quae de illo. . praedixerat . . contigerunt FELIX *Guthl*. 49 p. 150; quo fit ut vix intelligatur Latina littera, que volubilitate magis Greca quam ~one construitur nostra W. MALM. *GP* V 240 p. 393; ne . . ex nova nominum quibus utimur ~one hoc tale contingere videatur, accidet . . BALSH. *AD rec. 2* 143.

9 position: **a** (in a place); **b** (in an order or sequence); **c** (gram.; of vowel or syllable, also dist. from *natura*).

a nomina et ~o locorum BEDE *Retract*. 1018; de villis regalibus lapideis antiqua ~one motatis ASSER *Alf*. 91 p. 77; Scireburnia est viculus, nec habitantium frequentia nec ~onis gratia suavis W. MALM. *GP* II 79 p. 175; Cestria est que edificatur ut civitas, cujus ~o invitat aspectum LUCIAN *Chester* 45; [Aristotelis] de ~onibus amativis libros ij W. BURLEY *Vit. Phil*. 250. **b** sciendum est . . quod omnes he . . figure secundum diversas ~ones, i. locationes, diversa significant THURKILL *Abac*. f. 55v; de ~one brevium in propriis locis GARL. *Mus. Mens*. 15. 2 p. 94; ~o brevium in primo modo est quod ipsa brevis debet sic poni . . ut habeat ordinationem suam cum sono anteposito et postposito *Ib*. 15. 20 p. 96; optima concordancia fit sub tali ordinacione et ~one punctorum sive sonorum ut predictum est *Mens. & Disc*. (*Anon. IV*) 80; dicimus quod unitas est substancia sine ~one, punctus autem est substancia posita SICCAV. *PN* 97; que constituit esse puncti dat partibus linee, superficiei et corporis situacionem seu ~onem quamdam in suo toto *Ib*. 108. **c** si trocheus ~one longus extiterit . . ut lappa, mappa ALDH. *PR* 116 p. 160; tam ~one quam natura longa ut promor, prodor *Ib*.; primam syllabam aut natura aut ~one longam invenies BEDE *AM* 95; si penultima [syllaba] ~one longa fuerit, ipsa acuetur ABBO *QG* 2 (5).

10 payment, expense, tax.

1330 misionibus seu ~onibus *CalCh* IV 154.

positisculus v. portisculus.

positive [LL =*conventionally*]

1 in an explicit manner, explicitly, definitely, positively.

c**1195** si . . in his que de contingenti sunt quandoque quasi ~e et causa exempli, hoc genus locutionis admisi, non te moveat P. BLOIS *Ep*. 4. 12c; insipidus sapor dupliciter dicitur, primitive et ~e. primitive cum sensu sapor non percipitur . . insipidum ~e dicitur quod minimum saporis imprimit in instrumento gustus GILB. III 162. 2; [Deus] ~e [TREVISA: *positif*] non potest cognosci nisi per effectum suorum operum quamvis privative et per abnegacionem multiformiter in scripturis describatur et nominetur BART. ANGL. I 5; ut fumus a lapide resolutus qui ejus complexionem non declarat ~e [TREVISA: *of positif*] sed per privationem odoris et absentiam ipsum habere substantiam grossam et frigidam manifestat *Ib*. XIX 37 p. 1164; omnino enim ~e verum est hanc veritatem chimeram non esse necessariam esse *Ps*.-GROS. *Summa* 291.

2 (gram.) in the positive degree (of an adjective).

positivum sub modo significandi ~e intelligitur in comparativo BACON XV 77.

positivus [CL]

1 that places or lays down (in quot., of bird) egg-laying. **b** (transf., of conduct) productive of.

a **1441** sex anas et anatulas, duas aucas ~as, duas gallinas et alia volatilia . . asportavit *Pat* 450 m. 21 (=*CalPat* 555). **b** intellectiva virtus surgit rediviva / virtus activa sequitur meriti positiva [*gl*.: consecutiva, remunerativa] GARL. *Mor. Scol*. 264.

2 (of law or procedure) formally laid down or imposed, positive (usu. dist. from *naturalis*).

non impediunt Socratem ne ~am justitiam exequatur, a naturalis inquisitione Platonem non revocant J. SAL. *Pol*. 737C; quia secundum legem naturalem vel ~am debitum est ut talem actionem talis passio consequatur GROS. 123; patet . . quam . . homini . . in paradiso . . oportuit non dari aliqua lex scripta, legemque naturalem a nullo extra dictari . . legemque aliquam ~am absque scriptura promulgari *Id. Cess. Leg*. I 5 p. 23; quia gramatica est scientia ~a maxime et voluntaria BACON XV 128; canonum sacrorum . . illorum precipue, qui ex theologia vel racione naturali accipiuntur, et non sunt pure ~i OCKHAM *Dial*. 401; etsi lex nostra sit bona, et melior alia lege ~a quacunque, sola tamen lex nature . . sufficit BRADW. *CD* 63D; naturale dominium quod erat tempore humane innocencie . . dominium ~um et particulare quod post peccatum ab hominibus est homini impositum FORTESCUE *NLN* II 15.

3 (gram., of degree of comparison) primary, positive (usu. dist. from *comparativus* or *superlativus*); **b** (transf.). **c** (as sb. m. or n.) (adjective or adverb in the) positive degree.

interior et intimus non habent ~um gradum BEDE *Orth*. 28; conparatio . . cujus tres sunt gradus: ~us, conparativus, superlativus BONIF. *AG* 478; dicuntur . . hii gradus ~us, comparativus, superlativus *Ps*.-GROS. *Gram*. 38. **b** depositus turpiter a cunctis dignitatum gradibus preter ~um solum cujus nec antea nomine censeri dignabatur GIR. *GE* II 27 p. 302; est crimen magnum, majus, et maximum . . . in magnis . . criminibus ~is, mortem non inducentibus *Fleta* 142. **c** invenitur et comparativus pro ~o poni ALCUIN *Gram*. 860D; ~us *is se forma stæpe*: justus *rihtwis*. comparativus *ys se oþer stæpe*: justior *rihtwisre*. superlativus *is se þridda stæpe*: justissimus *ealra rihtwisost* ÆLF. *Gram*. 15; mitis . . unde mitius, mitissime. adverbium ~i non est in usu OSB. GLOUC. *Deriv*. 346; repigritior . . i. plus piger quam deceret et videtur esse comparativus sed ~us nunquam invenitur *Ib*. 440; in eo qui disertus dicitur aut disertior cum ~us sapientie sensum habeat J. SAL. *Met*. 836D; ~um sub modo

significandi positive intelligitur in comparativo BACON XV 77.

4 that implies or expresses affirmation, affirmative (dist. from *negativus*).

sic ponitur 'facere' pro omni verbo ~o vel negativo et omne verbum est 'facere' ANSELM *Misc.* 337.

positor [CL]

1 one who lays down or places: **a** stone- or bricklayer. **b** (w. *escarum*) one who lays or sets a table.

a **1316** in stipendiis trium garcionum suorum deserviencium dictis ~oribus et faciencium morterium *KR Ac* 459/27 m. 1; **1333** ij cementariis ~oribus ponentibus petras et ferramenta in gabla orientali *Ib.* 469/12 m. 12; **1361** cementarii, ~ores, *hardhewers*, carpentarii, plumbatores, fabri, vitratores, plaistratores, sarratores, fossatores *Ac. Foreign* 100(B); **1376** uni ~ori operanti ibidem super posicione et emendacione diversorum grounsell' *KR Ac* 464/30 m. 3; **1377** computat in vadiis Johannis Mason per unum diem ~oris operantis ibidem super factura unius camine de novo facte *Banstead* 355; **1380** tam latomos vocatos *fremasons* quam latomos ~ores (*Pat* 306 m. 6) *CalPat* 455; **1442** ad tot cementarios et ~ores vocatos *brikeleggers* quoscumque quot pro operacionibus nostris pro edificacione collegii nostri Beate Marie de Eton' .. necessarii fuerint .. capiend' *Pat* 453 m. 21; cum stipendiis ~orum, carpentariorum, sanatorum, tegulatorum *Ac. Obed. Abingd.* 134; **1488** plumbarios, ~ores, vitriatores, .. alios artifices et operarios *Pat* 567 m. 20/7*d*. **b** predapifer, positor epularum, providus astet D. BEC. 1155; escarum positor mensis pincernave discos / nolit colligere positis dapibus vacuatos *Ib.* 1166.

2 one who lays charge or accusation, plaintiff.

in compellacione ~orum, alie per visum fiunt et auditum, alie per relacionem (*Leg. Hen.* 9. 1b) *GAS* 554.

3 one who posits or supposes.

~ores etiam compositionis ex quod est et quo est dicunt ipsum esse existere quasi formale et perfectivum *Ps.*-GROS. *Summa* 337.

positorius [CL positus *p. ppl. of* ponere + -torius], of or concerned with placing or laying, (as sb. m.) stone- or bricklayer.

1473 in Johanne S. et aliis ~iis conductis pro muris lapideis juxta aulam .. deponendis et extra cariandis *Pipe Wint.* B1/202.

positura [CL = *position, arrangement*]

1 (in prosody) lowering (of the voice), downward beat, thesis.

thesis, ~a *GlC Interp. Nom.* 314.

2 sign that indicates layout or arrangement, (of or in text) punctuation mark.

~ae *þa sind on oþre wison gehatene* distinctiones, *þæt sind todal hu man todæld þa fers on rædinge* ÆLF. *Gram.* 291; sensus quoque distinguit ~is, i. figuris indicantibus ubi colon, ubi coma, ubi periodus .. facienda est [v. l. sit] J. SAL. *Met.* 850C.

3 (arch.) buttress.

1447 per spacium inter duas ~as sive butteracias in longitudine *Lit. Cant.* III 194; c**1460** per spacium inter duas ~as sive butteracias .. ac exteriorem partem ~arum sive butteraciarum (*DCCant.*) *HMC Rep. I app.* 14b.

positus [CL], manner of placing or laying down, layout, arrangement, disposition.

fictilis structura tam facili ictu quam fragili ~u concidat GOSC. *Lib. Mild.* 1; vellera nec triplici positu distinguere norunt / idem saccus habet pectora, colla, latus NIG. *SS* 2191.

posnetum v. pocenet(t)us. **posscela** v. 1 postella.

posse [CL]

1 to have in one's power or ability, to be able (to), to be capable (of); **b** (w. inf.); **c** (w. internal acc. or ellipt. as quasi-trans. or trans., sts. w. quasi-adv.); **d** (w. *in* & acc. to indicate area of power or ability.

velim .. haec Scripturae Sacrae testimonia sicut nostra mediocritas ~et, omnia .. historico vel morali sensu interpretari GILDAS *EB* 94; qui concupiscit fornicari sed non potest xl dies vel xx peniteat THEOD. *Pen.* I 2. 10; sane possumus scire, non potest debilis cum strenuo pariter [AS: *forþamþe ne mæg .. se unmaga þam magan gelice*] (*Quad.*) *GAS* 355; **1345** quid .. sciverint quamcito poterint [*sic*] .. revelent *FormOx* 160. **b** pestifera .. lues .. in brevi tantam ejus multitudinem .. sternit, quantum ne ~int vivi humare GILDAS *EB* 22; saevit Herodes adversus Christum et quasi ~et inter ceteros unum jugulare quem sibi succedere miser timebat THEOD. *Laterc.* 15; potuit .. sic dividere aquas sursum deorsumque *Comm. Cant.* I 26; 'fecit Deus caelum et terram' [cf. *Gen.* i 1: creavit Deus caelum et terram] ut nos intelligere potuissemus quod ipse 'in uno ictu oculi' perfecit *Ib.* I 30; Protheus .. in omnium rerum formas se vertere potuisse describitur *Lib. Monstr.* I 35; infans .. quem pene nullus consolari potuit *V. Cuthb.* I 3; c**1095** nulli licuit .. fossatum facere .. nisi tale quod de fundo popotuisset [*sic*] terram jactare superius sine scabello (*Cust. & Just. Norm.*) *EHR* XXIII 507; **1267** invenient .. unum capellanum .. qui sciat et velit et ~it officium defunctorum .. adimplere *Cart. Chester* 563 p. 321; **1313** propter gerram Scottorum emptores nondum posimus invenire *Reg. Carl.* II 83. **c** omnia possum in eo qui me confortat *Ps.*-BEDE *Collect.* 292; sentiebat ipse quantum ~et [v. l. potuit] W. MALM. *HN* 481 p. 38; volens, secundum comicum, quod ~et, dum non ~et quod vellet *Ib.* 483 p. 41; vel bona velle pium mirave posse Deum L. DURH. *Dial.* III 286; qualia volo non ~um, qualia ~um nolo GIR. *TH intr.* p. 5; nam aquila sine dubio columbis plus potest ALB. LOND. *DG* 11. 15; est sic intelligenda quod '~e aliquid' quandoque accipitur secundum leges ordinatas et institutas a Deo OCKHAM *Quodl.* 586. **d** unum caput preesse congregacionis fidelium est inutile, quia caput quod non potest in operacionem debitam, est inutile reputandum OCKHAM *Dial.* 790; ista visio aucta et intensa potest in omnem effectum in quem potest visio clara *Id. Quodl.* 77; pro potestate qua quis libere potest in actus contrarios *Id. Pol.* I 305 (v. 2 dominium 1e); item, omnis potencia inanimati potest in ejus operacionem WYCL. *Act.* 3.

2 (usu. of things) to have the possibility of, (impers., *potest*) it is possible or likely (to); **b** (w. pass. inf.).

~et quidem lenior fieri increpatio sed quid prodest vulnus manu tantum palpare? GILDAS *EB* 108; tres dies primos significat quia sine sole non potuit pluere *Comm. Cant.* I 33; **705** latere .. tuam notitiam potuisse non arbitror quanta et qualia .. WEALDHERE *Ep.* 22; omnes ad quos haec eadem historia pervenire potuerit .. BEDE *HE pref.* p. 8; faciemus enim et—pupplice potest—suggeremus quod .. GIR. *SD* 96. **b** peccatum meum non potest dimitti dum duos occidi *Comm. Cant.* I 58; **671** ut scias tanta rerum arcana examusim non ~e intellegi ALDH. *Ep.* 1 p. 478; potest .. omne verbum reddi sic interroganti ANSELM *Misc.* 337; si tantum aliquo casu [filia] corrumpi potuisset *V. Chris. Marky.* 23; album velamen poterit stola celica dici GARL. *Myst. Eccl.* 165; sunt .. quedam atroces injurie que criminales sunt et civiles eo quod ad utrumlibet poterint intentari *Fleta* 63 bis.

3 to be allowed or permitted (to).

'nec os illius confringetis', ut non ~imus ossa ejus manducare, hoc est in isteris interiora intellegere *Comm. Cant.* I 246; neque pertinet ad illud manerium neque potuit habere dominum praeter regem (*Kent*) *DB* I 6ra; qui poterant TRE ire quolibet sine licentia *Ib.*; hoc manerium tenuit Alcuinus et poterat ire ad quem dominum volebat *Ib.* 179 va.

4 (pr. ppl. *potens* as adj.) able (to), capable (of), powerful, potent in respect of (usu. of God, person, or abstr.). **b** (w. abl., *ad* & acc., *de* or *in* & abl.); **c** (w. *supra* & acc., geom.); **d** (w. inf.); **e** (w. *ut* & subj.); **f** (w. gerund in obj. gen.).

quem .. vestrorum ~ens meritorum suffragium benigna pietate clementer sustentet ALDH. *VirgP* 60 p. 322; erat eo tempore rex Ædilberct in Cantia ~entissimus BEDE *HE* I 25 p. 44; et reges ex se jam coepit habere potentes / gens ventura Dei ALCUIN *SS Ebor* 77; quare necesse est eam [sc. mentem rationalem] esse viventem, sapientem, ~entem et omnipotentem, veram .. ANSELM (*Mon.* 15) I 29; vir excellentis industrie, ~entis apud optimates gratie W. MALM. *GP* I 8; s**1139** erant tunc duo in Anglia episcopi ~entissimi *Id. HN* 468 p. 25; vir quidem strenuus, et ~ens, ac in animalibus diversis copiosus GERV. TILB. III 45. **b** quamque deam stolidi dixerunt arte potentem, / aurea sternuntur fundo simulacra Minervae ALDH. *VirgV* 1332; si sanctus erat ac ~ens virtutibus BEDE *HE* III 25 p. 188; potens in populo, pius est in solo *Ps.*-BEDE *Collect.* 107; Letardum, cum in ceteris ~entem tum in pluvie petitione velocem .. W. MALM. *GP* I 2 p. 8; nam in malo [homine] posse non posse est. nam qui in vitio ~ens est is utique vitiosus et impotens est PULL. *Sent.* 807B; [Jhesu] solus potens in prelio J. HOWD. *Cyth.* 46. 3; **1265** omnes .. milites et armigeros de comitatu .. ad arma ~entes *Cl* 127; **1276** si dictus Radulphus sit ~ens de quadraginta solidis sibi solvendis *Reg. Heref.* 90; **c** linea supra rationale et mediale ~ens non nisi in suas duas lineas tantum dividitur ADEL. *Elem.* X 40; linea ~ens supra superficiem BG potest etiam supra duo mediata *Ib.* X 53; cum ponentur due linee una rationalis, alia residua, jungenturque residue linee unde totum ~ens supra junctam .. fuerit .. *Ib.* X 79 *def.* 1; omne latus pentagoni equalium laterum ~ens supra latus exagoni latere decagoni cum fuerint in circulo uno *Ib.* XIII 10; erit linea ~ens supra totam lineam *Ib.* XIV 10. **d** xl acras quas tenuit Alvricus soc[hemanus] ~ens vendere terram *DB* II 78; quod non potest esse, non est ~ens esse. et quod non est ~ens esse, impotens est esse ANSELM *Misc.* 341; bone artifex multumque ~ens formare nostra deformia W. MALM. *GR* II 147; qui solus ~ens est sibi coheredes eligere R. NIGER *Mil.* III 3; c**1244** Tartari interim exturbati nec ~entes impetus imperiales sustinere M. PAR. *Maj.* IV 299. **e** ~ens est .. Deus ut augeat tibi .. gratiam EGB. *Pont.* 12. **f** **1340** J. de B. qui tenet unum mesuagium et unam virgatam terre in bondagio non est ~ens tenendi nec sustinendi terram suam *CBaron* 104.

5 physically strong. **b** (of wine) strong, potent, (of food or meal) rich, lavish.

a ballivus semel .. in anno porcos suos ~entes a debilibus eligi faciat *Fleta* 169; **1349** quilibet liber homo .. ~ens in corpore [*able bodied*] et infra etatem sexaginta annorum *MunAcOx* 788. **b** applaudit vino gaudens natura potenti / .. / curia, mensa potens, complexio, leta popina NECKAM *Poems* 120.

6 (as sb.): **a** one who can or is able (to). **b** powerful or influential person (also in compar.).

a ~entibus errare circa majora negocia expedit habere unum caput OCKHAM *Dial.* 818; de errante vel ~ente errare *Ib.* 821. **b** auctoritatem sacerdote dignam redarguendi superbos ac ~entes BEDE *HE* III 17 p. 161; ~entes potenter tormenta patiuntur *Ps.*-BEDE *Collect.* 24; omnes illius regionis ~entes et nobiles ASSER. *Alf.* 105; tertiam [portionem] cenobiorum prepositis delegavit qua ~entiorum amicitiam redimerent W. MALM. *GP* III 108 p. 243; quod progeniem ejus .. in numero ~entum susciperent GREG. *Mir. Rom.* 5; **1307** de quibus raciocinia coram aliquibus de quocunque gradu, viz. de ~encioribus, mediocribus, et inferioribus *Gild Merch.* II 156; **1309** onerosa talliagia, que per ~enciores ville predicte super mediocres et inferiores .. multociens sunt imposita *Ib.*

7 (inf. *posse* as sb., usu. n.) power to act, ability, force; **b** (w. ref. to armed force or body of men); **c** (w. ref. to territory or area over which one's jurisdiction extends). **d** (*plenum posse*) plenipotency, full authority. **e** (*posse facere*, w. ref. to doing one's best). **f** (*pro posse* or *secundum posse* or sim.) to the best of one's power or ability.

quod nec velle nec ~e [AS: *geweald*] suum fuerit nec testimonium (*Quad.*) *GAS* 363; nunquam ex velle vel ~e [AS: *gewealdes*], verbo vel opere quicquam facere, quod ei magis displiceat (*Ib.*) *Ib.* 397; justicie meritum, virtutis premia, culpe / flagra, Creatoris nobile posse negat GARL. *Tri. Eccl.* 79; multiplicant et dimidiant, addunt sibi, nobis / subtraxisse volunt, cum sibi posse datur *Ib.* 88; **1220** fidele ~e nostrum adhibebimus erga viros religiosos .. quod non erunt ei .. graves et molesti *Pat* 240. **b** **1258** aliis mandatum est quod habeant servicium suum et eciam totum ~e quod eis aliunde poterunt adquirere *Cl* 291; **1269** cum equis et armis seu alio ~e *Cl* 103; **1269** hujusmodi malifactores .. cum sufficienti ~e comitatus .. reprimi faciant (*Cambridge*) *BBC* 163; assumpto secum ~e ballivie sue *Fleta* 97; **1296** intendentes sitis .. cum equis et armis et toto ~e comitatuum *RScot* 35a; s**1305** assumpto .. sufficienti ~e comitatuum predictorum *Ann. Lond.* 135. **c** **1224** mercatoribus de potestate regis Francorum venturis et moraturis et recessuris per ~e nostrum *Pat* 435; **1238** filium ipsius W. ceperunt et abduxerunt a ~e domini regis usque in Walliam *CurR* XVI 148P p. 47; **1288** juramentum non recedere de ~e .. regis Aragonie sine sui licencia *Foed.* II 388; eosdem [obsides] remittet in ~e .. regis Aragonie

Ib. **d 1496** concedimus vobis . . plenum ~e ut possitis jurare in animam nostram quod . . *Foed.* XII 638b. **e** †**c1200** ipsi eciam ~e suum facient de terra mea defendenda et in pace tenenda et †juraberunt quod forestam meam pro posse suo legaliter serrabunt *Ch. Chester* 276. **f** me compellit ut non solum pro ~e velim fraternis necessitatibus succurrere sed etiam ultra vires velle ABBO *QG* 1 (3); pro ~e virium piare procedam B. *V. Dunst.* 1 p. 4; **c1022** quod [sc. monasterium] gratia principis apostolorum, Petri, dilexit et pro ~e restauravit *Chr. Peterb. app.* 182; ut quisque . . equo suo pro ~e prebendam porrigeret W. MALM. *GR* IV 365; **c1142** precipio . . meis hominibus . . hoc donum manutenere ad ~e suum *Ch. Chester* 59; †**c1150** secundum ~e suum *Cart. Chester* 8 p. 55; **1200** illud ei deliberabit secundum ~e suum *CurR* I 241; **s1217** scandalum omnibus modis ad ~e procurarent M. PAR. *Maj.* III 30; **1420** fideliter exequentur juxta ~e *Conc. Scot.* II 78.

8 (*possetenus*) to the best of one's power or ability.

1421 hortamur quatenus ipsi hanc ultimam voluntatem et dispositionem nostram possetenus promoveant ad executionis effectum (*Test. Hen. V*) *EHR* XCVI 98.

possessio [CL]

1 (act of possessing or entering into) possession, ownership; **b** (leg., w. ref. to actual possession of seisin as dist. from right of ownership or title); **c** (of abstr.).

quem . . locum . . in ~onem monasterii dederat BEDE *HE* III 25 p. 183; **736** aliquam terrae particulam . . in ~onem aecclesiasticam . . trado *CS* 154; **805** terram quattuor aratrorum . . in propriam ~onem donabo *CS* 319; **c1135** me concessisse . . in puram et perpetuam elemosinam . . et in liberam ~onem sancte ecclesie totam meam terram de Stykeswold . . (*Cart. Stixwould*) *Ch. Chester* 19; **1449** ipsos ad ~onem realem restituere cum suis juribus *Reg. Paisley* 83; **1564** ~onem corporalem . . et manerio . . firmarum . . piscariarum . . *Scot. Grey Friars.* II 7. **b** de illis [placitis] autem que super ~one loquuntur et per recognitiones terminantur inferius suo loco dicetur GLANV. I 3; qui licet sint in ~one, non tamen possident, sed quasi loco pignoris habent RIC. ANGL. *Summa* 41 p. 109; isti quidem possessores non desinunt possidere licet adversarii jubeantur mitti in ~onem bonorum *Ib.*; quippe quin nullum . . titulum habebat preter nudam ~onem *Couch. Furness* I 528. **c** cujus muneris beata ~o [*gl.*: hereditas, *ahnung*] ALDH. *VirgP* 18 p. 247; regni caelestis ~one laetantur BEDE *Hab.* 1251.

2 (gram.) construction that requires genitive in order to express possession or belonging.

construccionem quibus supponitur vocant ~onem que similiter genitivum exigit, ut 'asinus Socratis' *Ps.-*GROS. *Gram.* 65.

3 (artefact, land, or money possessed or held as) property, possession (also contrasted with *terra* or *bonum*); **b** (transf. or fig., applied to person).

territoria ac ~ones in usum eorum . . adjecit BEDE *HE* II 3 p. 85; pagus est ~o ampla *GlC* P 119; sic judicata est michi tota ~o ejus in magnis et modicis W. MALM. *GR* II 137; **1148** prenominatas Sarum ecclesie ~ones ulterius occupabit *Ch. Sal.* 15; **1236** Rogerus manu armata cum hominibus multis armorum varia genera deferentibus suam ~onem ingrediebatur in villa de Culfo *CurR* XV 1580 p. 405; **1431** aliorum ~ones et bona diripere sibique applicare machinantes *Cl* 281 m. 6*d.* **b** de vicino orto cujus possessor ~o avaricie nuper roganti sibi cerifolium negaverat *V. Chris. Marky.* 83; potiuncula [? l. portiuncula] terre, serpentum ~o, et vermium cibus P. BLOIS *Ep.* 117. 347D.

4 (w. ref. to possession of knowledge or information, *in ~one esse quod*) to be apprised or informed (that).

c1299 sumus . . in ~one quod nominare debetis nobis ad singula officia tres personas *Cant. Cath. Pri.* 35n.

possessionaliter [ML], by means of possession, privilege, or prerogative.

1170 quominus jus coronationis et inunctionis regum Anglie ~iter habeatis (*Lit. Papae*) *Ep. Becket* 696 p. 354.

possessionare [ML]

1 to endow (person or institution) with property, to put in possession, (eccl. & mon.) to benefice; **b** (w. *ad* or *de* to indicate entitlement to or right of ownership). **c** (p. ppl. as sb. m.) person who owns property, (eccl. & mon.) a beneficed clergyman or member of monastic order that is endowed with property.

querimonia librorum contra religiosos ~atos R. BURY *Phil. cap.* lxxxiii; in singulis monasteriis ~atis AD. MUR. *Chr.* 15; papa . . concessit . . quod quelibet ecclesia conventualis ~ata haberet in suo monasterio fontem sacre [v. l. sacri] baptismatis *Eul. Hist.* III 101; mittebantur diversis domibus religiosorum ~atorum [v. l. possessiorum] commorandos G. *Ed. II Bridl.* 32; **1382** non est monasterium tam possessionatum *Pol. Poems* I 255 (=*Mon. Francisc.* I 594); religiosi ~ati [ME: *possessioneris*] ut monachi et canonici *Concl. Loll.* XXXVII 28. **b** **c1380** de dictis . . ovibus . . ~ati fuerunt *Reg. Rough* 205; **1423** Thomas comes Moravie reddituatus et ~atus ad m marcas *RScot* 242b; eodem manerio de M. pacifice ~ati fuerunt a tempore *Reg. S. Aug.* 574; **1433** pacifice et absque interruppcione seisisi et ~ati fuerunt de predicta pastura *Rec. Leic.* II 247; de hujusmodi decimis nomine dicte ecclesie ~ati . . pacifice et quiete *Reg. Brev. Orig.* f. 46; **1583** de quibus . . ipse est . . ~atus vel seisitus in dominico suo *Pat* 1236 m. 1. **c** ~ati, ut promiserunt . . episcopo ad opem suam pecuniam nusquam ministrabant J. READING f. 170v; **a1350** statutum est quod quiscumque ~atus secundum formam statuti possit licenciari et incipere in jure canonico *StatOx* 47; quarta secta et ultima dicuntur fratres qui in ritibus et aliis observanciis multipliciter sunt divisi, sicut et triplex secta ~atorum in albos et nigros viros et feminas quas sanctimoniales dicimus dividuntur WYCL. *Chr. & Antichr.* 656; **s1381** postremo regem occidissemus et cunctos ~atos, episcopos, monachos, canonicos WALS. *HA* II 10; **1382** instituentes religiones privatas . . tam ~atorum quam mendicancium *Ziz.* 281; **1438** sic quod . . senior necessarius regens de quocumque ordine ~atorum intret in congregacionem magistrorum *StatOx* 258.

2 to own, possess.

1516 habendum, tenendum, gaudendum . . utendum et ~andum omnia et singula *Reg. Heref.* 2.

possessionarius [ML < CL possessio + -arius], (eccl. & mon.) who owns property, beneficed or belonging to to a propertied monastic order (also dist. from *mendicus* or sim.).

s1380 . . etiam quelibet persona religiosa ~ia, dimidiam marcam solvet *V. Ric. II* 22; monachus ~ius respectu mendicorum et pauperum fratrum predicatorum est quasi dominus *DCDurh. Reg. Parv.* III f. 39; **1522** licebit aliis religiosis ~iis sedere post eos in eodem scanno *Cant. Coll. Ox.* III 145.

possessionate [ML], with property.

quicunque religiosus assumpserit dignitatem . . abbatis . . ~e vel exproprietarie plus propter dignitatem . . mundanam quam . . WYCL. *Sim.* 17.

possessiuncula [CL], small property, little possession.

aliquis de hoc monasterio sive adjacentibus ei ~is BEDE *HE* IV 14 p. 234; ei aliquas terrarum ~as . . ad aedificandam Deo ecclesiam dono perpetuo contulerunt ALCUIN *WillP* 1 p. 116; **811** duas ~as et tertiam dimediam, id est in nostra loquella *þridda half haga CS* 335; **956** cum his fugitivis et sine dubio transitoriis ~is jugiter mansura regna Dei suffragio adipiscenda sunt *CS* 978; qui tam sancti ~am in-ique auferre temptavit, omnia possessa cum seculo jure perdidit *V. Kenelmi* 18; sibi creditum talentum ~e multipliciter accumulatum matri sue ecclesie impiger reportare satagens [cf. *Matth.* xxv 20] *Chr. Battle* f. 31v; num pro tantilla terre ~a incendiis, rapinis, et homicidiis insidiatur? *Regim. Princ.* 70.

possessive [ML < CL possessivus + -e], (gram.) in a manner that expresses acquisition or ownership.

'Deum Pharaonis', i. ~e, non natura *Comm. Cant.* I 238; aliquando invenitur quod hoc verbum 'est' non tenetur copulative set ~e vel adquisitive . . ut 'hoc est Platonis' BACON XV 132.

possessivus [CL]

1 of or concerned with possessing, that possesses, (w. obj. gen.) possessive of.

derogat Deo quod spiritus creatus est intellectivus et libere volitivus atque ~us summi boni et omnium Dei, sicud et Deus WYCL. *Univ.* 142.

2 (gram.) that indicates possession, possessive, (as sb. n.) possessive noun or pronoun.

dirivativa . . quae ab aliis auctoribus ~a dicuntur vel alicui dicta, ut meus, tuus, suus, noster . . BONIF. *AG* 493; sunt alia [nomina] ~a quae aliquid ex his significant quae possidentur ut . . regius honor ALCUIN *Gram.* 860C; cethetica [l. cathectica], ~a *Gl. Leid.* 43. 12; sume synd ~a, *þet synd geagnigendlice* . . regius honor, *cynelic wurþmynt* ÆLF. *Gram.* 15; nomen . . ~um . . cum re possessa quam concernit ut possessam significat possessorem . . ut Socraticus, Platonicus *Ps.-*GROS. *Gram.* 38; ~um . . est quod significat quicquid possidetur a possessore BACON *Gram. Gk.* 154.

3 (w. pron.) one's own.

de monumento sanctae Mildrethae in Taneto quae Tanetus sibi in vita et post caeli aditum est ~a GOSC. *Lib. Mild. cap.* p. 68; nec minori signorum gratia se representat in sua ~a Hortuna quam ubi corpore resplendet in Berkinga *Id. Wulfh.* 10 p. 430.

possessor [CL]

1 one who owns or possesses, owner (sts. w. obj. gen. to specify possession); **b** (of God); **c** (fig., w. ref. to abstr. qualities).

inventio in via tollenda est; si inventus fuerit ~or, reddatur ei THEOD. *Pen.* II 14. 8; protoplastus . . totius terrestris creaturae . . rudis ~or [*Gl.*: dominus] ALDH. *VirgP* 11 p. 239; ille reus tenetur qui conscius furti quaerente ~ore pecuniam . . non vult indicare cum valet BEDE *Prov.* 1022; **798** sicut . . traditum est per sanctos canones, vel etiam a propriis ~oribus constitutum *Conc. HS* III 517 (=*CS* 312); [ensis] in quo litteris aureis nomen antiqui ~oris legebatur W. MALM. *GR* II 135; centum ovium ~or in Evangelio [cf. *Matth.* xviii 12] J. FORD *Serm.* 118. 6; si laicus non fuerit ~or vel rei immobilis RIC. ANGL. *Summa* 17 p. 15; **1426** in una nave sive bargea vocata la Isabelle de Caleys unde . . comes Warr' extitit ~or et quidam Thomas Wilteshire magister *Pat* 420 m. 16. **b** Domine Deus virtutum caeli terreque ~or, Dominator, et Creator, rex regum et Dominus dominantium *Cerne* 139. **c** Christo etiam qui vestri est cordis ~or, per vos de ipsis triumphante ALCUIN *Dogm.* 65B; semper ~or eris dilectionis Dei ANSELM (*Ep.* 245) IV 155; patientiam per quam anime sue quisque ~or efficitur J. FORD *Serm.* 108. 6.

2 holder, occupier (also dist. from *proprietarius*).

utrum proprietarii sint non curant, dummodo aut vi aut quocunque modo ~ores efficiantur NECKAM *NR* II 187 p. 330; **1559** antiquis nativis tenentibus, ~oribus et elaboratoribus terrarum *Conc. Scot.* II 168.

3 (in gl., understood as) trustee, fiduciary.

fiducarius, ~or *GlC* F 199.

possessorie [ML < possessorius + -e = *with right of ownership*], (gram.) in a manner that expresses possession.

quando [verbum 'est'] construitur cum genitivo ~ie, necesse est quod possessor significetur per genitivum BACON XV 132.

possessorius [CL]

1 (leg.) of or concerned with ownership or possession, possessory, not based on right or title (usu. dist. from *petitorius*). **b** (as sb. n.) possessory action.

s1202 si in judicio ~io succubuerimus, que cura? *Chr. Evesham* 114; jus tam ~ium [vv. ll. possessionis, possessorum] quam proprietatis remaneat cum donatario BRACTON f. 32v; ~ia . . hereditatis petitio est de possessione propria . . et dici poterit assisa nove disseisine *Ib.* f. 103v; **1268** judicio ~io vel petitorio *Reg. Paisley* 140; **c1285** habent eandem actionem et exceptionem per breve de advocatione ~ium, qualem haberet ultimus antecessor *Reg. Malm.* I 75; dico . . quod prohibetur Minoribus recepcio ~ia pecunie PECKHAM *Paup.* 10. 41; **1365** omni titulo juris vel facti tam petitorio quam ~io *Melrose* 468 p. 436. **b 1219**